Schmidt, Ernst Alexa

Geschichte von Frankreich

3. Band

Schmidt, Ernst Alexander

Geschichte von Frankreich

3. Band

Inktank publishing, 2018

www.inktank-publishing.com

ISBN/EAN: 9783747774885

All rights reserved

Geschichte

von

Frankreich,

von

Dr. Ernst Alexander Schmidt.

Dritter Band.

Hamburg, 1846.

Bei Friedrich Perthes.

Inhalts-Übersicht.

Viertes Buch.

Geschichte Frankreichs vom Anfange der Hugenotten=
kriege bis zum Tode Ludwig's XIII. (1559—1643).

Zweite Abtheilung.

Die Zeit Ludwig's XIII. und des Cardinals Richelieu (1610—1643).

Erstes Capitel.

Viertes Buch.

Geschichte Frankreichs vom Anfange der Hugenottenkriege bis zum Tode Ludwig's XIII. (1559—1643).

Einleitung.

Im Anfange der neuern Zeit hatten die Könige von Frank=
reich die ihnen überkommene Macht und die Kräfte des Lan=
des zu erfolglosen Eroberungsversuchen verwandt und gemis=
braucht, als ein Religions= und Bürgerkrieg begann, welcher
mehre Jahrzehende hindurch] Frankreich zerrüttete, jede Ein=
wirkung auf das Ausland verhinderte und nicht allein die Be=
deutung, die das Königthum am Ende des Mittelalters er=
langt hatte, wieder zu vernichten, sondern auch eine Auflösung
des Staates herbeizuführen drohte. Ungeachtet fortdauernder
Verfolgung verbreitete sich der Protestantismus unter der Re=
gierung des jungen Königs Franz II. und im Anfange der
Regierung seines minderjährigen Bruders Karl IX. mit großer
Schnelligkeit, indem ihm der Zwiespalt und zum Theil das
persönliche Interesse Derer, welche nach der Leitung der Staats=
verwaltung strebten, zum Vortheil gereichten, und es wurde ihm
sogar eine gesetzliche Anerkennung zugestanden; allein bald dar=
auf wurden die Reformirten nicht sowol durch einen von
der Regierung gegen sie geführten Krieg, als vielmehr durch
einen Angriff von Seiten der gesammten katholischen Bevölke=
rung Frankreichs an Zahl sehr vermindert und in die Stellung
einer dem Könige gegenüberstehenden Partei zurückgeworfen.
Von dem protestantischen Auslande unterstützt, während das
katholische seinen Glaubensgenossen Beistand leistete, behaupte=
ten sie sich jedoch in wiederholten Kriegen, welche für sie ein

1 *

Kampf um ihre Existenz waren, und auch als ihre Feinde mit Einem Schlage, durch greuelhaften Mord, ihre Vernichtung bewirkt zu haben glaubten, wurde ihnen die Abwendung derselben durch das Zögern und das unkräftige Verfahren der Regierung möglich gemacht. Die Schwäche Heinrich's III. und die Zugeständnisse, welche er den Reformirten ungeachtet seines Eifers für den katholischen Glauben bewilligte, veranlaßte unter den Bekennern desselben die Entstehung einer sich über das ganze Reich ausdehnenden Partei, der Ligue, an deren Spitze sich der Herzog von Guise stellte, welche sich an Spanien anschloß, und ebenso sehr dem Könige wie dem Protestantismus entgegentrat, und aus ihr ging eine besondere demokratische, von dem leidenschaftlichsten Fanatismus beseelte Verbindung, die Ligue der Sechzehn, hervor. Nach dem Tode Heinrich's III., welcher durch die Ermordung des Herzogs von Guise sich ein gleiches Schicksal bereitete, gebührte die Thronfolge dem Gesetze gemäß dem Bourbon Heinrich IV., dem Haupte der reformirten Partei. Zwar wurde er zunächst nur von seinen Glaubensgenossen und von einer kleinen Zahl gemäßigter Katholiken als König anerkannt, und die Ligueurs setzten, im Bunde mit Spanien, den Krieg gegen ihn als Ketzer fort; allein der Mangel einer kräftigen, Gehorsam gebietenden Leitung und innerer Zwiespalt lähmten ihre Kraft, und diejenigen Ligueurs, welche die Ausschließung Heinrich's IV. vom Throne nicht mit der Aufopferung der Selbständigkeit ihres Vaterlandes erkaufen wollten, traten zu ihm über, als er, ihrem Verlangen und der Nothwendigkeit nachgebend, sich zur katholischen Religion bekannte. Obwol er die völlige Unterwerfung der Ligue nur durch Bewilligung von Geldsummen und andern bedeutendern Gewährungen bewirkte, so befestigte er doch auch zu gleicher Zeit durch die glückliche Beendigung des Krieges gegen Spanien seine Herrschaft, durch die Bestimmung der Verhältnisse seiner frühern Glaubensgenossen sicherte er die innere Ruhe, und er wußte sie ungeachtet der fortdauernden Macht und der theilweisen Unzufriedenheit dieser Partei und ungeachtet des Mißvergnügens mancher katholischen Großen zu erhalten. Den Bürgerkriegen folgte eine, jedoch nur kurze, Zeit der Wiederherstellung sowol der Bedeutung

des Königthums und der Staatsverwaltung als auch des Einflusses Frankreichs auf das Ausland. Im Begriff, die Ausführung
umfassender politischer Entwürfe zur Demüthigung des habs-
burg'schen Hauses zu beginnen, starb Heinrich IV. durch Meuchelmord, und die Jugend seines Sohnes, Ludwig's XIII., sowie
die Schwäche und Unfähigkeit der Regierenden veranlaßten einen neuen Kampf der Aristokratie in Verbindung mit den
Reformirten gegen das Königthum, bis dieses durch die Geistes-
und Willenskraft des Cardinals Richelieu nicht allein das
frühere Ansehen wiedererhielt, sondern auch auf festerer Grundlage zu größerer Gewalt emporgehoben wurde. Durch Klugheit, Entschlossenheit und Strenge vereitelte er die Absichten
seiner Gegner, welche bis gegen das Ende seines Lebens sich
bemühten, ihn durch Intriguen und durch Bürgerkrieg zu stürzen, und zu welchen sogar die Mutter und der Bruder des
Königs gehörten; er unterwarf den Adel, die Magistratur und
die Verwaltung der unbedingten Abhängigkeit von dem königlichen und von seinem Willen und er vernichtete die politische Bedeutung der Reformirten, welche er nur als kirchliche
Partei duldete. In derselben Weise wie den innern Zustand
gestaltete er auch die äußern Verhältnisse Frankreichs, und
nicht nur für die damalige Zeit, sondern auch für die Zukunft,
um: er gab dem französischen Staate eine größere Einwirkung
auf die allgemeinen europäischen Angelegenheiten als derselbe
je gehabt hatte, er kehrte zu den Plänen Heinrichs IV. zurück,
beschränkte sich indeß auf das unter den damaligen Verhältnissen Ausführbare, und seine selbstsüchtige, arglistige Politik
wurde durch die Umstände begünstigt, welche er sehr geschickt
zu benutzen verstand.

Erste Abtheilung.

Die Zeit der Hugenottenkriege und Heinrich's IV. (1559 — 1610).

Erstes Capitel.

Die Hugenottenkriege bis zum Erlöschen des Hauses Valois. (1559 — 1589).

Franz II. (1559 — 1560), der älteste der vier Söhne Heinrich's II., war nicht allein erst ein Jüngling von funfzehn und einem halben Jahre, sondern auch an Geist und Körper gleich schwach. Die Ausübung der königlichen Gewalt in seinem Namen wurde deshalb der Gegenstand der ehrgeizigen Bestrebungen derjenigen Männer, welche wegen ihrer Geburt, wegen ihres persönlichen Verhältnisses zum Könige, oder wegen ihrer Verdienste darauf Ansprüche machen zu können glaubten. Durch ihre Abstammung standen dem Throne am nächsten die Prinzen von Geblüt, die Bourbons, Nachkommen eines jüngern Sohns Ludwig's IX., des Grafen von Clermont, Gemahls der Besitzerin der Herrschaft Bourbon, welche später zum Herzogthum erhoben worden war. Das Haupt dieser Familie war jetzt Anton von Bourbon, Herzog von Vendôme, welcher durch Vermählung mit Johanna von Albret zu dem Titel eines Königs von Navarra und zum Besitz von Bearn

gelangt war. Er hatte im Kriege Tapferkeit und Kühnheit,
aber nicht die Eigenschaften eines Feldherrn bewährt; er hatte
sich durch Freundlichkeit gegen Jedermann und durch Freigebigkeit große Zuneigung, besonders bei den Edelleuten,
erworben; allein er war ein Mann von beschränktem Verstande,
von wankelmüthigem, unentschlossenem Charakter, ohne Selbständigkeit und Thatkraft, und beherrscht durch Genußsucht
und von seinen Günstlingen [1]. Von seinen zwei Brüdern
war der ältere, der Cardinal Karl von Bourbon, ein Mann
von mildem, gutmüthigem Sinne, aber von sehr geringen
Geistesgaben [2]. Der jüngere, der Prinz Ludwig von Condé,
vereinigte im höhern Maße als irgend ein anderer Franzose
seiner Zeit feines, höfisches Benehmen mit Kühnheit und Tapferkeit; er besaß eine große Gewandtheit der Rede, er war
frohen, heitern Sinnes und ein nicht ungeschickter Anführer
im Kriege, und wenn er auch den Lockungen der sittenlosen
Lebensweise am Hofe nicht immer zu widerstehen vermochte,
so wußte er doch, wenn ernste Verhältnisse es forderten, eine
würdige Haltung wiederzugewinnen und zu behaupten [3].
Das Besitzthum der Bourbons war durch die Einziehung der
Güter des Connetable Karl von Bourbon sehr geschmälert
worden, und es fehlten ihnen deßhalb die Mittel, um sich unter dem Adel einen bedeutenden Anhang zu gewinnen. Alle
drei Brüder, so wie auch ihre Vettern, der Herzog von Montpensier und dessen Bruder, der Prinz von La Roche-sur-Yon,
waren bisher gänzlich von der Staatsverwaltung ausgeschlossen
gewesen; jetzt schienen die Umstände ihnen die Theilnahme an

1) Tavannes XXIV, 289, 376. Thuan. XXX, 226, Relazione
di Giov. Michiel 430 in: Relations des ambassadeurs Vénitiens sur
les affaires de France au 16. siècle, rec. par Tommaseo. Paris 1838.
T. I. Suriano, Commentarii del regno di Francia, ibid. 554.

2) Capefigue, Histoire de la reforme, de la ligue et du règne
de Henri IV. T. III., 8.

3) Mémoires de François de la Noue (bei Petitot XXXIV)
262. Sie enthalten durch strengste Unparteilichkeit ausgezeichnete Er-
läuterungen über die wichtigsten Ereignisse der drei ersten Hugenottenkriege (1562—1580), des Verfassers, eines der wenigen wahrhaft ehren-
werthen Männer jener Zeit, wird öfter in der Geschichte derselben erwähnt werden.

derselben, welche sie wegen ihrer Geburt in Anspruch nehmen
konnten, zu versprechen; allein es fehlte dem Könige von Navarra rasche Entschlossenheit, um die Verhältnisse zu seinem
Vortheil zu benutzen, und als er endlich am Hofe erschien,
befand sich die höchste Gewalt bereits in den Händen Anderer.
Der Connetable von Montmorency hatte die Gunst und das
Vertrauen Heinrich's II. mehr und mehr mit dem Herzoge
Franz von Guise, dem Vertheidiger von Metz und Eroberer
von Calais, und dem Cardinal Karl von Lothringen[1]) theilen
müssen. Die Vermählung des Dauphins Franz mit ihrer
Nichte Maria Stuart, der Tochter Jakob's V. von Schottland
und Maria's von Guise, im April 1558 hatte ihr Ansehen
am Hofe noch bedeutend vermehrt und gab ihnen jetzt eine
Gewalt über den jungen König, durch welche es ihnen um so
leichter gelang, sich der Regierung zu bemächtigen, als sie keinen Augenblick verloren und auch die verwitwete Königin sich
mit ihnen verband. Katharina von Medici hatte auch während
der Regierung ihres Gemahls, welcher ihr wenig Achtung
und Zuneigung bewies, keinen Einfluß erlangt; sie war genöthigt gewesen, den sie beseelenden Ehrgeiz zu verbergen, und
man hielt sie sogar für eine anspruchslose Frau. Eine unmittelbare, entscheidende Theilnahme an der Regierung in Anspruch zu nehmen und den angesehenen Männern, welche nach
der Leitung derselben strebten, entgegenzutreten, konnte sie nicht
wagen; es blieb ihr zunächst kein anderer Entschluß, als sich
derjenigen Partei anzuschließen, bei welcher sie die meiste Anerkennung zu finden hoffen konnte. Sie sah ein, daß der Stolz
des Connetable ihr nie einen bedeutenden Einfluß gestatten
würde, und daß die Prinzen von Geblüt sich ihr nicht zum
Dank verpflichtet glauben würden; dagegen konnte sie bei den

---

1) Von den jüngern guise'schen Brüdern war der Cardinal von
Guise ein Mann, welcher die Genüsse und Freuden des Hofes ernster
Beschäftigung vorzog, der Herzog von Aumale, General-Oberst der
französischen Cavalerie, war ein guter Soldat, aber seinem ältesten Bruder nicht zu vergleichen, der Marquis von Elboeuf galt für einen rechtlichen, verständigen Mann, und der Großprior des Malteserordens in
Frankreich, zugleich General der französischen Galeeren, war ein tapferer
und erfahrener Seemann. Brantome T. VIII, disc. 76. 78.

Guisen eher Dankbarkeit erwarten, weil diese nicht wie jene ihre Ansprüche auf eine Berechtigung durch Geburt stützten.

Während der Connetable als Großmeister des königlichen Hauses bei dem Leichnam Heinrich's II. verweilte und mit den Vorbereitungen der Bestattung beschäftigt war, führten der Herzog von Guise und der Cardinal von Lothringen den jungen König und seine Gemahlin nach dem Louvre, gestatteten Niemandem den Zutritt zu ihm als in ihrer Gegenwart, und durch Vermittelung der jungen Königin, welche große Gewalt über ihren Gemahl besaß, bewogen sie, ihn, die Regierung ihnen ausschließlich zu übertragen. Denn bald darauf erklärte er den Abgeordneten des Parlaments, welche ihn zu seiner Thronbesteigung beglückwünschten: um den Connetable einer Anstrengung zu überheben, welche für dessen höheres Alter zu groß sei, habe er seinen Oheimen die Leitung der Staatsgeschäfte aufgetragen, namentlich dem Herzoge von Guise die des Kriegswesens und dem Cardinal von Lothringen die der übrigen Staatsangelegenheiten, und er befehle, daß man fortan sich an diese in Allem, was ihn oder das Reich betreffe, wende, und daß man ihnen denselben Gehorsam leiste, welchen man ihm selbst schuldig sei. Er forderte den Connetable auf, auch fernerhin bei seiner Person und in seinem Rathe zu bleiben; indeß zog dieser es vor, sich auf seine Besitzungen zurückzuziehen. Dadurch daß man zu Gunsten seines ältesten Sohnes die Zahl der Marschälle von Frankreich vermehrte, ließ er sich bewegen, der Würde des Großmeisters des königlichen Hauses zu entsagen, und diese wurde darauf dem ältesten Sohne des Herzogs von Guise übertragen[1]. Obwol der König von Navarra sogleich nach der Verwundung Heinrich's II. von dem Connetable dringend aufgefodert worden war, an den Hof zu kommen, um gemeinschaftlich mit ihm den ehrgeizigen Absichten der Guisen entgegenzuwirken, so kam er dennoch nicht eher als da diese bereits in dem Besitz der Regierung waren.

1) Regnier, sieur de la Planche, Histoire de l'état de France, tant de la république que de la religion sous le règne de François II., publiée par Mennechet. Paris 183'.., 6 10. P. de la Place, Commentaires de l'état de la religion et de la république sous Henry II., François II. et Charles IX. 1565; 40.

Er wagte nicht, ihnen denselben streitig zu machen, zumal auch seine vertrautesten Räthe, aus Furcht oder weil sie insgeheim von den Guisen gewonnen waren, ihn davon zurückhielten; er bewarb sich sogar um die Gunst derselben, und er übernahm den Auftrag, mit seinem Bruder, dem Cardinal von Bourbon, die Schwester des Königs an die spanische Grenze zu begleiten, während Condé nach den Niederlanden geschickt wurde, um den Frieden von Chateau=Cambresis im Namen des Königs zu beschwören [1].

Um die öffentliche Meinung für ihre Verwaltung zu gewinnen, gaben die Guisen dem Kanzler Olivier, welcher für einen gewissenhaften, rechtlichen Mann galt, und welchem schon im Anfange der vorigen Regierung die Ausübung seines Amtes entzogen war, diese zurück; allein die Reformen im Justizwesen, welche er beabsichtigte, wurden nicht ausgeführt, sobald sie ihrem Interesse widersprachen. Schon während der Regierung Heinrich's II. hatten sie einen großen Theil der Staatsämter ihren Freunden verschafft; jetzt wurden die Hofbeamten, welche Anhänger des Connetable waren, entlassen, indem ihnen die Hälfte ihres Gehalts als Pension blieb, oder ihre Aemter wurden unter dem Vorwande nothwendiger Beschränkungen aufgehoben; allein die Zahl der ernannten neuen Beamten war größer als die der entlassenen; auch die Befehlshaberstellen in den Provinzen, namentlich in den Grenzplätzen, wurden von den Guisen an Männer verliehen, auf deren Ergebenheit sie rechnen konnten. Am meisten suchten sie aber ihre Macht dadurch zu befestigen, daß sie als eifrige Verfechter des Catholicismus auftraten. Durch Bekämpfung des neuen Glaubens gewannen sie die Geistlichkeit und die große Masse der Franzosen, namentlich des geringern Volkes, für sich und weckten und nährten die Meinung, daß sie von Gott dazu berufen seien, die seit einem Jahrtausend in Frankreich bestehende Religion aufrecht zu erhalten [2]. Dies Ver-

---

1) La Planche 36. 43. 64.

2) Mémoires de Michel de Castelnau (1559—1570; bei Petitot XXXIII) 25. Castelnau, ausgezeichnet als Krieger und als Diplomat, lebte von 1520 bis 1592, er war Katholik von gemäßigter Gesinnung

fahren war ihnen zugleich das geeignetste Mittel, um ihre gefährlichsten Gegner zu vernichten. Der König von Navarra hatte öffentlich seine Anhänglichkeit an die reformirte Religion ausgesprochen; Condé neigte sich immer entschiedener zu derselben hin, und wenn auch der Connetable den heftigsten Haß gegen dieselbe hegte, so hatte dagegen von den drei Söhnen seiner Schwester, den Brüdern Chatillon, sich der älteste, Franz von Chatillon, Herr von Andelot, General-Oberst der französischen Infanterie, bereits offen zu derselben bekannt. Der zweite, Kaspar von Chatillon, Herr von Coligni, Admiral von Frankreich, war einer der ersten französischen Feldherren und er wurde ungeachtet seiner militairischen Strenge von den Soldaten ebenso geliebt wie geachtet [1]). Während er sich in spanischer Gefangenschaft befand, hatte seine religiöse Sinnesweise, welche durch die Genüsse des Hoflebens zwar zurückgedrängt, aber nicht erstickt worden war, ihn zu einem anhaltenden Lesen der Bibel veranlaßt; diese Beschäftigung und der Einfluß seiner Gattin, Charlotte von Laval, bewogen ihn, sich mit der reformirten Lehre vertraut zu machen; er fand bald in derselben eine Befriedigung, welche die katholische Kirche ihm nicht gewährte, und der sittliche Ernst, welcher jetzt die Grundlage seines ganzen Lebens wurde, war die Frucht der religiösen Ansicht, zu welcher er sich erst nach genauer Prüfung bekannte [2]). Der dritte Bruder, Odet von Chatillon, welcher die schärfste Beurtheilung der Verhältnisse mit hohem Geiste und einem milden, offenen und strengrechtlichen Charakter vereinigt [3]), war schon im Jünglingsalter Cardinal geworden; allein auch gegen ihn hegte man die Vermuthung, daß er der religiösen Überzeugung seiner Brüder nicht fremd sei. Die Guisen ließen die Untersuchung gegen die verhafteten Parlamentsräthe mit der größten Strenge fortsetzen; du Bourg, welcher mit unerschütterlicher Festigkeit bei seiner Überzeugung

und schrieb mit besonnenem Urtheil und in klarer Darstellung, was er gesehen und gethan hatte.

1) Lettres de Pasquier V. 11.
2) Gasparis Colinii Castellonii vita, 1575. S. 18. 19. 20. 23.
3) Thuan. L. 960.

von der Wahrheit des neuen Glaubens beharrte, wurde zum Tode verurtheilt, und er starb mit großer Standhaftigkeit am 23. December auf dem Scheiterhaufen; die übrigen Räthe, welche nicht seinen Muth besaßen, retteten sich vor einem ähnlichen Schicksale durch förmlichen Widerruf oder durch entschuldigende, ausweichende Erklärungen [1]. Schon im September hatte ein königlicher Befehl geboten, daß alle Häuser, wo unerlaubte und nächtliche Versammlungen stattfänden, in denen auf eine von dem katholischen Brauch abweichende Weise das Abendmahl gefeiert und die Taufe verrichtet würde, zerstört und nie wieder aufgebaut werden sollten. Ein zweites Edict befahl im November, daß alle Diejenigen, welche unerlaubte Zusammenkünfte wegen der Religion oder aus anderer Ursache, bei Tage oder bei Nacht, hielten oder solchen beiwohnten, ohne Hoffnung auf Gnade und Milderung mit dem Tode bestraft werden sollten. Zu Paris wurde der Prevot und ein Parlamentsrath beauftragt, gegen Alle, welche der Ketzerei angeklagt werden würden, geheime Untersuchungen anzustellen. Viele Reformirte wurden in dieser Stadt, sowie in den Städten Aix und Toulouse, deren Parlamente mit dem pariser den unversöhnlichsten Haß gegen die neue Lehre theilten, verhaftet und hingerichtet; Priester und Mönche suchten die Leidenschaft der großen Masse des Volks gegen dieselbe immer mehr aufzureizen, und in vielen Flugschriften wurde selbst die Verleumdung gegen die Bekenner derselben ausgesprochen, daß ihre nächtlichen Zusammenkünfte den schamlosesten Ausschweifungen dienten [2]. Allein die reformirte Religion war bereits zu allgemein verbreitet und zu tief gewurzelt, als daß sie auch mit Feuer und Schwert hätte ausgerottet werden können; die Ruhe und Freudigkeit, mit welcher die zum Tode Verurtheilten den Märtyrertod starben, erschien als ein Zeichen von der Wahrheit derselben und führte ihr neue Bekenner zu.

Nicht nur die Reformirten und die Freunde und An-

---

1) La Planche 19. 64. 83. Mémoires de Condé ou recueil pour servir à l'histoire de France sous les règnes de François II. et Charles IX. Nouv. éd. Paris 1741. I. 217—304.

2) Mém. de Condé I. 309. La Planche 88.

hänger der Prinzen von Geblüt bildeten die Partei, welche
den Guisen gegenüberstand, sondern diese wurde auch noch bedeutend verstärkt durch diejenigen Katholiken, welche die Guisen
wegen ihres deutschen Ursprungs als Fremde betrachteten und
haßten, und durch nicht wenige Edelleute, welche von ihnen
persönlich beeinträchtigt waren. Heinrich II. hatte nämlich
durch seine Kriege und durch seine Verschwendung die Staatsschulden bis auf 36 oder 38 Millionen erhöht, die königlichen Domainen waren fast sämmtlich verkauft oder verschenkt
worden, und der Druck der Abgaben war so unerträglich geworden, daß viele Landleute, namentlich in der Normandie
und Picardie, ausgewandert waren [1]. Bei Fortdauer des Friedens hätte vielleicht durch Sparsamkeit und geordnete Finanzverwaltung wenigstens ein Gleichgewicht der Ausgabe und
Einnahme hergestellt werden können; allein die Guisen griffen
zu willkürlichen und harten Maßregeln, sie ließen schon im
August den König fast alle Verschenkungen und Veräußerun-
gen von Domainen, welche unter seinen Vorgängern stattgefunden hatten, widerrufen. Sie entzogen dadurch vielen Edelleuten einen großen Theil ihres Vermögens, und Denen, welche
an den Hof kamen, um, zum Theil für geleistete Kriegsdienste,
Geschenke oder Beförderung nachzusuchen oder die Befriedigung
begründeter Geldfoderungen zu verlangen, wurde bei Todesstrafe befohlen, ohne Verzug sich wieder zu entfernen [2].

Das Misvergnügen über die Macht und das Verfahren
der Guisen sprach sich zunächst in zahlreichen Flugschriften
aus, welche von Katholiken wie von Reformirten verfaßt waren. Ihre Verwaltung wurde als Fremdherrschaft und Tyrannei dargestellt; es wurden Untersuchungen darüber angestellt,
wem die Verwaltung, sobald der König zu derselben nicht befähigt sei, nach den Gesetzen und der Verfassung des Reichs
gebühre; es wurde eine Reform des Staates durch eine Versammlung der Reichsstände gefordert, und es wurden sogar die
Fragen erörtert, wie weit sich der dem König schuldige Gehorsam erstrecke, aus welchen Ursachen man die Waffen er-

---

1) Michiel 406. 408.
2) Brantome T. VIII, disc. 78, S. 80.

greifen, und ob man Fremde zu Hülfe rufen dürfe [1]). Bald
ging aus jenem Misvergnügen auch ein Versuch hervor, die
Macht der Guisen zu stürzen, die Verschwörung von
Amboise, an welcher nicht allein Reformirte Theil nahmen,
sondern auch Katholiken, theils aus aufrichtigem Eifer für die
Wohlfahrt ihres Vaterlandes, als dessen Feinde sie die Guisen
ansahen, theils aus unruhigem Ehrgeiz, theils um sich für
Beleidigungen zu rächen, welche dieselben ihnen oder ihren
Freunden und Verwandten zugefügt hatten. Der Zweck des
Unternehmens war ein zweifacher: man wollte den Verfol=
gungen der Reformirten ein Ende machen und ihnen freie Re=
ligionsübung verschaffen, und dann sich der Person der Guisen
bemächtigen, sie von einer Versammlung der Reichsstände rich=
ten lassen und die Bourbons in den ihnen durch ihre Geburt
gebührenden Antheil an der Regierung einsetzen. Wenn der
Plan der Verschwörung auch nicht von Condé entworfen war,
so ging derselbe doch von Männern aus, welche ihm befreun=
det waren, und es ist nicht zu bezweifeln, daß er von Anfang

<hr>

1) Capefigue II. 101—104. L'histoire universelle du Sieur
d'Aubigné. Maille 1616. I, 89. 91. (Aubigné lebte von 1550—1630,
er war ein Mann von gelehrter Bildung und ein tapferer Krieger, ein
eifriger Protestant und ein treuer Anhänger Heinrich's IV. dessen Gunst
und Vertrauen er fast ununterbrochen besaß, obwol er ihn bisweilen
durch seine Freimüthigkeit und Selbständigkeit verletzte. In seiner Ge=
schichte, welche die Zeit von 1550—1600 umfaßt, sind die Abschnitte,
welche Frankreich betreffen, die bedeutendsten, und wenn er auch zum
Theil aus Tadelsucht und Vorurtheil zu streng und einseitig urtheilt, so
schöpft er dagegen den Stoff aus seinen eigenen Erlebnissen oder sorg=
fältig geprüften Mittheilungen von Personen, welche gut unterrichtet
sein konnten.) L'histoire de France, enrichie des plus notables occur-
rances survenues ès provinces de l'Europe et pays voisins depuis
l'an 1550 (bis 1577). 1581. I, 147. (Der Verfasser, La Poplinière
oder Popelinière, wie er selbst den Namen schreibt, starb 1608, war
Protestant und nahm an Kriegsereignissen und Unterhandlungen Theil;
er ist zwar in seinem Urtheil zurückhaltender als Aubigné, er ist selbst
in der Darstellung unbedeutender Begebenheiten sehr weitschweifig und
die Form seines Werks ist mangelhaft, dessenungeachtet ist dieses eine
meist zuverlässige und sehr reichhaltige Quelle für die Geschichte seiner
Zeit. Man vergleiche über ihn Aubigné's Vorrede zu seiner allgemeinen
Geschichte.)

en davon Kenntniß gehabt hat. Die Leitung der Ausführung übernahm ein Edelmann aus einer alten Familie in Perigord, Gottfried von Barri, Herr von La Renaudie, ein Mann von unternehmendem Geiste, welcher bei einem frühern Aufenthalte in der Schweiz mit den dahin geflüchteten französischen Reformirten und bei seinen Reisen durch fast alle Provinzen Frankreichs mit einem großen Theil des Adels und mit der Stimmung desselben näher bekannt geworden war. Er veranstaltete, daß zum 1. Februar 1560 viele Edelleute und Bür= **1560** gerliche, Reformirte wie Katholiken, aus fast allen Gegenden des Landes sich nach Nantes begaben, angeblich wegen mehrer wichtigen Processe, welche damals in dem Parlament der Bretagne verhandelt wurden. In einer geheimen Versammlung schilderte er den Zustand des Reiches und beschuldigte die Guisen, sich zum Verderben des Königs, seiner Brüder, der Prinzen und aller Herren, welche nicht ihrer Partei angehörten, verschworen zu haben; er forderte die Versammelten auf, das Reich von der Tyrannei derselben zu befreien und sich ihrer zu bemächtigen, damit sie dann von einer Reichsversammlung gerichtet würden. Die Anwesenden erklärten sich einstimmig dazu bereit, und nachdem sie einen Eid geleistet hatten, daß sie nichts gegen den König und den gesetzlichen Zustand des Reiches zu unternehmen beabsichtigten, beriethen sie über die Ausführung. Jetzt sprach La Renaudie aus oder deutete wenigstens an, daß er von dem Prinzen von Condé bevollmächtigt sei, und daß dieser sich in dem Augenblick der Ausführung oder nach Gefangennehmung der Guisen an die Spitze stellen werde. Es wurde beschlossen, daß fünfhundert Edelleute unter den für die einzelnen Landschaften bestimmten Anführern sich zu gleicher Zeit der Stadt Blois, wo sich der Hof damals aufhielt, nähern und am 10. März in diese eindringen, und daß Andere in den bedeutendsten Städten der Provinzen sich vereinigen sollten, um die Anhänger der Guisen zu verhindern, diesen zu Hülfe zu kommen. Während die Übrigen in ihre Heimat zurückkehrten, um die Ausführung dieses Plans vorzubereiten, begab sich La Renaudie nach Paris, um hier für den . . thätig zu sein. Er sah sich genöthigt, dem Advocaten des Avenelles, einem Reformirten, bei welchem er wohnte, und welchem die große Zahl und einzelne Äußerungen Derer, die seinen Gast besuchten, auffielen, die Sache wenigstens im Allgemeinen mitzutheilen; der Advocat wußte sich bald noch einige nähere Kenntniß zu verschaffen, und aus Furcht oder in Hoffnung auf Belohnung verrieth er, was er wußte, den Guisen. Diese hielten anfangs die Sache für unbedeutend, da ihnen die bedeutendsten Theilnehmer der Verschwörung unbekannt geblieben waren, allein bald wurden sie von der weiten Verzweigung derselben durch den Verrath einiger Mitwisser unterrichtet, und ihre Bestürzung war um so größer, als sie besorgten, daß Coligni und Andelot, unter deren Befehl ein großer Theil der Truppen stand, zu den Theilnehmern gehörten. Sie führten den König sogleich nach dem festen Schlosse von Amboise, versammelten Truppen, boten die ihnen ergebenen Edelleute auf und veranlaßten die Königin-Mutter und den König, durch huldvolle Briefe die Brüder Chatillon aufzufodern, sich an den Hof zu begeben, um sie mit ihrem Rathe zu unterstützen. Diese folgten sogleich der Einladung, und um den Admiral, welcher zu einem mildern Verfahren gegen die Reformirten rieth, weil die Zahl derselben schon zu groß sei, um sie mit Gewalt auszurotten, zufrieden zu stellen, und um die Reformirten einigermaßen zu beruhigen, bewilligte ein königliches Edict im März allen Denen Verzeihung, welche der Feier des Abendmahls und der Taufe, sowie den Predigten der genfer Prediger beigewohnt hätten, legte ihnen aber die Verpflichtung auf, fortan als gute Katholiken zu leben, und schloß von der Amnestie Alle aus, welche gegen den König und seine angesehensten Minister sich verschworen hätten. Ein zweites Edict versprach Denen, welche bewaffnet und scharenweise auf dem Wege zum Könige begriffen seien, Ungestraftheit, wenn sie sogleich ruhig und einzeln in ihre Heimat zurückkehrten; es befahl dagegen, Diejenigen, welche diesem Gebote nicht Folge leisten würden, zu ergreifen und ohne weitere Untersuchung zu hängen und zu erwürgen, es erlaubte allen Unterthanen, über sie herzufallen, und versprach Denen, welche sie ergreifen würden, die Hälfte ihrer eingezogenen Güter. La Renaudie gab indeß auch jetzt sein Vorhaben nicht auf, zumal mehre Edelleute, welche

geheime Einverständnisse im Schlosse von Amboise hatten, ihm
versprachen, sich in dasselbe einzuschleichen und ihm am 16.
März die Thore zu öffnen; allein auch dieser Plan wurde
vereitelt. Der Herzog von Guise, welchen der König zu seinem General-Lieutenant im ganzen Reiche, um die Empörung
zu unterdrücken und zu bestrafen, ernannte, hatte bereits eine
beträchtliche Kriegsmacht versammelt; die aus den verschiedenen Provinzen heranziehenden Verschworenen trafen nicht zu
derselben Zeit in der Umgegend von Amboise ein, sie wurden
einzeln, ehe sie sich vereinigen konnten, angegriffen, zerstreut,
niedergehauen oder gefangen genommen. La Renaudie selbst
fiel in einem Gefechte am 18. März, und ein Angriff, welchen
noch am folgenden Tage die Verschworenen aus der Picardie
auf Amboise unternahmen, wurde zurückgeschlagen. Die zahlreichen Gefangenen wurden sogleich ertränkt, gehängt oder enthauptet, und der König, sowie seine Brüder und selbst die
Damen des Hofes wohnten diesen Hinrichtungen wie einem
ergötzlichen Schauspiele bei. Obwol sich unter La Renaudie's
Papieren eine feierliche Erklärung fand, daß man nichts gegen
die Majestät des Königs, gegen die Prinzen seines Geblüts
und gegen den Staat unternehmen wolle, sondern nur die
Guisen der Regierung zu entsetzen und durch eine rechtmäßige
Ständeversammlung den alten Brauch des Reichs wiederherzustellen beabsichtige, so ließen diese doch den König in einem
Ausschreiben bekannt machen: das Unternehmen der Aufrührer
sei gegen ihn und die königliche Familie gerichtet gewesen und
habe den Zweck gehabt, den Staat völlig umzuwälzen und
das königliche Ansehen von der Gnade der Unterthanen abhängig zu machen. Condé hatte sich schon früher nach Amboise
begeben; er war zwar von mehren Gefangenen als das Haupt
der Verschwörung genannt worden, aber um eine Anklage gegen ihn zu erheben, hätten die Guisen eines bestimmten Be-
weises bedurft, daß dieselbe gegen die Person des Königs gerichtet gewesen sei; sie mochten überdies besorgen, daß die
Chatillons und der Connetable einer Beschuldigung wider
ihn entgegentreten würden, und sie schwiegen, als er vor dem
Könige und den anwesenden Prinzen und Herren erklärte: diejenigen, welche dem Könige hinterbracht hätten, daß er der

Anführer gewisser Aufrührer sei, die sich gegen die Person des Königs und gegen den Staat verschworen haben sollten, hätten gelogen, und er sei bereit, dieselben im Zweikampfe zum Eingeständniß ihrer Nichtswürdigkeit zu nöthigen. Bald darauf verließen er und die Chatillons den Hof und begaben sich auf ihre Besitzungen [1]).

Obwohl auch Katholiken an der Verschwörung von Amboise theilgenommen hatten, so betrachteten die Guisen doch mit Recht die Reformirten, welche um diese Zeit von den Katholiken mit dem Spottnamen Hugenotten bezeichnet worden [2]), als ihre gefährlichsten, unversöhnlichsten Feinde, und

---

1) La Planche I, 89—184, dessen Erzählung die Quelle Beza's, La Poplinière's, La Place's und Thou's ist; l'histoire du tumulte d'Amboise in Mém. de Condé I, 320—330. Castelnau 46—51. Isambert XIV, 22—26.

2) Diese Benennung verbreitete sich zur Zeit der Verschwörung von Amboise von Tours aus. Pasquier (Recherches de la France L. VIII ch. 55) versichert, daß er die Reformirten schon acht oder neun Jahre früher von einigen seiner Freunde zu Tours so habe nennen hören. In dieser Stadt herrschte nämlich der Aberglaube, daß ein Gespenst, welches man den König Hugo nannte, Nachts durch die Straßen ziehe, und da die Reformirten sich nur zur Nachtzeit zu versammeln wagten, so gaben ihnen die Katholiken den Spottnamen Hugenots, comme si en cecy ils fussent disciples et sectateurs de cest esprit, wie Pasquier (Lettr. IV, 5) sagt. In Tours wurde die erste Spur von der Verschwörung von Amboise entdeckt; mit der Anzeige davon kam auch der Name Hugenotten an den Hof, und dieser, um die Reformirten lächerlich zu machen, hielt diesen Spottnamen — es findet sich derselbe, huequenots geschrieben, zuerst in einem Briefe des Cardinals von Lothringen vom 10. Juni 1560. Négociations, lettres et pièces diverses, relatives au règne de François II., tirées du portefeuille de Sébastien de l'Aubespine, évêque de Limoges. Paris 1841. — fest, welcher sich deshalb rasch verbreiten mußte. In dieser Erklärung stimmen La Planche I, 150, Bèze I, 269, 270, Pasquier an den beiden angeführten Stellen, und Thuan. XXIV, 1104 überein, und La Poplinière so wie La Place 51 weichen nur insofern davon ab, als sie den Namen daraus erklären, daß die Reformirten zu Tours ihre Versammlungen in der Nähe des nach dem Könige Hugo benannten Thores hielten. Die Zahl und Bedeutung dieser Zeugnisse und die innere Wahrscheinlichkeit dieser Erklärung geben ihr den Vorzug vor der — übrigens schon in den Mém. de Tavannes (XXIV, 460) sich findenden — Meinung, nach welcher der

sie hegten die Überzeugung, daß zur Befestigung ihrer Macht vor Allem die Vertilgung derselben nothwendig sei. Sie suchten den Haß gegen sie noch mehr dadurch aufzureizen, daß sie die Verschwörung ihnen allein zuschrieben und daran die Beschuldigung knüpften, daß sie nicht allein ihrem Glauben mit dem Schwerte den Sieg verschaffen, sondern auch Frankreich, nach dem Vorbilde der Schweiz, in eine aus einzelnen Cantonen bestehende Republik umgestalten wollten. Durch das Edict von Romorantin wurde im Mai den weltlichen Richtern das Erkenntniß über jedes Verbrechen der Ketzerei genommen und den Prälaten übertragen, und es wurde auch den Parlamenten jede Einmischung untersagt, insofern nicht die Hülfe derselben von den kirchlichen Richtern zur Ausführung ihres Urtheils verlangt werden würde; außerdem wurden aufs neue, und zwar bei Strafe des Majestätsverbrechens, alle unerlaubten Versammlungen verboten und die Entscheidung in den Untersuchungen gegen solche selbst in letzter Instanz dem Landgerichte des Ortes, wo sie stattgefunden hatten, übertragen; bei derselben Strafe wurde Allen, welche um solche Zusammenkünfte wüßten, die Anzeige derselben zur Pflicht gemacht, und es wurde Angebern, wenn sie Mitschuldige waren, Verzeihung, und wenn sie nicht selbst schuldig waren, eine Summe von fünfhundert Livres aus dem Vermögen der Verbrecher versprochen; endlich wurden alle Prediger sowie die Verfasser, Drucker und Verkäufer von Schmähschriften und von Schriften, welche zum Aufruhr reizten, für Majestätsverbrecher erklärt [1]. In gleicher Zeit wurde auch Waffengewalt gegen die Reformirten angewandt. In der Dauphiné, dem Gouvernement des Herzogs von Guise, hielten dieselben zu Valence, Romans und Montelimart in großer Zahl und bewaffnet öffentlich ihren Gottesdienst. Der König, indem er die gänzliche Ausrottung dieser Aufrührer für seinen angelegentlichsten Wunsch erklärte, befahl seinem General-Lieutenant in Burgund, Tavannes, die

Name Hugenotten aus dem Worte Eidsgenossen entstanden sein soll. Andere, bei Pasquier, Recherches a. a. O., und bei Castelnau 94. 95 angegebene Deutungen sind noch weniger wahrscheinlich.

1) Isambert XIV, 31—33.

in dieser Provinz stehenden Gendarmen nach der Dauphiné
zu führen und die Sektirer, wenn er sie beisammen finde, in
Stücke zu hauen, und Guise sandte einen der erbittertsten
Feinde des neuen Glaubens, Maugiron, dorthin. Dieser ver=
schaffte sich durch hinterlistige Versprechungen den Eintritt in
jene drei Städte, ließ die Häuser der Reformirten plündern
und mehre von diesen hinrichten. In der Provence wurde
Derichiend, Herr von Mouvans, welcher mit der Schaar, die
er nach Amboise hatte führen wollen, das platte Land durch=
zog und die Heiligenbilder zerstörte, von einer überlegenen
Kriegsmacht angegriffen und genöthigt, nach Genf zu fliehen [1]).

Condé begab sich, weil er den Argwohn hegte, daß die
Guisen sich seiner Person bemächtigen wollten, zu seinem Bru=
der, dem Könige von Navarra, nach Nerac, und bald er=
schienen hier einige der angesehensten reformirten Edelleute
und stellten den beiden Prinzen vor: sie seien berechtigt und
verpflichtet, das Reich von der habsüchtigen und gewaltthä=
tigen Herrschaft der Guisen zu befreien und selbst die Ver=
waltung desselben zu übernehmen, bis der König durch sein
Alter dazu befähigt sein werde; sie könnten überzeugt sein, daß die
Reformirten sie mit Gut und Leben dabei unterstützen würden.
Die Prinzen zeigten sich nicht abgeneigt, an der Spitze der
Reformirten den Guisen offen sich entgegenzustellen, sie konnten
auf den Beistand der Brüder Chatillon rechnen und erwarten,
daß auch der Connetable und manche andere angesehene ka=
tholische Herrn aus Abneigung gegen die Guisen sich ihnen
anschließen würden, und der Ausbruch eines Bürgerkriegs
schien nahe bevorzustehen. So mißvergnügt die Königin Ka=
tharina darüber war, daß sie fast gänzlich von der Regierung
ausgeschlossen blieb, so konnte sie doch auch einen Krieg nicht
wünschen, weil dieser sie nur noch mehr von jedem Einfluß
auf die Leitung der Staatsgeschäfte entfernen mußte. Ihr
Verlangen, den Frieden zu erhalten, theilte, wenn auch aus
andern Gründen, einer der höchsten Staatsbeamten und einer
der achtungswürdigsten Männer dieser Zeit, Michael von
L'Hopital, welcher am 30. Juni zum Kanzler von Frank=

1) Aubespine 341. 342. La Planche 206—230.

nach ernannt wurde. Er war bisher erster Präsident der
Rechenkammer, Mitglied des geheimen Rathes des Königs,
und Kanzler der Herzogin von Savoyen, der Schwester Hein=
rich's II., für das ihr gehörende Herzogthum Berri gewesen.
Seine Erhebung zum Kanzler von Frankreich verdankte er
theils der Königin Katharina, welche in ihm eine Stütze ge=
gen die Macht der Guisen zu finden hoffte, theils der Ach=
tung und Freundschaft des Cardinals von Lothringen; allein
die Meinung, daß er deshalb den Ehrgeiz und die Unduld=
samkeit dieser Familie begünstigen werde, zeigte sich bald un=
begründet. Mit einer großen Rechtsgelehrsamkeit vereinigte
er eine vielseitige Bildung, er war ein ausgezeichneter Red=
ner und lateinischer Dichter, seine unerbittliche, gefürchtete
Strenge gegen unfähige und unwürdige richterliche Beamten
veranlaßte seine Zeitgenossen, ihn als den Cato seiner Zeit zu
bezeichnen; aber sein Ernst war nicht mürrisch und zurück=
stoßend, er zeigte sich gegen Würdige stets freundlich, und er
besaß selbst die Gabe einer angenehmen Unterhaltung. Frei
von jeder Verfolgungssucht und jedem persönlichen Interesse,
widmete er seine ganze Kraft und Thätigkeit nur dem wahr=
haften Wohle seines Vaterlandes. Wäre er offen den Ab=
sichten der Guisen entgegengetreten, so würde die Macht der=
selben bald jeden Erfolg seiner Bemühungen vereitelt haben;
um diesen zu sichern, bedurfte es gewandter Klugheit, und
indem er zwischen zwei erbitterten Parteien, bald der einen,
bald der andern sich nähernd, zu vermitteln und wenigstens
das Gleichgewicht zu erhalten suchte, so mußte sein Benehmen
öfter schwankend und furchtsam scheinen; allein wenn er sich
gegen Ansichten, welche den seinigen nicht entsprachen, nach=
giebig zeigte, so geschah dies nur, um Das zu verhindern, was
er als das größte Unglück für ein Land betrachtete, nämlich
einen Bürgerkrieg [1]). Da jetzt der Ausbruch eines solchen zu
drohen schien, so erklärte er, gemeinschaftlich mit der Königin
Katharina, im Staatsrathe es für nothwendig, daß der König

[1] La Planche 256. La Place 58. Thuan. XXIV, 1112. Bran-
tôme VII, 91—97. 98. So wie er L'Hopital un autre Censeur Caton
nennt, so sagt auch La Rout (Discours politiques et militaires. Derselbe édition. 1612. S. 37): notre Caton de l'Hospital.

die angesehensten Männer seines Reichs versammle, um zu
berathen, auf welche Weise man die durch die Religionsver=
folgungen veranlaßten Unruhen beseitigen könne. Die Guisen
gaben ihre Beistimmung, weil sie eine solche Versammlung
leichter als eine Versammlung der Reichsstände beherrschen zu
können hofften, und sie wurde zum 15. August nach Fontaine=
bleau berufen. Der König von Navarra und Condé wurden
durch Mistrauen und durch Warnungen ihnen befreundeter
Männer am Hofe zurückgehalten, der königlichen Einladung
Folge zu leisten; der Connetable erschien, aber begleitet von
mehr als achthundert Reitern, und auch die drei Chatillons
kamen mit ungewöhnlich zahlreichem Gefolge. Außerdem be=
stand die Versammlung aus der Mutter, der Gemahlin und
den Brüdern des Königs, den Cardinälen von Bourbon, Lo=
thringen und Guise, den Herzögen von Guise und Aumale,
dem Kanzler, den Marschällen von S. André und Brissac,
den Mitgliedern des geheimen Rathes, dem Erzbischofe von
Bienne, Johann von Marillac, den Bischöfen von Orleans und
Valence, den Rittern des Michaelsordens, den Staatssecretairen,
den Requetenmeistern und den königlichen Tresoriers. Erst
am 21. August eröffnete der König die Versammlung, indem
er sie ermahnte, offen, ohne Haß und Vorliebe, auszusprechen,
was sie dem Wohle des Reichs angemessen glaube, und in
ähnlicher Weise äußerte sich seine Mutter. Ausführlicher sprach
darauf der Kanzler über den Zustand des Reiches: die Macht
desselben sei vermindert, die Sitte aller Stände verderbt, die
Gemüther der Unterthanen dem Könige und seinen angesehen=
sten Ministern abgeneigt; sehr viele hätten aus Überdruß an
der Gegenwart oder aus Furcht vor der Zukunft, manche der
Religion wegen, mehre aus Ehrgeiz und Umwälzungssucht
die Ruhe des Staats gestört; man müsse den Ursprung des
Übels aufsuchen, um die geeigneten Mittel anzuwenden, damit
nach dem Willen des Königs dem Volke Erleichterung, dem
Reiche die frühere Ruhe und allen Ständen Sicherheit ver=
schafft und das Ansehen des Königs und seiner Minister un=
verletzt erhalten werde. Der Herzog von Guise legte dar=
auf über den Zustand des Kriegswesens Rechenschaft ab, der
Cardinal von Lothringen über die Verwaltung der Finanzen,

indem er zeigte, daß die Ausgabe die Einnahme jährlich um 2½ Million Livres übersteige. Die zweite Sitzung wurde auf den 23. August bestimmt, und um die Berathung in engere Schranken einzuschließen, wurde Jedem ein Verzeichniß der für dieselbe bestimmten Gegenstände mitgetheilt. Jene Absicht wurde indeß nicht erreicht. Der Erzbischof von Vienne sprach sich sehr nachdrücklich und mit großem Beifall gegen die Miß= bräuche, Aergernisse und den Verfall der alten Zucht in der Kirche aus; er verlangte, daß ein Nationalconcil berufen werde, da man nicht die Macht habe, ein allgemeines zu veranstal= ten, und daß die drei Stände des Reichs versammelt würden, damit man die Klagen des Volks vernehme und die Stände Vorschläge zur Abhülfe machten. Coligny hatte, sogleich bei der Eröffnung der Versammlung, eine Schrift dem Könige übergeben, in welcher die Reformirten diesen baten, ihre Lehre nach dem Worte Gottes prüfen zu lassen, damit man sich über= zeuge, daß man sie mit Unrecht des Aufruhrs und der Ketzerei beschuldige, die blutigen Verfolgungen gegen sie einzustellen und ihnen öffentlichen Gottesdienst und einige Kirchen zu be= willigen, damit sie nicht zu geheimen und deshalb verdächtig scheinenden Zusammenkünften gezwungen wären. In der Si= tzung am 24. August erklärte er die Bewilligung dieses Ge= suchs für das geeignetste Mittel, um augenblicklich die Ruhe des Reichs herzustellen, er stimmte auch für die Versammlung der Reichsstände, und er trug auf die Abschaffung der neuen königlichen Leibwache an, um dadurch das Mißtrauen zwischen König und Volk zu entfernen. Der Herzog von Guise er= widerte sehr gereizt: es stehe den Unterthanen nicht zu, dem Könige Lehren zu geben, und die Errichtung der Leibwache sei dadurch nothwendig geworden, daß die Unterthanen die Waffen gegen den König ergriffen hätten. Der Cardinal von Lothringen erklärte: Kirchen bewilligen hieße die Ketzerei bil= ligen; zur Versammlung eines Concils sei kein Grund vor= handen als etwa die Nothwendigkeit einer Reform der Sit= ten der Geistlichen, denn die Lehre der Kirche sei oft genug festgestellt worden; Ruhestörer und Aufrührer müßten streng bestraft werden, indeß sei er der Meinung, daß man diejenigen, welche unbewaffnet und nur aus Furcht vor Verdammniß den

Predigten beiwohnten, Psalmen sängen und nicht zur Messe
gingen, nicht auf gerichtlichem Wege und mit Strafen ver-
folge, da diese sich bisher fruchtlos gezeigt hätten, sondern daß
die Bischöfe und andere gelehrte Männer sich bemühen sollten, sie zu bessern; dem Verlangen nach einer allgemeinen
Ständeversammlung stimme er bei. Die Mehrzahl der Anwesenden schloß sich der Meinung des Cardinals an. Durch
ein königliches Edict wurde darauf eine allgemeine Versammlung der Stände zum 10. December nach Meaur — durch
eine spätere Verordnung zum Januar nach Orleans — berufen; die Baillis und Seneschälle wurden angewiesen, im
October die drei Stände ihres Amtsbezirks zu versammeln,
um über die vorzulegenden Beschwerden und Vorstellungen miteinander zu berathen, und um aus ihrer Mitte einige Männer, mindestens einen aus jedem Stande, zu wählen,
welche beauftragt werden sollten, das ihnen für das öffentliche Wohl und für die Erleichterung und Ruhe eines Jeden
angemessen scheinende vorzuschlagen. Die Bischöfe wurden
ermahnt, sich in ihre Diöcesen zu begeben, und sie wurden
aufgefodert, sich am 20. Januar an einem noch zu bestim-
menden Orte einzufinden, um über die Versammlung eines
Nationalconcils zu berathen, im Fall der Papst die auf Berufung einer allgemeinen Kirchenversammlung gemachte Hoffnung nicht erfülle; einstweilen sollten sie aber bessern, was sich
der Lehre Gottes und der Kirche Widerstreitendes, durch die
Nachlässigkeit der Prälaten und die Verderbtheit der Zeit,
eingeschlichen habe. Endlich wurden die Hinrichtungen der
Religion wegen suspendirt; jedoch sollten Diejenigen, welche
das Volk zur Empörung aufreizten, streng bestraft werden[1].
Die Guisen sahen sich damals in dem Besitze ihrer Macht.

1) Bèze I, 276—287. Castelnau 99—103. Commentarii de statu
religionis et reipublicae in regno Galliae I, 47—60. (Der Verfasser
dieses gehaltvollen und zuverlässigen Werkes, welches auch Thou, ohne
es anzuführen, vielfach benutzt hat, hat sich nicht genannt, höchst wahrscheinlich war er der reformirte Prediger Serres (Serranus), mit welchem Namen es fernerhin und zwar Theil 1. 2. 4. nach der Ausgabe
von 1577, Theil 3. 5. nach der von 1589 citirt werden wird). La Planche
I, 365—401. La Place 81—103. Thuan XXIV, 1131—1138.

mehr als je bedroht. Es war ihnen verrathen worden, daß der König von Navarra und der Prinz von Condé insgeheim mit den Montmorencys und den Gouverneuren mehrerer Provinzen sich verbunden hatten, um sie der Regierung zu berauben; es waren ihnen wiederholte Anzeigen zugekommen, daß Condé insgeheim eine große Zahl von Leuten zu gewinnen suche, Geld an diese vertheilen und sie schwören lasse, die Waffen zu ergreifen, sobald es ihnen würde befohlen werden, und es wurde von einigen Personen sogar die Versicherung gegeben, daß die Königin von England an diesen Umtrieben theilnehme und bereits Geld zur Begünstigung derselben gezahlt habe. Unter solchen Umständen war die Berufung der Reichsstände, die Hoffnung auf ein Nationalconcil und die Einstellung der Religionsverfolgungen für sie ein Mittel, um die Unzufriedenheit über ihre Verwaltung wenigstens großentheils zu beschwichtigen und die Thätigkeit ihrer Gegner zu hemmen, während sie selbst Zeit gewannen, die Ausführung ihrer Absichten vorzubereiten. Zahlreiche französische Truppen wurden zusammengezogen, Söldner in Deutschland und in der Schweiz geworben, und der König von Spanien versprach, auf die an ihn gerichtete Anfrage, im Nothfall seinen Beistand. Bei den Wahlen der Reichstagsdeputirten boten die Guisen alle ihnen zu Gebot stehenden Mittel auf, um die Reformirten und ihnen nicht ergebene Leute gänzlich auszuschließen', und mit Hülfe der Reichsstände hofften sie dann die Vertilgung der neuen Lehre durch den Tod der angesehensten Bekenner derselben zu bewirken[1]). Der König von Navarra wurde schon im September von Franz II. aufgefodert, sich an den Hof zu begeben, weil er sich mit ihm vor der Eröffnung des Reichstags über die Beruhigung des Reichs zu besprechen wünsche, und seinen Bruder Condé mit sich zu führen, da er dessen Rechtfertigung gegen die wider denselben erhobenen Beschuldigungen hören wolle. Die beiden Prinzen zögerten einige Zeit, dieser Auffoderung zu folgen, zumal sie mehrfach vor den Anschlägen der Guisen, durch welche sogar ihr Leben

---

1) La Planche I, 355—357. La Place 106. 111. Soriano 524. 526. Schreiben Franz II. vom 31. August bei Aubespine 494. 495.

bedroht werde, gewarnt wurden; allein in der Meinung, daß
diese es nicht wagen würden, sich an Prinzen von Geblüt zu
vergreifen, gaben sie endlich den Vorstellungen ihres Bruders
und dem Rathe ihrer vertrautesten Günstlinge, welche sich den
Guisen verkauft hatten, nach und gingen am Ende des Octobers nach Orleans, wo sich der König bereits, umgeben von
einer zahlreichen Garde, befand. Sogleich bei der ersten Zusammenkunft warf er dem Prinzen von Condé verschiedene gegen ihn und sein Reich gerichtete Unternehmungen vor; er
ließ den König von Navarra in seiner Wohnung durch Soldaten bewachen und Condé verhaften, und er ernannte eine
Commission, um diesen wegen des Verbrechens der beleidigten
Majestät zu verhören. Condé erklärte, daß er als Prinz von
Geblüt nur den König, die Pairs und das gesammte Parlament als seine Richter anerkenne, und daß er an diese appellire;
da indeß der König diese Appellation als unzulässig verwarf,
so rechtfertigte er sich vor der Commission gegen jenes Verbrechen, bekannte sich aber offen zu dem reformirten Glauben.
Zum Spruch eines Urtheils wurden darauf, unter dem Vorsitze L'Hopital's, die Mitglieder des geheimen Rathes, mehre
Ritter des Michaelsordens und Mitglieder des pariser Parlaments versammelt, und dies Gericht, nur mit Ausnahme
L'Hopital's und zweier Beisitzer, verurtheilte den Prinzen als
geheimes Haupt der Verschwörung von Amboise und als Anhänger der ketzerischen Meinungen am 26. November zur Ent-
hauptung. Um dieselbe Zeit erkrankte der König an einem
sein Leben bedrohenden Übel, indem ein am linken Ohr ge-
bildetes Geschwür sich in das Innere des Kopfes hineinzog.
Die Guisen wollten dessenungeachtet das Urtheil vollstrecken
lassen und vielleicht dasselbe Schicksal über den König von
Navarra verhängen; sie wollten indeß die Verantwortung für
eine solche That nicht allein auf sich nehmen, und sie suchten
die Beistimmung der Königin-Mutter zu gewinnen und diese
zu überreden, daß auch ihr Interesse jene Hinrichtung verlange.
Aber Katharina verkannte nicht, daß sie dadurch nur die Macht
der Guisen auch für die Zukunft befestigen werde; der schwache
Charakter des Königs von Navarra ließ sie dagegen hoffen,
daß er in seiner damaligen Lage sich leicht werde bewegen

laſſen, zu ihren Gunſten auf das ihm nach dem Tode des Königs Franz gebührende Recht zu verzichten oder daſſelbe wenigſtens mit ihr zu theilen. Sie knüpfte ſogleich eine Unterhandlung mit ihm an, und aus Furcht vor dem Tode, welchen ſie allein noch abwenden zu können ſchien, erklärte er ſich bereit, ſich nach ihrem Verlangen mit den Guiſen zu verſöhnen, ihr die Regentſchaft für den Thronfolger zu überlaſſen und ſich mit der Würde eines General-Lieutenant des Königs zu begnügen. Bald nachdem dieſe Einigung zu Stande gekommen war, am 5. December 1560 ſtarb Franz II. [1]).

Sein Tod entzog den Guiſen die Grundlage ihrer bisherigen Macht, welche ſich beſonders auf den ausgeſprochenen Willen des nach den Staatsgeſetzen volljährigen Königs und auf die Gewalt, welche ſie vermittels ſeiner Gemahlin über ihn beſaßen, geſtützt hatte. Die Jugend ſeines älteſten Bruders und Nachfolgers, Karl's IX. (1560—1574), welcher am 27. Juni 1550 geboren war, machte eine vormundſchaftliche Regierung nothwendig, und Katharina wußte ſich, durch die damaligen Verhältniſſe begünſtigt, derſelben ſchnell zu verſichern. Der König von Navarra, wenn er ſich auch durch das ihr gemachte Zugeſtändniß nicht gebunden geglaubt hätte, war durch ſeine Lage und durch Mangel an Entſchloſſenheit und Kraft außer Stande, die Anſprüche geltend zu machen, welche er durch ſeine Abſtammung auf die Regentſchaft haben konnte. Die Guiſen ſahen dieſe nicht ungern in den Händen einer Frau, deren herrſchſüchtiger Charakter ſich noch wenig ausgeſprochen hatte, und welche durch ihre geringe Erfahrung genöthigt ſchien, ſich der Leitung Anderer anzuvertrauen. Schon am 6. December berief Katharina den König von Navarra, die Cardinäle von Bourbon, Lothringen, Tournon, Guiſe und Chatillon, den Prinzen von La Roche-ſur-Von, die Herzöge von Guiſe, Aumale und Etampes, den Kanzler, den Admiral und andere Mitglieder des geheimen Rathes; der junge Kö-

---

1) La Planche II. 23—131. Castelnau 109—120. La Place III—117. Mém. de Condé I, 619. Thuan. XXVI, 1161—1168. Lambert XIV, 53. De Lezeau, de la religion catholique en France (in Cimber, Archives curieuses XIV) 24. 25.

nig dankte diesen für die seinem Bruder geleisteten Dienste,
bat sie, jetzt den Befehlen seiner Mutter zu gehorchen, und
wies die Staatssecretaire an, nur diejenigen Ausfertigungen
in Staatssachen zu machen, welche seine Mutter ihnen befehlen
werde [1]. Wenn Katharina, wie es scheint, die Absicht hatte,
sich allein die Regierung zuzueignen, so sah sie sich doch ge=
nöthigt, einigen Antheil an derselben dem Könige von Navarra
zuzugestehen, und dies geschah durch eine Verordnung vom
21. December, welche indeß weder ihm den Titel eines Ge=
neral=Lieutenant des Königs, noch ihr den einer Regentin
beilegte. Nach derselben sollten die Gouverneure der Pro=
vinzen und die Befehlshaber der Plätze, sobald sie am Hofe
anwesend seien, sich in amtlichen und militairischen Angelegen=
heiten an den König von Navarra wenden, damit dieser so=
bann der Königin darüber berichte und sie nach der Meinung
ihres Rathes das Nothwendige anordne. Dagegen sollten alle
Briefe und Depeschen jener Personen an sie gerichtet, und
von ihr dem Könige von Navarra zugeschickt werden; er sollte
dann mit ihr darüber sich besprechen, und sie sollte nach seinem
Rath und dem der andern Prinzen und Herren des Conseil
beschließen, was geschehen müsse. Auch alle die Justiz, die
Finanzen und die übrige innere Verwaltung betreffenden Sa=
chen sollten im geheimen Rathe erledigt werden; die Königin
sollte, wenn es ihr gut scheine, demselben beiwohnen können,
sonst sollte über die Verhandlungen an sie berichtet werden.
Ehe aber der König irgend eine Schrift unterzeichne, sollte
sie von der Königin in einem engern Rathe (conseil des
affaires du matin) eingesehen werden [2]. Condé hielt es
entweder für nothwendig, daß er vor der Theilnahme an den
Staatsgeschäften förmlich für gerechtfertigt erklärt werde, oder
Katharina stellte ihm dies als nothwendig vor, um zu ver=
hindern, daß er ihren Absichten entgegentrete, und er begab
sich, von seiner bisherigen Wache nicht sowol bewacht als
vielmehr begleitet, nach einer Stadt seines Bruders in der

1) Extrait du registre de l'Aubespine, sécrétaire d'état, in Mém.
de Condé II, 211.

2) Lambert XIV, 56—56. La Place 119. 120.

Picardie. Im Februar wurde er an den Hof berufen, und er nahm seinen Platz in dem geheimen Rathe wieder ein, nachdem die Mitglieder desselben sämmtlich erklärt hatten, daß sie ihn für völlig gerechtfertigt hielten; auch der König versicherte, daß der Prinz ihn durch hinreichende Beweise von seiner Schuldlosigkeit überzeugt habe, er gestattete demselben, im Parlament eine feierliche Erklärung nachzusuchen, daß er Dessen nicht schuldig sei, was man ihm zur Last gelegt habe, und diese Erklärung erfolgte am 13. Juni 1561 [1]).

Schon am 13. December war die Reichsversammlung in Gegenwart des jungen Königs von dem Kanzler mit einer Rede eröffnet worden, in welcher er die Ursachen der Berufung derselben aussprach und die Weise andeutete, in welcher gegen die Anhänger des neuen Glaubens verfahren werden müsse: das Christenthum gebiete vor Allem Frieden und Freundschaft unter den Menschen, es lehre, Gewalt zu ertragen und nicht zu üben, und es verdanke nicht den Waffen seinen Anfang und seine Erhaltung; allein die Unvollkommenheit der Menschen sei die Ursache, daß die Religion die heftigsten Leidenschaften in ihnen aufrege und sie veranlasse, die Waffen für dieselbe zu ergreifen, und es sei thöricht, auf Frieden, Ruhe und Freundschaft unter Menschen verschiedener Religion zu hoffen. Dieser Zwiespalt müsse durch ein Concil, zu welchem der Papst Hoffnung gegeben habe, beseitigt werden; einstweilen solle man aber verhüten, daß die Spaltung zum Kriege werde; man solle die Gegner nur mit den Waffen der christlichen Liebe, des Glaubens, der Überredung und des göttlichen Wortes angreifen, denn Milde werde mehr nützen als Strenge; man solle die verwerflichen Parteinamen: Lutheraner, Hugenotten und Papisten, verbannen und nur den Namen Christen festhalten; Diejenigen aber, welche nur nach Unruhen und Verwirrungen verlangten, und welche wahrscheinlich gar nicht an Gott glaubten, müßten vielmehr gezüchtigt als ermahnt werden. Der Kanzler fügte sodann hinzu, daß der König in Folge der frühern Kriege sehr verschuldet, daß

[1] Thuan XXVI. 1168. La Place 184. 187. 199. Mém. de Condé II, 394.

die Domainen, die Aides, die Salzsteuer und ein Theil der Taillen veräußert seien, daß er jedoch die von seinen Vorgängern übernommenen Verpflichtungen erfüllen wolle und dazu Rath und Mittel von der Versammlung verlange; er wolle übrigens, daß die Stände ihm ihre Klagen, Beschwerden und Bitten mit aller Freimüthigkeit vorlegten, er werde sie gütig annehmen und mehr ihren als seinen Vortheil im Auge haben. Die drei Stände hielten darauf ihre Zusammenkünfte in besondern Localen. Der Cardinal von Lothringen wurde von der Geistlichkeit zum Sprecher gewählt, allein da sein Wunsch, auch von den beiden andern Ständen dazu ernannt zu werden, nicht erfüllt wurde, indem diese den darauf gerichteten Antrag der Geistlichkeit zurückwiesen, so lehnte er die Wahl ab, und an seine Stelle trat der Deputirte der Universität Paris, Johann Quintin, Professor des kanonischen Rechtes und Kanonicus von Notre=Dame; von den beiden andern Ständen wurden Jakob von Silli, Baron von Rochefort, und Jakob Lange, Advocat des Parlaments zu Bordeaux, zu Sprechern bestimmt. Der Absicht der Chatillons, vermittels der Stände dem Könige von Navarra die Regentschaft zu verschaffen, war Katharina zuvorgekommen. Zwar waren diejenigen adeligen Deputirten, welche nicht zu den eifrigen Katholiken und den Anhängern der Guisen gehörten, sehr unzufrieden darüber, daß man über die Regentschaft ohne Befragung der Stände entschied und die bisherige Verwaltung größtentheils bestehen ließ; allein ihr Widerspruch blieb ohne Erfolg, da es ihnen nicht gelang, den dritten Stand zur Unterstützung desselben zu bewegen, und auch nicht den König von Navarra zu bestimmen, die Regentschaft für sich allein in Anspruch zu nehmen. Um den Ständen nicht Zeit zu lassen, sich ferner mit dieser Angelegenheit zu beschäftigen, wurde ihnen angezeigt, **1561** daß der König am 1. Januar, ihre Cahiers empfangen werde, es wurde zugleich befohlen, daß jeder Stand die Beschwerden und die Vorschläge, mit welchen die Abgeordneten desselben beauftragt seien, in ein einziges Cahier zusammenstellen solle; allein die Deputirten des Adels konnten sich so wenig in Beziehung auf die Behandlung der Reformirten einigen, daß sie vier verschiedene Cahiers abfaßten. In einer allgemeinen

Sitzung am bestimmten Tage wurden die Cahiers übergeben. Die Sprecher der drei Stände redeten im Namen derselben zum Könige; Rochefort und stärker noch Lange rügten die unter der Geistlichkeit herrschenden Gebrechen, ihre Unwissenheit und Habsucht, ihre Pracht und Verschwendung, und baten den König um Abstellung derselben. Quintin sprach von der Unfehlbarkeit der Kirche und verlangte, daß der Geistlichkeit völlige Freiheit von Abgaben bewilligt werde und daß man die Ketzer und deren Gönner durch Erneuerung der unterbrochenen Hinrichtungen unterdrücke und ausrotte. Die Geistlichkeit leugnete in ihrem Cahier den Verfall ihres Standes nicht ab; zur Beseitigung desselben verlangte sie, daß die durch Ränke, durch Simonie und auf andere Weise den Gemeinden genommene Wahl der Pfarrer denselben zurückgegeben, daß Niemand ohne Erlaubniß des Diöcesanbischofs zum Lehren an den Universitäten und Collegien zugelassen, und daß niedere Schulen in den Städten und Flecken, wo sich keine Collegien befänden, errichtet würden; sie bat den König, daß er die Verordnungen seines Vaters und Großvaters gegen die Ketzer wieder in Kraft setze, den Eid der Rechtgläubigkeit von allen Beamten fodere und diesen befehle, den kirchlichen Richtern ihren Arm zu leihen; sie verlangte, daß die Erhebung von Zehnten, welche nur nach Muthmaßung vertheilt und jährlich drei bis fünfmal mit drückendster Härte von ihr gefodert würden, entweder ganz aufhörten oder daß doch wenigstens die Vertheilung derselben Geistlichen überlassen werde; sie ermahnte den König, die große Zahl von Zollstätten im Innern des Reichs aufzuheben, den Verkauf der Ämter abzuschaffen, die übermäßige Menge der Justizbeamten zu verringern und die Auflagen wieder auf den Betrag zur Zeit Ludwig's XII. zurückzuführen; in Beziehung auf die Abtragung der Staatsschulden erklärte sie, daß man von dem durch Abgaben fast erdrückten Volke keine außerordentliche Beisteuer fodern könne, sondern daß man sich die Mittel dazu durch Sparsamkeit, durch Beschränkung der Ausgaben, besonders für Prunk und Geschenke, sowie durch Verminderung der Gehalte und Pensionen und der Beamten jeder Art verschaffen müsse. Der Unordnung über die Reichsverwaltung während der Minder-

jährigkeit des Königs gab sie ihren völligen Beifall. Die
Cahiers des Adels stimmten meist überein in der Beschwerde
über die Eingriffe in sein Jagdrecht und seine Gerichtsbarkeit,
in der Foderung der Ausschließung Bürgerlicher aus dem Besitz von Lehen und in der Ansicht von der Nothwendigkeit einer Reform der in der Kirche und unter den Geistlichen herrschenden Misbräuche und Gebrechen. Es wurde dazu von einem Theile des Adels verlangt, daß man die Bischöfe nöthige,
in ihren Diöcesen sich aufzuhalten und die Pflichten ihres Amtes auszuüben; Andere begnügten sich nicht mit der Foderung,
daß zur Besetzung der erledigten Pfarren von dem Herrn
und den angesehensten Einwohnern des Ortes ein Eingebore-
ner dem Bischofe oder Patron vorgeschlagen werde, sondern
sie verlangten überdies, daß die Bischöfe nicht allein von den
Geistlichen, sondern auch von den Adeligen und Bürgerlichen
gewählt, und daß unwissende und auf anstößige Weise lebende
Geistliche abgesetzt würden. In Rücksicht auf die Mittel zur
Beseitigung des religiösen Zwiespaltes wurden von dem Adel
sehr verschiedene Ansichten ausgesprochen: Einige betheuerten,
daß sie in der katholischen Religion leben und sterben wollten,
und baten den König, keine Neuerung zu gestatten, welche
seinem Titel des allerchristlichsten Königs und des ältesten
Sohns der Kirche Eintrag thue; Andere verlangten, daß er
den Papst zu schleuniger Berufung eines Concils bewege, daß
nur von einem solchen über die theologischen Streitigkeiten
entschieden, daß einstweilen in Glaubenssachen die Anwendung
jedes Zwanges untersagt und nur die Waffen der christlichen
Liebe gebraucht würden; Manche verlangten außerdem, daß
zu dem Concil auch die reformirten Geistlichen zugelassen und
ihnen gestattet werde, ihre Meinungen offen und frei auszusprechen. Mehre Artikel in den Cahiers des Adels verlangten die Abschaffung des Verkaufs der Ämter und Verminderung derselben, Maßregeln zur Abkürzung der Processe und
Errichtung von Freischulen zum Unterricht im Lesen, Schreiben und der Religion in jeder Parochie und aus kirchlichen
Einkünften. Nur ein Theil des Adels sprach gegen die Königin seinen Dank dafür aus, daß sie sich entschlossen habe,
die Leitung der Regierung, unterstützt durch den Rath der

Prinzen von Geblüt, zu übernehmen, und billigte unbedingt die Zusammensetzung des Staatsraths. Dagegen bat der Adel von Champagne und Brie, daß alle fünf Jahre die Provinzialstände und alle zehn Jahr die Reichsstände berufen und für die Zwischenzeit eine fortdauernde Commission von einer bestimmten Zahl Edelleute gebildet und dieser alle einer schnellen Erledigung bedürfenden Gegenstände vorgelegt würden. Viel umfassender als die Cahiers des Adels und der Geistlichkeit war das des Bürgerstandes, welches aus 350 Artikeln bestand. Es wurde zur Beendigung der Religionsstreitigkeiten vorgeschlagen, daß ein allgemeines Concil an einem sichern Orte, wo ein Jeder in voller Freiheit seine Meinung vertheidigen könne, versammelt, daß Adeligen und Bürgern Theilnahme an der Wahl zu allen kirchlichen Ämtern zurückgegeben und bei der Besetzung derselben nur Tugend und Kenntnisse berücksichtigt würden, daß die Bischöfe in ihren Diöcesen sich aufhalten, daß zwei Drittel der Kirchengüter für die Armen und die Unterhaltung der heiligen Orte und in jedem Capitel eine Präbende einem Theologen, welcher täglich in der Landessprache predige, und eine zweite einem Lehrer, welcher dafür unentgeltlichen Unterricht gebe, ertheilt werden solle. Der König wurde gebeten, Diejenigen, welche in Betreff einiger Glaubensartikel in Irrthum verfallen seien, nicht wie Verbrecher verfolgen zu lassen, die Verhafteten wieder freizugeben und den Ausgewanderten unter der alleinigen Bedingung, friedlich und christlich zu leben, die Rückkehr zu gestatten. Für die Landleute wurde der Schutz der königlichen Procuratoren in den Landgerichten gegen die Gelderpressungen und andere Bedrückungen und Mishandlungen ihrer Herren in Anspruch genommen. Die Abschaffung des Ämterkaufs, die Aufhebung aller seit Ludwig's XII. Regierung errichteten Ämter, die Herstellung der alten Besetzung der Ämter durch Wahl und die Einstellung aller außerordentlichen gerichtlichen Commissionen und aller Eingriffe in den regelmäßigen Gerichtsgang wurden verlangt. Für die zweckmäßigsten Mittel, um die Schulden des Staats allmälig abzutragen, wurden eine weise Sparsamkeit, Beschränkung der Ausgaben, Entlassung eines Theils der königlichen Hofbeamten, sowie anderer, namentlich Finanz-

beamten während der drei letzten Regierungen erklärt, indem
schon durch die Summen, welche der König von denselben zu-
rückzufordern habe, der größte Theil der Schulden getilgt werden könne. Um darzuthun, wie nothwendig es sei, die Taille
entweder ganz abzuschaffen oder mindestens auf ihren Betrag
während der Regierung Ludwig's XII. herabzusetzen, schilderte
man das Elend der Landbewohner, von welchen manche aus
ihrer Heimat geflüchtet oder im Gefängniß verhungert seien,
oder sogar aus Verzweiflung sich und ihre Familien umgebracht hätten. Zur Begünstigung des Handels verlangte man
Aufhebung neueingeführter Zölle und Maßregeln gegen die
Willkür der Zollerheber, und man bat endlich darum, daß die
Reichsstände alle fünf Jahr versammelt würden. Um sich gegen das Verlangen der Stände nach Verminderung der Ausgaben willfährig zu zeigen, wurde durch einen Beschluß des
Staatsraths das königliche Jagdamt aufgehoben, ein Theil der
Hofbedienten entlassen, die Pensionen beschränkt und die Gehalte für das folgende Jahr um ein Viertel verkürzt. Allein
um zu begreifen, daß dieses dem vorhandenen Bedürfniß nicht
genüge, wurden von den Directoren der Finanzen ausführliche
Etats der Ausgabe und der Einnahme vorgelegt, aus welchen
sich ergab, daß die Schulden 43,484,000 Livres betrugen.
Von dieser Summe waren 15,926,000 bei verschiedenen Ban-
ken zu hohen Zinsen geborgt, für 14,961,000 waren Domainen, Aides und Salzsteuern verpfändet, 5,580,000 waren zur
Aussteuer der Tante und der beiden Schwestern des Königs
versprochen worden, und für 2,312,000 hatte man Anweisungen auf die Einnahme des laufenden Jahres gegeben. Die
Einnahme war auf 12,260,000 Livres und die Ausgabe, un-
gerechnet die für Schulden zu zahlenden Zinsen, auf eine
gleiche Summe berechnet, und der Betrag der gemachten Einschränkungen war mit etwa zwei Millionen angesetzt, sobaß
dadurch höchstens die Zahlung jener Anweisungen ausgeglichen
wurde. Dessenungeachtet lehnten die Stände die Aufforderung,
bem Könige Mittel zur Abtragung der Schulden zu gewähren,
mit der Erklärung ab, daß sie nur bevollmächtigt seien, die
Beschwerden ihrer Wähler zu übergeben und Rath über die
Beendigung der Unruhen zu ertheilen, allein nicht dazu, neue

Bewilligungen zu machen; sie könnten weiter nichts thun, als die Provinzialstände von der traurigen Lage der Finanzen unterrichten und es versuchen, dieselben zu Hülfsleistungen zu bestimmen. In der Schlußsitzung am 31. Januar legte der Kanzler den Ständen einen Plan zur Abzahlung der Staats= schulden vor: die Geistlichkeit solle den Rückkauf der verpfän= deten Domainen, Aides und Salzsteuern übernehmen, der dritte Stand einer Erhöhung der Taille oder einer neuen Abgabe auf die Getränke, und alle drei Stände einer neuen Steuer auf das Salz sich unterwerfen; diese Abgaben sollten höchstens sechs Jahre lang erhoben und nach Abtragung der Schulden sollte der königliche Hof nur aus den Einkünften der Domai= nen unterhalten und die Abgaben auf ihren Betrag unter der Regierung Ludwig's XII. vermindert werden. Zur Berathung über diese Vorschläge werde der König die Stände der ein= zelnen Gouvernements berufen, und es sollten sodann von je= dem Gouvernement drei Deputirte, einer aus jedem Stande, zum 1. Mai nach Melun geschickt werden[1]. Nach der Auf= lösung des Reichstages beschäftigte sich der Kanzler mit der Abfassung einer aus 150 Artikeln bestehenden Verordnung (ordonnance d'Orléans), in welcher, soweit es in seiner Macht stand, den Beschwerden der Stände abgeholfen und ihre Vor= stellungen und Wünsche berücksichtigt wurden. Die wichtigsten Bestimmungen derselben waren folgende: Nach Erledigung ei= nes Erzbisthums sollen die Bischöfe der Provinz und das Capitel der erzbischöflichen Kirche, nach der Erledigung eines Bisthums der Erzbischof, die Bischöfe der Provinz und die Stiftsherren der zu besetzenden bischöflichen Kirche, in beiden Fällen mit Zuziehung von zwölf Edelleuten und zwölf ange= sehenen Bürgern der Provinz, drei mindestens dreißig Jahr alte Personen wählen, von welchen der König eine zum Erz= bischof oder Bischof ernennen wird. Alle Erzbischöfe, Bischöfe, Äbte und Pfarrer sollen selbst die Pflichten ihres Amtes ver= sehen. In jeder Kathedral= und Collegial=Kirche soll eine

1) La Place 121—171. La Poplinière I, 224—239. Castelnau 135. 136 und besonders Garnier, Histoire de France XXIX, 28 bis 197 nach dem procès-verbal des états généraux de la bibliothèque du roi.

3 *

Präbende einem Doctor der Theologie mit der Verpflichtung
ertheilt werden, an allen Sonn- und Festtagen zu predigen
und an drei Wochentagen eine öffentliche Lehrstunde in der
heiligen Schrift zu geben, und eine zweite Präbende einem
Lehrer mit der Verpflichtung, die Kinder der Stadt unentgeltlich zu unterrichten. Das Mönchsgelübde soll nicht vor
dem fünfundzwanzigsten, das Nonnengelübde nicht vor dem
zwanzigsten Lebensjahre abgelegt werden; den Obern der Orden wird eine gänzliche Reform der Klöster, gemäß ihrer ursprünglichen Einrichtung und ihrer Regel, anbefohlen, und in
jedem Kloster soll, auf Kosten des Abtes, ein würdiger Mann
besoldet werden, um die guten und heiligen Wissenschaften
(les bonnes et saintes lettres) zu lehren und die Novizen
zur Sitte und Mönchszucht zu bilden. Alle Justiz-, Finanz-
und andern Ämter, welche seit dem Tode Ludwigs XII. errichtet sind, sollen, sobald sie erledigt werden, aufgehoben werden
und Niemand mehr als ein Amt erhalten. Allen richterlichen
Beamten wird geboten, auch nicht das geringste Geschenk von
den Parteien anzunehmen, und durch viele einzelne Bestimmungen wird die Einführung einer raschern und unparteiischen
Justiz bezweckt. Die Universitäten und Collegien sollen den
ihnen ertheilten Privilegien und ihren Stiftungsurkunden gemäß reformirt werden. Alle Bedrückungen der Unterthanen
durch Lehnsherren und Zinsherren werden verboten, und den
königlichen Advocaten und Procuratoren wird aufgetragen, für
die Ausführung dieses Verbots zu sorgen. Die Jagd auf be-
stellten Feldern und in Weinbergen während des Sommers
wird den Edelleuten sowie jedem Andern untersagt. Die
Capitaine werden für die Vergehungen und Erpressungen der
Soldaten ihrer Compagnien verantwortlich gemacht. Es wird
als Absicht und Wunsch des Königs ausgesprochen, die Taille
und die Aides auf ihren Betrag zur Zeit Ludwig's XII. herabzusetzen, sobald es ihm möglich sein werde; einstweilen wird
den Erhebern der Taille befohlen, in der Form der Erhebung
und bei der Bezahlung Erleichterung zu gewähren; die Taille
soll nach Maßgabe des Vermögens unter die zu ihr verpflichteten Personen vertheilt werden; alle Beamten und andere
Exdimirte, welche Handel treiben, alle Einwohner der Städte,

Flecken und Dörfer, erimirte wie nicht erimirte, welche von
Andern Ländereien gepachtet oder gemiethet haben, sollen die
Taille zahlen, und alle bürgerlichen Bewohner der von der-
selben freien Städte, sowie alle Geistlichen bürgerlicher Geburt
sollen ihre Ländereien verpachten, damit die Pächter durch
Zahlung der Taille zur Erleichterung des armen Volks beitragen, oder sie werden selbst der Taille unterworfen; Beschwerden und Streitigkeiten wegen dieser Abgabe sollen die
Elus nach dem Rath einiger Einwohner der Parochie entscheiden. Mehre Bestimmungen bezwecken die Beförderung des
Handels, namentlich wird Denen, welche zur Erhebung eines
Zolles berechtigt sind, zur Pflicht gemacht, einen Tarif, unterzeichnet von den Richtern des Orts oder zwei Notaren, öffentlich aufzustellen, und strengste Bestrafung der Bankrottirer
wird befohlen. Die Zigeuner werden aus Frankreich verwiesen. Von jedem Handwerker, welcher Meister werden will,
wird die Anfertigung von Meisterstücken gefodert. Auch für
die Verschönerung der Städte wird durch den Befehl gesorgt,
daß alle über die Straße ragende Vorsprünge der Häuser
binnen zwei Jahren abgebrochen und die an den Straßen liegenden Mauern derselben nur aus Steinen gebaut oder wiederhergestellt werden sollen [1]).

Die Ausführung dieser Reformen und Verheißungen würde
für Frankreich der Beginn einer glücklichern Zeit geworden
sein; allein wenn diese auch nicht durch den baldigen Ausbruch eines langwierigen Bürgerkriegs unmöglich gemacht
worden wäre, so würde L'Hopital's Einsicht und Eifer doch
wenig oder keine Unterstützung gefunden haben; fast alle höhern
Staatsbeamten, fast alle am Hofe einflußreichen und angesehenen Männer dachten nur an die Befriedigung ihrer selbst-
süchtigen Leidenschaften; auch für die Königin lag der Werth
der Macht nur in dem Genusse des Herrschens, und überdies
mußte sie ihre ganze Aufmerksamkeit und Thätigkeit darauf
richten, ihre Stellung wider mächtige Gegner zu behaupten.
Der König von Navarra war mißvergnügt über den geringen
Antheil an der Regierung, auf welchen er sich beschränkt sah,

1 Isambert XIV, 63—98.

und noch mehr darüber, daß der Herzog von Guise einen
weit größern Einfluß auf die Geschäfte besaß als er; dieses
Misvergnügen theilten fast alle Prinzen von Geblüt, der Con=
netable und dessen Söhne sowie die Chatillons, und indem
er auf den Beistand derselben hoffen konnte, wollte er mit
ihnen den Hof verlassen, sich nach Paris begeben und die Aus=
übung der Regentschaft sich zueignen. Zu gleicher Zeit äußerte
sich in den Ständeversammlungen, welche damals in den ein=
zelnen Bailliages und Senechausseen gehalten wurden, eine
für die Königin ungünstige Stimmung, denn mehre dersel=
ben begnügten sich nicht, über die dem Könige zu leistende
Hülfe zu berathen, sondern sie verhandelten auch über die
Form der Reichsregierung, und in der Versammlung der Pre=
voté von Paris erklärte der Adel sogar: man müsse nicht eher
eine Hülfe bewilligen, als bis der König von Navarra Regent
von Frankreich sei. Unter solchen Umständen eilte Katharina,
die ihr drohende Gefahr durch List und Nachgiebigkeit abzu=
wenden. Sie schmeichelte dem Ehrgeiz und der Eitelkeit des
Connetable, indem sie den König erklären ließ, daß ihm die
Anwesenheit und der Rath des ersten Beamten der Krone
unentbehrlich sei. Der Connetable gab nicht allein seine Ab=
sicht, sich zu entfernen, auf, sondern er bewog auch den Kö=
nig von Navarra dazu, und er vermittelte zwischen ihm und
der Königin einen Vergleich, in welchem diese ihm die Würde
eines General=Lieutenant des Königs im ganzen Reiche zu=
gestand und sich verpflichtete, nichts ohne seinen Rath und
seine Beistimmung zu thun. Ein königliches Schreiben befahl
darauf den Baillis und Seneschällen, bekannt zu machen, daß
zwischen der Königin, dem Könige von Navarra und den
übrigen Prinzen von Geblüt vollkommenes Einverständniß und
völlige Einigkeit in Beziehung auf die Verwaltung und Re=
gierung des Reiches stattfinde, und daß es unnöthig sei, daß
die Stände sich mit dieser Sache befaßten [1]). Der Connetable
sah seine Hoffnung, daß er fortan einen großen Einfluß auf
die Staatsgeschäfte erlangen werde, bald getäuscht; außerdem

---

1) La Place 184—186. La Poplinière I, 254. 255. Mém. de
Condé II, 281—284. Journal de Brulart; ibid. II, 24.

war er, als eifriger Katholik, sehr unwillig, daß die neue Lehre sich immer weiter ausbreitete und sogar in dem königlichen Palast, in den Zimmern, welche dem Prinzen von Condé und dem Admiral eingeräumt waren, geprebigt wurde, und sein Unwille wurde immer mehr durch seine Gemahlin, eine unversöhnliche Feindin jenes Glaubens, und durch den Marschall von S.-André aufgereizt. Sie überredeten ihn, daß die Hugenotten die angesehensten Diener der frühern Könige zur Rechenschaft ziehen, berauben und beschimpfen wollten, daß dem Zustande des Reichs eine allgemeine Umwälzung drohe, daß er als der erste Beamte der Krone verpflichtet sei, die katholische Kirche aufrecht zu erhalten und daß diese nur gerettet werden könne, wenn er sich mit den Guisen verbinde. Auf solche Weise gelang es, ihn dem Könige von Navarra und den Chatillons zu entfremden und ihn im Anfange des Aprils zu einer engen Vereinigung mit dem Herzoge von Guise und dem Marschall von S.-André zu bewegen [1]). Der Zweck der Verbündeten, welche bald von ihren Gegnern, namentlich den Reformirten, mit dem Spottnamen der Triumvirn bezeichnet wurden, war nicht allein die Ausrottung der neuen Lehre durch Gewalt und Krieg, sondern auch die Vertilgung der Bourbons, damit nicht einst ein Prinz aus diesem Hause diese That räche und die ketzerische Lehre wiederherstelle; sie beschlossen, die obere Leitung dieses Unternehmens dem Könige von Spanien zu übertragen, auf dessen Beistand sie ebenso wie auf den des Papstes und des Herzogs von Savoyen rechneten, und sie beabsichtigten, nach Herstellung des alten Zustandes in Frankreich den Kaiser zu unterstützen, um auch ganz Deutschland wieder dem päpstlichen Stuhle zu unterwerfen [2]). Katharina sah sich durch diesen Bund nicht weniger

1) La Place 187—189. La Poplinière I, 256. Serranus I, 1—3.

2) Eine Acte dieses Inhalts war schon von dem Herausgeber der Mém. de Condé (III, 209—213.n), jedoch mit Bedenken gegen die Echtheit, mitgetheilt worden. Capefigue (II, 243—245) hat ihr Original mit den Unterschriften in der königlichen Bibliothek zu Paris aufgefunden; ihr Inhalt beweist indeß, daß sie nicht, wie er meint, nach dem Gemetzel von Vassy abgefaßt ist, sondern vor der Vereinigung des Königs von Navarra mit den Guisen, im Anfange des Jahrs 1561.

bedroht als früher durch die Vereinigung des Connetable mit
den Bourbons und den Chatillons, weil derselbe leicht die große
Zahl der Katholiken für sich gewinnen konnte, welche von un=
versöhnlichem Hasse gegen die Reformirten beseelt waren. Durch
Erziehung und Gewohnheit gehörte sie der katholischen Kirche
an, aber sie theilte den in derselben vorherrschenden Geist der
Unduldsamkeit und Verfolgung nicht, weil ihr das Wesen je=
der Religion gleichgültig war und sie die Religion nur als
ein Mittel zur Erreichung anderer, persönlicher Zwecke betrach=
tete. Sie verfolgte die Reformirten nur, wenn sie ihrer Herrsch=
sucht hinderlich waren, sie wollte sich den Besitz der Macht
dadurch sichern, daß sie ein Gleichgewicht zwischen beiden Re=
ligionsparteien erhielt, daß sie sich der einen gegen das sie be=
drohende Übergewicht der andern bediente, und so entschloß
sie sich jetzt, die Reformirten durch einige Zugeständnisse gün=
stig für ihre Verwaltung zu stimmen. Durch ein am 19.
April zu Fontainebleau gegebenes Edict wurde bei strengster
Bestrafung verboten, sich einander wegen der Religion, na=
mentlich durch die Namen Papisten und Hugenotten zu reizen
und zu beleidigen, es wurde untersagt, Kreuze und Bilder zu
zerstören, aber zugleich auch, Häuser zu durchsuchen; alle we=
gen der Religion Verhaftete wurden freigelassen, und Allen,
welche aus derselben Ursache seit der Thronbesteigung Franz II.
ausgewandert waren, die Rückkehr gestattet und ihnen Sicher=
heit der Person und des Eigenthums zugesagt, wofern sie fer=
nerhin katholisch und ohne Ärgerniß zu geben, leben wollten;
andernfalls wurde ihnen erlaubt, ihre Güter zu verkaufen und
sich aus Frankreich zu entfernen [1]. Das pariser Parlament
richtete nicht allein Vorstellungen gegen dieses Edict an den
König, sondern es verbot auch in seinem Gerichtsbezirk bei
Strafe des Stranges, unerlaubte Versammlungen zu halten
und ohne seine Erlaubniß Bibeln und Schriften religiösen
Inhalts zu drucken und zu verkaufen [2]. Bei der Krönung
des Königs zu Rheims (15. Mai) beklagte sich der Carbinal

---

1) Mém. de Condé II, 334.

2) Garnier XXIX, 205 nach den Registres du parlement. La
Popelinière 257.

von Lothringen bei der Königin, daß die für die Erhaltung
der katholischen Religion erlassenen Edicte nicht beobachtet
würden, und daß die Bekenner der neuen Lehre sich weit mehr
als früher öffentlich versammelten, und er verlangte eine gemeinsame Berathung des Parlaments und des Geheimen Rathes über die gegen dieselben zu ergreifenden Maßregeln. Die
Königin konnte die Gewährung dieses Verlangens nicht verweigern. Die Versammlung theilte sich zwischen drei Meinungen: nur der kleinste Theil sprach sich dafür aus, daß die
Ketzerei mit dem Tode bestraft werde; ein größerer erklärte
sich für die Verschiebung der Strafen bis zur Entscheidung
durch ein Concil, und nur durch eine Mehrzahl von drei Stimmen siegte die Meinung, daß alle öffentlichen oder geheimen
Zusammenkünfte, in welchen anders als nach dem in der katholischen Kirche beobachteten Brauch gepredigt und die Sacramente ausgetheilt würden, mit Verlust des Lebens und Vermögens bestraft werden und das Erkenntniß über das Verbrechen einfacher Ketzerei den Geistlichen bleiben sollte. Das
im Juli erlassene und nach diesem Monate benannte Edict,
welches diese Bestimmungen als vorläufige bis zur Entscheidung durch ein allgemeines oder ein Nationalconcil bekannt
machte, setzte außerdem fest, daß die von den kirchlichen Richtern dem weltlichen Arme übergebenen Ketzer nicht härter als
durch Verbannung bestraft werden, daß die königlichen Beamten Niemanden in seinem Hause durch Nachsuchungen auf zu-
dringliche Weise (indiscrètement) belästigen und daß falsche
Angeber und Verleumder mit derselben Strafe belegt werden
sollten, welche den Beschuldigten getroffen hätte, wenn er
überführt worden wäre; für Aufstand und andere Vergehungen, welche auf Veranlassung der Religion seit dem Tode
Heinrich's II. begangen worden waren, wurde allgemeine Verzeihung bewilligt, jedoch zugleich befohlen, fernerhin auf friedliche und katholische Weise zu leben; Thätlichkeiten und Waffentragen wurden bei Strafe des Stranges verboten ¹). Bei
der gemeinsamen Berathung des Parlaments und des Geheimen Rathes wurde besonders auf den Antrag des Carbinals

1) Isambert XIV, 109—111.

von Lothringen, welcher die Bekenner der neuen Lehre mit
geistlichen Waffen besiegen zu können glaubte, der Beschluß
gefaßt, daß eine Versammlung der französischen Prälaten, um
über die Religionsangelegenheiten zu berathen, gehalten wer=
den sollte, und den reformirten Predigern wurde sicheres Ge=
leit zu derselben bewilligt, um sie über ihren Glauben zu hö=
ren. Die Königin bestimmte Poissy zum Ort dieser Versamm=
lung [1]), während zu der ständischen Versammlung, welche
bis zum August vertagt worden war, und welche jetzt nach
Pontoise berufen wurde, nur die Abgeordneten des Adels
und des dritten Standes, aus jedem Gouvernement ein De=
putirter jedes Standes, zusammen sechsundzwanzig, vereinigt
wurden. Nachdem sie die Abfassung ihrer Cahiers beendigt
hatten, wurden sie nebst den zu Poissy bereits anwesenden
Geistlichen nach S. Germain, wo sich der Hof damals auf=
hielt, beschieden, um dieselben in einer königlichen Sitzung
(am 27. August) zu übergeben. Der Sprecher des Bürger=
standes, Johann Bretagne, erster Magistrat der Stadt Autun,
rügte in seiner Rede sehr nachdrücklich die Unwissenheit, die
Geldgier und den Ehrgeiz der Geistlichkeit, deren Zustand und
Lebensweise keineswegs den Geboten des Neuen Testaments
und den kirchlichen Satzungen entspreche, welche die kirchlichen
Güter nicht nach dem Willen Derer, die der Kirche dieselben
geschenkt, zur Erhaltung der kirchlichen Gebäude und zur Er=
nährung der Armen, sondern zu ihrem Genusse verwende,
und mit deren geistlichen Pflichten der Besitz weltlicher Ge=
richtsbarkeit im Widerspruch stehe; er klagte über die Unord=
nungen in der Verwaltung der Justiz und über die über=
mäßigen Schulden, welche die Könige Heinrich II. und Franz II.
gemacht hätten; er erklärte, daß der Bürgerstand durch Auf=
lagen und andere Lasten so gedrückt und erschöpft sei, daß er
dem Könige nichts als einen guten und gesetzlichen Willen
darbringen könne; er bezeichnete die Einstellung der Verfol=
gungen wegen der Religion und ein freies Nationalconcil als
die geeignetsten Mittel, die Verschiedenheit der religiösen An=
sichten auszugleichen, denn beide Theile bekannten, wenn auch

1) La Place 196. 199—201. La Poplinière 258. 259.

in verſchiedener Weiſe, den Gott, welcher Jeſum Chriſtum ge-
ſandt habe, und dem Gewiſſen dürfe nicht Zwang angethan
werden, und er ſprach es ſogar als nützlich aus, daß man Denen, welche nicht mit gutem Gewiſſen an den Ceremonien der
katholiſchen Kirche theilnehmen könnten, geſtatte, ſich in Kirchen
oder an andern Orten am hellen Tage zu verſammeln, um
in der lebenden, verſtändlichen Sprache zu beten und über
das Wort Gottes ſich belehren zu laſſen. In ähnlicher Weiſe
äußerte ſich der Sprecher des Adels. Der Sprecher der Geiſtlichkeit ſuchte die gegen dieſelbe erhobenen Anklagen zu entkräften und empfahl der Fürſorge des Königs die Sache der
Religion und die Würde und die Rechte des geiſtlichen Standes. Die Cahiers des Adels und des Bürgerſtandes ſpra-
chen ſich nicht allein feindſelig gegen die Geiſtlichkeit und gün-
ſtig für die reformirte Lehre aus, ſondern ſie enthielten auch
Forderungen, welche eine Umgeſtaltung der Verfaſſung des
Staats in ſich ſchloſſen. Durch den Admiral Coligny wußte
Katharina zwar die beiden Stände zu beſtimmen, dem zwiſchen ihr und dem Könige von Navarra geſchloſſenen Vergleiche
ihre Beiſtimmung zu geben, jedoch behielten ſie das Recht den
Prinzen und den Ständen für den Fall vor, daß einſt wieder
ein minderjähriger König auf den Thron gelange, und ſie ſchloſſen von dem Regentſchaftsrathe die Cardinäle aus, weil dieſe
durch ihren Eid an einen andern Herrn geknüpft ſeien, die
Biſchöfe, weil dieſe verpflichtet ſeien, ſich in ihren Diöceſen
aufzuhalten, und die fremden Prinzen, weil deren Verbindungen leicht dem Staate gefährlich werden könnten. Der Adel
verlangte, daß zur Sicherung der Rechte der Nation durch ein
ewiges, unwiderrufliches Edict feſtgeſtellt werde, daß, ſo oft
ein Prinz, welcher nicht zwanzig Jahre alt oder anerkannt unfähig zur Regierung ſei, den Thron beſteige, die Prinzen von
Geblüt verpflichtet ſein ſollten, binnen drei Monaten die Reichsſtände zu berufen, und daß, wenn dies nicht geſchehe, die
Stände jeder Bailliage und Senechauſſee zur Wahl von drei
Deputirten zuſammentreten und dieſe ſich am funfzehnten Tage
des vierten Monats in Paris verſammeln, die Form der Verwaltung regeln und namentlich einen Regentſchaftsrath ernennen ſollten. Auch wurde die Genehmigung der Stände zur

·Bewilligung von Apanagen an Prinzessinnen und zur Führung eines Kriegs für nothwendig erklärt. Der Bürgerstand nahm zwar diese Forderungen des Adels nicht in sein Cahier auf, verlangte aber, daß fortan die Reichsstände alle zwei Jahre versammelt werden sollten. In Beziehung auf die Religions= angelegenheit erklärten sich beide Stände übereinstimmend: da das bisherige strenge Verfahren gegen die neue Religion nur die Befestigung und weitere Verbreitung derselben bewirkt habe, so müsse man nunmehr entgegengesetzte Mittel versuchen; man solle die bisher gegebenen Religionsedicte, namentlich das Edict vom Juli, aufheben, Niemanden wegen seines Glaubens beunruhigen, sobald er nur ein Christ sei und die Pflichten des Bürgers erfülle, man solle selbst den Bekennern der neuen Lehre in jeder Stadt eine leerstehende Kirche oder einen Platz zum Bau einer Kirche anweisen, damit sie ihren Gottesdienst in voller Freiheit halten könnten, nur unter der Aufsicht eines städtischen Beamten, welcher darüber wache, daß nichts der guten Sitte und der Unterthanenpflicht Widerstreitendes ge= schehe; endlich möge der König ein freies Concil zur Herstel= lung der kirchlichen Eintracht berufen. Zur Abtragung der Schulden schlugen beide Stände die Errichtung einer Commis= sion vor, welche die Etats der Einnahme und Ausgabe prü= fen, gegen Alle, welche während der letzten zwei Regierungen mit öffentlichen Geldern zu thun gehabt, Untersuchungen an= stellen und bevollmächtigt werden sollte, diesen jede Amtsver= richtung zu untersagen, bis sie die Gelder, zu deren Zurück= gabe sie verurtheilt werden würden, gezahlt hätten. Durch diese Gelder hoffte man die Schulden um einen bedeutenden Theil vermindern zu können; die Tilgung der übrigen wollte der dritte Stand ausschließlich der Geistlichkeit aufbürden; er schlug nämlich vor, entweder dazu die Hinterlassenschaft aller Bischöfe, Äbte und Mönche zu verwenden, die Einkünfte der Pfründen, deren Besitzer sich nicht in denselben aufhielten, in Beschlag zu nehmen und die übrigen zu besteuern, oder fast alle Einkünfte der Kirche zu verkaufen, aus dem Verkaufser= trage, welchen man auf 120 Millionen schätzte, 48 Millionen zu 12 vom Hundert auszuleihen und die dafür einkommenden 4 Millionen Zinsen den Geistlichen als jährliche Rente anzu=

weisen. Der Adel, welcher selbst jede Beisteuer verweigerte,
verlangte von der Geistlichkeit die Zahlung von zwei Dritteln
der nach jener Verminderung noch bleibenden Schulden, nämlich Rückkauf der Domainen durch ein Capital von 15 Millionen, welches mittels Verkaufs eines verhältnißmäßigen
Theils jeder Pfründe, deren Werth über 400 Livres betrage,
aufgebracht werden sollte; ein Drittel sollte theils von Denen,
welche die königlichen Einkünfte erhöben, theils von den
Städten, den bedeutendern Flecken und den kleinen Eigen-
thümern gezahlt werden. Ferner sollten sodann die Abgaben
auf ihren Betrag unter der Regierung Ludwigs XII. beschränkt
werden, und damit dieser hinreiche, sollte die übermäßige Zahl
der Finanz-, Justiz und polizeilichen Ämter bedeutend vermindert und jedes Amt in eine dreijährige Commission mit
Verpflichtung zur Rechenschaft verwandelt werden [1]). Die
Königin vermied es, in diese Vorschläge einzugehen, sie suchte
nur Geldbewilligungen von den Ständen zu erlangen. Die
Geistlichkeit entschloß sich, um härtere und gewaltthätige Maßregeln abzuwenden, sechs Jahre lang jährlich 1,600,000 Livres
von den Schulden des Königs durch Rückkauf von Domainen
abzutragen, unter der Bedingung, daß die Vertheilung, Erhebung und Verwendung dieser Summe ihr selbst überlassen
bleibe, und indem die Königin versprach, die alte Religion im
ganzen Reiche aufrecht zu erhalten. Die beiden andern Stände
wurden nur mit Mühe durch die Vorstellungen Coligny's und
Andelots bewogen, in eine neue Auflage auf die Getränke für
sechs Jahre zu willigen, welcher auch die Geistlichkeit unterworfen wurde, und deren jährlichen Ertrag man auf 1,200,000
Livres anschlug [2]).

Die geistliche Versammlung zu Poissy bestand
aus sechs Cardinälen, sechsunddreißig Erzbischöfen und Bischöfen und vielen Doctoren der Theologie; außerdem kamen
zu derselben zwölf französische reformirte Prediger und, auf
besondere Einladung des Königs von Navarra und des Prin-

1) Garnier XXIX, 287—325. La Place 215—235. La Poplinière 261—268. Bèze 274—288.
2) Garnier 388—393.

zen von Condé, Theodor von Beza, einer der ausgezeichnetsten
Schüler und Freunde Calvin's und Prediger zu Genf, wohin
er sich schon vor längerer Zeit aus seinem Vaterlande Frankreich begeben hatte, sowie Peter Martyr Vermiglio, aus
Florenz gebürtig und damals Haupt der reformirten Kirche
zu Zürich. Der Kanzler eröffnete, in Gegenwart des Königs
und des ganzen Hofs, am 9. September die Versammlung
durch eine Rede, in welcher er die Anwesenden ermahnte, mit
Demuth zu verfahren und geistig einig zu sein, Spitzfindig-
keiten und eitele Streitigkeiten zu unterlassen, die Anhänger
der neuen Lehre, welche auch Christen und getauft seien, nicht
für Feinde zu halten und sie aus Vorurtheil zu verdammen,
sondern sie zu rufen, sie aufzusuchen und sie mit aller Milde,
ohne Erbitterung und Hartnäckigkeit aufzunehmen. Beza sprach
darauf seinen Dank gegen Gott und gegen den König aus,
daß den Bekennern des reformirten Glaubens endlich die lange
ersehnte Gunst zu Theil werde, von diesem gehört zu werden
er rechtfertige dieselben gegen die Beschuldigung, daß sie unruhige, ehrgeizige, aller Ruhe und Eintracht feindliche Menschen seien, und er legte dann ihr Bekenntniß und das Verhältniß desselben zu der Lehre der katholischen Kirche dar.
Er sprach unter Anderm es als die Überzeugung der Reformirten aus, daß das Wort Gottes nur in der Bibel enthalten sei und man den Inhalt der Concilienbeschlüsse und der
Schriften der alten Kirchenlehrer nur insofern zulassen dürfe,
als derselbe auf die Bibel gegründet sei, und daß Christi Körper so weit von dem Brot und dem Wein im Abendmahl entfernt sei, wie der höchste Himmel von der Erde, daß man jedoch seines Körpers und seines Blutes auf eine geistige Weise
und mittels des Glaubens theilhaftig gemacht werde. Auf
die Widerlegung dieser beiden Ansichten beschränkte sich der
Cardinal von Lothringen in der zweiten Sitzung (am 16.
September), indem er die katholische Lehre von der Autorität
der Kirche und der Concilien und von der wirklichen Gegenwart des Fleisches und Blutes Christi im Abendmahl vertheidigte. In der dritten Sitzung, welche auf die dringende Forderung der Prälaten weder öffentlich noch in Gegenwart des
Königs (am 24. September) stattfand, sprach Beza gegen

jene Widerlegung und über das Wesen, die Bezeugungen und die Autorität der Kirche, um die Frage zu entscheiden, ob dieselbe über der Schrift sei. Der Cardinal von Lothringen überließ es fast ganz einigen Doctoren der Theologie, Beza zu antworten, und diese gingen nicht in den Hauptgegenstand seines Vortrags ein, sondern richteten ihre Angriffe auf einige Einzelnheiten. In der vierten Versammlung (am 26. September) disputirten wieder Doctoren der Theologie gegen Beza und Peter Martyr über die Lehre vom Abendmahl; die Disputation wurde indeß unterbrochen durch den General der Jesuiten, Lainez, welcher vor kurzem mit dem päpstlichen Legaten, dem Cardinal von Ferrara, nach Frankreich gekommen war; er schmähte auf die reformirten Prediger, welche er Affen und Füchse schalt, und forderte, daß man sie nicht ferner höre, sondern an das Concil von Trident verweise. Die Königin besorgte jetzt, daß eine Fortsetzung des Religionsgespächs in der bisherigen Weise nur eine größere Erbitterung zwischen beiden Theilen bewirken werde, und sie beauftragte deshalb mehre Bischöfe und Doctoren, Männer von versöhnlicher Gesinnung, die Verhandlung mit Beza, Martyr und einigen andern reformirten Predigern fortzusetzen. Diese einigten sich am 1. October über ein, das Abendmahl betreffendes, Glaubensbekenntniß; allein obwol dasselbe in doppelsinnigen Ausdrücken abgefaßt war, damit es von beiden Theilen angenommen werden könne, so erklärte die Sorbonne es nicht allein für ungenügend, sondern auch für verfänglich und ketzerisch. Auf diesen Ausspruch sich stützend, weigerten sich die in Poissy versammelten Prälaten, Beza und seine Genossen ferner in irgend einer Weise zu hören, wenn sie nicht das katholische Bekenntniß von der wahren Gegenwart des Leibes und Blutes Christi im Abendmahl unterschreiben wollten. Die reformirten Prediger kehrten in ihre Heimat zurück, nachdem sie sich vergeblich bemüht hatten, die Fortsetzung der Disputation zu erlangen. Die Prälaten einigten sich in der Ansicht, daß es kein wirksameres Heilmittel für die durch Sektirer verwirrte Kirche gebe, als die schnellste und vollständigste Herstellung der Kirchenzucht, und sie faßten zu diesem Zwecke eine Reihe von Artikeln ab; allein diese Reform, welche überdies den

Hauptpunkt, nämlich die Lehre, gar nicht berührte, wurde nie ausgeführt [1]).

Die Weise, in welcher sich die ständischen Deputirten über die Religionsangelegenheiten ausgesprochen hatten, die Anerkennung, welche der neuen Lehre dadurch zu Theil geworden war, daß man sie zum Gegenstande einer öffentlichen Verhandlung gemacht, daß man ihre Prediger öffentlich gehört hätte, und das Verhalten der Königin, in welchem man ebensowol Begünstigung dieser Lehre wie Schwäche finden konnte, machte die Bekenner derselben immer zuversichtlicher; ihre Zahl vergrößerte sich außerordentlich, sie begannen mehr und mehr ihre gottesdienstlichen Versammlungen öffentlich zu halten, sie bemächtigten sich in mehren Städten katholischer Kirchen oder zerstörten in denselben Bilder, Kreuze und Altäre, und bei den Predigten vor den Thoren von Paris fanden sich 8 bis 9000 Personen ein [2]). Die dadurch noch erhöhte gegenseitige Erbitterung und blutigen Streitigkeiten zwischen den beiden Religionsparteien in Paris, wie in andern Städten, foderten dringend eine bestimmtere Anordnung der Religionsverhältnisse, und Katharina versammelte zu diesem Zweck im **1562** Januar 1562 Abgeordnete aus allen Parlamenten, den Geheimen Rath und andere angesehene Männer zu S.-Germain. Der Kanzler äußerte in der Rede, mit welcher er die Berathung eröffnete: man habe bisher alle möglichen Mittel, milde und strenge, versucht; wenn der König, wie Einige verlangten, auf die eine Seite träte, so würde dies einen Krieg veranlassen, in welchem der Vater dem Sohne, der Bruder dem Bruder gegenüberstehen und welcher für den Sieger ebenso verderblich sein werde wie für den Besiegten; man müsse nicht allein erwägen, ob ein Gesetz an sich gerecht, sondern auch, ob es der Zeit und den Menschen, für welche es bestimmt sei, angemessen sei; man möge nicht darüber streiten, welche Meinung die bessere sei, denn es sei nicht die Rede von einer Anordnung für die Religion, sondern für den Staat; selbst Er-

---

1) Bèze I, 489—644. Mém. de Condé II, 490—507. La Place 237—309. La Poplinière 269—270. Serranus I, 100—142. Thuan. T. II. Francofurti 1614. L. XXVIII, 12—24.

2) Bèze I, 665. Pasquier, Lettres IV, 11.

communicirte hörten nicht auf, Bürger zu sein, und das Beispiel der Familien, in welchen Katholiken mit Anhängern der
neuen Lehre in Eintracht und Liebe lebten, bewiese, daß man
auch mit Denen, welche verschiedener Ansicht seien, ruhig leben
könne. Der Einfluß der Königin und des Kanzlers bei der
Berathung bewirkte ein Ergebniß, wie es in einem am 17.
Januar bekannt gemachten und nach diesem Monate benannten Edicte ausgesprochen wurde. Die Anhänger der neuen Religion sollten alle Kirchen und alle Güter und Einkünfte der
Geistlichen, deren sie sich bemächtigt hatten, zurückgeben, keine
Kirchen weder innerhalb noch außerhalb der Städte sich zueignen oder bauen, die Geistlichen nicht im Genuß der Zehnten und anderer Einkünfte stören, bei Lebensstrafe keine Bilder und Kreuze zerstören noch andere anstößige und aufrüh-
rische Handlungen begehen, und sich auch nicht, weder öffentlich noch insgeheim, innerhalb der Städte zu Predigten versammeln. Dagegen wurden einstweilen und bis zu anderer
Bestimmung durch ein Concil oder den König die in dem
Edicte vom Juli, und andern frühern Edicten enthaltenen Verbote und Strafen in Beziehung auf die Versammlungen derselben zu Predigt, Gebet und anderer Religionsübung am
Tage und außerhalb der Städte ausgesetzt; jedoch sollten sie
königlichen Beamten, welche den Predigten beiwohnen und
hören wollten, was für eine Lehre in denselben verkündigt
werde, den Zutritt gestatten, denselben die Verordnungen, welche
sie für die Ausübung ihrer Religion nöthig fänden, zur Genehmigung vorlegen und nicht ohne Erlaubniß und Gegenwart eines solchen Beamten Synoden oder Consistorien halten; sie sollten nicht Truppen werben und sich Abgaben auf-
legen, mildthätige Gaben und Almosen nur freiwillig zusam-
menbringen und die Gesetze des Staats, die Festtage und
die Eheverbote der katholischen Kirche beobachten. Von den
reformirten Geistlichen wurde die Beschwörung dieses Edicts
und das Versprechen verlangt, keine Lehre zu predigen, welche
dem reinen Worte Gottes widerspreche, wie es in dem nicä-
ischen Glaubensbekenntniß und in den kanonischen Büchern
des Alten und Neuen Testaments enthalten sei; es wurde ihnen
verboten, in ihren Predigten gegen die Messe und andere Ce-

remonien der katholischen Kirche zu schmähen, und ebenso wurden den katholischen Predigern Beleidigungen und Ausfälle
gegen die Anhänger der neuen Lehre untersagt. Der Druck,
der Verkauf und die Verbreitung von Schmähschriften sollte
das erste Mal mit Auspeitschung, das zweite Mal mit dem
Tode bestraft werden [1]). Katholiken nicht allein, sondern auch
Reformirte waren über den Inhalt des Edicts unzufrieden.
Die Letzten hatten größere Zugeständnisse erwartet, und sie beklagten sich namentlich darüber, daß man sie in die Vorstädte
verweise, nachdem ihr Glaube bereits in sehr vielen Städten
gepredigt worden sei; indeß gehorchten sie fast überall dem
Edicte, da ein Kreisschreiben mehrer zu St. Germain versammelten Prediger und Deputirten der reformirten Kirchen
die Beobachtung desselben dringend empfahl [2]). Das pariser
Parlament, dessen Mitglieder nicht nur durch Überzeugung von
der Wahrheit des katholischen Glaubens und durch leidenschaftliche Unduldsamkeit, sondern auch durch die Meinung zum
Widerspruch bestimmt wurden, daß zwei Religionen in demselben Staat nicht nebeneinander bestehen könnten, und daß
eine Änderung der Religion, welche die Grundlage des Staates sei, diesen aufs tiefste erschüttern müsse, verweigerte die
Registrirung des Edicts und machte der Königin Vorstellungen
gegen dasselbe: Durch die Verzeihung, welche der König Franz II.
den Anhängern der neuen Meinungen bewilligt habe, seien
diese ermuthigt und täglich sich mehrende Unruhen und Gewaltthaten veranlaßt worden; durch die Erlaubniß, sich der
Religion wegen versammeln zu dürfen, werde diese Sekte gebilligt und der Weg ihr eröffnet, um die alte und wahre Religion zu verdrängen und zu unterdrücken; die neue Religion
sei falsch und ketzerisch, der König aber durch seinen Krönungseid verpflichtet, die Ketzerei aus seinem Reiche zu vertreiben;
das Edict solle die Ruhe wieder herstellen, allein das dazu aus-
gedachte Mittel, die Erlaubniß von zwei Religionen, welche
nach Vernunft und Erfahrung nicht nebeneinander bestehen
könnten, und welche mindestens in zwei Punkten, in der Lehre

1) Bèze I, 674—681. Isambert XIV, 124—129.
2) Bèze I, 681—687.

von der Rechtfertigung und vom Abendmahl, einander entgegengesetzt seien, werde nur noch größere Unruhen als bisher bewirken. Der Kanzler beantwortete diese Vorstellungen und rechtfertigte das Edict: er gebe zu, daß die Einheit der Religion die sicherste Grundlage eines Staats sei; allein wenn die Sache so weit gekommen, wie es in Frankreich der Fall sei, so müßte man, um dieselbe herzustellen, alle Anhänger der neuen Religion entweder ausrotten oder vertreiben; das Erste sei wegen der Stärke der Partei nicht möglich, und wenn das Zweite, was ebenso wenig ausführbar scheine, auch gelinge, so würden die Verbannten zugleich verzweifelte Feinde sein; wenn man ihnen aber gestatte, die katholischen Kirchen nicht zu besuchen und ihnen zugleich die Ausübung ihrer Religion untersage, so werde man sie zum Atheismus verleiten; deshalb sei es passend, dem Beispiele der benachbarten Staaten, welche sich in der gleichen Lage befänden, nachzuahmen und zwei Kirchen in Frankreich zu errichten, bis Gott Alle wieder in derselben Gesinnung vereinige. Ungeachtet dieser Erwiderung des Kanzlers erklärte sich im Parlament eine Mehrheit von 24 Stimmen gegen das Edict, und als die Königin endlich (am 26. März) durch die Drohung, das Edict, auch ohne daß es registrirt wäre, publiciren zu lassen und die strengsten Maßregeln anzuwenden, und durch Aufstellung von Truppen im Hofe des Parlamentspalastes die Registrirung erzwang, so erklärte auch jetzt noch das Parlament, daß es zu dieser nur in Betracht der dringenden Nothwendigkeit, aus Gehorsam gegen den Willen des Königs und ohne die neue Religion zu billigen, sich entschließe. Auch die meisten andern Parlamente zögerten längere Zeit mit der Registrirung, und das Parlament zu Dijon wurde durch den Gouverneur von Burgund, den Herzog von Aumale, bestimmt, dieselbe gänzlich zu verweigern [1]).

Die reformirte Lehre erhielt jetzt die weiteste Verbreitung, zu welcher sie überhaupt je in Frankreich gelangt ist; der größere Theil wenigstens des niedern Adels, jedoch auch

1) Mém. de Condé III, 15—92. Bèze I, 689—692. Pasquier, Lettres IV, 13.

4 *

viele Mitglieder des höhern, die meisten Gelehrten und die
Mehrzahl der angesehenern und gebildetern Personen des Bür=
gerstandes bekannten sich zu derselben, während die große Masse
desselben und das Landvolk fast überall dem alten Glauben
treu blieb; auch unter den Katholiken fand der Grundsatz,
daß in der Religion nicht das Ansehen der Menschen, sondern
nur die Wahrheit und die eigene Prüfung und Überzeugung
entscheiden könne, immer mehr Eingang, und man bemerkte
unter ihnen eine auffallende Abnahme des Kirchenbesuchs.
Überall, auf Feldern und in Gärten, wo sich nur ein bedeck=
ter Raum fand, predigten die reformirten Prediger, der refor=
mirte Gottesdienst, die Predigt und der Gesang der Psalmen
in französischer Sprache, lockte nicht nur durch den Reiz der
Neuheit immer zahlreichere Zuhörer herbei, sondern fesselte auch
durch die Erbauung, welche er gewährte [1]), und die Zahl der
reformirten Gemeinden, welche zur Zeit des Religionsgesprächs
zu Poissy 2150 und darüber betrug [2]), vergrößerte sich beson=
ders in der Normandie, in Guienne und Languedoc. In der
Normandie gab es fast keine Stadt und keinen Flecken, in
welchen nicht reformirte Gemeinden nach dem Muster der zu
Rouen bestehenden gebildet wurden, und der größere Theil
dieser Landschaft bekannte sich zu diesem Glauben. In vielen
Städten von Guienne, namentlich in St. Jean= d'Angely, An=
goulesme und Cognac, waren die Reformirten zahlreicher als
die Katholiken, und in La Rochelle war der katholische Glaube
fast gänzlich verdrängt. Unter den vielen reformirten Gemein=
den in Languedoc waren die stärksten zu Montpellier, Nismes,
Beziers und Castres; in den Cevennen ergriff fast die ganze
Bevölkerung, deren rauhe Sinnesweise der rauhen Natur des
Landes entsprach, das Volk sowie die Edelleute, die erst seit
kurzem ihnen verkündigte neue Lehre, und auch die Landschaft
Vivarais bekannte sich fast ganz zu derselben. In der Pro=
vence beschränkte sich ihre Verbreitung auf einige Gegenden
des nördlichen Theils, namentlich das Fürstenthum Orange,
und auch in Lyon war die Zahl ihrer Bekenner nicht bedeu=

1) Serranus I, 94—99. 143. Castelnau 154. 155.
2) Bèze I, 669. La Poplinière I, 279.

tend, größer aber in der Dauphiné, namentlich zu Grenoble, Valence und Vienne. In der Champagne wurde sie damals von dem Gouverneur, dem Herzoge von Nevers, einem Schwesterfohne des Königs von Navarra, begünstigt, und die Gemeinde zu Troyes zählte an 7000 erwachsene Mitglieder. Auch in Burgund, obwol der Herzog von Aumale die Verbreitung der neuen Lehre auf alle Weise zu verhindern suchte, bildeten sich Gemeinden in Dijon, Chalons, Macon und einigen andern Orten. Außerdem war im mittlern Frankreich die Zahl der Reformirten, besonders in Le Mans, Poitiers, Tours, Blois, Saumur und Meaux, ansehnlich. In der Picardie wurde die Verbreitung der reformirten Lehre dadurch befördert, daß Condé Gouverneur dieser Provinz war, und in der Bretagne bekannte sich ein großer Theil des Adels zu derselben, da der Gouverneur, der Herzog von Etampes, sich den Anhängern derselben aus Ergebenheit gegen die Königin gewogen zeigte, so lange diese sich nicht gegen sie erklärte [1]). Dem reformirten Glauben wurde es indeß nachtheilig, daß es manchen Predigern an gelehrten Kenntnissen fehlte, daß sie von den Angriffen auf kirchliche Misbräuche, welche auch einsichtsvolle Katholiken nicht vertheidigen mochten, zu Schmähungen gegen die katholische Kirche überhaupt fortgingen und gleichgültige Meinungen und Einrichtungen verdammten, welche dem Volke, wenn auch nur durch Gewöhnung, werth geworden waren. Die katholischen Geistlichen, höhere wie niedere, begannen jetzt sorgfältiger über ihre Gemeinden zu wachen und gewissenhafter ihre Amtspflichten auszuüben, sie beschäftigten sich ernstlicher mit theologischen Studien, sie predigten häufiger als sonst, und sie suchten ihren Zuhörern die Wahrheit der katholischen Religion besonders dadurch einleuchtend zu machen, daß seit anderthalb Jahrtausenden alle Christen an derselben festgehalten hätten, daß unmöglich so viele Fürsten und andere hohe Personen sich geirrt haben könnten, und daß Neuerungen in der Religion Trotz und Ungehorsam gegen Gott und Obrigkeit und das Verderben der Staaten herbeiführten; sie warnten

<hr/>

1) Bèze I, 220. 218. 785. II, 370. 697. 748 und an mehren andern Stellen.

nicht allein vor der Ketzerei, sondern sie foderten auch zum
Theil von der Kanzel herab das Volk auf, die Waffen gegen
dieselbe zu ergreifen. Noch mehr trugen zur Aufregung und
Steigerung des Hasses gegen diese die Mönche und nament=
lich die Bettelmönche bei, welche predigend Dörfer und Städte
durchzogen und selbst in die Familienkreise eintraten und sich
einbrängten[1]). Auch die Jesuiten, deren Aufnahme in keinem
katholischen Lande so viel Widerspruch fand wie in Frankreich,
begannen jetzt, hier der Reformation entgegenzuwirken. Zwar
hatte schon 1550 Heinrich II. auf die Empfehlung des Carbi=
nals von Lothringen ihnen die Zulassung und die Errichtung
von Häusern und einer Schule zu Paris bewilligt; als aber
die königliche Urkunde zur Registrirung in das Parlament ge=
bracht wurde, so verlangte dasselbe ein Gutachten von der
theologischen Facultät. Diese sprach sich sehr scharf gegen die
Jesuiten aus: die neue Gesellschaft maße sich durch eine un=
gewöhnliche Benennung den Namen Jesu an, sie unterscheide
sich nicht, wie andere Mönchsorden, in der Lebensweise von
den Weltlichen, ihre Freiheiten und Privilegien beeinträchtigten
die Bischöfe und andere Geistliche und selbst die Fürsten und
Herren, sowie auch die Privilegien der Universität, sie werde
den Frieden der Kirche stören, Verwirrung in die bürgerliche
und kirchliche Verwaltung bringen, und sie diene mehr zur
Zerstörung als zur Erbauung. Nach einem so feindseligen
Ausspruch wagten die Jesuiten nicht, auf die Ausführung der
königlichen Bewilligung zu bringen, sie erwarteten, daß die
Zeit allmälig die Abneigung gegen sie vermindern werde, und
erst während der Regierung des Königs Franz II. brachten
sie, im Vertrauen auf die Gunst der Guisen, die Sache wie=
der in Anregung. Das Parlament foderte den Bischof Bellay
von Paris auf, seine Meinung abzugeben, und da dieser sich
in ähnlicher Weise wie früher die theologische Facultät aus=
sprach, so überließ es die Entscheidung der Sache der geist=
lichen Versammlung zu Poissy. Diese billigte das Institut
der Jesuiten, aber nur unter dem Namen einer Gesellschaft
und einer Schule, nicht als einen neuerrichteten Orden, und

[1] Castelnau 155—159.

unter der Bedingung, daß sie einen andern Namen annehmen, sich wie andere kirchliche Personen der Gerichtsbarkeit der Bischöfe unterwerfen, die Rechte derselben, der Collegien, Pfarrer, Universitäten und Mönchsorden nicht beeinträchtigen und auf diejenigen ihrer Privilegien, welche dem gewöhnlichen Rechte widersprächen, verzichten sollten. Die Jesuiten willigten sogleich in diese Bedingungen, und sie eröffneten zu Paris in dem Collegium von Clermont, welches ihnen schon vor längerer Zeit Wilhelm Duprat, Bischof von Clermont, geschenkt hatte, eine Schule, die bald durch die Gelehrsamkeit einiger Lehrer zu großem Ruf gelangte. Die Universität erhob zwar einige Jahre darauf Einspruch dagegen, allein das Parlament, dessen Stimmung gegen die Jesuiten aus Haß gegen die reformirte Lehre sich geändert hatte, erkannte ihnen 1565 das Recht zu, öffentlich zu lehren und die Jugend zu unterrichten [1]).

Die von Geistlichen und Mönchen unternommene Bekämpfung der Reformirten wurde zwar durch die große Masse des Volks, welche durch den Einfluß derselben beherrscht wurde, unterstützt; allein die rasche Verbreitung des neuen Glaubens in den letzten Jahren macht es wahrscheinlich, daß diese Macht allein nicht hinreichend gewesen sein würde, der katholischen Kirche das Übergewicht zu erhalten und den Sieg zu verschaffen, wenn nicht mehre der angesehensten und mächtigsten Herrn sich an die Spitze jenes Kampfes gestellt hätten. Die Reformirten verloren jetzt die Stütze, welche ihnen der König von Navarra, wenn auch nicht durch seine Persönlichkeit, doch durch seine Geburt und seine Würde, gewährte. Die Cardinäle von Lothringen und von Ferrara und der spanische Gesandte, Perrenot von Chantonnay, gewannen mehre seiner vertrautesten Räthe, sie ließen ihm durch diese vorstellen, daß die Strenge der Bekenner der neuen Lehre selbst den Fürsten in ihrer Lebensweise Zwang anthun wolle, daß er durch Begünstigung derselben sich den König von Spanien zum Feinde mache und seine Besitzungen an den Pyrenäen in Gefahr bringe, daß er dagegen durch Beschützung des katholischen Glaubens die Ruhe Frankreichs herstellen und die Freundschaft des Kö-

---

1) Thuan. XXXVII, 369—373. Isambert XIV, 99.

nigs von Spanien sich erwerben werde, und daß er nur dadurch sich die Thronfolge, wenn der König und seine Brüder ohne Erben stürben, sichern könne; sie machten ihm Hoffnung daß der Papst den König von Spanien bewegen werde, ihm Navarra zurückzugeben oder zur Entschädigung Sardinien abzutreten, daß derselbe seine Ehe trennen werde, damit er die Königin von Schottland heirathe, und daß er dann ihre Rechte auf England mit päpstlichem, französischem und spanischem Beistande werde geltend machen können. Der ebenso ehrgeizige als eitle und schwache König wurde durch diese Verheißungen sowie durch Mißmuth über seine fortdauernde geringe Theilnahme an der Regierung und den größern Einfluß Condé's und Coligny's bewogen, sich von seinen bisherigen Glaubensgenossen, welche ihr ganzes Vertrauen auf ihn setzten, ihn den Vater und Erhalter ihrer Kirchen nannten, gänzlich zu trennen, sich wieder der katholischen Kirche anzuschließen und sich mit dem Herzoge von Guise und dem Connetable zu verbinden, welchen sich auch der Cardinal von Bourbon und der Herzog von Montpensier anschlossen [1]). Bald darauf trug sich ein wahrscheinlich mehr zufälliges als beabsichtigtes Ereigniß zu, welches den Ausbruch eines allgemeinen Kampfes zwischen den beiden Religionsparteien beschleunigte. Am 1. März 1562 kam der Herzog von Guise, welchen der König von Navarra aufgefodert hatte, sich nach Paris zu begeben, mit seinem Bruder, dem Cardinal von Guise, und mit einem Gefolge von 200 Bewaffneten nach dem Städtchen Vassy in der Champagne, an einem Sonntage, als in einer Scheune vor demselben die reformirten Einwohner ihren Gottesdienst hielten. Seine Begleiter begaben sich sogleich dahin und störten die Andacht der Versammelten durch Spott und Schimpfreden; es kam zu einem heftigen Wortwechsel, zu Steinwürfen. Guise, welcher darauf herbeieilte, wurde von einem Steine getroffen, seine Begleiter gebrauchten jetzt ihre Waffen gegen die unbewaffneten Reformirten, und in der Scheune und auf

1) Serranus II, 3. 4. Castelnau 161. 162. Bèze I, 688. La Poplinière I, 278. 285. Pasquier, Lettres IV, 14. Tavannes XXIV, 324. 325. Die Königin von Schottland war nach diesem Lande im August 1561 zurückgekehrt.

der Straße wurden sechzig von diesen getödtet und eine größere
Zahl verwundet. Dieser Vorfall, welchen man mit dem Na=
men des Gemetzels von Vaffy bezeichnete, diese gewalt=
thätige Verletzung des Edicts vom Januar, erregte allgemeinen
Unwillen und Besorgniß unter den Reformirten; ungeachtet
Guise durch Beweise darthun wollte, daß seine Begleitung
nicht den Streit begonnen habe, so fand diese Behauptung
bei ihnen keinen Glauben, sie waren meist überzeugt, daß das
Unternehmen sogar beabsichtigt gewesen sei, und sie sahen in
demselben eine Herausfoderung zu einem offenen Kampfe.
Auf den Kanzeln mancher katholischen Kirchen wurde der in
jener That sich kundgebende Eifer für die Religion hoch ge=
priesen, und sie wurde mit dem Gebote des Moses gerecht=
fertigt, welcher allen Denen, die Gott liebten, befohlen habe,
Diejenigen ohne Ausnahme zu tödten, die ihr Knie vor dem
goldenen Bilde beugten, während besonnene Katholiken die
Verletzung des Edicts mißbilligten und die schlimmsten Folgen
besorgten[1]). Binnen wenigen Tagen eilten von allen Seiten
mehre Hundert reformirte Edelleute nach Paris, um den
Prinzen von Condé zu beschützen, dessen Sicherheit sie gefähr=
det glaubten, und welchen die Reformirten seit dem Abfalle
des Königs von Navarra als ihr Haupt anerkannten. Am
16. März kam der Herzog von Guise, ungeachtet die Königin
ihn bringend davon abgemahnt hatte, mit mehren Tausend
bewaffneten Reitern, indem ihm der Prevot der Kaufleute,
mehre Schevins und eine große Zahl Einwohner entgegen=
gingen und Manche ihn mit dem Zuruf des Lebehochs begrüß=
ten, welcher sonst nur bei dem Einzuge der Könige üblich
war. Bewaffnet zogen die Reformirten zu ihrem Gottesdienst
in den Vorstädten, und ein Kampf in den Straßen von Pa=
ris drohte bei dem geringsten Anlaß auszubrechen. So wenig
Condé die Wichtigkeit des Besitzes der Hauptstadt verkannte,
so konnte er doch nicht hoffen, sie mit den Waffen zu behaup=
ten; denn nicht allein die Häupter der katholischen Partei mit
ihren zahlreichen Dienern und Söldnern, sondern auch der

---

1) Bèza I, 722—727. Vier gleichzeitige Berichte in Mém. de
Condé III, 111—149. Castelnau 165—168. Thuan XXIX, 73—75.

größte Theil der Bevölkerung der Stadt stand ihm und sei=
nen Glaubensgenossen feindlich gegenüber, und er sah auf sei=
ner Seite nur ungefähr 300 Edelleute, eine gleiche Zahl von
geübten Söldnern, 400 Studenten und eine geringe Zahl von
Bürgern ohne kriegerische Erfahrung [1]. Er gehorchte dem
Willen der Königin, welche, um einen Kampf zu verhüten, ihm
befahl, Paris zu verlassen und an den Hof nach Fontaine=
bleau zu kommen, als auch die Guisen sich aus Paris entfern=
ten; aber während er zögerte, sich an den Hof zu begeben
und zunächst nach seiner Besitzung La Ferté ging, legte der
Herzog von Guise eine starke Besatzung in Paris und eilte
dann mit zahlreichen Bewaffneten nach Fontainebleau. Nach
seinem Willen erklärte der König von Navarra es für noth=
wendig, den jungen König zu größerer Sicherheit nach Melun
zu führen, und Katharina sah sich genöthigt, sich auch dahin
zu begeben und bald darauf ihrem Sohne nach Paris zu fol=
gen. Auf solche Weise hatten sich die Häupter der katholischen
Partei des Besitzes der Hauptstadt versichert, deren Beispiel
den Entschluß der meisten andern Städte bestimmte, und, was
von noch größerer Wichtigkeit war, sie hatten die Person des
Königs in ihrer Gewalt, sie konnten in seinem Namen sprechen
und gebieten und über die königliche Kriegsmacht und die
Staatseinkünfte verfügen, sie erschienen als getreue Untertha=
nen desselben, während sie die Reformirten als Aufrührer dar=
stellten. Sie schlossen diejenigen Männer, von welchen sie nicht
Fügsamkeit in ihren Willen erwarteten, namentlich den Kanz=
ler, aus dem Geheimen Rathe aus und setzten ihnen Ergebene
an deren Stelle, sie gestatteten dem Volke zu Paris, sich zu
bewaffnen und die Reformirten zu mißhandeln und zu plün=
dern, sie ließen das eine Versammlungshaus derselben anzün=
den, in dem andern Bänke und Kanzel verbrennen, sie war=
ben Soldaten und schickten Beauftragte nach Spanien, Ita=
lien und der Schweiz, um Beistand zu suchen [2].

1) La Noue 127—129.
2) Serranus II, 7—11. Bèze II, 1—12. Tavannes 329: La prise
du Roy ou de Paris est la moitié de la victoire en guérre civile:
l'on fait parler l'un comme l'on veut, et l'exemple de l'autre est
suivy de grande partie de villes du royaume.

Zu Meaux hatten sich Coligny, Andelot und viele andere reformirte Edelleute mit Condé vereinigt; er hatte sich am 2. April der Stadt Orleans, durch die reformirten Einwohner derselben unterstützt, bemächtigt und auf solche Weise einen Bürgerkrieg (den ersten Hugenottenkrieg) begonnen, zu welchem ihn seine Feinde, um sich und seinen Glauben zu vertheidigen, genöthigt hatten. Am 7. April schrieb er an die reformirten Kirchen in Frankreich und fodert sie auf, kriegs= erfahrene Leute nach Orleans zu schicken, um den König und die Königin aus der Gewalt der Feinde der christlichen Re= ligion zu befreien, deren Zweck das Verderben der Gläubigen und folglich auch des Reichs sei. Er machte am folgenden Tage eine feierliche Erklärung und Protestation bekannt, welche er dem Könige und dem pariser Parlamente zusandte: er be= theuerte, daß nur die Erwägung Dessen, was er Gott und dem Reiche schuldig sei, und der Wunsch, den König in Freiheit und die Edicte desselben in Wirksamkeit zu setzen, ihm die Waffen der Vertheidigung in die Hände gegeben hätten; er bat alle guten und getreuen Unterthanen des Königs, ihm dazu Beistand zu leisten, und er gab die Versicherung, daß er die Waffen niederlegen wolle, sobald der König, nicht mehr von den Waffen seiner Feinde umgeben, es beiden Theilen be= fehlen und sobald seine Gegner dies thun und das Edict vom Januar beobachten würden. In derselben Weise rechtfertigte er es in einem Schreiben an den Kurfürsten von der Pfalz und andere protestantische Fürsten Deutschlands, daß er die Waffen ergriffen habe[1]). Am 11. April unterzeichneten Condé, Coligny, Andelot, Anton von Croy, Prinz von Portien, Franz von La Rochefoucauld, Condé's Schwager und der mächtigste Herr in Poitou, der Vicomte von Rohan, Haupt der Refor= mirten in der Bretagne, der Graf von Gramont aus Gascogne, der Graf von Montgommery aus der Normandie, der Graf von Soubise aus Poitou und die andern in Orleans anwe= senden Edelleute, Capitaine und Reformirte jedes Standes eine Bundesacte, in welcher erklärt wurde: der Zweck der Verbindung, welche so lange bestehen solle, bis der König in

1) Acte d'association in Mém. de Condé III, 258—262.

dem Alter sei, um selbst die Regierung zu übernehmen, sei
nur die Ehre Gottes, die Befreiung des Königs und der Kö=
nigin, die Erhaltung der von ihm gegebenen Edicte und Ver=
ordnungen und die Bestrafung und Züchtigung der Verächter
derselben. Die Verbündeten schwuren, für diese Zwecke Gut und
Leben bis zum letzten Blutstropfen zu verwenden, nichts in
ihrer Gemeinschaft zu dulden, was den Befehlen Gottes und
des Königs entgegen sei, wie Götzendienst, Aberglauben, Un=
zucht, Gewaltthat, Raub, Plünderung, Zerstörung von Bil=
dern und Kirchen, überhaupt nichts, was von Gott und durch
das Edict vom Januar verboten sei, und Das, was dagegen
geschehe, zu bestrafen. Sie ernannten Condé, welcher als Prinz
von Geblüt geborener Rath und einer der Beschützer der fran=
zösischen Krone sei, zum Haupt und Leiter ihrer ganzen Ge=
nossenschaft und gelobten ihm Gehorsam in Dem, was ihren
Bund betreffe, und sie schwuren, jedem Mitgliede desselben un=
verzüglich Beistand und Abhülfe zu leisten, wenn demselben
Beleidigung oder Gewalt, zuwider dem Edicte vom Januar,
zugefügt werde. Die Machthaber zu Paris ließen den Kö=
nig in einem Edicte das Gerücht von seiner Gefangenschaft
für falsch und verleumberisch erklären; ein anderes Edict vom
11. April bestätigte zwar das Edict vom Januar, untersagte
aber den reformirten Gottesdienst in den Vorstädten und dem
Bezirk von Paris, und den 4. Mai richteten die Triumvirn
eine Schrift an die Königin, in welcher sie es als nothwen=
dig aussprachen, daß der König durch ein ewiges Edict er=
kläre: er wolle keine Verschiedenheit der Religion in seinem
Reiche dulden, und nur die römisch=katholische Kirche solle
in demselben bestehen. Am 21. April wurden alle Edelleute
aufgeboten, sich zum Könige zu begeben, um die Aufrührer
und schlechten Christen zu bekämpfen; den Gendarmen wurde
befohlen, sich zum 15. Mai bereit zu halten, und es wurden
Vollmachten gegeben, um Fußvolk zu werben [1]. Condé fo=
berte in einem Schreiben vom 20. April die Reformirten auf,
Mannschaft, Waffen und Geld zu sammeln und günstige Ge=

---

1) Bèze II, 26. Thuan. XXIX, 85. Mém. de Condé III, 380.
Castelnau 180.

legenheiten zu benutzen, da man zum Widerstande und Krieg gegen die Tyrannei Derjenigen genöthigt sei, welche den Namen des Königs misbrauchten, um nach ihrem Belieben die wahre Religion und zugleich die Freiheit des Reichs zu vernichten [1]), und zum Theil noch vor dem Empfang dieses Schreibens brachten die Reformirten, sobald sie das Gemetzel von Vaffy und die Maßregeln ihrer Feinde erfuhren, diejenigen Städte in ihre Gewalt, in welchen sie den Katholiken an Zahl gleich oder überlegen waren, namentlich in der Normandie Rouen, Dieppe, Caen, Bayeur, Falaise, Vire, St.=Lo, Carestan, Havre, Pontaudemer und Honfleur, in Guienne Agen, Montauban, Marmande, Villeneuve, Nerac, Bergerac, La Rochelle, Cognac und Angoulesme, in Languedoc Nismes, Montpellier, Beziers, Beaucaire, Castres, Castelnaudary, Pezenas, Maguelonne, Aiguesmortes und Tournon, in der Dauphiné Valence, Vienne, Grenoble, Montelimart, Romans und Gap, in der Provence Orange und Sisteron, in Burgund Chalons und Macon, und außerdem in dem mittlern Frankreich La Charité, Le Mans, Poitiers, Tours, Saumur, Angers, Blois und auch Lyon, dessen sich die Reformirten ungeachtet ihrer nicht bedeutenden Zahl durch Besetzung der die Stadt beherrschenden Punkte bemächtigten [2]). Die Besitznahme der meisten dieser Städte geschah ohne Kampf, da die Katholiken nicht stark genug oder zu überrascht waren, um Widerstand zu leisten und die zum Theil verlangte Auslieferung der Waffen zu verweigern; indeß den Besitz von Beaucaire behaupteten die Reformirten erst nach einem blutigen Kampfe mit den Katholiken; in Valence wurde der Stellvertreter des Herzogs von Guise, La Motte=Gondrin, welcher sich jenen immer feindlich gezeigt und vielfach das Edict vom Januar verletzt hatte, als er sich der Thore versichern wollte, in seinem Hause angegriffen und aufgehängt; an vielen Orten wurden die Bilder, Crucifire und Altäre in den katholischen Kirchen zerstört, obwol die reformirten Prediger sich diesem Unfuge widersetzten, und Condé hatte zwar die Beobachtung des Edicts vom Ja-

---

1) Serranus II, 22.
2) Castelnau 180—182 und Bèza an verschiedenen Stellen.

nur geboten, allein er vermochte jene Zerstörungen nicht einmal zu Orleans zu verhindern. In Sens waren die Reformirten schon in der ersten Hälfte des April, mit Einwilligung oder gar auf Befehl des Erzbischofs, des Cardinals von Guise, vom Volke und von Soldaten überfallen und mehr als hundert jedes Standes und Geschlechts ermordet worden; aus Angers wurden die Reformirten im Anfange des Mai vertrieben, und Rouen wurde von dem Herzoge von Aumale eingeschlossen, welcher zum General-Lieutenant des Königs in der Normandie ernannt worden war, weil der Gouverneur, der junge Herzog von Bouillon, die Reformirten begünstigte[1]. Während auf solche Weise der Kampf zwischen den beiden Parteien begann, standen sich die Häupter derselben noch unthätig gegenüber, sie beschränkten sich darauf, anklagende und rechtfertigende Schriften bekannt zu machen und miteinander zu unterhandeln. Es war die Absicht der Triumvirn, Condé zurückzuhalten, seine damalige Überlegenheit zu benutzen, und den Beginn der Feindseligkeiten zu verzögern, bis sie ihre Rüstungen vollendet und sich durch die im Auslande geworbenen Söldner verstärkt und die Kriegslust ihrer Gegner sich vermindert haben würde. Obwol Coligny auf rasche Entschlüsse und unverzügliche Ausführung derselben drang, so ließ sich Condé dennoch zu Unterhandlungen bewegen, weil er den Ausbruch eines Kriegs zu vermeiden aufs lebhafteste wünschte; allein auch mehre Unterredungen zwischen ihm und der Königin blieben ohne Erfolg, seine zwei Foderungen, daß sich die Triumvirn bis zur Volljährigkeit des Königs vom Hofe entfernten, und daß das Edict vom Januar beobachtet werde, wurden zurückgewiesen, und er überzeugte sich endlich, daß seine Gegner den Frieden nicht wollten[2]. Als er sie jetzt, im Anfange des Juli, angreifen wollte, wichen sie einer Schlacht aus; während sie ihn in der Meinung erhielten, daß ihre ganze Armee ihm gegenüberstehe, bemächtigten sich einzelne Abtheilungen derselben der Städte Blois, Saumur und fast

1) Bèze II, 67. 155. 318.   Serranus II, 15. 24.   Thuan. XXIX, 86. 89.   Castelnau 200.   Mém. de Condé III, 436.

2) Castelnau 189—195.

des ganzen Ufers der Loire von Beaugency bis Angers, und bald darauf wurden sie durch Schweizer und deutsche Landsknechte verstärkt. In dem Heere Condé's sprachen viele Edelleute und selbst manche der angesehensten immer lauter ihr Misvergnügen darüber aus, daß die gehofften raschen Erfolge nicht eintraten und der Krieg sich ohne Entscheidung in die Länge zog; Unwillen über die begangenen Fehler, die Nothwendigkeit, ihre Heimat und ihre Familien zu beschützen, Bedenken über die Rechtmäßigkeit des Kriegs und Täuschung ehrgeiziger Wünsche waren für Viele Grund oder Vorwand dazu, daß sie ihre Entlassung foderten oder sogar ohne diese sich entfernten. Da überdies die Geldmittel zur Ernährung und Besoldung des geringeren Kriegsvolks erschöpft waren, so wurde beschlossen, daß ein Theil der Herren und Edelleute in ihre Heimat zurückkehren solle, um die Kräfte der Feinde zu zertheilen, um aufs neue Truppen zu sammeln und dem Prinzen von Condé, welcher mit Coligny und den andern Edelleuten in Orleans blieb, Hülfe zuzuführen, wenn diese Stadt belagert werden würde. Da die Catholiken im Auslande Beistand gesucht hatten, so trug man jetzt kein Bedenken mehr, Dasselbe zu thun; Andelot wurde zu diesem Zwecke nach Deutschland, ein anderer reformirter Edelmann nach England geschickt [1]). Die Triumvirn hielten den Erfolg einer Belagerung von Orleans für zu ungewiß, sie zogen es vor, ihr Heer gleichfalls zu theilen, der Herzog von Nemours führte einen Theil nach Berri, der Marschall von St. Andre den andern nach Poitou. Ein greuelvoller [2]) Religions- und Bür-

1) Bèze II, 101. 102. La Noue 155. 156.

2) Pasquier (IV, 17) schreibt über diesen ersten Krieg: Il seroit impossible de dire quelles cruautés barbaresques sont commises d'une part et d'autre; où le Huguenot est le maistre, il ruine toutes les images (ancien retenail du commun peuple en la pieté), demolit les sepulcres et tombeaux, mesmes passant par Clery, il n'a pas pardonné à celuy du Roy Louys unziesme, enleve tous les biens sacrez et vouez aux Eglises. En contr'eschange de ce, le Catholic tue, meurdrit, noye tous ceux qu'il cognoist de ceste secte, et en regorgent les rivières. Il n'est pas que parmi cela quelques-uns n'executent leurs vengeances privées sur leurs ennemis aux despens de la quarelle publique.

gerkrieg verbreitete sich jetzt über alle Provinzen Frankreichs: überall, in den Städten und auf dem Lande, erhob sich gegen die Reformirten die dem katholischen Glauben ergebene große Masse des Volks, welche durch die Verhöhnung und Zerstörung der Gegenstände ihrer Verehrung und durch Geistliche und Mönche zu heftigem Ingrimm und leidenschaftlicher Wuth aufgereizt wurde und überdies die Gelegenheit begierig ergriff, sich durch Raub und Plünderung zu bereichern. Die Kriegsleute, welche meist den neuen Glauben haßten, die Gouverneure, die Parlamente und fast alle übrigen Beamten, welche entweder den Fanatismus der Menge theilten oder die Reformirten als Rebellen betrachteten und den vom Hofe empfangenen Befehlen gleich königlichen gehorchten, traten an die Spitze der Volksmasse. Auch diejenigen Reformirten, welche nicht zu den Waffen griffen, fanden gegen die Mißhandlungen des Volks und der Soldaten keinen Schutz bei den königlichen Beamten, es wurden Geldsummen von ihnen erpreßt oder ihre Häuser geplündert, ihre Religionsbücher, selbst die Bibeln, wurden an vielen Orten verbrannt, ihre Kinder ihnen entrissen und noch einmal getauft, und viele von ihnen verloren unter den Händen des wüthenden Volks, oder durch richterlichen Ausspruch ihr Leben. Das pariser Parlament gestattete im Juli allen Einwohnern der Städte, Flecken und Dörfer, sich zur Vertheidigung und zum Widerstande gegen alle Diejenigen zu bewaffnen, welche sich versammeln würden, um Städte, Dörfer und Kirchen zu plündern, oder um unerlaubte Zusammenkünfte zu halten; es befahl, alle Prediger der neuen Sekte gefangen zu nehmen, damit sie als Verbrecher gegen Gott und König und als Aufrührer und Störer der öffentlichen Ruhe bestraft würden, und es erklärte Alle, welche gegen den König die Waffen ergriffen, Kirchen und Klöster plünderten und zerstörten, sich gegen die heiligen Sacramente vergingen und Bilder und Kreuze umstürzten, für Rebellen und Feinde des Königs und für schuldig der Beleidigung der göttlichen und menschlichen Majestät, zog alle ihre Güter für den König ein und sprach ihnen alle ihre Ämter ab. Diese Verordnungen, welche an allen Sonn- und Festtagen auf den Kanzeln vorgelesen wurden, berechtigten zu jeder Gewaltthat

gegen die Reformirten, regten Landleute und Handwerker auf,
die Waffen gegen sie zu ergreifen, und veranlaßten, daß be=
waffnete Scharen von Dieben, Räubern und Gesindel jeder
Art im Lande umherzogen und, unter dem Vorwande der Re=
ligion und des Gehorsams gegen die königlichen Befehle, plün=
derten, brannten und mordeten[1]). Unter dem reformirten
Kriegsvolk herrschte anfangs eine strenge Kriegszucht, allein
selbst Condé und Coligny und ihnen gleichgesinnte Anführer
vermochten dieselbe nicht lange zu erhalten, da die Edelleute
ihnen nur als Freiwillige dienten, da sie durch fortwährenden
Geldmangel oft außer Stande waren, den geworbenen Trup=
pen den Sold zu zahlen, und sie sich genöthigt sahen, die
werthvollen Kirchengeräthe, selbst das Silber an den Reliquien,
auszumünzen und aus den Kirchenglocken Kanonen gießen zu
laffen. Überdieß durch das Verfahren der Katholiken gereizt,
vergalten die Reformirten Gleiches mit Gleichem; auf beiden
Seiten wurden Religion und Staatswohl der Vorwand, un=
ter welchem Parteigeist, Raubgier und Privathaß Befriedigung
suchten, jedes Verbrechen ungestraft verübt und Recht und Ge=
setz vernichtet wurde[2]).

Der Marschall von S.=André erstürmte am 1. August Poi=
tiers, gab es acht Tage lang der Plünderung seiner Soldaten,
denen er die grausamsten Mishandlungen gegen die Reformir=
ten gestattete, preis und befahl selbst, den Maire aufzuhängen.
Obwol er darauf nicht weiter vorrückte, sondern sich mit dem
andern Theile des königlichen Heers unter dem Herzoge von
Guise vor Bourges vereinigte, so verbreitete doch das Schick=
sal von Poitiers die größte Bestürzung unter den Reformir=
ten in Angoumois. Angoulesme ergab sich am 4. August, und
ungeachtet den Einwohnern Sicherheit der Person und des
Eigenthums zugesagt worden war, so wurde nicht allein Geld
von ihnen erpreßt, sondern es wurden auch viele Häuser ge=
plündert und Frauen und Mädchen aufs ärgste gemishandelt;
Cognac wurde von den Reformirten verlaffen, und S. Jean

1) Mém. de Condé III, 544. 547. Journal de Brulart 91—93.
Bèze II, 584.
2) Castelnau 41. 42. 192. La Noue 150—154.
Schmidt, Geschichte von Frankreich. III.   5

d'Angely ergab sich am 23. September. Bourges capitulirte am 31. August, indem Allen, welche sich in der Stadt befanden, Gewissensfreiheit und Sicherheit der Person und des Eigenthums zugesagt wurde; dessenungeachtet wurden die Reformirten aus derselben vertrieben und mehre von ihnen getödtet oder verwundet [1]. In Meaur wagten die Reformirten nicht, sich den gegen die Stadt geschickten Soldaten zu widersetzen, und Diejenigen, welche darauf sich entfernten, um sich nach Orleans zu begeben, wurden größtentheils von dem Landvolk umgebracht. In der Champagne erklärte sich der Gouverneur, der Herzog von Nevers, jetzt gegen die Reformirten, verbot ihnen, sich zum Gottesdienst zu versammeln, und gewährte ihnen keinen Schutz gegen die Wuth des Volks: in Troyes wurden ihre Religionsbücher öffentlich verbrannt, ihre Kinder noch einmal in den katholischen Kirchen getauft, viele der angesehensten ihrer Güter beraubt und mehre vom Pöbel ermordet oder durch richterlichen Spruch zum Tode verurtheilt; in Bar an der Seine wurden von den aus Troyes dorthin geschickten katholischen Soldaten Männer, Frauen und Kinder gemordet und auch an den Leichnamen noch die schaubervollsten Greuel verübt, und ein königlicher Procurator, Ralet, betrieb es selbst, daß sein Sohn aufgehängt wurde, weil er sich zu dem neuen Glauben bekannt hatte [2]. In Burgund leitete Tavannes, der Stellvertreter des Herzogs von Aumale, die Verfolgungen: er vertrieb die Reformirten aus Dijon und befahl auch den Landleuten, sich zu bewaffnen, über die Rebellen, mit welchem Namen er alle Reformirten bezeichnete, herzufallen und besonders alle Diejenigen niederzuhauen, welche sich zum Gebet an andern Orten als in den katholischen Kirchen versammeln würden. Da es ihm indeß mehr darum zu thun war, seine Habgier durch Gelderpressungen zu befriedigen als durch Blutvergießen den katholischen Glauben zu befestigen, und da das Volk in Burgund sich nicht überall zu blutigen Verfolgungen aufreizen ließ, so wurde jener Befehl nicht im ganzen Lande ausgeführt; was geschah, war aber hinreichend,

1) Bèze II, 495—502. Thuan. XXX, 191—193.
2) Bèze II, 608. 817. 370. 886.

um den reformirten Glauben in einer Provinz, in welcher die allgemeinere Verbreitung desselben fortwährend verhindert worden war, gänzlich zu unterdrücken. Das Parlament von Dijon verurtheilte mehre Reformirte, obwol sie nicht die Waffen ergriffen hatten, als Aufrührer zum Tode; aus Auxonne wurden die Reformirten verjagt, in Autun wurden die Erwachsenen mit Gewalt in die Messe geschleppt, die Kinder noch einmal getauft; aus Chalons flüchteten die Reformirten, als Tavannes es einschloß, aber dennoch wurde die Stadt geplündert; Macon, welches nach längerer Vertheidigung erst am 20. August durch Verrath eingenommen wurde, erlitt nicht allein dies Schicksal, sondern es wurden auch fast alle Einwohner ermordet; der von Tavannes eingesetzte Gouverneur, S.=Point, begab sich, so oft er Damen bewirthete, mit diesen auf die Saonebrücke und ließ zum Vergnügen derselben einen oder einige gefangene Reformirten in den Fluß stürzen. In Rivernais nöthigte Lafayette, Gouverneur von Auvergne, die Stadt La Charité schon den 20. Juni zur Ergebung, und zuwider den von ihm bewilligten Bedingungen ließ er sie von seinen Soldaten plündern [1]). Fast in allen Städten der Dauphiné waren die Bilder in den Kirchen zerstört worden; Franz von Beaumont, Baron des Adrets, ein ebenso kühner und unternehmender als ehrgeiziger und grausamer Mann, wurde von den in Valence versammelten angesehensten reformirten Edelleuten zum Anführer gewählt, und er rüstete sich schnell zum Kriege gegen den Herrn von Maugiron, welchen der Herzog von Guise zu seinem Stellvertreter ernannt hatte. Das Schicksal der Stadt Orange, welche der päpstliche Befehlshaber in Avignon, unterstützt durch provençalische Edelleute, am 6. Juni eingenommen hatte, und in welcher alle Reformirte, welchen es nicht gelang, sich durch die Flucht zu retten, selbst Kinder, Greise und Frauen, zum Theil auf die martervollste Weise umgebracht worden waren, reizte des Adrets, ebenso gegen seine Feinde, gegen die Besatzungen und Bewohner der von ihm eingenommenen Orte zu verfahren und

1) Beza III, 391—430. Tavannes XXIV, 334. Thuan. XXXI, 132—136.

5 *

seinen Soldaten jede Zügellosigkeit und Grausamkeit zu gestatten. Nach der Eroberung von Montbrizon ließ er zu seinem Vergnügen, nach dem Mittagsessen, die Gefangenen von einem Thurme herabstürzen, und auf die Vorstellungen, welche die andern Capitaine ihm dagegen machten, erwiderte er: die Feinde hätten es in Orange viel ärger gemacht, und nur durch Wiedervergeltung könne man solchem Verfahren ein Ende machen. Als später Condé, welcher, wie die meisten reformirten Capitaine, seine Grausamkeit mißbilligte, ihn nicht, wie er gehofft hatte, zum Gouverneur von Lyon ernannte, knüpfte er geheime Unterhandlungen mit dem Herzoge von Nemours an und erklärte sich bereit, ihn als Gouverneur der Dauphiné anzuerkennen; er wurde deshalb im Januar 1563 verhaftet und bis zum Frieden gefangen gehalten [1]). Der Herzog von Nemours, welcher mit einem Theile der Reiterei des königlichen Heers abgeschickt war, um Lyon zu belagern, bemächtigte sich zwar im September der Stadt Vienne; allein der Ritter von Soubise, welchem Condé das Gouvernement von Lyon übertrug, behauptete den Besitz dieser Stadt mit Hülfe von Söldnern, welche die Lyoner in Neufchatel und Wallis, angeblich für den Dienst des Königs, warben [2]). Der Gouverneur von Provence, der Graf von Tende, ein Mann von milder Gesinnung und den Reformirten nicht abgeneigt, hatte diese gegen Verfolgungen beschützt und das Edict vom Januar ausführen lassen; allein die Guisen gewannen seinen ihm völlig unähnlichen Sohn Sommerive, indem sie im April seine Ernennung zum Gouverneur und General-Lieutenant des Königs in Abwesenheit seines Vaters bewirkten, und so bewogen ihn dadurch sogar, gegen denselben die Waffen zu wenden. Er warb Truppen, legte Besatzungen in Aix, Marseille und andere Städte der untern Provence, und schon im Mai begann in dieser gegen die Reformirten eine Verfolgung,

---

1) Bèze II, 221—224. 248,—315. Thuan. XXXI, 142—149. Brantome (VII, 282) sagt von des Xbrets: Si ce baron eust fait pour le Roy comme pour les Huguenots, il fust esté mareschal de France, comme je l'ay ouy dire à la Reine, aussi bien que Monsieur de Montluc.

2) Bèze III, 215—246. Thuan. XXXI, 151. 164.

welche bei dem leidenschaftlichen, rachsüchtigen Charakter der Provençalen mit größern Grausamkeiten als in irgend einer andern französischen Landschaft verbunden war. Biele von jenen flüchteten nach Merindol, Sisteron und andern Orten jenseit der Durance. Tende gab ihre Beschützung auch jetzt nicht auf, und er suchte namentlich Sisteron, wohin sich viele Frauen und Kinder der Geflüchteten begeben hatten, durch eine Besatzung zu sichern; er konnte indeß die Stadt, deren Belagerung sein Sohn im Juli unternahm, nicht entsetzen; die Eingeschlossenen verließen dieselbe großentheils in der Nacht vom 4. zum 5. September, und es gelang ihnen nach Grenoble zu entkommen, aber die Stadt wurde geplündert, und die Zurückgebliebenen, unter diesen drei- bis vierhundert Kinder und Frauen, wurden ermordet. Sommerive und seine Anhänger hatten jetzt die ganze Provence in ihrer Gewalt, und die Ausrottung des reformirten Glaubens wurde nun mit der unmenschlichsten Grausamkeit ausgeführt. Die Bekenner desselben wurden erschossen, niedergehauen, aufgehängt, von Brücken oder aus Fenstern und von Mauern auf die Spitzen von Piken herabgestürzt, Manche wurden lebendig begraben oder verbrannt, Andere wurden zu Tode geschlagen, gesteinigt oder durch Aderlaß getödtet, Lebenden wurden die Eingeweide, oder Augen ausgerissen, oder die einzelnen Glieder abgehauen. Selbst die Leichname wurden oft noch verstümmelt und dann den Hunden vorgeworfen, und die Köpfe dienten den Mördern bisweilen zum Spielballe. Einer von diesen drängte den Dolch in die Hand des Sohnes und führte mit dieser den Todesstoß gegen das Herz des Baters, ein Anderer hieb eine Frau durch, riß ihr zwei lebende Kinder aus dem Leibe und warf sie den Schweinen hin. Frauen und Mädchen wurde oft erst Gewalt angethan, ehe sie umgebracht wurden; selbst Priester nahmen an diesen Mordthaten Theil, und in Marseille schleiften Kinder in Gegenwart der Consuln einen Halbtodten zum Thore hinaus, wo er verbrannt wurde [1]).

1) Bèze III, 317—380, welcher auch ein namentliches Verzeichniß von mehr- als 1000 ermordeten Reformirten gibt. Thuan. XXXI, 152—164.

In Guienne hatten die Reformirten schon 1561 an vielen
Orten Bilder und Altäre zerstört, an andern Orten waren
sie vertrieben oder ihre gottesdienstlichen Zusammenkünfte verhindert worden. In Cahors hatte der Bischof selbst die Wuth
des Volks so aufgeregt, daß es am 16. November die zum
Gottesdienst versammelten Reformirten überfiel und an fünf-
undvierzig ermordete. Dagegen wurde ein Herr von Fumel,
welcher sich nicht allein durch Feindschaft gegen die neue Lehre,
sondern auch durch harte Behandlung seiner Bauern verhaßt
gemacht hatte, von diesen in seinem Schlosse bei Cahors angegriffen und ermordet[1]. Nicht ohne Grund legten die Katholiken diesen Vorfall und ähnliche der neuen Lehre zur Last,
denn mehre reformirte Geistliche predigten öffentlich, daß die
Edelleute nicht besser seien als das Volk, daß dieses jenen zu
keinen andern Leistungen verpflichtet sei und der König keine
andere Gewalt habe, als dem Volke beliebe, und diese Predigten bewirkten, daß in manchen Gegenden die Bauern den
Edelleuten die Zahlung der Abgaben verweigerten, weil, wie
sie sagten, von solchen nichts in der Bibel stehe und sie nicht
solche Thoren wie ihre Vorfahren sein wollten. Blaise von
Montluc, nachmals Marschall von Frankreich, welcher im Anfange
des Jahrs 1562 dem Stellvertreter des Königs von Navarra im
Gouvernement von Guienne, Burie, einem schon bejahrten und
sehr bedächtigen Manne, beigeordnet wurde, um die Ruhe wiederherzustellen, sah deshalb in den Bekennern der neuen Lehre ebenso
sehr Feinde des Adels wie des Königs, er hielt es für ein Verbrechen, an eine andere Religion zu glauben als an diese, und
er hielt es für seine Pflicht, die grausamste Strenge anzuwenden. Er duldete nicht, daß die Gerichte zu Gunsten der
Reformirten, auch wenn diese sich keines Verbrechens schuldig
gemacht hatten, sprachen oder vor der Bestrafung erst Untersuchungen gegen Angeklagte anstellten; Schwert, Rad und
Galgen hielt er für die wirksamsten Mittel zur Vertilgung
der ihm verhaßten Lehre; von zwei Henkern, welche ihn gewöhnlich begleiteten, ließ er die Todesurtheile, die er oft selbst
aussprach, sogleich vollstrecken, und er rühmte von sich, daß

1) Thuan. XXXII, 180—182.

es in Frankreich keinen Lieutenant des Königs gegeben habe, welcher mehr Hugenotten durch Schwert und Galgen habe hinrichten laffen als er [1]). Ein Verſuch der Reformirten zu Bordeaux, ſich dieſer Stadt zu bemächtigen, wurde vereitelt, und Diejenigen, welche ſich nicht durch die Flucht retteten, zum Theil ermordet. Ein angeſehener reformirter Edelmann, Du= ras, trat an die Spitze ſeiner Glaubensgenoſſen in Guienne; das kleine Heer, welches er um ſich ſammelte, beſtand großen= theils aus Leuten, denen der Krieg erwünſcht war, um ihre Raubgier und Rachſucht zu befriedigen, und da er nicht im Stande war, ihnen Sold zu geben, ſo fand er auch bei ihnen wenig Gehorſam für ſeine Befehle und konnte es nicht ver= hindern, daß ſie überall die Landleute ausplünderten und dieſe dadurch aufs äußerſte erbitterten. Durch ſolche Truppen ver= mochte er nicht, die Städte, welche ſich in den Händen der Reformirten befanden, zu behaupten und Gegnern zu wider= ſtehen, welche den Krieg mit geübten, ihren Befehlshabern ge= horchenden Truppen führten und bald auch noch durch ſpa= niſches Kriegsvolk verſtärkt wurden. Nerac wurde von den Einwohnern verlaſſen, nachdem die ausgerückte Garniſon von Montluc gänzlich beſiegt worden war, Mormande und Ville= neuve ergaben ſich an Burie, und Beide eroberten vereinigt Montſegur. Als ſie ſich darauf Agen näherten, ſo verzwei= felten die reformirten Einwohner an der Behauptung der Stadt und verließen ſie großentheils am 12. Auguſt mit Frauen und Kindern; die Zurückbleibenden wurden vom Pöbel ermor= det oder hingerichtet und das Eigenthum der Geflüchteten ge= plündert oder verſchenkt. Zur Vergeltung ließ Duras wenige Tage darauf bei der Erſtürmung der kleinen Feſte Lauzerte in Quercy über 500 Menſchen niederhauen und unter dieſen 174 katholiſche Prieſter, welche daſelbſt eine Zuflucht geſucht hatten, und ähnliche Greuelthaten wurden auch ferner noch von beiden Theilen verübt. Am 9. October wurde Duras, welcher 5000 Gascogner zu Condé nach Orleans führen wollte, unerwartet von Burie und Montluc bei Ver unweit Peri=

1) Mém. de Montluc XXII, 20—23. 393; was er 1562 in Guienne und Languedoc gethan hat, erzählt er 10—155 ausführlich.

gueur angegriffen, an 2000 von seinen Truppen wurden getödtet und die Fliehenden meist von den Bauern niedergehauen
oder gefangen genommen und zu Agen hingerichtet. Duras
setzte nur mit wenigen, zum Theil unbewaffneten Soldaten
und vereinigt mit dem Grafen von La Rochefoucauld, welcher
300 Reiter mit sich führte, den Marsch nach Orleans fort;
aber seine Niederlage und seine Entfernung gab die Reformirten in Guienne völlig ihren Feinden preis, und die Edelleute
flüchteten meistens nach La Rochelle, Marennes und selbst nach
England. Der Herzog von Montpensier unterwarf die Reformirten in Saintonge; die Einwohner von La Rochelle hatten sich der Theilnahme am Kriege enthalten, indem sie sich
nur den Genuß ihrer Privilegien sichern wollten; jetzt wagten
sie aber nicht die Aufnahme einer katholischen Besatzung zu
verweigern, und sie fügten sich sogar dem Verbot des reformirten Gottesdienstes; Oleron wurde von den Katholiken eingenommen, und die Bewohner von Marennes nahmen die
ihnen bewilligten Bedingungen an. Montpensier schickte darauf die spanischen Truppen, welche dreizehn Compagnien
stark waren, sowie die französischen, deren man nicht mehr
in Guienne bedurfte, zum königlichen Heere [1]). Der auch
über ganz Languedoc sich verbreitende Kampf zwischen den Katholiken und Reformirten war am blutigsten in Toulouse.
Die Capitouls, die obersten Beamten dieser Stadt, zeigten
sich den Letztern günstig, wenigstens suchten sie dieselben in
dem Rechte, vor den Thoren ihre gottesdienstlichen Versammlungen zu halten, zu schützen; allein die große Masse des Volks,
durch die Priester noch mehr aufgereizt, war von dem leidenschaftlichsten Hasse gegen sie erfüllt, und auch die meisten Mitglieder des Parlaments theilten diese Gesinnung. Als auf
die Anzeige Montlucs, daß einer der Capitouls Condé versprochen habe, ihm die Stadt zu überliefern, das Parlament
befahl, daß vier Compagnien Soldaten in die Stadt eingeführt
und diesen die Bewachung des Stadthauses übergeben werden
sollte, so bewaffneten sich die Reformirten, welche ihre Sicher-

---

1) Bèze II, 760—794. 830. Montluc a. a. O. Thuan. XXXIII,
205—216. 228—230. XXX, 125.

heit bedroht glaubten, und einer ihrer Prediger, La Barelle, früher Franciscaner, ein heftiger, leidenschaftlicher Mann, bewog sie, in der Nacht vom 11. zum 12. Mai sich des Stadthauses und des umliegenden Stadttheils zu bemächtigen. Jetzt wurde die Sturmglocke in der Stadt und den nahen Dörfern geläutet, das Volk plünderte die Häuser der Reformirten, Diejenigen, welche sich nicht in das Stadthaus flüchten konnten, wurden ermordet, in die Garonne gestürzt oder unter Mißhandlungen in das Gefängniß geschleppt, und der von den Reformirten besetzte Stadttheil wurde von dem Volke und von den Soldaten, welche Montluc sogleich auf die dringende Auffoderung des Parlaments schickte, angegriffen. Der Kampf dauerte vom 13. bis zum 15. Mai; die Reformirten schlugen alle Angriffe zurück, allein da Montluc durch seine Cavalerie ihre Glaubensgenossen in den nächstgelegenen Städten verhinderte, ihnen zu Hülfe zu kommen, und da sie baldigen Mangel an Lebensmitteln befürchten mußten, so nahmen sie den ihnen angebotenen freien Abzug an, jedoch viele von ihnen wurden noch bei diesem in der Stadt oder von dem Landvolke ermordet. Die Zahl der auf beiden Seiten Umgekommenen wurde auf 3 bis 4000 geschätzt. Am folgenden Tage kam Montluc nach Toulouse und ließ die reformirten Kirchen verbrennen; das Parlament stieß zweiundzwanzig seiner Mitglieder aus, weil sie verdächtig oder auch nur nicht leidenschaftlich genug waren, und die von demselben befohlenen Hinrichtungen dauerten bis zum Ende des Kriegs fort [1]). Montauban wurde dreimal von Montluc und Burie belagert, aber es vertheidigte sich mit der größten Tapferkeit und Ausdauer [2]). Aus Carcassonne, Alby und andern Städten wurden die Reformirten von den Katholiken vertrieben, dagegen behaupteten sie den Besitz von Nismes, Montpellier, Agde, Beziers und Beaucaire, und im November wählten die reformirten Stände von Languedoc zum Gouverneur den Grafen von Crussol, welcher dies Amt auch annahm und dem Vicomte von Joyeuse, Stellvertreter des königlichen Gouverneurs, des Connetable

1) Béze III, 1—61. Thuan. XXXII, 185—192.
2) Béze III, 61—137.

von Montmorency, gegenübertrat[1]). Wegen der friedlichen
und gemäßigten Sinnesweise des Gouverneurs der Bretagne,
des Herzogs von Etampes, dauerten hier länger als in irgend
einer andern französischen Landschaft die gottesdienstlichen
Versammlungen der Reformirten ungestört fort. Als ihm
aber sein Neffe, der Herr von Martigues, dessen Charakter
von dem seinigen ganz verschieden war, an die Seite gesetzt
wurde, begannen die Bedrückungen und Verfolgungen: die
Predigten wurden verboten und bald darauf durch ein besonderes königliches Edict allen Predigern bei Todesstrafe befohlen, binnen vierzehn Tagen das Land zu verlassen, und zugleich dem Volke erlaubt, nach Ablauf dieser Zeit sie und Alle,
welche sie aufnehmen würden, niederzuhauen, sodaß sie sich
theils versteckt hielten, theils nach England flüchteten[2]). In
der Normandie hatte zwar der Herzog von Aumale Rouen
eingeschlossen, die Umgegend verheert und die Zufuhr abgeschnitten, aber da die Reformirten in der Stadt 4000 gut
und ebenso viele nothdürftig ausgerüstete Streiter aufstellen
konnten, so wurden seine Angriffe zurückgeschlagen; dagegen
zerstreute er die reformirten Gemeinden zu Harfleur und Lille-
bonne und entriß den Reformirten Pontaudemer und Honfleur.
Das Parlament der Normandie, dessen Mitglieder fast sämmtlich unduldsame Katholiken waren, hatte Rouen schon im Mai
verlassen unter dem Vorwande, daß es hier nicht sicher sei,
und sich nach Louviers begeben; es faßte am 26. August einen Beschluß, durch welchen es alle Reformirten, welche die
Waffen ergriffen hatten, für Verletzer des göttlichen und menschlichen Rechts erklärte und ihnen ihre Besitzungen und Ämter
sowie den Adel absprach; es erlaubte Jedem, über sie herzufallen, um sie zu ergreifen, und, wenn sie Widerstand leisteten, sie zu tödten; es befahl allen reformirten Predigern,
binnen drei Tagen sich aus der Normandie zu entfernen; es
gebot allen königlichen und städtischen Beamten, ein katholisches
Glaubensbekenntniß zu unterzeichnen, und es ließ einige Re-

---

1) Bèze III, 138—214 überhaupt über die Ereignisse von Nieder-
Languedoc. Thuan. XXXII, 196—290.

2) Bèze III, 748—750.

formirte als Rebellen hinrichten¹). Bei der Überlegenheit, welche auf solche Weise in der Normandie wie in den übrigen Provinzen die Katholiken erlangt hatten, blieb den Reformirten nur die Hoffnung, durch englische Hülfe ihre gänzliche Überwältigung abzuwehren. Am 20. September unterzeichnete die Königin Elisabeth zu Hamptoncourt einen Vertrag mit den Bevollmächtigten Condé's: sie versprach, dem Prinzen, zum Beistande gegen die Guisen und ihre Anhänger und damit er den dem Könige schuldigen Gehorsam leisten könne, 100,000 Goldkronen zu zahlen und 6000 Mann nach Frankreich zu schicken; die eine Hälfte derselben sollte Rouen und Dieppe besetzen, die andere Havre; die Besatzungen in den beiden ersten Städten versprach sie so lange zu unterhalten, bis 40,000 Goldkronen für dieselben ausgegeben sein würden, Havre verpflichtete sie sich dem Könige von Frankreich zurückzugeben, sobald ihr durch Condé's Bemühung, dem Vertrage von Chateau = Cambresis gemäß, Calais übergeben sei²). Nur ein kleiner Theil der englischen Hülfstruppen ging sogleich nach Havre hinüber, während die übrigen, durch ungünstige Winde zurückgehalten, erst nach der Einschließung und meist erst nach der Eroberung von Rouen in Havre und Dieppe anlangten. Die Anführer des königlichen Heers, welches dem Namen nach von dem Könige von Navarra, in der That von dem Connetable und dem Herzoge von Guise befehligt wurde, brachen nämlich bald nach der Einnahme von Bourges nach der Normandie auf, um Rouen, die zweite Stadt des Königreichs, zu unterwerfen, bevor es durch eine englische Besatzung gesichert werde, und schon am Ende des Septembers begannen sie mit großer Thätigkeit die Belagerung. Condé hatte den Grafen von Montgommery zum Befehlshaber in Rouen ernannt, indeß mußten die Bürger größtentheils selbst die Vertheidigung übernehmen, da sich nur 800 geübte Soldaten daselbst befanden, und es später nur einer Abtheilung von 500 Engländern noch gelang, sich hinein zu werfen. Am 26. October wurde die Stadt erstürmt, keines Alters und

---

1) Béze II, 616—631. Thuan. XXX, 105—108.

2) Mém. de Condé III, 689—693. Du Mont V, 1, 94. 95.

Geschlechts wurde geschont, viele Einwohner wurden ermordet oder gefangen fortgeschleppt, Frauen und Mädchen aufs ärgste gemißhandelt, und die den Soldaten auf vierundzwanzig Stunden gestattete Plünderung dauerte acht Tage; Montgommery entkam mit den Engländern und einigen Andern auf einem für solchen Fall bereit gehaltenen Schiffe. Das Parlament kehrte nach Rouen zurück, es verdammte mehre der angesehensten Gefangenen zum Tode, und obwol ein von L'Hopital veranlaßtes Edict allen Einwohnern Verzeihung bewilligte, so sprach es dennoch auch fernerhin Todesurtheile aus. Während der Belagerung von Rouen war der König von Navarra durch einen Flintenschuß an der Schulter verwundet worden und er starb am 17. November; indeß da er nur ein Werkzeug in der Hand Anderer gewesen war, so hatte sein Tod nicht den geringsten Einfluß auf den Gang der Ereignisse [1]). Bereits im September hatte der Herzog von Etampes an der Spitze eines bretonischen Heerhaufens sich der Städte Bire, S.-Lo und Bayeux bemächtigt; jetzt ergab sich, durch das Schicksal von Rouen geschreckt, Dieppe am 1. November, indem der englischen Besatzung von 5 bis 600 Mann freier Abzug bewilligt wurde, und am 3. November auch Caen; in beiden Städten wurde den Einwohnern Gewissensfreiheit zugestanden, aber alle öffentlichen Predigten wurden untersagt. Havre wurde gegen einen Angriff durch die Hauptmacht der englischen Hülfstruppen gesichert, welche endlich am 28. October, über 4000 Mann stark, unter dem Grafen von Warwick dort angelangt waren [2]). So befanden sich jetzt von den hundert Städten, deren sich die Reformirten im Anfange des Kriegs bemächtigt hatten, nach Verlauf von acht Monaten nicht zwölf mehr in ihren Händen, weil ihnen ein hinreichendes Heer fehlte, um denselben zu Hülfe zu kommen [3]).

1) La Noue 159. Bèze II, 637—657. Thuan. XXX, 128. XXXIII, 218—226. Castelnau 208—214. Ploquet, histoire du parlement de Normandie II, 459. 462.

2) Bèze II, 713—722. 673—687. 748. Thuan. XXXIII, 226. 227.

3) La Noue 191.

Condé war bisher zu Orleans geblieben, weil seine Kriegs=
macht zu gering war, um sich seinen Feinden im freien Felde
entgegenzustellen. Erst nachdem La Rochefoucauld und Duras
ihm 1800 Mann zugeführt hatten und Andelot mit 3300
Reitern und ungefähr 4000 Fußgängern, deren Werbung in
Deutschland ihm durch die englischen Hülfsgelder und durch
die Unterstützung des Landgrafen von Hessen und des Herzogs
von Würtemberg möglich geworden, am 6. November in Or=
leans angekommen war, brach er mit einem Heere, welches
8000 Fußgänger und 5 bis 6000 Reiter zählte und sieben
Geschütze führte, auf. Er nahm Etampes, Dourdan und Mont=
lhery ein und griff die Victorsvorstadt von Paris an, jedoch
der Theil des königlichen Heers, welchen Guise und der
Connetable dahin zurückgeführt hatten, genügte, um diese Stadt
zu sichern, und die Königin hemmte Condé's Unternehmungen
dadurch, daß sie ihn zu Unterhandlungen bewog, welche ab=
gebrochen wurden, sobald die aus Guienne erwarteten spani=
schen und französischen Truppen eintrafen [1]). Condé brach
darauf nach Havre auf, um einen Theil der englischen Hülfs=
truppen an sich zu ziehen und das von England versprochene
Geld in Empfang zu nehmen, dessen er dringend bedurfte, um
seine murrenden, unbezahlten deutschen Söldner zu befriedigen.
Die königliche Armee, 16 oder 19000 Mann Infanterie und
2000 Reiter stark und mit zwanzig Geschützen versehen, folgte
ihm zur Seite, um seine Vereinigung mit den Engländern
zu verhindern, und es gelang derselben, ihm an der Eure zu=
vorzukommen, da er einige Tage auf seinem Marsche verloren
hatte. Der Connetable griff am 19. December bei Dreux
auf einer Ebene an, welche der Überlegenheit seines Gegners
an Cavalerie günstig war; er selbst befehligte das Haupt=
treffen, S. André die Avantgarde; der Herzog von Guise,
welcher jeden Befehl abgelehnt hatte, weil er den Oberbefehl
dem Connetable überlassen mußte, stand nur an der Spitze
von 500 auserlesenen Reitern. Condé war nicht von der
Nähe der Feinde unterrichtet gewesen, er hatte keine Schlacht

---

1) La Noue 165—171. Castelnau 230—234. Bèze I, 135. 185
bis 224. Thuan. XXXIII, 242—247.

erwartet und deshalb jede Maßregel vernachläſſigt, durch wel=
che er ſich den Gewinn derſelben hätte ſichern können. Da=
durch daß er ſeinen Angriff nicht gegen die feindliche Avant=
garde richtete, ſondern ſich mit ſeinem ganzen Heere gegen
das Haupttreffen wandte, ſtellte er den Rücken ſeiner Infan=
terie dem Angriffe jener bloß, und ſtatt zunächſt die feindliche
Cavalerie anzugreifen, deren Niederlage bei ſeiner Überlegen=
heit an Reiterei nicht zweifelhaft ſein konnte und wahrſchein=
lich die Zerſtreuung und Ergebung der Infanterie herbeige=
führt haben würde, begann er den Kampf gegen dieſe. Zwar
ſchlug er ſie, und der Connetable ſowie der Herzog von Au=
male wurden gefangen, aber die Sieger waren durch das Ge=
ſecht beſonders gegen die Schweizer, welche, mehrmals von
den feindlichen Reitern durchbrochen, ihre Reihen wieder ſchloſ=
ſen und erſt nach hartnäckigem Widerſtande ſich auf die Avant=
garde zurückzogen, erſchöpft, und ſie hatten ſich großentheils
zum Plündern zerſtreut, als S.=André und Guiſe, welcher
dieſen Zeitpunkt abgewartet hatte, heranrückten und ohne be=
deutenden Widerſtand erſt die franzöſiſche Infanterie des re=
formirten Heers und dann auch die deutſchen Landsknechte
ſchlugen, welche Andelot vergeblich von der Flucht zurückzu=
halten ſuchte. Condé und Coligny konnten nicht mehr als
einige Hundert franzöſiſche Gendarmen ſammeln, ſie vermochten
nicht, die deutſchen Reiter zur Erneuerung des Kampfes zu
bewegen, dieſe zogen ſich zurück, und Condé, indem er genö=
thigt war, ihnen zu folgen, wurde gefangen. Zwar gelang
es Coligny jetzt endlich, über 1000 deutſche Reiter und 300
Gendarmen zu vereinigen, er unternahm an der Spitze der=
ſelben einen ungeſtümen Angriff gegen S.=André, welcher ge=
fangen und von einem Reformirten aus Rache für frühere
Beleidigungen erſchoſſen wurde; allein durch die Überlegenheit
der Feinde wurde er bald zum Rückzuge genöthigt, und unter
dem Schutze der einbrechenden Dunkelheit und wegen der
Schwäche der Feinde an Cavalerie führte er denſelben unver=
folgt aus. Die Schlacht hatte nur von 1 bis 5 Uhr Nach=
mittags gedauert, allein bei der Erbitterung, mit welcher ge=
kämpft worden war, hatten beide Armeen großen Verluſt er=
litten; Guiſe ſelbſt gab die Zahl der auf beiden Seiten Ge=

fallenen auf 8000 an, die Reformirten gestanden einen Verlust von 3000 Mann ein, während dieser nach der Behauptung der Katholiken 6000 betrug, und außerdem hatten sich
1500 ihrer Landsknechte ergeben, welche ohne Waffen nach
Deutschland zurückgeschickt wurden [1]). Coligny, welcher von
der reformirten Armee einstimmig zum Oberfeldherrn in Condé's Abwesenheit gewählt wurde, zog sich langsam hinter die
Loire zurück. Der Herzog von Guise, welchem die Königin,
ungeachtet ihres Mistrauens gegen seinen Ehrgeiz, den Oberbefehl über die königliche Armee bis zur Befreiung des Connetable nicht verweigern konnte, wurde durch den Verlust, den
dieselbe erlitten ·hatte, von einer Verfolgung zurückgehalten,
und erst im Januar 1563, nachdem er durch einige neuer-   1563
richtete Gensdarmencompagnien verstärkt worden war, näherte
er sich Orleans, um es zu belagern. Coligny übertrug seinem
Bruder Andelot die Vertheidigung der Stadt, er selbst brach
mit 3500 Reitern, welche er nur mit Mühe bewegen konnte,
ihm zu folgen, wieder am 1. Februar nach der Normandie
auf, um die Belagerung abzuwenden oder wenigstens die Feinde
zu nöthigen, ihre Macht zu theilen, und um mit den versprochenen englischen Hülfsgeldern seine Reiter zu befriedigen.
Durch einen raschen und geschickt ausgeführten Marsch erreichte
er die Küste der Normandie, empfing die Hülfsgelder und
brachte Caen und einige andere Städte in seine Gewalt. Guise
hatte indeß am 5. Februar mit einem Heere von 20,000
Mann die Belagerung von Orleans begonnen, in der Hoffnung, die Stadt vor Coligny's Rückkehr einzunehmen und
dadurch die Besiegung der reformirten Partei zu vollenden.
Nach Eroberung einiger Außenwerke beschloß er am 18. Februar, einen Sturm, dessen Erfolg nicht zweifelhaft schien,
am folgenden Tage zu unternehmen; allein am Nachmittage
jenes Tages wurde er von einem reformirten Edelmann, Poltrot,

---

1) Bèze I, 225—243. Vieilleville XXVIII, 62—66. Extrait
d'une lettre missive (von Coligny) mit einem Schlachtplan in Mém.
de Condé IV, 178—181. Discours de la bataille de Dreux dicté par
Fr. Duc de Guyse mit einem andern Plan ibid. 687—696. Castelnau 240—248. La Noue 171—179. La Poplinière I, 343—346.
Tavannes 302. Thuan. XXXIV, 248—255.

Herrn von Merey, aus Angoumois tödtlich verwundet, sodaß er am 24. Februar starb. Der Meuchelmörder, welcher am Tage nach seiner That ergriffen wurde, hatte sich durch längern Aufenthalt in Spanien die Sprache dieses Landes angeeignet, und da er auch in seinem Äußern einem Spanier glich, so war er schon früher von den reformirten Feldherren als Spion gebraucht und auch damals von Coligny in das Lager geschickt worden. Er hatte öfter geäußert, daß er Frankreich von dem Herzoge von Guise durch die Ermordung desselben befreien wollte, allein man hatte diese Äußerung, weil er sie öffentlich that, nicht für ernstlich gehalten. Um sich durch die Beschuldigung Anderer zu retten, behauptete er jetzt, daß Coligny ihn zur Ermordung Guise's als einem gegen Gott und Menschen verdienstlichen Werke aufgefodert, daß auch Beza ihn dazu ermahnt und La Rochefoucauld um seine Absicht gewußt habe. Alle Drei widerlegten, was er zum Beweise dieser Aussage, welche er auch selbst widerrief, angeführt hatte; namentlich erklärte Coligny: wenn er seit der Zeit, daß Guise und S. = André Meuchelmörder gegen Condé, ihn und Andelot gedungen, Jemanden habe sagen hören: wenn er könne, würde er Guise selbst in seinem Lager tödten, so habe er demselben nicht davon abgerathen, aber nie habe er Jemanden durch Worte, Geld oder Versprechungen dazu verleitet und angetrieben; Poltrot habe bei Abstattung eines Berichts, als er aus dem feindlichen Lager zurückgekommen, geäußert: es werde leicht sein, Guise zu tödten; er habe indeß diese Äußerung, zumal er sie für etwas ganz Eiteles gehalten, nicht beachtet, er habe nie mit Poltrot über die Ermordung des Herzogs gesprochen und sei stets, auch nach dem Gemetzel von Vassy, der Meinung gewesen, daß man gegen denselben nicht anders als in dem Wege gewöhnlicher Justiz verfahren müsse. Er bat die Königin auch, Poltrot bis zum Frieden gefangen zu halten, damit derselbe dann ihm gegenübergestellt werde. Dessenungeachtet wurde Poltrot von dem pariser Parlament zum Tode verurtheilt und am 18. März hingerichtet; das Urtheil über die Zulässigkeit der Vertheidigung Coligny's war verschieden, jedenfalls that er selbst aber derselben Eintrag durch die Erklärung, daß der Tod Guise's ihm angenehm sei, weil die Reformirten dadurch von einem sehr gefährlichen Feinde ihrer Religion befreit worden seien [1]). Der Tod des Herzogs von Guise machte einen Frieden möglich, und beschleunigt wurde dieser dadurch, daß die Königin ihn ebenso lebhaft wünschte wie Condé: Jene, um ihre durch den Krieg verminderte Gewalt wiederherzustellen und um zu verhindern, daß die Engländer den Bürgerkrieg benutzten, um sich der Normandie zu bemächtigen; Dieser, um seine Freiheit wiederzuerlangen. Schon am 7. März fand zwischen ihnen und dem Connetable eine Zusammenkunft auf einer Insel der Loire in der Nähe von Orleans statt. Der Connetable widersprach aufs nachdrücklichste der Wiederherstellung des Edicts vom Januar, Condé ließ sich von der Königin durch das Versprechen, daß man später den Reformirten größere Bewilligungen machen werde, und durch die Hoffnung, daß er die Würde eines General-Lieutenant des Königreichs erlangen und dann seinen Glaubensgenossen die Erfüllung ihrer Wünsche leicht werde verschaffen können, zur Nachgiebigkeit bewegen, und er willigte in einige Beschränkungen jenes Edicts. Die zu Orleans anwesenden reformirten Edelleute billigten dies, weil sie des Krieges müde waren, und obwol eine Versammlung von 72 Predigern daselbst auf größere Zugeständnisse drang, so schloß Condé dennoch am 12. März einen Vertrag, welcher in der Form eines am 19. März vom Könige zu Amboise unterzeichneten Edicts bekannt gemacht wurde. Den Reformirten wurde allgemeine Gewissensfreiheit bewilligt, sie sollten in ihren Häusern überall frei (librement) leben, ohne daß sie des Gewissens wegen durch Nachsuchungen oder auf andere Weise belästigt oder ihnen Gewalt und Zwang zugefügt werde. Religionsübung dagegen wurde allein den Edelleuten, welche hohe Gerichtsbarkeit besaßen, in dem von ihnen bewohnten Hause für sich, ihre Familien und diejenigen ihrer Unterthanen, welche sich dazu freiwillig und ohne Zwang einfinden wollten, und den andern Edelleuten, welche Lehen besaßen, nur für sich und ihre Familien zugestanden; außerdem

---

1) Bèze I, 268—328. Mém. de Condé IV, 285—303. Brantome VIII, disc. 78, 120.

Schmidt, Geschichte von Frankreich. III.   6

sollte in jeder Bailliage und Sénéchaussée und jedem Gouvernement eine Stadt bestimmt werden, in deren Vorstädten
reformirter Gottesdienst stattfinden könne, und dieser sollte
auch in allen Städten, in welchen er bis zum 7. März gehalten worden sei, fortdauern. In Paris und in der Vicomté
dieser Stadt sollten die Reformirten zwar der ihnen bewilligten Gewissensfreiheit und ihrer Güter und Einkünfte genießen,
aber die Ausübung ihrer Religion ihnen nicht gestattet sein.
Jeder sollte die ihm genommenen Güter, Würden und Ämter
zurückerhalten, alle Gefangenen ohne Lösegeld freigegeben werden, alles auf Veranlassung der bisherigen Unruhen Geschehene
vergessen sein, und bei Todesstrafe wurde Allen verboten, durch
Vorwürfe in Beziehung auf dasselbe einander zu beleidigen
und herauszufodern oder über Religionssachen zu streiten.
Den Prinzen von Condé sowie Alle, welche sich demselben
im Kriege angeschlossen hatten, erklärte der König für getreue
Unterthanen und Diener [1]). Coligny hatte mit englischer
Hülfe den Katholiken in der untern Normandie alle feste
Plätze bis auf Cherbourg, Granville und Mont Saint-Michel
entrissen, und seine Cavalerie war jetzt zahlreicher und besser
ausgerüstet als vor der Schlacht bei Dreux. Durch Condé
von den Unterhandlungen benachrichtigt und nach Orleans
berufen, kam er erst nach Abschluß des Vertrags daselbst an.
Laut sprach er seinen Unwillen darüber aus, daß man durch
die Unterzeichnung desselben mehr reformirte Kirchen zu Grunde
gerichtet habe, als die Macht der Feinde in zehn Jahren nicht
vermocht, allein seine Bemühungen, Änderungen in dem
Edicte zu bewirken, waren erfolglos. Andererseits sprach das
pariser Parlament seine Unzufriedenheit über die den Reformirten gemachten Bewilligungen aus, und es registrirte das
Edict erst auf wiederholten königlichen Befehl [2]). Ungeachtet
der kurzen Dauer des Kriegs waren die Folgen desselben
höchst verderblich: der Landbau, zuvor in dem fruchtbaren

---

1) Bèze I, 245—288. La Poplinière I, 349—359. La Noue
180—185. Castelnau 250—292; das Edict auch bei Isambert XIV,
135—140.

2) La Poplinière I, 361. 362. Journal de Brulart 125. Mém.
de Condé IV, 326.

Frankreich sorgfältiger als in irgend einem andern Lande betrieben, lag darnieder, zahllose Dörfer und Städte waren verheert, geplündert, verbrannt und in Einöden verwandelt, die
armen Landleute, von Reformirten wie von Katholiken aus
ihren Häusern verjagt, ihres Viehes und ihrer andern Habe
beraubt, gefangen genommen und zur Zahlung eines Löse-
gelds gezwungen, flohen gleich wilden Thieren von ihrem
Eigenthum, um sich nicht Denen preiszugeben, welche keine
Barmherzigkeit kannten. Handel und Gewerbe stockten, Kaufleute und Handwerker hatten Läden und Werkstätten verlassen,
um die Waffen zu ergreifen, der Adel war in sich gespalten,
die Geistlichkeit unterdrückt, Niemand seines Besitzes und Lebens sicher. Die Rechtspflege konnte nicht geübt werden, Gewalt trat an die Stelle der Obrigkeit und der Gesetze. Der
Bürgerkrieg wurde eine unversiegbare Quelle von jeglichem
Bösen, von Diebstahl, Raub, Ehebruch, Mord selbst der nächsten Verwandten und andern nur erdenklichen furchtbaren La-
stern, für welche es weder Schranke noch Strafe gab. Das
Schlimmste aber war, daß in diesem Kriege die Waffen, welche zur Vertheidigung der Religion ergriffen waren, jede Religion und Frömmigkeit vernichteten und, wie in einem ver-
dorbenen und verwesten Körper, eine Unzahl von Gottesleug-
nern hervorbrachten, denn die Kirchen und Klöster wurden geplündert und zerstört, die Mönche vertrieben, den Nonnen
Gewalt angethan, und Das, was in vier Jahrhunderten erbaut war, wurde an einem Tage vernichtet [1]. Nach der
Beendigung des Bürgerkriegs wurde der Graf von Warwick im Namen des Königs aufgefodert, Havre zu übergeben, und da er dies verweigerte, wenn der Königin von
England nicht zuvor Calais abgetreten werde, so wurde am
6. Juli dieser der Krieg erklärt. Unter dem Befehl des Connetable begann eine Armee, zu welcher sich auch der junge
König mit seiner Mutter begab, und welcher auch Reformirte,
selbst Condé, sich anschlossen, am 20. Juli die Belagerung von
Havre. Das Abschneiden des Brunnenwassers, pestartige,
durch Unreinlichkeit erzeugte Krankheiten und das rasche Vor-

---

1) Meist wörtlich nach Castelnau 296.

6*

rücken der Belagerungsarbeiten entmuthigten Warwick bald, sodaß er schon am 28. Juli eine Capitulation schloß und am 2. August die Stadt räumte. Ein Friede zwischen England und Frankreich wurde erst am 11. April 1564 zu Troyes unterzeichnet: beide Theile verpflichteten sich, den Feinden des andern keine Unterstützung und den Aufrührern und Majestäts= verbrechern keine Zuflucht zu gewähren, sie behielten sich ihre beiderseitigen Rechte vor, ohne diese näher anzugeben, und der König von Frankreich versprach, der Königin von England 120,000 Thaler zu zahlen [1]).

Der erste Hugenottenkrieg war es, welcher den Sieg oder wenigstens das Übergewicht, welches ohne ihn der Pro= testantismus wahrscheinlich über den Katholicismus in Frank= reich erlangt haben würde, verhinderte. Die Zahl der Be= kenner der reformirten Lehre war durch die blutigen Verfol= gungen sehr vermindert worden, die Leidenschaft derjenigen Katholiken, welche die Ketzer mit Feuer und Schwert ver= tilgen wollten, hatte sich noch gesteigert, und viele Katholiken von gemäßigterm Sinne waren jetzt die entschiedenen Gegner des neuen Glaubens geworden, weil sie diesen als die Ursache der Gewaltthätigkeiten, zu welchen die Reformirten meist nur für ihre Vertheidigung genöthigt waren, ansahen und ihm allein den Ausbruch des Bürgerkriegs zur Last legten [2]). Al= lein wenn die Reformirten auch nicht mehr auf den Sieg ihres Glaubens über den katholischen hoffen konnten, so bilde= ten sie doch noch eine mächtige Partei [3]), welche stark genug war, durch eine Reihe fernerer Kriege hindurch ihr Bestehen zu behaupten. Die Hoffnung Condé's, an der Stelle seines Bruders zum General=Lieutenant des Königreichs ernannt zu werden, wurde nicht erfüllt, indem Katharina, um ihm sowie dem Connetable jeden Anspruch auf Theilnahme an der Staats=

1) La Poplinière I, 366—369. Vieilleville 152. Thuan. XXXV, 292—295. Du Mont V, 1, 126.

2) Relazione del clariss. signor Giov. Correro, ambasciator in Francia nell' anno 1569 (bei Tommaseo II) 118. 120.

3) Correro 120 ist der Meinung, daß auch nach dem ersten Kriege noch ein Drittel des Adels und ein Dreißigstel des Volks hugenottisch gewesen sei.

verwaltung zu nehmen und sich die Regierung unter dem Na=
men des jungen Königs allein zuzueignen, diesen als mündig
anerkennen ließ, nachdem er am 27. Juni 1563 in sein vier=
zehntes Lebensjahr eingetreten war. Da L'Hospital, welcher
auch zu dieser Maßregel gerathen hatte, Widerspruch von dem
pariser Parlament besorgte, weil dasselbe ihm wegen der Milde
seiner Gesinnung und seines Verfahrens abgeneigt und über=
dies misvergnügt darüber war, daß die Entscheidung mancher
wichtigen Sachen dem Geheimen Rathe übertragen worden, so
geschah die Erklärung der Mündigkeit des Königs in dem
Parlament der Normandie zu Rouen, wohin derselbe mit sei=
ner Mutter nach der Übergabe von Havre gekommen war.
Begleitet von dieser, von mehren Prinzen und Herren, begab
er sich am 17. August in das Parlament, er erklärte, daß er
jetzt, nachdem er sein vierzehntes Lebensjahr erreicht habe, den
seit dem Anfange der Unruhen gegen ihn bewiesenen Ungehor=
sam nicht mehr dulden werde, und daß Alle, welche das von
ihm gegebene Friedensedict verletzen würden, als rebellisch und
ungehorsam gegen seine Befehle bestraft werden sollten, und
er theilte kurz den Inhalt eines Edicts mit, welches in seiner
Gegenwart bekannt gemacht werden sollte. Nachdem sodann
der Kanzler in einer langen Rede das Gesetz Karl's V. über
die Zeit der Volljährigkeit der Könige gerechtfertigt und über
den Zustand der Verwaltung des Reichs und über die Weise,
in welcher die Parlamente ihr Richteramt auszuüben hätten,
gesprochen, und nachdem der erste Prälat die Rede des Kö=
nigs und des Kanzlers beantwortet hatte, so erklärte die Kö=
nigin, daß sie dem Könige die Verwaltung seines Reichs
übergebe; er erwiderte ihr darauf, daß sie mehr als je re=
gieren und befehlen werde, und die anwesenden Prinzen und
Herren machten sodann dem Könige zum Zeichen der Aner=
kennung seiner Volljährigkeit eine tiefe Verbeugung und küß=
ten ihm die Hand. Die Thüren des Saals wurden nun=
mehr geöffnet und das vom Könige angekündigte Edict vor=
gelesen und registrirt. Durch dieses wurde befohlen, daß das
Edict von Amboise vollständig bei Strafe des Verlustes des
Lebens und Eigenthums beobachtet werden, daß alle Be=
wohner der Städte und des Landes ihre Waffen abliefern

und nur die Prinzen, Herren und Edelleute in ihren Häusern
die zur Vertheidigung und Sicherheit derselben nothwendigen
Waffen, jedoch ohne sie zu misbrauchen, zurückbehalten, daß
Niemand, welcher nicht durch seinen Stand befugt sei, Feuer-
gewehr tragen und Niemand in Beziehung auf Staatsangelegenheiten, ohne des Königs Wissen und ausdrückliche Erlaubniß mit fremden Fürsten und deren Unterthanen in Einverständniß und Verbindung treten sollte; es wurde jede Versammlung in Waffen, jede Auflegung und Erhebung von Geldern ohne ausdrückliche königliche Genehmigung und jede öffentliche und geheime Verbindung untersagt. Diesen Verordnungen schloß sich eine Declaration an, in welcher der König
aussprach, daß er im Parlament von Rouen seine Volljährigkeit erklärt habe und daß es seine Absicht sei, jetzt die Verwaltung des Reichs selbst zu übernehmen und es nach dem
Rathe seiner Mutter, der Prinzen von Geblüt und seiner
Räthe zu regieren [1]). Das pariser Parlament verweigerte
die Registrirung des Edicts, weil es üblich sei, daß alle Edicte
zunächst in diesem, welches die Stelle der Reichsstände ver-
trete und der erste Gerichtshof des Reichs sowie der Pairs
sei, bekannt gemacht würden, weil durch das Edict statt Einer Religion vielfache Sekten eingeführt und gebilligt würden,
und weil die Sicherheit von Paris erfodere, daß die Bewohner dieser Stadt nicht entwaffnet würden. Dem Parlamente wurde im Namen des Königs erwidert: er könne seine
Edicte bekannt machen, wo es ihm gefalle; da er jetzt voll-
jährig sei, so wolle er, daß das Parlament sich um nichts
Anderes bekümmere als darum, seinen Unterthanen rasche und
gute Justiz zu gewähren, denn nur dazu sei es von seinen
Vorgängern eingesetzt, nicht aber, um sich zum Beschützer des
Reichs und zum Behüter der Stadt Paris zu machen. Als
das Parlament dessenungeachtet seine Gegenvorstellungen wiederholte, so erfolgte der Befehl, daß das Edict ohne alle Ab-
änderung registrirt werden und alle Mitglieder des Parlaments
bei Strafe der Entsetzung dabei zugegen sein sollten, und zu-

1) Isambert XIV, 147—150. La Poplinière I, 370. 371. Thuan.
XXXV, 295—298.

gleich wurde demselben verboten, in Zukunft über Verordnungen und Edicte, welche vom Könige ausgingen und Staatsangelegenheiten beträfen, zu verhandeln und abzustimmen. Das Parlament war jetzt genöthigt, nachzugeben, und es registrirte am 28. September das Edict. Die Königin Katharina hatte jetzt erlangt, wonach sie seit dem Tode ihres Gemahls gestrebt hatte, und die Behauptung der erlangten Gewalt war Zweck und Richtschnur ihres Handelns. Bei einem lebhaften Interesse für Kunst und Wissenschaft — sie rief ausgezeichnete Künstler an ihren Hof, sie verwandte große Geldsummen für Erbauung prachtvoller Paläste, für Gartenanlagen, Gemälde und Sculpturen und bereicherte die königliche Bibliothek auch mit alten Handschriften in verschiedenen Sprachen — fehlte ihr jeder sittliche Gehalt und jede religiöse Überzeugung, und sie griff zu jedem Mittel, sobald es ihrer Klugheit zur Erreichung ihrer Zwecke geeignet schien. Sie theilte den Haß der eifrigen Katholiken gegen die neue Lehre nicht, allein wenn sie diese einigermaßen begünstigt hatte, so war es nur geschehen, um für den Augenblick die Hülfe der Bekenner derselben für ihren Vortheil zu benutzen. Jetzt bedurfte sie dieser Unterstützung nicht mehr, da es unter den katholischen Prinzen und Herren keinen für ihre Macht gefährlichen Gegner gab; nur die Ansprüche des Prinzen von Condé als des nächsten Verwandten des Königs und seiner Brüder konnten ihr Besorgniß erregen, und in den Reformirten sah sie eine Partei, an deren Spitze Condé stand, und welche um so eher geneigt sein konnte, seine Ansprüche zu unterstützen, als sie über die geringen Zugeständnisse misvergnügt war, welche das Edict von Amboise ihr bewilligte. Die Vernichtung dieser Partei oder wenigstens der Macht derselben war demnach jetzt ihr Interesse; allein da eine Erneuerung des Kriegs die Gewalt in die Hand Derer bringen mußte, welche an der Spitze der Armeen standen, und Frankreich den Fremden, den deutschen Protestanten und den Engländern, öffnen konnte, so ging sie nicht in die von verschiedenen Seiten, namentlich von Spanien, an sie gerichteten dringenden Aufforderungen ein, den Krieg sofort wiederzubeginnen, damit die reformirte Lehre sich nicht mehr befestige; ihr Plan war, den

Frieden zu erhalten und diese Lehre nur allmälig zu beschrän=
ken und zu unterdrücken, indem sie einerseits den Willen er=
heuchelte, den Bekennern derselben den Genuß der ihnen ge=
machten Zugeständnisse zu bewahren, andererseits nicht allein
es geschehen ließ, daß diese verletzt wurden, sondern auch selbst
sie in einzelnen Punkten mehr und mehr beschränkte, bis die
Umstände ein entschiedeneres, gewaltsames Verfahren gestatten
oder fodern würden. Dadurch daß sie bei der Ausführung
dieses Plans zu den Rathschlägen des Cardinals von Lo=
thringen besonderes Vertrauen zeigte, versicherte sie sich der
Ergebenheit der Guise'schen Familie, deren Haupt jetzt der Car=
dinal war, und sie bewirkte zugleich, daß die Reformirten die=
sen als den Urheber der gegen sie ergriffenen Maßregeln an=
klagten [1]). Der Kanzler L'Hopital, welcher das Heil seines
Vaterlandes nur in der Erhaltung des Friedens durch auf=
richtige Erfüllung des Edicts von Amboise sah, war nicht im
Stande, die Verletzungen desselben zu verhindern; sein Ein=
fluß verminderte sich immer mehr, und nur bisweilen ver=
mochte er noch den Absichten des Cardinals mit Erfolg ent=
gegenzutreten. Am härtesten und willkürlichsten wurden die
Reformirten in derjenigen Landschaft behandelt, in welcher sie
am zahlreichsten waren und während des Kriegs die größte
Ausdauer gezeigt hatten, in Languedoc. Der Gouverneur
derselben, der Connetable, hatte die Verwaltung seinem zwei=
ten Sohne, Heinrich von Montmorency, Herrn von Damville
(1567 Marschall von Frankreich), übertragen und ihm das
strengste Verfahren gegen die Reformirten anbefohlen. Dam=
ville gestattete den albanesischen Reitern, von denen begleitet
er das Land durchzog, und den Besatzungen, welche er in die
Städte legte, in denen reformirte Gemeinden waren, jede Ge=

---

1) Der Cardinal hatte früher auf dem Concil von Trident an der
Spitze der Reformpartei gestanden, er wurde aber nachmals ganz von
dem römischen Hofe gewonnen, und er unterzeichnete sogar die Beschlüsse
des Concils, ohne dazu ermächtigt zu sein; von Wessenberg die großen
Kirchenversammlungen des 15. und 16. Jahrh. III, 460. IV, 223.
Erst nach dem Ende desselben (3. Dec. 1563) kehrte er nach Frank=
reich zurück.

waltthat gegen die Reformirten, und er erlaubte diesen den
Gottesdienst selbst an den Orten, wo das Edict denselben bewilligt hatte, nur dann, wenn die Herren dieser Orte ihre Beistimmung gaben.   In Burgund erklärten sich die Stände und
das Parlament gegen jede Gestattung des reformirten Gottesdienstes, und das letztere ließ durch einen Abgeordneten am
Hofe vorstellen, daß die Zulassung zweier Religionen ein Verbrechen gegen Gott sei und die öffentliche Ruhe gefährde.
In Tours wurden die Reformirten, welche sich an dem ihnen
angewiesenen Orte zum Gottesdienst versammelt hatten, angegriffen, und Diejenigen, welche Widerstand leisteten, und selbst
der Prediger auf der Kanzel wurden getödtet.   Die Zahl der
Mordthaten, welche überhaupt in Frankreich binnen einem
Jahre gegen Reformirte verübt wurden, schätzte man auf
hundertunddreißig, und in Le Mans klagte man sogar den
Bischof der Anstiftung derselben an.   Die Klagen und Beschwerden der Reformirten bei dem Hofe waren erfolglos, meist
wurden sie auf drohende Weise zurückgewiesen, und wenn bisweilen nähere Untersuchungen bewilligt wurden, so übertrug
man dies Geschäft Leuten, von deren Haß gegen die Reformirten man erwarten konnte, daß sie die Klagen für unbegründet und wol gar die Kläger für die Schuldigen erklären würden.   Es wurden außerdem mehre königliche
Declarationen erlassen, durch welche das Edict von Amboise willkürlich und seinem klaren Sinne entgegen gedeutet und beschränkt wurde; obwol dasselbe den reformirten
Gottesdienst unbedingt in allen Städten gestattete, in welchen
er bis zum 7. März gehalten worden war, so wurde jetzt
ausgesprochen, daß diese Erlaubniß nur von denjenigen Städten
zu verstehen sei, in welchen der Gottesdienst öffentlich stattgefunden habe und in welchen Besatzungen lägen.   Den reformirten Einwohnern von Paris wurde verboten, die für den
reformirten Gottesdienst angewiesenen Städte in den benachbarten Provinzen zu betreten; Allen, welche die Klöster verlassen hatten, wurde befohlen, entweder in diese zurückzukehren
oder sich aus dem Reiche zu entfernen, und wenn sie geheirathet hatten, ihre Ehen aufzulösen, und Allen, welche nicht
in Frankreich geboren waren, wurde die Ausübung des Pre-

digtamts untersagt[1]). Um Condé von seinen Glaubensge=
nossen zu trennen und ihn über die Täuschung seiner Hoff=
nung zu begütigen, erheuchelte die Königin das größte Wohl=
wollen und Vertrauen gegen ihn und machte ihm, wie einst
seinem Bruder, Hoffnung auf das Königreich Sardinien; sie
begünstigte eine vertraute Verbindung, welche er zum großen
Nachtheil für seinen Ruf und für seinen Glauben mit einer
ihrer Hofdamen anknüpfte, und entfernte diese dann absichtlich
auf eine schimpfliche Weise vom Hofe. Die Ermahnungen
seiner Gemahlin, Eleonore von Roye, deren Tod durch Kum=
mer darüber beschleunigt wurde, machten indeß einen so tiefen
Eindruck auf ihn, daß er sich den unwürdigen Verhältnissen,
in welche er sich hatte verlocken lassen, entzog; die Guisen
suchten vergeblich, ihn durch Vermählung mit der Königin
von Schottland auf ihre Seite zu ziehen, und er verheirathete
sich einige Zeit darauf mit Francisca von Orleans, Schwester
des Herzogs von Longueville[2]).

Da das Verfahren der Regierung gegen die Reformirten
dem unduldsamen Eifer vieler Katholiken nicht entsprach, so
entstand bei manchen derselben der Gedanke, untereinander
Verbindungen gegen die Andersgläubigen zu schließen, und
diesem Gedanken schloß sich der Plan einer Vereinigung aller
katholischen Mächte zu demselben Zwecke an. Der Cardinal
von Lothringen soll während seines Aufenthalts zu Trident
nicht allein den vom Papste gebilligten Entschluß, eine Gesell=
schaft unter dem Namen einer Verbrüderung der Katholiken
in Frankreich zu stiften, gefaßt, sondern auch den Plan einer
heiligen Ligue zwischen den katholischen Fürsten und Staaten
zur Unterdrückung des neuen Glaubens entworfen haben[3]).
Schon vor dem Ende des ersten Hugenottenkriegs, am 2.
März 1563 schlossen der Cardinal von Armagnac, der Car=
dinal Strozzi und Montluc, Lieutenants des Königs in der
Sénéchaussée von Toulouse, in Albigeois und in Guienne, und

1) Serranus III, 3. 4. 23—26. 33. Thuan. XXXV, 286—288.
334. 335.

2) Serranus III, 28—30. Thuan. 288. 289. Journal de Brulart 142.

3) Tavannes XXIV, 456. Serranus III, 20.

einige andere Herren eine Verbindung, in welcher sie alle Ka=
tholiken in Languedoc und Guienne vereinigen wollten, und
als deren Zweck die Aufstellung einer Kriegsmacht zur Ver=
theidigung der Ehre Gottes, der katholischen Kirche und der
königlichen Krone ausgesprochen wurde. Die Ausführung die=
ses Vorhabens wurde zwar durch die baldige Beendigung des
Kriegs verhindert; allein jetzt stiftete auf Antrieb des Par=
laments von Dijon ein Rath desselben eine Brüderschaft des
heiligen Geistes zur Bekämpfung des neuen Glaubens, er
verhieß dabei öffentlich den Beistand des Königs von Spa=
nien, und zugleich priesen katholische Geistliche die Frömmig=
keit dieses Fürsten und bezeichneten ihn als Denjenigen, welcher
allein der katholischen Kirche den Sieg verschaffen könne [1]).
Im Februar 1564 erschienen, wahrscheinlich auf Veranlassung   1564
des Cardinals von Lothringen, Gesandte des Papstes, des Kö=
nigs von Spanien und des Herzogs von Savoyen am fran=
zösischen Hofe, und sie ersuchten den König, die Decrete des Tri=
denter Concils in seinem ganzen Reiche genau beobachten zu las=
sen, sich zum 25. März nach Nancy zu einer Zusammenkunft und
gemeinsamen Berathung über die Vertilgung des ketzerischen
Giftes zu begeben, die Aufrührer und Schismatiker durch
Verbannung und auf andere Weise zu bestrafen, die denselben
bewilligten Gnadenbezeigungen zu widerrufen und unverzüg=
lich über die Urheber und Mitschuldigen des Mordes des Her=
zogs von Guise eine strenge Strafe zu verhängen. Diesen
Foderungen fügten die Gesandten die Erklärung hinzu, daß
diejenigen, von welchen sie geschickt seien, sich erböten, den Kö=
nig zur Ausführung mit aller ihrer Macht zu unterstützen.
Da indeß die Annahme jener Decrete sowol die Rechte und
Freiheiten der gallicanischen Kirche beeinträchtigt, als auch durch
die in ihnen enthaltene Verdammung des protestantischen
Glaubens die Bekenner desselben wieder zum Kriege gezwun=
gen, und da eine enge Verbindung mit jenen Fürsten Frank=
reich dem fremden Einflusse, namentlich der Einwirkung Spa=
niens, unterworfen hätte, so gelang es dem Kanzler, die Kö=
nigin zu bestimmen, daß sie durch den König nur eine allge=

1) La Poplinière I, 215. 275.

meine und unbestimmte Antwort geben ließ: er dankte den
Fürsten für ihre Rathschläge, versicherte sie seiner Ergebenheit
gegen die katholische Kirche und seines Wunsches, daß auch
alle seine Unterthanen derselben angehören möchten, fügte aber
hinzu, daß er auf die an ihn gemachten Foderungen nicht
antworten könne, ohne vorher mit den Prinzen und den Mit=
gliedern seines Rathes darüber berathen zu haben[1]). Die
verwitwete Herzogin von Guise und die übrigen Mitglieder
dieser Familie hatten schon im September des vorigen Jahres
dem Könige eine Bittschrift übergeben, in welcher sie ihn er=
suchten, gerichtliche Untersuchung und Entscheidung gegen die
der Ermordung des Herzogs Schuldigen zu gestatten. Coligny,
gegen welchen, obwol er nicht genannt wurde, diese Fode=
rung gerichtet war, hatte sich darauf, von seinen Brüdern
und mehren Hundert Reitern begleitet, nach Paris begeben,
die Anhänger der Guise'schen Familie hatten sich gleichfalls be=
waffnet, und ein Kampf zwischen beiden Theilen schien be=
vorzustehen, als endlich der König durch eine Erklärung vom
5. Januar 1564 sich die Entscheidung der Sache vorbehielt
und sie auf drei Jahre verschob, während dieser Zeit aber bei=
den Theilen jede Thätlichkeit untersagte[2]). Im März trat
er eine längere Reise über Troyes, Dijon und Lyon nach der
Provence, Languedoc und Guienne in Begleitung seiner Mut=
ter an, um, wie es hieß, das Mistrauen, welches die Feinde
der Ruhe und des Friedens gegen ihn erregten, zu beseitigen,
um die Wünsche und Klagen seiner Unterthanen selbst zu ver=
nehmen, die Abstellung begründeter Beschwerden zu beschleu=
nigen und den Frieden zu befestigen; allein das Verfahren
des Hofes während dieser Reise gegen die Reformirten be=
rechtigte diese zu dem Argwohn, daß sie nur der Ausführung
eines zu ihrem Verderben angelegten Plans dienen solle. Die
Zerstörung aller Befestigungen, welche während früherer Kriege
zur Vertheidigung der Städte aufgeführt waren, wurde be=
fohlen und dieser Befehl durch besondere Beauftragte, nament=

1) Castelnau 320. La Poplinière I, 375 und aus diesem Thuan.
XXXVI, 331. 332. Legende du Cardinal de Lorraine (in Mém. de
Condé VI) 89.
2) La Poplinière I, 274. Mém. de Condé, IV, 495. V, 17—40.

lich in Orleans, Valence und Sisteron, sogleich ausgeführt;
zu Lyon und an andern Orten, wo die Zahl der Reformirten
nicht. gering war, wurden Citadellen erbaut, Gouverneure,
welche denselben nicht abgeneigt schienen, wurden abgesetzt,
und in den Städten, in welchen reformirter Gottesdienst gestattet war, durfte derselbe während der Anwesenheit des Königs nicht gehalten werden. Durch mehre Edicte, welche
zu näherer Erklärung des Edicts von Amboise dienen sollten,
wurde den reformirten Predigern verboten, in andern Städten,
als in welchen ihnen zu predigen erlaubt war, sich aufzuhalten,
sodaß sie dadurch verhindert wurden, an jenen Orten die
Kranken zu besuchen und zu trösten; die Errichtung von höhern und niedern Schulen wurde den Reformirten untersagt,
sowie die Versammlung von Synoden und die Erhebung
von Geldbeiträgen, sodaß ihnen dadurch die Erhaltung der
Kirchenzucht und die Unterhaltung ihrer Prediger unmöglich
gemacht wurde; es wurde befohlen, daß alle Priester und
Mönche, welche ihr Gelübde gebrochen und sich verheirathet
hätten, durch Gefängniß zur Trennung von ihren Frauen und
Rückkehr zu ihrer frühern Lebensweise gezwungen werden oder
sich aus dem Reiche entfernen sollten; sonst sollte sie lebenslängliche Galeerenstrafe oder nach den Umständen andere Strafe
treffen; endlich wurde den reformirten Edelleuten bei Strafe des
Hochverraths untersagt, Andere als ihre Unterthanen zu dem
ihnen gestatteten Gottesdienste zuzulassen. Zu gleicher Zeit gelangten immer häufigere und dringendere Klagen der Reformirten
über Bedrückungen und Gewaltthaten, besonders aus Maine,
Touraine und Anjou, an den Hof; allein weder diese noch die Beschwerden über das Verfahren Montluc's und Damville's fanden
Gehör, und auf ein ausführliches Schreiben Condé's an die Königin über die Entkräftung des Edicts von Amboise durch königliche Declarationen und Parlamentsbeschlüsse und über die Ungestraftheit Derer, die aus Religionshaß Reformirte ermordeten,
wurde im Namen des Königs erwidert: die Declarationen seien
durch dietriftigsten Ursachen nothwendig geworden, und wenn
seine Beamten sich etwas hätten zu Schulden kommen lassen, so
werde er sie bestrafen, damit man einsehe, daß er nichts als die
allgemeine und aufrichtige Beobachtung des Friedensedicts und

eine gleiche Behandlung seiner Unterthanen vor Gericht wolle[1]). Da sich auf solche Weise die eigentlichen Absichten des Hofes deutlich genug enthüllten, so mußte die Zusammenkunft des Königs und der Königin mit dem Herzoge von Savoyen im Schlosse Roufsillon bei Vienne und mit dem vertrautesten Minister des Papstes, Antinori, zu Avignon bei den Reformirten großen Argwohn erregen, und dieser mußte dadurch noch bedeutend gesteigert werden, daß die Königin von Spanien, begleitet von dem Herzoge von Alba, sich zu ihrer Mutter und ihrem Bruder nach Bayonne begaben. Es ist nicht zu bezweifeln, daß der vornehmste Gegenstand der Unterredungen, welche, neben den glänzendsten Festen, zwischen dem Herzoge, der Königin Katharina und mehren Herren ihres Rathes stattfanden, die Religionsangelegenheiten waren, und daß Philipp II. die gänzliche Unterdrückung der reformirten Lehre in Frankreich aus Haß gegen dieselbe und aus Besorgniß, daß sie sich auch nach Spanien verbreite, aufs lebhafteste wünschte. Da er schon seit einigen Jahren dem französischen Hofe gerathen hatte, sich vor Allem der Häupter der Reformirten zu versichern und sie auf irgend eine Weise tödten zu lassen[2]), so ist es ebenso wenig zu bezweifeln, daß Alba mindestens auf die Befolgung dieses Rathes drang; es scheint aber, daß Katharina sich nicht zu unverzüglicher Ausführung dieser Maßregel entschließen konnte, daß man sich nur im Allgemeinen über die Nothwendigkeit einer Vertilgung der reformirten Lehre einigte, und daß man sich gegenseitig dazu den nach den Umständen erforderlichen Beistand zusagte. Bei den Reformirten herrschte indeß die Überzeugung, daß zu ihrer Vernichtung ein förmlicher Bund zwischen Frankreich und Spanien abgeschlossen sei, und daß man dieselbe besonders durch den Tod ihrer Häupter zu bewirken beabsichtige, denn nur darauf konnte man die bekannt gewordene Äußerung Alba's deuten, daß man sich nicht die unnütze Mühe machen müsse, Frösche zu fangen, sondern daß man sich ernstlich mit dem Fange der Lachse und andern großen Fische beschäftigen

---

1) Castelnau 336. La Poplinière I, 377. 378. Serranus III, 30—54.

2) Dispaccio di Sigism. Cavalli, in Ranke, hist. politischer Zeitschrift II, 595.

müsse, da zehntausend Frösche nicht so viel werth seien als ein Lachskopf [1]).

Die nächsten Ereignisse bestätigten jedoch den Argwohn der Reformirten nicht. Nach der Abreise der Königin von

[1] Thuan. XXXVII, 377, Aubigné I, 206. Pasquier, Lettres IV, 23. Serranus III, 85. Katharina äußerte 1572 gegen den englischen Gesandten: die bayonner Geschichte sei ein Kunstgriff, welchen Coligny erfunden, um die mit der Krone verbündeten Prinzen aufzureizen, sich zu Feinden derselben zu erklären; die Wahrheit sei, daß die Zusammenkunft nur stattgefunden habe, um sich zu belustigen und gut zu essen und zu trinken. Capefigue III, 306. Mehr gab Alba zu, indem er zu dem französischen Gesandten S. Sulpice zu Madrid sagte: Er habe den beiden Königinnen gesagt, daß es weder an der Zeit scheine, die Übel in Frankreich mit dem Schwerte zu vertilgen, noch sie mit bloßer Milde und Verstellung zu entschuldigen; man dürfe die Religion nicht auf unsicheres Kriegsglück gründen, wohl aber müsse die Kriegsmacht ganz in den Händen des Königs und der von ihm angestellten Männer bleiben und bei harter Strafe auf Erfüllung der Gesetze und Verordnungen gehalten werden; allerdings hätten Einige den französischen Majestäten gerathen, die Waffen gegen die Reformirten zu ergreifen, allein nicht Er. Der Gesandte erwiderte ihm: Einige hegten allerdings solche Meinung von ihm. B. Raumer, Briefe aus Paris zur Erläuterung der Geschichte des 16. und 17. Jahrhunderts. 1831. I, 112. Capefigue (412) sagt: Die Depeschen des Herzogs von Alba beweisen, daß seit dieser Zeit der Gedanke einer allgemeinen Metzelei der Ketzer nicht zurückgewiesen wurde; er gibt jedoch keine Belege für diese Äußerung. Nach Tavannes (XXIV, 449) wurde zu Bayonne beschlossen, daß die beiden Kronen einander vertheidigen, die katholische Religion aufrecht erhalten und die Rebellen vernichten, und daß die Häupter derselben ergriffen und gerichtet werden sollten. Condé sagt in einer dem Könige 1568 übersandten Bittschrift: Er und andere Reformirte seien schon längst von dem zu Bayonne mit Spanien eingegangenen Plane, alle Reformirten in Frankreich auszurotten, unterrichtet worden. Serranus III, 171. Nach demselben Geschichtschreiber (III, 86) und nach La Popiniêre (I, 2, 4.) hatte namentlich der Prinz von La Roche-sur-chon, welcher in Bayonne anwesend gewesen war, bei seinem Tode (im October 1565) Condé dies mitgetheilt, und dieselben Schriftsteller so wie die Legende du cardinal de Lorraine (90) behaupten, daß zu jenem Zwecke eine — vom Cardinal von Lothringen vorbereitete — sogenannte heilige Ligue abgeschlossen worden sei. Thou (XXXVII, 377) wagt nicht, über die Wahrheit oder Unwahrheit dieser Behauptung zu entscheiden; jedoch nimmt er — wie auch Aubigné I, 206 -- den Bericht des florentinischen Geschichtschreibers Adriani (Storie fiorentine L. XVIII,

Spanien und Alba's begab sich der König mit seiner Mutter nach Nerac, dem Aufenthalte der Königin von Navarra, wo er den seit längerer Zeit unterbrochenen katholischen Gottesdienst wiederherstellen ließ, und zu Blois entließ er im November die Herren, welche ihn auf seiner nunmehr beendeten 1566 Reise begleitet hatten, indem er sie wieder zum Januar 1566 nach Moulins beschied. Der Zweck der an diesem Orte gehaltenen Versammlung war ein zweifacher: Versöhnung zwischen Coligny und den Guisen und Reform der Justiz zur Abstellung der zahlreichen Beschwerden, welche vor den König während seiner Reise gebracht waren, und sie bestand aus den Cardinälen von Bourbon, Lothringen und Guise, dem Prinzen von Condé, Coligny und seinen beiden Brüdern, den Herzögen von Nemours, Longueville und Nevers, dem Connetable und dem Marschall von Montmorency, der Herzogin von Guise und ihrem ältesten Sohne, dem Herzoge von Guise, mehren andern Herren und Rittern, einigen Bischöfen und den Präsidenten der Parlamente. Der König befahl bei der Eröffnung der Versammlung derselben, über die Abstellung jener Beschwerden ernstlich und gewissenhaft zu berathen. Darauf sprach sich der Kanzler sehr nachdrücklich über die schweren Übel aus, an denen der Staat leide, er bezeichnete als Quelle derselben die schlechte Verwaltung der Justiz und die Erpressungen und die Raubgier der richterlichen Beamten, welche durch Ungestraftheit genährt werde; er erklärte, daß deshalb neue Gesetze gegeben und daß, wenn dieselben durch Schuld der Beamten nicht beobachtet würden, diese streng bestraft,

---

1320) auf, mit der Bemerkung, daß derselbe wahrscheinlich Vieles aus den Papieren des Großherzogs Cosmo von Toscana geschöpft habe. Adriani erzählt nämlich: Katharina habe dem durch Alba ihr mitgetheilten Rathe des Königs von Spanien, die Häupter der Hugenotten zu tödten und eine sicilianische Vesper zu veranstalten, beigestimmt, und man habe beschlossen, diese That auszuführen, nachdem sich der König nach dem festen Schlosse von Moulins begeben haben werde; allein wegen des von den Hugenotten gefaßten Verdachts und wegen der Schwierigkeit, ihre Häupter an den Hof zu locken, sei die Ausführung bis zum Jahre 1572 verzögert worden. — Indeß, abgesehen von der innern Unwahrscheinlichkeit dieser Darstellung, bleibt es auch noch zweifelhaft, ob und was Adriani für dieselbe aus jenen Papieren geschöpft habe.

daß die übermäßige Zahl der Richter, welche nur durch das Blut des Volks und durch Vermehrung der Proceſſe unterhalten würde, beſchränkt und ihr Gehalt mit Abſchaffung der von den Parteien gefoderten Gebühren, welche zu Beſtechungen Anlaß gäben, erhöht und daß ſie einer ſtrengen Aufſicht und der Verpflichtung, von der Verwaltung ihrer Ämter Rechenſchaft abzulegen, unterworfen werden müßten. Während über die Vorſchläge des Kanzlers von der Verſammlung berathen wurde, beſchäftigte ſich der Geheime Rath mit der Unterſuchung der Beſchuldigung Poltrot's, daß Coligny ihm die Ermordung des Herzogs von Guiſe aufgetragen habe. Coligny leiſtete einen feierlichen Eid, daß er weder der Urheber des Mordes geweſen ſei, noch ſeine Beiſtimmung zu demſelben gegeben habe; der König erklärte ihn nach der einſtimmigen Meinung des Geheimen Raths für ſchuldlos und völlig gerechtfertigt und befahl beiden Theilen, in Frieden und Freundſchaft zu leben. In ſeiner Gegenwart verſprachen die Herzogin von Guiſe und der Cardinal von Lothringen, in Zukunft wegen des Vergangenen nicht mehr zu zürnen, und umarmten Coligny; der junge, damals erſt ſechzehnjährige Herzog Heinrich von Guiſe widerſprach zwar nicht, entzog ſich aber dieſem Zeichen der Verſöhnung [1]).

Das Ergebniß der Verhandlungen über die von L'Hopital gemachten Vorſchläge war eine königliche Verordnung über die Reform der Juſtiz, welche im Februar in Moulins bekannt gemacht wurde, und deren Verdienſt allein dem Kanzler gebührt. Seit dem Antritt ſeines Amtes war er unabläſſig bemüht geweſen, den Gang der Juſtiz zu beſchleunigen und zu vereinfachen, ſo wie die große Zahl der Proceſſe zu vermindern und ihre Dauer abzukürzen, und er hatte dies Ziel ungeachtet des Widerſtandes und der Schwierigkeiten, welche der Eigennutz der richterlichen Beamten und ſelbſt das pariſer Parlament ihm entgegenſtellten, beharrlich verfolgt. Es war früher verordnet worden, daß Vergleiche, welche ohne Liſt und Gewalt über Dinge geſchloſſen waren, die zu freier Verfügung der ſich Vergleichenden geſtanden hatten, nicht auf-

1) Lambert XIV, 104. Thuan. XXXV, 301.
Schmidt, Geſchichte von Frankreich III.   7

gehoben und Klagen der Nachkommen wegen Beeinträchtigung
durch den Vergleich selbst um mehr als die Hälfte des wahren
Werths zurückgewiesen werden sollten [1]). Da es fast ebenso
viel Procureurs als Processe gab und jene auf alle Weise zur
Verlängerung dieser beitrugen, so war bestimmt worden, daß
die Ämter der Procureurs eingehen und ihre Geschäfte von
den Advocaten versehen werden sollten. Den Kaufleuten zu
Paris war 1563 ihre Bitte um Einsetzung eines Handelsge-
richts zur Abkürzung der Processe und Streitigkeiten unter
ihnen gewährt worden: eine Versammlung von hundert Kaufleuten sollte fünf Kaufleute, von welchen einer Richter, die
andern Consuln der Kaufleute genannt werden sollten, auf ein
Jahr wählen; und nach Ablauf dieser Zeit sollten diese Fünf
eine Versammlung von sechzig Kaufleuten berufen, um wieder fünf Andere zu wählen; diesen wurde die summarische
Entscheidung aller Handelsstreitigkeiten zwischen den Kaufleuten übertragen, und nur wenn der streitige Gegenstand und
die ausgesprochene Strafe die Summe von fünfhundert Livres
überstieg, wurde die Appellation an das Parlament gestattet.
Auch in vielen andern größern Städten Frankreichs wurden in der
folgenden Zeit solche Handelsgerichte eingesetzt [2]). Im Januar
1564 hatte eine Verordnung, welche der von Orleans mehre
Bestimmungen zur Abkürzung der Processe und zur Reform
des Richterstandes hinzufügte, auch den bisherigen Gebrauch
aufgehoben, das Jahr mit dem Osterfeste anzufangen, weil
dies wegen der Beweglichkeit desselben unzweckmäßig war,
und dagegen befohlen, das Jahr in allen öffentlichen und pri-
vaten Urkunden und Schriften mit dem 1. Januar zu beginnen [3]). Diesen einzelnen Bestimmungen schloß sich in der
Verordnung von Moulins eine allgemeinere und durchgreifen-
dere Reform namentlich des Gerichtswesens an. Der wesent-
liche Inhalt derselben war folgender: die Parlamente und andern obern Behörden sollten die ihnen zur Bekanntmachung
übersandten königlichen Edicte und Verordnungen sogleich be-

1) Isambert 112—114.
2) Isambert 153—158. Thuan. 302.
3) Isambert 169. Thuan. XXXVI, 328.

kannt machen, wofern sie nicht dem Könige einige Vorstellungen machen zu müssen glaubten; in diesem Falle sollte dies unverzüglich geschehen und sodann nach Mittheilung des Willens des Königs sogleich, ohne neue Vorstellungen, zur Bekanntmachung geschritten werden. Die Parlamente sollten die königlichen Richter und andern Beamten ihres Gerichtsbezirks, welche die königlichen Verordnungen verletzten, streng bestrafen. Sie sowie die Gerichtshöfe der Bailliages und Sénéchaussées und die andern denselben untergeordneten Gerichte sollten für die erledigten Stellen Personen ernennen, allein nur solche, welche das fünfundzwanzigste Lebensjahr vollendet hätten, mit der Rechtsgelehrsamkeit vertraut wären und auch praktische Erfahrung besäßen; jedoch sollten auch diese sich noch einer Prüfung unterwerfen. Es sollte fortan nur Ein Landgericht (siège présidial) in jeder Sénéchaussée und Bailliage und zwar in der Hauptstadt derselben sein, die Zahl der Mitglieder desselben auf Sechs beschränkt und das mit den aufgehobenen Stellen verbundene Gehalt unter diese vertheilt werden; dagegen wurde ihnen zur Bedingung gemacht, daß sie sowol den Gerichtssporteln und andern Vortheilen entsagten, und es wurde überhaupt allen Justizbeamten verboten, von den Parteien irgend etwas zu nehmen, was ihnen nicht gesetzlich erlaubt sei. Es wurde bestimmt, über welche Sachen die Landgerichte in letzter Instanz und über welche sie nur vorläufig entscheiden und welchen Gerichten das Erkenntniß über die Criminalsachen der Geistlichen, Edelleute und Beamten zustehen sollte. Mehre Artikel regelten das Verfahren in den Parlamenten, andere bezweckten die raschere Ausführung der richterlichen Aussprüche, namentlich bei Verurtheilung zu Geldstrafen; bei allen Processen, deren Gegenstand ein höherer Werth als hundert Livres war, wurde der Zeugenbeweis abgeschafft und nur der Beweis durch Urkunden zugelassen; Ältern und Vormünder wurden berechtigt, Geld und Gut, was ihre Kinder und Mündel im Glücksspiel verloren hatten, zurückzufodern. Den städtischen Magistraten wurde die Verwaltung der Policei gelassen, allein jede Gerichtsbarkeit in Civilsachen genommen. Allen Unterthanen wurden jede Verhöhnung und andere Vergehungen gegen kö-

7 *

nigliche Beamte und gegen die mit Vollstreckung richterlicher
Aussprüche beauftragten Gerichtsdiener bei Todesstrafe verboten. Die Baillis und Seneschälle sollten Edelleute sein, das
Alter und die übrigen Eigenschaften besitzen, welche durch die
königlichen Verordnungen gefodert würden, und sich in ihren
Amtsbezirken aufhalten. Die Herren, welche die hohe Justiz
besaßen, sollten diese verlieren, wenn sie innerhalb ihres Gerichtsbezirks das Tragen von Waffen und Gewaltthaten dul-
deten. Der Druck von Schmähschriften wurde verboten, auch
der Druck aller andern Bücher ohne besondere königliche Erlaubniß untersagt und den Buchdruckern befohlen, diese sowie
ihren Namen und Aufenthaltsort den Büchern beizufügen [1]).
    Die Ausführung dieser Verordnung wurde jedoch größten-
theils durch den bald wieder ausbrechenden Bürgerkrieg
verhindert. Das Verhältniß zwischen den beiden Religionsparteien wurde immer feindseliger, die gegenseitigen Beschuldigungen immer zahlreicher und heftiger. Die Katholiken
warfen den Reformirten vor, daß sie ungehorsame Unterthanen seien, welche den Befehlen des Königs nicht Folge leisteten und ihm das Recht, seine Edicte zu erklären, streitig machten, daß sie an den Orten, wo sie die Stärkern seien, die
Ausübung der katholischen Religion verhinderten, und daß sie
das Friedensedict verletzten, indem sie an unerlaubten Orten
Gottesdienst hielten oder zu demselben Jeden ohne Unterschied
zuließen. Dagegen beklagten sich die Reformirten, daß, während
sie ihre Söldner entlassen hätten, die Katholiken den besten
Theil der ihrigen fortwährend unter den Waffen hielten, daß
ihnen nicht in jeder Bailliage und Sénéchaussée eine Stadt
zum öffentlichen Gottesdienst angewiesen und ihnen die Versammlung von Synoden, welche für die Erhaltung der Kirchenzucht nothwendig wäre, untersagt sei, daß sie von mehren
Gouverneuren gemißhandelt würden und in manchen Städten
der Wuth des Volks, welches keines Alters und Geschlechts
schone, preisgegeben seien, daß ihre Beschwerden erfolglos blieben oder auf ungerechte Weise entschieden würden, und daß

[1) Ordonnance sur la reforme de la justice, in 86 Artikeln, bei
Isambert 189—212.

ihnen die Erklärungen des Friedensedicts auch durch eine doppelsinnige Abfassung, welche bei der Ausführung zu ihrer Bedrückung gedeutet wurde, Nachtheil brächten [1]. In zahllosen Druckschriften wurden jene Beschuldigungen der Katholiken und diese Klagen der Reformirten ausgesprochen, und immer häufiger kam es zwischen Beiden, besonders in der Dauphiné und in Languedoc, zu Streit und Kampf und wechselnder Vertreibung. Aufgefangene Briefe aus Spanien und Rom schienen den Argwohn der Reformirten über die zu Bayonne gefaßten Beschlüsse zu bestätigen, und dieser Verdacht wurde noch mehr dadurch verstärkt, daß, als der Herzog von Alba im Juni 1567 mit einem Heere aus Italien nach den Niederlanden aufbrach, der Hof unter dem Vorwande, die bedrohten Grenzen des Reichs zu sichern, die Werbung von 6000 Schweizern befahl und diesen Befehl auch ungeachtet der Bitte Condé's nicht zurücknahm, als Alba, ohne die französische Grenze zu überschreiten, in den Niederlanden (22. August) angekommen war. Bereits früher hatten Condé, Coligny, Andelot und mehre andere angesehene Reformirte zwei Zusammenkünfte zu gemeinsamer Berathung gehalten; indeß hatte Coligny den Beschluß bewirkt, sich nicht zu übereilen, sondern die dringendste Nothwendigkeit abzuwarten. Jetzt traten sie zum dritten Male zusammen. Condé und Coligny theilten mit, daß sie von einem den Reformirten sehr geneigten Manne am Hofe die Versicherung erhalten hätten, es sei in einer geheimen Berathung beschlossen worden, sich ihrer Person zu bemächtigen, den Einen von ihnen zu tödten und den Andern gefangen zu halten, die Schweizer nach Paris, Orleans und Poitiers zu legen und dann das Edict von Amboise aufzuheben und ein demselben ganz entgegengesetztes zu erlassen. Diese Versicherung schien dadurch bestätigt zu werden, daß die Schweizer ihren Marsch nach Paris fortsetzten und nicht nach der nördlichen Grenze, zu deren Sicherung sie angeblich bestimmt waren. Einige der Versammelten verlangten, man solle nicht warten, bis man ihnen Hände und Füße binde und sie zu Paris auf das Blutgerüst schleppe; dreitausend Re-

---

1) La Popelinière I, 2, 4—6. Castelnau 371. 372.

formirte seien schon seit dem Frieden gewaltsamen Todes gestorben, durch alle Klagen darüber habe man nur nichtssagende
Antworten erlangt, und dies sei nicht nach dem Willen des
Königs, sondern derjenigen Personen geschehen, welche sich
hinter dem Namen desselben versteckten. Andere erklärten sich
gegen den Beginn eines Kriegs wegen der verderblichen Folgen desselben; sie foderten, daß man lieber die ersten Feindseligkeiten von den Gegnern erdulde als selbst ausübe. Andelot's
Erklärung, daß ihre Geduld nur ihre gänzliche Vernichtung
zur Folge habe, daß, wenn man dem Feinde auch den Vortheil, die ersten Streiche zu führen, gestatte, keine Rettung
mehr möglich sein werde, bewirkte endlich den einstimmigen
Beschluß, zur Gewalt seine Zuflucht zu nehmen, um sich vor
dem drohenden Untergange zu sichern, nämlich insgesammt an
demselben Tage, am 29. September, zu den Waffen zu greifen, sich durch Überfall in den Besitz weniger, aber bedeutender Plätze, namentlich der Städte Lyon, Troyes und Toulouse,
zu setzen, zugleich ein Heer zu versammeln, die Schweizer durch
deren Beistand die Katholiken Herren des Feldes sein würden, niederzuhauen und den Cardinal von Lothringen, welchen man
als den gefährlichsten Feind des reformirten Glaubens betrachtete, vom Hofe zu entfernen. Das Bedenken, daß die Schweizer und der Cardinal sich bei dem Könige befänden und die
gegen Jene beabsichtigte Unternehmung wider Diesen gerichtet
scheinen werde, wurde durch die Erwiderung beseitigt, daß
der Ausgang den wahren Zweck derselben darthun werde [1]).
Das Geheimniß des gefaßten Beschlusses wurde bis zum Augenblick der Ausführung völlig bewahrt, und diese schien durch
die Verhältnisse unter den Reformirten gesichert. Die Liebe
und Ehrfurcht derselben gegen Condé und Coligny war nicht
geringer als sie gegen einen König hätte sein können; in jeder Provinz stand ein angesehener Edelmann an ihrer Spitze,

1) La Noue 187—192 (aus ihm Thuan. XL, 567—570). Aubigné I, 209, Davila (Istoria delle guerre civili di Francia. Lione
1641) 165 und Vita Colinii 59 sagen, daß die Häupter der Reformirten auch die Absicht gehabt hätten, sich der Person des Königs zu bemächtigen, um dadurch die Macht und den Anschein des Rechts für sich
zu gewinnen, welchen ihre Gegner im ersten Kriege gehabt hätten.

welcher mittels einiger andern Edelleute und der Prediger die übrigen leitete, und mit der dadurch befestigten Einigkeit war die allgemeine Bereitwilligkeit verbunden, die ertheilten Befehle auszuführen[1]). Der Versuch, sich der drei genannten Städte zu bemächtigen, mislang indeß durch die Ungunst der Umstände oder durch die Schuld Derer, welchen die Ausführung übertragen war; dagegen machten sich die Reformirten am 29. September und an den folgenden Tagen, indem sie zum Theil durch die Stimmung der Einwohner begünstigt wurden, zu Herren von funfzig andern festen Orten, namentlich von Valence, Vienne, Nismes, Montpellier, Alby und Montauban, und etwas später von Macon, Aurerre und Orleans, und an manchen Orten zerstörten sie die katholischen Kirchen, um die Ermordung ihrer Glaubensgenossen und die Zerstörung ihrer Kirchen zu Lyon zu rächen[2]). Eine große Zahl reformirter Edelleute war aufgefodert worden, am bestimmten Tage zu Rozoy in Brie, acht Lieues von der Stadt Meaur, in deren Nähe, im Schlosse Monceaur, sich der Hof damals aufhielt, sich einzufinden. Condé, Coligny, Andelot und La Rochefoucauld kamen selbst zur festgesetzten Zeit dorthin, sie fanden zwar nur 4 bis 500 Edelleute, brachen aber dennoch sogleich gegen Meaur auf, wohin sich der Hof begeben hatte. Katharina, welche den frühern Anzeigen von Bewegungen der Reformirten wenig Glauben geschenkt hatte, hielt die Ankommenden einige Zeit auf, indem sie ihnen den Marschall von Montmorency entgegenschickte, um mit ihnen zu unterhandeln, und sobald während dieser Zeit die 6000 Schweizer in Meaur eingetroffen waren, brach der Hof, von ihnen begleitet, nach Paris auf. Auf die Nachricht davon eilte Condé sogleich nach; allein die Zahl der von ihm geführten Edelleute war zu gering, um in die Reihen der Schweizer einbrechen zu können; der König erreichte ungefährdet Paris, und diese einer Flucht ähnliche Reise sowie die Verfolgung durch Unterthanen machten auf ihn einen so tiefen Eindruck, daß er dieses Ereigniß nie vergaß und seit dieser

---

1) Correro 112. 114. 116.
2) Tavannes XXIV, 459. Serranus III, 96. Davila 170. 171.

Zeit viel mehr Unwillen und Haß gegen die Reformirten zeigte als früher [1]). Allen Gouverneuren wurde sogleich der Befehl gesandt, so viel Kriegsvolk wie möglich in größter Schnelligkeit nach Paris zu schicken, und um Zeit zu den Kriegsrüstungen zu gewinnen, wurden aufs neue Unterhandlungen angeknüpft. Condé verlangte Entfernung der fremden Truppen aus der Nähe des Königs, unbeschränkte Religionsfreiheit für die Reformirten und Zulassung derselben zu allen Ämtern, Verminderung der Abgaben und Berufung der Reichsstände. Als darauf statt einer Antwort nur die Auffoderung erfolgte, daß sich die Reformirten unbewaffnet zum Könige begeben sollten, so begnügten sie sich, nur Sicherheit des Lebens und Eigenthums, Gewissensfreiheit und freie Religionsübung und Beobachtung des Friedensedicts nach seiner ursprünglichen Fassung und Aufhebung aller spätern Erklärungen und Beschränkungen zu verlangen; jedoch auch diese Foderungen wurden verweigert und die Unterhandlungen abgebrochen [2]). Condé, welcher am 2. October S.-Denis besetzt hatte, beschloß jetzt, der Stadt Paris die Zufuhr abzuschneiden, um auf solche Weise vor Ankunft der berufenen königlichen Truppen einen billigen Frieden zu erzwingen. Da sich in dieser Zeit ein Heer von mehren Tausend Mann um ihn sammelte und der Connetable ungeachtet seiner Überlegenheit nicht wagte, sich ihm entgegenzustellen, so gelang es ihm, sich vieler Plätze um Paris zu bemächtigen, namentlich solcher, durch deren Besitz er die Zufuhr auf den Flüssen abschneiden konnte; indeß vermochte er nicht zu verhindern, daß zahlreiche königliche Truppen sich nach Paris begaben. Erst als Andelot mit einem Theile der reformirten Armee über die Seine nach Poissy gegangen war, um auch auf dieser Seite das Hineinbringen von Lebensmitteln zu verwehren und um sich dem Herzoge von Aremberg, welcher von Alba mit acht Compagnien niederländischer Gendarmen und einigen Hundert niederländischen Edelleuten dem Könige zu Hülfe geschickt wurde, entgegenzustellen, und als es den Königlichen gelungen war, Andelot's Schiffbrücke zu versenken,

1) La Noue 195. 196. Amirault, vie de Tr. de la Noue 114. Serranus III, 91—93.

2) La Poplinière I, 2, 21—24.

rückte der Connetable mit 16,000 Fußgängern, zum Theil
Parisern, 3000 Reitern und sechzehn Kanonen am Morgen
des 10. November gegen S.-Denis vor, um Condé anzugreifen. Dieser hatte nur 1500 zum Theil mangelhaft bewaffnete Reiter, 1200 Fußgänger und nicht ein einziges Geschütz [1]); dessenungeachtet beschloß er, auf den Muth und die
Entschlossenheit seiner Krieger vertrauend, einen Kampf anzunehmen, und er stellte sich vor S. Denis auf. Der Connetable wußte seine Überlegenheit nicht zu benutzen, er griff erst
am Nachmittage an, er fand den tapfersten Widerstand und
wurde selbst tödtlich verwundet. Bei der bald eintretenden
Dunkelheit zogen sich die Reformirten in guter Ordnung nach
S.-Denis zurück; die Katholiken blieben die Nacht auf dem
Schlachtfelde, aber am Morgen kehrten sie nach Paris zurück,
und der Connetable starb noch an diesem Tage. Condé, mit
welchem Andelot um Mitternacht sich wieder vereinigt hatte,
rettete dadurch seine Kriegsehre, daß er sich vor den Vorstädten von Paris aufstellte, jedoch die von ihm aufs neue
angebotene Schlacht wurde von seinen Gegnern nicht angenommen. Da er indeß fürchten mußte, von dem sich noch
täglich verstärkenden königlichen Heere in S.-Denis eingeschlossen zu werden, so brach er nach einigen Tagen nach der
Champagne auf, um sich mit den deutschen Söldnern, mindestens
6500 Reitern und 3000 Landsknechten, zu vereinigen, welche
der Pfalzgraf Johann Kasimir mit Einwilligung seines Vaters, des Kurfürsten Friedrich III. von der Pfalz, zur Unterstützung der französischen Reformirten geworben und bereits
nach Lothringen geführt hatte [2]). Katharina verhinderte, daß
die Connetablewürde, deren Besitz eine Macht verlieh, welche

1) Obige Zahlen hat Thuan. Tavannes (XXV, 12) gibt die
Stärke des katholischen Heeres auf 2500 Reiter und 12,000 Fußgänger
an, scheint aber bei diesen die Pariser nicht mitzuzählen, die des reformirten auf 1200 Reiter und 1800 Fußgänger. La Noue (200) sagt:
die Katholiken seien 15 oder 16,000 Fußgänger und über 2000 Lanzen,
die Reformirten kaum 1000 Reiter und ungefähr ebenso viel Fußgänger
stark gewesen.
2) Thuan. XL, 584—586. La Noue 200—203. Tavannes XXV,
12—14. Serranus III, 96—101.

ihren Absichten hinderlich werden konnte, wieder vergeben
wurde, sie bewog den König, ihrem Lieblingssohne, dem sech-
zehnjährigen Herzoge Heinrich von Anjou [1]), dessen sie sich als
Werkzeuges zu bedienen hoffen konnte, den Oberbefehl über
die königliche Kriegsmacht zu übertragen; allein das geringe
Ansehen eines unerfahrenen Jünglings und die Uneinigkeit
der ihm untergeordneten oder zur Leitung beigegebenen Feldherren hemmten und vereitelten die Unternehmungen der königlichen Armee, obwohl dieser, noch bedeutende Verstärkungen
zugeführt wurden, besonders durch den Herzog von Aremberg
und durch Ludwig von Gonzaga, Herzog von Nevers, welcher
zum Theil mit päpstlichem Gelde 14,000 Italiener, Schweizer
und Franzosen geworben und auf seinem Marsche Macon zur
Ergebung genöthigt hatte. Condé vereinigte sich im Januar

1568   1568 bei Pont-a-Mousson mit Johann Kasimir. Außer Stande,
die den deutschen Söldnern versprochenen 100,000 Goldstücke
zu zahlen, bewog er die Herren seines Heeres, seinem und
Coligny's Beispiele zu folgen und darzubringen, was sie an
Geld, Silbergeräth und kostbaren Steinen besaßen. Dieser
Vorgang und die Ermahnungen der Prediger brachten auch
die Geringern dahin, beizusteuern, was sie irgend vermochten,
und die Deutschen ließen sich mit 30,000 Goldstücken, welche
auf solche Weise zusammengebracht wurden, auf einige Zeit
befriedigen. Condé marschirte darauf nach der Gegend von
Orleans und verstärkte sich noch durch mehr als 6000 Mann,
welche aus den südlichen Provinzen ihm zuzogen, in denen
sich die beiden Religionsparteien mit gleicher Erbitterung und
Grausamkeit und mit wechselndem, unentschiedenem Erfolge
bekämpften. Bei längerer Dauer des Kriegs mußte er fürchten, daß seine Armee, weil er sie nicht zu bezahlen vermochte,
sich großentheils auflösen werde; er beschloß deshalb am Ende
des Februar, Chartres zu belagern, um entweder die Feinde
dadurch zur Schlacht zu nöthigen, oder sich durch Eroberung
dieser Stadt die ihm fehlenden Hülfsmittel zu verschaffen.

----

1) Accompaigné de plusieurs belles promesses de nature nennt
ihn Pasquier (Lettr. V, 5).

Die Versuche, Truppen und Kriegsbedarf hineinzuwerfen, wurden vereitelt; Katharina besorgte, daß der Verlust von Chartres den Fall vieler andern bedeutenden Städte nach sich ziehen werde, sie wollte auch ihre Einwilligung zu einer Schlacht nicht geben, weil sie um so mehr den ungewissen Ausgang fürchtete, als Zwiespalt, Habgier, Ehrgeiz und Mangel an Kriegszucht in der königlichen Armee herrschte [1]), und sie zog es vor, ihre Feinde durch das Anerbieten eines ihnen günstigen Vergleichs zu trennen und zu entwaffnen. Coligny argwöhnte ihre Absicht und warnte vor derselben, zumal mehre angesehene Reformirte von ihren Verwandten und Freunden am Hofe aufgefodert wurden, sich nicht von diesem hintergehen zu lassen; allein Condé hielt die gegebenen Versprechungen für aufrichtig, viele reformirte Edelleute waren der Beschwerden des Kriegs überdrüssig oder wünschten, in ihre Heimat zurückzukehren, um für die Sicherheit ihrer Familien zu sorgen, und manche hatten das Heer schon insgeheim verlassen; die Geringern waren mißvergnügt, daß sie keinen Sold und oft nicht einmal Lebensmittel erhielten, und unter den Deutschen war der Ausbruch von Meutereien zu befürchten, da man das ihnen Versprochene nicht erfüllen konnte. Im Dorfe Longjumeau wurde von den Bevollmächtigten beider Theile ein Vergleich geschlossen, welcher durch ein königliches Edict vom 23. März 1568 bestätigt und bekannt gemacht wurde: die vollständige Ausführung des Edicts von Amboise wurde befohlen und alle spätern Beschränkungen, nähere Bestimmungen und Erklärungen desselben wurden aufgehoben, den Reformirten wurden die ihnen genommenen Güter, Aemter und Würden zurückgegeben, alle Edicte, Urtheilssprüche und jedes Verfahren gegen sie seit dem Anfange des letzten Kriegs wurden für nichtig erklärt und befohlen, daß alle Beleidigungen, Beeinträchtigungen und Alles, was durch denselben veranlaßt sei, völlig vergessen sein sollte; nach Bekanntmachung des Edicts im pariser Parlament und in beiden Lagern sollten die Reformirten sogleich die Waffen niederlegen,

---

1) Auszug aus l'Hôpital's Discours sur les raisons et persuasions de la paix en l'an 1568, bei Castelnau 424.

ihr Heer auflösen, in ihre Heimat zurückkehren und die von
ihnen besetzten Plätze zurückgeben; dies Edict so wie das von
Amboise sollte beobachtet werden, bis Gott dem Könige die
Gnade erweise, daß alle seine Unterthanen wieder in derselben
Religion vereinigt seien[1]. Als am 29. März das Edict
im pariser Parlament registrirt war, ging Condé's Heer
auseinander und die deutschen Söldner kehrten in ihre Heimat zurück, nachdem der König der übernommenen Verpflichtung gemäß den rückständigen Sold dem Prinzen von Condé
vorgeschossen hatte[2].

Das Verfahren, welches der Hof, hauptsächlich auf Betrieb der Guisen und namentlich des Cardinals von Lothringen, sogleich nach dem Friedensschluß sich erlaubte oder doch
gestattete und begünstigte, bestätigte völlig das Mistrauen Coligny's und rechtfertigte die Weigerung der Reformirten, welche
unmittelbar nach dem Ende des Kriegs Soissons, Auxerre,
Orleans, Blois und la Charité geräumt hatten, auch die
übrigen Städte, welche sie besonders in Languedoc in ihren
Händen hatten, zurückzugeben und in La Rochelle, welches im
Februar einen von Condé ernannten Befehlshaber aufgenommen hatte, eine königliche Besatzung zuzulassen. Während
sie die Waffen niedergelegt hatten, wurden die königlichen
Truppen fast gar nicht vermindert, starke Besatzungen wurden
in diejenigen größern Städte gelegt, in denen der reformirte
Glaube zahlreichere Anhänger hatte, und einzelne Abtheilungen an den Übergängen der Flüsse, welche zugleich befestigt
wurden, aufgestellt. Fast in keiner der Städte, in welchen
das Edict von Amboise den reformirten Gottesdienst erlaubte,
wurde derselbe gestattet, die Reformirten wurden nicht wieder
in die ihnen genommenen Ämter eingesetzt, den während des
Kriegs aus den Städten Vertriebenen wurde die Rückkehr

---

1) Da von den königlichen Bevollmächtigten der Eine, Biron, lahm
war und der Andere Malassise hieß, so nannten die Reformirten diesen
Frieden la paix boiteuse et malassise. Aubigné I, 200.

2) Überhaupt über den zweiten Krieg: La Poplinière I, 2, 18—50.
Serranus III, 95—135. La Noue 185—200. Castelnau 376—423.
Aubigné I, 209—232. 260. Thuan. XLII, 567—616. Davila 165
bis 190.

entweder von den Gouverneuren verweigert oder nur gegen
Ablieferung der Waffen zugestanden, und die Ausübung der
reformirten Religion wurde in den Besitzungen der Königin
und der Brüder des Königs untersagt. Es wurde von den Reformirten und namentlich von den Edelleuten unter ihnen die Beschwörung einer Eidesformel verlangt, welche, ohne des Friedensedicts zu erwähnen, das Versprechen enthielt, dem Könige
jede Unterwürfigkeit zu beweisen, nur auf seinen ausdrücklichen
Befehl die Waffen zu ergreifen oder Geld zu erheben und zu
sammeln, keine geheimen Berathungen zu halten und Verbindungen zu schließen und sich willig den strengsten Strafen zu
unterwerfen, wenn durch ihre Schuld Unruhen entständen.
Die Reformirten stellten dagegen dem Könige vor, daß sie nie
die Waffen ergriffen hätten oder ergreifen würden, als um
sich in der äußersten Noth gegen die Gewalt und Ungerechtigkeit Derer zu schützen, welche, des Königs Befehl vorgebend,
die Edicte verletzten und sie zu unterdrücken sich bemühten,
und daß diesen durch die allgemeine Fassung der Formel dazu
die erwünschte Gelegenheit gegeben würde; und sie ersuchten
den König, wenigstens dieselbe auch von den Katholiken beschwören zu lassen. Die Vorstellungen, Bitten und Klagen
der Reformirten blieben ohne allen Erfolg. Ein königliches
Edict befahl, daß alle Bekenner der reformirten Lehre ihre
öffentlichen Ämter niederlegen, und fernerhin keiner derselben
zu einem solchen zugelassen werde, ohne Unterschied, ob er mit
Condé die Waffen ergriffen habe oder nicht. Brüderschaften
des heiligen Geistes wurden erneuert oder geschlossen, und sie
gaben sich eine festere Einrichtung, um Geld und Kriegsvolk
zum Kampf gegen die Reformirten bereit zu halten. Die
katholischen Geistlichen und am meisten die Jesuiten, welche
sich in großer Zahl durch alle volkreichen Städte verbreiteten,
verkündigten laut und öffentlich, daß mit Ketzern kein Friede
geschlossen und der geschlossene nicht beobachtet werden dürfe,
daß es eine fromme und heilsame That sei, gegen unreine
Menschen Gewalt auszuüben, und daß alle wahrhaften Christen
sich gegen dieselben bewaffnen müßten, und sie beriefen sich
auf die Satzung des Kostnitzer Concils, daß man den Ketzern
nicht Wort halten müsse, auf das Verfahren des Concils und

auf Beispiele im Alten Testamente. Solche Ermahnungen reizten die Leidenschaftlichkeit der großen Masse immer mehr auf, und diese sprach sich in heftigen Drohungen, wie in blutigen Thaten aus. Häufig hörte man die Äußerung: sobald die Ernte und die Weinlese vorüber sei, werde gänzliche Vernichtung die Reformirten treffen; man könne glauben, daß dies der Wille des Königs sei, denn wenn er es verhindern wolle, so werde man ihn in ein Kloster einsperren und einen andern König wählen. In vielen Städten wurden, ohne daß die Beamten Schutz und Recht gewährten, nicht allein die gottesdienstlichen Versammlungen der Reformirten von dem Volke und selbst von den königlichen Besatzungen mit Gewalt auseinander getrieben, sondern es wurden auch so viele Reformirte ermordet, daß man die Zahl Derer, welche auf solche Weise in den Monaten April, Mai und Juni umkamen, auf 10,000 schätzte [1]. Am Hofe bildete die Königin einen vertrauten Rath, welchen man Rath des Cabinets nannte, und in welchen sie nur Personen aufnahm, die ihr unbedingt ergeben und eifrige, unduldsame Katholiken waren. Dem Kanzler L'Hopital, welchen man für einen geheimen Anhänger des reformirten Glaubens hielt, weil seine Frau, seine Tochter und sein Schwiegersohn sich zu diesem bekannten, welcher fortwährend auf die Beobachtung des königlichen Wortes und der bewilligten Edicte drang und sich ebenso beharrlich der Verschleuderung der Staatseinkünfte widersetzte, wurden die Siegel abgenommen, und er zog sich, in tiefem Schmerz über das unglückliche Schicksal seines Vaterlandes, in die Stille des Landlebens zurück [2]. Die Absicht des Hofs, den Krieg bald wieder zu beginnen, konnten die Reformirten um so weniger bezweifeln, als derselbe von dem Papste Pius V. die Erlaubniß erlangte, geistliche Güter bis zum Betrage von 150,000 Livres jährlicher Einkünfte zu verkaufen, gegen das Versprechen, den Erlös nur zur Ausrottung der reformirten Lehre und ihrer Be-

1) Serranus III, 139—200. Aus ihm Thuan. XLIV, 677—826. Pasquier V, 6. 7.

2) Davila 190. 195. Isambert XIV, 229. L'Hopital starb am 13. März 1573. Thuan. LVI, 1248; sein Testament bei Brantome VII, 112—114.

ferner zu verwenden, und als man begann, Soldaten, aber
nur Katholiken, zu werben, und ihnen befahl, sich Waffen zu
verschaffen und sich zum Aufbrechen bereit zu halten. Die
Königin wollte sich zunächst Condé's und Coligny's, welche sich
damals zu Noyers in Burgund, einer Besitzung der Prinzessin
von Condé aufhielten, bemächtigen; allein Condé wurde insgeheim
gewarnt, und da sich zugleich zahlreiche Truppen seinem Aufenthaltsorte näherten, so verließen er und Coligny mit ihren Familien
denselben am 23. August 1568, und es gelang ihnen, obwol sie
verfolgt wurden, La Rochelle, jetzt der Sammelplatz der Reformirten, zu erreichen, während der Cardinal von Chatillon, welcher
damals sein Schloß bei Beauvais bewohnte, nach England
entkam [1]), wo bald noch mehre reformirte Flüchtlinge Aufnahme und Unterstützung fanden. Als die beabsichtigte Gefangennehmung Condé's mislungen war, wurde eine königliche
Declaration in die Provinzen geschickt, welche den Reformirten, ebenso wie den andern Unterthanen, den Schutz des Königs zusicherte, sobald sie ruhig in ihrer Heimat bleiben würden, und den Gouverneuren befahl, die Beschwerden derselben
auf billige Weise abzustellen. Die Reformirten konnten indeß
solchen Verheißungen nicht trauen, sie durchschauten den Zweck
derselben, sie unter sich zu trennen, und sie brachen auf Condé's Aufforderung von allen Seiten in großer Zahl und bewaffnet nach La Rochelle auf, wohin auch die Königin von
Navarra mit ihrem Sohne Heinrich und dem von ihr gesammelten Kriegsvolk sich begab. Deshalb wurden im September zwei königliche Edicte bekannt gemacht: das eine verbot
bei Verlust des Lebens und Eigenthums die Ausübung jeder
andern Religion als der katholischen im ganzen Reiche, es
befahl den reformirten Geistlichen, dasselbe binnen vierzehn
Tagen zu verlassen, und versprach den übrigen Reformirten,
daß sie nicht in ihrem Gewissen beunruhigt werden sollten,
sobald sie sich fortan zur katholischen Religion bekennen würden. Das zweite gebot allen Reformirten, binnen vierzehn
Tagen alle ihre öffentlichen Ämter und Würden niederzulegen,
und das pariser Parlament, welches diese Edicte am 28. Sep-

1) Pasquier V, 7.

tember registrirte, fügte denselben noch die Bestimmung hinzu,
daß fortan Alle, welche zu öffentlichen Ämtern zugelassen werden würden, schwören sollten, in der katholischen Religion zu
leben und zu sterben [1]). Diese Edicte, welche zu jeder Gewaltthat gegen die Reformirten, auch wenn sie sich ruhig ver-
hielten, berechtigte, wurden der katholischen Sache dadurch
nachtheilig, daß sie die Zahl Derer, welche sich zu Condé's
Heere begaben, bedeutend vermehrten, während ihre Familien
zum Theil in den Städten, welche sie in ihre Gewalt brachten und in Vertheidigungszustand setzten, namentlich in Sancerre, Bezelai, Privas, Montauban, Castres, Milhaud und
Aubenas, eine Zuflucht fanden [2]). Die Stärke der Armee
Condé's stieg dadurch bis auf 18,000 Fußgänger und 3000
Reiter [3]), und er war im Stande, sich des größten Theils von
Poitou und der Städte S.-Jean d'Angely und Angoulesme
zu bemächtigen, bevor eine königliche Armee von 18,000 Fußgängern und 4000 Reitern, an deren Spitze wieder der Herzog von Anjou als General-Lieutenant des Königs unter der
Leitung von Sansac und Tavannes gestellt wurde, versammelt
war und sich ihm entgegenstellte. Vergeblich suchte Condé
seine Gegner zu einer Schlacht zu bewegen, sie vermieden eine
solche dem Befehle der Königin gemäß, damit durch eine längere unentschiedene Dauer des Kriegs der Eifer und die Begeisterung, mit welcher die Reformirten zu den Waffen gegriffen hatten, erkalte und durch Mangel an Geld und Lebensmitteln Zahl und Kriegszucht ihrer Armee sich vermindere.
Dieser Zweck wurde auch erreicht. Die Anführer des reformirten Heeres vermochten um so weniger die strenge Kriegszucht,
welche sie hatten beschwören lassen, zu erhalten, als sie außer
Stande waren, Sold zu zahlen; sie mußten den Soldaten
Raub und Plünderung gestatten, und diese Zügellosigkeit theilte
sich bald auch dem Adel mit. Nach einigen unbedeutenden

1) La Poplinière I, 2, 71. Thuan. XLIV, 692. Das erste Edict
ist nur vom September, das zweite vom 25. September datirt. Isambert 228.

2) Serranus III, 207.

3) Diese Zahlen hat Thuan. 699. Aubigné (273) hat etwas geringere, La Poplinière (74) dagegen beträchtlich größere Zahlen.

Gefochten wurden beide Theile durch ungewöhnlich strenge Kälte und verheerende Krankheiten genöthigt, Winterquartiere zu beziehen; Condé vertheilte seine Truppen in die früher eingenommenen Plätze, der Herzog von Anjou begab sich nach Chinon und lagerte seine Armee in die umliegenden Orte ein [1]).

Dem drückenden Geldmangel der Reformirten wurde auf verschiedene Weise einigermaßen abgeholfen: die Königin von England schickte, auf Bitte der Königin von Navarra und des Cardinals von Chatillon, 100,000 Goldstücke, sechs Geschütze und Kriegsbedarf, wofür sie sich indeß mit Wolle, Salz und Glockenmetall bezahlen ließ; La Rochelle lieh 26,000 Goldthaler; die Prisen der Schiffe, welche in dieser Stadt ausgerüstet wurden oder vom Cardinal von Chatillon Caperbriefe erhielten, gaben nicht unbedeutenden Gewinn, von welchem ein Drittel für die gemeinsame Sache verwandt wurde, und endlich verkauften Condé und die Königin von Navarra die katholischen Kirchengüter in den Gegenden, welche in ihrer Gewalt waren [2]). Im Anfange des März 1569 rückte die königliche Armee, verstärkt theils durch Franzosen, theils durch 2500 in Deutschland geworbene Reiter, wieder ins Feld. Es war jetzt die Absicht ihrer Anführer, eine Schlacht zu liefern, bevor die Reformirten, von denen überdies viele während des Winters in ihre Heimat zurückgekehrt waren, sich mit dem Herzoge Wolfgang von Zweibrücken vereinigten, welcher für sie deutsche Söldner geworben hatte. Condé und Coligny suchten dagegen bis zur Ankunft desselben einer Schlacht auszuweichen, indem sie sich hinter der Charente, deren Brücken in ihren Händen waren, aufstellten; allein es gelang den Feinden, sich am 12. März der Stadt Chateauneuf zu bemächtigen. Das reformirte Heer zog sich deshalb auf Cognac zurück, und die Hälfte der Cavalerie und ein Infanterieregiment, welche den übrigen mit dem Gepäck voraufmarschirenden Truppen folgten, wurden, bei dem Benedictinerkloster Bassac unweit Jarnac, am 13. März von den verfolgenden Feinden

---

1) La Poplinière 67—75. Serranus III, 208—241. Tavannes XXV, 36. 37. Thuan. XL, 692—703. Tavannes wurde 1571 Marschall.

2) La Poplinière 75. Thuan. 703. 704.

Schmidt, Geschichte von Frankreich. III.   8

eingeholt und zum Kampfe genöthigt. Durch die Übermacht
derselben wurden sie bald besiegt, Condé, von den Feinden
umringt, mußte sich nach heldenmüthigem Widerstande ergeben
und wurde von einem Capitain der Schweizergarde des Herzogs von Anjou, Montesquiou, erschossen, und die Nachricht
von seinem Tode verbreitete unter der übrigen Armee eine
solche Bestürzung, daß Coligny und Andelot sie nicht zur
Fortsetzung des Kampfes zu bewegen vermochten, sondern sich
genöthigt sahen, sich über Cognac nach Saintes zurückzuziehen [1]). Während die Sieger durch die tapfere Vertheidigung der Stadt Cognac, deren Belagerung sie endlich aufheben mußten, aufgehalten wurden, eilte die Königin von
Navarra nach Saintes, und sie flößte durch ermahnende und
begeisternde Worte den Reformirten, welche weniger durch die
erlittene Niederlage als durch den Tod Condé's entmuthigt
waren, wieder Selbstvertrauen und Zuversicht ein. Ihr fünf-
zehnjähriger Sohn Heinrich, geboren am 13. December 1553,
wurde zum Haupt der Reformirten erklärt und ihm sein Vetter Heinrich, der Sohn des Prinzen von Condé, welcher nur
um ein Jahr älter war, beigesellt; die Führung des Kriegs
und die obere Leitung aller Angelegenheiten ging auf den Admiral Coligny über. Die Hoffnung der Katholiken, daß durch
Condé's Tod die Kraft der Reformirten völlig gebrochen sei,
weil Coligny nicht die Ehrfurcht und Ergebenheit, welche man
Jenem als Prinzen von königlichem Geblüt erwiesen, finden
werde, ging nicht in Erfüllung; Coligny wurde vielmehr durch
seine großen, Achtung gebietenden Eigenschaften, durch seinen
sittlich-religiösen Charakter, sowie durch seine Einsicht und
Thätigkeit und seine unerschütterliche Standhaftigkeit ein kräf-
tigerer Lenker für die Sache der Reformirten, als es Condé
gewesen war. Zwar verloren diese durch den Tod Andelot's,
welcher am 27. Mai starb, einen ihrer tapfersten, glücklichsten
und angesehensten Feldherren; indeß blieben ihnen noch manche
erfahrene und entschlossene Anführer, namentlich der edle La

---

1) La Noue 250—253. Castelnau 443—444. Tavannes 41. 42.
74—78. La Poplinière 83. 84. Brantome VIII, 244. Thuan. XLV,
715—719. Von den Reformirten fielen 400, von den Königlichen halb
so viel.

Roue, La Rochefoucauld und Teligny, welche in völliger Übereinstimmung mit Coligny handelten [1]. Der Herzog von Zweibrücken hatte 7500 Reiter und 6000 Landsknechte geworben;
Wilhelm von Nassau, Prinz von Oranien, und seine Brüder
Ludwig und Heinrich, an der Spitze einiger Reitergeschwader,
sowie 1300 französische Reformirte, meist aus der Picardie,
hatten sich mit ihm vereinigt. Zwar war in der Champagne
ein königliches Heer aufgestellt worden, um ihm das Eindringen in Frankreich zu verwehren, jedoch die Uneinigkeit der Befehlshaber desselben, der Herzöge von Aumale und Nemours,
welche überdies selbst günstige Gelegenheiten zum Angriff unbenutzt ließen, begünstigte seinen Marsch; er bahnte sich durch
rasche Eroberung der Stadt La Charité, welche von seinen
Söldnern geplündert wurde, den Weg über die Loire; er selbst
starb zwar bald darauf, allein um dieselbe Zeit, in der Mitte
des Juni, vereinigte sich seine Armee mit Coligny, welcher
ihr bis in die Gegend von Limoges entgegengekommen war
und nunmehr an der Spitze von 25,000 Mann stand. Die
königliche Armee wurde zwar damals durch ein Corps von
4000 Mann, welches der Papst Pius V. unter seinem Neffen,
dem Grafen von Santafiore, schickte, sowie durch 1200 Mann,
welche der Herzog Cosmo von Florenz auf Antrieb des Papstes
geworben hatte, verstärkt, und auch die Herzöge von Nemours
und Aumale stießen zu ihr; allein die unter den Truppen derselben herrschende Zuchtlosigkeit theilte sich bald auch den übrigen mit, manche Capitaine und viele Soldaten entfernten sich,
weil man ihnen schon seit einigen Monaten den Sold schuldig geblieben war. Überdies waren die Soldaten durch Entbehrungen und anstrengende Märsche erschöpft, Mangel an
Futter machte die Erhaltung der Pferde im Felde fast unmöglich, und es wurde deshalb beschlossen, die Armee bis zum
Anfange des Herbstes in Erholungsquartiere zu vertheilen.
Coligny sah dadurch seine Absicht, den Krieg wegen der Be-
schränktheit seiner Geldmittel durch eine Schlacht zu schneller

1) La Noue 258. Castelnau 455. Brantome VIII, 255. Ville-
g omblain, Mémoires des troubles arrivés en France sous Charles IX,
Henry III. et Henry IV. Paris 1667. I, 54. Serranus III, 258. La
P opliniére 86.

8*

Entscheidung zu bringen, vereitelt; er beschloß jetzt, den Feinden zunächst wenigstens die wichtigsten der Pläße, welche sie
noch in Poitou innehatten, zu entreißen, sich durch Einnahme
und Befestigung von Saumur des Übergangs über die Loire
zu versichern und dann den Kriegsschauplatz in die Gegend
von Paris zu verlegen, um bei den Bewohnern dieser Stadt
Verlangen nach Beendigung des Kriegs zu erregen.   Nach
der Eroberung von Lusignan und Chatellerault drangen die
angesehensten reformirten Herren und Edelleute indeß darauf,
daß man auch Poitiers belagere; vergeblich stellte Coligny
vor, daß diese Stadt zu stark besetzt sei, und daß die Belagerung großer Städte gewöhnlich das Verderben der Armeen
nach sich ziehe; die angesehensten Mitglieder des Kriegsraths
stimmten jener Foderung bei, er mußte gegen seine bessere
Einsicht nachgeben, und er begann die Belagerung von Poitiers am 24. Juli. Zwei Tage zuvor hatten sich noch der
Herzog von Guise, sein Bruder Karl, Marquis, nachmals
Herzog von Mayenne, und mehre andere katholische Herren
in die Stadt geworfen und die Besatzung verstärkt. Die Unternehmungen der Belagerer wurden besonders durch die geringe Anzahl ihrer Geschütze und durch Mangel an Kriegsbedarf gehemmt; außerdem fanden sie tapfern Widerstand, zahlreiche
Ausfälle und mehr noch ansteckende Krankheiten fügten ihnen
große Verluste zu, und als der Herzog von Anjou Chatellerault, wo sich viele erkrankte reformirte Herren befanden,
einschloß, so hob Coligny am 7. September die Belagerung
auf.   Er nöthigte zwar Anjou, sich zurückzuziehen, allein die
reformirte Armee hatte vor Poitiers 3000 Mann verloren
und war überdies durch Entfernung vieler Edelleute und Soldaten geschwächt; Wilhelm von Oranien begab sich nach Deutschland, um zur Unterstützung der Protestanten in Frankreich und
den Niederlanden aufs neue Truppen zu werben [1]). Der Herzog von Guise hatte sich durch seinen Muth und seine Entschlossenheit die Zuneigung und Achtung des Adels, der Soldaten und der Einwohner von Poitiers erworben, er besonders

---

1) La Noue 263—265. Tavannes 121. 122. La Poplinière
III, etc. Thuan. XLV, 755.

hatte bewirkt, daß die Stadt ungeachtet des in ihr herrschen=
den Mangels nicht übergeben worden war, und die Katholiken
begannen jetzt die zuversichtliche Hoffnung zu fassen, daß er
ihnen den Verlust, welchen sie durch den Tod seines Vaters
erlitten hatten, vollkommen ersetzen werde [1]). Um diese Zeit,
am 13. und 28. September, erließ das pariser Parlament
zwei Beschlüsse gegen Coligny: es erklärte ihn für einen Ma=
jestätsverbrecher, sprach ihm alle seine Würden, Güter und
Lehen ab, verurtheilte ihn, auf dem Greveplatze zu Paris ge=
henkt zu werden, und versprach Demjenigen, welcher ihn todt
oder lebendig dem Könige überliefern werde, eine Belohnung
von 50,000 Goldthalern und Verzeihung, wenn derselbe Mit=
schuldiger der Rebellion sei. Eine gleiche Verdammung sprach
das Parlament auch gegen den Grafen Montgommery und
gegen den Bidame von Chartres aus, und alle Drei wurden
im Bilde zu Paris gehenkt [2]).

Die königliche Armee wurde jetzt durch Schweizer, Ita=
liener und deutsche Reiter so sehr verstärkt, daß sie der refor=
mirten um fast 10,000 Mann überlegen war, und dennoch
sah sich Coligny, wenn er eine völlige Auflösung seines Heeres
verhindern wollte, zu einer Schlacht genöthigt, da sowol die
Franzosen als auch die Deutschen in demselben eine solche
verlangten; jene waren der langen Dauer eines Kriegs, wel=
cher sie von ihrer Heimat entfernt hielt, überdrüssig, und ihre
Geldmittel waren gänzlich erschöpft, diese waren, weil sie kei=
nen Sold erhielten, so misvergnügt, daß sie sogar schon ins=
geheim mit dem Feinde unterhandelten. Noch ehe Coligny
sich wegen des Ungehorsams der deutschen Söldner in die feste
Stellung ziehen konnte, in welcher er die Schlacht annehmen
wollte, wurde er am 3. October bei Montcontour unweit
Parthenay angegriffen. Der Kampf war noch unentschieden,
als er durch eine starke Verwundung im Gesicht gezwungen
wurde, sich aus demselben zu entfernen, und jetzt verschaffte
das Übergewicht an Zahl und mehr noch die Überlegenheit
der Schweizer über die ihnen entgegenstehenden Landsknechte,

---

1) Villegomblain I, 111. 112.
2) Cimber, Archives curieuses VI, 377—381. La Poplinière 128.

welche weniger kriegserfahren und durch Anstrengungen und
Beschwerden erschöpft waren, der königlichen Armee einen vollständigen Sieg; die Reformirten verloren fast ihre ganze Infanterie und Artillerie, dagegen weniger Cavalerie als ihre
Feinde. Nach einer solchen Niederlage hielten die Katholiken
die Vernichtung der reformirten Partei für gewiß, und wahrscheinlich wäre sie es gewesen ohne den festen, männlichen
Muth der Königin von Navarra und ohne die unerschütterliche Standhaftigkeit des Admirals Coligny, welchen die Kraft
seines Charakters und das Vertrauen auf Gottes Beistand
nie in dem Kampfe für seinen Glauben verzagen ließ. Während
die übrigen angesehensten Reformirten in gleicher Gesinnung
sich ihm eng anschlossen, wurden ihre Gegner durch kleinliche,
selbstsüchtige Bestrebungen vereinigt und gehemmt. Die
Eifersucht des Königs auf den Ruhm seines Bruders wurde
durch seinen und seiner Mutter Günstling, den Florentiner
Albert von Gondi, Grafen von Retz, genährt; er wollte sich
selbst den Ruhm der Vernichtung der Reformirten vorbehalten,
er untersagte seinem Bruder, den erfochtenen Sieg zu verfolgen, und begab sich zur Armee, um selbst den Oberbefehl zu
übernehmen. Der Rath, welchen Tavannes gab, sich nicht
mit der Belagerung der von den Reformirten besetzten Festungen aufzuhalten, sondern die Überreste ihrer Armee zu verfolgen und zu vernichten, wurde nicht befolgt; man beschloß
vielmehr, denselben zunächst die festen Plätze, welche ihnen Zuflucht gewähren konnten, zu entreißen, in der Hoffnung, daß
diese nicht langen Widerstand leisten könnten und sich dann
das reformirte Heer von selbst auflösen würde. Zwar wurden die Festungen in Poitou in kurzer Zeit eingenommen oder
von den reformirten Besatzungen verlassen, allein S.-Jean
d'Angely, welches seit dem 16. October belagert wurde, ergab
sich erst am 2. December, indem der Besatzung freier Abzug
mit ihren Waffen bewilligt wurde. Die königliche Armee
hatte durch Gefechte und Krankheiten über 6000 Mann verloren, viele Edelleute, welche in der Schlacht von Montcontour ihre Pferde verloren oder ihre verwundeten Freunde und
Verwandten begleitet hatten, waren nicht wieder zurückgekehrt,
und viele Fußgänger, welche sich durch Beute bereichert hatten,

entfernten sich heimlich. Deshalb wurden, nachdem noch das von den Reformirten verlassene Saintes besetzt worden war, bei Annäherung des Winters die Truppen theils entlassen, theils als Besatzungen in Poitou und Saintonge vertheilt. Coligny war schon am 18. October von Saintes mit 4000 Reitern und 5000 Fußgängern und begleitet von den beiden Prinzen aufgebrochen, indem er die Vertheidigung von La Rochelle und der Umgegend an La Rochefoucauld und La Noue übertrug; es war seine Absicht, nach Gegenden zu marschiren, in denen er seine Armee leichter unterhalten konnte, sich durch die Reformirten der entferntern Provinzen zu verstärken, und dann den früher beschlossenen Marsch gegen Paris auszuführen, um dadurch Frieden zu erzwingen. Er vereinigte sich im December mit dem Grafen Montgommery, welcher bisher in Bearn den Krieg gegen die Katholiken mit Erfolg geführt hatte, zog dann in den ersten Monaten des Jahres 1570   **1570** langsam durch Languedoc, indem er manche eingenommene Flecken und Städte der Plünderung preisgeben mußte, um seine unbezahlten, mißvergnügten deutschen Reiter zufriedenzustellen; im April erreichte er Nismes, dessen sich die Reformirten schon im November bemächtigt hatten, und er marschirte darauf längs der Rhone hinauf an die Loire. Seine Armee war jetzt nur noch halb so stark, als sie beim Aufbruch von Saintes gewesen war, die Beschwerden des Marsches und Krankheiten hatten Viele hingerafft, nicht Wenige waren beim weitern Vorrücken nach Hause zurückgekehrt, die meisten Reformirten in Languedoc und der Dauphiné hatten sich nicht aus ihrer Heimat entfernen wollen, um nicht ihre Familien und Besitzungen schutzlos den Feinden preiszugeben, und er hatte seine Artillerie in der Dauphiné zurücklassen müssen, weil er sie auf den gebirgigen Wegen nicht fortschaffen konnte. Der Marschall von Cossé, welcher wegen der Erkrankung des Herzogs von Anjou den Oberbefehl erhalten hatte, stellte sich ihm zwischen Decize und Arnay-le-Duc, oberhalb Nevers, entgegen, allein indem er die Tapferkeit seiner Truppen durch geschickte Benutzung des Terrains unterstützte, schlug er den Angriff der Feinde zurück, und er erreichte darauf die Gegend von Sancerre und La Charité, wo er sogleich Verstärkungen an sich zog, während Cossé durch die Champagne nach Brie marschirte, um Paris zu sichern. Auch auf den andern Schauplätzen des Kriegs war das Glück den Katholiken nicht günstig gewesen. In Gascogne, Languedoc und Dauphiné kämpften die Reformirten mit größerer Thätigkeit und Kraft als zuvor; La Noue hatte im Februar und März einige Plätze, deren sich die Katholiken nicht lange vorher bemächtigt hatten, und mehre Schlösser, durch deren Besatzungen La Rochelle gleichsam aus der Ferne belagert wurde, eingenommen. Er nöthigte später seine Gegner, obwol sie durch Verstärkungen die Überlegenheit der Zahl erlangt hatten, zur Aufhebung der Belagerung von Rochefort, besiegte sie am 15. Juni in einem Treffen bei S.=Gemme und belagerte Fontenay, welches sich am 29. Juni ergab. Als seine kriegerische Thätigkeit durch eine bei dieser Belagerung erlittene Verwundung, welche die Abnahme seines linken Arms [1]) nothwendig machte, unterbrochen wurde, so vereinigten sich auf die Auffoderung der Königin von Navarra die Reformirten aus Saintonge und Angoumois unter dem ihr nahe verwandten René von Rohan mit denen aus Aunis und Poitou unter La Rochefoucault, sie bemächtigten sich der Insel Oleron und zwangen Brouage und Saintes zur Ergebung. Die Hoffnung, welche bei den Katholiken die Siege bei Jarnac und bei Montcontour erregt hatten, war getäuscht worden, die zunehmende Verminderung der königlichen Einkünfte machte größere Anstrengungen zur

---

[1]) La Noue ersetzte denselben durch einen eisernen, weshalb er den Beinamen bras-de-fer erhielt. Amirault 63. Thou (XLVII, 830) schließt seine Darstellung des Treffens bei S.=Gemme mit einigen Worten, welche den würdigen Charakter La Noue's, auch abgesehen von seinen ausgezeichneten kriegerischen Eigenschaften (welche demselben eine Stelle unter den ersten französischen Feldherren seiner Zeit anweisen; Brantome VIII, 255), treffend bezeichnen: ipse qui de his bellis civilibus summo judicio ac fide scripsit, alienae virtutis largus praedicator, parcus suae, qua erat animi magnitudine simul et moderatione, de ea omnino siluit. Der Herzog von Bouillon nennt ihn ce vertueux et vaillant gentilhomme entre tous ceux de son siècle (Mém. XXXV, 81), und Heinrich IV. sagte von ihm: c'estoit un grand homme de guerre et encore plus un grand homme de bien. Petitot, Notice sur La Noue XXXIV, 117.

Fortsetzung des Kriegs unmöglich, und seit längerer Zeit war man außer Stande, den Truppen den Sold zu zahlen, so daß diese von Raub und Plünderung sich erhielten. Schon im November hatte die Königin Katharina Friedensunterhandlungen anknüpfen lassen, indem sie glaubte, daß den Reformirten Sicherheit des Lebens und Eigenthums und Gewissensfreiheit ohne Ausübung ihrer Religion genügen werde; allein diese hatten völlig freie Religionsübung im ganzen Reiche und außerdem größere Sicherheit, als Versprechungen ihnen gewähren konnten, verlangt. Jetzt erklärte sich Katharina, welche entweder zu der Ansicht zurückgekehrt war, daß die völlige Vernichtung der Reformirten ihrem Interesse zuwider sei oder diese damals wenigstens nicht für ausführbar hielt, zu größern Zugeständnissen bereit; auch der König entschied sich für den Frieden, sowol durch Eifersucht und Argwohn gegen den Herzog von Anjou als durch den Einfluß des Marschalls von Montmorency, welcher damals mehr und mehr seine Gunst gewann, bestimmt. Coligny mußte um so lebhafter die Beendigung des Bürgerkriegs wünschen, als er die Zügellosigkeit und Wildheit seiner Soldaten, welche überall, wohin sie kamen, plünderten, brannten und mordeten, nicht zu hemmen vermochte, und er willigte jetzt in die Beschränkung der früher gemachten Foderungen. Der Friede wurde am 8. August zu S.-Germain abgeschlossen und das königliche Edict, welches denselben verkündigte, drei Tage darauf im pariser Parlament registrirt. Den Reformirten wurde allgemeine Gewissensfreiheit, allgemeine Amnestie, Wiedereinsetzung in die ihnen genommenen Güter, Rechte und Ämter und Widerruf eines jeden Verfahrens bewilligt, welches auf Veranlassung ihrer Religion und der innern Unruhen stattgefunden hatte; die Theilnahme an dem Gottesdienste, welcher durch das Edict von Amboise den Inhabern der hohen Gerichtsbarkeit erlaubt worden war, wurde nicht blos deren Unterthanen, sondern einem Jeden gestattet, welcher sich bei demselben einfinden wollte; bei dem Gottesdienste der geringern Edelleute wurde die Zulassung von zehn ihrer Freunde zugestanden; die Ausübung der reformirten Religion wurde ferner an allen Orten, wo sie am 1. August öffentlich stattgefunden hatte, und außerdem

in jedem Gouvernement in den Vorstädten zweier Städte erlaubt, gänzlich untersagt wurde sie jedoch am Hofe und zwei
Stunden um denselben, sowie in Paris und in einem Um-
kreis von zehn Stunden um diese Stadt. Die Reformirten
wurden für befähigt erklärt, öffentliche Ämter und Würden,
königliche, herrschaftliche und städtische, zu bekleiden, es wurde
ihnen die Aufnahme in Hospitäler und Schulen zugestanden
und das Recht bewilligt, bei ihren Processen, im pariser Parlament vier, in dem von Bordeaux acht und in den übrigen
Parlamenten sechs Richter zurückzuweisen und statt des Parlaments von Toulouse ein anderes zu wählen. Endlich wurde
ihnen auf zwei Jahre die Besetzung der Städte La Rochelle,
Montauban, Cognac und la Charité überlassen, damit daselbst
Diejenigen, welche nicht sogleich in ihre Heimat zurückkehren
wollten, ihren Aufenthalt nehmen könnten. Die Prinzen von
Navarra und Condé und zwanzig vom Könige bestimmte reformirte Edelleute schwuren, diese Städte nach Ablauf jener
Zeit dem Könige wieder zurückzugeben [1]).

Der König Karl IX. hatte jetzt sein einundzwanzigstes
Lebensjahr erreicht, und sein Charakter hatte sich unter den
nachtheiligen Einflüssen der Nachsicht seiner Mutter, einer
schlechten Erziehung und eines höchst verderbten Hofs ent-
wickelt. Er war sehr mäßig im Essen und Trinken und andern Genüssen wenigstens nicht im Übermaß ergeben; er besaß Scharfsinn und Klugheit in nicht gewöhnlichem Grade,
die Gabe einer raschen Auffassung, ein gutes Gedächtniß und
eine kraftvolle Redeweise; er hatte Freude an Musik und Poesie,
und er ehrte nicht allein Dichter, namentlich Ronsard, sondern
er dichtete sogar selbst. Allein mit diesen sanftern Neigun-
gen war ein stets unruhiger, heftiger und jähzorniger Charakter vereinigt; Flüche und Gotteslästerungen waren ihm gewöhnliche Ausdrücke, mit Macchiavelli's Buch vom Fürsten
war er schon in seiner Jugend genau bekannt gemacht wor-

1) Serranus III, 288—323. La Popliniére, welcher auch das
Edict mittheilt, I, 2, 130—198. Tavannes 123—150. Castelnau
473—504. La Noue 266—296. Villegomblain I, 112—242. Aubigné I, 302—326. 364. Thuan. XLVI, 755—782 XLVII, 809—839.
Über Montmorency's Einfluß f. Ranke, Zeitschrift II, 501.

ben, er war verschlossen und verstand es nicht weniger als seine Mutter, in Wort und Miene zu heucheln, nur verrieth er bisweilen seine wahre Gesinnung in leidenschaftlichen Ausbrüchen, welche er nicht immer zu unterdrücken vermochte. Heftige, anstrengende Bewegung war ihm ein Bedürfniß, welches er durch Ballschlagen, Reiten und Tanzen, durch Waffenschmieden und hauptsächlich durch die Jagd zu befriedigen suchte, und er fand ein besonderes Gefallen daran, auch Pferde, Esel, Hunde und Schweine zu tödten und die Eingeweide derselben auszunehmen. Der Grund seines Hasses gegen die Reformirten war weniger unduldsamer Katholicismus als die Meinung, daß er nicht wahrhaft König sein werde, so lange es zwei Religionen in seinem Reiche gebe; er haßte sie nicht sowol als Ketzer, sondern vielmehr als rebellische Unterthanen, und jeder Widerstand gegen seinen Willen konnte ihn zum heftigsten Zorn und zu Gewaltthaten hinreißen, welche er bei ruhiger Überlegung mißbilligte [1]). Die Bevormundung durch seine Mutter wurde ihm immer lästiger, je mehr er sich dem Mannesalter näherte; der Kriegsruhm, welchen man seinem Bruder beilegte, erregte bei ihm eine Eifersucht, welche selbst in offene Feindschaft überging, und welche wol bei ihm das Verlangen erwecken konnte, durch eigene Kriegsthaten demselben zu verdunkeln; die Erinnerung an die Macht, welche die Guisen früher besessen hatten, sowie der Ehrgeiz, welcher diese Familie fortwährend beseelte, flößte ihm Mißtrauen gegen dieselbe ein, und er schenkte seine Gunst und sein Vertrauen vornehmlich einem Manne von gemäßigter Sinnesweise, welcher mit den Guisen nicht in einem freundschaftlichen Ver-

1) La Poplinière II, 212. Anbigné II, 10. 11. Serranus IV, 26. Thuan. LVII, 1290. 1291. Davila 254. Die übrigens sehr unbedeutende Histoire de Charles IX. par Papyro Masson, welcher als Substitut des Generalprocurators im pariser Parlament 1611 starb, in Archives curieuses VIII, 341. 342. Der Charakter einer ebendaselbst abgedruckten Geschichte Karl's IX. von seinem Prediger Sorbin spricht sich schon in ihrem Titel aus: Histoire contenant un abrégé de la vie, moeurs et vertus du roy tres-chrestien et debonnaire Charles IX, vrayment piteux, propugnateur de la Foy catholique et amateur des bons esprits.

hältniß stand, dem Marschall von Montmorency. Am 26.
November 1570 vermählte er sich zu Mezieres mit Elisabeth,
der zweiten Tochter des Kaisers Maximilian II., und Manche
sahen in dieser Verbindung eine Bürgschaft für die Dauer
des Friedens, indem sie hofften, daß der sanfte und gutmüthige
Sinn der jungen Königin einen günstigen Einfluß auf den
König ausüben und der Einwirkung seiner Mutter das Gleich=
gewicht halten werde[1]. Den Gesandten mehrer deutschen
protestantischen Fürsten, welche ihn, den König, zu seiner Ver=
mählung beglückwünschten und die Hoffnung aussprachen,
daß er den seinen reformirten Unterthanen bewilligten Frieden
erhalten und dem Beispiele seines Schwiegervaters folgen
werde, welcher den österreichischen Herren und Edelleuten nicht
allein Gewissensfreiheit, sondern auch unter gewissen, von ihm
unverletzlich beobachteten Bedingungen die Erbauung protestan=
tischer Kirchen zugestanden habe, erwiderte er, daß er die wei=
sen und klugen Ermahnungen ihrer Fürsten in Beziehung auf
die Erhaltung des Friedens in guter Weise aufnehme, da ihm
nichts mehr am Herzen liege als der Friede, die Einigkeit und
die Ruhe seiner Unterthanen. Bald darauf erklärte er auch
im pariser Parlament, daß er den Frieden mit Nachdruck
und Eifer erhalten und aus allen Kräften für die Heilung
der Wunden sorgen werde, welche der Bürgerkrieg dem Lande
geschlagen habe[2]. Als die Reformirten sich über die ihnen
nachtheilige Deutung einzelner ungenauen oder einander wider=
sprechenden Bestimmungen des Friedensedicts und über die
unvollständige Ausführung desselben beklagten, so schickte er
im April 1571 den Marschall von Cossé, welchen man für
einen geheimen Reformirten hielt, nach La Rochelle, wo sich
damals noch die Königin von Navarra, die beiden Prinzen,
Coligny und viele andere angesehene Reformirte aufhielten,
um mit ihnen über die richtige Erklärung und über die Aus=
führung des Edicts auf billige Weise zu verhandeln. Er em=
pfing die von ihnen zu gleicher Zeit an den Hof gesandten

1) Serranus IV, 6. La Poplinière II, 1. Thuan. XLVII, 839.
Du Mont V, 1, 178.

2) La Poplinière II, 3. 4. Thuan. L, 975.

Abgeordneten, La Roue, Teligny, welcher sich bald darauf mit Coligny's Tochter verheirathete, Briquemault und den toulouser Parlamentsrath Cavagne, freundlich und ehrenvoll, er stellte Das, worüber sie sich beschwerten, großentheils ab, befahl strenge Bestrafung der Gewaltthaten, welche die Katholiken in mehren Städten gegen die Reformirten verübt hatten, und gestattete diesen, eine allgemeine Synode in La Rochelle zur Herstellung der Zucht und Ordnung in ihren Kirchen zu halten. Was er schon durch Cossé hatte andeuten lassen, sprach er gegen die reformirten Abgeordneten bestimmter aus, nämlich den Wunsch, durch Vermählung seiner Schwester Margaretha mit dem Prinzen von Navarra den Frieden zu befestigen und die Absicht, dem Prinzen von Oranien durch einen Angriff auf die Niederlande gegen Spanien Hülfe zu leisten [1]. Coligny wünschte diese Unterstützung nicht allein aus Theilnahme für seine niederländischen Glaubensgenossen, sondern auch, weil er glaubte, daß ein auswärtiger Krieg am sichersten den Wiederausbruch des Bürgerkriegs verhindern werde, und daß das politische Interesse Frankreichs um so mehr die Unterstützung der protestantischen Niederländer fodere, als sie sonst bei den Engländern Schutz suchen und diese dann, im Besitz der Niederlande, die gefährlichsten Feinde Frankreichs werden könnten. Die Begier nach Kriegsruhm war es aber, was den König besonders bestimmte, lebhaft und ernstlich in den Wunsch Coligny's einzugehen, und was ihn den Reformirten immer mehr näherte, von welchen er zu einem Kriege gegen Spanien den bereitwilligsten und kräftigsten Beistand erwarten konnte [2]. Um dieselbe Zeit beauftragte der König den Cardinal von Chatillon, welcher sich damals noch in England aufhielt, aber schon am 14. Februar 1571 daselbst starb, mit der Königin Elisabeth über eine Vermählung mit dem Herzoge von Anjou zu unterhandeln [3]. Die reformirten Abgeordneten kehrten mit der Überzeugung, daß die vom Könige ausgesprochenen Gesinnungen nicht erheuchelt seien, vom Hofe

1) La Poplinière II, 8. Serranus IV, 8—10. Thuan. L, 969. 987.
2) La Poplinière II, 8. Serranus IV, 8—10. Tavannes 193. 256. Thuan. L, 969. 987. LII, 1072.
3) Thuan. L, 980.

nach La Rochelle zurück, und die Königin von Navarra gab ihre Einwilligung zu der vorgeschlagenen Vermählung ihres Sohnes, nachdem die Mehrzahl der von ihr um Rath gefragten reformirten Prediger und anderer einsichtsvollen Männer sich ungeachtet der Verschiedenheit der Religion für dieselbe erklärt hatte; jedoch wurde sie dadurch noch längere Zeit verzögert, daß man sich nicht über Ort und Weise einigen konnte, indem der König wollte, daß die Trauung zu Paris durch katholische Geistliche, die Königin aber, daß sie an einem andern Orte und durch reformirte Prediger geschehe, und dadurch, daß der Papst seine Genehmigung verweigerte. Im Herbste begab sich der Graf Ludwig von Nassau, begleitet von La Noue und Teligny, insgeheim zum Könige, welcher sich damals der Jagd wegen in der Gegend von Blois aufhielt; nach sechstägigen Unterredungen mit demselben über den beabsichtigten Angriff auf die spanischen Niederlande kehrte er mit dem Auftrage nach La Rochelle zurück, Coligny zu bewegen, an den Hof zu kommen, da der König ihm die Anführung in jenem Kriege bestimmt habe und über mehre, denselben betreffende wichtige Punkte, bevor er einen Entschluß fasse, seine Meinung zu erfahren wünsche [1]. Coligny beschloß endlich, der Aufforderung des Königs Folge zu leisten, zumal auch sein ihm genau befreundeter Vetter, der Marschall von Montmorency, dringend darum bat und ihm die Zuverlässigkeit der Gewogenheit des Königs versicherte, und da dieser ihm die Erlaubniß ertheilte, auch am Hofe sich zu seinem Schutze mit funfzig bewaffneten Edelleuten zu umgeben. Er wurde zu Blois von dem Könige, von beiden Königinnen, dem Herzoge von Anjou und dem ganzen Hofe aufs ehrenvollste empfangen, der König nannte ihn wiederholt Vater und erklärte, daß er keinen schönern Tag im Leben gehabt habe als diesen, welcher ihm die Gewißheit gebe, daß die Unruhen in seinem Reiche beendet seien; er ließ ihm eine Entschädigung von 100,000 Livres für die durch den Krieg erlittenen Verluste auszahlen, bewilligte ihm die Einkünfte der reichen Pfründen des Cardinals von Chatillon, setzte ihn wieder in den Geheimen Rath ein,

1) Serranus IV, 12. Thuan. 981.

sprach mit dem lebhaftesten Interesse mit ihm über den Zug
gegen die Niederlande, hatte häufig geheime Unterredungen
mit ihm und schickte auf seinen Rath den Marschall von Montmorency nach England, um über die Vermählung des Herzogs
von Anjou und den Abschluß eines Bündnisses mit der Königin Elisabeth zu unterhandeln. Auch als Coligny sich einige
Zeit darauf nach seinem Schlosse Chatillon begab, um Privat-
angelegenheiten zu ordnen, wurde er fortwährend über alle
wichtigen Angelegenheiten, welche in dem Rathe des Königs
verhandelt wurden, von diesem in Briefen um seine Meinung
gefragt. Im Anfange des Jahres 1572 kam der Cardinal
von Alessandria, von seinem Oheim, dem Papste Pius V. gesandt, an den französischen Hof, um den König zu bewegen,
seine Schwester nicht mit dem Prinzen von Navarra, sondern
mit dem Könige von Portugal zu vermählen und einer heiligen, katholischen Ligue beizutreten, allein er fand die Meinung vorherrschend, daß von jener Vermählung die Ruhe
Frankreichs abhänge, und er konnte in beiden Punkten keine
den Wünschen des Papstes entsprechende Antwort vom Könige
erlangen [1]. Im März, in derselben Zeit, als der Cardinal

1572

1) Depeschen des Cardinals in Ranke, Zeitschrift II, 593. 596. Catena, der Biograph des Papstes Pius V., behauptet, daß Karl IX. dem
Cardinal die bestimmte Versicherung gegeben habe, er werde nächstens
den beschlossenen Plan gegen die Ketzer ausführen. La Popliniere und
Serranus schrieben ihm nur die allgemeine Antwort zu: daß die Gunst,
welche er den Reformirten beweise, nur die Ehre und Erhebung des katholischen Glaubens bezwecke. Thou beschränkt sich darauf, die Behauptung Catena's und die Erzählungen anderer italienischen Schriftsteller zu
erwähnen, nach welchen der König auf das Anbringen des Cardinals
endlich erwiedert habe: wenn er dem Cardinal Alles mittheilen könnte,
so würde dieser und der Papst einsehen, daß nichts zur Befestigung der
katholischen Religion und zum Verderben der Ketzer in Frankreich geeigneter sei als die Vermählung seiner Schwester mit dem Prinzen von
Navarra, und er hoffe, daß der Papst bald seinen Plan und seinen
glühenden Eifer für die Religion dem Ausgange gemäß loben werde.
Der Cardinal fügt seinem Berichte die Worte hinzu: nondimeno con
alcuni particolari, che io porto, de' quali ragguaglierò N. S.^{re} a bocca,
posso dire se non partirmi affatto mal espedito. Stellt man damit
den Umstand zusammen, daß Katharina dem Papste Pius V. (welcher
am 1. Mai 1572 starb) insgeheim sagen ließ: er werde bald ihre und

wegen der Erkrankung des Papstes nach Rom zurückkehrte, kam die Königin von Navarra, begleitet von dem Grafen Ludwig von Nassau und einem zahlreichen Gefolge, an den Hof nach Blois und einige Zeit darauf auch ihr Sohn, mit dem Prinzen von Condé, La Rochefoucauld und vielen andern Edelleuten. Katharina behandelte die Königin auf eine sehr geringschätzige Weise, sie suchte ihre Unterredungen mit dem Könige zu verhindern und bei den Unterhandlungen über die Vermählung machte sie nichtige Schwierigkeiten, durch welche sie der Königin zu spotten schien, und welche im Widerspruch standen mit Dem, was man derselben versprochen und was man sie hatte hoffen lassen [1]). Der König bewies ihr dagegen große Zuneigung und Achtung, und als sie gegen ihn die Besorgniß äußerte, daß der Papst die Dispensation verweigern werde, so antwortete er: er ehre sie mehr als den Papst, und liebe seine Schwester mehr, als er den Papst fürchte; er sei nicht Hugenot, aber er sei auch kein Thor, und wenn der Papst es zu dumm mache, so werde er selbst seine Schwester an die Hand nehmen und sie zur Trauung führen [2]). Am 11. April wurde der Ehevertrag, welcher nur Bestimmungen

des Königs Rache gegen die Reformirten sehen, so wird es nicht unwahrscheinlich, daß sie damals eine Maßregel gegen die Reformirten, wenigstens gegen die Häupter derselben, beabsichtigte oder wünschte; indeß widersprechen die zuverlässigsten Berichte über die Entstehung des spätern Mordplans der Meinung, daß der König damals solche Absichten getheilt habe. Man sehe: Ranke, nochmalige Erörterung der Motive der Bartholomäusnacht, in s. Zeitschrift II, 590—605. Vielleicht entsagte Katharina jenem Gedanken, weil sie die Vermählung ihrer Tochter mit Heinrich von Navarra nicht verhindern konnte, und nahm ihn erst später wieder auf, als ein neuer Grund dazu für sie hinzukam.

1) Brief der Königin von Navarra an ihren Sohn; Recueil des lettres missives de Henry IV. publié par Berger de Xivrey. Paris 1843 I, 32—34.

2) Mémoires pour servir à l'histoire de France, et journal de Henry III. et de Henry IV., par Pierre de L'Estoile (bei Petitot XLV—XLVII) XLV, 72. 73. L'Estoile lebte zu Paris 1546—1611, er war nur audiencier de la chancellerie daselbst, allein das Hauptgeschäft seines Lebens bestand darin, daß er sich über die Ereignisse seiner Zeit aufs gnaueste zu unterrichten suchte und alles darauf Bezügliche, mündliche Mittheilungen wie Urkunden und Bücher, sammelte.

über Mitgift und Witthum enthielt, unterzeichnet [1]). Die
Unterhandlungen über die Vermählung des Herzogs von Anjou
und der Königin Elisabeth waren zwar ohne Erfolg geblieben,
allein am 29. April wurde zu Blois ein Bündniß zwischen
England und Frankreich abgeschlossen, durch welches beide
Staaten sich verpflichteten, einander gegen jeden Angriff mit
6000 Fußgängern und acht Kriegsschiffen beizustehen. Kaspar
von Schomberg wurde nach Deutschland geschickt, um Bündnisse gleicher Art mit den protestantischen deutschen Reichs-
fürsten abzuschließen und zum Anführer der von ihnen zu
stellenden Truppen den Pfalzgrafen Johann Kasimir zu verlangen. Der Krieg gegen Spanien war fortwährend Gegenstand der Berathungen des königlichen Conseil, und auf den
Wunsch des Königs, daß Coligny seine Ansicht über denselben
schriftlich darlegen möge, ließ dieser ein Mémoire von Philipp
von Mornay, Herrn du Plessis-Marly, welcher damals erst
dreiundzwanzig Jahre alt war, ausarbeiten. Es wurde in
demselben ein auswärtiger Krieg als das geeignetste Mittel
bezeichnet, um die Erneuerung der Bürgerkämpfe abzuwenden,
indem er verhindere, daß die Kriegslust, welche, einmal bei
den Franzosen geweckt, schwer wieder zu beruhigen sei, gegen
die eigenen Mitbürger sich wende, und es wurde dargethan,
daß ein Krieg gegen Spanien gerecht, ehrenvoll, leicht und
vortheilhaft sei [2]).

Die Königin von Navarra, welche am 15. Mai dem
Hofe nach Paris gefolgt war, starb daselbst schon am 10. Juni.
Ihr unerwarteter Tod nach nur fünftägiger Krankheit erregte
den Verdacht, daß sie vergiftet worden sei und zwar durch
ein Paar Handschuhe, welche ihr ein Parfumeur des Königs,
ein Mensch, den man eines solchen Verbrechens fähig glaubte,
verkauft hatte. Die Section schien zwar den Verdacht zu
widerlegen [3]), allein das Mistrauen der Reformirten gegen

1) Thuan. LI, 1015. La Poplinière II, 43.

2) Thuan. 1015, 1016. La Poplinière II, 40. Mémoires de
Messire Philippe de Mornay, seigneur du Plessis-Marly, contenant
divers discours, instructions, lettres etc. 1624. I, 1—18.

3) La Poplinière 43. Thuan. 1017—1018.

Schmidt, Geschichte von Frankreich. III.   9

die eigentlichen Absichten des Hofes war durch dies Ereigniß
noch vermehrt worden. Coligny wurde besonders von La
Rochelle aus gewarnt, sich nicht durch die leeren Versprechungen und die Heuchelei des Hofes zu seinem Verderben täuschen zu lassen; er erwiderte indeß: da der Friede geschlossen
und die Erinnerung an das Vergangene beschwichtigt sei, so
sei er fest entschlossen, dem Könige treu zu dienen; lieber wolle
er sterben und sich durch die Straßen von Paris schleifen lassen, als demselben Mißtrauen zeigen und wieder die Waffen
zum Bürgerkriege ergreifen. Er war so sehr von der Aufrichtigkeit der vom Könige ausgesprochenen Gesinnungen überzeugt, daß er die Räumung der bewilligten Sicherheitsplätze,
von welchen indeß La Rochelle durch seine Privilegien von
königlicher Besatzung frei blieb, schon im Juli veranlaßte, und
daß er sich im Anfange dieses Monats auf die wiederholte
dringende Auffoderung des Königs nach Paris begab. Kurz
vor seiner Ankunft wurde bei Lebensstrafe verboten, die Erinnerung an das Vergangene zu erneuern, Streit anzufangen,
Schießgewehr zu tragen und den Degen zu ziehen, namentlich in den Vorstädten und am Hofe; es wurde Allen, welche
nicht in Paris ansässig waren, wofern sie nicht im Gefolge
eines Fürsten oder Herrn oder wegen eines nothwendigen Geschäfts daselbst sich aufhielten, bei gleicher Strafe befohlen,
binnen vierundzwanzig Stunden die Stadt zu verlassen, und Coligny erhielt zu seiner Sicherheit eine Wache von vierhundert
königlichen Gardisten. Die Guisen hatten sich, aus Mißvergnügen über die geringe Achtung, welche der König ihnen
zeigte, gegen das Ende des vorigen Jahres vom Hofe entfernt;
jetzt kehrte der Herzog von Guise, während der Cardinal von
Lothringen wegen des Todes des Papstes sich nach Rom begab, in zahlreicher Begleitung nach Paris zurück, und der König bewog Guise und Coligny, sich — wenigstens scheinbar
— zu versöhnen und ihm zu schwören, daß sie einander in
Zukunft nur Freundschaft erweisen wollten [1]). Er setzte die
vertrauten Berathungen mit Coligny über den niederländischen

1) Thuan. LI, 1016. LII, 1036. Ejusd. commentariorum de vita
sua L. I, 1286. La Poplinière II, 23. 57.

Krieg fort, übertrug ihm die Leitung der Vorbereitungen dazu, bevollmächtigte ihn, so viel Truppen zu sammeln, als er für nothwendig halte, und befahl, aus dem Schatze ihm so viel Geld zu zahlen, als er dazu bedürfe; dagegen äußerte er sich über diese Angelegenheiten gegen seine Mutter ebensowenig wie früher, und er sprach seinen Unwillen darüber aus, daß der Herzog von Anjou den Krieg mißbilligte [1]. Feindselig-keiten gegen Spanien waren bereits, besonders durch reformirte Franzosen, begonnen worden. La Noue führte im Mai den Einwohnern von Valenciennes, welche sich gegen die spanische Herrschaft empört hatten, dreihundert Mann zu, er schloß die Citadelle ein, und mit seiner Hülfe bemächtigte sich Ludwig von Nassau, in demselben Monat, durch Überfall der Stadt Mons; allein während seiner Abwesenheit nahmen die Spa-nier Valenciennes wieder ein. Ludwig von Nassau, von den Spaniern mit einer Belagerung in Mons bedroht, schickte Genlis, einen reformirten Edelmann, an Karl IX., um schleu-nige Hülfe zu verlangen. Der König, welcher damals auch Wilhelm von Oranien zu seinen Werbungen in Deutschland mit Geld unterstützte, empfing Genlis sehr wohlwollend und beauftragte ihn, die Truppen, welche Coligny bereits an der Grenze versammelt hatte, 4800 Mann, nach Mons zu führen. Der nachdrücklichen Beschwerde des spanischen Gesandten in Paris und der Foderung desselben, daß der König auf alle Weise seine Unterthanen verhindere, den niederländischen Auf-rührern beizustehen, erwiderte der König, daß die Hülfsleistung gegen seinen Willen geschehe, daß er aber in seinem noch nicht völlig beruhigten Reiche nicht Alles vermöge. Auch der fran-zösische Gesandte in Madrid hatte am 12. Mai dem Könige von Spanien versichert, daß sein König sehr darum besorgt sei, den glücklichen Frieden und die Freundschaft, in welcher er mit ihm lebe, zu erhalten, und daß die Rüstungen in Frankreich nicht gegen ihn gerichtet seien; allein Philipp II. traute solchen Versicherungen nicht, und er befahl seinem Ge-sandten in Paris, sich mit den Häuptern der katholischen Par-tei und mit dem Volke in Einverständniß zu setzen, um die

---

1) Serranus IV, 22. Tavannes 199. 250.

9 *

Unternehmung gegen die Niederlande abzuwenden[1]). Genlis wurde in der Nähe von Mons am 11. Juli von den Spaniern mit überlegener Macht angegriffen und gefangen, und seine Truppen hatten dasselbe Schicksal, oder sie wurden niedergehauen oder zerstreut[2]). Der König zeigte sich über dies Ereigniß sehr mißmuthig, er verhieß baldigen kräftigen Beistand, ließ die Kriegsrüstungen fortsetzen, ertheilte vielen Edelleuten Vollmacht, Soldaten zu werben; und versprach, den Krieg zu beginnen, sobald die Vermählung seiner Schwester mit dem Könige von Navarra stattgefunden und Wilhelm von Oranien seine Werbungen in Deutschland beendigt habe. Coligny wurde jetzt aufs neue und dringender von manchen seiner Glaubensgenossen gewarnt: man erinnerte ihn an das päpstliche Decret, daß man den Ketzern nicht Wort halten müsse, an den unversöhnlichen Haß der Katholiken gegen die Reformirten, an den unzweifelhaften festen Entschluß der Königin Katharina, diese auf jede Weise zu vernichten, und an die Persönlichkeit des Königs, welcher sich die Grundsätze Macchiavelli's völlig angeeignet, welchem man schon in der Jugend den Haß gegen die Reformirten eingeflößt und welchen man überredet habe, daß es die Absicht der Reformirten gewesen sei, ihn des Reichs und des Lebens zu berauben. Allein Coligny erwiderte unwillig: solche Äußerungen seien in früherer Zeit passend gewesen, jetzt sei durchaus kein Anlaß zu Argwohn und Verdacht; Gott habe den Sinn des Königs umgewandelt, und es sei kein Zweifel, daß es ihm mit dem Kriege gegen Spanien Ernst sei[3]). Der König Heinrich von Navarra begab sich, ungeachtet ihn manche mistrauische Reformirte zurückzuhalten suchten, im Anfange des August nach Paris. Auf die Anzeige des französischen Gesandten in

1) Capefigue III, 119. 48. 89. Philipp II., sagt Capefigue (III, 158), hatte die Bartholomäusnacht nicht erwartet, in der geheimen Correspondenz zwischen ihm und Karl IX. findet sich keine Hindeutung darauf; er war froh erstaunt, als er die Nachricht erhielt. — Er sagte noch gegen Ende des Juli zu dem venetianischen Gesandten: A me fa tanto danno la guerra coperta come la discoperta. Con questi termini non è possibile durar sempre. Ranke, Zeitschrift II, 594.

2) Thuan. LIV, 1116—1118. 1122—1124. La Poplinière II, 55

3) Serranus IV, 26. La Poplinière II, 59—63.

Rom, daß die Dispensation in der vom Cardinal von Bourbon verlangten Form von dem Papste bewilligt worden sei und in kurzer Zeit geschickt werden würde, fand am 18. August die Trauung des Königs Heinrich mit der Prinzessin Margarethe von Valois auf einem Gerüste vor dem Haupteingange der Kirche Notredame durch den Cardinal statt, und nach derselben entfernte sich Heinrich, um der reformirten Predigt beizuwohnen, während Margarethe in der Kirche die Messe hörte, welche der Cardinal hielt [1]).

Die Gunst und das Vertrauen, welches der König den Reformirten und vor Allen dem Admiral Coligny fortwährend bewies, hatte das Mißvergnügen aller Derer erregt, welche sich dadurch ihres bisherigen Einflusses auf den König und auf die Staatsgeschäfte beraubt sahen, sowie Derer, welche gegen die Reformirten als Ketzer einen unversöhnlichen Haß hegten und im kirchlichen Interesse eine enge Verbindung mit Spanien wünschten oder durch persönliche Rachsucht bestimmt wurden. Die Zuversicht, mit welcher manche Reformirte, im Vertrauen auf die Gunst des Königs, den ihnen Abgeneigten und feindlich Gesinnten entgegentraten, steigerte die Erbitterung gegen sie noch mehr. Die Erinnerung an Das, was Alba zu Bayonne gerathen und was er selbst in den Niederlanden ausgeführt hatte, mußte sich um so mehr aufdrängen, als die Anwesenheit der Häupter der reformirten Partei in Paris eine günstige Gelegenheit darbot, seinem Beispiele zu folgen. Die Königin Katharina schwankte lange, was für einen Entschluß sie fassen sollte: bald wünschte sie den Krieg gegen Spanien aus Furcht vor dem Wiederausbruch des Bürgerkriegs, bald änderte sie ihre Ansicht. Als sie aber bemerkte, daß der König sich immer heftiger und finsterer gegen sie zeigte, als sie mit Gewißheit befürchten mußte, die Frucht ihrer vieljährigen Bestrebungen und allen Antheil an der Regierung

---

1) La Poplinière II, 63. Thuan. LII, 1038. Thou stand nach der Trauung in der Nähe Coligny's und hörte, wie dieser, auf die in der Kirche aufgehängten Fahnen, welche die Reformirten bei Jarnac und Montcontour verloren hatten, hinblickend, zum Marschall von Danville sagte: bald würden dieselben herabgenommen und freudigere Feldzeichen an ihrer Stelle aufgehängt werden.

zu verlieren, so entschied sie maßloser Ehrgeiz sowie der
Rath des Grafen von Retz [1]) für den Entschluß, durch die
Ermordung Coligny's, welchem sie, wol nicht mit Unrecht,
das Benehmen ihres Sohnes gegen sie zuschrieb, die verlorene
Gewalt über diesen sich wiederzuverschaffen und dadurch zu=
gleich, wie sie hoffte, die Kraft der reformirten Partei zu
brechen. Sie faßte diesen Entschluß gemeinschaftlich mit dem
Herzoge von Anjou, welcher ihren Haß gegen Coligny aus
gleicher Ursache theilte, und indem sie ihre Absicht auch der
Herzogin von Nemours, der Mutter des Herzogs von Guise,
mittheilte, und der Herzog von Aumale für die Ausführung
zu sorgen übernahm, so mochte sie hoffen, daß der Mord nur
als eine Rache der Guisen erscheinen werde [2]). Maurevel,
ein Mensch, welcher schon früher einen Meuchelmord gegen
einen vertrauten Freund Coligny's begangen hatte, wurde zum
Morde gedungen, und Aumale verbarg ihn in einem Hause,
welches einem im Dienste seiner Familie stehenden Manne ge=
hörte, und bei welchem der Admiral vorbeizukommen pflegte,
wenn er vom Louvre nach seiner Wohnung zurückkehrte. Als
er am 22. August, einem Freitage, langsam und eine ihm zu=
fällig übergebene Schrift lesend, vorüberging, fiel aus einem
mit einem Vorhang versehenen Fenster jenes Hauses ein Schuß,
und er wurde von zwei Kugeln getroffen, deren eine ihm ei=
nen Theil des Zeigefingers der rechten Hand wegriß, während
die andere ihm schwerer den linken Arm verwundete. Das
Haus wurde sogleich von seinen Begleitern erbrochen, sie fan=

1) Brantome (VIII, 183) nennt ihn sogar als den ersten Urheber
der Mordthat.

2) Nach Tavannes 256. 291. 292 und dem Discours du Roy Henry
à Cracovie des causes et motifs de la 8. Barthelemy, bei Petitot XLIV,
496—510 als Anhang zu den Memoiren Villeroi's und auch abgedruckt
als erste Beilage zu: Wachler, Die pariser Bluthochzeit. Der Herzog
von Anjou und Tavannes konnten die Wahrheit genau wissen, sie hatten
keine Ursache, dieselbe zu verschweigen oder zu entstellen, und ihre An=
gaben widerlegen die Erzählung Thou's von einer geheimen Berathung
Katharina's, Anjou's und Laverx in Gegenwart des Königs über die Er=
mordung Coligny's, in Folge deren man erwartet habe, daß die Refor=
mirten die Guisen, als Urheber der That, angreifen, aber von diesen mit
Hülfe des pariser Volks niedergehauen werden würden.

den aber nur zwei Dienstboten und das Gewehr des Mör=
ders; dieser selbst war schon auf einem bereit gehaltenen
Pferde entflohen. Bei der Nachricht von diesem Vorfall
zeigte der König den heftigsten Unwillen, er rief aus: Soll
ich nie Ruhe haben? Und er stieß Drohungen gegen die Guisen
aus, in welchen er die Anstifter vermuthete. Dem Könige
von Navarra und dem Prinzen von Condé, welche sich über
die That beklagten und Paris verlassen wollten, weil sie und
die Ihrigen daselbst nicht mehr sicher seien, gab er die nach=
drücklichste Versicherung, daß er die Anstifter, Ausführer und
Mitwisser der That, deren Schmach und Schmerz auf ihn
zurückfalle, in einer Weise bestrafen werde, welche sie und den
Admiral befriedigen und zum Beispiele für die Zukunft die=
nen solle; Katharina äußerte sich in gleicher Art, und sie ga=
ben ihre Absicht auf, sich aus Paris zu entfernen. In einem
noch am 22. August erlassenen Schreiben theilte der König
den Gouverneuren in den Provinzen die Verwundung Co=
ligny's mit, erklärte, daß er diese nichtswürdige That, wie
sich gebühre, strafen werde, und befahl, den Unterthanen zu
versichern, daß es sein Wille sei, das Friedensedict unverletzt
zu beobachten und die Verletzer desselben streng zu bestrafen[1]).
Am Nachmittage desselben Tages[2]) besuchte er, begleitet von
seiner Mutter, seinen Brüdern, den Herzögen von Anjou und
Alençon, und vielen Andern, den Admiral, fragte ihn besorgt
und theilnehmend nach seinem Befinden, bezeugte den tiefsten
Schmerz über seine Verwundung und schwur ihm, nach seiner
Gewohnheit mit starken Flüchen, daß er diese so streng be=
strafen werde, daß man es nie vergessen solle. Coligny rief
Gott zum Zeugen an, daß er dem Könige stets treu und er=
geben gewesen sei, er bat ihn bringend, die niederländische
Unternehmung nicht aufzugeben, und machte ihm Vorstellungen
über die Verletzung des Friedensedicts, dessen gewissenhafte

---

1) Thuan. LII, 1024. Tavannes 293. Serranus IV, 30. Cor=
respondance du roi Charles IX. et du sieur de Mandelot, gouverneur
de Lyon pendant l'année 1572. Paris 1830; S. 36.

2) Nach Discours de Henry III, Serranus und Thuan. Tavannes
setzt den Besuch erst auf den Nachmittag des folgenden Tages, als der
König schon der Ermordung der Reformirten beigestimmt hatte.

und genaue Beobachtung am besten die Ruhe erhalten werde, durch die höhern Justizbeamten und das Volk. Der König gewährte seine Bitte um eine geheime Unterredung, indem er seiner Mutter und seinen Brüdern ein Zeichen gab, sich nach der Mitte des Zimmers zurückzuziehen [1]). Die Königin, umgeben von vielen reformirten Edelleuten, welche ihren Unwillen über das verübte Verbrechen wenigstens in ihren Mienen und Geberden deutlich genug kundgaben und auch den Verdacht hegten, daß sie und der Herzog von Anjou nicht ohne Theilnahme an demselben seien, unterbrach die Unterredung unter dem Vorwande, daß eine längere Dauer derselben den Admiral zu sehr angreifen werde. Auf ihre und Anjou's wiederholte Fragen nach dem Inhalt des Gesprächs, während des Rückwegs nach dem Louvre, erwiderte der König endlich mit leidenschaftlicher Heftigkeit: der Admiral habe ihm vorgestellt, daß die Macht und die Leitung aller Staatsgeschäfte allmälig in ihre Hände übergegangen sei, daß dies ihm und dem Reiche einst sehr verderblich werden könne und daß er dies abstellen müsse [2]). Noch mehr als früher sah Katharina, sowie auch der Herzog von Anjou, ihren Einfluß auf die Regierung und auf den König bedroht, sie mußte befürchten, daß sie zu völliger Nichtigkeit herabsinken, daß die vom Könige befohlene Untersuchung ihre Theilnahme an dem Mordanschlage gegen Coligny enthüllen werde, und drohende Aeußerungen mancher Reformirten mußten ihre Besorgnisse noch vermehren. Der Tod Coligny's und der andern Häupter der Reformirten [3]) konnte allein ihr Sicherheit gewähren und wiederum Antheil an der Regierung verschaffen. Ein solcher Plan erforderte eine rasche Ausführung, da mehre der an-

---

1) So nach dem Discours de Henry III. Tavannes und Serranus sagen, die Königin habe den Wunsch Coligny's, den König allein zu sprechen, verhindert, was sich insofern mit obiger Angabe vereinigen läßt, als sich die Begleiter des Königs nicht aus dem Zimmer entfernten.

2) Discours de Henry III. 103.

3) Darauf scheint sich Katharina's Absicht nach dem Zeugnisse des Marschalls von Tavannes (295. 296) beschränkt zu haben; auch äußerte sie nachmals: sie nehme nur das Blut von sechs Ermordeten auf ihr Gewissen. Serranus IV, 33.

gesehensten Reformirten darauf drangen, daß man sich ohne
Aufschub aus Paris entferne, und das Vertrauen anderer zu
der Aufrichtigkeit des Königs, welches, sowie der Zustand
des Admirals, die Erfüllung dieses Verlangens für den Augenblick verhinderte, leicht erschüttert werden konnte. Ohne
die Einwilligung des Königs war jene Ausführung nicht möglich; daß es aber gelang, ihm seine Beistimmung in kurzer
Zeit abzubringen, erklärt sich aus seinem reizbaren, leidenschaftlichen Charakter, aus der Gewalt, welche seine Mutter
früher über ihn gehabt hatte, und welche sie durch Anwendung aller ihr zu Gebote stehenden Künste wenigstens für den
Augenblick wiederzugewinnen wußte, und daraus, daß ihre
Meinung durch manche Männer unterstützt wurde, deren Ansicht für den jungen König von Gewicht war. Sie begab
sich mit den Herzögen von Anjou und Nevers, den Marschällen von Tavannes und Retz, dem Siegelbewahrer Birago
und einigen Andern am Nachmittage des 23. August zum
Könige, sie erinnerte ihn an die Verschwörung von Amboise
und an den beabsichtigten Überfall von Meaux, sie überredete
ihn, daß die reformirte Partei wegen der Verwundung
Coligny's sich zum Kampfe gegen ihn rüste, sie benutzte manche drohende Worte und die fast gebieterische Foderung derselben, daß jene That aufs strengste bestraft werde, sie gab
vor, daß der Admiral Leute abgeschickt habe, um in Deutschland und in der Schweiz Söldner zu werben, und daß einige
reformirte Capitains, welche Paris verlassen hätten, dies nur
in der Absicht gethan hätten, um in Frankreich Kriegsvolk
zu versammeln. Die Vereinigung aller dieser Truppen, fügte
sie hinzu, werde, zumal bei den geheimen Einverständnissen
und Verbindungen der Reformirten mit vielen französischen
Städten und mit dem Auslande, ihm die größte Gefahr be-
reiten; außerdem seien die Katholiken des langen innern Krieges überdrüssig, sie seien, wenn er demselben nicht ein Ende
mache, entschlossen, untereinander eine Ligue zu schließen und
einen Generalcapitain zu wählen; dann werde er ohne Macht
und Ansehen in der Mitte zwischen den beiden Parteien stehen
und ein verderblicher, blutiger Krieg das Reich zu Grunde
richten; der Tod des Admirals und weniger andern Personen

könne dies verhindern und ihm den Gehorsam erhalten. Der
König gerieth durch diese Vorstellungen, durch die eindring-
liche Schilderung der ihm drohenden Gefahr in den heftigsten
Zorn; er wollte indeß anfangs nicht in den Tod Coligny's
willigen, er fragte, ob es nicht noch ein anderes Mittel gebe,
um jene Gefahr abzuwenden, und er verlangte, daß alle Anwesenden ihre Meinung aussprechen sollten. Da sie fast insgesammt der Königin beistimmten, so erklärte auch er sich
plötzlich in der leidenschaftlichsten Weise für ihren Rath, er
schwur mit seinem gewöhnlichen Fluche „bei Gottes Tod",
er wolle, daß nicht allein der Admiral, sondern alle Hugenotten in Frankreich getödtet würden, damit keiner von ihnen
übrig bleibe, welcher ihm nachher Vorwürfe machen könne,
und er befahl den Anwesenden, sogleich für die Ausführung
zu sorgen [1]). Wenn diese nicht schon einigermaßen vorbereitet
war, so bedurfte es wenigstens dazu bei der Gesinnung der
Bevölkerung und bei der Organisation der Bürgerschaft von
Paris nur kurzer Zeit. Den Beauftragten schien es unaus-
führbar oder unzureichend, sich auf die Ermordung der Häupter der reformirten Partei zu beschränken, sie hielten es für
nothwendig, dem Volke die Waffen in die Hände zu geben,
um durch einen gleichzeitigen Angriff auf alle Reformirten
in Paris diese zu verhindern, sich zum Widerstande zu vereinigen; nur der König von Navarra und der Prinz von Condé
wurden ausgenommen, auf die Fürsprache des Marschalls von
Tavannes und des Herzogs von Nevers, dessen Gemahlin die
Schwester der Prinzessin von Condé war, und weil man das
Gehässige einer Ermordung von Prinzen des königlichen Hauses scheute und zugleich von der Jugend derselben Fügsamkeit

---

1) Discours de Henry III. Wenn die Urheber des Blutbades anfangs die Absicht hegten, auch die Brüder Montmorency in das Schicksal der Reformirten zu verwickeln, so wurde dieselbe aufgegeben, weil
der älteste derselben, der Marschall von Montmorency, sich sogleich nach
der Vermählung des Königs von Navarra, aus Argwohn oder seiner
Gesundheit wegen, mit Erlaubniß des Königs aus Paris entfernt hatte
und nur seine jüngern Brüder Damville, Thoré und Meru daselbst geblieben waren. Thuan. LII, 1040.

erwartete [1]). Am späten Abend berief der König den Prevot der Kaufleute, Charron, in das Louvre und befahl ihm, sich der Stadtschlüssel zu versichern, die Thore sorgfältig zu verschließen und die Bürger sich bewaffnen und bereit halten zu lassen, um die königlichen Befehle zu empfangen und auszuführen [2]). Dem Herzoge von Guise wurde die obere Leitung der Ausführung und insbesondere die Ermordung Coligny's, mit welcher sie begonnen werden sollte, übertragen. Er versammelte die Offiziere der Truppen und machte sie mit dem Willen des Königs bekannt; der Vorgänger Charrons, Marcel, welcher bei der Königin in Gunst stand und bei dem Volke beliebt war, theilte den Anführern der Bürgermiliz, welche sich um Mitternacht auf dem Stadthause versammelten, den Mordplan mit; eine weiße Binde um den linken Arm, ein Kreuz am Hute sollte das Zeichen der Katholiken sein, das Signal zum Morde sollte durch die Glocke des Louvre gegeben werden. Coligny war benachrichtigt worden, daß Bewaffnete hin und wieder die Stadt durchzögen und besonders sich in der Gegend des Louvre zeigten, und daß man unter dem Volke eine ungewöhnliche Aufregung bemerke. Er ließ es dem Könige melden; indeß die Antwort desselben, daß Jenes auf seinen Befehl geschehe, um das von den Guisen aufgereizte Volk in Ordnung zu halten, beruhigte ihn um so mehr, als er selbst die Aufregung des Volks nur diesen zuschrieb.

Am 24. August, einem Sonntage, dem Bartholomäustage, begaben sich Katharina und Anjou noch vor Sonnenaufgang zu dem Könige; als plötzlich ein Schuß fiel, ergriff sie weniger der Gedanke an das Verbrechen, welches verübt werden sollte, als Besorgniß wegen des Ausgangs desselben. Ein Edelmann wurde eilig an Guise mit dem Befehl abgeschickt, in seine Wohnung zurückzukehren und nichts gegen Coligny zu unternehmen; allein der Mord war bereits geschehen, und Katharina befahl, das bestimmte Signal zu geben. Der Herzog von Guise hatte sich mit dem Herzoge

1) Tavannes 296.   Serranus IV, 33.
2) Capefigue III, 172 aus Reg. de l'hôtel de ville.

von Aumale und Johann von Angoulesme, Großprior des
Malteserordens in Frankreich, von Bewaffneten begleitet, nach
Coligny's Wohnung begeben; während er im Hofe des Hauses verweilte, drangen seine Begleiter in dasselbe ein und ermordeten Coligny, welcher bei dem sich nähernden Waffen-
geräusch das ihm bevorstehende Schicksal geahndet und es in
unerschrockener, frommer Fassung erwartet hatte. Sein Leichnam wurde zum Fenster hinaus, zu Guise's Füßen herabge-
worfen, verstümmelt, durch die Straßen geschleift und zuletzt
am Galgen aufgehängt[1]). Als darauf die Glocke des Louvre
ertönte, verbreiteten sich die bereit gehaltenen Mörderscharen
durch die ganze Stadt; bald schlossen sich ihnen zahlreiche
Pöbelhaufen an, ebensowol um zu rauben und zu plündern
als um zu morden. Die Herzöge von Nevers, Guise und
Montpensier und der Marschall von Tavannes durcheilten die
Straßen und entflammten die Wuth der Mörder noch mehr,
indem sie Coligny und seine Genossen einer Verschwörung gegen den König und dessen Brüder beschuldigten und verkündigten, daß es der Wille des Königs sei, daß die Ketzer gänzlich vertilgt würden. In das Gebrüll der Mörder mischten
sich das Geschrei, die Klagen und Verwünschungen der Ster-
benden, in allen Straßen wurde geschossen, überall sah man
blutgefärbte Schwerter, kein Alter, kein Geschlecht wurde geschont, auf den Straßen und in den mit Gewalt erbrochenen
Häusern wurde gemordet und die Leichname zu den Fenstern
hinausgestürzt; viele Reformirte wurden in ihren Betten
überfallen und umgebracht, und fast allen lähmte Bestürzung
und Schrecken Muth und Hand. Zu den vielen angesehenen
reformirten Edelleuten, welche ihren Tod fanden, gehörten auch
La Rochefoucauld und Teligny; selbst diejenigen Reformirten,
welche sich im Louvre, in der Umgebung des Königs von Na-

---

1) Als Karl IX. einige Tage darauf den Leichnam ansah und Einige aus seinem Gefolge wegen des Geruchs sich ihm nicht nähern mochten, sagte er: Der Geruch eines todten Feindes ist lieblich und angenehm.
Papyro Masson 337. Der Marschall von Montmorency ließ ihn durch
seine Diener insgeheim herabnehmen und in Chantilly, seinem Aufenthaltsorte, beisetzen, von wo er nachher nach Chatillon in die Gruft der
Vorfahren Coligny's gebracht wurde. Thuan. de vita sua I, 1267.

varra, befanden, und welche dieser zum Theil erst am vorigen
Tage zu seinem Schutze gegen die Guisen und das von ihnen
aufgereizte Volk auf den Rath Karl's IX. zu sich berufen
hatte, wurden umgebracht, indem der König selbst den Mör-
bern zurief, Niemandes zu schonen, und viele Damen des Hofes betrachteten mit schamlosester Neugier die vor dem Schlosse
hingeworfenen nackten Leichname. Die jenseit der Seine, in
der Vorstadt S.-Germain, wohnenden Reformirten, unter
ihnen der Graf von Montgommery, der Vidame von Chartres und Briquemault, entgingen dem Morde. Die Versammlung der Soldaten, welche bestimmt waren, sie zu überfallen,
wurde durch die Schuld eines Offiziers verzögert, ein Reformirter, welcher die Ermordung Coligny's gesehen, schwamm
durch den Fluß und benachrichtigte sie von diesem Ereigniß;
sie konnten nicht glauben, daß die That mit dem Willen des
Königs verübt sei, und sie wollten sich zur Beschützung desselben nach der Stadt begeben; als sie aber am jenseitigen
Ufer zahlreiche Abtheilungen von Soldaten erblickten und in
Schiffe steigen sahen, und als vom Ufer und aus dem Louvre
Schüsse fielen, ergriffen sie die Flucht, ohne daß ihre Verfolger
sie einzuholen vermochten [1]. Heinrich von Navarra und der
Prinz von Condé wurden zum Könige geführt und er versprach ihnen Verzeihung dafür, daß sie sich an der Spitze
von Aufrührern ihm entgegengestellt hätten, wofern sie fortan
unbedingten Gehorsam beweisen, ihren gottlosen Aberglauben
abschwören und zum katholischen Glauben zurückkehren würden. Heinrich bat demüthig, ihrem Körper und ihrem Gewissen nicht Gewalt anzuthun, übrigens würden sie ihm die
schuldige Treue beweisen; Condé erklärte dagegen, er könne
nicht glauben, daß der König das Wort, welches er den Reformirten gegeben und mit feierlichem Eide bekräftigt habe,

1) Mémoires authentiques de Jacques Nompar de Caumont, duc
de la Force, maréchal de France, et de ses deux fils, le duc de
Montpouillant et de Castelnaut, suivis de documents curieux et de
correspondances inédits, recueillis par le Marquis de Lagrange. Paris 1843; I. 7—9. Serranus IV, 40. Der König selbst soll von einem Balcon des Louvre nach der Vorstadt hinübergeschossen haben, doch
ohne, wegen der Entfernung, zu treffen, nach Serranus und Brantome.

brechen wolle; sein Leben und seine Güter seien in der Ge=
walt des Königs, allein die Religion könne man nicht gebie=
ten, und über diese habe man nur Gott Rechenschaft abzu=
legen. Der König, dadurch heftig gereizt, schalt ihn einen
halsstarrigen Aufrührer und drohte, es ihn mit dem Leben
büßen zu lassen, wenn er nicht binnen drei Tagen seinem
Starrsinne entsage[1]. Am Abend wurde ein königlicher Be=
fehl bekannt gemacht, daß ein Jeder sich in seine Wohnung
zurückziehen und dieselbe nicht verlassen und daß nur die kö=
niglichen Garden und die Echevins mit ihren Reitern die Stadt
durchziehen sollten; allein dessenungeachtet dauerte in der Nacht
und an mehren folgenden Tagen das Plündern und Mor=
den noch fort[2].

Noch am 24. August unterzeichnete der König, indem er
entweder selbst sich über die begangene Greuelthat entsetzte
und das Gehässige derselben fürchtete, oder weil er einem
verzweifelten Widerstand der Reformirten in den Provinzen
zuvorkommen und sie täuschen wollte, bis ihre Ermordung
auch in den übrigen Städten ausgeführt sei, ein Kreisschrei=
ben an die Gouverneure: Nach der Verwundung des Admirals
hätten die Guisen und die ihnen ergebenen Herren und Edel=
leute, deren Anhang in Paris nicht gering sei, mit Gewißheit
erfahren, daß die Freunde desselben seine Verwundung an
ihnen, welche sie für die Urheber hielten, rächen wollten; sie
hätten sich deßhalb in der vergangenen Nacht erhoben, sodaß
es zwischen beiden Theilen zu einem heftigen und jammer=
vollen Kampf gekommen und der Admiral mit mehren Edel=
leuten und andern Personen getödtet worden sei. Dieser
Kampf, eine Folge des seit langer Zeit zwischen beiden Fa=
milien stattfindenden Zwiespalts, sei jetzt beruhigt, das Frie=
densedict sei dadurch nicht verletzt; er wolle im Gegentheil,
daß es fortwährend aufrecht erhalten werde. Zugleich befahl
er, damit nicht Streit und Blutvergießen zwischen seinen Un=
terthanen in den großen Städten entstehe, den Gouverneuren,
bekannt zu machen, daß Jeder bei Todesstrafe ruhig in seinem

1) Serranus IV, 39, aus ihm Thuan. LII, 1057.
2) Serranus 43.

Hause bleiben, nicht die Waffen ergreifen und nicht Andere
beleidigen solle, über alle Diejenigen, welche dies nicht thun
und sich ungehorsam gegen seinen Willen zeigen würden, her=
zufallen und sie zu bestrafen, zugleich so viel Kriegsvolk wie
möglich zu sammeln und für die Sicherheit der Städte und
Festen zu sorgen[1]. Durch die Überbringer dieses Schreibens
erhielten die Gouverneure auch noch mündliche Befehle, durch
welche sie angewiesen wurden, sich der Güter und der Per=
son der Reformirten zu bemächtigen und, wenn auch nicht
diese selbst umbringen zu lassen, doch der fanatischen Wuth
des Volkes nicht zu wehren[2]. Wenn der König anfangs
die Absicht hatte, das zu Paris Geschehene als eine That der
Guisen erscheinen zu lassen, und deshalb verlangte, daß sie
sich sogleich auf ihre Besitzungen begeben sollten, so mußten
seine Mutter und der Herzog von Anjou, welche damals die=
ser Familie im höchsten Grade günstig waren, ihn zu bewe=
gen, sich selbst öffentlich als Urheber zu bekennen. Indem
sie einen unter Teligny's Papieren gefundenen Brief des Mar=
schalls von Montmorency benutzten, in welchem dieser nach
Coligny's Verwundung schrieb, daß er diese Beleidigung an
dem wohlbekannten Anstifter so rächen werde, als wenn sie
ihm selbst zugefügt sei, so erweckten sie bei dem Könige die
Besorgniß, daß die Montmorency in Verbindung mit den
Reformirten einen Krieg gegen die Guisen beginnen würden;

1) Corresp. du roi Charles 39. Serranus 43. Thuan. 1063.
2) Serranus 43 sagt: Einige Gouverneure entgegelten den gehei=
men königlichen Befehlen gemäß das Volk zum Morde der Reformirten.
Mandelot schreibt am 2. September an den König: er habe, gemäß den
Schreiben desselben vom 22. und 24. August und Dem, was ihm die
Überbringer des letzten von seiner Seite gesagt, durch alle Mittel für
die Sicherheit Lyons gesorgt und ohne Unruhen und Aufsehen sich der
Person und Güter der Reformirten bemächtigt (solxs et mis souba
votre main). Am 5. September schreibt er: der König müsse bereits
erfahren haben, was in Lyon geschehen sei (nämlich die Ermordung von
einigen Hundert Reformirten durch das Volk), ehe der Widerruf aller
seiner mündlichen Befehle zur Kenntniß seiner General=Lieutenants ge=
kommen sei. — So erklärt es sich auch, daß, wie Capefigue (III, 229)
und Floquet (III, 117) bemerken, nie ein königliches Schreiben, welches
die Niedermetzelung der Reformirten befiehlt, aufgefunden worden ist.

sie stellten ihm vor, daß ein solcher seinem Ansehen und seiner Macht sehr verderblich werden müsse; nur durch eine öffentliche Erklärung, daß das Vorgefallene auf seinen Befehl geschehen sei, werde er sich seine Macht bewahren, die Guisen entwaffnen, die Montmorency zurückhalten und die Reformirten von ihnen trennen und zugleich den Schein verdächtlicher Schwäche und Ohnmacht von sich abwenden. Zur Rechtfertigung der verübten Greuel beschloß man eine Verschwörung der Reformirten vorzugeben, eine Erdichtung, über welche selbst die Katholiken spotteten. Der König begab sich am 26. August, nachdem er einer kirchlichen Dankfeier beigewohnt, in das Parlament und erklärte: der Admiral Coligny und seine Genossen hätten zu ihren frühern Verbrechen auch noch das größte hinzugefügt, nämlich eine Verschwörung, um ihn und seine ganze Familie umzubringen; er habe deshalb zu den äußersten Mitteln greifen müssen, und was zu ihrer Bestrafung geschehen, sei auf seinen Befehl geschehen; zugleich befahl er dem Parlament, eine strenge Untersuchung dieser Verschwörung anzustellen [1]). Am 28. August, an welchem Tage in Paris ein allgemeines Dankfest für die glückliche Ausführung — der schauderhaftesten Greuel gehalten wurde, erließ der König eine Declaration: Um seinen Unterthanen die wahre Ursache, wegen welcher der Admiral und seine Genossen getödtet seien, bekannt zu machen, erkläre er, daß, was in dieser Sache geschehen, auf seinen ausdrücklichen Befehl gethan sei, jedoch nicht der Religion wegen, noch zur Verletzung des Friedensedicts, welches er auch jetzt noch bestätige, und dessen unverletzliche Beobachtung sein Wille sei, sondern um einer Verschwörung des Admirals und der Genossen desselben gegen ihn, seine königliche Würde und alle Mitglieder seines Hauses, selbst den König von Navarra, und gegen die von ihm begünstigtern Großen entgegenzutreten. Deshalb befehle er ausdrücklich, daß die Reformirten ruhig und ungestört in ihren Häusern unter seinem Schutze leben und daß Vergehungen gegen ihr Leben und Eigenthum mit dem Tode bestraft werden sollten; damit aber nicht Anlaß zu Unruhen

---

1) Thuan. 1063. 1064. Serranus IV, 47.

und Gewaltthaten gegeben werde, fo unterfage er bei Verluft des Lebens und Eigenthums den Reformirten alle öffentlichen und Privatverfammlungen, bis er anders darüber beftimmen werde. In dem Begleitfchreiben, mit welchem den Gouverneuren diefe Declaration gefchickt wurde, widerrief der König alle mündlichen Befehle, welche er ihnen habe zukommen laffen, als er noch gerechte Urfache gehabt habe, widerwärtige Ereigniffe zu befürchten, indem er die Verfchwörung des Admirals gegen ihn erfahren habe; aber zugleich befahl er, über diejenigen Reformirten, welche fich nicht ruhig in ihre Häufer zurückziehen wollten, herzufallen und fie als Feinde der Krone niederzuhauen[1]. Bevor indeß der Widerruf jener Befehle in die Provinzen gelangte und zum Theil auch noch fpäter, wurden diefelben in vielen Städten, wo die Gouverneure den fanatifchen Haß der katholifchen Bevölkerung theilten oder fich die Gunft der einflußreichften Perfonen am Hofe verfchaffen wollten, ausgeführt, und zwar meift durch das Volk. So wurden in Lyon und ebenfo in Orleans weit über taufend Reformirte ermordet, mehre Hundert in Bordeaux, in Toulouse, obwol die meiften fich von hier nach Montauban und andern fichern Orten flüchteten, und in Rouen; nicht groß war dagegen die Zahl der Ermordeten in Troyes, Bourges, La Charité, Saumur, Angers und Romans[2]. Der Graf von Tende,

1) Serranus IV, 48. 49. Corresp. du roi Charles 51—54. Daß der Widerruf der geheimen Befehle aufrichtig gemeint war, ergibt fich aus dem Schreiben des Königs an Mandelot vom 14. September, in welchem er fein Misfallen darüber ausfpricht, daß das Volk zu Lyon eigenmächtig die in dem erzbifchöflichen Gefängniß gefangen gehaltenen Reformirten ermordet habe, und befiehlt, daß die in Befchlag genommenen Güter der Reformirten diefen oder, im Fall ihres Todes, ihren Erben zurückgegeben werden follten. Corresp. 65—67.

2) Der Abt Caveirac — welcher fich auch in andern Schriften, z. B. in einer Apologie de Louis XIV et de son conseil, 1758, als einen fanatifchen Feind des reformirten Glaubens gezeigt hat. Coquerel, Histoire des églises du désert chez les protestants en France. 1841. II, 447 — hat in feiner Dissertation sur la journée de la S. Barthélemi (in Archives curieuses VII, 475 ff. wieder abgedruckt) allerdings die Abficht, die Zahl der in Paris und überhaupt in Frankreich ermor-

Schmidt, Gefchichte von Frankreich. III. 10

Gouverneur der Provence, und Saint-Heran, Gouverneur von
Auvergne, erklärten: sie könnten die ihnen überbrachten geheimen Befehle des Königs nicht als Befehle desselben anerkennen, weil sie im Widerspruch mit den öffentlichen, durch
welche Beobachtung des Friedensedicts befohlen würde, ständen, sondern sie würden diesen Folge leisten; der Baron von
Gordes, Gouverneur von Dauphiné, lehnte die Ausführung
ab, als zu schwierig wegen der Macht der Reformirten in
dieser Provinz; in Burgund verhinderte der Gouverneur Cha-
bot, Graf von Charny, ein Mann von ebenso großer Klugheit
wie Mäßigung, fast jedes Blutvergießen, und der Vicomte
von Orthez, Gouverneur von Bayonne, schrieb dem Könige:
er habe seinen Befehl den Einwohnern der Stadt und den
Soldaten der Garnison bekannt gemacht, er habe nur gute
Bürger und brave Soldaten, aber keinen Henker unter ihnen
gefunden; sie und er bäten ihn deshalb, ihren Arm und ihr

beten Reformirten so viel wie möglich zu vermindern, indeß ergibt sich
doch aus seiner Untersuchung, daß die meisten Zahlangaben übertrieben
sind. Diese werden in demselben Maße höher, als die Schriftsteller der
Zeit der Begebenheit entfernter sind. Peresixe (in seiner 1661, zehn
Jahre vor seinem Tode, erschienenen Hist. du Roy Henry le Grand)
gibt 100,000 Ermordete an, Sully 70,000, und Davila über 40,000.
Thou (1072) sagt, daß Viele die Zahl der Umgekommenen auf 30,000
angäben, daß er aber eine bedeutend geringere Zahl für richtig halte;
da Poplinière (II, 70) schätzt die Zahl auf mehr als 20,000; das Martyrologe des Calvinisten, gedruckt 1582, nimmt, im Allgemeinen von
der Zahl der Ermordeten sprechend, 30,000 an, beschränkt aber, in das
Detail eingehend, diese Zahl auf 15,138 und führt nur von 786 die Namen an. Pappre Masson sagt: es seien nahe an 10,000 ums Leben
gekommen, und seine Angabe gewinnt dadurch an Wahrscheinlichkeit, daß
er den Wunsch hinzufügt, die Zahl möchte größer gewesen sein, Cavelrac
524. 526. Was insbesondere die Zahl der in Paris Ermordeten betrifft,
so sagt Davila (273), daß am 24. und 25. August über 10,000 umgekommen seien, Thou (1061), daß am 24. August 2000 getödtet seien;
das Martyrologe des Calvinisten gibt im Allgemeinen 1000 an. Die
Leichname der Ermordeten wurden in die Seine geworfen, sie drängten
sich bei einer kleinen Insel, dem Louvre gegenüber, zusammen, und in
der Gegend von S.-Cloud, Auteuil und Chaillou wurden binnen acht
Tagen 1100 Todte begraben. Cavejrac 527—533.

Leben zu möglichen Dingen, so gefahrvoll diese auch seien, gebrauchen zu wollen [1]).

Der König und seine Mutter glaubten jetzt, daß das Geschehene hinreichen werde, um die Reformirten zur Rückkehr in die katholische Kirche zu bestimmen, und daß 'es dazu nicht mehr offenbarer Gewalt bedürfe, daß diese im Gegentheil nur die Zahl derer; welche bereits nach England, Deutschland, der Schweiz und Genf ausgewandert waren, vermehren und die Zurückbleibenden zu verzweifeltem Widerstande treiben werde [2]). Als vom 17. bis zum 20. September in Rouen von bewaffneten Banden, welche aus Soldaten, Bürgern und Pöbel bestanden, mehre Hundert Reformirte ermordet und ihre Häuser geplündert worden waren, so schrieb Katharina (am 21. September) an die Echevins der Stadt: ihr Sohn, der König, mißbillige sehr dieses Verfahren, welches von sehr verderblichem Beispiel für die andern Städte sein, in diesen das Feuer wieder anzünden und Diejenigen, welche bereit seien, zur katholischen Kirche zurückzukehren, davon abwenden könne [2]). Der König selbst erklärte in einem Kreisschreiben vom 24. September an die Gouverneure, daß die Ermordung der Reformirten zu Rouen durchaus gegen seinen Willen sei, er befahl den Gouverneuren, Mord und Plünderung gegen die Reformirten und Gefangensetzung derselben, wenn sie nicht auf gerichtlichen Befehl geschehe, bei augenblicklicher Todesstrafe zu verbieten und alle Ausgewanderten davon in Kenntniß zu setzen, daß sie mit der Gewißheit zurückkehren könnten, gegen jedes Unrecht und jede Gewalt beschützt zu werden. Während er aber einerseits erklärte, daß das letzte Friedensedict unverletzt aufrecht erhalten und daß diejenigen Reformirten, welche seit Beendigung des letzten Krieges sich nicht gegen ihn und den

---

1) Serranus IV, 49—55. Thuan. 1066—1073. La Poplinière II, 70. Aubigné II, 24—28.

2) Nach den Mémoires de Bouillon (bei Petitot XXXV, 146) flüchteten in der ersten Bestürzung über die Mordthaten zu Paris an 3000 bis 4000 Reformirte, besonders aus der Normandie, Picardie und Isle-be-France, nach England.

3) Floquet III, 129.

10 *

Staat vergangen hätten, wieder in den Besitz ihrer Güter eingesetzt werden sollten, so untersagte er andererseits den Reformirten bei Verlust des Lebens und Eigenthums alle Versammlungen und Predigten und jede Ausübung ihres Glaubens, und er befahl, daß alle reformirten Justiz- und Finanzbeamten, auch wenn sie ihren Glauben abschwören würden, sich bis auf weitern Befehl der Verwaltung ihrer Ämter enthalten, jedoch wenn sie ruhig in ihren Häusern leben würden, ihr Gehalt bekommen, daß aber den niedern Beamten in jenem Falle ihre Ämter bleiben sollten; auch wurde den Gouverneuren und andern Beamten aufgetragen, Diejenigen, welche zur katholischen Kirche zurückkehren wollten, zur Ausführung dieser Absicht anzutreiben und auch die Verwandten derselben dazu zu ermahnen[1]). Das pariser Parlament verurtheilte Coligny, obwol auch die den Gouverneuren aufgetragenen geheimen Nachforschungen, um sich Beweise für die angebliche Verschwörung zu verschaffen, erfolglos gewesen waren, als Majestätsverbrecher, Feind des Friedens und der Ruhe des Staates und Urheber einer gegen den König gerichteten Verschwörung; es bestimmte, daß sein Körper oder, wenn dieser nicht aufgefunden werden könne, sein Bild durch die Straßen von Paris geschleift und am Galgen aufgehängt, daß sein Name auf immer unterdrückt, seine Güter eingezogen, sein Schloß Chatillon niedergerissen und der Boden mit Salz bestreut werden sollte, und es erklärte seine Kinder für unadelig und für unfähig, in Frankreich öffentliche Ämter zu bekleiden und Eigenthum zu besitzen. Derselbe Parlamentsbeschluß verordnete, daß jährlich am Bartholomäustage eine Gedächtnißfeier in allen Kirchen von Paris gehalten werden solle. Ein gleiches Urtheil wurde gegen den siebzigjährigen Briquemault und den Parlamentsrath Cavagne, welche, nachdem sie sich einige Tage versteckt gehalten, ergriffen worden waren, gefällt, und am 29. October wurde dieses an ihrer Person, jenes an einem Strohbilde Coligny's in Gegenwart des Königs und seiner Mutter vollzogen[2]). Der König von Navarra und seine

---

1) Corresp. du roi Charles 79—90. La Poplinière II, 77—89.
2) Thuan. LIII, 1093. La Poplinière II, 69. Coligny's zwei

Schwester Katharina, später auch Condé traten zur katholischen Kirche über, indem sie dazu theils durch Furcht bewogen
wurden, theils durch Überredung eines angesehenen reformirten
Geistlichen, Sureau, genannt du Rozier, welcher, um sein Leben zu retten, seinen Glauben abgeschworen hatte, aber nachmals voll Reue darüber sich wieder zu diesem bekannte. Der
König von Navarra verbot darauf durch ein Edict vom
16. October in allen seinen Besitzungen und namentlich in
Bearn, die Ausübung der reformirten Lehre, er gebot den
reformirten Geistlichen, das Land zu verlassen, und befahl, daß
die Kirchengüter an die katholischen Geistlichen zurückgegeben
und der katholische Gottesdienst, welchen seine Mutter vor
mehren Jahren nach einem Beschlusse der Stände abgeschafft
hatte, wieder hergestellt werden sollte; allein die Bearner
wiesen dies Edict zurück, weil der König es als Gefangener
erlassen habe[1]). Da ein königliches Edict allen Reformirten,
welche aus Frankreich ausgewandert waren oder sich nach festen
Plätzen geflüchtet hatten, Sicherheit des Lebens und Eigenthums und den besondern Schutz der Gouverneure verhieß,
wenn sie binnen drei Wochen in ihre Heimat zurückkehrten,
anderfalls aber den Verlust ihres Vermögens drohte, so begaben sich nicht Wenige wieder in ihre Heimat zurück. Sehr
viele von diesen sowie von den übrigen Reformirten traten
zur katholischen Kirche über, sie unterzeichneten die ihnen vorgelegte Abschwörungsformel und trugen den größten Eifer für
die katholische Religion zur Schau; nur wenige wagten es
noch, sich öffentlich zu ihrem Glauben zu bekennen. So war

ältere Söhne, seine Tochter, Teligny's Witwe (welche sich 1583 wieder,
mit Wilhelm I. von Oranien vermählte, Lettres missives de Henri IV,
I, 551), sowie Andelot's Sohn, der Graf von Laval, hatten sich aus
Chatillon, ehe die zu ihrer Verhaftung abgeschickten Garbesoldaten da-
hinkamen, geflüchtet und sich nach der Schweiz begeben. Seine Witwe
und sein jüngster Sohn wurden nach Paris geführt. Thuan. LII, 1063.
LIII, 1076. Serranus IV, 45.

  1) Serranus 57. La Poplinière 77. 84. Thuan. 1073. 1082. Der
König von Navarra bat den Papst in einem Briefe vom 3. October,
ihn wieder in den Schooß der Kirche aufzunehmen. Lettres missives
de Henri IV, I, 36.

die Zahl der Reformirten durch Mord, Auswanderung und Abfall von ihrem Glauben sehr verringert, sie waren fast aller ihrer Häupter beraubt, sie konnten nicht von den protestantischen Fürsten des Auslandes, weder von Elisabeth von England, noch von den deutschen Protestanten, Hülfe erwarten, da diese ihre Sache für verloren hielten; sie waren durch das furchtbare Unglück, welches über sie hereingebrochen war, so niedergebeugt und entmuthigt, daß ihnen der Gedanke, sich jetzt der Macht des Königs widersetzen zu wollen, eine thörichte, an Wahnsinn grenzende Verwegenheit schien, und Manche erklärten dies jetzt auch für ein Verbrechen, da es nicht mehr durch die Autorität eines Prinzen oder wenigstens eines hohen Staatsbeamten gerechtfertigt werde [1]). Der gänzliche Untergang des reformirten Glaubens in Frankreich schien unabwendbar, und er wäre es wahrscheinlich gewesen, wenn nicht der Hof, des völligen Sieges zu sicher und nicht an die Möglichkeit eines erfolgreichen Widerstandes der Reformirten glaubend, es unterlassen hätte, rasch alle Mittel aufzubieten, um die erste Bestürzung derselben zu benutzen. Da er aber zögerte, auch weil zu einem solchen Verfahren nichts vorbereitet war, so wich die Muthlosigkeit derselben bald einer ruhigern Betrachtung der Dinge, und die durch fortgesetzte Gewaltthaten gegen die Bekenner ihres Glaubens befestigte Überzeugung, daß ihnen nur die Wahl bleibe, sich entweder wehrlos der Raubsucht und Mordgier ihrer Feinde preiszugeben oder mit den Waffen in der Hand für ihren Glauben zu sterben, gab ihnen zu einem solchen Kampfe den Muth der Verzweiflung. Diejenige Stadt, welche jetzt der Hauptsitz ihres Glaubens war, La Rochelle, wohin sich viele reformirte Edelleute und Geistliche und an 1500 Waffenfähige geflüchtet hatten, gab ihnen ein ermuthigendes, vorleuchtendes Beispiel, sie widerstand allen Künsten und Drohungen des Hofes und weigerte sich beharrlich, den vom Könige ernannten Gouverneur, Armand von Gontault, Baron von Biron, Großmeister

---

1) Serranus IV, 56—58. 65: vix quisquam apparebat, qui se fateretur Religiosum: omnes aut exulabant aut latitabant aut certe Religione abdicata (quam paucissimis exceptis) Pontificiorum doctrinam studiosius quam ipsi Pontificii venditabant.

der Artillerie, zuzulaffen. Montauban, in deffen Umgegend die Reformirten noch einige kleinere Orte in ihrer Gewalt hatten, Sancerre, der Zufluchtsort für die aus Orleans, Bourges, la Charité und andern Städten Entkommenen, Nißmes und mehre andere kleinere Städte und Schlöffer in Guienne und Languedoc, namentlich Milhaud, Aubenas, Privas, Usez und Sommieres, schloffen gleichfalls den zu ihrer Befetzung bestimmten königlichen Truppen die Thore und rüsteten sich zur Bertheidigung[1]). Durch das Schickfal von La Rochelle war das Loos der übrigen Reformirten bedingt. Da die starken Befestigungen der Stadt eine Belagerung sehr schwierig machten, so suchte der Hof auf alle Weise, sie zur Unterwerfung zu bewegen. La Noue wurde damals nach der Übergabe von Mons, zu welcher Ludwig von Naffau am 19. September genöthigt und bei welcher allen Franzofen und Niederländern in der Festung freier Abzug bewilligt worden war, durch seinen alten Freund, den Herzog von Longueville, Gouverneur der Picardie, an den Hof geführt, er wurde von dem Könige freundlich und ehrenvoll empfangen, und auf Befehl und Bitte deffelben, nachdem dieser ihm sein Wort gegeben, daß er sich seiner nicht bedienen wolle, um die Rocheller zu hintergehen, übernahm er es, sich nach La Rochelle zu begeben, um die Einwohner zu einem friedlichen Entschluffe zu bestimmen. Zwar wurde er anfangs mit Argwohn empfangen, allein der sich auch hier bewährende ehrenhafte Charakter des edeln Mannes entfernte bald jedes Mistrauen, er übernahm mit Einwilligung des Königs den ihm angebotenen Oberbefehl, und während er diesen einerseits benutzte, um das dem Könige gegebene Versprechen zu erfüllen, sorgte er andererseits mit der größten Thätigkeit und Einsicht für die Sicherheit der Stadt und kämpfte selbst für ihre Bertheidigung. Erst als er jeder Hoffnung, einen friedlichen Bergleich zu vermitteln, entsagen mußte, verließ er die Stadt, indem ihm die volle Achtung und Anerkennung seiner Rechtlichkeit und Zuverläffigkeit von beiden Theilen blieb. Am 4. December hatte sich Biron vor der Stadt, welche von mehr als taufend aus-

1) La Popinière II, 87. Serranus IV, 65.

gewählten Soldaten und 2000 gut bewaffneten und des Krie=
ges nicht unkundigen Bürgern vertheidigt wurde, gelagert, sich
jedoch darauf beschränkt, sie von der Landseite einzuschließen
und die Ausfälle der Rocheller abzuwehren; erst als der Her=
zog von Anjou, als General=Lieutenant des Königs, begleitet
von seinem Bruder, dem Herzoge von Alençon, dem Könige
von Navarra und dem Prinzen von Condé und den Herzögen
von Guise und Aumale, am 7. Februar 1573 im Lager an=
kam, wurde die Belagerung mit großer Thätigkeit begonnen.
Die auch jetzt noch fortgesetzten Unterhandlungen wurden end=
lich, besonders durch den heftigen Widerspruch der reformirten
Prediger, ganz abgebrochen, und damals, im März, entfernte
sich La Noue auf die Aufforderung des Königs aus der Stadt.
Die Rocheller setzten indeß den Kampf, an welchem selbst
Frauen theilnahmen, mit gleicher Standhaftigkeit und Tapfer=
keit fort; während ihnen die Verbindung mit dem Meere offen
blieb, schlugen sie die wiederhölten Stürme auf der Landseite
zurück, sie setzten den Minen der Belagerer andere entgegen,
und es gelang ihnen um so eher die Absichten derselben zu
vereiteln, als sie bei der Eifersucht und Zwietracht der Prinzen
und Herren im königlichen Lager, von welchen überdies manche
misvergnügt über den Hof oder unwillig über die Mordthaten
am Bartholomäustage waren, von den geheimsten Berathun=
gen und Beschlüssen ihrer Gegner sogleich unterrichtet wurden.
Das königliche Heer erlitt in den zahlreichen Gefechten be=
deutende Verluste, — auch der Herzog von Aumale wurde
getödtet — es verminderte sich noch mehr durch ansteckende
Krankheiten, die zum Kriegsdienst aufgebotenen Edelleute ver=
langten ihre Entlassung, und der steigende Geldmangel hemmte
die Unternehmungen nicht wenig[1]). Sancerre wurde im An=
fange des Jahres von dem Grafen von La Chatre, Gouver=
neur von Berri, belagert, aber seine Angriffe wurden mit sol=
chem Verluste für ihn zurückgewiesen, daß er sich auf eine
enge Einschließung beschränkte. In Langueboc hatte der Gou=
verneur, der Marschall von Damville, Sommieres am 11. Fe=

1) La Poplinière II, 121 etc. Serranus IV, 81. 84. 98 — 108.
Thuan. LIII, 1099—1101. LV, 1195—1201. LVI, 1202—1222.

bruar eingeschlossen, jedoch erst am 9. April wurde die Stadt
gegen freien Abzug der Einwohner und Soldaten ihm über=
geben, und diese lange und tapfere Vertheidigung verhinderte
ihn Nismes anzugreifen, denn seine Truppen waren so ver=
mindert worden und so erschöpft, daß er sie in Garnisonen
legen mußte, während die Reformirten sich mehrer festen
Orte und Schlösser bemächtigten. Der General=Lieutenant
des Königs von Navarra in seinem Gouvernement Guienne,
der Marquis von Villars, nöthigte zwar die kleine Feste Ter=
rides zur Ergebung, jedoch ungeachtet er an der Spitze von
10,000 Mann stand, blieben seine Versuche gegen einige andere
kleine Plätze ohne Erfolg, und da er seine besten Truppen vor
La Rochelle schicken mußte, so wagte er gar nicht Montauban
anzugreifen. Der Baron von Gramont, welchen der König
von Navarra nach Bearn geschickt hatte, um den katholischen
Gottesdienst wiederherzustellen, wurde gefangen genommen
und seine Truppen meist niedergehauen[1]). Der Widerstand
der Reformirten, namentlich in La Rochelle, bewies, daß die
gänzliche Unterdrückung ihres Glaubens nicht so leicht sei, wie
ihre Feinde gewähnt hatten; überdies wünschte der Herzog
von Anjou, welcher sich um die polnische Krone beworben
hatte und am 9. Mai zum Könige von Polen gewählt wor=
den war, die Beendigung des Krieges, bevor er Frankreich
verließ. Erneuerte Unterhandlungen mit La Rochelle, an wel=
chen Abgeordnete von Nismes und Montauban theilnahmen,
führten im Juni 1573 zu einem Vergleich, welcher im We=
sentlichen den vierten Hugenottenkrieg beendete, und welcher
im Juli durch ein im Schlosse Boulogne erlassenes königliches
Edict bestätigt wurde: Die Erinnerung an Alles, was seit dem
24. August 1572 auf Anlaß der innern Unruhen im Reiche
geschehen war, sollte erloschen sein, und jede gerichtliche Ver=
folgung, Vorwürfe und Beleidigungen in Beziehung darauf
wurden verboten; alle Kriegsgefangenen sollten ohne Lösegeld
freigegeben werden. Den Einwohnern von La Rochelle, Nis=
mes und Montauban wurde freie Ausübung der reformirten

---

1) Serranus 94—96. La Poplinière II, 126. 136. 142. Thuan.
LV, 1183—1193.

Religion in ihren Häusern und an den ihnen gehörenden Or=
ten, mit Ausnahme der öffentlichen Plätze und Orte, gestattet;
die Rechte und Privilegien dieser Städte wurden bestätigt, es
sollte keine Besatzung in sie gelegt und keine Citadelle und
keine Forts in ihnen ohne ihre Beistimmung angelegt werden;
der König sollte zwar rechtliche und unverdächtige Männer zu
Gouverneuren ernennen, den Einwohnern aber die Bewachung
der Städte bleiben und dagegen jede von diesen ihm auf zwei
Jahre vier angesehene Bürger als Geiseln für ihren Gehor=
sam stellen. Den reformirten Besitzern der hohen Gerichts=
barkeit, welche gemeinsam mit den Einwohnern jener drei
Städte die Waffen geführt hatten, wurden in ihren Häusern
reformirte Trauungen und Taufen gestattet, jedoch nur in Ge=
genwart der Verwandten und von höchstens zehn Zeugen;
allen übrigen Reformirten wurde nur Gewissensfreiheit, Zu=
lassung zu Universitäten, Schulen und Krankenhäusern und
das Recht, Güter zu verkaufen und, jedoch nicht nach den
Ländern feindlicher Fürsten, auszuwandern bewilligt[1]. Die
Reformirten in Poiteu, Saintonge und den benachbarten Ge=
genden ließen sich durch die angesehensten Männer unter ihnen
bewegen, in Hoffnung auf eine bessere Zukunft dem Edict sich
zu unterwerfen, allein die übrigen Reformirten sahen, durch
die frühere Erfahrung belehrt, in demselben nur leere trüge=
rische Worte. Die Bewohner von Sancerre, durch die Geist=
lichen zur Ausdauer ermahnt, setzten ihre Vertheidigung auch
jetzt noch fort, obwol sie meist von aufgeweichtem Leder und
Thierhufen lebten und an manchen Tagen fünfundzwanzig bis
dreißig Menschen Hungers starben. Erst als mehr als tau=
send Menschen auf solche Weise umgekommen waren, ergaben
sie sich am 19. August; es wurde ihnen Amnestie bewilligt,
aber alle Befestigungen wurden zerstört, die Glocken und alle
städtischen Zeichen weggenommen und eine Besatzung in die
Stadt gelegt[2].

1) Das Edict bei La Poplinière II, 183. 184.

2) Discours de la famine de Sancerre, verfaßt von dem Prediger
Johann von Lery, welcher während der Belagerung sich in der Stadt
befand, in Archiv. curieus. VIII, 21—82. Serranus IV, 111—113.

Die Reformirten in Languedoc und Guienne erhielten von dem Könige von Polen sogleich nach Bekanntmachung des Edicts die erbetene Erlaubniß, eine allgemeine Versammlung zu halten, um über dasselbe als eine gemeinsame Angelegenheit zu berathen. Die Versammlung wurde nach Milhaud berufen und dann nach Montauban verlegt, und sie wurde sehr zahlreich besucht. Die Reformirten waren durch die Ereignisse des vorigen Jahres in der Überzeugung bestärkt worden, daß die höchsten Staatsgewalten nicht allein weder den Willen noch die Macht hätten, sie zu beschützen, sondern auch keine Mittel, weder Hinterlist noch Gewalt, verschmähten, um sie zu vernichten; indem der Staat sie gleichsam von sich ausschloß und eine unversöhnliche Feindschaft gegen sie bewies, so zwang er ihnen den Gedanken und die Nothwendigkeit auf, einen Staat im Staate zu bilden und ihre Sicherheit in einer festen, gegliederten Verbindung untereinander zu suchen, zumal sie nicht mehr durch Einen, an Rang und persönlichen Eigenschaften alle Andern überragenden Mann zusammengehalten wurden. Die Versammlung zu Milhaud theilte Languedoc in zwei Gouvernements oder Generalitäten, das von Nismes oder Nieder-Languedoc und das von Montauban oder Ober-Languedoc, welchem Guienne, Limousin, Auvergne und La Marche hinzugefügt wurden. Den an die Spitze derselben gestellten Gouverneurs, dem Vicomte von Paulin und dem Baron von S.-Romain, wurde die obere Leitung der Kriegsangelegenheiten übertragen, jedoch wurden sie der allgemeinen Ständeversammlung des Gouvernements untergeordnet, welche namentlich mit allen Geldsachen beauftragt wurde, und außerdem sollten bei wichtigen Dingen die Stände der einzelnen Diöcesen versammelt und befragt werden; zur Unterhaltung der Besatzungen in den Städten wurde eine Steuer ausgeschrieben, und auch die Erhebung der Einkünfte der katholischen Pfründen, welche in der Gewalt der Reformirten waren, befohlen. Diese Verbindung und Einrichtung, welche es mög-

---

Thuan., welcher die Belagerung mit der von Numantia und der von Jerusalem durch Titus vergleicht, LV, 1193. LVI, 1247—1249, mit Beziehung auf Sery.

lich machten, zu jeder Zeit durch Vereinigung der Besatzungen ein Heer von 20,000 Mann zusammenzubringen, gaben den Reformirten ein solches Selbstvertrauen, daß sie Forderungen an den König stellten, welche zum Theil noch nie gemacht worden waren. Diese wurden in einer allgemeinen Versammlung jedes der beiden Gouvernements beschlossen und an den Hof geschickt. Es wurde verlangt, daß zur Sicherung des Friedens die Reformirten nicht allein in allen Städten, welche in ihren Händen waren, sondern außerdem noch in zwei Städten jeder Provinz Besatzungen, welche vom Könige bezahlt werden sollten, halten dürften, daß ihnen im ganzen Reiche freie und öffentliche Ausübung ihrer Religion und Zulassung zu allen Ämtern bewilligt, daß in jeder Provinz ein Parlament aus reformirten Mitgliedern errichtet werde, um den Bekennern dieses Glaubens Recht zu sprechen, und Streitsachen zwischen Katholiken und Reformirten durch Richter beider Religionen entschieden und daß die Urheber und Ausführer der Metzeleien der Reformirten im vorigen Jahre als Straßenräuber und Störer der öffentlichen Ruhe bestraft würden. Zugleich begaben sich auch Abgeordnete der Reformirten in der Provence und Dauphiné an den Hof, um gleiche Forderungen und überdies Vorstellungen über die drückende Vermehrung der Abgaben seit der Regierung des Königs Franz I. zu machen. Solche Forderungen erregten am Hofe die größte Verwunderung; die Königin Katharina rief aus: Wenn Condé noch lebte und an der Spitze von 70,000 Mann mitten in Frankreich stünde und die bedeutendsten Städte des Reichs in seiner Gewalt hätte, würde er nicht halb so viel verlangen! Sie suchte die Abgeordneten durch Versprechungen und Drohungen zu gewinnen, allein diese erklärten, daß sie nur beauftragt seien, die Antwort des Königs den Ständeversammlungen zu überbringen. Der König verbarg seinen Unwillen, er gab am 18. October eine unbestimmte Antwort und allgemeine Versprechungen, indem er eine bestimmte Erklärung bis zum December verschob, und er bewilligte auf einige Zeit einen Waffenstillstand, welcher während des Winters fortdauerte[1]. Im December traten

---

1) Serranus IV, 113—116. La Poplinière II, 185—190; aus diesen schöpfend und weniger genau Thuan. LVII, 1259—1261.

wieder Deputirte der Reformirten des südlichen Frankreich in Milhaud zusammen, und sie gaben der begonnenen Organisation eine noch größere Festigkeit, indem sie am 16. für sich und im Namen der abwesenden Reformirten eine vollkommene und ewige Union und Verbrüderung in allen kirchlichen und bürgerlichen Dingen zwischen allen reformirten Kirchen Frankreichs schlossen und zugleich festsetzten, daß alle sechs Monate eine allgemeine Versammlung aller reformirten Stände und alle drei Monate die besondern Versammlungen der Gouvernements gehalten, und daß von diesen ein General-Conseil eingesetzt werden solle, ohne welches die reformirten Gouverneurs keine Staatssachen abmachen sollten[1]). Während die Reformirten auf solche Weise den Grund zu einem republikanischen Gemeinwesen, dessen Idee auch zum Theil durch die Form der calvinistischen Kirche und durch die ständischen Einrichtungen in Languedoc angeregt wurde, zu legen versuchten, wurden Schriften verbreitet und begierig gelesen, welche nicht allein die im Staate vorhandenen Übelstände rügten und einzelne Personen, namentlich die Königin Katharina, angriffen, sondern sogar der Monarchie und der bürgerlichen Ordnung Gefahr drohten. Der berühmte Rechtsgelehrte Franz Hotoman gab ein dem Kurfürsten von der Pfalz gewidmetes Buch unter dem Titel „Frankreich" heraus, in welchem er aus der Geschichte zu beweisen suchte, daß vor Alters dies Königreich nicht durch Erbrecht, wie ein Privatbesitzthum, sondern durch Urtheil und Wahl des Volkes übertragen zu werden pflegte, und daß die Reichstage das Recht, die Könige abzusetzen, besessen hätten. Es wurde ferner die Schrift eines ungenannten Verfassers über das Ansehen der Obrigkeiten verbreitet, welche vor mehren Jahren in Deutschland erschienen war, und in welcher die Ansicht ausgeführt wurde, daß man den Obrigkeiten und selbst dem Könige nur dann zu gehorchen verpflichtet sei, wenn sie nicht gottlose und ungerechte Dinge befehlen, daß es den Volks- und Ständeversammlungen nicht nur erlaubt, sondern sogar Pflicht für sie sei, sich einem Tyrannen zu widersetzen und ihn zu bestrafen, daß aber Derjenige ein Tyrann sei, welcher den

---

1) La Popliniére II, 192. 193.

Zustand und die Grundgesetze des Staats umstürze. In einer andern Schrift, einem politischen Dialoge über die Macht und die Pflichten der Fürsten und die Freiheit des Volkes, wurde der Hof der Absicht beschuldigt, den Despotismus des türkischen Reiches in Frankreich einzuführen, und sowie Hotoman es nachdrücklich hervorgehoben hatte, daß zu jeder Zeit Frauen von der Thronfolge und von der Staatsverwaltung in Frankreich gänzlich ausgeschlossen gewesen seien, so wurde in einer besondern Schrift der Einfluß der Fremden in Frankreich heftig angegriffen und ihnen die Vergiftung vieler angesehenen Personen in den letzten Jahren zur Last gelegt. Endlich wurde ein von dem bereits verstorbenen Parlamentsrath zu Bordeaux, Stephan von La Boetie, in seinem neunzehnten Lebensjahre 1548 verfaßtes Buch von der freiwilligen Knechtschaft gedruckt, welches alle Fürsten, mochten sie durch Wahl, Waffengewalt oder Erbfolge zur Herrschaft gelangt sein, als Tyrannen bezeichnete und die Völker beklagte und sinnlos nannte, die sich von einem Feinde berauben und plündern ließen, welchen sie selbst erst so groß wie er sei gemacht hätten, welcher nur zwei Hände, zwei Augen und einen Körper wie der Geringste und vor den Andern nur den von ihnen erhaltenen Vortheil, sie zu Grunde zu richten, voraus habe; Gewohnheit sei die vornehmste Ursache dieser freiwilligen Knechtschaft, allein die Jahre gäben nie ein Recht, übel zu thun, sondern vergrößerten nur das Unrecht [1]).

In dieser Zeit und besonders nachdem der König von Polen Frankreich verlassen hatte, trat unter den Katholiken eine Spaltung ein durch die Bildung einer Partei, welche die Sache der Reformirten ebenso zu begünstigen schien, wie sie den Einfluß der Königin Katharina bedrohte, der Partei der Politiker oder der Misvergnügten. Mit dem Namen Politiker waren schon vor einigen Jahren von den Guisen Diejenigen, welche nur die Herstellung des innern Friedens bezweckten und als das einzige Mittel dazu die Duldung und

---

1) Aubigné I, 106—108. Serranus IV, 117—130. Thuan. V, 248. LVII, 1261—1264. Auszüge aus La Boeties Schrift, welche auch den Titel La Contr' un führt, bei Sismondi XVII, 358—361.

Anerkennung der reformirten Religion neben der katholischen betrachteten, belegt worden, um sie als Solche zu bezeichnen, welche „ihre und des Reiches Ruhe dem Heil ihrer Seele vorzögen und lieber wollten, daß Frankreich im Frieden bleibe ohne Gott als im Kriege und mit Gott"[1]). Zu solchen Männern gehörten der Kanzler L'Hopital, der Marschall von Cossé und der Marschall und Herzog von Montmorency, das Haupt dieser Familie seit dem Tode seines Vaters, des Connetable, ein Mann von einer in diesen Zeiten seltenen Rechtlichkeit, welcher, allen Parteiungen abgeneigt, nur durch wahre Liebe zu seinem Vaterlande geleitet wurde. Die Partei der Politiker bildete sich aber vornehmlich aus solchen Katholiken, welche entweder auch von unduldsamem Verfolgungseifer frei waren oder diesem wenigstens, wenn es ihr persönliches Interesse forderte, entsagten, welche zur Erreichung ihrer eigensüchtigen Zwecke einer Annäherung an die Reformirten nicht abgeneigt und misvergnügt darüber waren, daß eine Frau und überdies eine Ausländerin die höchste Staatsgewalt ausübte, die vornehmsten Mitglieder des französischen Adels von derselben ausschloß und dagegen die Guisen, die Feinde der Montmorency, sehr begünstigte und sogar Fremde von geringer Geburt, wie den Florentiner Gondi, zu Macht und Reichthum erhob. Zu diesen Katholiken gehörten namentlich die drei Brüder des Herzogs von Montmorency, der Marschall von Damville, Wilhem von Thoré und Karl von Meru, und der junge Heinrich von La Tour, Vicomte von Turenne, Sohn einer Schwester der Montmorency, und ihnen schlossen sich damals der König von Navarra und der Prinz von Condé an. Es war ihre Absicht, die Königin aus der Theilnahme an der Regierung zu verdrängen, zumal sie dem Könige fortwährend Abneigung und Mistrauen gegen die Montmorency einzuflößen suchte, und sie wollten sich zur Ausführung dieses Plans mit den Reformirten verbinden, um die allgemeine Stimmung für

1) Tavannes XXIV, 322. Bittschrift Condé's an den König vom August 1568 bei Serranus III, 190. Thuan. XL, 685. An einer andern Stelle (LII, 1060) sagt er, daß der Name Politiker literarischen Streitigkeiten unter pariser Gelehrten seinen Ursprung verdanke, jedoch erklärt er sich darüber nicht näher.

sich zu gewinnen, klagten sie nicht allein über die Störung der
öffentlichen Ruhe durch Verletzung der königlichen Edicte, sondern auch über die schlechte Verwaltung des Staates und die
unerträgliche Belastung des Volkes durch Auflagen, und sie
verlangten die vollständige Ausführung des Edicts vom Januar und eine Versammlung der Reichsstände, um die zahlreichen Misbräuche und Gebrechen in der Verwaltung abzustellen und dem Reiche seinen alten Glanz wiederzugeben [1]).
Nach der Entfernung des Königs von Polen waren es besonders Thoré und Turenne, welche sich bemühten, aus allen Denen, die jenes Misvergnügen theilten, eine Partei zu bilden
und die Reformirten zur Verbindung mit derselben zu bewegen, und um ihr größere Bedeutung und wenigstens den Schein
ein Berechtigung zu geben, suchten sie den jüngsten Bruder
des Königs, den neunzehnjährigen Herzog von Alençon, besonders durch seinen Günstling La Mole zu bestimmen, sich
an ihre Spitze zu stellen. Der junge, ehrgeizige Prinz strebte
danach, auch eine Rolle im Staate zu spielen, er liebte seine
Mutter nicht, und er glaubte sich von ihr zurückgesetzt und
verachtet, weil sie aus Besorgniß, daß er in der Hand der
Montmorency ein für sie gefährliches Werkzeug werden könne,
die Erfüllung seines lebhaftesten Wunsches verhinderte, an der
Stelle seines Bruders zum General-Lieutenant des Königs
ernannt zu werden; die Reformirten glaubten wegen der
Freundschaft und Achtung, welche er dem Admiral Coligny
bewiesen hatte, daß er ihnen mindestens nicht feindlich gesinnt
sei, und er schien entschlossen, sich zum Beschützer derselben
und der Politiker zu erklären. Auch die Mehrzahl der Reformirten war um so bereitwilliger, in die geheimen Aufforderungen der Politiker, sich mit ihnen zu verbinden, einzugehen, als ihre letzten dem Könige vorgelegten Forderungen unerfüllt geblieben und selbst die geringen Bewilligungen des
letzten Friedensedicts schon mehrfach verletzt worden waren.
Zwar erklärten sich einige, wie du Plessis, gegen eine solche

1) Serranus IV, 131—134. La Poplinière II, 201. Thuan. LVII,
1273. 1274. Relazione del clarissimo Giovanni Michel, ambasciatore
veneto, dell anno 1575; bei Tommaseo II, 226.

Vereinigung mit den Politikern und dem Herzoge von Alençon, weil dadurch die Frömmigkeit und gute Sitte der Reformirten gefährdet und ihre göttliche Sache mit menschlichem Interesse vermischt werden würde, allein selbst La Noue entschied sich dafür, weil er überzeugt war, daß zwischen den Reformirten und dem Hofe nie eine aufrichtige Versöhnung möglich sei, und weil er die Ansicht hatte, daß, da man die göttliche Sache der Religion doch mit menschlichen Mitteln zu vertheidigen genöthigt sei, man die von Gott dargebotenen Mittel nicht verschmähen müsse. Er bewog auch die Rocheller, welche, durch die lange Belagerung erschöpft, anfangs einer Erneuerung des Krieges abgeneigt waren, durch sein Ansehen und durch die Vorstellung, daß man nach Vernichtung ihrer Brüder in den andern Provinzen ihnen wieder nehmen werde, was man nur nothgedrungen bewilligt habe, dazu, sich den verbündeten Reformirten des südlichen Frankreich anzuschließen und die Waffen zur Vertheidigung ihrer Glaubensgenossen zu ergreifen; sie sowie der reformirte Adel in Poitou, Saintonge, Angoumois und Aunis übertrugen ihm den Oberbefehl, und er übernahm diesen als Bevollmächtigter und Stellvertreter eines Größern, welchen er zwar nicht nannte, aber doch andeutete[1]). Es wurde insgeheim beschlossen, daß der Herzog von Alençon und der König von Navarra am Faßnachtstage 1574 vom Hofe entfliehen und die Reformirten überall die Waffen ergreifen sollten. Einige Hundert reformirte Reiter näherten sich St. Germain, wo sich der Hof damals aufhielt, um die Flucht zu sichern; allein Alençon konnte sich jetzt zu dem entscheidenden Schritt nicht entschließen, auch La Mole, welcher misvergnügt darüber war, daß man ihm nicht alle geheimen Verhandlungen mitgetheilt hatte, hielt ihn davon zurück und entdeckte mit seiner Einwilligung den ganzen Plan der Königin, deren Gunst er sich dadurch zu erwerben hoffte. Dessenungeachtet wurde er vom Parlament als Hochverräther zum Tode verurtheilt und hingerichtet; der König von Navarra und Alençon erklärten es für falsch, daß sie die gegen den

1) Amirault 101—108. La Poplinière II, 203. 204.

König zu S.-Germain gerichtete Unternehmung begünstigt
hätten, und sie wurden genau bewacht. Thoré und Turenne
entgingen der Verhaftung durch die Flucht, und Condé, welcher sich damals zu Amiens, in seinem Gouvernement Picardie
befand, flüchtete sich darauf mit Thoré nach Deutschland, wo
er einige Zeit in Strasburg verweilte; die Marschälle von
Montmorency und von Cassé, welche Katharina für die vornehmsten Anstifter jener Unternehmung hielt oder wenigstens
dafür ausgab, und welche wahrscheinlich, weil sie dies nicht
waren, sich bewegen ließen, an den Hof zu kommen, wurden
in die Bastille gesetzt [1]). Die Waffenerhebung der Reformirten
war fast nur in denjenigen Provinzen von bedeutenderm Erfolg, in welchen sie unter La Noue's Leitung geschah: sie
bemächtigten sich ohne großen Widerstand gegen das Ende des
Februar der Städte Lusignan, Melle und Fontenai in Poitou,
sowie S.-Jean d'Angely, Rochefort und mehrer anderer Orte
in Saintonge, und nicht allein durch Besatzungen, sondern
auch durch freundliche Behandlung der Einwohner suchte La
Noue den Besitz dieser Städte zu sichern. In Vivarais brachten sie Aubenas und einige Schlösser an der Rhone, in der
Dauphiné mehre Orte an diesem Flusse, in der Provence
Orange in ihre Gewalt, und in der Normandie, wohin Montgommery mit einer großen Zahl geflüchteter Reformirten aus
England kam, nahmen sie S.-Lo, Domfront und Carentan
ein [2]). Die Königin ließ drei Armeen versammeln, um die
Reformirten zu gleicher Zeit in der Normandie, in Guienne
und in der Dauphiné und Languedoc anzugreifen; die eine
unter dem Herrn von Matignon, General-Lieutenant des Herzogs von Bouillon als Gouverneurs der Normandie, die zweite
unter dem Herzoge von Montpensier und die dritte unter dem
Sohne desselben, dem Prinzen von Dombes und Dauphin von

---

1) Bouillon 105. Thuan. LVII, 1277. La Poplinière II, 209.
Déposition du roy de Navarre (in Lettres missives de Henri IV, I)
65—70. Discours de l'entreprise de Saint-Germain und Discours sur
l'emprisonnement du maréchal de Montmorency in Archiv. curieus.
VIII, 107—126.

2) La Poplinière II, 207. 212. Thuan. LVII, 1278—1280.

Auvergne¹). Zu gleicher Zeit knüpfte sie mit Damville, wahrscheinlich um ihn in Unthätigkeit zu erhalten, eine Unterhandlung an, allein da er den Absichten des Hofes mistraute, so lehnte er unter dem Vorwande von Geschäften eine Zusammenkunft mit den an ihn abgeschickten Abgeordneten ab, er versicherte sich des Besitzes von Lunel, Montpellier und Beaucaire und knüpfte Unterhandlungen mit den Reformirten an. Die Abgeordneten waren außer Stande, den ihnen jetzt zukommenden Befehl, sich seiner Person zu bemächtigen, auszuführen, dagegen wurde dem an alle Beamten und Einwohner von Languedoc erlassenen königlichen Verbote, ihn ferner als Gouverneur anzuerkennen, wenigstens zum Theil Folge geleistet, indeß zögerte er auch jetzt noch, in der Hoffnung auf Versöhnung, sich offen gegen den Hof zu erklären und eine Verbindung mit den Reformirten abzuschließen²). Dem Herzoge von Montpensier gelang es nicht, La Noue zu einem Treffen zu nöthigen, und vergeblich belagerte er Fontenai; Matignon schloß Montgommery in Domfront ein, und dieser ergab sich gegen Zusicherung seines Lebens; dennoch ließ ihn Katharina als Mitschuldigen der angeblichen Verschwörung Colignys, eigentlich weil sie ihn dafür bestrafen wollte, daß er den Tod eines Königs, Heinrich's II., veranlaßt hatte, von dem pariser Parlament zum Tode verurtheilen und am 26. Juni hinrichten. In diesem Monat wurden

1) Er wurde gewöhnlich Prinz-Dauphin genannt. Matignon wurde 1579 Marschall von Frankreich.

2) Mémoires d'Estat par M. de Villeroy (bei Petitot XLIV) 23—25. Villeroy (1543—1617) erhielt schon 1567 nach dem Tode seines Schwiegervaters, Claudius von L'Aubespine, das Amt eines Staatssecretairs, welches dieser bekleidet hatte. In der ersten Hälfte seiner Memoiren, welche sich von 1574 bis 1594 erstrecken, aber erst mit dem Jahr 1587 ausführlicher werden, wollte er, wie er sagt, nicht von allen seinen Handlungen Rechenschaft ablegen, sondern nur diejenigen erörtern, welche Einigen zum Grunde dienen hätten, ihn zu verleumden; der Inhalt der zweiten Hälfte wird durch die Überschrift bezeichnet: Apologie et discours de M. de Villeroy, pour monstrer la peine qu'il a pris pour faire la paix entre le Roy et M. de Mayenne, et de sa continuelle poursuitte à la pacification de nos miserables troubles. Thuan. LVII, 1280.

11 *

auch ·S.=Lo und Carenton den Reformirten entrissen [1]). Schon
am 30. Mai war Karl IX. gestorben. Seit dem Bartholo=
mäustage hatte die Qual der Gewissensangst ihn unaufhör=
lich verfolgt, die heftigsten Jagden, durch welche er sie zu
betäuben suchte, rieben seine Kräfte nur rascher auf und ver=
mehrten seine körperlichen Leiden; schlafend und wachend
glaubte er die Leichname der Gemordeten mit Blut bedeckt
und mit schrecklichem Antlitz zu erblicken; noch in seinen
letzten Lebensstunden sah er nur Blut und Mord um sich,
weinend und schluchzend beklagte er es, daß er bösem Rathe
gefolgt sei und rief Gott um Verzeihung und Barmherzig=
keit an [2]).

An seinem Todestage hatte Karl IX. seiner Mutter die
Regentschaft bis zur Rückkehr seines Bruders Heinrich III.
(1574—1589) nach Frankreich übertragen, und dieser schickte
ihr sogleich die Bestätigung derselben.[3]). Sie hielt auch jetzt
den gefaßten Entschluß, die Reformirten durch Krieg zu un=
terdrücken, um so mehr fest, als sie nicht zweifeln konnte, daß
der neue König dieselbe Absicht hege, und um die Ausführung
desselben zu sichern, befahl sie sogleich die Werbung von 6000
Schweizern und einigen Geschwadern deutscher Reiter; um
aber die Unternehmungen der Reformirten zu hemmen, erheu=
chelte sie Neigung zum Frieden, und La Noue, welcher nichts
sehnlicher wünschte als die Beendigung des Bürgerkrieges,
ließ sich leicht bewegen, für die Provinzen, in denen er den
Oberbefehl hatte, einen zweimonatlichen Waffenstillstand zu
schließen. Als dieser nach kaum einem Monat wieder ge=
brochen wurde, war Montpensier's Armee bis auf 10,000 Mann
verstärkt worden, so daß er bald seinen Gegnern mehre von
ihnen besetzte Plätze entreißen konnte. Damville, welcher
am 29. Mai einen Waffenstillstand mit den Reformirten ge=

---

1) Serranus IV, 137—139. La Poplinière II, 213—218. Thuan.
LVII, 1286—1289, LVIII, 9—12. L'Estoile 97—99.

2) L'Estoile 86. Thuan. 1290. Karl's Gemahlin Elisabeth,
l'exemple de toute piété et charité (L'Estoile XLVI, 235), kehrte
zu ihrem Vater 1574 nach Deutschland zurück, ihre zweijährige in
Frankreich gebliebene Tochter starb zwei Jahre darauf, sie selbst 1592.

3) Isambert XIV, 262.

schloffen hatte, fah' fich enblich, um fich gegen den unverföhn=
lichen Haß der Königin zu fichern, zur Vereinigung mit ben=
felben genöthigt; er fchrieb am 1. Auguft an die Abgeordne=
ten der verbündeten Reformirten aus Languedoc, der Dau=
phiné unb Guienne, welche im Juli zu Milhaud fich verfam=
melt hatten, baß er bereit fei, die Vertheidigung der Refor=
mirten wie der Katholifen, ohne Unterfchied der Religion
gegen Diejenigen, welche ohne gültige Vollmacht fie zu unter=
brücken fich anmaßten, zu übernehmen. Obwohl manche je=
ner Abgeordneten der Verbindung mit einem Manne abgeneigt
waren, welcher fich früher als den heftigften Feind ihres Glau=
bens gezeigt hatte, fo befchloß boch die Mehrzahl, ihn in ihren
Bund aufzunehmen unb ihn als Gouverneur des Königs in
Languedoc anzuerkennen unter der Bedingung, baß er in Be=
ziehung auf Krieg, Frieden unb andere öffentliche Angelegen=
heiten nichts ohne ausbrückliche Beiftimmung aller Verbünde=
ten thue, baß er die in feiner Gewalt befindlichen Städte zur
Bewachung den Reformirten übergebe, baß biefen freie Aus=
übung ihrer Religion in benfelben geftattet fei, unb baß er
in ihren Sachen nichts ändere, was nicht ein ihm beizuord=
nender reformirter Rath befchloffen habe. Als Zweck der Ver=
bindung wurde die Erhaltung der Krone unb der alten Ge=
fetze ausgefprochen. Von derfelben Verfammlung wurde der
Prinz von Condé, welcher fich bereit erklärt hatte, die Be=
fchützung der reformirten Kirchen Frankreichs zu übernehmen,
zum Haupt, General=Gouverneur unb Protector berfelben
im Namen unb an der Stelle des Königs unb während der
Abwefenheit deffelben gewählt, unter der Bedingung, baß er
fchwöre, in dem Bekenntniß unb der öffentlichen Ausübung
des reformirten Glaubens zu beharren unb feine ganze Macht
für die Wiederherftellung eines geordneten unb gefetzlichen Zu=
ftandes des Königreichs zu gemeinfamem Wohl des Adels
unb des Volkes ohne Unterfchied der Religion zu verwenden,
in der Weife, baß er namentlich Alles aufbiete, um die Ver=
waltung des Reiches Denen, welche im Befitz derfelben feien
und fie auf das willkürlichfte mißbrauchten, zu nehmen, unb
baß er den König bitte, fobald als möglich die Reichsftände
zu berufen, unb enblich unter der Bedingung, baß er nichts

ohne Theilnahme eines Rathes von angesehenen Katholiken und Reformirten anordne [1]). Heinrich III. hatte wenige Tage, nachdem er die Nachricht von dem Tode seines Bruders erhalten, Polen insgeheim, einem Flüchtlinge gleich, verlassen und dann seine Reise langsam über Wien und durch Italien fortgesetzt. Zu Turin erschien Damville bei ihm, und die Herzogin Margaretha von Savoyen bemühte sich, zwischen dem Könige, ihrem Neffen, und den Montmorency eine Versöhnung zu bewirken; allein der Rath Cheverny's, welcher früher sein Kanzler gewesen, von seiner Mutter ihm entgegengeschickt war und fortwährend sein Vertrauen und seine Gunst besaß, bestimmte ihn zu einer Erklärung, welche, obgleich doppelsinnig, doch seine Abneigung gegen die Montmorency deutlich zu erkennen gab, sodaß Damville, an jeder Versöhnung verzweifelnd, sein Bündniß mit den unirten Katholiken — so nannten sich die Politiker — und den Reformirten abschloß und sich ernstlich zum Kriege rüstete [2]). Am 5. September wurde Heinrich III. an der französischen Grenze von dem Könige von Navarra und dem Herzoge von Alençon, welchen er viel Freundlichkeit und Wohlwollen zeigte, empfangen; er fand am folgenden Tage seine Mutter zu Bourgoin und begab sich sogleich mit ihr nach Lyon. Für einen Fürsten, welcher die Reformirten an der Spitze eines Heeres bekämpft, welcher zu den Anstiftern der Mordthaten des Bartholomäustages gehört hatte, und welcher die entschiedenste Vorliebe für die Guisen hegte, bedurfte es kaum des Einflusses seiner Mutter, um ihn zur Fortsetzung des Krieges zu bestimmen, und zu Lyon, wo sich auch der Cardinal von Lothringen, der Herzog von Guise und andere Prinzen dieses Hauses einfanden, wurde nicht sowohl berathen, ob Krieg zu führen sei, sondern vielmehr, in welcher Weise. Der König sprach seine Gesinnung gegen die Reformirten in einem Edict vom 10. September aus, in welchem er erklärte: wenn Diejenigen, welche gegen seinen Bruder Karl IX. die Waffen geführt hätten und noch jetzt führten, dieselben niederlegten und die von ihnen besetzten

---

1) La Popilnière II, 230—233. Serranus V, 11—17.
2) Thuan. LVIII, 40. 41. Serranus IV, 63.

Städte räumten, und Diejenigen, welche gegen den Befehl jenes Königs ausgewandert seien, nach Frankreich zurückkehrten, so sollten sie ruhig in ihrer Heimat bleiben können und ihre frühern Vergehungen ihnen verziehen sein; wenn sie aber diese Gnade zurückwiesen, so werde er alle seine Macht aufbieten, um ihren Trotz zu beugen [1]). Die Versuche, gegen Damville bei den Reformirten Verdacht zu erwecken und Zwiespalt unter diesen zu bewirken, insbesondere La Rochelle durch besondere Bewilligungen zu bewegen, sich von der gemeinsamen Sache derselben zu trennen, blieben ohne Erfolg, und zu einer nachdrücklichen Führung des Krieges fehlten dem Könige die Befähigung und die nothwendigen Geldmittel. Montpensier eroberte zwar am 20. September Fontenai und nöthigte Lußgnan, jedoch erst nach fast viermonatlicher Belagerung, im Januar, zur Übergabe; dagegen mußte die Armee des Königs die Belagerung der kleinen Feste Livron in der Dauphiné nach fünfwöchentlicher Dauer im Januar 1575 mit großem Verluste aufheben und die Katholiken aus dieser Landschaft verließen aus Unwillen über einen so schimpflichen Ausgang die Armee. Auf einer Versammlung der Reformirten und der katholischen Politiker zu Rismes wurde endlich am 10. Februar eine Union und ein Bündniß abgeschlossen zu dem Zweck, Religion und Ehre, Leben und Eigenthum gegen die Ungerechtigkeit und Grausamkeit ihrer Feinde zu vertheidigen, die freie Ausübung beider Religionen zu erlangen und dem Reiche seinen alten Glanz wiederzuverschaffen. Damville, welcher im Namen der Politiker diese Union unterzeichnete, wurde als Stellvertreter des obersten Hauptes, des Prinzen von Condé, anerkannt, er versprach, sich diesem unterzuordnen, alle Unterthanen des Königs ohne Unterschied der Religion zu beschützen, Alles aufzubieten, um dem Könige von Navarra, dem Herzoge von Alençon und den andern gefangenen Großen die Freiheit wiederzuverschaffen, weder Frieden noch Waffenstillstand ohne Rath und Beistimmung der katholischen und reformirten Verbündeten zu schließen, und übrigens in der Verwaltung der Geschäfte nichts zu thun, sowie auch in den

1) Serranus IV, 23—30.

von denselben bestimmten Anordnungen und Gesetzen über
Justiz, Policei, Geldsachen und Kriegszucht nichts zu ändern
ohne Beistimmung des ihm von der Versammlung zur Seite
gesetzten Rathes, welchem auch die obere Leitung der Geldan-
gelegenheiten übertragen wurde [1]). Auf solche Weise hatte
sich gleichsam ein Staat im Staate constituirt, und wenn auch
die innere Befestigung und die längere Dauer desselben durch
die Verschiedenartigkeit der Mitglieder und durch Unzufriedenheit der Reformirten über das Benehmen Danville's, welcher
die Städte, deren Überlieferung er versprochen hatte, nicht
übergab und nur für die Befriedigung seines Hanges zur
Verschwendung Geld zu erpressen suchte, unmöglich wurde, so
trat doch für den Augenblick dem Könige eine Macht gegenüber, welche er nicht zu überwältigen vermochte. Da er sich
deshalb zu Friedensunterhandlungen geneigt erklärte, so begaben sich reformirte Abgeordnete aus La Rochelle, Languedoc,
Guienne, der Provence und Dauphiné, sowie Bevollmächtigte
Danville's und der Politiker nach Basel, wo sich Condé damals aufhielt, sie einigten sich mit ihm über die Bedingungen,
unter welchen man Frieden schließen wollte, und sie übergaben
diese am 11. April zu Paris dem Könige. Außer andern
Forderungen wurde verlangt, daß eine allgemeine, freie, öffentliche und vollständige Ausübung des reformirten Glaubens
und die Zulassung der Bekenner desselben zu allen Ämtern
bewilligt, daß die Reformirten sowie die mit ihnen verbündeten Katholiken in jeden Besitz, in welchem sie sich vor dem
24. August 1572 befunden, wiedereingesetzt, daß die an diesem Tage in Paris und später in mehren andern Städten
verübten Mordthaten streng bestraft, daß die Reichsstände zur
Reform der Staatsverwaltung versammelt, daß drei Gerichtshöfe aus Katholiken und aus Reformirten, welche Condé bestimmen werde, errichtet würden, an welche von den Aus-
sprüchen der Parlamente appellirt werden könne, und daß den
Reformirten und den mit ihnen verbündeten Katholiken zu
ihrer Sicherheit diejenigen Städte und Plätze blieben, welche
sich gegenwärtig in ihrer Gewalt befänden. Der König sprach

---

1) La Poplinière II, 262—267. Serranus V, 53. 54.

sogleich seine Verwunderung und seinen Unwillen über solche Forderungen aus, Unterhandlungen zwischen seinen Bevollmächtigten und dem Abgeordneten führten nicht zu einer Einigung, und auf die von ihm endlich am 16. Mai ertheilte Antwort erklärten die Häupter der Verbündeten ihren Entschluß, nicht von ihren Foderungen abzugehen [1]).

Der Krieg dauerte fort und meist zum Vortheil der Verbündeten. Die Reformirten verloren zwar einen ihrer trefflichsten Anführer, den Statthalter Condé's in der Dauphiné, Ludwig von Montbrun, einen frommen, rechtlichen und tapfern Mann; welcher in einem Gefechte gefangen genommen und auf Befehl des Königs als Majestätsverbrecher vom Parlament zu Grenoble zum Tode verurtheilt und hingerichtet wurde; allein durch die Wahl der Reformirten der Provinz trat an seine Stelle Franz von Lesdiguieres, ein noch junger Mann, welcher indeß durch Einsicht, Tapferkeit und Kriegsthaten sich schon großes Ansehen erworben hatte und sich bald zu einem der ersten Feldherren seiner Zeit ausbildete [2]). Der Vicomte von Turenne schloß sich nicht allein jetzt den Verbündeten an, sondern trat auch bald darauf zu dem reformirten Glauben über [3]). Der Herzog von Alençon, welcher sowie der König von Navarra fortwährend am Hofe genau bewacht und mit geringer Achtung und Rücksicht behandelt wurde, entfloh am 15. September, er begab sich nach der Stadt Dreux, welche zu seiner Apanage gehörte, und erließ

---

1) La Poplinière II, 271—281. Serranus V, 63—102. Négotiation de la paix faite par les députez du prince de Condé en la présence du Roy Henry III. et de la Reine sa Mère 1575, in Mémoires du duc de Nevers, par M. de Gomberville. Paris 1665 (einer Sammlung von Actenstücken) I, 308—424.

2) Serranus V, 110—116. Lesdiguieres vereinigte wissenschaftliche Bildung mit der Eigenschaft eines tapfern, einsichtigen und glücklichen Kriegers; er wurde später, nach dem Urtheile Heinrich's IV., einer der ersten Feldherren Frankreichs und selbst Europas, und die Königin Elisabeth von England sagte 1601 zum Marquis von Crequi: wenn Frankreich zwei Lesdiguieres hervorgebracht hätte, so würde sie den König um einen bitten. L'Estoile XLVII, 323. XLVIII. 323. 360.

3) Mémoires de Bouillon 124.

ein Manifest, in welchem er es als seine Absicht aussprach, die Störer der öffentlichen Ruhe zu vertreiben, die Bestrafung der wider alles Recht verübten Mordthaten zu bewirken, die dem armen Volke auf Anstiften und durch die Bosheit der Fremden und gegen die alten Reichsgesetze auferlegten Abgaben abzuschaffen, Adel und Geistlichkeit in ihren alten Rechten und Freiheiten zu erhalten und durch eine allgemeine und freie Versammlung der drei Stände des Reiches, von welcher alle Fremden ausgeschlossen werden sollten, die alte Würde und Freiheit desselben wiederherzustellen; um alle Hindernisse zu beseitigen und die Herzen aller geborenen Franzosen zu vereinigen, nehme er Alle, die Bekenner der einen wie der andern Religion, unter seinen Schutz und bewillige ihnen die freie Ausübung derselben [1]. Diese Verheißungen, hinter welchen sich nur eigensüchtige, ehrgeizige Bestrebungen verbargen, konnten die Reformirten um so leichter täuschen, als bei der Jugend des Prinzen sein unbedeutender und selbst verächtlicher Charakter noch wenig hervorgetreten war, und die Politiker waren um so mehr geneigt, ihn als ihr Haupt anzuerkennen, als der Name des einzigen Bruders des Königs ihrer Partei einen Schein von Berechtigung geben konnte. Bald versammelte sich eine große Zahl reformirter und katholischer Edelleute um ihn, und als er darauf nach Poitou kam, begaben sich auch La Noue und Turenne zu ihm. Condé hatte mit dem Pfalzgrafen Johann Kasimir einen Vertrag geschlossen, durch welchen dieser sich verpflichtete, 8000 deutsche Reiter und 6000 Schweizer zu werben, um den französischen Reformirten Hülfe zu leisten und das Königreich Frankreich von der Herrschaft der schlechten Räthe zu befreien und demselben seine alte Freiheit und seinen frühern Glanz zurückzugeben, Condé dagegen versprach, ihm 14,000 französische Soldaten entgegenzuführen, nichts über Krieg und Frieden mit dem Könige oder Andern ohne seinen Rath und seine Beistimmung zu verhandeln, ihm monatlich 12,000 Goldstücke

---

1) L'Estoile XLVI, 121. Mémoires de Marguerite de Valois (Gemahlin Heinrich's IV; bei Petitot XXXVII) 80—82. La Poplinière II, 289.

zu zahlen und nicht Frieden zu schließen, ohne daß ihm das Gouvernement von Metz, Toul und Verdun bewilligt werde; endlich verbürgte sich Condé ihm für die Zahlung von 200,000 Goldstücken nach Abschluß des Friedens [1]). Zwar wurde eine Abtheilung von 2000 deutschen Reitern, welche nebst 500 französischen Fußgängern und 100 Edelleuten Thoré im Auftrage Condé's dem Herzoge von Alençon zuführen wollte, in der Gegend von Chateau-Thierry am 10. October von einem schnell versammelten königlichen Heere unter dem Herzoge von Guise, Gouverneur der Champagne, angegriffen und größtentheils gefangen genommen, sodaß Thoré nur mit wenigen Begleitern zu Alençon gelangte [2]), allein die von der deutschen Grenze dem König drohende Gefahr wurde dadurch wenig vermindert, da sich bereits ein größeres deutsches Heer zum Einrücken in Frankreich versammelte. Katharina wollte deshalb durch Unterhandlungen Alençon von den Verbündeten trennen oder wenigstens Zeit zu neuen Rüstungen gewinnen. Sie hatte den König bewogen, die von seinem Bruder verlangte Freilassung der Marschälle von Montmorency und Cossé (am 2. October) zu bewilligen, und durch die Vermittelung des Ersten suchte sie bei einer Zusammenkunft mit Alençon diesen zu einem Vergleich zu bestimmen. Da man sich über einen allgemeinen Frieden nicht einigen konnte, so begnügte man sich endlich mit einem siebenmonatlichen Waffenstillstand, welchen Alençon am 22. November für sich, für Condé, Damville und alle Mitglieder seiner Partei unterzeichnete. Der König versprach, zur Bezahlung der von Condé geworbenen Reiter 500,000 Livres zu zahlen, wogegen diese den Rhein nicht überschreiten sollten, dem Herzoge von Alençon und seinen Anhängern zum sichern Aufenthalt während des Waffenstillstandes Angoulesme, Niort, Saumur, Bourges und La Charité und dem Prinzen von Condé Mezieres zu übergeben, die Besatzungen in diesen Städten sowie die Garde des Herzogs zu bezahlen und alle seine fremden Truppen

1) Thuan. LXI, 139.
2) Thuan. 142. Guise wurde in dem Gefechte an der linken Backe durch einen Flintenschuß schwer verwundet. Serranus V, 140. 141.

außer seiner gewöhnlichen schweizerischen und schottischen Garde
zu entlassen, und er gestattete den Reformirten die Ausübung
ihrer Religion nicht allein in den Plätzen, welche sie in ihrer
Gewalt hatten, sondern auch in denen, wo er dieselbe bei den
Unterhandlungen im Mai hatte zugestehen wollen. Katholiken
und Reformirte waren mit diesen Bedingungen unzufrieden.
Wie wenig es die Absicht des Königs war, das Versprochene
zu erfüllen, zeigte er dadurch deutlich genug, daß er jetzt so=
gleich den Befehl zu Werbungen in Deutschland und der
Schweiz gab, welche nur dadurch verzögert wurden, daß die
obern Behörden zu Paris und die Bürger dieser Stadt, von
welchen er eine bedeutende Beisteuer zur Zahlung des Soldes
verlangte, diese verweigerten, indem sie ihm zugleich nachdrück=
liche Vorstellungen über die Misbräuche in der Verwaltung
und über das im Reiche herrschende Elend machten [1]. Ebenso
wenig war es Alençon's aufrichtiger Wille, den Waffenstill=
stand zu beobachten, und Condé verweigerte seine Beistimmung
zu demselben, weil die Bedingungen nicht diejenige Sicherheit
gewährten, welche er, durch die frühern Ereignisse gewarnt,
verlangen müsse. Auch verweigerte der Gouverneur von Me=
zieres, ihm diese Stadt zu übergeben. Gegen das Ende des Ja=
1576 nuar 1576 rückten Condé und Johann Kasimir mit einer
Armee von etwa 20,000 Mann, deutschen Reitern, Lands=
knechten, Schweizern, Niederländern und Franzosen, in Frank=
reich ein; den Marsch derselben bezeichneten Plünderungen
und Verheerungen, denen die Anführer nicht Einhalt thun
konnten, da sie nicht im Stande waren, den Sold zu zahlen.
Sie vereinigten sich in der ersten Hälfte des März in der
Gegend von Moulins mit dem Herzoge von Alençon, und
Condé überließ diesem den Oberbefehl über die gesammte Kriegs=
macht, welche 30,000 Mann betrug, obwol Damville sein
Versprechen, mit zahlreichen Truppen zu Condé zu stoßen
und Geld zur Bezahlung des Soldes mitzubringen, nicht er=

---

[1] La Poplinière II, 291—294. Für die Städte Angoulesme
und Bourges, deren Gouverneure die Übergabe verweigerten, wurden
S. Jean d'Angely und Cognac substituirt.

füllt hatte[1]). Am 3. Februar entfloh auch der König von Navarra vom Hofe, er begab sich zwar nach seinem Gouvernement Guienne, erklärte sich aber für Condé und Alençon und trat wieder zum reformirten Glauben über[2]). Da der König und seine Mutter hofften, daß die Vermehrung der Häupter der ihnen gegenüberstehenden Partei die Einigkeit unter dieser vermindern werde, und da sie nicht eine vor Kriegsmacht ihrer Gegner gleiches Heer aufzustellen vermochten, so erklärten sie sich zu Friedensunterhandlungen bereit, ungeachtet von Alençon, Condé und den Abgeordneten der Reformirten, des Königs von Navarra und Damville's Bedingungen aufgestellt wurden, in welchen die im vorigen Jahre gemachten Forderungen zwar etwas beschränkt, aber zugleich denselben neue hinzugefügt waren. Katharina führte im Namen des Königs die Unterhandlung, welche im Lager der Verbündeten begonnen und in Paris fortgesetzt wurde, und suchte diese durch Zögerungen zu ermüden und zu größerer Nachgiebigkeit zu bewegen; als sie aber gegen Paris vorrückten, bewilligte sie ihnen den größten Theil ihrer Forderungen, um nur die Auflösung ihrer Armee zu bewirken. Am 21. April einigte man sich über die Bedingungen des Friedens, und im Anfange des Mai wurden diese durch ein königliches Edict bekannt gemacht. Den Reformirten wurde die öffentliche Ausübung ihrer Religion in allen Städten und Orten des Reiches, wofern diese ihnen gehörten oder die Eigenthümer ihre Einwilligung gäben, Erbauung von Gebäuden zu diesem Behuf, Errichtung von Consistorien und Versammlung von allgemeinen und Provincialsynoden mit Zuziehung königlicher Bevollmächtigten erlaubt, nur sollte jene Ausübung nicht in Paris und am Hofe und in einem Umkreise von zwei Meilen stattfinden, ohne daß jedoch Untersuchungen gegen die Reformirten wegen Dessen, was sie in ihren Häusern in Betreff ihrer Religion thun würden, angestellt werden sollten. Priester, Mönche und Nonnen, welche sich verheirathet hatten, sollten deshalb nicht beunruhigt werden, jedoch wurde das Erbrecht

---

1) Serranus V, 148. 174. 175. Thuan. LX, 212. 216.
2) L'Estoile 128. 129. Serranus 166. Aubigné II, 188.

ihrer Kinder beschränkt; die Reformirten sollten die Eheverbote der katholischen Kirche beobachten und den katholischen Geistlichen den Zehnten zahlen, aber bei der Aufnahme auf Universitäten, in Schulen und Krankenhäuser der Religion wegen kein Unterschied gemacht werden. In den Parlamenten wurde die Errichtung von Kammern (chambres miparties) zur Hälfte aus katholischen und zur Hälfte aus reformirten Mitgliedern bewilligt, um die Processe zu entscheiden, in welchen die Hauptpartei den verbündeten Katholiken oder den Reformirten angehören würde, es wurde ihnen die Wiedereinsetzung in alle Würden, Ämter, Rechte und Besitzungen, welche sie vor dem 24. August 1572 gehabt hatten, versprochen, sie wurden für befähigt zu allen Ämtern und Würden erklärt und jedes gerichtliche Verfahren gegen die Reformirten, während ihres Lebens und nach ihrem Tode, seit dem Anfange der Regierung des Königs Franz II. auf Anlaß ihrer Religion und der innern Unruhen, namentlich gegen den Admiral Coligny und seine Kinder, widerrufen. Endlich erklärte der König sein Mißfallen und Bedauern über die an jenem Tage zu Paris und an andern Orten vorgefallenen Unordnungen und Excesse, bewilligte den Witwen und Kindern der damals Ermordeten eine sechsjährige Abgabenfreiheit, übergab den verbündeten Katholiken und den Reformirten acht Städte im südlichen Frankreich, namentlich Aiguesmortes, Beaucaire und Perigueur zur Besetzung und versprach, binnen sechs Monaten die Reichsstände nach Blois zu berufen, um einen geordneten Zustand im Reiche herzustellen und die Vorstellungen seiner Unterthanen anzuhören. — Die Apanage des Herzogs von Alençon, welcher jetzt den Titel eines Herzogs von Anjou annahm, wurde durch die Herzogthümer Anjou, Touraine und Berri vergrößert, welche ihm mit allen königlichen Rechten in denselben übergeben wurden; dem Prinzen von Condé wurde die Zurückgabe des Gouvernements der Picardie zugesagt und ihm die festeste Stadt dieser Provinz, Peronne, zum besondern Aufenthalt überwiesen; der Pfalzgraf erhielt eine Gendarmencompagnie, den Befehl über 4000 deutsche Reiter und eine jährliche Pension nebst der Stadt Thionville, und zur Bezahlung seiner Söldner wurde eine bedeutende Geld=

summe versprochen; außerdem wurden mehren angesehenen
Herren Jahrgehalte und Anderes bewilligt [1]).

Die Hoffnungen und Erwartungen', welche Heinrich III.
dadurch veranlaßt hatte, daß er als Jüngling an der Spitze
der königlichen Armee gestanden, daß er den Ruhm der Siege
bei Jarnac und bei Montcontour getheilt und daß er, wenn
auch nicht die Eigenschaften eines Feldherrn, doch Muth und
Unerschrockenheit bewiesen hatte, waren gänzlich unerfüllt geblieben. Wenn er auch von der Natur mit nicht gewöhnlichen Geistesgaben ausgestattet war, so hatte er diese durch
Trägheit und durch Ausschweifungen geschwächt, und es ge-
brach ihm jede Charakterstärke und Thatkraft. Ihm fehlte
selbst die der französischen Jugend eigenthümliche Lebendigkeit,
er war der Jagd, dem Reiten und überhaupt allen anstrengen-
den Vergnügungen und Übungen abgeneigt, und in einem
Lande, wo kein Edelmann und kein Prinz geachtet wurde,
welcher nicht den Krieg liebte und jede Gelegenheit zu Waf-
fenthaten aufsuchte, mußte es einen für ihn sehr ungünstigen
Eindruck machen, daß er sich der Theilnahme am Kriege entzog. Während er sogleich im Anfange seiner Regierung die
angesehensten Männer von sich fern hielt, zeigte er ungemessene
Gunst und Vertraulichkeit gegen junge, verdienstlose Menschen,
welche sich durch ihr anmaßendes, stolzes und possenhaftes
Benehmen und durch ihren weibischen Putz verhaßt und zugleich lächerlich und verächtlich machten, sodaß das Volk sie
die Mignons des Königs nannte. Durch seine knabenhafte
Liebhaberei für kleine, abgerichtete Hunde, für Affen, Papa-
geien und andere Thiere, welche er in großer Zahl kaufte

---

1) La Poplinière II, 299—304, wo, sowie bei Isambert XIV,
280—302, sich das Friedensedict findet, welches vom Mai datirt ist und
am 14. Mai im pariser Parlament registrirt wurde; über die dem
Frieden vorangegangenen Unterhandlungen s. Serranus V, 177—202.
Der Friede wurde auch nach dem Herzoge von Alençon der Friede
Monsieurs genannt. Aubigné II, 214—216, ch. 25: De la paix qui
prit son nom de Monsieur. Nach L'Estoile (132) wurde im Louvre
abgeschlossen, nach Thou (LXII, 218) im Kloster zu Beaulieu bei Loches;
indeß scheint die befinitive Feststellung der Bedingungen an jenem Orte
stattgefunden zu haben.

und für welche er große Summen vergeudete, gab er sich selbst
dem Spotte preis, und auch sein aufrichtiger Eifer für die
katholische Religion und seine Gewissenhaftigkeit in der Beob=
achtung der äußern Bräuche und Ceremonien derselben konn=
ten ihm nicht die Zuneigung und Achtung der Katholiken er=
werben, da er sich fortwährend dem trägsten Müßiggange und
einer weibischen, ausschweifenden Lebensweise hingab, welche
in einem zu scharfen Widerspruche mit jenen Religionsübun=
gen stand. Der Verachtung, welche er auf solche Weise ge=
gen sich einflößte, gesellte sich bald noch der Haß bei, da er
die schon sehr drückenden Abgaben unablässig vermehrte, selbst
mit den höhern Staatsämtern einen schimpflichen Handel
trieb und das dadurch erlangte Geld an seine unwürdigen
Günstlinge verschwendete. Auch seine Vermählung mit Luise,
Tochter des Grafen Nikolaus von Vaudemont, Bruders des
Herzogs von Lothringen (am 15. Februar 1575, zwei Tage
nach seiner Krönung zu Rheims), hatte bei Vielen große Un=
zufriedenheit erregt, weil diese Verbindung weder Vortheil
noch Ehre brachte und man fürchtete, daß er nunmehr alle
seine Gunst und Gnade ihren Verwandten, namentlich den
Guisen, zuwenden werde; indeß verminderte die Königin durch
ihre Bescheidenheit und Liebenswürdigkeit dies Mißvergnügen
mehr und mehr [1]). Das letzte Friedensedict, welches den Re=
formirten mehr zugestand, als ihnen je früher bewilligt war,
veranlaßte bei den meisten Katholiken den heftigsten Unwillen,
welcher durch Geistliche und Mönche noch mehr entflammt
wurde, besonders durch die Jesuiten, welche sich hauptsächlich
unter dem Schutz des guisischen Hauses in Frankreich immer
weiter ausbreiteten und sehr thätige Gehülfen an den Capu=
cinern fanden, die sich in dieser Zeit (zuerst 1574) in Frank=
reich anzusiedeln begannen [2]). Man erhob gegen den König
die Anklage, daß er die Sache der katholischen Religion ver=
rathe, immer mehr verbreitete sich die Ansicht, daß er nicht
fähig und würdig sei, an der Spitze des Kampfes gegen die

1) Relazione di Michel 236. 238. L'Estoile 118. 124. 136. 139.
Thuan. LVIII, 42. XL. 112, LXXXV, 222. XC, 690.

2) Ranke, die römischen Päpste II, 144.

Ketzer zu stehen, und man richtete den Blick mehr und mehr auf diejenige Familie, welche man schon seit längerer Zeit als die Hauptstütze des katholischen Glaubens betrachtete, auf die Guisen [1]. Diese säumten nicht, die unter den Katholiken herrschende Stimmung, welche sie ebenso wol theilten, als dieselbe ihren persönlichen Absichten günstig war, zu benutzen und durch ihnen unbedingt ergebene Leute, Geistliche wie Weltliche, zu leiten, und sie trugen wenigstens dazu bei, wenn sie es auch nicht allein und überall veranlaßten, daß nach dem Vorbilde der früher errichteten oder beabsichtigten katholischen Verbrüderungen Liguen in einzelnen Städten und Provinzen geschlossen wurden. Zu Paris suchte der Parlamentspräsident Hennequin, ein Anhänger der Guisen, vermittels einiger geringen Leute, des Parfümeriehändlers La Bruyere und des Sohnes desselben, welcher Rath bei dem Stadtgerichte daselbst war, eine solche Verbindung zu Stande zu bringen; viele Menschen, welche sich durch ihre Lebensweise zu Grunde gerichtet und in übeln Ruf gebracht hatten, traten derselben sogleich bei, auch viele der wohlhabendern Bürger waren aus Haß gegen die Reformirten dazu bereit, jedoch wurden manche von ihnen dadurch argwöhnisch, daß die Sache nicht auf Geheiß des Königs geschah und keiner von den vornehmsten Bewohnern der Stadt bei den Versammlungen erschien, und die Warnung des ersten Parlamentspräsidenten von Thou, welchen sie um Rath fragten, hielt sie von der Theilnahme zurück [2]. Die Guisen oder diejenigen Personen, welche im Interesse derselben und der katholischen Religion handelten, beschlossen deshalb, günstigere Verhältnisse abzuwarten, bevor sie ihren Plan in der Hauptstadt weiter verfolgten, und dagegen die Katholiken in den Provinzen, namentlich den Adel, zu bestimmen, sich in Liguen zu vereinigen. Es gelang dies in der Picardie, deren katholische Bevölkerung nicht einen Reformirten, den Prinzen von Condé, als Gouverneur anerkennen und ihm nicht die Besitznahme von Peronne gestatten wollte,

1) Der Cardinal von Lothringen war am 23. December 1574 gestorben. Thuan. LIX, 62. Serranus V, 45.

2) Thuan. LXIII, 223. 224. LXXXVI, 286.

Schmidt, Geschichte von Frankreich. III. 12

vermittels des Gouverneurs von Peronne, Montdidier und Roye, Jakobs von Humieres, welcher die Reformirten ebenso sehr haßte als er den Montmorency wegen eines Processes feindlich gesinnt war, und dessen Bemühungen von den Jesuiten sehr thätig unterstützt wurden. Geistliche Herren, Edelleute, Capitaine, Soldaten und andere Einwohner der Städte und des platten Landes der Picardie schlossen eine Ligue durch

1576 Unterzeichnung [1]) einer Urkunde zu Peronne, in welcher sie erklärten: ihr Zweck sei allein die Erhaltung des Dienstes Gottes und des Gehorsams gegen den König sowie die Sicherheit seines Staates; da die Ketzer die Absicht hätten, die katholische Religion in Frankreich zu vernichten, die standhaften Bekenner derselben auszurotten, die Macht und das Ansehen des Königs zu untergraben und eine neue Staatsverfassung einzuführen, so gebiete ihnen Ehre und Gewissen, sich durch eine heilige Union diesen verderblichen Absichten der Rebellen und geschworenen Feinde Gottes entgegenzustellen, zumal der Prinz von Condé bezwecke, Peronne zum Hauptplatz der Anhänger der neuen Lehre zu machen, von hier aus Prediger nach allen Städten der Picardie zu schicken und die sich widersetzenden Katholiken zu verhaften und ihre Güter wegzunehmen und zu verwüsten; deshalb hätten sie beschlossen, Gut und Leben bis zum letzten Blutstropfen zu verwenden, um die Stadt und die ganze Provinz im Gehorsam gegen den König und in der Beobachtung der katholischen Religion zu erhalten. Sie versprachen, im Gehorsam gegen Gott und die katholische Kirche und in der dem Könige schuldigen Treue zu verharren, zugleich aber auch dem obersten Haupte des Bundes in Allem, überall und gegen Alle, welche mittelbar oder unmittelbar sich an seiner Person vergreifen würden, zu dienen und zu folgen und für ihn ihr Blut zu vergießen, die

1) Capefigue (IV, 42) gibt als den Tag derselben aus einem Manuscript den 2. December 1576 an; allein Heinrich von Navarra erwähnt schon in einem Briefe vom 15. August die association d'anciennes villes de Picardie (Lettres missives I, 101), und Thou (226) sagt, daß die, nach La Popliniére (II, 316) im September geschlossene, Ligue in Poitou eine Nachahmung des von Humieres gegebenen Beispiels gewesen sei.

Beschlüsse des Rathes des Bundes geheim zu halten, durch
diesen die zwischen ihnen entstehenden Streitigkeiten entscheiden
zu lassen und einander Treue und fortwährende Freundschaft
zu beweisen. Es wurde Jedem von ihnen zur Pflicht gemacht,
so viel Theilnehmer als möglich für den Bund zu gewinnen,
und Jedem wurde empfohlen, sich mit Waffen und Pferden zu
versehen, um, wenn es nöthig sein werde, Unternehmungen
rasch auszuführen. Die Verbündeten verpflichteten sich, ohne
Ansehen der Person an Jedem, welcher einen von ihnen dieses
Bundes wegen verfolgen oder beunruhigen werde, im Wege
des Rechtes oder durch die Waffen Rache zu nehmen und Denjenigen, welcher aus dem Bunde austrete, als einen Feind
Gottes auf alle Weise an Leib und Gut zu beschädigen. Alle
Katholiken in Städten und Dörfern sollten zum Beitritt aufgefordert, und wenn sie diesen verweigerten, als Feinde des
Bundes auf alle Weise verfolgt werden. Es war zugleich die
Absicht der Stifter dieses Bundes, ihn über ganz Frankreich
auszudehnen, und sie sandten deßhalb eine Declaration zur
Unterzeichnung durch alle Provinzen, welche im Wesentlichen
mit dem Inhalte jener Urkunde übereinstimmte, in welcher
das' auf die Picardie besonders sich Beziehende weggelassen
und ein dreifacher Zweck der Verbindung der Katholiken ausgesprochen war, nämlich den Dienst Gottes in der Form und
Weise der katholischen Kirche wiederherzustellen und zu befestigen, dem Könige Glanz, Ansehen und den Gehorsam, welchen ihm seine Unterthanen schuldig seien, zu erhalten und
den Provinzen und Ständen des Reichs die Rechte und Freiheiten wiederzuverschaffen, welche sie zur Zeit des Königs
Chlodwig besessen hätten[1]). Abgeordnete der Ligue von Pe-

1) La Poplinière II, 319—321. Aubigné II, 223—230. Thuan.
LXIII, 225. Chronologie novenaire, contenant l'histoire de la guerre
sous le règne du roy Henry IV et les choses les plus mémorables
advenues par tout le monde 1589—1598. Par Pierre-Victor Cayet.
Docteur en la sacrée faculté de théologie et chronologue de France;
(bei Petitot XXXVIII—XLIII. Cayet, erst reformirter Pfarrer, Lehrer
Heinrich's IV. und Prediger der Schwester desselben, trat 1595 zur katholischen Kirche über; unbekannt mit den tiefern Ursachen der Ereignisse,
stützt er doch seine Darstellung auf die zuverlässigsten Zeugnisse, giebt

12 *

ronne begaben sich nach den andern Provinzen, um zu ähnlichen Verbindungen aufzufordern. Schon im August vereinigten sich in Guienne sechshundert Edelleute, um sich der Ausführung des letzten Religionsfriedens zu widersetzen, um dieselbe Zeit wurde in der Bretagne die Abschließung von Liguen betrieben, und zugleich Pferde und Waffen zusammengebracht; in Poitou verbanden sich sechzig Herren und Edelleute, an deren Spitze La Tremouille, Herzog von Thouars, trat, gegen die Reformirten, und ähnliche Bündnisse wurden in Nivernais, in der Normandie und in andern Provinzen geschlossen, während die Jesuiten geschäftig waren, einen engern Zusammenhang zwischen denselben zu Stande zu bringen[1]). Vertheidigung der katholischen Religion und Vernichtung des reformirten Glaubens in Frankreich war der gemeinsame und offen ausgesprochene Zweck dieser Liguen, allein da die Stifter und Mitglieder derselben fast insgesammt mit ihrem Eifer für den Katholicismus Ergebenheit gegen die Guisen verbanden, so beabsichtigten sie auch, diese an die Spitze nicht allein des Kampfes gegen die Reformirten, sondern auch des Staates zu stellen, und sie hofften auch für diese Absicht auf die Unterstützung des Papstes und des Königs von Spanien. Während Bücher verbreitet wurden, in welchen die Guisen wegen ihrer Abstammung von einer Tochter des Herzogs Karl von Lothringen, welchen Hugo Capet von der Thronfolge ausgeschlossen hatte, als Nachkommen und Erben Karl's des Großen dargestellt wurden, machten die Reformirten gegen das Ende des Jahres 1576 eine Denkschrift bekannt, die nach der Erklärung des Herausgebers in dem Koffer des pariser Parlamentsadvocaten David sich vorgefunden hatte, welcher mit dem Bischof von Paris nach Rom gereist war, um sie durch den Cardinal Pellevé, einen Freund der Guisen, an den Papst gelangen zu lassen, und welcher auf der Rückkehr gestorben war. Der In-

Auszüge aus den zu seiner Zeit erschienenen politischen Schriften und theilt officielle, von den Royalisten und Liqueurs publicirte Actenstücke mit.) XXXVIII, 254—257.

1) Lettres missives de Henri IV. I, 101. Mémoires de Nevers I, 110. La Poplinière II, 316. Thuan. 263. Capefigue IV, 42. Aubigné II, 230.

halt der Schrift war folgender: Hugo Capet habe mit Gewalt sich des Reichs angemaßt, und der den Karolingern bewilligte apostolische Segen sei auf ihn und seine Nachkommen nicht übergegangen; diese hätten sich immer gegen die Kirche unge= horsam und widerspenstig gezeigt, und sie hätten die verab= scheuungswürdigen Irrthümer eingeführt, welche die Franzosen Freiheiten der gallicanischen Kirche nennten, und welche wie früher der Albigenser, so jetzt der Calvinisten einziger Schutz seien. Deßhalb sei es nicht zu verwundern, daß die bisherigen Siege gegen diese ohne Erfolg gewesen seien und ohne Erfolg sein werden, so lange das Reich der Familie der Capetinger bleiben werde, zumal dieselben theils stumpfsinnig und thierisch= träge, theils wegen des Verbrechens der Ketzerei von Gott und Menschen verdammt und aus der Gemeinschaft der heili= gen Kirche ausgeschlossen seien. Da man von den noch vor= handenen keine Nachkommen zu erwarten habe und in diesem Fall nach ihrem Tode der Thron einem Ketzer zu Theil wer= den würde, so müßten alle wahrhaften Katholiken desto mehr dahin streben, eine so schöne, von Gott gegebene Gelegenheit nicht unbenutzt zu lassen, um den Thron den Nachkommen Karl's des Großen zurückzugeben, welche, an Geist wie an Körper kräftig, zu großen Thaten tüchtig und durch ihren Eifer für die Erhöhung der Macht des päpstlichen Stuhls empfohlen seien. Um die Ketzerei zu vertilgen, wolle man überall das Volk durch Mönche und andere Prediger aufregen, damit es die Ketzer verhindere, die ihnen durch das Friedensedict bewilligte Erlaubniß zu Versammlungen zu benutzen; man wolle den König bitten, daß er dies geschehen lasse und die Leitung dieser Aufregungen dem Herzoge von Guise übertrage, und dieser werde dann mit dem Adel und den Städten geheime Verbin= dungen schließen, von den Theilnehmern schwören lassen, ihm zu gehorchen und nur ihn als Oberhaupt der Ligue anzuer= kennen, und zugleich insgeheim einen Theil der Waffenfähigen sich rüsten lassen. Der König solle dafür sorgen, daß nur Katholiken zu Abgeordneten für die Reichsversammlung gewählt und diese den Hugenotten eine von ihnen selbst gegrabene Grube werde; die Königin solle sich darum bemühen, daß ihr jüngerer Sohn den König zu der Versammlung begleite, und daß der König von Navarra und der Prinz von Condé, der Einladung des Königs zu derselben Folge leiste, sonst sollten sie von dieser für Widerspenstige und Rebellen erklärt werden. Auf dem Reichstage solle zunächst von Allen, auch von dem Könige, geschworen werden, Alles zu beobachten, was die Stände bestimmen würden; dann sollte der Beschluß gefaßt werden, daß, wenn ein Prinz des königlichen Hauses sich den Anordnungen der Stände widersetze, er das Recht der Thronfolge verlieren, Edelleute und Andere aber durch Einziehung ihrer Güter und mit dem Tode bestraft werden sollten. Darauf sollten die Stände dem dem Nachfolger des heiligen Petrus schuldigen Eid der Treue und des Gehorsams erneuern und öffentlich bekennen, daß sie in der auf dem Concil von Trident festgestellten Lehre zu leben und zu sterben entschlossen seien, und zugleich alle dem Concil widersprechenden Edicte widerrufen und die von den frühern Königen zur Ausrottung der Ketzerei erlassenen bestätigt werden. Endlich sollten die Stände den König bitten, den Oberbefehl zur Bekämpfung der sich auflehnenden Provinzen dem Herzoge von Guise zu übertragen und ihn auffordern, Richter zu bestimmen, um über das Verbrechen zu erkennen, dessen sich sein Bruder durch Verbindung mit den Ketzern nicht allein gegen ihn, sondern gegen Gott selbst schuldig gemacht habe. Die zuvor insgeheim ausgerüsteten Truppen und anderes, fremdes Kriegsvolk sollten jetzt die Beschlüsse des Reichstages ausführen und den Bruder des Königs nebst seinen Mitschuldigen gefangen nehmen; an ihrer Spitze solle der Herzog von Guise die rebellischen Provinzen unterjochen, und nach errungenem Siege, im Besitz der Gunst des Adels und des Volks, jene Gefangenen bestrafen lassen, mit Genehmigung des Papstes den König, wie einst Pippin den Childerich, in ein Kloster einschließen, den Thron besteigen und alle Freiheiten und Privilegien der gallicanischen Kirche aufheben. Die Guisen leugneten, daß sie je Aufträge solcher Art gegeben, sie erklärten die Schrift für eine boshafte Erfindung der Hugenotten und ließen selbst von ihnen ergebenen Schriftstellern darthun, daß sie viele abgeschmackte und nicht im geringsten wahrscheinliche Dinge enthalte; allein der König erhielt bald darauf von seinem Gesandten in Madrid

nicht allein die Anzeige, daß Ligueurs daselbst insgeheim unterhandelten, sondern auch die Abschrift eines Aufsatzes, welcher
aus Frankreich an den König von Spanien geschickt war und
ganz mit jener Schrift übereinstimmte[1]), und wenn auch die
Guisen nicht unmittelbaren Antheil an derselben hatten, so
sprach sie doch die Hoffnungen und Absichten mindestens eines
Theils ihrer zahlreichen Anhänger aus. Der König mußte
schon vor dem Empfange der Mittheilungen seines Gesandten,
ungeachtet seiner bisherigen Neigung für die Guisen, die Gefahr erkennen, welche der Ehrgeiz derselben und die unter den
Mitgliedern der neuen katholischen Liguen herrschende Stimmung ihm drohten; allein nicht nur Mangel an Kraft und
Entschlossenheit, sondern auch der Umstand, daß er das Verlangen nach der Vernichtung der reformirten Religion in seinem Reiche theilte, mochte ihn zurückhalten, dieser Gefahr offen
und entschieden entgegenzutreten; er hoffte, sich der Leitung
der Liguen versichern zu können, selbst die eifrigsten Katholiken
durch fortgesetzte Bedrückung und Bekämpfung der Reformirten
zu befriedigen und für sich zu gewinnen und dazu die Mittel
von der Reichsversammlung zu erlangen. Er ließ deshalb
noch vor dem Anfang derselben die Artikel einer katholischen
Ligue abfassen, welche das Gelöbniß eines unbedingten und
ausschließlichen Gehorsams gegen ihn der Verpflichtung zur
Vertheidigung der katholischen Religion hinzufügten[2]); er

1) Thuan. LXIII, 230—242. Premier volume du recueil contenant les choses mémorables advenues soubs la Ligue, qui s'est faite
et eslevée contre la Religion reformée, pour l'abolir. 1587. 17—27.
Capefigue IV, 44—49. Davila 330. 331.

2) Dies ergibt sich aus den Artikeln einer Verbindung, welche von
den Prinzen, Herren, Edelleuten, Geistlichen und Bürgern der Grafschaft
Champagne und Brie geschlossen wurde: sie schwuren, alle ihre Macht
aufzuwenden, um die Ausübung der katholischen Religion herzustellen und
zu erhalten, sie gelobten dem Könige eidlich jeden Gehorsam, Ehre und
unterthänigsten Dienst und versprachen, Gut und Leben zu verwenden
für die Erhaltung seines Staates und seiner Autorität und die Ausführung seiner Befehle und Dessen, was er nach Anhörung der Vorstellungen
der Reichsstände anordnen werde, ohne irgend einen Andern außer ihm
anzuerkennen, und sie boten ihm dazu eine bestimmte Zahl Kriegsvolks
an. Der König gestattete ihnen am 11. December, den Inhalt dieser

schickte dieselben an die Befehlshaber in den Provinzen, um
sie unterzeichnen zu lassen, und er erklärte sich selbst zum Haupt
dieses Bundes, welcher die ganze katholische Bevölkerung Frankreichs vereinigen sollte; allein da er ihn nicht zu beherrschen
und es nicht zu verhindern vermochte, daß sich die Richtung
der von den Guisen veranlaßten Liguen immer weiter verbreitete, so beförderte er nur die Absichten dieser Familie und gab
ihr neue Waffen gegen ihn in die Hände.

Bereits am 6. August hatte er die Reichsstände zum
15. November nach Blois berufen, um die Vorstellungen und
Beschwerden aller Bedrängten zu vernehmen und denselben
abzuhelfen, und um mit den Abgeordneten zu berathen und
zu beschließen über die Mittel zur Erhaltung des Staates und
zur Erfüllung der von ihm und seinen Vorgängern eingegän-
genen Verbindlichkeiten. Die königlichen Beamten suchten
überall die Reformirten von den Wahlversammlungen auszuschließen, zum Theil dadurch daß sie diese in den katholischen
Kirchen hielten, die vom Hofe in die Provinzen gesandten Anweisungen über die Abfassung der Instructionen für die Deputirten schrieben unter Andern auch die Forderung der Ausrottung des reformirten Glaubens vor, in Blois und den
umliegenden Dörfern wurde eine Kriegsmacht von 10,000
Mann versammelt, und diese Umstände bewogen viele Reformirte, sich der Theilnahme an den Wahlen sowie an dem
Reichstage zu entziehen. Erst am 6. December wurde die
Ständeversammlung, welche aus 104 Geistlichen, 72 Edelleuten und 150 Mitgliedern des dritten Standes zusammen-
gesetzt war, von dem Könige mit einer Rede eröffnet, in welcher er von dem verwirrten Zustand des Reiches sprach, die

Artikel auszuführen und die zur Bezahlung des Kriegsvolks nothwendigen Gelder von den Mitgliedern der Verbindung zu erheben. Mémoires
de Nevers I, 114—117. Eine Ligue desselben Inhalts unter den Einwohnern von Paris, mit derselben Erlaubniß des Königs vom 12. Januar 1579 findet sich 627—629. Das Schreiben Heinrich's III. an die
Befehlshaber in den Provinzen, in welchem er die Unterzeichnung seiner
Ligue befiehlt, ist vom 2. December 1576, und es heißt in demselben:
Je vous envoie les articles que j'ay faict dresser touchant les asso-
ciations des provinces de mon royaume. Capefigue IV, 73.

Beschuldigung zurückwies, daß er, sein Vorgänger und seine
Mutter das Unglück des Landes veranlaßt hätten, daran erinnerte, daß er stets und wie es nothwendig gewesen sei, demselben durch die Waffen und zuletzt durch Milde und Versöhnung ein Ende zu setzen bemüht gewesen sei, und die Absicht
und den Wunsch aussprach, den Frieden zu befestigen. Weit-
läuftiger sprach darauf der Kanzler Birago über den Zustand
des Reiches, hob besonders die Nothwendigkeit hervor, den
Frieden, welcher allein die Übel, die dasselbe erduldet habe,
heilen könne, zu erhalten und zu befestigen, ging die Mittel
durch, um dazu zu gelangen, legte die Reformen dar, deren
jeder der drei Stände bedürfte, und antwortete zuletzt den
Vorwürfen, welche man dem Könige und seiner Mutter machen könne. Er erwähnte, daß Mancher sage, er ertheile geistliche Stellen unfähigen Personen, verkaufe die Justizämter,
errichte täglich neue Ämter, um sie zu verkaufen, mache un-
ermeßliche Geschenke und sei zu bereit, Begnadigungen und
Abweichungen von dem gewöhnlichen Gerichtsverfahren zu
bewilligen. Darauf erwiderte der Kanzler: der König sei durch
den Zustand des durch innere Kriege verödeten und fast zu
Grunde gerichteten Reiches zu großen Ausgaben genöthigt gewesen, er habe die mildesten und am wenigsten gewaltsamen
Mittel gewählt, um sich Geld zu verschaffen und die Kriegskosten zu bestreiten, den Überrest seiner Domainen verkauft
und Ämter errichtet, welche die Unterthanen gern annähmen
und welche bei dem Tode der Inhaber ohne Gewalt und Beleidigung für Jemanden wieder aufgehoben werden könnten;
das Geschrei über Straferlassungen und Abweichungen von
dem gewöhnlichen Gerichtsgange sei größer als Das, was in
der That geschehen sei. Die Königin-Mutter überhäufte der
Kanzler mit dem größten Lobe für ihre Staatsverwaltung.
Nach üblicher Weise dankten sodann die Sprecher der drei
Stände, Peter von Espinac, Erzbischof von Lyon, der Herr
von Rochefort, und Nikolaus L'Huillier, Prevot der Kaufleute von Paris, dem Könige dafür, daß er die Stände berufen habe, um ihre Meinung über die Reformen, deren das
Reich bedürfe, zu hören, und versicherten ihn der vollkommenen Ergebenheit derselben. Die Stände hielten darauf ihre

Berathungen getrennt voneinander, die Abstimmung in den-
selben geschah nicht nach Köpfen, sondern nach den zwölf
Gouvernements, in welche Frankreich getheilt war, und ein
Ausschuß von 36 Deputirten, indem aus jedem Gouvernement
für jeden Stand einer gewählt wurde, unter dem Vorsitz des
Erzbischofs von Lyon erhielt den Auftrag, die Beschwerden und
Wünsche, welche in den Instructionen der einzelnen Deputirten
enthalten waren, zu allgemeinen Cahiers zusammenzustellen.
Bald überzeugte sich der König, wie sehr er sich in seiner
Hoffnung auf die Ergebenheit des Reichstages getäuscht hatte,
und wie auch unter den Mitgliedern desselben dieselbe Gesinnung vorherrschte, welche ihm gegenüber die katholischen Liguen
und deren Urheber beseelte. Auf einen von dem Erzbischof
von Lyon ausgehenden Antrag, welcher nur bei dem dritten
Stande einigen Widerspruch fand, machten die Stände am
13. December zwei Forderungen, welche ihm die gesetzgebende
Gewalt fast gänzlich zu entziehen und auf die Stände zu
übertragen bezweckten, nämlich daß alle Bestimmungen, für
welche sich die drei Stände übereinstimmend erklären würden,
Gesetzeskraft haben sollten, ohne der königlichen Bestätigung
zu bedürfen, und daß über die andern Punkte, über welche sie
sich nicht einigen könnten, der königliche Rath, nachdem er
zuvor auf vierundzwanzig Mitglieder, eingerechnet die Königin-
Mutter und die Prinzen von Geblüt, beschränkt worden sei,
gemeinschaftlich mit den sechsunddreißig Deputirten des Aus-
schusses entscheiden sollten. Der König erwiderte auf die erste
Forderung, er sei nicht willens, sich durch irgend ein Versprechen zu binden, noch seine Gewalt zu schmälern, um sie
auf die Stände zu übertragen, indeß werde er stets bereit
sein, alle ihre guten Rathschläge zu empfangen; in Betreff der
zweiten Forderung willigte er ein, die sechsunddreißig ständischen Deputirten in seinen Rath zuzulassen, um über die
Staatsangelegenheiten zu verhandeln und zu beschließen, obwol er dazu nicht verpflichtet und dies eine ungewöhnliche
Sache sei. Um die Stände von fernern Ansprüchen solcher
Art zurückzuhalten, beschloß er, sie sogleich mit der Religions-
sache zu beschäftigen und sie zu bestimmen, selbst auf die Unterdrückung des reformirten Gottesdienstes anzutragen; seine

Mutter faßte selbst den darauf gerichteten Vorschlag, welcher in der Adelskammer gemacht werden sollte, ab, und er verbesserte denselben. Schon am 19. December beschloß der Adel, bei dem Könige zu beantragen, daß er nur eine einzige Religion in seinem Reiche dulde, daß die Prediger der Hugenotten vertrieben und die Häuser der Edelleute, welche einen derselben aufnähmen, confiscirt würden. Drei Tage darauf einigte sich der gesammte geistliche Stand darüber, den König zu bitten, daß er die katholische Religion in seinem Reiche vollständig wiederherstelle, jede andere Religion und deren Ausübung verbiete und alle Edicte zu Gunsten der angeblichen reformirten Religion widerrufe. Endlich faßte auch am 26. December der Bürgerstand den Beschluß, die Bitte an den König zu richten, daß er alle seine Unterthanen in der katholischen Religion vereinige, daß jede Ausübung der angeblichen reformirten Religion untersagt und die Prediger derselben aus dem Reiche verbannt würden. Der Widerspruch des Deputirten von Bermandois, Johann Bodin, und seine Vorstellung, daß dadurch ein Bürgerkrieg bewirkt werden würde, waren erfolglos; das Verlangen der Deputirten von fünf Gouvernements, hinzuzufügen: daß die Vereinigung ohne Krieg, durch milde und friedliche Mittel geschehe, wurde von den Abgeordneten der sieben übrigen Gouvernements verworfen, und nur der nichtssagende Zusatz wurde aufgenommen: daß sie durch die besten und heiligsten Mittel, welche möglich seien, bewirkt werden möge. Diese Beschlüsse wurden an die Spitze der Cahiers der drei Stände gestellt. Abgeordnete des Königs von Navarra und des Prinzen von Condé kamen damals nach Blois; da sich aber die Stände so feindselig gegen die reformirte Religion ausgesprochen hatten, so verlangten sie nicht, gehört zu werden, um nicht dadurch die Versammlung als Reichstag anzuerkennen, sie protestirten gegen dieselbe, weil sie auf gesetzwidrige Weise gewählt und durch die Gegenwart von Truppen der Freiheit der Berathung beraubt sei, und gegen die Beschlüsse derselben, welche im Widerspruch mit dem letzten Friedensedict und der Erhaltung des reformirten Glaubens waren, und zu gleicher Zeit begannen die Reformirten durch Angriff auf mehre feste Plätze Feindseligkeiten in Guienne,

Poitou und bald auch in der Dauphiné. Dessenungeachtet
1577 wurden im Anfange des Jahres 1577 von Seiten des Königs
und des Reichstages Gesandte an den König von Navarra,
an Condé und an Damville geschickt, um sie aufzufordern,
sich auf dem Reichstage einzufinden und sich den Beschlüssen
desselben zu unterwerfen. Erst in der Mitte des Februar
kehrten die Gesandten zurück. Condé hatte das an ihn gerichtete Schreiben gar nicht angenommen, indem er erklärte,
daß er die Versammlung zu Blois nicht als eine Reichsversammlung anerkenne, da bei ihrer Berufung die alten, üblichen
Formen nicht beobachtet seien und die Deputirten, durch Bestechungen und auf andere Weise gewonnen, zum Verderben
des Reiches das letzte Friedensedict vernichtet hätten. Der
König von Navarra hatte die Gesandten auf freundliche, zu-
vorkommende Weise empfangen, er hatte nur erklärt, daß die
Forderung, nur die Ausübung Einer Religion im Reiche zu
dulden, nicht das Mittel sei, um zu der ersehnten Ruhe zu
gelangen, und er forderte die Stände in einem achtungsvollen
Schreiben auf, für die Erhaltung des Friedens Sorge zu tragen. Damville betheuerte zwar seine unbegrenzte Anhänglichkeit an die katholische Religion, erklärte aber zugleich, daß,
wie die Erfahrung namentlich in Languedoc gezeigt habe, sehr
wohl zwei Religionen nebeneinander bestehen könnten, und
daß die Absicht, den Reformirten die Ausübung ihrer Religion
zu verwehren, Frankreich in das größte Unglück stürzen werde.
Obwol die Stände selbst durch ihre Forderung der Unterdrückung des reformirten Glaubens den Ausbruch eines neuen
Bürgerkrieges veranlaßten, so weigerten sie sich dessenungeachtet, dem Könige die zur Führung desselben nothwendigen Mittel
zu bewilligen. Der Präsident der Rechenkammer legte ihnen
am 31. December einen Bericht über den Zustand der Finanzen
vor, aus welchem sich ergab, daß die Schulden seit dem Tode
Heinrich's II. von elf Millionen bis auf hundert Millionen
gestiegen waren; allein die Geistlichkeit antwortete auf die
Geldforderungen des Königs anfangs nur mit Klagen über
die Erpressungen, welchen sie bereits unterworfen gewesen sei,
und sie behauptete, daß durch bessere, sparsamere Verwaltung
der Finanzen die Einkünfte von 12,600,000 Livres auf zwanzig

Missionen erhöht werden könnten; endlich erbot sie sich indeß, den Sold für 4000 Fußgänger und 1000 Reiter zu zahlen. Der Adel war nur bereit, mit seinem Arme dem Könige zu dienen, und die Deputirten des Bürgerstandes erklärten, daß sie nicht zur Bewilligung neuer Abgaben bevollmächtigt seien, und verweigerten sogar beharrlich ihre Beistimmung zum Verkauf von 300,000 Livres Renten des Krondomaine. Ein Versuch des Königs, die Stände zur Genehmigung von Friedensunterhandlungen mit dem Könige von Navarra zu bewegen, welcher geneigt schien, etwas von den Zugeständnissen des letzten Friedensedicts aufzugeben, war auch erfolglos, und er entließ die Versammlung am 1. März, nachdem die Cahiers der drei Stände schon am 9. Februar ihm übergeben worden waren[1]). Die Verhandlung im Staatsrathe über den Inhalt derselben wurde durch den Krieg unterbrochen, erst im Mai 1579 wurde die Abfassung einer Verordnung von 363 Artikeln beendet, und das pariser Parlament entschloß sich erst im Januar des folgenden Jahres zur Registrirung und Bekanntmachung derselben[2]).

Nach der Auflösung des Reichstages faßte der König, da ihm dieser die zum Kriege nothwendigen Mittel nicht bewilligt hatte, den Entschluß, aufs neue Unterhandlungen mit dem Könige von Navarra zu versuchen, aber zugleich diese durch die Waffen zu unterstützen. Die frühern geheimen Rüstungen der Ligueurs machten es ihm möglich, zwei Armeen aufzustellen, die eine, bei welcher sich die Herzöge von Guise, Aumale und Nevers und der Herzog von Mercoeur, der Bru-

---

1) Sismondi XIX, 397—444 nach dem Recueil des États-généraux II. III. La Poplinière, welcher der von Condé nach Blois geschickte Abgeordnete war, II, 332—353. Aubigné II, 235—257. Extrait d'un journal fait par M. le duc de Nevers pendant les estats tenus à Blois és années 1576. 1577, in den Mém. de Nevers I. Thuan. LXIII, 235—266.

2) Thuan. LXVIII, 453. — État ecclésiastique, hôpitaux et maladreries, université avec sa mellifiante soeur de théologie, jurisprudence, médécine, justice et cours souveraines, offices et charges, police de gens de guerre, noblesse et gentillesse, domaine de la couronne, perception de tailles et aides, routes et ponts sont bien et justement reglés par la dite ordonnance. Capefigue IV, 76.

der seiner Gemahlin, befanden, an der Loire unter seinem Bruder, dem Herzoge von Anjou, und die andere unter dem Herzoge von Mayenne, dem ältern der beiden Brüder des Herzogs von Guise, in Saintonge. Die Eifersucht zwischen den beiden Häuptern der Reformirten, dem Könige von Navarra und dem Prinzen von Condé, das Mißtrauen und die Uneinigkeit, welche die Reformirten überhaupt, namentlich Adel und Bürger, entzweiten, die sichtbare Verminderung der frühern religiösen Begeisterung und die Entartung der Sitte[1]) und die Zuchtlosigkeit unter ihrem Kriegsvolk begünstigten die Unternehmungen der Katholiken. Überdies wurde Damville durch die Versprechungen Heinrich's III. und durch den anmaßlichen Stolz mehrer angesehenen Reformirten in Languedoc bestimmt, nicht nur sich von seinen bisherigen Verbündeten zu trennen, sondern sogar seine Waffen gegen sie zu wenden. Der Herzog von Anjou nöthigte La Charité, welches nicht mit hinlänglichen Vertheidigungsmitteln versehen war, am 30. April zur Übergabe, und Issoire, welches nach tapferm Widerstande sich am 12. Juni auf Gnade und Ungnade ergab, wurde den Soldaten preisgegeben und verbrannt. In Saintonge verbreitete das Anrücken des Herzogs von Mayenne solche Bestürzung, daß die Reformirten Rochefort, ehe es angegriffen wurde, verließen und viele Politiker und selbst Reformirte sich von den Fahnen entfernten, in ihre Heimat zurückkehrten oder sogar zum königlichen Heere übergingen. Die Flotte der Rocheller wurde von einer in Bordeaux ausgerüsteten Flotte besiegt, Brouage ergab sich am 28. August und La Rochelle wurde jetzt bedroht. Allein Heinrich's III. Mittel zur Führung des Krieges waren erschöpft, er konnte überdies die Vernichtung der reformirten Partei nicht wünschen, so lange sie ihm gegen die Absichten der Guisen nützlich sein konnte, und die Katholiken selbst, außer den Anhängern dieser Familie, hielten die Herstellung des Friedens für nothwendig zur Erleichterung des hart bedrückten Volkes, welches nicht weniger durch die Ge-

---

[1]) Quand l'on consideroit de pres ce que faisoient les plus Religieux, mesmes ceux qui avoient toujours esté du parti protestant, l'on trouvera que chacun avoit lasché la bride à tous vnes. La Poplinière II, 367.

walthätigkeiten des katholischen Kriegsvolks als durch die Last
der Abgaben litt. Bevollmächtigte der beiden Könige und des
Prinzen von Condé traten im September zu Bergerac zusam:
men und einigten sich bald, am 17. September, über einen
Frieden, welcher darauf durch ein königliches Edict zu Poitiers
bekannt gemacht wurde. Den Reformirten wurde im ganzen
Reiche Gewissensfreiheit durch die Bestimmung bewilligt, daß
Niemand wegen der Religion zur Untersuchung gezogen, auf
irgend eine Weise belästigt noch gezwungen werden sollte,
etwas gegen sein Gewissen zu thun; öffentliche Ausübung
ihrer Religion wurde in allen Städten und Flecken gestattet,
wo sie am 17. September stattfand, sowie in den Vorstädten
einer Stadt oder in einem Flecken oder Dorfe jeder Séné:
chauffée und Bailliage. Außerdem wurde den Reformirten,
welche im Besitz der hohen Justiz waren, erlaubt, in ihren
Häusern für sich und höchstens zehn ihrer Freunde Gottesdienst
halten zu lassen; gänzlich untersagt blieb dieser am Hofe und
zwei Meilen umher sowie in Paris und der Umgegend bis
auf zehn Meilen. Die Befähigung der Reformirten zu allen
Ämtern und Würden, ihre Zulassung zu den Universitäten,
Schulen und Krankenhäusern, ihre Wiedereinsetzung in ihre
frühern Besitzungen und Ämter und der Widerruf jedes ge:
richtlichen Verfahrens gegen sie wegen der Religion und der
innern Unruhen wurden bestätigt, dagegen ihnen die Beobach:
tung der katholischen Festtage und der Eheverbote der katho:
lischen Kirche und die Zahlung der Zehnten zur Pflicht gemacht.
Zur Entscheidung der Processe, in welchen die Reformirten
oder Diejenigen, welche ihrer Partei gefolgt waren, die Haupt:
partei waren, sollten besondere Kammern in den Parlamenten
errichtet werden, nämlich in den Parlamenten von Paris,
Rouen, Dijon und Rennes aus den bisherigen Mitgliedern
derselben, in denen von Bordeaux, Toulouse, Grenoble und
Aix aus einem katholischen und einem reformirten Präsidenten
und aus acht katholischen und vier reformirten Räthen. Es
wurden den Reformirten auf sechs Jahre acht Plätze, unter
diesen Montpellier, Aiguesmortes und Perigueux zur Bewa:
chung übergeben, und der König versprach, auch in die Städte,
welche von den Reformirten geräumt werden würden, keinen

Gouverneur einzusetzen und keine Besatzung zu legen, wenn dies nicht von jeher und namentlich unter der Regierung Heinrich's II. der Fall gewesen sei. Die Reformirten und Diejenigen, welche sich mit ihnen vereinigt hatten, sowie auch alle andern Unterthanen entsagten allen Unterhandlungen über Bündnisse und Einverständnisse außerhalb des Königreichs, und der König erklärte alle Liguen, Verbindungen und Verbrüderungen, welche zum Nachtheil dieses Edicts geschlossen seien oder geschlossen werden würden, für aufgehoben und ungültig und verbot aufs ausdrücklichste allen seinen Unterthanen, von jetzt an ohne seine Erlaubniß Geld zu erheben, Befestigungen zu errichten, Söldner zu werben und andere Versammlungen, als welche durch dieses Edict gestattet waren, zu halten. Die gleichfalls am 17. September unterzeichneten geheimen Artikel, durch welche noch einige andere Zugeständnisse gemacht wurden, enthielten Bestimmungen über die Orte, in welchen der reformirte Gottesdienst stattfinden sollte, erkannten die von Priestern, Mönchen und Nonnen geschlossenen Ehen an, bestätigten die Privilegien von La Rochelle, räumten dem Könige von Navarra das Recht ein, die von Heinrich III. gewählten Mitglieder der zu errichtenden Parlamentskammern zu genehmigen, versprachen ihm den Sold für 800 Soldaten, um sie in die Sicherheitsplätze zu legen, und bewilligten dem Prinzen von Condé S.-Jean d'Angely zum sichern Aufenthalte, bis er zum Besitz des Gouvernements der Picardie gelangt sein würde[1]. Dieser Friede beendigte zwar den Krieg zwischen der Gesammtheit der Reformirten und dem Könige von Frankreich, allein da der gegenseitige Haß zwischen den beiden Religionsparteien fortbestand, da der König weder die Macht, noch den aufrichtigen Willen hatte, einen festen friedlichen Zustand herzustellen, und da die Gouverneure der Provinzen, namentlich Damville, nicht geneigt waren, den Reformirten Dasjenige einzuräumen, was ihnen bewilligt worden war, so dauerten nicht allein Feindseligkeiten zwischen einzelnen katholischen und reformirten Capitainen fort, sondern bald griffen

---

1) La Poplinière II, 362—390. Thuan. LXIII, 276—279. LXIV, 280—295. Mém. de Nevers I, 290—307. Die geheimen Artikel bei Isambert XIV, 330—341. Lettres missives de Henry IV. I, 150.

auch in manchen Städten beide Parteien zu den Waffen, und bald wandten sich von allen Seiten die Reformirten mit Klagen über Mordthaten und andere gegen sie gerichtete Unternehmungen sowie über verweigerte Justiz an den König von Navarra. Heinrich III. wünschte aus denselben Gründen, die ihn zum Abschluß des Friedens bewogen hatten, den Wiederausbruch des Kriegs zu verhindern; seine Mutter, welche diesen Wunsch theilte und überdies die Absicht hatte, die Reformirten und die verbündeten Katholiken immer mehr unter sich zu entzweien, begab sich nach der Mitte des Jahres 1578 nach Guienne, und sie schloß am 28. Februar des folgenden Jahres zu Nerac mit dem Könige von Navarra einen Vertrag, durch welchen die vollständige Ausführung des Friedensedicts versprochen, den Reformirten einige neue Bewilligungen in Beziehung auf die Ausübung ihrer Religion und das Verfahren in den Parlamenten gemacht und dem Könige von Navarra als Unterpfand für die Erfüllung des Versprochenen vierzehn kleine Plätze, nämlich drei in Guienne bis zum 31. August und elf in Languedoc bis zum 1. October, übergeben wurden [1]. Zugleich suchte Katharina während ihres Aufenthalts in Guienne zwischen dem Könige von Navarra, dem Prinzen von Condé, dem Vicomte von Turenne und andern angesehenen Reformirten Zwiespalt anzustiften und zu nähren; auch machte Condé, welcher mißvergnügt darüber war, daß er dem Könige von Navarra sich unterordnen sollte und dieser besonders Turenne begünstigte, einen Versuch, unter den Reformirten, namentlich in Languedoc, eine besondere Partei für sich zu bilden, allein der König verhinderte die Ausführung dieser Absicht, indem er Turenne nach Languedoc schickte [2].

1) Lettres de Henry I, 157. 163. 214. Du Mont V, I, 337—341. Thuan. LXVIII, 454.

2) Mémoires des sages et royales oeconomies d'estat, domestiques, politiques et militaires de Henry le Grand,... et des servitudes utiles, obéissances convenables et administrations loyales de Maximilian de Bethune (zusammengestellt aus Sully's Papieren von seinen Secretairen und auf seinen Befehl; s. die vorstehende Zuschrift an Sully; bei Petitot, Collection complète des mémoires relatifs à l'histoire de France depuis l'avènement de Henry IV. jusqu'à la paix de Paris conclue en 1763. I—IX.) I, 285. 297. 298.

Schmidt, Geschichte von Frankreich. III.   13

Ungeachtet des Vertrags von Nerac wurde das letzte Friedensedict, ebenso wie die neuen Bewilligungen, in keiner Provinz und fast in keinem Artikel vollständig ausgeführt; Parlamente und Gouverneure begünstigten oder gestatteten, daß
ungestraft Reformirte insgeheim und öffentlich ermordet, daß
einzelne Orte angegriffen und eingenommen und dabei die
ärgsten Gewaltthätigkeiten gegen die Reformirten verübt wurden; diese suchten dagegen nicht allein sich in den Besitz und
Genuß des ihnen Zugestandenen mit Gewalt zu setzen, sondern sich noch mehr als dieses zu verschaffen. Der König
von Navarra verweigerte die Rückgabe der ihm als Unterpfand eingeräumten Plätze, weil das Edict und die andern
Artikel nicht ausgeführt waren, und er ließ sich theils durch
jene Beeinträchtigungen seiner Glaubensgenossen, theils durch
die an seinem Hofe versammelten kriegslustigen jungen Edelleute bestimmen, wieder die Waffen zu ergreifen, obwol viele
von Jenen, namentlich La Noue und die Rocheller, diesen
Entschluß misbilligten und fast zwei Drittheile der Reformir-
1580 ten Theilnahme am Kriege verweigerten. Im April 1580 erließ er eine Declaration, in welcher er seine Waffenerhebung
dadurch rechtfertigte, daß er die gegen die Reformirten verübten Gewaltthaten anführte und zahlreiche Beweise von der
Nichterfüllung und Verletzung der ihnen zu Bergerac und
Nerac gemachten Bewilligungen darlegte. Nach einem hart-
näckigen Kampfe, in welchem seine Tapferkeit und Kühnheit
die größte Bewunderung bei Freunden und Feinden erregte,
eroberte er im Mai Cahors, und in Poitou bemächtigten sich
die Reformirten der Stadt Montaigu und einiger Schlösser. Allein bald wurden sie in Guienne, Languedoc und in
der Dauphiné durch die gegen sie aufgestellten königlichen Armeen sehr bedrängt, sie waren außer Stande, sich diesen im
freien Felde entgegenzustellen, sie mußten sich auf die Vertheidigung ihrer festen Plätze beschränken, und mit noch größerer
Gefahr wurden sie dadurch bedroht, daß Zwiespalt, Ungehorsam, Raubsucht und Unordnung unter ihnen herrschte. Einen
günstigen Frieden, welchen sie sich nicht selbst zu erkämpfen
vermochten, verdankten sie nur dem persönlichen Interesse des
Königs und des Herzogs von Anjou. Dieser schmeichelte sich

schon seit einiger Zeit mit der Hoffnung, daß die Königin Elisabeth von England sich mit ihm vermählen, und daß die Niederländer, welche sich gegen die spanische Herrschaft empört hatten, ihn zu ihrem Fürsten wählen würden. Er stellte seinem Bruder vor, daß man durch Unterstützung der Niederländer die kriegslustigen Franzosen werde beschäftigen und dadurch am besten die Ruhe in Frankreich befestigen können. Der König, welcher seinem unruhigen Ehrgeize mistraute und ihn deshalb gern aus Frankreich entfernen wollte, beauftragte ihn, mit dem Könige von Navarra zu unterhandeln, und am 26. November wurde in dem Schlosse Fleix bei Sainte = Foy in Perigord der Friede abgeschlossen und einen Monat später von Heinrich III. zu Blois bestätigt. Die vollständige Ausführung des letzten Friedensedicts und der zu Nerac verglichenen Artikel wurde festgesetzt, und einige erläuternde Bestimmungen, namentlich über das gerichtliche Verfahren in Beziehung auf die Reformirten, wurden hinzugefügt; der König von Navarra räumte die während des letzten Krieges eingenommenen Orte und er versprach, die ihm nach dem Vertrage von Nerac übergebenen Plätze in Guienne binnen zwei und in Languedoc binnen drei Monaten zurückzugeben, dagegen erhielt er die ihm gehörenden Städte und Schlösser zurück, und ihm sowie dem Prinzen von Condé wurde der Besitz ihrer Gouvernements bestätigt [1]).

Schon im Anfange des Jahres 1578 hatte der Herzog von Anjou, welcher nach der Herrschaft über die Niederlande trachtete, den katholischen Niederlanden, welche sich zwar mit den nördlichen Provinzen und dem Prinzen von Oranien verbündet hatten, aber diesem wenig geneigt waren, seinen Beistand angeboten; auf ihre Aufforderung war er mit 8000 Fußgängern und 1000 Reitern, adeligen Freiwilligen, nach den Niederlanden gegangen, und er hatte im August einen

1) Thuan. LXXII, 614. 613. Du Mont V, 1, 381—384. Lettres de Henry IV. I, 274. 275. 330. In dem Briefe, welchen er an Beza zur Rechtfertigung des Friedens schrieb, sagt er unter Anderm von den Reformirten: Toute religion et pieté se perdoit, le peuple comme en desespoir commençoit à se mutiner; et il n'y avoit reigle ny discipline aulcune que l'on voulust observer.

13 *

Vertrag mit den Generalstaaten derselben geschlossen, in wel=
chem er zum Beschützer der Freiheit der Niederlande gegen
die Tyrannei der Spanier und ihrer Anhänger erklärt wurde,
zur Vertheidigung eine bestimmte Anzahl Truppen zu stellen
versprach und ihm außer andern Versprechungen der Oberbe=
fehl im Kriege gemeinschaftlich mit den Generalstaaten, welche
durch einen von ihnen ernannten Feldherrn vertreten werden
sollten, übertragen wurde. Seine Unternehmungen beschränk=
ten sich damals auf die Einnahme von Binch und Maubeuge,
denn da die ihm gemachten Zusagen nicht erfüllt wurden und
er seine Soldaten nicht bezahlen konnte, so entließ er diese
bald wieder und kehrte nach Frankreich zurück [1]). Im Juni
1580 faßten die durch die Utrechter Union vereinigten Pro=
vinzen auf Antrieb Oraniens, um sich französische Hülfe zu
verschaffen, den Entschluß, ihm unter bestimmten Bedingun=
gen die Herrschaft zu übertragen, und ihre Abgeordneten
schlossen am 19. September zu Plessis=les=Tours mit ihm ei=
nen Vertrag, durch welchen sie ihn zum Fürsten und Herrn
ihrer Provinzen, jedoch mit Vorbehalt der alten Tractate,
Rechte, Freiheiten und Bräuche und mit andern Beschrän=
kungen, wählten, und welcher im folgenden Januar zu Bor=
deaur vervollständigt wurde [2]). Der König von Frankreich
verweigerte zwar jede öffentliche Theilnahme an dem Unter=
nehmen seines Bruders, weil er sich nicht in einen Krieg mit
Spanien verwickeln wollte, allein er begünstigte dasselbe ins=
geheim, wahrscheinlich nicht nur weil er seinen Bruder aus
Frankreich entfernen und die Kampflust seiner Unterthanen
nach dem Auslande wenden wollte, sondern auch weil er eine
Verbindung der Guisen mit dem spanischen Hofe mindestens
argwöhnen mochte und deshalb durch Fortbauer des Krieges
in den Niederlanden die spanische Macht beschäftigen und
schwächen wollte. Erst nach der Mitte des Jahres 1581 ver=
sammelte Anjou bei Thionville eine Armee, welche 4000 Rei=
ter, meist Edelleute und auch Solche, welche im königlichen
Solde standen, und 10,000 Fußgänger stark war. Er nö=

1) Thuan. LXVI, 371. 375. 389. Du Mont 320—322.
2) Thuan. LXXI, 589. Du Mont 380. 381.

thigte Alexander von Parma, die Belagerung von Cambrai
aufzuheben, welches ihm huldigte und von ihm einen Gouverneur annahm, und er zwang Cateau-Cambresis zur Ergebung, aber er vermochte nicht sich den Weg nach Brabant
zur Vereinigung mit der Armee der verbündeten Niederlande
zu bahnen, weil seine Truppen, namentlich diejenigen, welche
ihm als Freiwillige gefolgt waren, sich zerstreuten, und er begab sich nach England, um selbst seine Vermählung mit der
Königin Elisabeth zu betreiben. Schon im November 1579
waren auf dieselbe bezügliche Artikel festgestellt worden, und
diese waren am 11. Juni 1581 in die Form eines Contracts
gebracht worden; jedoch hatten die englischen Bevollmächtigten nur mit dem Vorbehalt unterzeichnet, daß die Königin
sich nicht für verpflichtet und gezwungen zur Vollziehung der
Ehe halte, bevor sie und der Herzog nicht über einige besondere Punkte sich geeinigt und einander befriedigt hätten. Sie
gab zwar jetzt dem Herzoge während seines Aufenthalts in
England Beweise von Zuneigung, indeß entsagte sie zuletzt
dem Gedanken einer Verheirathung, weil sie ihre Unabhängigkeit nicht einem Gemahl aufopfern wollte. Anjou ging im
Februar 1582 nach den Niederlanden hinüber, und er empfing
in mehren Provinzen die Huldigung. Als ihm gegen das
Ende dieses Jahres der Herzog von Montpensier aus Frankreich über Dünkirchen 3000 Schweizer, 4000 französische
Fußgänger und einige Geschwader Reiterei zuführte, so wurde
er durch seine eigene Herrschsucht und durch den Rath seiner
Vertrauten bestimmt, diese Kriegsmacht zu benutzen, um die
Schranken, welche seiner Gewalt gesetzt waren, zu vernichten
und sich im Januar 1583 der wichtigsten flandrischen Plätze
zu bemächtigen. Dies Vorhaben gelang nur in Dünkirchen,
Dendermonde und einigen andern Städten, in den übrigen
wurde es vereitelt, und in Antwerpen wurden fast alle die
französischen Truppen, mit welchen Anjou selbst es ausführen
wollte, getödtet oder gefangen. Durch Vermittelung der von
Heinrich III. geschickten Gesandten kam zwar zwischen ihm
und den Generalstaaten im März ein Vergleich zu Stande,
nach welchem er die eingenommenen Plätze wieder räumte,
die gegenseitigen Beleidigungen vergessen werden sollten und

der früher zu Bordeaux unterzeichnete Vertrag bestätigt wurde; jedoch das Verhältniß, in welches er sich durch sein unbesonnenes und eidbrüchiges Verfahren zu den Niederländern gebracht hatte, bewog und nöthigte ihn, schon im Juni mit seinen Truppen nach Frankreich zurückzukehren. Seine fernern Versuche, durch Versprechungen die Generalstaaten zu bewegen, ihn wieder als Herrn und Fürsten aufzunehmen, waren anfangs ohne Erfolg, und als endlich die Niederländer, weil sie von den Spaniern sehr bedrängt wurden, sich dazu bereit erklärten, starb er am 10. Juni 1584 [1]).

Der Tod des Herzogs von Anjou, des einzigen Bruders Heinrich's III., war bei den damaligen Verhältnissen in Frankreich ein Ereigniß von der größten Bedeutung, indem nach dem französischen Staatsrecht die Thronfolge dem Könige von Navarra gebührte, wenn, wie zu erwarten war, Heinrich III. ohne Nachkommen starb. Der größte Theil der katholischen Franzosen wies den Gedanken, einen rückfälligen Ketzer zum Throne gelangen zu lassen, um so entschiedener zurück, als man die Überzeugung hegte, daß die Unterdrückung der katholischen Religion in Frankreich die nothwendige Folge davon sein werde. Ein rasches Handeln, um jenes zu verhindern, wurde durch die herrschende Meinung, daß das Leben des Königs nicht mehr von langer Dauer sein werde, gefodert; eine enge Verbindung der Katholiken untereinander mußte als das geeignetste, als das einzige Mittel, um den König von Navarra von dem französischen Throne auszuschließen, erscheinen, und die Stiftung und Leitung einer solchen Vereinigung mußte, da Heinrich III. das Vertrauen und die Achtung auch seiner katholischen Unterthanen gänzlich verloren hatte, in die Hand desjenigen Mannes fallen, welcher nicht allein als die kräftigste Stütze des katholischen Glaubens betrachtet wurde, sondern welcher auch Kühnheit und Entschlossenheit besaß, die Umstände zur Befriedigung seines persönlichen Ehrgeizes zu benutzen. Heinrich III. hatte in den letzten Jahren das Misvergnügen und die Verachtung,

1) Du Mont V, I, 406—411. Thuan. LXXIV, 708. 717—719. LXXV, 754. LXXVI, 774. LXXVII, 839—846. 867. LXXIX, 929.

welche er schon bald nach seiner Thronbesteigung gegen sich
erregt hatte, noch um Bieles gesteigert. An der Regierungsweise, für welche er sich damals entschieden hatte, hielt er
um so fester, als sie seinem Hange zur Unthätigkeit und seiner Trägheit entsprach und er sich dadurch die feinste Staats-
klugheit anzueignen wähnte, daß er sich täglich nach der Mahl-
zeit aus Tacitus, Polybius und am häufigsten aus Macchia-
vell's Buch vom Fürsten und dessen Discorsi über Livius vorlesen ließ [1]). Durch kleinliche Mittel und Künste glaubte er
sich den Besitz einer unumschränkten königlichen Gewalt verschaffen und sichern zu können. Um den Reformirten, welche
er als Ketzer wie als ungehorsame Unterthanen haßte, in
offenem, entscheidendem Kampfe entgegenzutreten, dazu fehlten
ihm Muth und Thatkraft, er suchte ihnen durch einzelne Beeinträchtigungen Dasjenige, was er ihnen hatte zugestehen
müssen, wiederzunehmen und sie dadurch zu schwächen, daß
er Uneinigkeit unter ihnen erregte und nährte. Den Häuptern des katholischen Adels, namentlich den Guisen, hoffte er
dadurch Ansehen und Macht zu entziehen, daß er sie von allem Einflusse auf die Staatsgeschäfte ausschloß, und er glaubte,
die Regierung allein in seiner Hand zu haben, wenn er sie
nur solchen Leuten anvertraute, die ihm ihre Erhebung verdankten, und die er deshalb als seine Werkzeuge betrachtete.
In diesem Sinne ernannte er René von Villequier, einen
Mann vom sittenlosesten Charakter, zum Gouverneur von Paris, und dessen Schwiegersohn, Franz von D, welcher
sich ebenso sehr durch seine Ausschweifungen berüchtigt wie
durch Habgier, Stolz und Härte verhaßt machte, zum Oberintendanten der Finanzen. Unter den jungen Edelleuten, welche er um sich versammelte, schenkte er seine Gunst besonders
zweien in solchem Maße, daß sie ihn bald gänzlich beherrsch-
ten, Anna von Joyeuse und Nogaret von La Balette; Jenen
erhob er zum Herzog von Joyeuse und zum Pair, er ernannte ihn zum Admiral von Frankreich und vermählte ihn
mit einer Schwester seiner Gemahlin; für Diesen kaufte er
die Herrschaft Epernon, welche er zum Herzogthum und zur

---

1) Davila 350.

Pairie erhob, er bestimmte ihm die jüngste Schwester der Königin zur Gemahlin und gab ihm im voraus 300,000 Thaler als Mitgift derselben. Das Misvergnügen über die Begünstigung Joyeuse's wurde dadurch einigermaßen vermindert,
daß er einer angesehenen Familie angehörte und ein Mann
von sanftem Sinne und gebildetem Geiste war; dagegen machte
sich der Herzog von Epernon um so mehr durch seine Pracht
und Eitelkeit und seinen anmaßlichen Stolz verhaßt, als ihm
auch seine Geburt nicht ein Recht zu der Stellung gab, zu
welcher er so rasch befördert worden war [1]). Diesen und andern Günstlingen überließ der schwache König sogar die Vertheilung der Würden und Ämter, sie behielten die angesehensten und einträglichsten für sich, und die andern vergaben sie entweder an Verdienstlose und Unwürdige oder sie verkauften sie zu
ihrem Vortheile. Den nachtheiligen Folgen der Unzufriedenheit des höhern Adels, welcher sich immer mehr vom Hofe
fern hielt, glaubte Heinrich dadurch vorzubeugen, daß er neben dem Michaelsorden, welcher durch zu häufige Verleihung sehr
in der öffentlichen Meinung verloren hatte, einen neuen Orden
errichtete, durch welchen er sowol einen Theil des höhern Adels
zu besonderer Treue sich verpflichten als auch ein Zeugniß von
seinem Eifer für die katholische Religion geben wollte. Am
31. December 1578 stiftete er nämlich zur Vertheidigung des
katholischen Glaubens so wie seiner Person und seines Staates einen militairischen Orden, welchen er den „Orden des heiligen Geistes" nannte, weil Gott einst am Pfingstfeste durch
den heiligen Geist den Willen und die Herzen der polnischen
und lithauischen Edelleute vereinigt habe, ihn zum Könige zu
wählen, und ihn an demselben Feste zu dem französischen
Throne berufen habe. Das Großmeisterthum desselben wurde
mit der Krone vereinigt, und von den Mitgliedern, deren Vorfahren väterlicherseits mindestens seit drei Generationen dem
Adel angehört haben mußten, wurde der Eid verlangt: im
katholischen Glauben zu leben und zu sterben, dem Könige
stets gänzlichen und vollkommenen Gehorsam zu leisten, ihm

1) Isambert XIV, 504. 514. Lettres de Busbec (in Archiv. curieus. X) 83. 134. Thuan. LXVI, 405. LXXIII, 721. 722.

gegen Jedermann bis zum Tode zu dienen und von keinem
andern Fürsten Gehalt oder Würden anzunehmen [1]. Um als
eifriger Katholik zu erscheinen und sich der Ergebenheit der
Katholiken und besonders der Geistlichen zu versichern, besuchte
er sehr häufig die Kirchen, baute Klöster und Kapellen, umgab sich mit Kapuzinern und Jesuiten, räumte Hieronymiten
selbst eine Wohnung in seinem Palaste ein, nahm an Processionen Theil, zeigte sich im härenen Bußkleide und trug den
Rosenkranz am Gürtel [2]); allein alles Dies wurde, namentlich
von Abgeneigten, für Heuchelei erklärt, da mit solchen Andachtsübungen Bälle, Maskeraden und Lustbarkeiten wechsel-
ten, da seine Lebensweise fortwährend schwelgerisch und aus-
schweifend blieb, da er die Stadt Genf unter seinen Schutz
nahm und die protestantischen Niederländer unterstützen ließ.
Die Geistlichen, erbittert durch seine unablässigen Geldfoderungen und Erpressungen, beschuldigten ihn, daß er nur deshalb
den Hugenotten Frieden bewilligt habe, um ungestört seine
Genußsucht befriedigen zu können; die höhern Magistrate waren misvergnügt, daß er die Parlamente und andern obern
Behörden geringschätzig und gebieterisch behandelte und sie,
ohne ihre Vorstellungen zu beachten, zwang, seine Verordnungen und die zahllosen Edicte zu registriren [3]), durch welche
er sich besonders mittels Errichtung und Verkaufs von
Ämtern Geld zu verschaffen suchte [4]. Die fortwährende Ver-

1) Das Ordenszeichen war ein sammetnes Kreuz, welches auf der
linken Seite der Brust, und ein goldenes Kreuz, welches am himmel-
blauen Bande um den Hals getragen wurde. Isambert XIV, 350—377.
L'Estoile 181. Thuan. LXVIII, 452. Heinrich IV. erklärte 1607
fremde Fürsten und Herren für zulassungsfähig zu diesem Orden. Isambert XV, 341.

2) Davila 347.

3) Floquet III, 222. 223.

4) Um nur Einiges (aus Isambert XIV) anzuführen: 1575 wurde
in jeder Stadt und jedem Flecken, wo Gewerke bestanden, ein Gewerks-
meister, in jeder Sénéchaussée und Bailliage und in jedem königlichen
Gericht Notare und Contractbewahrer und 1576 bei allen Salzmaga-
zinen Salzböker und Salzmesser creirt; 1577 wurde in jeder Parochie
einer Person Abgabenfreiheit verkauft. Seit 1580 nahm die Errichtung
von Ämtern, deren Käufer ihre Besoldung aus königlichen Cassen oder

mehrung und der unerträgliche Druck der Abgaben erregte bei
dem Volke um so größern Unwillen und Haß gegen den König, da er den Ertrag derselben nicht für das Wohl des
Staats verwandte, sondern für seine Vergnügungen und an
seine Günstlinge verschwendete. Im ganzen Reiche verminderte sich Ansehen und Macht des Königs immer mehr: nicht
allein viele Gouverneure der Provinzen, namentlich der König
von Navarra in Guienne, wenigstens im südlichen Theile,
Damville, welcher durch den Tod seines kinderlosen ältern
Bruders 1579 Herzog von Montmorency geworden war, in
Languedoc, der Herzog von Guise in Champagne, sein Bruder, der Herzog von Mayenne in Burgund, sein Vetter, der
Herzog von Aumale, in der Picardie und der Herzog von
Mercoeur in Bretagne, sondern auch nicht wenige Befehlshaber in kleinern Bezirken und in einzelnen Städten und
Festen, welche ihre Stellen erkauft hatten und deshalb als
ihr völliges Eigenthum betrachteten, glichen mehr unabhängigen Herren als königlichen Beamten, und nicht nur waren
reformirte Städte, wie La Rochelle und Montauban, Repu-
bliken ähnlich, sondern auch katholische, wie Paris, Marseille
und Rouen, ordneten ihre innern Angelegenheiten nach Be-

direct von den Unterthanen zogen, immer mehr zu; 1581 wurde in jeder Stadt ein Douanenbureau und in jedem königlichen Gericht ein
Controlbureau für außergerichtliche Urkunden eingesetzt, in jeder Parochie ein Gerichtsdiener für die Tailles und Aides und in jeder Genera-
lität ein General = Controleur der Domainen creirt und in allen Städten
eine Eingangssteuer von zwanzig Sous für jedes Faß Wein auf sechs
Jahre eingeführt, und in Einer königlichen Sitzung im pariser Parlament, am 4. Juli 1581, wurden siebenundzwanzig fiscalische Edicte bekannt gemacht, durch deren eines die Zahl der Rathsstellen in diesem
Parlament um zwanzig vermehrt wurden. Thuan. LXXVI, 721. Selbst
geringe Geschäfts = und Handelsbetriebe wurden zu Ämtern erhoben, um
sie zu verkaufen, und den Käufern blieb es überlassen, sich für das bezahlte Geld auf Kosten ihrer Kunden zu entschädigen. Schon 1592
waren alle Courtiers zu Beamten gemacht und verpflichtet worden, sich
binnen zwei Monaten Bestallungsbriefe zu lösen; 1583 wurden Ämter
von Seesischverkäufern in allen Städten und größern und kleinern Flecken, ferner dreißig Ämter von Wein-, Heu = und Kohlen = Prüfern und
Verkäufern in Paris errichtet und 1586 die daselbst schon früher eingeführten Pferdemäkler = Ämter um sechsundzwanzig vermehrt.

lieben und verhandelten in selbständiger Weise über die katholischen Interessen. Von einem Könige, welcher allgemein verhaßt oder verachtet war, welcher weder die Kraft hatte, noch den Willen zu haben schien, die Ketzer zu vernichten, richteten sich die Blicke und Hoffnungen der eifrigen Katholiken auf denjenigen Mann, welcher allein befähigt schien, dem katholischen Glauben die ausschließliche Herrschaft in Frankreich zu verschaffen, und welcher, wenn ihm auch sittliche Größe fehlte, doch die Eigenschaften des ritterlichen Helden mit denen eines Parteihauptes in seltenem Maße vereinigte, auf den Herzog Heinrich von Guise. Schon seine hohe Gestalt und seine würdevolle Miene und Haltung verkündigten die überlegene Gewalt seines Geistes und das Bewußtsein dieser Überlegenheit; er hatte im Kriege Tapferkeit und Einsicht vielfach bewiesen und sich die Bewunderung und Liebe der Soldaten erworben, indem er jede Entbehrung mit ihnen theilte und jede Anstrengung leicht ertrug; durch eine wunderbare Mischung von Ernst und Freundlichkeit, durch eine unwiderstehliche Gabe der Rede, durch verschwenderische Freigebigkeit und stets hülfreiche Menschenfreundlichkeit gewann und fesselte er eine große Zahl Treuergebener an sich; mit großer Leichtigkeit durchblickte und entwirrte er die verwickeltsten Verhältnisse und Geschäfte, und auch der Ernst und Drang derselben vermochte nie die Heiterkeit und Freiheit seines Geistes ihm zu entziehen. Allein das Bewußtsein seiner großen Eigenschaften weckte und nährte in ihm einen unbegrenzten Ehrgeiz, ein zuversichtliches Vertrauen auf sein Glück und eine Geringschätzung Anderer, welche sich auch darin aussprach, daß er oft Versprechungen gab, welche er nie zu erfüllen beabsichtigte, daß er seine geheimen Pläne oft hinter Heuchelei, Trug und Lüge verbarg und es nicht beachtete, wenn er dadurch Befreundete sich zu Feinden machte. Der Ältere seiner beiden Brüder, der Herzog Karl von Mayenne, hatte sich im Kampfe gegen die Türken und in den französischen Bürgerkriegen auch als tapferer Krieger und besonders als geschickter und glücklicher Städteeroberer bewährt; jedoch vertraute er weniger dem Glücke als der Klugheit, seine gemäßigte Sinnesweise trachtete nicht nach dem Ziele, nach welchem der Ehrgeiz sei-

nes Bruders strebte, seine Freigebigkeit wurde nie zur Verschwendung, und was er einmal versprochen, erfüllte er stets
mit der größten Gewissenhaftigkeit. Dagegen glich der dritte
Bruder, der Cardinal Ludwig von Guise, an Lebhaftigkeit
des Geistes, an Kühnheit und Zuversichtlichkeit dem Ältesten [1]).

Die früher geschlossene Ligue hatte sich, besonders in
Folge des mehrjährigen innern Friedens nach dem Vertrage
von Fleix, größtentheils aufgelöst, und die Guisen, welche dadurch immer mehr erbittert wurden, daß der König sie nicht
allein von der obern Leitung der Staatsverwaltung ausschloß,
sondern ihnen auch den Genuß der mit ihren Würden verknüpften Rechte verkürzte und ihre Freunde und Anhänger
unter verschiedenen Vorwänden ihrer Ämter beraubte, hatten
sich vergeblich bemüht, den verfallenden Bund zusammenzuhalten. Da aber jetzt die Gefahr drohte, daß ein ketzerischer
König einst den Thron besteige und den katholischen Glauben
unterdrücke, und da eine dem Könige feindselige Stimmung
sich durch das ganze Reich verbreitet hatte, so konnte es ihnen
nunmehr leicht gelingen, die Ligue wieder zu beleben und ihr
unter dem Adel wie dem Volke eine viel größere Ausdehnung
zu geben, als sie früher gehabt hatte. Nicht allein die Mitglieder des guisischen und des lothringischen Hauses in Frankreich, der Herzog von Nemours und der Marquis von S.-
Sorlin, Söhne der Herzogin von Guise aus ihrer zweiten
Ehe mit Jakob von Savoyen, Herzog von Nemours, die
Herzöge von Aumale und von Elboeuf, Vettern des Herzogs
von Guise, und der Herzog von Mercoeur und der Cardinal
von Vaudemont, Brüder der Königin von Frankreich, sowie
die zahlreichen Personen, welche diesem Hause befreundet oder
verpflichtet waren, schlossen sich der Ligue an, sondern auch
eine große Anzahl höherer und geringerer Edelleute wurden
meist durch die Hoffnung auf die ihnen bisher nicht zu Theil
gewordene Befriedigung ihres Ehrgeizes und ihrer Habgier
dazu bewogen, wie Ludwig von Gonzaga, Herzog von Nevers,
welcher nach dem Besitz eines Gouvernements strebte, der
Graf von Brissac und die Gouverneure von Berri, Lyon und

1) Davila 539. 540. Thuan. XCIII, 574. 575.

Orleans. Auch unter den höhern Mitgliedern der Magistratur traten manche aus Ehrgeiz oder aus Eifer für den Katholicismus der Ligue bei, namentlich der pariser Parlamentspräsident Le Maitre, der Präsident des Steuerhofs Neuilly und der Parlamentspräsident Jeannin zu Dijon. Während ein Theil der Prälaten dieselbe Partei ergriff, so erklärten sich die große Mehrzahl der niedern Geistlichen und die Mönche auf leidenschaftliche Weise für dieselbe[1]), und sie waren es vornehmlich, durch welche die Häupter der Ligue auf die große Masse des Volks einwirkten und diese zum Werkzeuge für die Ausführung ihrer Pläne gewannen. In Paris hatte seit dem Jahre 1577 eine liguistische Partei, wenn auch in beschränkter Weise, fortbestanden, und sie erhielt jetzt eine bedeutende Erweiterung; allein neben derselben bildete sich unter dem Volke eine, von dem heftigsten Hasse gegen die Reformirten beseelte, katholische Verbindung, welche die Ligue der Sechzehn genannt wurde, indem sie sich über alle sechzehn Quartiere, in welche die Stadt getheilt war, erstreckte und ein Rath von sechzehn Personen, sich den Rath der sechzehn Quartiere von Paris nennend, an ihre Spitze trat. Die Stifter derselben waren Karl Hottman, Herr von La Rocheblond, Einnehmer des Bischofs von Paris, und einige Geistliche, namentlich die Prediger Boucher und Prevost, welche sich insgeheim zur Aufrechthaltung der katholischen Religion, zur Abschaffung der Mißbräuche in der Regierung und zum Widerstande gegen Ketzerei und Tyrannei verbanden. Sie zogen anfangs nur wenige, ihnen als eifrige Katholiken bekannte Personen in das Geheimniß, allein bald erhielten die Anwerbungen für den Bund eine größere Ausdehnung, und es gelang, viele Einwohner der Stadt für denselben zu gewinnen, indem man ihnen vorstellte: die katholische Religion sei verloren, wenn man nicht strenge Maßregeln ergreife; in der Vorstadt S.-Germain gebe es Tausende von Hugenotten, welche die Katholiken umbringen und den König von Navarra, welcher von Heinrich III. begünstigt werde, auf den Thron erheben wollten; um dies zu verhindern, müßten sich

1) Davila 367—369.

alle guten Katholiken bewaffnen, und sie könnten nicht allein
auf die Unterstützung des ganzen lothringischen Hauses und
anderer französischen Prinzen und Herren rechnen, sondern auch
auf den Beistand des Papstes, des Herzogs von Savoyen
und des Königs von Spanien. Beamte, Geistliche, angesehene
Bürger, Gewerbtreibende und Handwerker traten in großer
Zahl dem Bunde bei, theils Leute, welche dazu durch Eifer
für den Katholicismus bestimmt wurden, theils aber auch
Solche, welche Unordnungen und Verwirrung wünschten, um
Straflosigkeit für Vergehungen zu erlangen und um Gelegenheit zu Raub und Plünderung zu finden. Sobald der Verein eine größere Zahl von Theilnehmern zählte, trat er in
Verbindung mit dem Herzoge von Guise; dieser schickte Be-
vollmächtigte nach Paris, um mit demselben zu verhandeln
und ihn zu leiten. Es wurden Waffen angekauft und Schmähschriften unter dem Volke verbreitet, um den Haß gegen den
König von Navarra und die Reformirten, sowie gegen den
König von Frankreich noch mehr zu erhöhen; Agenten wurden nach Chartres, Orleans, Blois, Tours und andern
Städten geschickt, und bald kamen Beauftragte derselben nach
Paris, um nähere Unterhandlungen und Verbindungen anzuknüpfen [1]).

Das Ziel, nach welchem der Herzog von Guise strebte,
war nicht dasselbe, welches manche der angesehensten Ligueurs
im Auge hatten, nämlich die Herrschaft über einen Theil
Frankreichs als völlig unabhängige Fürsten oder unter spanischem Schutze zu erlangen, es war vielmehr der Besitz der
höchsten Gewalt über das ganze Reich, welche er zunächst im
Namen eines Andern ausüben wollte, um sich dadurch den
Weg zum Throne zu bahnen. Die Erreichung auch dieses
entferntern Zieles mußte ihm wenigstens seit dem Tode des

---

1) Le procez verbal du nommé Nicolas Poulain, qui contient
l'histoire de la Ligue depuis le 2. janvier 1585 jusques au jour des
Barricades, eschenes le 12. May 1588, bei Petitot XLV, 411 etc.
Cayet XXXVIII, 272. Thuan. LXXXVI, 258. Ranke, Die römischen
Päpste II, 152. De Lezeau in Arch. cur. XIV, 29—41. Nach Pou-
lain muß der Grund der Ligue der Sechzehn schon 1584 gelegt sein.

Herzogs von Anjou nicht mehr unmöglich scheinen; er verbarg indeß seine ehrgeizige Absicht hinter seinem Eifer für die
katholische Religion, er wollte zuvörderst die Ausschließung
des Königs von Navarra von der Thronfolge bewirken und
diese einem bejahrten, kraftlosen Manne zuwenden, und er
wollte den König Heinrich III. zwingen, sich ihm unterzuordnen, ihm die Ausübung der königlichen Gewalt zu überlassen
und die Franzosen allmälig an den Gedanken seiner Erhebung auf den Thron gewöhnen. Durch zahlreiche Flugschriften, durch Prediger, Mönche und andere Agenten suchte er die
Masse des Volks für seine Absichen immer günstiger zu
stimmen, mehr noch als bisher wurde er als der Verfechter
des wahren Glaubens gepriesen und der König herabgewür-
bigt, die Ansprüche des Königs von Navarra auf den Thron
wurden bestritten, weil er ein Ketzer und ein sehr entfernter
Verwandter des königlichen Hauses sei, und durch öffentlich
zur Schau gestellte bildliche Darstellungen Dessen, was damals
die Katholiken in England wegen einer Verschwörung gegen
das Leben der Königin erduldeten, wurde das Verlangen nach
der Ausschließung desselben immer lebhafter angeregt. Der
Mann, welchem Guise zunächst die Thronfolge verschaffen,
und welchen er, wenigstens zum Schein, an die Spitze der
Ligue stellen wollte, war der einundsechzigjährige Oheim des
Königs von Navarra, der ebenso schwache als eitle Cardinal
Karl von Bourbon, welcher sich leicht überreden ließ, daß
ihm die Thronfolge gebühre. Die Königin-Mutter, welche
ihrem Schwiegersohne, dem Könige von Navarra, weil er mit
seiner Gemahlin wegen ihrer leichtfertigen Lebensweise in einem gespannten Verhältnisse stand, abgeneigt und misvergnügt
darüber war, daß die Günstlinge ihres Sohnes sie von allem
Einflusse auf die Regierung ausschlossen, wurde von Guise
durch das Vorgeben gewonnen, daß er sich des Cardinals
nur bedienen wolle, um die Thronbesteigung des Königs von
Navarra zu verhindern und die Thronfolge den Söhnen ihres
geliebtern Schwiegersohns, des Herzogs von Lothringen, zu
verschaffen [1]). Auch unter den Räthen des Königs gab es

1) Thuan. LXXXI, 9. 10.

manche, welche insgeheim ihm befreundet waren, und man
glaubte sogar, daß der Herzog von Joyeuse aus Haß gegen
die Reformirten die Guisen begünstige, mit denen er überdies
verschwägert war. Der König von Spanien war aus kirch=
lichem und politischem Interesse bereit, der Ligue und dem
Herzoge von Guise Beistand zu leisten. Noch lebhafter als
früher mußte er die Vertilgung der Hugenotten wünschen,
weil er sie nicht nur als Ketzer haßte und verabscheute, son=
dern auch weil sie stets bereit waren, die Niederländer in
dem Kampfe gegen ihn zu unterstützen. Wenn er anfangs
von Heinrich III. die Erfüllung jenes Wunsches erwartet ha=
ben mochte, so sah er sich jetzt in dieser Hoffnung getäuscht,
und die Politik des französischen Hofs hatte sogar, ungeachtet
fortwährender Freundschaftsversicherungen, eine ihm feindliche
Richtung genommen. Denn Heinrich III. hatte nicht allein
die Unternehmmungen seines Bruders in den Niederlanden ge=
stattet und begünstigt, sondern er hatte auch nach dem Ver=
langen seiner Mutter den Prior Anton von Crato, welcher
Philipp II. die portugiesische Krone streitig machen wollte
und auf der Insel Terceira als König von Portugal aner=
kannt worden war, auf ehrenvolle Weise 1581 an seinem
Hofe empfangen und zur Hülfe desselben in den beiden fol=
genden Jahren Schiffe und Truppen, jedoch mit unglücklichem
Erfolge, nach den Azorischen Inseln geschickt [1]). Deshalb
mußte sich bei Philipp II. mit dem Verlangen nach der Aus=
rottung des Protestantismus in Frankreich auch die Absicht
vereinigen, dasselbe durch Nährung des innern Zwiespaltes zu
schwächen, und es, vielleicht selbst durch Zersplitterung in
mehre kleine Staaten, von Spanien abhängig zu machen.
Beides konnte er zu gleicher Zeit durch Unterstützung der
Ligue zu erreichen hoffen. Schon im Jahre 1578 hatte er
seinen Gesandten in Paris angewiesen, gegen den Herzog von
Guise und die übrigen Mitglieder dieser Familie sich auf zu=
vorkommende Weise zu benehmen; seit 1580 setzte sich der
Herzog mit dem Könige selbst in Verbindung und machte
ihm Mittheilungen über die Unternehmungen und Pläne des

---

1) Capefigue IV, 177. 193.

Herzogs von Anjou, über die an den französischen Hof gelangten Nachrichten von den Ereignissen in den Niederlanden und über die Absichten und Stimmung Heinrich's III. in Beziehung auf Spanien[1]). Der Tod des Herzogs von Anjou bewirkte eine enge Vereinigung des Königs von Spanien mit den Guisen und der Ligue, und am 31. December 1584 wurde von zwei spanischen Bevollmächtigten, Taxis und Moreo, von einem Bevollmächtigten des Cardinals von Bourbon und von den Herzögen von Guise und von Mayenne für sich und im Namen der Herzöge von Aumale und von Elboeuf im Schlosse von Joinville eine geheime, immerwährende heilige Offensiv- und Defensivligue zur alleinigen Beschützung, Vertheidigung und Erhaltung der katholischen Religion, zur Wiederherstellung derselben und zur gänzlichen Ausrottung aller Sekten und Ketzereien in Frankreich und den Niederlanden abgeschlossen. Die contrahirenden französischen Prinzen versprachen, im Fall der König Heinrich III. ohne rechtmäßige männliche Erben sterben werde, den Cardinal von Bourbon zum Nachfolger desselben erklären zu lassen, indem auf immer alle französischen Prinzen von Geblüt, welche gegenwärtig Ketzer und Rückfällige seien, von der Thronfolge ausgeschlossen werden und nie Jemand regieren solle, welcher Ketzer sei oder als König den Ketzern öffentliche Ungestraftheit zugestehe, und sich den Ansprüchen der ketzerischen Prinzen auf die Krone immer und durch alle mögliche Mittel zu widersetzen. Der Cardinal verpflichtete sich, nach seiner Thronbesteigung den Frieden von Cateau-Cambresis zu erneuern und zu bestätigen, jede Ausübung der Ketzerei aus ganz Frankreich zu verbannen und Diejenigen, welche der katholischen Kirche nicht gehorchen wollten, aufs äußerste bis zu ihrer völligen Vernichtung zu verfolgen, und er sowie die andern Prinzen gaben die Versicherung, die Beschlüsse des Tridenter Concils vollständig beobachten zu lassen, allen Verbindungen, in welchen Frankreich jetzt mit den Türken stehe, zu entsagen und allen Seeräubereien und andern unerlaubten Schiffahrten nach dem spanischen Amerika ein Ende zu machen. Dagegen verpflichtete sich der König

---

1) Capefigue a. a. O.

von Spanien, ihnen von dem Tage an, an welchem in Frankreich offen die Waffen ergriffen werden würden, monatlich
50,000 Goldthaler zu zahlen, welche verwandt werden sollten
für den Krieg zur Wiederherstellung der katholischen Religion
oder um die Absichten der Franzosen zu Gunsten der Ketzer
in den Niederlanden zu verhindern. Die Prinzen schlossen
alle Katholiken, mit welchen sie in Verbindung und Einverständniß seien, in diese Ligue ein[1]). Auch die päpstliche
Sanction war diesem Bunde bereits zu Theil geworden. Der
Papst Gregor XIII., welchem die an der Spitze derselben stehenden Prinzen im November geschrieben hatten, daß es ihre
erste und vornehmste Absicht sei, die Waffen gegen die Ketzer
in Frankreich zu ergreifen, billigte dies Vorhaben, er beseitigte
jede Bedenklichkeit, welche man darüber haben könnte, überzeugt, daß der König es gutheißen werde, und erklärte, daß,
wenn dies auch nicht der Fall sei, man um nichts weniger
jenen Plan verfolgen könne; er bewilligte allen Prinzen, welche
denselben ausführen wollten, und Allen, welche ihnen bei einem
so heiligen Werke helfen würden, vollständigen Ablaß, er äußerte mehrmals gegen den Jesuiten Matthieu, welcher in dieser
Angelegenheit nach Rom geschickt war, daß man zu lange mit
dem Beginn zögere, und er versprach, nach diesem den König
von Navarra und den Prinzen von Condé für unfähig zur
Thronfolge zu erklären und das Unternehmen auf alle Weise
zu begünstigen[2]).

Heinrich III. hatte die gefährlichen Folgen, welche der
Tod seines Bruders für ihn herbeiführte, nicht geahndet, wenigstens nicht hinlänglich gewürdigt; er sah in demselben nur
ein ihm günstiges Ereigniß, insofern er dadurch von den Befürchtungen befreit wurde, welche der unruhige Ehrgeiz des
Herzogs von Anjou ihm veranlaßt hatte. Er hielt fortwährend die Reformirten für seine gefährlichsten Feinde, und er
suchte dadurch ihre Unterdrückung sich zu erleichtern, daß er
sie unter sich mehr und mehr schwächte. Er hatte deshalb den
Herzog von Epernon unter einem andern Vorwande nach

---

1) Du Mont V, 1, 441—443.
2) Depesche des Jesuiten Matthieu bei Capefigue IV, 198—200.

Guienne geschickt, um den König von Navarra zum Übertritt
in die katholische Kirche zu bewegen, allein auch die glänzendsten Anerbietungen vermochten nicht, diesen dazu zu bestimmen. Auch als die von den Guisen ausgehende Aufregung
unter dem Volke immer sichtbarer wurde, als sich Gerüchte
von geheimen Zusammenkünften, Verbindungen und Werbungen verbreiteten, erkannte Heinrich III., durch seine Trägheit
oder durch seine Mutter getäuscht, die Größe der ihm drohenden Gefahr nicht, und er begnügte sich, im November durch
ein Edict alle geheimen Verbindungen zu untersagen, den aus
denselben Austretenden Verzeihung zu versprechen und alle
Anwerber von Kriegsvolk für Majestätsverbrecher zu erklären[1].
Im Januar 1585 kamen Gesandte der Vereinigten Niederlande
nach Frankreich, um ihm die Herrschaft über diese anzubieten.
Dem spanischen Gesandten Mendoza, welcher sich über die Zulassung dieser Gesandtschaft in heftigen Ausdrücken beschwerte
und mit Krieg drohte, wenn das Anerbieten nicht zurückgewiesen würde, antwortete der König zwar in nachdrücklicher
und würdiger Weise, allein er wagte es nicht, die Gunst der
Umstände zu benutzen, um die Macht des gefährlichsten Feindes Frankreichs zu schwächen und durch auswärtigen Krieg
der Erneuerung innerer Unruhen vorzubeugen, und er ließ sich
nach langem Schwanken durch den Rath Derer, welche die
Macht Spaniens fürchteten oder insgeheim das spanische Interesse begünstigten, endlich gegen Ende des März bestimmen,
die ihm angebotene Herrschaft abzulehnen, bot indeß zugleich
den Niederländern die Hülfe an, welche er jetzt zu leisten
vermöge, und versprach, sobald die Ruhe seines Reichs befestigt sein würde, sie kräftiger zu unterstützen und auch den
König von Navarra und die Königin von England dazu aufzufordern[2]. Obwol er jetzt nicht mehr an der ihm feindlichen Gesinnung des spanischen Hofs, welchen er selbst noch
mehr durch dieses Versprechen gegen sich reizte, zweifeln konnte,
obwol aus allen Provinzen immer häufigere Nachrichten über
die Umtriebe der Guisen, über Zusammenkünfte des Adels und

1) Thuan. LXXX, 930—933. Isambert XIV, 591.
2) Thuan. LXXX, 967—970. LXXXI, 13. 14. 36.

14*

über eigenmächtige Werbungen ihm zukamen, und er überzeugt
war, daß die Absichten der Guisen gegen ihn und seine Krone
gerichtet seien und sie sich auf seine Kosten und zu seinem
Nachtheil erheben wollten, so konnte er sich doch nicht zu kräftigen Maßregeln ermannen, und er befahl nur durch ein Edict

1585 am 29. März 1585, daß Diejenigen, welche ohne königliche
Vollmacht Soldaten geworben hätten, davon abstehen und die
Soldaten wieder entlassen, daß die richterlichen Beamten Alle,
welche diesem Befehle nicht gehorchen würden, ergreifen und
auf gebührende Weise bestrafen, und daß die Gouverneure,
Seneschälle und Baillis und die Befehlshaber der Plätze gegen
Diejenigen, welche von jenen Beamten nicht ergriffen werden
könnten, die Edelleute und die Bürgerlichen durch Läuten der
Sturmglocke aufbieten, über sie herfallen und sie niederhauen
sollten[1]). Wenige Tage, nachdem er dies Edict unterzeichnet
hatte, trat ihm die Ligue offen und mit den Waffen gegenüber. Am 1. April machte nämlich der Cardinal von Bourbon, welcher sich von Paris entfernt und nach Peronne begeben hatte, daselbst ein vom 31. März datirtes Manifest
folgenden Inhalts bekannt: Seit vierundzwanzig Jahren sei
Frankreich von verderblichen Unruhen zerrüttet worden, welche
angeregt worden seien, um die alte Religion, das festeste Band
des Staats, umzustürzen, und die dagegen angewandten Mittel
seien mehr geeignet gewesen, das Übel zu vergrößern als zu
unterdrücken. Es sei zu befürchten, daß das königliche Haus
erlösche, und daß bei der Einsetzung eines Thronfolgers große
Unruhen in der ganzen Christenheit und vielleicht der gänzliche Umsturz der katholischen Religion in Frankreich sich er-
eigneten; allein dies allerchristlichste Königreich werde nie dulden, daß ein Ketzer König sei, denn die Unterthanen seien
nicht verpflichtet, die Herrschaft eines Prinzen, welcher sich
von dem katholischen Glauben losgesagt und sogar zum zweiten
Male demselben abtrünnig geworden sei, anzuerkennen, da die
Könige bei ihrer Krönung den Eid leisteten, die katholische
Religion aufrecht zu erhalten und nur unter der Bedingung
dieses Eides den Schwur der Treue von ihren Unterthanen

1) Recueil 130—133. Lettres de Henri IV, 1, 93.

empfingen. Deſſenungeachtet ſeien ſeit dem Tode des Bruders des Königs die Anſprüche Derer, welche ſich ſtets als
Verfolger der katholiſchen Kirche gezeigt hätten, auf ſolche
Weiſe unterſtützt worden, daß raſche und zweckmäßige Gegen-
maßregeln nothwendig ſeien, denn jene Anſprüche würden ſogar
von Manchen begünſtigt, welche ſich das Vertrauen des Königs erſchlichen, ſich ſeiner Gewalt bemächtigt, die Prinzen
und den Adel von ihm entfernt, durch Verdrängung mehrer
Gouverneure, Befehlshaber feſter Plätze und anderer Beamten
ſich zu Herren der Land- und Seemacht gemacht und ſich die
königlichen Einkünfte zugeeignet hätten, um nach ihrem Belieben über die Krone zu verfügen, und durch ihre Schuld ſei
der Adel herabgewürdigt und alle Stände durch neuerfundene
Abgaben bedrückt. Deshalb habe er, Karl von Bourbon, erſter
Prinz von Geblüt, welchem zunächſt die Beſchützung der katholiſchen Religion und die Sorge für das Wohl der guten
und getreuen Diener des Königs obliege, nebſt den Prinzen,
Cardinälen, Pairs, Prälaten, Kronbeamten, Gouverneuren der
Provinzen, Herren, Edelleuten, Capitainen, Städten und Andern, welche den beſten und geſündeſten Theil des Königreichs
bildeten, geſchworen, nachdrücklich und mit gewaffneter Hand
dafür zu ſorgen, daß die Würde der heiligen Kirche und die
alleinwahre, katholiſche Religion wiederhergeſtellt werde, daß
der Adel aller ſeiner Freiheiten genieße, das Volk erleichtert
und die neuen Auflagen ſowie die Erhöhung der alten ſeit
der Regierung Karl's IX. aufgehoben, die Parlamente wieder
in ihre Befugniſſe eingeſetzt, alle Unterthanen in ihren Ämtern
erhalten und ihnen dieſelben nur durch den Spruch der gewöhnlichen Richter entzogen, alle vom Volke erhobenen Gelder
zur Vertheidigung des Reichs und zu den Zwecken, zu welchen ſie beſtimmt ſeien, verwendet würden, und daß die Reichs-
verſammlungen fortan frei ſeien, und Jeder volle Freiheit habe,
auf denſelben ſeine Klagen auszuſprechen. Dieſen Erklärungen
war die Betheuerung der Verbündeten hinzugefügt, daß ſie
nicht gegen den König, ſondern vielmehr zur Vertheidigung
ſeiner Perſon und ſeines Staats die Waffen ergriffen, und
das Verſprechen, ſie niederzulegen, ſobald es dem Könige gefalle, der Gefahr ein Ende zu machen, welche den Untergang

des Dienstes Gottes und aller ehrenhaften Leute trohe[1]). Deutlicher als in diesem Manifeste, welches durch seine Verheißungen für das allgemeine Wohl des Staats täuschen und auch diejenigen Franzosen gewinnen sollte, welche nicht durch kirchlichen Eifer zum Eintritt in die Ligue bestimmt wurden, sprach sich der Zweck dieses Bundes dahin aus, daß er sich sogleich mehrer der bedeutendsten Städte des Reichs zu bemächtigen suchte. Zwar waren die Versuche gegen Bordeaux, Marseille und Metz ohne Erfolg; allein der Herzog von Guise brachte am 20. April Verdun und bald darauf auch Toul in seine Gewalt, und der Besitz vieler andern Plätze wurde der Ligue dadurch gesichert, daß die Befehlshaber in denselben ihr angehörten. Heinrich III. hätte wahrscheinlich den nicht weniger gegen ihn als gegen den König von Navarra geschlossenen Bund auch jetzt noch durch ein rasches und entschlossenes Handeln aufzulösen vermocht, da er auf die zahlreiche Partei derjenigen Katholiken rechnen konnte, welche zum Theil persönliche Feinde der Guisen waren, welche den König von Navarra, sobald er nur zur katholischen Kirche übertrete, als Thronfolger anerkennen wollten, und zu welchen namentlich die Herzöge von Montmorency und von Epernon, Biron und Matignon und die meisten Mitglieder der Parlamente gehörten; allein er folgte dem Rathe seiner Mutter und des Herzogs von Joyeuse um so lieber, als derselbe seiner Charakterschwäche und seiner Neigung zur Unthätigkeit entsprach. Er beantwortete das Manifest des Cardinals von Bourbon im April durch eine Declaration, in welcher er sich gegen die wider seine Regierung erhobenen Anklagen rechtfertigte und, statt zu befehlen, die Häupter der Ligue bat und ermahnte, allen Verbindungen und Thätlichkeiten zu entsagen, wieder volles Vertrauen zu seinem Wohlwollen und seiner Freundschaft zu fassen und sich mit ihm zur Wiederherstellung des Dienstes Gottes und der Wohlfahrt des Reichs zu vereinigen, indem er ihnen dagegen seine Gnade und die ihrem Stande gebührenden Ehren verhieß[2]). Bald darauf bevollmächtigte

---

1) Recueil 115—129.　Mém. de Nevers I, 514—516.
2) Thuan. LXXXI, 17. 18.　Recueil 134—152.

er seine Mutter, mit denselben zu unterhandeln, sie willigte endlich in ihre Forderungen und schloß im Namen des Königs am 7. Juli zu Nemours einen Vertrag, in welchem festgesetzt wurde: Durch ein ewiges und unwiderrufliches Edict wird jede Ausübung der neuen Religion verboten und erklärt, daß fortan keine andere als die katholische ausgeübt werden soll; die Ketzer werden für unfähig zu allen öffentlichen Ämtern erklärt, die ihnen früher bewilligten Sicherheitsplätze werden zurückgefordert und die zu ihren Gunsten errichteten Parlamentskammern werden aufgehoben; ihre Prediger sollen einen Monat nach Bekanntmachung des zu erlassenden Edicts, die übrigen sechs Monate nach derselben, wenn sie sich nicht zur katholischen Religion bekennen, Frankreich bei Verlust des Lebens und Eigenthums verlassen. Der König erklärt, daß Alles, was die Prinzen, ihre Verbündeten und Anhänger gethan haben, aus Eifer für die katholische Religion geschehen ist, und er billigt und bestätigt es; alle Beamten, welche der Partei der Prinzen sich angeschlossen haben, bleiben im Besitz ihrer Ämter; dem Cardinal von Bourbon und den Herzögen von Guise, Mercoeur, Mayenne und Aumale werden Sicherheitsplätze auf fünf Jahre, dem Herzoge von Elboeuf das Gouvernement von Bourbonnais und dem Cardinal eine Garde von hundert, den Andern eine von zwanzig bis funfzig Mann bewilligt. Die von ihnen geworbenen Landsknechte werden entlassen, die deutschen Reiter nimmt der König in seinen Sold, und er bezahlt Alles, was die Prinzen diesen und jenen bereits gezahlt haben oder noch schuldig sind[1]). Ungeachtet Heinrich III. nicht lange zuvor dem Könige von Navarra versprochen hatte, daß das Interesse desselben ihm ebenso angelegen sein werde wie sein eigenes, und daß er nichts zum Nachtheil des letzten Friedensedicts bewilligen werde, und ungeachtet er seinen Unmuth, sich den von der Ligue vorgeschriebenen Bedingungen unterwerfen zu müssen, nicht völlig verbergen konnte, so erließ er doch im Juli ein — am 18. Juli im pariser Parlament registrirtes — Edict, in welchem er alle früher bewilligten

---

1) Mém. de Nevers I, 686—689, und aus diesen Du Mont V, 1, 453.

Friedensedicte aufhob und die in dem Vertrage von Nemours in Beziehung auf die Reformirten festgesetzten Bestimmungen befahl[1]). Der Papst Sirtus V., Nachfolger Gregor's XIII. seit dem 24. April 1585, hatte zwar die Stiftung der Ligue, weil sie gegen den Willen des rechtmäßigen Königs geschehen sei, gemißbilligt und die Besorgniß ausgesprochen, daß man denselben, so sehr er Katholik sei, endlich zwingen werde, die Ketzer zu Hülfe zu rufen, um sich von der Tyrannei der Katholiken zu befreien; dessenungeachtet gewährte er der Ligue eine sehr bedeutende Unterstützung, indem er am 9. September erklärte, daß Heinrich, ehemaliger König von Navarra, und Heinrich, ehemaliger Prinz von Condé, als Ketzer und Rückfällige sich des Verbrechens der beleidigten göttlichen Majestät schuldig gemacht und ihre Besitzungen verwirkt hätten und daß sie jeder Nachfolge in irgend einem Fürstenthume, namentlich in dem Königreiche Frankreich unfähig seien, und indem er alle ihre Vasallen und Unterthanen von dem ihnen geleisteten Eide der Treue lossprach und denselben verbot, ihnen in irgend einer Weise Gehorsam zu leisten[2]).

Der König von Navarra vertheidigte und rechtfertigte sich noch vor dem Vertrage von Nemours auf eine ebenso würdige und nachdrückliche wie gemäßigte Weise in einer an ganz Frankreich gerichteten Vorstellung und in einer Erklärung gegen die von der Ligue wider ihn erhobenen Verleumdungen: Seine Religion lehre ihm, dem Gewissen keinen Zwang anzuthun, er habe stets in allen in seiner Gewalt befindlichen Städten die katholische Religion völlig bestehen lassen und in der Wahl seiner Räthe sowie in der Besetzung der Ämter keinen Unterschied zwischen Katholiken und Reformirten gemacht; er sei kein Ketzer, denn er bekenne sich von ganzem Herzen zu der alten kirchlichen Lehre, er wünsche belehrt und unterrichtet zu werden und wolle sich auch jetzt noch den Beschlüssen eines rechtmäßigen Concils, auf welchem die Reformirten gehört würden, unterwerfen; die Ligueurs stürzten da-

---

1) Lettres de Henri IV. I, 95. Mém. de Nevers 689—692.

2) Mém. de Nevers 666. Capefigue IV, 314. Die päpstliche Bulle in französischer Übersetzung im Recueil 410—422.

gegen Frankreich, nicht aus Eifer für die Religion, sondern
zur Befriedigung ihrer Selbstsucht und ihres Ehrgeizes, in
einen Bürgerkrieg. Er erbot sich, seinen Streit durch einen
Zweikampf mit dem Herzoge von Guise auszumachen, allein
dieser erwiderte, daß eine Sache, bei welcher es sich nicht um
Privatfeindschaft, sondern um die Erhaltung der Religion handele, nicht auf solche Weise entschieden werden könne[1]. Gegen
die päpstliche Verdammung ließ er am 6. November in Rom
eine Erwiderung anheften, in welcher er den Ausspruch und
die Excommunication Sixtus' V., sogenannten Papstes von
Rom, für falsch erklärte und von derselben, wie von einem
Misbrauch an den Hof der französischen Pairs appellirte;
daß die Anklage der Ketzerei eine boshafte Lüge desselben sei,
wolle er auf einem freien und gesetzlich versammelten Concil
beweisen, und wenn Sixtus sich diesem nicht, wie er durch
das kanonische Recht verpflichtet sei, unterwerfe, so erkläre er
ihn für einen Antichrist und Ketzer und wolle mit ihm, als
einem solchen, ewigen und unversöhnlichen Krieg haben[2].
Vergeblich hatten sich die Guisen bemüht, den Herzog von
Montmorency zu gewinnen, dessen Macht sich ebenso wol auf
sein Gouvernement Languedoc wie auf die große Zahl Derer
stützte, welche seiner Familie verpflichtet und ergeben waren.
Er durchschaute die ehrgeizigen Absichten der Guisen, er lehnte
den Beitritt zur Ligue, zu welchem ihn der Cardinal von
Bourbon durch große Versprechungen zu bewegen suchte, deshalb ab, weil sie dem Könige wie dem Reiche verderblich sei,
er warnte den Cardinal dringend vor den Schmeicheleien der
Guisen, welche sich seines Namens nur bedienen wollten, um
die königliche Familie zu verderben und auf die Vernichtung
derselben ihre eigene Macht zu gründen, und nach persönlicher
Unterredung mit dem Könige von Navarra und dem Prinzen
von Condé machte er gemeinschaftlich mit diesen am 10. August eine Declaration bekannt. Sie klagten die Guisen an,
daß sie den sich befestigenden Frieden aufs neue störten, um

---

1) Die beiden Schriften waren von Du Plessis verfaßt und finden
sich in dessen Mémoires I, 431 etc. Thuan. LXXXI, 39—42. Davila 407.

2) Capefigue IV, 316. Recueil 463—465.

ihren ehrgeizigen Plan, an die Stelle des französischen Königs-
hauses zu treten, auszuführen, und sie erklärten die Häupter
der Ligue und deren Anhänger für Feinde des Königs, des
königlichen Hauses und des Wohls des Staates; sie selbst
ihrerseits bezweckten nichts Anderes, als daß dem Könige von
Allen gehorcht werde und daß der Zustand des Reichs friedlich und ruhig sei; allein sie würden, wenn man sie angreife,
Gewalt durch Gewalt zurücktreiben; insbesondere erklärten die
beiden Prinzen: sie hätten, in der Überzeugung, daß die Gewissen frei sein müßten, nicht im mindesten die Absicht, die
katholische Religion zu beeinträchtigen, sie seien bereit, sich im
Betreff ihrer Religion einem Concil zu unterwerfen, und sie
würden, ohne Unterschied des Glaubens, alle guten und wahren Franzosen aufnehmen und beschützen; sie forderten endlich
diese auf, nach dem Beispiele des Herzogs von Montmorency,
dessen Religion nicht zweifelhaft und welcher Pair von Frankreich und erster Beamter der Krone sei, sich ihnen anzuschließen und ihnen gegen die Ligue beizustehen[1]).

Der Krieg, der achte Hugenottenkrieg, begann
jetzt, indem die Reformirten sich nicht allein zur Vertheidigung
gegen den ihnen drohenden Angriff rüsteten, sondern sich auch
in Languedoc, Guienne und der Dauphiné mehrer Festen und
kleinen Städte bemächtigten. Heinrich III. erließ darauf nach
dem Willen der Ligue am 7. October eine Declaration des
Edicts vom Juli, in welcher er alle Bekenner der neuen Religion, welche die Waffen ergriffen, und alle Katholiken, welche
sich mit ihnen vereinigt hätten, wenn sie nicht nach seinem
Befehl die Waffen niederlegen und ihm als getreue Unterthanen gehorchen würden, für Majestätsverbrecher erklärte und
zugleich den Ersten befahl, binnen vierzehn Tagen zur katholischen Religion zurückzukehren oder das Königreich zu verlassen[2]).
Er verschaffte sich durch zahlreiche Steueredicte, zu deren Registrirung er das pariser Parlament durch mündlichen Befehl
zwang, beträchtliche Geldsummen, aber er verschwendete sie
zum Theil an seine Günstlinge und für seine Vergnügungen,

1) Recueil 352—383. Lettres de Henri IV. II, 119.
2) Recueil 435—444.

und er ließ eine nicht geringe Zahl von Truppen werben, zertheilte sie indeß, statt sie zu entscheidenden Unternehmungen zu vereinigen, wahrscheinlich absichtlich in mehre kleine Armeen, weil er jetzt eine Überwältigung der Reformirten, durch welche die Guisen und die Ligue noch mächtiger werden mußten, nicht wünschen konnte. Der Herzog von Mayenne, welchen er dem Könige von Navarra entgegenstellte, rückte zwar im Anfange des Jahres 1586 über den obern Lauf der Dordogne durch Agenois gegen die Garonne vor, da jedoch der Marschall von Matignon, General-Lieutenant des Königs in Guienne, welcher eine andere Armee in dieser Provinz befehligte, ihn wenig unterstützte, und der König ihm ungeachtet wiederholter und dringender Forderung das zur Bezahlung seiner Truppen nothwendige Geld nicht zukommen ließ, so beschränkten sich seine Unternehmungen auf die Einnahme mehrer, zum Theil von den Reformirten verlassenen Plätze, unter denen Castillon an der Dordogne der bedeutendste war. Der Marschall von Biron führte eine dritte Armee nach Poitou, er nahm im Juli Lusignan ein, mußte aber die Belagerung von Marans, dem einzigen Platze, welchen die Reformirten noch in Poitou innehatten und welchen sein eigener Schwiegersohn, La Force, gegen ihn tapfer vertheidigte, nach fünfwöchentlicher Dauer aufheben. Größere Mittel zur Führung des Kriegs gewährte der König seinen Günstlingen, dem Herzoge von Epernon, welchen er damals zum Gouverneur der Provence ernannte, und dem Herzoge von Joyeuse, welchem er den Befehl der nach Languedoc bestimmten Armee übertrug; aber auch sie vermochten sich nur weniger, nicht bedeutender Orte zu bemächtigen, während in der Dauphiné den Reformirten die Thätigkeit und Einsicht ihres Anführers Lesdiguières den Besitz mehrer wichtigen Plätze verschaffte[1]). Je lästiger und drückender für Heinrich III. die Abhängigkeit von der Ligue wurde, um so lebhafter mußte er wünschen, durch eine Versöhnung mit dem Könige von Navarra sich den Beistand desselben zu verschaffen und die Absichten der Guisen zu

1) Thuan. LXXXII. LXXXV. LXXXVI. Aubigné II, 423—455. III, 5—22. Mém. de la Force I, 53. 54.

vereiteln. Er bewog deshalb seine Mutter, begleitet von dem Herzoge von Nevers, welcher sich wieder von der Ligue ge=trennt hatte, und mehren andern derselben nicht angehörenden Herren, sich gegen Ende des Jahres nach Guienne zu begeben, und sie hatte im December im Schlosse S.=Bris bei Cognac eine Zusammenkunft mit dem Könige von Navarra; aber die Unterhandlungen waren ohne Erfolg, da der König sich auch jetzt auf das bestimmteste weigerte, zur katholischen Kirche überzutreten und die Entscheidung über die Religionsangele=genheit einer Reichsversammlung zu überlassen, die Königin aber jenen Übertritt als nothwendige Bedingung einer Ver=söhnung forderte und zugleich erklärte, daß ihr Sohn ent=schlossen sei, die Ausübung keiner andern Religion als der katholischen in seinem Reiche zu dulden[1]). Während Katha=rina noch einige Zeit in Guienne verweilte und die Unter=

1587 handlungen fortsetzte, leistete Heinrich III. am 1. Januar 1587, an dem Feste des Ordens des heiligen Geistes, einen feierlichen Eid, durch welchen er jenen Entschluß bekräftigte, um die An=klage der Ligue, daß er insgeheim die Ketzer begünstige, zu widerlegen und um die dadurch veranlaßte Aufregung unter der Bevölkerung der Hauptstadt zu beruhigen[2]). Er übertrug die Führung des Kriegs gegen die Reformirten in Guienne dem Herzoge von Joyeuse, welcher einer der leidenschaftlichsten Feinde derselben war, und er bewilligte ihm nach der Erobe=rung einiger Plätze die erbetene Erlaubniß, eine entscheidende Schlacht zu liefern. Deshalb eilten nicht allein der größere Theil des jungen Hofadels, sondern auch viele katholische Edel=leute aus den Provinzen zu seinem Heere, dagegen ergriffen die beiden jüngern Brüder des Prinzen von Condé, obwol sie seit 1572 in der katholischen Religion erzogen worden wa=ren, die Partei des Königs von Navarra, als des Verfechters der Rechte ihrer Familie: der Ältere von ihnen, der Graf von Soissons, gelangte glücklich in das Lager desselben, in welchem sich auch Condé befand; der Jüngere, der Prinz von Conti,

1) Mém. de Nevers I, 766—769. Lettres de Henri IV. II, 254. Thuan. LXXXVI, 237.

2) Davila 447.

begab sich später zu dem deutschen Heere, welches zur Hülfe
der Reformirten nach Frankreich kam. Der König von Navarra hatte nur etwa 6000 Mann sammeln können, und es
war seine Absicht, an der Dorbogne hinauf und dann durch
Auvergne und Burgund jenem Heere entgegenzumarschiren,
allein Joyeuse kam ihm zuvor und stellte sich ihm bei Coutras,
an der untern Dorbogne, einige Meilen von Libourne, am
20. October entgegen. Da der Rückzug und die Vertheilung
seiner Truppen in die festen Plätze im Angesicht eines kampf-
lustigen, streitfertigen Feindes nicht leicht auszuführen war und
das Vertrauen zu seiner Sache in Frankreich wie im Auslande
vernichten mußte, so beschloß er, die angebotene Schlacht anzunehmen. Zwar waren seine Gegner an Zahl fast noch einmal so stark als er, aber während Joyeuse und die übrigen
Befehlshaber und die zahlreichen Edelleute des katholischen
Heeres keine oder nur geringe Erfahrung im Kriege besaßen,
so bestand dagegen das reformirte Heer größtentheils aus bewährten Kriegern unter erfahrenen Anführern, und der König
folgte dem Rathe der ältesten und einsichtigsten von diesen.
Auf solche Weise erkämpften die Reformirten einen glänzenden
Sieg, den ersten, welchen sie in einer Schlacht erfochten;
Joyeuse selbst fiel, und der größte Theil seines Heeres hatte
entweder dasselbe Schicksal oder wurde gefangen, und der König, welchen man bisher nur für einen tapfern und thätigen
Krieger gehalten hatte, erwarb sich hier zuerst den Ruf eines
großen Feldherrn und eine viel höhere Achtung in der öffentlichen Meinung[1]. Die großen Hoffnungen, welche der Sieg
bei den Reformirten veranlaßte, gingen indeß nicht in Erfüllung, und die Folgen desselben beschränkten sich auf die
Einnahme einiger unbedeutenden Plätze. Der größere Theil
des Heeres war nicht zu einer unmittelbaren Fortsetzung des
Feldzugs gerüstet und kehrte in die Heimat zurück, da auch
der König nicht im Stande war, die Mittel zu fernerm
Kriegsdienst zu geben; Eifersucht, Mistrauen und Uneinigkeit
zwischen ihm und dem Prinzen von Condé, welcher sich nur

---

1) Thuan. LXXXVII, 271—280. Aubigné III, 37—58. Sully I,
393—397. Villegomblain I, 414.

widerstrebend ihm unterordnete, traten wieder hervor, sobald die auf gleiche Weise Beiden drohende Gefahr abgewendet war, man warf ihm selbst vor, daß er nur deshalb nach der Schlacht nach Bearn zurückgekehrt sei, um seiner damaligen Geliebten, der verwitweten Gräfin Corisande von Guiche, die erbeuteten Fahnen zu überbringen, und er verschuldete durch seine Unthätigkeit wenigstens zum Theil die Besiegung des zu seiner Unterstützung bestimmten deutschen Heeres[1]).

Die Kurfürsten von Sachsen und Brandenburg, der Pfalzgraf Johann Kasimir, damals Regent der Pfalz für seinen unmündigen Neffen, den Kurfürsten Friedrich IV., und mehre andere protestantische deutsche Fürsten und Reichsstädte hatten schon im vorigen Jahre durch Gesandte den König von Frankreich auf eine nachdrückliche Weise auffordern lassen, den seinen reformirten Unterthanen bewilligten Frieden, welchen er feierlich beschworen habe, wiederherzustellen, und er hatte erwidert, daß er gleich allen souverainen Fürsten der Christenheit die Macht und die Pflicht habe, in seinem Reiche diejenigen Gesetze und Verordnungen, welche ihm gut schienen, zu geben und sie zu ändern, je nachdem es die Umstände und das Wohl seiner Unterthanen erforderten; er werde selbst wissen, was das Beste für diese sei, und Diejenigen lögen, welche sagten, daß er durch den Widerruf des Friedensedicts sein Wort gebrochen und seine Königsehre befleckt habe[2]). Durch diese Antwort gereizt, schloß Johann Kasimir mit den Gesandten des Königs von Navarra am 11. Januar 1587 einen Vertrag[3]) über die Werbung einer Hülfsarmee, welche er selbst oder ein von ihm bestimmter Feldherr nach Frankreich führen sollte. Der König konnte zu den Kosten nur eine geringe Summe beitragen, das Übrige gaben die ihm befreundeten deutschen Fürsten und die Königin von England, und die Zahlung des rückständig bleibenden Soldes sollte bei dem Friedensschluß von dem Könige von Frankreich gefordert werden. Im Juli versammelten sich im Elsaß 8000 deutsche

---

1) Duplessis I, 829. Aubigné III, 58. Sully I, 401—403.

2) Recueil 611, 623. Thuan. LXXXVI, 228—230.

3) Sismondi XX, 290 nach der neuen, mir nicht zugänglichen Ausgabe von Oeuvres de Mornay du Plessis IV, 56—81.

Reiter, 4000 deutsche Fußgänger und etwa 17,000 Söldner aus den protestantischen Cantonen der Schweiz und aus Graubündten; der Herzog von Bouillon und sein Bruder, der Graf von La Mark, führten von Sedan aus 2000 französische Fußgänger und 300 Reiter herbei, und außerdem begaben sich noch viele andere französische Reformirte, meistens Edelleute aus den Grenzprovinzen, zu dem Heere, sodaß die Stärke desselben beim Aufbruch nach Frankreich, im August, 40,000 Mann betrug. Den Oberbefehl übertrug der Pfalzgraf dem preußischen Baron von Dohna, welchem es zwar nicht an Muth und Kühnheit, wohl aber an Einsicht und Erfahrung fehlte. Heinrich III. versammelte in der Gegend von Paris ein zahlreiches Heer um sich, um das Vordringen der Feinde über die Loire und nach Guienne zu verhindern. Der Herzog von Guise begab sich auf die Bitte des Herzogs von Lothringen, welcher der Ligue beigetreten war, nach diesem zunächst bedrohten Lande, allein auch die wenigen vom Könige ihm versprochenen Truppen folgten ihm nur langsam und nur zum Theil, und die Truppen, welche seine Freunde und Anhänger ihm zuführten, welche der Herzog von Lothringen geworben hatte oder der Herzog von Parma aus den Niederlanden schickte, bildeten eine so geringe Kriegsmacht, daß er sich den Deutschen nicht entgegenstellen konnte, und diese rückten verheerend und plündernd durch Lothringen und Burgund und in der ersten Hälfte des Octobers bis an die Loire vor. Jedoch obwol der Herzog von Lothringen und die spanischen Truppen sich weigerten, die französische Grenze ohne Befehl des Königs zu überschreiten, so folgte Guise mit seinen wenigen französischen Truppen den Feinden unablässig, während der König nichts weiter that, als daß er die Übergänge über die Loire besetzte und befestigte. Als sich das deutsche Heer darauf gegen Norden wandte, um wohlhabendere Gegenden, als es an der Loire gefunden hatte, auszuplündern, und Paris selbst bedrohte, war es wiederum Guise, welcher die Hauptstadt zu sichern unternahm, und nur verstärkt durch die Truppen, welche die Herzöge von Mayenne, Aumale und Elboeuf ihm zuführten, überfiel und besiegte er zweimal, erst in der Nacht des 27. Octobers zu Vimory bei Montargis und dann am 24. November

zu Anneau bei Chartres, einzelne Abtheilungen des feindlichen
Heeres, sodaß dieses, dadurch entmuthigt, an die Loire zurückkehrte. Überdies waren die Befehlshaber desselben unter
sich uneinig und vermochten sich nicht Gehorsam zu verschaffen,
die Schweizer weigerten sich, gegen ihre im königlichen Heere
dienenden Landsleute zu fechten, der König von Navarra kam
weder selbst, noch schickte er Geld, Krankheiten, eine Folge
unmäßigen Genusses, verminderten immer mehr die Zahl des
deutschen Heeres, und die gänzliche Vernichtung desselben schien
leicht ausführbar. Allein der König wollte diese nicht, weil
der Ruhm dieser That nur dem Herzoge von Guise zu Theil
geworden wäre, und er schloß mit den Feinden, welche sich
bereits bis nach der Gegend von Macon zurückgezogen hatten,
einen Vertrag, in welchem er ihnen freien Abzug über die
Grenze bewilligte, und sie dagegen versprachen, nie wieder
ohne seinen Befehl in Frankreich zu dienen[1]).

In Paris hatte indessen die Thätigkeit und Zuversicht der
Ligue der Sechzehn in demselben Maße zugenommen, als die
Zahl ihrer Mitglieder sich vermehrte und zum Theil auch die
städtischen Beamten sich ihr anschlossen. Schon im Sommer
schickte der Rath derselben eine Denkschrift an die mit ihr in
Verbindung getretenen Städte: der König Heinrich III. wolle
den König von Navarra zu seinem Erben einsetzen, die katholische Religion vernichten und die Ketzerei einführen; es sei
nothwendig, dieser Gefahr zuvorzukommen. Zu diesem Zwecke
wurde vorgeschlagen, daß die verbündeten Städte eine Armee
von 24,000 Mann werben und diese sich, wenn der König
ohne Kinder sterbe, sogleich zwischen Paris und Orleans vereinigen sollten, damit die Katholiken im Stande wären, eine
Reichsversammlung zur Wahl eines katholischen Königs zu
berufen. Die einzelnen Städte wurden aufgefordert, geheime
Räthe von sechs Mitgliedern zu wählen, welche mit dem Rath
der Sechzehn in fortwährendem Briefwechsel stehen sollten,
und einen Eid schwören zu lassen, Gut und Leben daran zu
setzen, daß die französische Monarchie nicht unter die Herr-

---

1) Thuan. LXXXVII, 282—307. Davila 455—465. Cayet
338—344. Lettres de Henri IV. II, 325.

schaft Heinrich's von Bourbon, Prinzen von Bearn, eines
Ketzers, Rückfälligen und Excommunicirten, gerathe[1]). Bald
trat die Ligue der Sechzehn dem Könige Heinrich III. selbst
entgegen. In der Severinskirche erlaubte sich ein Prediger
die heftigsten Schmähungen gegen ihn und nannte ihn und
seine Räthe Gönner der Ketzerei; am 2. September, als sich
das Gerücht verbreitete, daß der König die Verhaftung desselben befohlen habe, wurde die Sturmglocke geläutet, Scharen bewaffneten Volks eilten herbei, um den Prediger gegen
die königlichen Leibwächter zu beschützen, und der König ließ
sich durch furchtsamen oder arglistigen Rath bestimmen, diese
zurückzurufen[2]). Als er am 23. December nach Paris zurückkehrte, wurde er von den Einwohnern mit großer Gleichgültigkeit empfangen, dagegen von den Predigern verkündigt, daß
ohne die Tüchtigkeit und Festigkeit des Herzogs von Guise
die Arche in die Gewalt der Philister gefallen wäre und die
Ketzerei über die Religion triumphirt hätte. Immer leidenschaftlicher und rücksichtsloser sprach sich auf den Kanzeln, in
Flugschriften und selbst in öffentlichen Versammlungen der Ligueurs Haß und Verachtung gegen den König aus, und gleiche
Angriffe wurden gegen seine Räthe gerichtet, namentlich gegen
den Herzog von Epernon, weil man, nicht mit Unrecht, glaubte,
daß er insgeheim den König von Navarra begünstige, und
Heinrich III. ihm dennoch einen neuen Beweis seiner Gunst
gab, indem er ihn zum Admiral von Frankreich und zum Gouverneur der Normandie ernannte[3]). Je offener und allgemeiner sich eine solche Stimmung kundgab, um so sicherer konnte
der Herzog von Guise auf das Gelingen seiner Pläne rechnen,
wenn auch der König von Spanien die im Vertrage von
Joinville eingegangenen Verpflichtungen und sein bringendes
Verlangen nach Unterstützung, besonders durch Geld, nicht
erfüllte. Zwar leistete er dem Befehle des Königs, nicht nach
Paris zu kommen, Folge, er begab sich aber mit den andern
Prinzen und Häuptern der Ligue zu dem Herzoge von Lothrin-

---

1) Cayet 320—333.
2) Cayet 345. Thuan. LXXXVII, 292.
3) L'Estoile 342. Thuan. XC, 423.

Schmidt, Geschichte von Frankreich. III.   15

gen nach Nancy, und die hier Versammelten einigten sich im
1588   Januar 1588 über mehre Artikel, deren Ausführung sie von
dem Könige verlangen wollten. Er sollte aufgefordert werden,
sich offener und aufrichtiger mit der Ligue zu verbinden, mehre
Personen, welche man ihm nennen werde, aus seiner Umgebung und aus wichtigen Ämtern zu entfernen, die Beschlüsse
des Tridenter Concils in Frankreich beobachten zu lassen, die
Inquisition wenigstens in den größern Städten einzuführen
und sie Fremden oder mindestens Personen, welche nicht aus
diesen Städten gebürtig seien, zu übertragen. Er sollte ferner
ersucht werden, die festen Plätze, welche man ihm bezeichnen
werde, in die Hände der ihm vorzuschlagenden Personen zu
übergeben, um Besatzungen hineinzulegen, sowie auch den Sold
für die Truppen zu zahlen, deren Aufstellung in Lothringen
und den angrenzenden Provinzen nothwendig sei, um die Ein-
fälle der Deutschen zu verhindern. Zur Bestreitung des Soldes und überhaupt zur Fortsetzung des Kriegs sollten die
Güter der Ketzer und ihrer Verbündeten baldigst verkauft werden, und Diejenigen, welche früher Ketzer gewesen oder für
solche gehalten worden seien, sollten ein Drittel oder wenigstens ein Viertel, die Katholiken ein Zehntel ihrer Einkünfte
während der Dauer des Kriegs zahlen; endlich sollte keinem
Gefangenen das Leben geschenkt werden, wenn er nicht hin-
längliche Sicherheit dafür gebe, daß er fernerhin ein guter
Katholik sein werde [1]. Da der König diese Artikel zwar nicht
zurückwies, aber die Beantwortung verschob, und da er fortwährend den Männern, deren Entfernung die Ligue verlangte,
weil sie ihre Feinde waren, namentlich dem Herzog von Epernon, sein ganzes Vertrauen schenkte, so beschloß Guise in die
wiederholte und bringende Aufforderung der Sechzehn zu
willigen, sich nach Paris zu begeben und sich durch einen Aufstand der Person und des Willens des Königs zu versichern.
Dieser Aufstand wurde in der nächsten Zeit vorbereitet: es
wurden, um den waffenfähigen Bürgern, welche der Partei
der Ligue angehörten, eine bessere militairische Organisation
zu geben, die sechzehn Quartiere der Stadt in fünf getheilt,

---

[1] Mém. de Nevers I, 723.

an die Spitze dieser größern Bezirke wurden Obersten gestellt
und jedem von diesen einige Capitaine untergeordnet, welche
bestimmte Instructionen erhielten. Die Zahl der streitbaren
Bürger, auf welche die Sechzehn rechnen konnten, betrug
30,000 Mann, und Guise schickte mehre erfahrene Feldhaupt-
leute, unter diesen auch Karl von Cossé, Grafen von Brissac,
und viele andere Edelleute und Soldaten nach Paris, welche
durch alle Quartiere der Stadt vertheilt wurden. Dem Könige blieben diese Maßregeln nicht unbekannt; durch einen
Verräther in dem Rath der Sechzehn, Namens Poulain,
wurde er von diesen und sogar von Anschlägen gegen seine
Person benachrichtigt, aber er wagte nicht, sich des Rathes zu
bemächtigen, er ließ nur zu seiner Sicherheit 4000 Schweizer,
welche bisher in Lagny gestanden hatten, nach der Vorstadt
S.-Denis kommen, und als er erfuhr, daß Guise sich nach
Paris begeben wolle, ließ er ihn bitten, seine Reise an den
Hof zu verschieben. Guise gab eine ausweichende, unbestimmte
Antwort, und wenige Tage darauf, am 9. Mai um die Mit-
tagszeit, zog er, jedoch nur von sieben Reitern, theils Dienern,
theils Edelleuten, begleitet, in Paris ein. Bald war er von
einer zahllosen Menschenmenge umgeben, für deren jubelndes
Freudengeschrei er auf freundliche, einnehmende Weise dankte.
Er begab sich sogleich zur Königin-Mutter, welche ihre Überraschung nicht zu verbergen vermochte; er erklärte ihr, daß er
gekommen sei, um sich gegen unbegründete Verleumbungen zu
rechtfertigen und um Anschläge gegen die Religion zu verhindern, und er bat sie, ihn zum Könige zu begleiten. Die Nachricht von seiner Ankunft hatte den König heftig erschreckt;
einige seiner Vertrauten riethen ihm, Guise zu empfangen und
sogleich tödten zu lassen, andere widersprachen diesem Rathe,
weil das aufgeregte Volk, um eine solche That zu rächen,
auch der Majestät des Königs nicht achten werde, und weil
man nicht hinlänglich zur Vertheidigung des Palastes gegen
die Wuth des Volks gerüstet sei. Ehe noch ein Entschluß
gefaßt war, erschien der Herzog, von der Königin-Mutter begleitet. Der König machte ihm heftige Vorwürfe, daß er
gegen seinen Willen und sein Geheiß nach Paris gekommen
sei; Guise entschuldigte sich damit, daß er gegen verleumberische

15 *

Anklagen sich habe rechtfertigen wollen, und er entfernte sich
bald wieder, ohne daß ihn auch nur ein königlicher Diener
begleitete. Wenn er die Hoffnung gehegt hatte, daß sein Er=
scheinen in Paris den König sogleich einschüchtern werde, so
sah er sich zwar darin getäuscht, aber die Unfähigkeit dessel=
ben, einen raschen, entscheidenden Entschluß zu fassen und aus=
zuführen, gab ihm zunächst Sicherheit und bald den Sieg;
er handelte, während der König berathschlagte. Schon in der
folgenden Nacht versammelte er mehre Hundert Edelleute und
Capitaine in seiner Wohnung, er ließ Waffenvorräthe nach
dieser bringen, berief den Rath der Sechzehn und die Eche=
vins der Stadt zu sich und befahl ihnen, dafür zu sorgen,
daß die ihnen ergebenen Bürger sich jeden Augenblick versam=
meln könnten. Am folgenden Tage begab er sich, von vier=
hundert Edelleuten begleitet, nach dem Louvre und wohnte
der Messe, welche der König halten ließ, bei; er hatte mit
diesem am Nachmittage eine lange Unterredung, und er be=
schwerte sich, daß die Ketzer nicht ausgerottet, nicht einmal
mit Nachdruck bekriegt und sogar von dem Herzoge von Eper=
non und dessen Anhängern insgeheim begünstigt würden. Der
König erwiderte, daß er sowie Epernon die Ketzer aufs
äußerste hasse, und daß er nur durch Geldmangel verhindert
sei, sie auf wirksamere Weise zu bekriegen; er forderte den
Herzog auf, ihn zur Ausweisung der Fremden zu unterstützen,
welche nach Paris gekommen seien, um Unordnung und Ver=
wirrung zu befördern, und deren Zahl über 15,000 betrage,
und Guise versprach seinen Beistand dazu. Es fanden am
nächsten Tage, dem 11. Mai, Durchsuchungen der Häuser statt,
sie hatten aber keinen Erfolg, da die Bürger die Fremden
versteckten oder für Mitglieder ihrer Familien ausgaben, und
jetzt erst befahl der König, daß die 4000 Schweizer und 2000
Garden, welche in die umliegenden Dörfer eingelagert waren,
in die Stadt einrücken sollten. Dies geschah am 12. Mai
vor Tagesanbruch, die Truppen wurden aber in mehren Ab=
theilungen auf verschiedene Plätze zerstreut, und man versäumte
dennoch, einige der wichtigsten, die Stadt beherrschenden Punkte
zu besetzen. Bald wurden aus Balken und mit Erde und
Mist gefüllten Fässern, welche die Bürger in ihren Häusern

bereit gehalten hatten, Barricaden in vielen Straßen errichtet
und Ketten über diese gezogen und dadurch die einzelnen Trup=
pentheile voneinander abgeschnitten; überall versammelten
sich, angeführt von Edelleuten und Capitainen, Scharen be=
waffneter Bürger, welche noch mehr durch das Gerücht auf=
geregt wurden, daß schon Galgen und Henker bereit seien,
um mehr als hundertundzwanzig Bürger hinzurichten, und wel=
chen sich selbst sehr angesehene Männer anschlossen, damit die
Wuth des Volks sich nicht gegen sie wende. Die königlichen
Truppen thaten nichts, um dies zu verhindern, da der König,
im Vertrauen auf die Versicherung des Prevot von Paris,
daß er auf die Ergebenheit von 30,000 Bürgern rechnen
könne, und in der Meinung, daß die übrigen sich durch Dro=
hungen schrecken lassen würden, den Truppen untersagt hatte,
Gewalt zu gebrauchen, und sie mußten es ruhig ertragen, daß
sie von dem Volke verspottet und verhöhnt wurden. Gegen
Mittag begann der Kampf, indem zuerst der Posten auf der
Michaelsbrücke und bald auch die übrigen Abtheilungen von
den Parisern angegriffen und zugleich mit Steinwürfen aus
den Fenstern der Häuser überschüttet wurden. Durch den Be=
fehl des Königs, auch jetzt noch sich auf Abwehr zu beschrän=
ken, entmuthigt und gelähmt, außer Stande, sich miteinander
zu vereinigen und einander zu unterstützen, sahen sich die Trup=
pen bald zum Theil genöthigt, die Waffen zu strecken und sich
zu ergeben, zum Theil entfernten sie sich aus der Stadt auf
Befehl des Königs, welcher dadurch die Ruhe in derselben
wiederherzustellen hoffte. Während des Kampfes hatte Guise,
mit sicherer Zuversicht auf den Sieg, in der Nähe seiner Woh=
nung auf der Straße verweilt, die Botschaften der Kämpfen=
den empfangen und Befehle ertheilt; jetzt begab er sich, einem
Sieger und Herrscher gleich, auf den Kampfplatz und nach
dem Stadthause, er sprach gütig zu den gefangenen königlichen
Truppen, indem er sich nur bisweilen in gemäßigten Ausbrü=
cken über das ihm zugefügte Unrecht beklagte, er sicherte sie
vor der Erbitterung des Volks, ließ ihnen sogar ihre Waffen
zurückgeben und gestattete ihnen, Paris zu verlassen. Einen
Angriff auf das Louvre, zu welchem sich das Volk schon be=

reitete, ließ er nicht unternehmen, er wollte den Schein bewah=
ren, als habe er nur sich und die Stadt Paris gegen die ge=
waltthätigen Absichten des Hofs sichern wollen, und er glaubte,
daß das Geschehene den König unverzüglich bestimmen werde,
sich in seine Gewalt zu geben. In der That begab sich die
Königin Katharina noch an demselben Tage zu ihm, und er
forderte außer Anderm, daß der König ihn zum General=
Lieutenant des Königreichs ernenne, und daß eine Reichsver=
sammlung nach Paris berufen werde, um ihn in diesem Amte
zu bestätigen, daß der König von Navarra aller Ansprüche
auf die Krone für verlustig erklärt, daß Epernon, die Mar=
schälle von Biron und von Retz und einige andere Personen,
welche des Einverständnisses mit den Ketzern verdächtig seien,
ihrer Ämter entsetzt und auf immer vom Hofe verbannt, und
daß zwei Armeen zur Fortsetzung des Kriegs gegen die Hu=
genotten in Poitou und der Dauphiné unter seinen Befehl
gestellt würden. Am späten Abend kehrte Katharina nach dem
Louvre zurück, um dem Könige diese Forderungen mitzutheilen,
und am Morgen des 13. Mai kam sie aufs neue zu Guise,
aber während er mit ihr über die einzelnen Punkte verhan=
delte, und bevor sein Befehl, das Louvre auch von der äußern,
der Stadt abgewandten Seite einzuschließen, ausgeführt war,
entfernte sich der König, einem Flüchtlinge gleich, von den ihm
noch gebliebenen Garden begleitet, aus dem Schlosse und eilte
über Rambouillet nach Chartres. Katharina stellte sich über=
rascht durch diesen Entschluß, allein höchst wahrscheinlich war
ihr die Absicht ihres Sohnes bekannt gewesen, und ihre Unter=
handlungen hatten nur den Zweck gehabt, die Zeit zur Aus=
führung derselben zu verschaffen; sie blieb indeß in Paris,
sowie auch die Gemahlin des Königs. Die Gouverneure der
Bastille und des Schlosses von Vincennes übergaben jetzt dem
Herzoge von Guise diese Festen; die Bürger setzten den Prevot
der Kaufleute, weil er dem Könige ergeben war, ab und er=
nannten an seiner Stelle einen Mann, welcher zu den Häuptern
der Ligue der Sechzehn gehörte, La Chapelle=Marteau, und
zwei Echevins, welche aus Paris entflohen waren, wurden
gleichfalls durch zwei angesehene Mitglieder dieser Ligue ersetzt,

sobaß dieselbe jetzt eine unbestrittene Herrschaft über Paris ausübte [1]).

Während der Herzog von Guise in einem Schreiben an den König, desselben gleichsam spottend, es als seinen einzigen Wunsch aussprach, ihm seine Treue und die Unwahrheit der gegen diese erhobenen Verleumdungen zu beweisen, in einem Schreiben an die ihm Befreundeten sich das Verdienst beilegte, die Unruhen in Paris, welche durch die Räthe des Königs veranlaßt worden seien, beschwichtigt zu haben, und die Städte aufforderte, sich enger als bisher mit den Parisern zu vereinigen, welche vom größten Eifer für den Krieg gegen die Sektirer beseelt seien, so erließ der König dagegen Schreiben an die Gouverneure der Provinzen und der bedeutendsten Städte, in welchen er auf die mildeste Weise die Ereignisse in Paris darstellte, ohne es zu wagen, seinen Unwillen über diese und gegen den Herzog von Guise auszusprechen. Es blieb ihm jetzt nur die Wahl, sich entweder mit den Hugenotten zu verbinden oder sich in die Gewalt der Ligue und des Herzogs von Guise zu geben; sein Haß gegen die Ketzer hielt ihn von jener Verbindung zurück, und er wählte das Letztere, wahrscheinlich weil es ihm als das kleinere Übel erschien, und weil er hoffte, auf diese Weise aufs neue die Aufrichtigkeit seines Eifers für den katholischen Glauben zu beweisen und sich eine zahlreiche, ihm ergebene Partei unter den Bekennern desselben zu erhalten. Zweifelhafter ist es, ob die Besorgniß, daß die Truppen der damals gegen England aufbrechenden spanischen Flotte in Frankreich landen könnten, auf seinen Entschluß eingewirkt, oder ob er diesen in der Absicht gefaßt habe, den Herzog von Guise sicher und arglos zu machen, um ihn desto leichter verderben zu können. Einer Deputation des pariser Parlaments, welche ihn der Ergebenheit desselben versicherte und die stattgehabten Unruhen entschuldigte,

---

1) Davila 489—503. Thuan. XC, 432—441 und Comment. de vita sua III, 1366—1368, Cayet 351—359, Capefigue IV, 383 etc. Drei kleine, damals erschienene Schriften über die Ereignisse in Paris sind in den Archiv. cur. XI, 327—410 wieder abgedruckt, und hier werden auch (411—442) Auszüge aus den Registern und Chroniken des Stadthauses von Paris über die Vorgänge im Mai mitgetheilt.

erwiderte er am 15. Mai: Es sei nicht seine Absicht gewesen, eine starke, bleibende Besatzung in Paris zu legen, er habe nur zum Wohl der Stadt die zahlreichen und verdächtigen Fremden entfernen wollen; er sei keineswegs, wie von Böswilligen verbreitet werde, unversöhnlich gegen die Pariser, er wolle vielmehr den Weg der Milde einschlagen und sie wie Söhne mit väterlicher Liebe in seine Gnade aufnehmen, sobald sie ihre Schuld einsähen und wahre, aufrichtige Reue zeigten; durch sein bisheriges Leben habe er bewiesen, daß es keinen Fürsten gebe, welcher mehr katholisch sei und eifriger die Ausrottung des ketzerischen Giftes wünsche als er. Wenige Tage darauf schickte er Abgeordnete an das Parlament, welche erklärten, daß er alles Geschehene, sobald die Bürger zu ihrer Pflicht zurückkehrten, vergessen und daß er gegen das Ende des Jahres eine Ständeversammlung berufen wolle, um Reformen im Staate auszuführen und über die Bestimmung eines rechtmäßigen katholischen Thronfolgers aus königlichem Geblüt zu berathen. Auf Guise's Veranlassung überbrachten auch die in Paris neuerwählten städtischen Beamten dem Könige eine Schrift, welche von dem Cardinal von Bourbon und von Guise unterzeichnet und zugleich im Namen aller Prinzen, Herren und Städte der Ligue erlassen war. Sie betheuerten in derselben, daß sie nur die Waffen ergriffen hätten, damit das ketzerische Gift, von welchem alle andern Übel im Reiche ausgegangen seien, gänzlich vertilgt und dann dem Könige Gehorsam geleistet werde; sie forderten den König auf, den Krieg nachdrücklich zu führen, die nach Guienne bestimmte Armee selbst zu befehligen und dem Herzoge von Mayenne den Befehl über die Armee in der Dauphiné zu übertragen; sie richteten alle ihre Beschwerden gegen Epernon und dessen Bruder La Valette, welche den Handel mit den Staatsämtern eingeführt, die Großen bei dem Könige verleumdet und sie von der Verwaltung des Staats entfernt und das unglückliche Volk durch neue Auflagen noch mehr bedrückt hätten und die Ketzer offen begünstigten; sie baten deshalb den König, diese Männer aus seiner Nähe zu entfernen und ihnen ihre Ämter und jede Theilnahme an der Regierung zu entziehen; wenn er Unwillen gegen die Pariser

hege, obwol sich diese keiner Schuld bewußt und Ursache der
Unruhen nur die gegründete Besorgniß wegen der Einführung
einer Besatzung in Paris gewesen sei, so möge er denselben
seiner angeborenen Milde gemäß aufgeben, er möge endlich die
neugewählten Magistrate bestätigen, den Bürgern die freie
Wahl ihrer Obrigkeit gestatten und keine andere Truppen als
seine Garden mit sich nach Paris führen. Am 28. Mai gab
der König auf diese Schrift den pariser Deputirten eine schrift=
liche Antwort: Er sei bereit, das Vergangene und die Unruhen
in Paris zu vergessen und gern den Parisern väterliche Milde
zu erweisen, sobald sie sich fortan ihrer Pflicht gemäß gegen
ihn gehorsam zeigten; er wünsche sehr, daß alle Katholiken
sich mit ihm gegen die Ketzer vereinigten; er habe beschlossen,
die allgemeinen Stände des Reichs zum 15. August nach
Blois zu berufen, damit von denselben Beschlüsse gefaßt wür=
den über die Herstellung des Zustandes des Staates und die
Verbesserung der eingeschlichenen Übelstände zur Erleichterung
des Volks; auch habe er bereits mehre Steueredicte wider=
rufen; in Betreff der Beschwerden über Epernon und La
Balette werde er thun, was recht und billig sei. Er hatte
zwei Tage zuvor durch Eine Verordnung sechsunddreißig Steuer=
edicte aufgehoben; indeß sah man in dieser zu späten Maß=
regel jetzt, zumal jene Edicte nicht mehr ausgeführt werden
konnten, mehr ein Eingeständniß der Furcht und Schwäche
als einen Beweis des Wohlwollens gegen die Unterthanen.
Epernon hatte sich schon im Anfange des Mai nach Rouen
begeben, um von dem Gouvernement der Normandie Besitz
zu nehmen, er beschleunigte jetzt seine Rückkehr an den Hof;
als er aber am 21. Mai nach Chartres kam, wurde er von
dem Könige auf eine so gleichgültige Weise empfangen, daß
ihm der Verlust der Gunst desselben nicht zweifelhaft blieb;
er entsagte dem Gouvernement der Normandie, um seiner Ab=
setzung zuvorzukommen, und begab sich nach Angoumois und
Saintonge, deren Gouvernement er gleichfalls vor nicht langer
Zeit erhalten hatte [1]).

Die Unterhandlungen zwischen dem Könige und den

1) Thuan. XC, 452—463.

Häuptern der Ligue wurden, im Namen des Erstern besonders durch den Staatssecretair Villeroi, fortgesetzt; jedoch erst nach dem der König sich bereit erklärt hatte, die besondern Forderungen der Letztern zu befriedigen, namentlich dem Herzoge von Guise den Oberbefehl über die gesammte Kriegsmacht zu übertragen, einigte sich die Königin Katharina mit dem Herzoge und dem Cardinal von Bourbon über einen Vergleich. Diesem gemäß erließ der König ein Edict über die Union seiner katholischen Unterthanen, das sogenannte Unionsedict oder Edict vom Juli, welches am 19. Juli in dem Parlament von Rouen und zwei Tage darauf im pariser Parlament registrirt wurde. Er habe beschlossen, erklärte er in demselben, vor Allem dafür zu sorgen, daß der katholischen Religion Ruhe und Sicherheit verschafft werde, er wolle, daß alle seine katholischen Unterthanen zur Ausführung eines so nothwendigen, Gott wohlgefälligen Werkes sich mit ihm vereinigten und verbänden, sowie er sich mit ihnen vereinige und verbinde für die Erhaltung der katholischen Religion, und er befehle, daß die folgenden Artikel für ein unverletzliches Grundgesetz des Reichs gehalten werden sollten: er schwöre und erneuere den bei seiner Krönung geleisteten Eid, in der katholischen Religion zu leben und zu sterben, sie zu erhalten und zu befördern und alle seine Kräfte und Mittel, selbst sein Leben daran zu setzen, um in seinem Reiche alle von den heiligen Concilien und hauptsächlich von dem Tridenter verdammten Ketzereien auszurotten, ohne je einen Frieden und Waffenstillstand mit den Ketzern zu schließen oder ein Edict zu ihren Gunsten zu erlassen, er schwöre auch, alle auf seinen Befehl mit ihm verbundenen Unterthanen, auch diejenigen, welche sich früher gegen ihn verbunden und sich jetzt mit ihm vereinigt hätten, mit aller seiner Macht gegen die Ketzer zu vertheidigen und zu beschützen, und er befehle, daß auch alle seine mit ihm vereinigten Unterthanen schwören sollten, alle ihre Kräfte und Mittel und selbst ihr Leben zur Ausrottung der Ketzerei zu verwenden, niemals, wenn er, ohne Kinder zu hinterlassen, sterbe, irgend einen Fürsten als König anzuerkennen, welcher Ketzer oder Gönner der Ketzerei sei, sich einander unter seiner Autorität und seinem Befehl gegen Bedrückungen und Gewalt-

thätigkeiten zu vertheidigen, in der ihm schuldigen Treue zu
leben und zu sterben und allen Verbindungen und Einverständ=
nissen innerhalb und außerhalb des Reichs, welche der gegen=
wärtigen Union, seiner Person und seinem Ansehen entgegen
seien, zu entsagen. Er versprach ferner, die Militairämter
nur Katholiken zu übertragen, er verbot, daß Jemand zur
Ausübung eines Justiz= oder Finanzamtes zugelassen werde,
welcher sich nicht zuvor durch eine bischöfliche Bescheinigung
und das Zeugniß von zehn unverdächtigen Zeugen als Katholik
ausgewiesen habe, er erklärte Alle, welche diese Union zu un=
terzeichnen sich weigerten, oder welche, nachdem sie es gethan,
sich wieder von derselben trennten, für Rebellen und Maje=
stätsverbrecher, und um diese Union dauerhaft zu machen und
die Erneuerung der Unruhen zu verhindern, bestimmte er, daß
keine Untersuchung über die Verbindungen und Einverständ=
nisse angestellt werden sollten, welche seine katholischen Unter=
thanen miteinander eingegangen haben könnten, und ebenso
erklärte er alles am 12. und 13. Mai und seitdem Vorge=
fallene für nicht geschehen[1]). Außerdem enthielt der von der
Königin Katharina geschlossene Vergleich noch eine Anzahl
geheimer Bestimmungen, durch welche die besondern Forderun=
gen der Prinzen und Herren der Ligue bewilligt wurden: die
Zeit der Besetzung der ihnen durch den Vertrag von Nemours
übergebenen Städte wurde um vier Jahre verlängert und ihnen
auf gleiche Zeit die Stadt Dourlens als Unterpfand für die
Ausführung dieses neuen Vergleichs übergeben; der König
bestätigte La Chapelle=Marteau als Prevot der Kaufleute, sowie
die Echevins von Paris auf zwei Jahre, er versprach, wenn
binnen sechs Jahren die Gouverneure von Orleans, Bourges
und Montreuil sterben würden, nur die von den Prinzen Ge=
nannten zu ihren Nachfolgern zu ernennen; alle seit dem
12. Mai abgesetzten Gouverneure und Capitaine von Städten
und andern Plätzen sollten wieder eingesetzt und in dem da=
maligen Zustande derjenigen Städte, welche bis zu dieser Zeit
ihre Vereinigung mit den Prinzen erklärt haben würden, sollte
nichts geändert, namentlich keine Besatzung in sie gelegt wer=

1) Isambert XIV, 616—622. Aubigné III, 101—105.

ben. Zur Ausführung des Unionsedicts sollte der König baldigst zwei Armeen versammeln, die eine in Poitou und Saintonge unter einem von ihm zu ernennenden Befehlshaber, die andere in der Dauphiné unter dem Herzoge von Mayenne. Die Beschlüsse des Tridenter Concils sollten unverzüglich bekannt gemacht werden, jedoch ohne Beeinträchtigung der Rechte des Königs und der Freiheiten der gallicanischen Kirche, und es sollte sogleich zum Verkauf der Güter der Ketzer geschritten werden[1]). Am 4. August ertheilte der König dem Herzoge von Guise den Titel eines General-Lieutenants des Königreichs und die Vollmacht, in seiner Abwesenheit die königlichen Armeen zu befehligen; er nahm den Erzbischof von Lyon, Espinac, einen der eifrigsten Ligueurs, in seinen geheimen Rath auf, und er schien den Cardinal von Bourbon dadurch als seinen Nachfolger zu bezeichnen, daß er demselben, indem er ihn zugleich seinen nächsten Verwandten nannte, am 15. August ein Recht ertheilte, welches bisher nur von den Königen und den Königinnen bei ihrer Thronbesteigung und andern frohen Ereignissen ausgeübt worden war, nämlich das Recht, in allen Städten Zunftmeister zu ernennen, und indem er den Hausbeamten desselben die Vorrechte der königlichen ertheilte[2]). Im Anfange des Septembers entließ er alle seine Minister und verwies sie sogar vom Hofe, vielleicht weil er mißvergnügt darüber war, daß er durch die Befolgung ihrer Rathschläge gänzlich von der Ligue abhängig geworden war, oder weil diese ihre Entfernung unter dem Vorwande verlangte, daß sie durch die Erhöhung der Abgaben sich verhaßt gemacht hätten. Die Hoffnung der Ligueurs, daß der König aus ihnen neue Minister wählen werde, ging nicht in Erfüllung, er zog Männer vor, auf deren Ergebenheit er vertrauen konnte, und welche wegen ihres rechtlichen Charakters geachtet waren[3]).

Schon am 31. Mai hatte er die Abgeordneten der drei Stände des Reichs zum 15. September nach Blois berufen,

1) Cayet 399—403. Du Mont V, I, 476 aus Mém. de Nevers I, 725, wo indeß die geheimen und öffentlichen Artikel nicht gesondert sind.
2) Isambert 672. Mém. de Nevers 729. Thuan. XCI, 492. Cayet 406.
3) Cayet 425. Thuan. XCII, 507. 508. De Lezeau 52.

um ihre Vorstellungen, Klagen und Beschwerden zu hören, um die durch Krieg veranlaßte Unordnung und Verwirrung und die Spaltungen unter den Unterthanen, selbst den katholischen, abzustellen und eine gesicherte Ruhe zurückzuführen, um die katholische Religion wiederherzustellen und alle Ketzereien auszurotten, und um über Alles, was das allgemeine Wohl des Reichs betreffe, heilsame Entschlüsse zu fassen[1]). Er hatte gehofft, in dem Reichstage eine Stütze gegen die Anmaßungen der Ligue zu finden, allein in Folge der vorherrschenden Stimmung im Reiche und durch die Thätigkeit und den Einfluß des Herzogs von Guise, seiner Anhänger und Agenten wurden die Wahlen fast überall zum Vortheil der Ligue und zum Nachtheil der Royalisten entschieden, und in Paris fielen sie auf die leidenschaftlichsten Mitglieder der Partei der Sechzehn. Diese Partei bezweckte nicht allein Ausrottung der Ketzerei, sondern sie wollte auch die Macht des Königthums umstürzen und eine Volksherrschaft an die Stelle derselben setzen. Die Häupter derselben hatten deshalb allen ihren Verbündeten in den Provinzen Artikel mitgetheilt, um mit deren Unterstützung sie auf dem Reichstage vorschlagen und zu Reichsgrundgesetzen erheben zu lassen. Nach diesen Artikeln sollte das Tridenter Concil in Frankreich angenommen, Niemand, welcher sich nicht stets zur katholischen Religion bekannt habe, als König anerkannt, alle Prinzen von Geblüt, welche Ketzer oder Gönner der Ketzerei seien, für unfähig zur Thronfolge erklärt und das französische Volk für den Fall, daß der König in Ketzerei verfalle oder diese mittelbar oder unmittelbar unterstütze oder gestatte, von dem ihm schuldigen Gehorsam losgesprochen werden; die Könige sollten keine Einverständnisse, Unterhandlungen und Verbindungen mit Ketzern oder Ungläu-

---

1) Isambert 613—616. Über die Reichsversammlung zu Blois: Thuan. XCII, 508 etc., Lettres de Pasquier XIII, 1 etc. Cayet 411 etc. Isambert XIV, 623—632. Sismondi XX, 403 etc. nach dem Protokoll des dritten Standes und den Journalen Gupencourt's, adeligen Deputirten von Paris, und des Advocaten Bernard, Deputirten von Dijon, eines sehr eifrigen Ligueurs und sehr einflußreichen Mitgliedes der Versammlung, welche drei Schriften im Recueil des états-généraux T. III. IV abgedruckt sind.

bigen eingehen und das Königthum nicht eher ausüben, als
nachdem sie gesalbt seien. Ihre souveraine Gewalt sollte in
die Schranken der Vernunft und Billigkeit und der Grundgesetze des Reichs eingeschlossen werden; im Fall sie dagegen
handelten, sollten die allgemeinen Stände davon Kenntniß nehmen, und die Macht und Gewalt, welche sie den Königen
ertheilt hätten, sollte an sie zurückfallen; zu Kriegserklärungen
und Friedensschlüssen, sowie zur Erhebung von Abgaben sollte
ihre Beistimmung erforderlich sein, in jedem Parlament sollte
aus Personen, welche von ihnen gewählt seien, eine Kammer
gebildet werden, um die Klagen des Volks anzunehmen und
über diese sowie über die Verletzungen der von den allgemeinen Ständen gemachten Anordnungen in letzter Instanz zu
entscheiden, und für jeden Stand sollte sich am Hofe ein Ge-
neralsyndikus aufhalten, um im königlichen Rathe Dasjenige
wahrzunehmen, was das Wohl des Staats beträfe. Außerdem sollte eine Reform der Sitten des geistlichen Standes und
Abschaffung der Käuflichkeit der Gouvernements in Provinzen
und Städten sowie der Justizämter verlangt und die Forderung gemacht werden, daß die Handlungen Derer, welche sich
durch unerlaubte Mittel mit dem Blute des Volks bereichert
hätten, von den Ständen geprüft würden[1]). Der König kam
schon am 1. September nach Blois, allein die zum Theil
verspätete Ankunft der Deputirten verzögerte die Eröffnung
des Reichstages um einen Monat. Schon die Wahl der Präsidenten am 3. October zeigte deutlich, daß die Ligue in allen
drei Ständen das entschiedenste Übergewicht hatte; der geistliche Stand wählte nämlich den Cardinal von Guise, der Adel
den Grafen von Brissac und der dritte Stand den Prevot La
Chapelle-Marteau. Auch sprachen die Anhänger der Ligue
unter den Deputirten schon jetzt laut die Forderung aus, daß
die Vorschläge der Stände zur Wiederherstellung des Staats
nicht den langen Verhandlungen des königlichen Rathes unterworfen, sondern unverzüglich bekannt gemacht würden; denn
da die Stände den Königen ihre Macht und Gewalt gegeben
hätten, so bedürften die Beschlüsse derselben nicht der Controle

---

1) Cayet 411—413.

durch den Rath des Königs, oder wenn es nothwendig sei,
daß ihre Cahiers von demselben beantwortet würden, so müß=
ten wenigstens Deputirte eines jeden Standes dabei gegen=
wärtig sein, und nur dadurch werde verhütet werden, daß der
Reichstag so erfolglos sei wie der Reichstag im Jahre 1577.
In dem Bürgerstande war der erste Gegenstand der Verhand=
lung die Frage, ob man dem Könige Beschlüsse oder Bitten
vorlegen solle, ob er Alles, was man beschließen werde, an=
nehmen müsse, oder ob man ihm, wie es von altersher ge=
schehen sei, demüthige Vorstellungen machen solle, damit er
festsetze, was ihm das Beste scheine. Zwar entschied die Ma=
jorität endlich dafür, daß der bisherige Brauch beobachtet werde,
indeß zeigte die Verhandlung bestimmt genug, was für eine
Stellung die Versammlung dem Könige gegenüber in Anspruch
nehmen werde. Auch maßte sie sich die vom königlichen Rathe
verlangte Befugniß an, die Streitigkeiten über die Beobach=
tung der erforderlichen Formen, über die Beschaffenheit der
Vollmachten und über die Berechtigung der einzelnen Bail=
liages, repräsentirt zu werden, zu entscheiden.

Nachdem an den beiden ersten Sonntagen des Octobers
der König, der Hof und die Deputirten sich zu einer Pro=
cession und zur Feier des Abendmahls vereinigt hatten, so er=
öffnete der König an dem dritten Sonntage, bem 16. October,
die Ständeversammlung, welche aus vier Erzbischöfen, 21 Bi=
schöfen und 109 andern Geistlichen, aus 96 Edelleuten, deren
Zahl später bis auf 180 stieg, und aus 181 Deputirten des
Bürgerstandes, zu denen nachmals noch 10 hinzukamen, bestand,
mit einer langen Rede, in welcher er sich gegen die wider ihn
erhobenen Beschuldigungen rechtfertigte, seine Absichten aus=
sprach, die Unterstützung der Stände für die Ausführung der=
selben verlangte und auch auf die Umtriebe der guisischen Partei
bei den Wahlen hindeutete: Ebenso sehr und mehr noch als die
Erhaltung seines Lebens habe er die Wiederherstellung des
Staats durch eine allgemeine Reform aller Theile desselben
erstrebt, und er habe die allgemeinen Stände berufen, um mit
ihrem Rathe diese Wiederherstellung auszuführen und die Krank=
heit des Staats zu heilen; seine Absichten seien durchaus auf=
richtig, er habe sich nicht vorzuwerfen, daß er sich Cabalen

und Ränke erlaubt, er habe nicht zu erröthen, wie es Diejenigen thun müßten, welche auf unwürdige Weise die Freiheit, ihm in den Cahiers das für die Wohlfahrt der einzelnen
Provinzen und des gesammten Reichs Erforderliche vorzustellen,
beeinträchtigt und die Einfügung von Artikeln bewirkt hätten,
die mehr geeignet seien, den Staat zu zerrütten, als demselben,
was ihm nützlich sei, zu verschaffen; er bitte die Versammlung,
seine aufrichtigen Absichten zu unterstützen, welche nur darauf
abzweckten, dem Ruhme Gottes und der katholischen Religion
immer höhern Glanz zu geben, die Ketzerei in allen Provinzen
auszurotten, eine gute Ordnung herzustellen und dem so sehr
gedrückten Volke Erleichterung zu verschaffen und sein auf
ungerechte Weise erniedrigtes Ansehen wiederzuerheben. Die
durch die bösen Zeiten im Reiche eingewurzelten Übel müßten
nicht sowol ihm zur Last gelegt werden, obwol er nicht jede
Schuld von sich ablehnen wolle, sondern der Nachlässigkeit und
vielleicht einigen andern Fehlern Derjenigen, welche ihn früher
mit ihrem Rathe unterstützt hätten. Er sei bereit, selbst sein
Leben für die Beschützung und Vertheidigung der katholischen
Religion aufzuopfern, da die Ruinen der Ketzerei das pracht-
vollste Grab für ihn seien, und um die Stände von der nicht
weniger in seinem als in ihrem Herzen festgewurzelten Besorgniß zu befreien, daß das Reich, wenn er, ohne Söhne zu
hinterlassen, sterbe, unter die Herrschaft eines ketzerischen Königs
kommen könne, so solle das Unionsedict für ein Reichsgrund-
gesetz erklärt und von den Ständen sowie von ihm aufs neue
beschworen werden; da aber das Edict auch alle Verbindungen,
welche ohne sein Geheiß geschlossen seien, ausdrücklich untersage, so erkläre er Diejenigen, welche solche Bündnisse nicht
aufgäben, für Majestätsverbrecher. Er forderte sodann die
Stände auf, das zum Vertilgungskriege gegen die Ketzer und
zur Bezahlung der Staatsschulden, welche er nicht allein gemacht habe, nothwendige Geld zu gewähren, sprach von den
Verbesserungen, welche er schon eingeführt, bezeichnete die Hauptpunkte, auf welche die Stände bei der Reform ihre Aufmerksamkeit zu richten hätten, und erklärte, daß er sich durch einen
feierlichen Eid verpflichten werde, Alles, was er festsetzen werde,
wie ein geheiligtes Gesetz zu beobachten, und daß er sich nicht

die Freiheit vorbehalten werde, sich aus irgend einer Ursache davon zu entfernen, obwol er Urheber der Gesetze sei und diese selbst ihn von ihrer Herrschaft freisprächen [1]). In der zweiten königlichen Sitzung, am 18. October, befahl er, daß das Unionsedict stets als ein Grundgesetz beobachtet werden solle, er beschwur es aufs neue, und alle Deputirten leisteten denselben Eid. Die Stände trennten sich darauf zu gesonderten Berathungen und zur Abfassung ihrer Cahiers, aus welchen sodann ein allgemeines Cahier zusammengestellt werden sollte. Am 4. November faßte der geistliche Stand den Beschluß, daß der König von Navarra für schuldig der beleidigten göttlichen und menschlichen Majestät und, sowie auch seine Nachkommen, für unwürdig der Thronfolge erklärt und alle seine Besitzungen eingezogen werden müßten. Der Adel und der Bürgerstand stimmten diesem Beschlusse bei, und er wurde in das allgemeine Cahier aufgenommen. Der König stellte den ständischen Abgeordneten, welche die Bestätigung desselben von ihm verlangten, vor, daß man den König von Navarra, bevor man in Beziehung auf ihn einen Beschluß fasse, aufs neue auffordern müsse, zur katholischen Kirche zurückzukehren, zumal er sich erbiete, sich der Entscheidung eines freien Concils zu unterwerfen, und es ungerecht sei, Jemanden zu verdammen, ohne ihn vorgeladen und gehört zu haben; allein diese Vorstellung wurde durch die Erwiderung zurückgewiesen, daß es keiner neuen Aufforderung bedürfe, da der König, obwol früher von dem Cardinal von

---

[1]) Mallingre, Histoire generale des derniers troubles arrivés en France sous les regnes des rois Henry III., Henry IV. et Louis XIII. Paris 1622. 125—133. Thou (521) erzählt: Guise und seine Anhänger, durch einige Stellen der Rede des Königs gereizt, hätten verlangt, daß bei dem Abdruck derselben Mehres geändert und gemildert werde, und der König habe endlich nach langer Weigerung auf das Zureden seiner Mutter es bewilligt. Allein Davila, welcher sich bei der Eröffnung des Reichstages in der Nähe des Königs befand und die Worte desselben deutlich vernahm, versichert (521), daß die Rede ebenso gedruckt worden, wie sie gehalten sei, und daß nur die gesprochenen Worte durch Geberde und Betonung lebhafter und schärfer geschienen hätten.

Bourbon hinreichend belehrt, dennoch wieder abgefallen, da er ungeachtet der wiederholten Aufforderung von Seiten der Königin-Mutter nicht zur Besinnung gekommen sei, und da der Papst ihn in den Bann gethan habe. Heinrich III. gab darauf nur das Versprechen, daß er den ständischen Beschluß bestätigen werde, und der Vorschlag, das Gedächtniß des Prinzen Ludwig von Condé zu verdammen, um dadurch alle seine Kinder von der Thronfolge auszuschließen, wurde auf dem Reichstage durch Stimmenmehrheit verworfen, da die drei jüngern Söhne desselben Katholiken und von diesen der Prinz von Conti und der Graf von Soissons wieder an den Hof und zum Gehorsam gegen den König zurückgekehrt waren und vom Papste Absolution für ihre Gemeinschaft mit den Ketzern erhielten. Die Stände beschäftigten sich darauf mit der Prüfung des Finanzwesens; sie erklärten die ihnen von den königlichen Räthen vorgelegte Übersicht der Einnahme und Ausgabe für mangelhaft und unklar, sodaß die Rechenkammer angewiesen wurde, einen befriedigendern Bericht zu übergeben; sie richteten ihre Untersuchung zugleich gegen die Finanzbeamten, es wurde beschlossen, daß eine Commission aus sechs Mitgliedern jeder ständischen Kammer, aus sechs vom Könige ernannten Bevollmächtigten und aus zwei Präsidenten, von denen einen die Stände, den andern der König ernennen sollte, gebildet werde, um die Finanzbeamten zur Rechenschaft zu ziehen und gegen sie zu verfahren, und die Deputirten jeder Bailliage bezeichneten die Personen, welche vor die Commission gestellt werden sollten. Zu gleicher Zeit wurde der König ersucht, vorläufig, bis die Finanzen nach dem Rathe der Stände geordnet seien und man eine größere Entlastung des Volks eintreten lassen könne, die Abgaben auf den Betrag des Jahres 1576 zu beschränken und alle seit demselben eingeführten Auflagen abzuschaffen, und die Stände drohten auseinanderzugehen, wenn diese Bitte zurückgewiesen würde. Schon früher hatte der König, jedoch ohne Erfolg, sich bemüht, durch persönliche Überredung einzelne einflußreiche Mitglieder des Bürgerstandes zu gewinnen; er versuchte jetzt dasselbe aufs neue, er berief am 27. November vierundzwanzig Deputirte dieses Standes zu sich, er sprach gegen sie seine Absicht aus, die Lasten desselben zu verringern, seinen Hofstaat einzuschränken, mit dem Gelde sparsamer zu sein und es nicht mehr zu übermäßigen Geschenken und für geringfügige Dinge zu verwenden, was er sehr bereue gethan zu haben, aber er stellte auch vor, daß der Krieg gegen die Ketzer es unmöglich mache, jetzt die Abgaben auf jenen Betrag zu vermindern, und daß man vielmehr über die Herbeischaffung der zum Kriege nothwendigen Gelder berathen müsse. Auch diese Vorstellungen hatten keinen Erfolg, und er erklärte endlich am 3. December, daß er die Bitte der Stände unter der Bedingung bewillige, daß sie die Mittel zur Unterhaltung seines Hofstaats und zur Führung des Kriegs sicher stellten. Dies geschah indeß nicht, er sah sich einerseits von den Ständen zu einem Kriege gegen die Reformirten gezwungen und andererseits außer Stand gesetzt, denselben zu führen; seine Hoffnung, bei ihnen Beistand gegen die Anmaßungen des Herzogs von Guise zu finden, war gänzlich getäuscht worden, er war im Gegentheil von ihnen in seinen Rechten beschränkt und gedemüthigt worden. Warnungen, welche ihm von verschiedenen Seiten zukamen, bestärkten ihn in dem Argwohn, daß Guise insgeheim die Berathungen und Beschlüsse der Stände leite und beherrsche, daß dieser ihn absichtlich der allgemeinen Verachtung preisgebe und sich von den Ständen zum General-Statthalter des Königreichs wolle erklären lassen, um mit der obersten Militairgewalt auch die Verwaltung zu vereinigen und sich dadurch den Weg zum Throne zu bahnen. Seine Erbitterung gegen Guise stieg aufs höchste, und die Ermordung desselben erschien ihm als das einzige Mittel, um sich wieder den Besitz der königlichen Gewalt zu verschaffen, sich die Krone zu sichern und die Macht der Ligue zu stürzen. Nur wenigen Personen, namentlich dem Marschall von Aumont und dem Obersten Ornano, einem geborenen Corsicaner, theilte er seine Absicht mit; Montpezat, Herr von Lognac, übernahm die Ausführung und gewann dazu acht von den 45 Edelleuten, mit welchen sich der König seit 1585 zur Sicherheit seiner Person umgeben hatte. Ein Gerücht von der Gefahr, welche dem Herzoge von Guise drohte, verbreitete sich, er wurde von Mehren gewarnt, allein er glaubte nicht,

16 *

daß der König es wagen werde, etwas gegen ihn zu unternehmen. Zum frühen Morgen des 23. Decembers berief der König die Mitglieder des Staatsraths unter dem Vorwande, daß er sich noch am Vormittage nach einem nahen Landhause zu einer Andachtsübung begeben und vorher mehre wichtige Geschäfte abmachen wolle. Als Guise in den königlichen Palast kam, traten verabredetermaßen ein Gardecapitain und mehre Gardisten an ihn heran und baten ihn, die Auszahlung des schon lange rückständigen Soldes zu bewirken, und indem sie dann auf der Treppe vor der Thür des Saales, in welchem sich der Staatsrath versammelte, stehen blieben, trennten sie ihn von seinem Gefolge. Bald darauf ersuchte ihn der Staatssecretair Revol, sich zu dem Könige zu begeben. Als er in das Vorzimmer desselben trat, befanden sich in diesem nur die acht zum Morde ausgewählten Edelleute, und sobald er die Hand ausstreckte, um den Vorhang aufzuheben, welcher vor der Thür des Cabinets des Königs hing, stieß ihm einer von jenen einen Dolch von hinten in den Hals, sodaß das ihm aus dem Munde stürzende Blut ihm das Sprechen unmöglich machte; sogleich hieben auch die Andern mit ihren Degen auf ihn los, er stürzte, von vielen Wunden bedeckt, nieder und starb augenblicklich. Der König trat jetzt aus seinem Cabinet, sah den Leichnam einen Augenblick an und ließ dann einen Teppich über ihn legen. Der Erzbischof von Lyon und der Cardinal von Guise, welche schon früher gekommen waren, wurden als Gefangene nach einem obern Gemache des Schlosses gebracht, und der Letztere, welcher den König ebenso sehr wie sein Bruder beleidigt hatte, und in welchem derselbe einen unversöhnlichen Rächer des Ermordeten fürchtete, wurde am folgenden Tage erschossen. Nachdem der Cardinal von Bourbon, Guise's Mutter und sein Sohn, der Prinz Karl von Joinville, sowie die Herzöge von Nemours und von Elboeuf, welche im Schlosse wohnten, verhaftet worden waren, wurden in der Stadt La Chapelle Marteau die beiden vom Volke eingesetzten Echevins von Paris und zwei andere Deputirte des Bürgerstandes sowie Guise's Secretair, in dessen Papieren sich die Beweise für die Unterhandlungen seines Herrn in und außerhalb Frankreichs und die Belege

über die von Spanien empfangenen Gelder fanden, ins Ge=
fängniß gesetzt, und' der Graf von Brissac wurde in seiner
Wohnung bewacht. Mehre Andere retteten sich durch schnelle
Flucht vor der Verhaftung. Der Cardinal von Bourbon,
der Erzbischof von Lyon, Elboeuf und Joinville wurden bald
darauf nach der Citadelle von Blois geführt; der Herzog von
Nemours entfloh; die Mutter Guise's und die meisten der
übrigen Verhafteten wurden freigelassen, zum Theil weil sie
Mitglieder der Ständeversammlung waren und diese sich über
ihre Gefangennehmung beschwerte [1]). Die Königin Katharina
lag krank zu Bett, als die Ermordung Guise's, deren Absicht
ihr unbekannt geblieben war, vollführt wurde. Der König
theilte ihr dieselbe durch die Worte mit: er sei jetzt König
von Frankreich geworden, indem er den König von Paris
habe tödten lassen. Erstaunt und bestürzt erwiderte sie ihm:
Gott möge geben, daß er nicht König von Nichts geworden
sei, er habe gut geschnitten, allein sie wisse nicht, ob er ebenso
gut werde nähen können; um den übeln Folgen vorzubeugen,
seien zwei Dinge nothwendig, Schnelligkeit und Entschlossen=
heit [2]). Sie starb schon am 5. Januar im siebzigsten Lebensjahre.

Heinrich III. folgte dem Rathe seiner Mutter nicht, er
war auch jetzt unfähig, rasch und mit Festigkeit zu handeln,
er verkannte überdies, daß die Ligue weniger eine politische als
eine Religionspartei war, deren Fanatismus durch den Tod
der Guisen, in welchen sie nur Märtyrer für den katholischen
Glauben sah [3]), noch mehr gesteigert werden mußte, und er
glaubte, daß sie durch den Tod und die Gefangenhaltung
ihrer Häupter entmuthigt und aufgelöst werden würde und
er sich durch Fortsetzung des Kriegs gegen die Ketzer die Er=
gebenheit auch der eifrigsten Katholiken verschaffen und sichern
könne. In dieser Meinung machte er am 31. December eine

---

1) Relation de la mort de MM. le duc de Guise et cardinal de
Guise, par le sieur Miron, medecin du roi Henry III., bei Petitot
XLV, 448—477. Davila 530—540. Thuan. XCIII, 558—577.

2) Davila 537. Malingre 168.

3) Einer von den vielen damals gedruckten Berichten über die Er=
mordung der Guisen, welcher in den Archiv. curieuses (XII, 57—107)
abgedruckt ist, führt den Titel: Le Martyre des deux frères. 1589.

Declaration bekannt: Er habe von jeher und besonders seit dem Edict vom Juli sich bemüht, alle seine katholischen Unterthanen unter seiner Herrschaft in Eintracht zu erhalten, um sein Reich von Ketzereien zu reinigen; es habe indeß Leute gegeben, welche danach gestrebt hätten, die Zwietracht wieder anzuregen und zu nähren und sein Ansehen gänzlich herabzuwürdigen; vergeblich habe er sie durch alle möglichen Gunstbezeigungen davon zurückzubringen gesucht, und so sei er genöthigt gewesen, ihren unheilvollen Unternehmungen zuvorzukommen, jedoch habe er die Strafe auf die Urheber des Uebels beschränkt, er erkläre, daß das Geschehene nur wegen der Verletzungen des Edicts vom Juli stattgefunden habe, und daß es seine Absicht sei, dies als Staatsgrundgesetz vollständig zu beobachten und aufrecht zu erhalten, und er bewillige Denen, welche an jenen Verletzungen theilgenommen, Verzeihung unter der Bedingung, daß sie alle Verbindungen, Verhandlungen und Einverständnisse innerhalb und außerhalb des Reichs gänzlich aufgäben. Am 4. Januar 1589 ließ er darauf das Unionsedict zum zweiten Male von der Ständeversammlung beschwören, und er leistete selbst noch einmal diesen Eid; allein schon damals war der offene Aufruhr gegen ihn in vielen Städten ausgebrochen. Fast überall erhielten die Anhänger der Ligue früher als die königlichen Beamten Nachricht von den Ereignissen zu Blois, und fast überall folgte dieser Nachricht unmittelbar der Aufruhr. Am Abend des 24. Decembers wurde die Ermordung des Herzogs von Guise in Paris bekannt; die Faction der Sechzehn forderte sogleich das Volk auf, sich zu bewaffnen, die Prediger entflammten es während des Weihnachtsfestes noch mehr, manche von ihnen ließen am Ende der Predigt ihre Zuhörer die Hände aufheben und schwören, für die heilige Union der Katholiken zu leben und zu sterben, und der Herzog von Aumale, welcher aus Argwohn sich nicht nach Blois begeben hatte, sondern in Paris geblieben war, wurde am 26. December vom Volke zum Gouverneur der Stadt gewählt. Ein Pfarrer, der Doctor Lincestre, verkündigte am 29. dem Volke von der Kanzel, es dürfe Heinrich von Valois nicht mehr als seinen König ansehen, und am 1. Januar verlangte er

1589

253

von seinen Zuhörern den Schwur, ihren letzten Blutstropfen und ihren letzten Pfennig daranzusetzen, um den Tod der beiden Guisen, welche der Tyrann habe umbringen lassen, zu rächen. Die Ligueurs zu Paris ersuchten Aumale in einer Bittschrift, durch die theologische Facultät der Universität darüber berathen zu lassen, ob es erlaubt sei, sich dem Könige zu widersetzen, da Manche dagegen Gewissensbedenken hätten. Die Bittschrift wurde der Facultät zugeschickt, und ein Theil der Doctoren derselben, namentlich die jüngern, nebst mehren andern Doctoren und Pfarrern, im Ganzen an siebzig Personen, unter welchen sich jedoch der Bischof von Paris nicht befand, faßten einstimmig am 7. Januar, mit Berufung auf die Bibel, das kanonische Recht und die päpstlichen Decrete, den Beschluß, daß das Volk des Königreichs von dem Eide der Treue und des Gehorsams, welchen es dem Könige Heinrich III. geleistet habe, entbunden sei, und daß es auf erlaubte Weise und mit gutem Gewissen zur Vertheidigung der katholischen Religion gegen die verabscheuungswürdigen Absichten und Unternehmungen des genannten Königs und aller ihm Anhängenden sich bewaffnen, Geld sammeln und beisteuern könne. An den Straßenecken wurden Anschläge voll Beleidigungen und Schmähungen gegen den König angeheftet, seine Bildnisse wurden zerstört, das mit dem polnischen verbundene französische Wappen heruntergerissen, und Processionen von kleinen Kindern veranstaltet, welche brennende Lichte mit den Füßen austraten und dabei riefen: Der König ist ein Ketzer und excommunicirt! Bussy le Clerc, Procurator im Parlament und vom Herzoge von Guise zum Gouverneur der Bastille eingesetzt, begab sich, mit Genehmigung Aumale's und von Bewaffneten begleitet, am 17. Januar in das Parlament, verhaftete den Präsidenten Harlay sowie die Räthe, welche dem Könige ergeben und der Ligue abgeneigt waren, und führte sie als Gefangene nach der Bastille; die übrigen Mitglieder, welche entweder der Ligue angehörten oder nicht den Muth besaßen, sich den Sechzehn entgegenzustellen, leisteten unter dem Vorsitze Brisson's den damals von den Häuptern der Ligueurs abgefaßten Unionseid, nämlich in der katholischen Religion zu leben und sterben, für die

Erhaltung und Beförderung derselben ihre Güter und ihr
Leben bis zum letzten Blutstropfen zu verwenden gegen Diejenigen, welche offen oder insgeheim sich bemüht hätten oder
bemühen würden, sie zu vernichten und die Ketzerei zu erhalten; auch für die Sicherheit von Paris und aller übrigen
unirten Städte, so viel sie irgend vermöchten, zu sorgen, gegen Jeden ohne Ansehen der Person und der Würde Diejenigen zu beschützen, welche ferner dieser Union beitreten würden, die Rechte und Freiheiten der drei Stände zu vertheidigen,
die Gewalt Derjenigen zurückzutreiben, welche dieselben neulich
auf dem Reichstage durch Gefangennehmung und Ermordung
katholischer Prinzen verletzt hätten, auf dem Wege des Rechts
dieses große Verbrechen gegen die Anstifter und Mitschuldigen
und deren Begünstiger zu verfolgen und nicht irgend ein
Bündniß oder einen Frieden ohne gemeinsame Beistimmung
der für die Sache der Religion unirten Prinzen, Herren, Bischöfe und Städte zu schließen [1]). In Orleans war der Aufstand schon am 23. December ausgebrochen, und er verbreitete
sich um so rascher nach den entferntern Provinzen, als man
sah, daß der König nicht einmal Macht genug besaß, um
eine seinem Aufenthaltsorte so nahe Stadt im Gehorsam zu
erhalten. Im Januar empörte sich Le Mans sowie Amiens
und Abbeville, obwol der Gouverneur der Picardie, der Herzog von Longueville, dem Könige treu blieb. In Toulouse
wurde der erste Präsident des Parlaments, Duranti, welcher,
obwol eifriger Katholik, ein treuer Anhänger des Königs war,
ermordet, das Bild des Königs wurde durch die Straßen geschleift, und mehre andere Städte von Languedoc folgten dem
Vorgange von Toulouse. In Rouen machte sich das Volk
am 9. Februar zum Herrn der Stadt, wählte einen neuen
Stadtrath aus den heftigsten Ligueurs und ermordete viele
Reformirte; die Hälfte der Normandie erklärte sich gleichfalls
gegen den König, während die andere, namentlich die Städte
Caen, Alençon und Dieppe, sowie der Gouverneur, der Herzog von Montpensier, und ein großer Theil des Adels im
Gehorsam gegen denselben beharrte. Die Champagne war

[1]) Cayet XXXIX, 2—6. Thuan. XC, 596—601.

durch die Gouverneure der Städte, welche der Herzog von
Guise eingesetzt hatte, der Union gesichert, nur Chalons an
der Marne blieb dem Könige treu. Die erste Nachricht von
dem Ausbruch dieser Unruhen veranlaßte die Reichsstände zu
Blois, den König um ihre Entlassung zu bitten; er bewilligte
diese, da er die Größe der ihm drohenden Gefahr noch nicht
ahnete. Nachdem ihm die Cahiers der drei Stände kurz
zuvor übergeben waren, hörte er noch am 15. und 16. Januar die mündlichen Vorstellungen und Bitten derselben über
die vielen im Reiche vorhandenen Mißbräuche und Übelstände
und entließ darauf die Deputirten. Nur sehr wenige hielten
ihr Versprechen, für die Erhaltung des Gehorsams gegen ihn
in ihrer Heimat zu sorgen, die meisten schlossen sich sogleich
nach ihrer Rückkehr der Ligue an [1].

Der sich schnell über alle Provinzen verbreitende Aufstand erhielt dadurch eine noch weitere Ausdehnung und eine
größere Festigkeit, daß der Herzog von Mayenne die obere
Leitung übernahm und an die Spitze der Ligue trat. Er
hatte zu Lyon die Nachricht von dem Tode seines Bruders
einen Tag früher erhalten, als der zu seiner Verhaftung ab-
geschickte königliche Beauftragte ankam; er hatte sich sogleich
nach seinem Gouvernement Burgund begeben und eine fast
allgemeine Empörung dieser Landschaft bewirkt. Die Überzeugung, daß seine Ehre ihm gebiete, die Ermordung seiner
Brüder zu rächen, und die dringende Aufforderung seiner
Schwester, der Herzogin von Montpensier, der unversöhnlichen
Feindin des Königs, sowie des Herzogs von Aumale und
des Rathes der Sechzehn, bestimmten ihn, ungeachtet der
König ihn in einem Briefe seiner Achtung und seines Wohlwollens versicherte, sich an die Spitze der Ligue zu stellen.
Er kam am 15. Februar, begleitet von 500 Edelleuten und
4000 Soldaten, nach Paris [2], wohin sich bereits der Herzog
von Nemours begeben hatte. Am folgenden Tage berief er
eine zahlreiche Versammlung von königlichen und städtischen
Beamten und Bürgerdeputirten nach dem Stadthause, stellte

1) Thuan. XCIV, 593—596. Mallagro 189—201.
2) Davila 555.

die Nothwendigkeit vor, einen obersten Rath der Union zu
errichten zur Leitung der Angelegenheiten der Stadt und des
ganzen Staates bis zur Versammlung der Reichsstände und
übergab ein Verzeichniß von Personen, welche für denselben
geeignet schienen. Dieses wurde den Bürgerversammlungen
der einzelnen Stadtquartiere mitgetheilt, um ihr Gutachten
abzugeben, und darauf wurden am folgenden Tage von den
Herzögen von Mayenne, Aumale und Nemours und den vier
Echevins die Mitglieder des Raths bestimmt, und es wurde
außerdem allen katholischen Prinzen, den Präsidenten, den
Advocaten und dem Generalprocurator des Parlaments, dem
Prevot der Kaufleute, den Echevins und dem Procurator von
Paris, den Abgeordneten der Provinzen und den Bischöfen,
welche sich der Union anschließen würden, Sitz und Stimme
in demselben bewilligt. Diese Behörde, welche sich General-
rath der Union der Katholiken bis zur Versammlung der
Reichsstände nannte, übertrug am 4. März dem Herzog von
Mayenne, unter dem Titel eines General-Lieutenant des Königreichs, die ganze königliche Gewalt bis zum Zusammentreten der Reichsstände, welche zum 15. Juli berufen wurden,
und das Parlament, sowie in den beiden folgenden Monaten
auch die Rechenkammer und der Steuerhof, registrirten diese
Ernennung [1]). Ein Kreisschreiben des Unionsrathes forderte
alle Städte zu enger Verbindung und zu gegenseitigem Beistande für die Erhaltung der Religion auf, und nicht wenige
Städte und Edelleute, welche bisher noch geschwankt hatten,
schlossen sich der Union an. Zwar unterdrückte der Marschall
von Matignon in Bordeaux einen von der Ligue angeregten
Volksaufstand mit Gewalt, und die Absichten derselben in der
Dauphiné wurden durch La Valette, den Stellvertreter seines
Bruders Epernon, und die zahlreiche Partei der Reformirten
vereitelt; allein die Provinzen Berri und Auvergne wurden
durch ihre Gouverneure, La Chatre und den Grafen von Ran-
dan, größtentheils zum Beitritt zur Union bestimmt; die bedeutendsten Städte in der Provence, namentlich Marseille,
Arles und Aix, sowie das Parlament derselben erklärten

---

1) Cayet XXXIX, 51—53. Thuan. 606, Capefigue V, 200—202.

sich auch für sie; Poitiers brachten die Ligueurs in ihre Gewalt; der Gouverneur von Bretagne, der Herzog von Mercoeur, obwol Bruder der Königin, entschloß sich nach einigem Zögern gleichfalls zum Abfall vom Könige, indem er Gelegenheit zu finden hoffte, die Ansprüche geltend zu machen, welche seine Frau als Erbin des Hauses Penthièvre auf die Bretagne zu haben glaubte, er nannte sich Beschützer der katholischen Kirche in der Bretagne, bewog Nantes, Rennes, Dinant und Dole, sich für die Union zu erklären, und vertrieb die Edelleute, welche sich ihm nicht anschließen wollten, zum Theil aus ihren Besitzungen; indeß vertrieben die Einwohner von Rennes, ermuthigt durch einige Mitglieder des Parlaments und einige Edelleute, den von ihm eingesetzten Gouverneur wieder, und Brest wurde dem Könige durch den Befehlshaber daselbst gesichert.

Auf solche Weise hatte Heinrich III. binnen wenigen Monaten die Herrschaft über den größern Theil seines Reichs verloren, und nicht allein die Reformirten, sondern auch die eifrigsten Katholiken standen ihm feindlich gegenüber. Von Denen, welche ihm treu geblieben waren, konnte er um so weniger Beistand erwarten, als sie meistens auf ihre eigene Vertheidigung in ihrer Heimat bedacht sein mußten, und das Heer, mit welchem der Herzog von Nevers den Krieg gegen den König von Navarra — ohne Erfolg — geführt hatte, zerstreute sich größtentheils, als derselbe es ihm zuführen wollte. Statt zu handeln, hatte er Edicte erlassen: er hatte die Verlegung des Parlaments und der Rechenkammer von Paris nach Tours befohlen, aber nur wenige Mitglieder dieser Behörden begaben sich dahin; er hatte die Herzöge von Mayenne und Aumale aller ihrer Aemter und Würden für verlustig und für Rebellen und Hochverräther erklärt, wenn sie nicht bis zum 1. März zum schuldigen Gehorsam zurückkehrten, und alle seine getreuen Unterthanen aufgefordert, über sie herzufallen und ihm mit allen Kräften und Mitteln beizustehen [1]), allein er gab dadurch nur einen neuen Beweis seiner Ohnmacht, und nur eine nicht bedeutende Anzahl von Herren und

---

1) Lambert XIV, 635—642.

Edelleuten sammelte sich zu Blois um ihn. Er war außer
Stande, zu gleicher Zeit den Krieg gegen die Reformirten
und den König von Navarra und gegen die Ligue zu führen,
und nur in der Vereinigung mit einer der beiden Parteien war
für ihn Rettung. Zu einer Verbindung mit den Reformirten
konnte er sich noch nicht entschließen, zumal er dadurch sein
wiederholtes, feierliches Gelübde, die Ketzer zu bekriegen und
zu vertilgen, gebrochen hätte; er versuchte zunächst, die Ligue
zur Versöhnung mit ihm zu bewegen, und er erbot sich, alle
Gefangenen freizugeben, den Prinzen und Herren der Ligue
den Besitz aller ihrer Gouvernements zu lassen und ihnen
Sicherheitsplätze zu übergeben. Als der Herzog von Mayenne
seine Anerbietungen zurückwies, als mehre der angesehensten
Herren der Ligue offen und bestimmt erklärten, daß sie ihn
nicht mehr für ihren König anerkennen wollten, und die Geistlichen von dieser Partei nicht mehr „für unsern König", sondern „für unsere christlichen Prinzen" in den Kirchen beteten [1]),
da sah er sich gezwungen, Hülfe bei dem Könige von Navarra zu suchen. Dieser hatte am 4. März ein Schreiben
an die drei Stände des Königreichs bekannt gemacht: er beklagte das Unglück, welches der Bürgerkrieg über sein Vaterland gebracht, und er bezeichnete einen Frieden des Königs
mit allen seinen Unterthanen beider Theile als die dringendste
Nothwendigkeit, als das einzige Mittel der Rettung; er erklärte, daß er, wenn Alles sich zum Verderben des Königs
verschworen habe, als wahrer Diener desselben, als wahrer
Franzose Alles versuchen werde, um es zu verhindern; an
allen Orten, wo er Macht besitze, werde er dem Ansehen desselben Achtung verschaffen, er werde Alle, welche sich zu diesem Zwecke mit ihm vereinigen würden, beschützen; sowie er
nicht geduldet habe, daß man ihm in seinem Gewissen Zwang
anthue, so werde er auch nicht zugeben, daß man den Katholiken in ihrem Gewissen und in ihrer Religionsübung Zwang
zufüge, er nehme aufs neue Person und Güter der Katholiken und namentlich der Geistlichen unter seinen Schutz, da
er seit langer Zeit erkannt habe, daß das wahre und einzige

---

1) Cayet 110.

Mittel, um die Völker im Dienste Gottes zu vereinigen und Frömmigkeit in einem Staate zu begründen, Milde, Friede und gutes Beispiel sei, nicht aber Krieg und Zerrüttungen, welche nur Laster und Nichtswürdigkeiten hervorbrächten [1]). In solcher Gesinnung änderte er nichts in der Verwaltung der Städte, welche ihm damals die Thore öffneten, nur setzte er die vertriebenen Reformirten wieder in ihre Güter und frühern Rechte ein und ließ die Friedensedicte beobachten; dieselbe Gesinnung bewährte er auch bei den Unterhandlungen, welche Heinrich III. mit ihm anknüpfte, er benutzte die bedrängte Lage desselben nicht, um besondere Begünstigungen für sich und seinen Glauben zu fordern, er verlangte nur einen Übergangspunkt an der Loire, um sich bei dem Vorrücken über den Fluß die Verbindung mit den Reformirten des südlichen Frankreichs zu sichern. Du Plessis, welchen er mit der Unterhandlung beauftragt hatte, unterzeichnete am 3. April zu Tours einen Vertrag mit Heinrich III.: er verpflichtete sich, mit aller Treue und Zuneigung diesem mit allen seinen eigenen Kräften und Mitteln und denen seiner Partei gegen Diejenigen zu dienen, welche das Ansehen desselben verletzten und die Ruhe des Reichs störten; um dem Könige von Navarra die Versammlung größerer Streitkräfte zu erleichtern und damit der König von Frankreich sich der seinigen ungehindert in diesem Kriege bedienen könne, wurde zwischen Beiden ein allgemeiner Waffenstillstand auf ein Jahr für ganz Frankreich und für Avignon geschlossen. Heinrich III. versprach, am 10. April Pont de Cé dem Könige von Navarra zu übergeben, damit er besser im Stande sei, den versprochenen Dienst zu leisten, und dieser verpflichtete sich, sodann unverzüglich mit aller seiner Macht gegen den Herzog von Mayenne zu marschiren, nur gegen diesen und dessen Faction Krieg zu führen, an den Orten, wo die Herrschaft Heinrich's III. anerkannt werde, nichts in Betreff der katholischen Religion zu ändern noch die Katholiken an ihrer Person oder an ihren Gütern zu beeinträchtigen, sich nicht an den königs-

1) Lambert 643—645. Cayet 82—91. Lettres de Henry IV, II, 443—458.

lichen Einkünften außerhalb der Landschaften und Orte, welche ihm gegenwärtig gehorchten, zu vergreifen und alle Städte, Schlösser und Plätze, deren er oder die Seinigen während dieses Krieges sich bemächtigen würden, zur freien Verfügung des Königs von Frankreich zu stellen. Dagegen gestand ihm dieser zu, daß er in jeder Sénéchauffée und Bailliage einen der von ihm eingenommenen Plätze zur Aufnahme seiner Verwundeten und Kranken und als Unterpfand für die Rückzahlung der Kosten, welche er im Kriege für denselben aufwenden werde, bis zur Erstattung behalten könne, und er bewilligte ihm und allen seinen Anhängern die Aufhebung der Beschlagnahme ihrer Güter für die Dauer des Waffenstillstandes, indem auch sie ihrerseits in den ihnen gehorchenden Orten die getreuen katholischen Unterthanen des Königs von Frankreich ihrer Güter und Einkünfte genießen lassen sollten. Durch ein besonderes Übereinkommen wurde bestimmt, daß die Reformirten nicht mehr zur Untersuchung gezogen werden sollten und ihre Religion in der Armee, an dem Aufenthaltsorte des Königs von Navarra sowie in den ihm in jeder Sénéchauffée und Bailliage übergebenen Plätzen frei und öffentlich stattfinden könnte. Heinrich III. ließ diesen Waffenstillstand erst am 26. April, nachdem die noch bis dahin fortgesetzten Unterhandlungen mit dem Herzoge von Mayenne gänzlich erfolglos geblieben waren, bekannt machen, und er rechtfertigte denselben zugleich durch den Vortheil, welcher daraus für die katholische Religion und die Erleichterung seiner Unterthanen hervorgehen werde, indem dadurch die Fortschritte des Königs von Navarra und seiner Partei aufgehalten würden, welche sonst für die katholische Religion um so nachtheiliger werden könnten, als er genöthigt werde, seine Macht gegen die Rebellen zu richten. Einige Tage früher hatte er, da der Befehlshaber zu Pont de Cé diesen Platz zu öffnen verweigerte, statt desselben die Stadt Saumur dem Könige von Navarra übergeben, und dieser hatte daselbst am 21. April eine Declaration erlassen, in welcher er seinen Entschluß aussprach, zur Wiederherstellung der Herrschaft Heinrich's III. und des Zustandes Frankreichs seine ganze Macht und sein Leben zu verwenden, Denjenigen den heftigsten Krieg anzukünbigte, welche durch ihre Handlungen sich offen für Feinde des Königreichs erklärt und, so viel sie vermocht, den Namen des Königs ausgelöscht hätten, und einen Jeden aufforderte, sich von der Verbindung und Gemeinschaft mit diesen Feinden und Ruhestörern Frankreichs zu trennen, und Allen, welche dies thun würden, versprach, sie in ihren Gütern und Rechten und in ihrer Religion zu erhalten. Am 30. April fand unter großem Jubel des zahlreich versammelten Volks eine Zusammenkunft der beiden Könige im Schlosse Plessis bei Tours statt [1]). Schon während der Unterhandlungen zwischen ihnen hatte sich der spanische Gesandte Mendoza vom Hofe nach Paris begeben. Den Unwillen und Zorn des Papstes Sirtus V. über die Ermordung des Herzogs und besonders des Cardinals von Guise hatte Heinrich III. vergeblich durch Gesandte und Vorstellungen zu begütigen gesucht; seine Verbindung mit dem Könige von Navarra reizte den Papst noch mehr, und dieser ließ am 24. Mai zu Rom ein Monitorium bekannt machen, in welchem er befahl, daß der König zehn Tage nach der Publication desselben in Frankreich den Cardinal von Bourbon und den Erzbischof von Lyon freilasse, indem er ihn sonst ercommuniciren werde, und daß er binnen sechzig Tagen sich selbst nach Rom begebe oder Bevollmächtigte schicke, um die Gründe vorzulegen, welche er gegen seine Ercommunication wegen der Ermordung des Cardinals von Guise und gegen die Freisprechung seiner Unterthanen von dem ihm geleisteten Eide der Treue einzuwenden habe [2]). Ungeachtet dieses Verfahrens des Papstes nahm indeß die Zahl der katholischen Edelleute, welche sich an den Hof begaben, um dem Könige zu dienen, immer mehr zu, die Reformirten stellten auch eine nicht unbedeutende Kriegsmacht auf, und der Krieg der Royalisten gegen die Ligue, dessen obere Leitung Heinrich III. größtentheils dem Könige von Navarra überließ, begann mit glücklichem Erfolge. Der Herzog von

1) Lettres de Henry IV, II, 264—268. 477. Mémoires de Mornay, seignour du Plessis, II, 896—913. Isambert 645—650. Aubigné III, 207—214.

2) Cayet 139—142. Thuan. XCV, 656. Das Monitorium wurde am 23. Juni zu Meaur publicirt.

Aumale, welcher die Stadt Senlis, die sich von der Ligue wieder losgesagt hatte und zum Gehorsam gegen den König zurückgekehrt war, belagerte, wurde, ungeachtet der mehrfach überlegenen Zahl seines Heeres, von dem Herzoge von Longueville und von La Noue am 17. Mai angegriffen und gänzlich besiegt [1]), und diese Niederlage, welche den Muth der Royalisten ebenso erhob als sie Bestürzung zu Paris verbreitete, nöthigte den Herzog von Mayenne, welcher sich in dieser Zeit der Stadt Alençon bemächtigt hatte, dorthin zurückzukehren. Harlay von Sancy, welcher vom Könige schon im Februar nach der Schweiz geschickt war, hatte sich Geld theils durch Verpfändung von Edelsteinen verschafft, theils von den Genfern und Bernern durch das Versprechen erlangt, Krieg gegen den Herzog von Savoyen zu führen, von welchem sie damals bedrängt wurden; er warb 12,000 Schweizer, 1000 Deutsche und 3000 Franzosen, und nach einigen nicht entscheidenden Unternehmungen gegen Savoyen bewog er die Anführer dieser Söldner, ihm nach Frankreich zu folgen [2]). Auf diese Nachricht brachen die Könige gegen Paris auf, sie belagerten, nach der Eroberung einiger kleinen Städte, Pontoise, welches sich am 25. Juli ergab, und zwei Tage darauf vereinigte sich Sancy mit ihnen. Am 31. Juli bemächtigten sie sich S.=Clouds und der Seinebrücke bei diesem Orte, der Angriff auf Paris wurde jetzt beschlossen, und bei der mehrfachen Überlegenheit ihres Heers über die Kriegsmacht Mayenne's und der Entmuthigung der Pariser konnte Heinrich III. mit Zuversicht auf die Einnahme der Stadt und die Herstellung seiner königlichen Macht hoffen, als er durch Meuchelmord sein Leben verlor. Jakob Clement, ein zweiundzwanzigjähriger Dominicanermönch, aufgereizt durch die leidenschaftlichen Predigten fanatischer Geistlichen, welche den König als Tyrannen und als Feind der Kirche verdammten, begab sich von Paris in das Lager desselben und verlangte, vor ihn gelassen zu werden, um ihm einen Brief des Parlamentspräsidenten Harlay, welcher noch zu Paris gefangen gehalten wurde,

1) Cayet 170—178. Thuan. 674—676.
2) Thuan. 682—695. Cayet 181—193.

zu übergeben und außerdem mündliche Mittheilungen zu ma=
chen. Am 1. August wurde er von dem Generalprocurator
La Guesle auf Befehl des Königs in das Zimmer desselben
geführt, wo sich nur noch der Herr von Bellegarde befand.
Er übergab den angeblichen Brief Harlay's, indem er äußerte,
daß er dem Könige noch etwas Geheimes mitzutheilen habe,
und als dieser darauf die beiden Anwesenden etwas zurücktreten
ließ, zog er rasch ein Messer aus seinem Kleide und versetzte ihm
zwei Stöße in den Leib. Der König riß das Messer sogleich
heraus und verwundete den Mörder am Kopfe, und die bei
dem sich erhebenden Lärmen in das Zimmer tretenden Edel=
leute hieben ihn nieder [1]). Die Verwundung schien anfangs
nicht gefährlich, bald verschlimmerte sich indeß der Zustand
des Königs, er erklärte gegen Heinrich von Navarra: die Ge=
rechtigkeit wolle, daß er sein Nachfolger sei, er werde aber
viele Hindernisse finden, wenn er die Religion nicht ändere,
und er ermahne ihn dazu; zugleich bat er die anwesenden
Herren und befahl ihnen, den König von Navarra nach sei=
nem Tode als ihren König anzuerkennen [2]). Während dieser
auf seinen Wunsch die verschiedenen Quartiere des Heeres
besuchte, da er glaubte, daß seine Verwundung die Feinde zu
einem Angriff ermuthigen könne, starb er am frühen Morgen
des 2. August zu S.=Cloud.

1) So wird der Vorgang in dem, noch an demselben Tage an die
Gouverneure der Provinzen und die fremden Fürsten erlassenen, königs
lichen Schreiben (bei Cayet 195) und in Heinrich's IV. Brief an sei=
nen Gesandten zu Benedig (in v. Raumer's Briefen I, 341) erzählt.
Etwas abweichend ist der Bericht bei L'Estolle XL, 407 und Thuan.
XCVI, 697.

2) Höchstens dies scheint glaubwürdig in dem Berichte über das
Lebensende Heinrich's III. in den Mém. du duc d'Angoulême (bei Pe=
titot XLIV, 527 etc.), denn wenn dieser, ein natürlicher Sohn Karl's
IX., auch bei dem Tode Heinrich's zugegen war, so schrieb er doch seine
Memoiren erst drei Jahre vor seinem Tode, im J. 1647.

Zweites Capitel.

Heinrich's IV. Kampf gegen die Ligue und seine Regierung (1589—1610).

Nach dem französischen Staatsrechte war Heinrich IV. (1589—1610) der rechtmäßige Erbe des Throns, allein durch den Tod Heinrich's III. wurde ihm zunächst fast nichts mehr als der königliche Titel zu Theil, und die damaligen Verhält=nisse gaben ihm wenig Hoffnung, auch zu dem Besitz der königlichen Herrschaft zu gelangen. Das Band, welches bis=her einen Theil der Katholiken mit ihm und den Reformirten verknüpft hatte, war durch den Tod seines Vorgängers gelöst worden, die Vereinigung war von zu kurzer Dauer gewesen, um eine wahrhafte Versöhnung zwischen beiden Theilen be=wirken zu können, und wenn auch einige katholische Herren der königlichen Partei in seiner Anerkennung das einzige Mit=tel sahen, der Zerrüttung und dem Unglück ihres Vaterlan=des ein Ende zu machen, so waren doch auch nicht Wenige bedenklich und abgeneigt, einem ketzerischen Könige Gehorsam zu leisten. Der Haß der Ligue, welchen er bisher mit Hein=rich III. getheilt hatte, richtete sich jetzt gegen ihn allein, und mit Zuversicht konnte er nur auf die Ergebenheit einer im Verhältniß zur katholischen Bevölkerung Frankreichs kleinen Partei, auf seine Glaubensgenossen, rechnen. Unter solchen Umständen konnte es nur einem Fürsten von seiner Persön=lichkeit gelingen, allmälig die Schwankenden und Bedenklichen zu gewinnen und die ihm in den Waffen Gegenüberstehenden zum Nachgeben zu bestimmen oder zu nöthigen. Geboren am 13. December 1553, hatte er jetzt das kräftigste Mannesalter erreicht, die wechselnden, oft widrigen Schicksale, welche er erlebt, hatten seinen Charakter gebildet und gestärkt, als ta=pferer, ritterlicher Fürst hatte er die Eigenschaften bewährt, welche vor Allem die Achtung des Adels wie des Volkes ihm zu verschaffen vermochten, das frohe, offene Wesen seiner Ju=

genb, welches er auch in den männlichen Jahren sich bewahrt
hatte, und seine gemäßigte, von jeder Unduldsamkeit freie Ge=
sinnung waren besonders geeignet, Abgeneigte mit ihm zu
versöhnen; seine Klugheit durch mannichfache Erfahrung ge=
reift, wußte die Verhältnisse zu durchschauen und richtig zu
würdigen, und frei von Dünkel und Eigensinn richtete er seine
Entschlüsse nur auf Das, was unter den stattfindenden Um=
ständen nothwendig und ausführbar war, nicht auf Das, was
ihm zwar erwünschter sein mochte, was zu erreichen aber durch
die Lage der Dinge unmöglich wurde [1]). Er wußte zunächst
die Schweizer zu bewegen, noch zwei Monate, ohne die Aus=
zahlung ihres Soldes zu verlangen, in seinem Dienste zu
bleiben, um während dieser Zeit neue Befehle ihrer Cantone
einzuholen. Der drohenden Forderung der katholischen Herren
im Heere, welche seinen unverzüglichen Übertritt zur katho=
lischen Kirche zur Bedingung seiner Anerkennung machten,
erwiderte er mit Unwillen und Festigkeit, daß ein solches Ver=
langen ein Zwang sei und eine Zumuthung, durch deren Er=
füllung er sich nur als einen Mann zeigen werde, welcher
weder Herz noch Seele besitze und gar nicht an Gott glaube,
und daß er Denen, welche nicht bei ihm bleiben wollten, ge=
statte, sich ungehindert zu entfernen, indem er unter den Ka=
tholiken diejenigen, welche Frankreich und die Ehre liebten,
für sich haben werde. Diese bestimmte Erklärung veranlaßte
die katholischen Herren, ihre Forderung zu beschränken; auch
der König sah die Nothwendigkeit ein, ihnen einige Gewäh=
rungen und Hoffnungen zuzugestehen, und am 4. August gab
er in einer Declaration das eidliche Versprechen, die katho=
lische Religion vollständig zu erhalten und nichts in Be=
ziehung auf dieselbe zu ändern; er erklärte, daß er nichts leb=
hafter wünsche, als durch ein rechtmäßiges, freies, allgemeines
oder Nationalconcil belehrt zu werden, um die Beschlüsse des=
selben zu befolgen und zu beobachten, und er werde deshalb
in sechs Monaten, oder wo möglich noch früher die Versamm=
lung eines solchen veranlassen; die Ausübung einer andern
Religion als der katholischen solle nur in denjenigen Städten

1) Villegomblain II, 53.

und Orten stattfinden, wo es gegenwärtig, gemäß den zwischen ihm und seinem Vorgänger verglichenen Artikeln, der Fall sei, bis darüber durch einen allgemeinen Frieden oder durch die Reichsstände, welche er gleichfalls binnen sechs Monaten versammeln werde, anders bestimmt werden würde; er versprach ferner, die Gouvernements in den Städten und Plätzen, welche den Rebellen entrissen werden würden, oder welche auf andere Weise zum Gehorsam gegen ihn zurückkehrten, sowie die erledigt werdenden Gouvernements in den übrigen, welche nicht in den Händen der Reformirten seien, während der nächsten sechs Monate nur an Katholiken zu vergeben und alle seine guten und getreuen Unterthanen, namentlich die getreuen Diener des verstorbenen Königs, in allen ihren Gütern, Ämtern, Würden und Rechten zu erhalten. Dagegen unterzeichneten die im Lager anwesenden katholischen Herren und Edelleute die Erklärung, daß sie ihn gemäß den Reichsgrundgesetzen als ihren König und geborenen Fürsten anerkennten und ihm Dienst und Gehorsam versprächen gegen das von ihm gegebene eidliche Versprechen und unter der Bedingung, daß er in zwei Monaten die Prinzen, Herzöge, Pairs, Kronbeamten und andern Herren, welche zur Zeit des Todes Heinrich's III. dessen getreue Diener gewesen seien, versammele, um vereinigt bestimmtere Beschlüsse über die Angelegenheiten des Reiches bis zur Entscheidung durch ein Concil und durch die Reichsstände zu fassen [1]). Während indeß der König durch ein Versprechen, welches seinen Übertritt zur katholischen Religion in Aussicht zu stellen schien, bei der Mehrzahl der Reformirten Misvergnügen und Klagen über Undank veranlaßte, sicherte er sich auch nicht einmal die Hülfe, zu welcher sich die katholischen Herren verpflichtet hatten. Viele derselben, zuerst der Herzog von Epernon, verlangten Beurlaubung; er konnte diese nicht verweigern, und durch ihre Entlassung, durch die Entfernung auch vieler Reformirten und durch die geheimen Umtriebe der Ligueurs wurde seine

---

1) Aubigné III, 186. Isambert XV, 3—5. Am 27. August berief Heinrich IV. die Reichsstände zum 31. October nach Tours, und im November verschob er des Krieges wegen die Versammlung bis zum 15. März. ll.

Armee so vermindert, daß er die Einschließung von Paris aufgeben mußte. Er theilte seine Truppen, um die Unterhaltung derselben möglich zu machen und um seine Anhänger in verschiedenen Provinzen zu gleicher Zeit zu unterstützen: eine Abtheilung unter dem Herzoge von Longueville und La Noue schickte er nach der Picardie, eine zweite unter dem Marschall von Aumont nach der Champagne und Burgund und mit der dritten, welche aus 4000 Schweizern, 2000 Landsknechten, 3000 französischen Fußgängern und 1500 Reitern bestand, marschirte er selbst, von dem Marschall von Biron und andern Herren begleitet, nach der Normandie [1]). Mit einer so geringen Kriegsmacht und mit noch geringern Geldmitteln unternahm er es, sich den Besitz der königlichen Herrschaft zu erkämpfen, allein was ihm in jener Beziehung fehlte, wurde durch die Kraft seines Geistes, durch seine Klugheit und durch seine einnehmende Persönlichkeit ersetzt. Er war mehr der Gefährte als der Fürst seiner Krieger, er speiste öffentlich und gestattete Jedem den Zutritt zu ihm, er verhehlte die Noth und Bedrängniß, in welcher er sich oft befand, nicht, er suchte durch lebhafte, geistreiche und vertrauliche Unterhaltung die Gemüther für sich zu gewinnen, und was er durch ernste Vorstellungen nicht erlangen konnte, wußte er in scherzender Weise zu erreichen; er schien den Reformirten seine innersten Empfindungen mitzutheilen und auf sie seine ganze Hoffnung zu setzen, und zugleich zeigte er den Katholiken, besonders den Geistlichen, die größte Achtung und sprach mit Verehrung von dem Papste und dem apostolischen Stuhl; er behandelte die Edelleute mit besonderer Aufmerksamkeit und rühmte sie als wahre Franzosen, als Retter ihres Vaterlandes, und Allen, welche von den Leiden des Krieges betroffen wurden, bewies er die lebhafteste Theilnahme [2]).

Schon am 5. August erließen der Herzog von Mayenne und der Generalrath der Union an Alle, welche dem Könige Heinrich III. angehangen hatten, die Aufforderung, sich mit ihnen zu gemeinsamer Bekriegung der Ketzer zu vereinigen

1) Mém. de la Force II, Corresp. 235.
2) Davila 595.

oder sich wenigstens nach ihrer Heimat zu begeben, wo sie
im ungestörten Genuß ihrer Güter leben könnten, wofern sie
nur schwören würden, in der katholischen Religion zu leben
und zu sterben und auf keine Weise den Ketzern und deren
Anhängern Beistand zu leisten. Dem Herzoge von Mayenne
riethen damals Manche, namentlich seine Schwester, die Her=
zogin von Montpensier, die Gelegenheit rasch zu benutzen und
sich von den Ligueurs zum König von Frankreich erklären zu
lassen; aber zu einem solchen Entschlusse fehlte ihm der kühne,
rücksichtslose Ehrgeiz, welcher den Herzog von Guise beseelt
hatte; es genügte ihm, zunächst sich den Besitz der Macht und
die Wiederkehr einer gleichen Gelegenheit zu sichern, und er
entschied sich dafür, den bejahrten Cardinal von Bourbon,
welcher der Gefangene Heinrich's IV. war, unter dem Namen
Karl X. zum König erklären zu lassen, obwol dieser selbst sei=
nen Neffen als rechtmäßigen Thronfolger anerkannte. Auch
der spanische Gesandte billigte diesen Entschluß, welcher sei=
nem Könige die erforderliche Zeit ließ, um die Ausführung
seiner eigenen Absichten auf Frankreich vorzubereiten [1]). Die
Zahl der Anhänger der Ligue und ihre Macht vermehrte sich
seit dem Tode Heinrich's III. sehr, allein Mayenne hatte nicht
Ansehen und Einfluß genug gewonnen, um diese Macht auf
Einen Punkt zu vereinigen; die Hoffnungen, welche die Ligue
von ihm gehegt hatte, waren durch das Vorrücken des königs=
lichen Heeres bis vor Paris getäuscht worden; indem er als
besonnener Mann die Leidenschaftlichkeit der Partei, an deren
Spitze er stand, nicht theilte, so war er eben dadurch außer
Stande, sie an sich zu fesseln und sie unbedingt zu leiten,
und wenn er auch ein geschickter Feldherr war, so wurde
doch seine kriegerische Thätigkeit durch die Schwerfälligkeit
seines Körpers und durch seine Neigung für Schlaf und
Wohlleben oft gehemmt. Im September brach er mit einem
Heere von mindestens 25,000 Mann nach der Normandie
auf. Der König vermochte seinem Gegner höchstens 10,000
Mann entgegenzustellen, er vertraute indeß auf die innere

---

1) Isambert 5—8. Mém. de Villeroy XLIV, 131—137. Davila
597—600.

Stärke feines Heeres, deſſen Cavalerie meiſt aus franzöſiſchen
Edelleuten und deſſen Infanterie theils aus Schweizern, theils
aus kriegserfahrenen Franzoſen* beſtand. Die Städte Caen
und Dieppe waren ihm von den katholiſchen Commandanten
übergeben worden, und in der Nähe der letztern, bei dem
Dorfe Arques, wählte er eine feſte Stellung, welche er durch
Verſchanzungen noch mehr ſicherte. Mayenne verſuchte mehre
Tage lang, in dieſelben einzubringen und ſich der Stadt
Dieppe zu bemächtigen, aber alle ſeine Angriffe wurden zurückgeſchlagen und vereitelt, und als ſich der Herzog von Longueville, La Noue und Aumont zur Unterſtützung des Königs
näherten, brach er am 28. September nach der Picardie auf,
um ſich mit dem Statthalter der ſpaniſchen Niederlande, dem
Herzoge von Parma, über die Führung des Kriegs zu berathen[1]). Die Armee des Königs wurde jetzt durch die zu ſeiner Hülfe herbeigekommenen franzöſiſchen Truppen und durch
4000 Engländer, welche ihm die Königin Eliſabeth ſchickte,
bis auf 23,000 Mann verſtärkt, und er beſchloß, aufs neue
gegen Paris zu marſchiren, in der Hoffnung, daß die Beſtür-
zung über ſeine unerwartete und plötzliche Ankunft einen Angriff begünſtigen werde. Am 31. October erſchien er vor der
Stadt, er erſtürmte am folgenden Tage die Vorſtädte und
gab ſie ſeinen Soldaten zur Plünderung preis. Als Mayenne
am 3. November nach Paris zurückkehrte, gab er zwar den
Angriff auf die Stadt ſelbſt auf, aber ſein Gegner nahm die
Schlacht, welche er ihm anbot, nicht an und machte keinen
Verſuch, es zu verhindern, daß er Etampes durch Belagerung
einnahm und Vendome erſtürmte. Bis zum Ende des Jahres
nöthigte er die Provinz Maine und die ganze untere Normandie, nur mit Ausnahme von Honfleur, ſich ihm zu unterwerfen. Die ſchweizeriſchen Cantone hatten, ſowie die Republik Venedig, ihn anerkannt und den Söldnern den Befehl
geſchickt, in ſeinem Dienſte zu bleiben[2]). Jedoch wenn er

1) Mém. de la Force II, 68—95. Cayet 274—287. Villegomblain II, 12—16.

2) Cayet 289—298. Mém. de la Force (welcher Heinrich's Ankunft vor Paris und die Einnahme der Vorſtädte auf den 2. November
ſetzt) I, 96—98. Davila 619. 620. Thuan. XCVII, 768.

auch durch den Muth und die Geschicklichkeit, mit welcher er
sich bei Arques gegen einen weit überlegenen Feind behauptet
hatte, durch die Kühnheit und Schnelligkeit seines Marsches
gegen Paris und durch seine glücklichen Unternehmungen in
der Nähe dieser Stadt den Ligueurs gezeigt hatte, daß er kein
so verächtlicher Feind sei, wie sie gemeint hatten [1]), so war
doch dadurch der leidenschaftliche Haß derselben gegen ihn eher
vermehrt als vermindert worden; unter der katholischen Be=
völkerung Frankreichs war es nur ein Theil des Adels, wel=
cher sich ihm angeschlossen hatte, und auch die Ergebenheit
dieser Wenigen war durch die Erwartung bedingt, daß er zur
katholischen Religion übertreten werde; sonst hatte er nur durch
Gewalt Gehorsam erzwingen können, seine Macht stützte sich
fast nur auf sein Heer, und oft fehlte ihm das Geld, um dies
zu bezahlen.

Noch ungewisser wurde für ihn die Hoffnung, seine Feinde
unter den Franzosen zu besiegen und die Ruhe herzustellen,
dadurch daß fremde Fürsten nicht allein durch Unterstützung
derselben die innere Zerrüttung Frankreichs nährten, sondern
diese auch zu ihrem eigenen Vortheil zu benutzen suchten. Der
Herzog von Savoyen machte, als Sohn einer Tochter des
Königs Franz I., Ansprüche auf die französische Krone und
suchte sich zunächst der Provence und der Dauphiné zu be=
mächtigen. Der Herzog von Lothringen unterstützte die Ligue
in der Hoffnung, die Wahl seines Sohnes, des Marquis von
Pont, als Sohnes der ältesten Tochter Heinrich's II., zu be=
wirken, und er strebte zugleich für sich nach dem Besitz des
an sein Land angrenzenden Theiles von Frankreich. Der
Papst Sixtus V. gab zwar dem als Legaten nach Paris ge=
schickten Cardinal Gaetano die Anweisung, vor Allem dahin
zu wirken, daß nur ein Katholik König von Frankreich werde,
sich indeß nicht offen gegen den König von Navarra zu er=
klären, so lange noch Hoffnung sei, daß dieser zur katholischen
Kirche zurückkehren werde, und die von andern Fürsten erho=
benen Ansprüche nicht zu unterstützen, aber zugleich unterhan=
delte er mit dem Könige von Spanien und in einem zwischen

---

1) Villegomblain II, 29. 30.

ihnen entworfenen geheimen Vertrage versprach er, Truppen nach Frankreich zu schicken und Hülfsgelder zu zahlen, sobald der König ein zahlreiches Heer in Frankreich werde einrücken lassen, und der Legat bewies durch seine Handlungsweise, daß er dem spanischen Interesse ebenso ergeben wie ein eifriger Freund der Ligue war [1]). Den König von Spanien hatte Mayenne sogleich nach dem Tode Heinrich's III. um Beistand gebeten und ihm versichert, daß er stets seinen Befehlen gehorsam sein werde. Es war die Absicht Philipp's II. die Umstände zu benutzen, um Frankreich entweder von sich abhängig zu machen, oder, wenn dies nicht gelinge, es so viel als möglich, auch durch Zerstückelung, zu schwächen. Sein Gesandter suchte unter den Ligueurs zu Paris eine spanische Partei zu bilden, es gelang ihm, namentlich die Sechzehn, welche sich selbst der spanischen Herrschaft unterwerfen wollten, wenn dadurch nur die Ausrottung der verhaßten Ketzer bewirkt werde, zu gewinnen, und sie machten auf seine Veranlassung im Unionsrathe den Vorschlag, daß der König von Spanien zum Protector von Frankreich ernannt, eine seiner Töchter mit einem französischen Prinzen vermählt und dieser nach dem Tode Karl's X., des Cardinals von Bourbon, König werden solle. Allein Mayenne, welcher weder seinen persönlichen Wünschen und Hoffnungen entsagen noch die Unabhängigkeit seines Vaterlandes aufopfern wollte und überdies wußte, daß der französische Adel nie den Befehlen eines spanischen Königs gehorchen werde, verweigerte dem Vorschlage seine Beistimmung, der spanische Gesandte hielt es für gerathen, auf demselben nicht weiter zu bestehen, sondern erst günstigere Verhältnisse abzuwarten, und auch um diese herbeizuführen, gewährte Philipp II. der Ligue öffentlichen Beistand. Um die spanische Partei auf eine durchgreifende Weise zu schwächen, löste Mayenne den Unionsrath auf, unter dem Vorwande, daß dieser wegen seines republikanischen Charakters nach der Proclamirung eines Königs, dessen Statthalter er sei, nicht fortbestehen könne, und er ernannte selbst einen andern Rath, welcher sich stets bei seiner Person auf-

1) Davila 620. 624. Ranke, Päpste II, 173.

halten solle [1]). Der Zwiespalt der jetzt in der Ligue eingetreten und ausgesprochen war, wurde dadurch nicht beseitigt, nur der leidenschaftliche Haß gegen die Ketzer war das Band, durch welches die Mitglieder derselben noch zusammengehalten wurden. Die Sorbonne untersagte im Februar 1590 bei Strafe der Excommunication jede Unterhandlung über einen Vergleich mit den Ketzern, insbesondere mit Heinrich von Bourbon, welcher für rückfällig und excommunicirt erklärt sei; das pariser Parlament befahl am 5. März Jedermann, Karl X. als wahren und rechtmäßigen König anzuerkennen und dem Herzoge von Mayenne als seinem Generalstatthalter zu gehorchen, es verbot bei Verlust des Vermögens und des Lebens jede Verbindung mit Heinrich von Bourbon sowie jede Verhandlung über einen Frieden oder Vergleich mit ihm, und von den Beamten und allen Offizieren der Bürgermiliz von Paris wurde am 11. März der Unionseid in die Hand des Legaten aufs neue geleistet [2]). Im Februar brach Mayenne von Paris wieder auf, und sobald sein Heer durch 1500 Lanzen und 400 Carabiniers, welche ihm der Herzog von Parma geschickt hatte, bis auf 4500 Reiter und fast 20,000 Fußgänger angewachsen war, marschirte er gegen den König, welcher damals Dreux angegriffen hatte, um diese Stadt zu entsetzen. Heinrich hob zwar die Belagerung auf, aber obwol sein Heer nur 3000 Reiter und 8000 Fußgänger zählte, ging er den Feinden entgegen und stellte sich bei Jvry auf, um eine Schlacht zu liefern. Am 14. März wurde Mayenne gänzlich besiegt, die zweckmäßigen Anordnungen und der Muth des Königs, welcher überall sich zeigte, wo die Gefahr am größten war, und die Tapferkeit des französischen Adels in seinem Heere entschieden die Schlacht, welche größtentheils in Cavaleriegefecht bestand; bei der Verfolgung rief er den Seinen zu, der Franzosen zu schonen und die Fremden niederzuhauen, und die Gefangenen wurden vor ihm freundlich und gütig behandelt [3]). An der raschen Verfolgung seines Sieges

1) v. Raumer's Briefe I, 344. Cayet 316—326.
2) Davila 633. Archives curieus. XIII, 225. L'Estoile XLVII, 31.
3) Davila 637—649. Cayet XL, 18—36. Aubigné III, 228—233.

hinderten ihn indeß anhaltendes Regenwetter und Geldmangel; erst in den letzten Tagen des März näherte er sich der Stadt Paris, er bemächtigte sich zunächst der umliegenden Plätze, schnitt die Zufuhr zu Lande und auf den Flüssen ab und lagerte sich endlich am 7. Mai vor den Thoren von Paris. Die Bestürzung über die Niederlage bei Jvry hatte sich beruhigt, man hatte Zeit gehabt, Vertheidigungsarbeiten zu beginnen, welche mit großer Thätigkeit fortgesetzt wurden, die Prediger der Ligue eiferten auf den Kanzeln gegen die Ketzer, entflammten die fanatische Begeisterung des Volkes aufs neue und ermahnten es, für die Religion auch das Äußerste zu erdulden. Als der Cardinal von Bourbon als Gefangener Heinrich's IV. am 8. Mai starb, erklärte die Sorbonne in einem Decrete: es sei durch göttliches Recht den Katholiken untersagt, einen Ketzer oder Gönner der Ketzerei und ganz besonders einen Rückfälligen und vom Papste Excommunicirten als König anzuerkennen, auch wenn derselbe Freisprechung von seinen Verbrechen und den Kirchenstrafen durch äußerlichen Urtheilsspruch erlange; alle Franzosen seien deßhalb in ihrem Gewissen verpflichtet, aus allen Kräften zu verhindern, daß Heinrich von Bourbon zur Regierung gelange, und nie einem Frieden mit ihm zu machen, auch wenn er jene Lossprechung erhalte; Diejenigen, welche ihn begünstigten und dadurch das Reich des Satans gründeten, werde ewige Strafe treffen, Denjenigen aber, welche beharrlich bis zu ihrem Tode ihn zurückwiesen, werde im Himmel ewiger Lohn zu Theil werden[1]. Bei einer großen Procession, welche die katholischen Herren in Paris am 31. Mai hielten, schwuren diese auf den großen Altar der Kirche Notre-Dame, selbst ihr Leben für die Erhaltung der katholischen Religion und der Stadt Paris aufzuopfern, nie einem ketzerischen Könige zu gehorchen und eher zu sterben als sich dem Könige von Navarra zu unterwerfen, und diesen Eid ließen auch die Obersten und Capitaine der Bürger-

Thuan. XCVIII, 806—814. On peut dire qu'en cette journée fut basty le tombeau de la Ligue, car du depuis il ne fut possible de s'en relever, mais il ne fit plus que languir jusques à sa mort. Villegomblain II, 40.

[1] Cayet 80. Das Decret wurde auf den 7. Mai zurückdatirt.

miliz in ihren Quartieren vom Volke leisten. Das Parlament untersagte am 15. Juni bei Todesstrafe einem Jeden,
welches Standes und Ranges er auch sei, von einem Vergleiche mit Heinrich von Bourbon zu sprechen. Priester und
Mönche bewaffneten sich, zogen in Procession durch die Stadt
und nahmen selbst am Kampfe Theil; die silbernen Orna-
mente der Kirchen, welche nicht für den Gottesdienst nothwendig waren, wurden eingeschmolzen und zur Bezahlung
der Soldaten verwandt. Obwol die Armee des Königs durch
Kriegsvolk, welches von allen Seiten ihm zuzog, bedeutend
verstärkt wurde, so wagte er doch nicht, die Einnahme der
Stadt durch Gewalt zu versuchen, da bei der herrschenden
Stimmung in derselben der Erfolg eines Angriffs sehr zweifelhaft war; er hoffte, sie durch Hunger in seine Gewalt zu
bringen. Schon im Mai stieg der Preis der Lebensmittel
sehr hoch, das Geld, welches der Legat, der spanische Gesandte,
der Bischof und die angesehensten Herren vertheilten, nützte
dem Volk wenig, da keine Lebensmittel käuflich waren; Hunde,
Katzen, Ratten, Mäuse, aufgeweichtes Leder und Gras war
bald für Viele die einzige Nahrung; aus Knochen von Menschen und Thieren und aus Schieferstein wurde Brot bereitet;
durch den Verlust der Vorstädte, welche die Königlichen gegen
das Ende des Juli sämmtlich erstürmten, wurden selbst solche
Nahrungsmittel sehr vermindert, auf allen Straßen sah man
Sterbende und Todte, und an 30,000 Menschen kamen bis
zum Ende der Belagerung um. Das unsägliche Elend er-
schöpfte zuletzt die Geduld und Ausdauer des Volks, man
suchte es durch das Versprechen zu beruhigen, daß bald spanische Hülfe kommen werde, und die Prediger suchten den er-
löschenden Fanatismus wieder zu beleben, sie verkündigten Denen, welche für die katholische Religion sterben würden, Aufnahme in das Paradies, sie nannten den Hungertod einen
Gott wohlgefälligen und erklärten, es sei besser, seine eigenen
Kinder zu tödten, als sich einem ketzerischen Könige zu unterwerfen. Mehrmals rotteten sich Volkshaufen zusammen und
forderten drohend Frieden oder Brot, sie wurden indeß mit
Gewalt auseinander getrieben und die Anstifter mit dem Tode
bestraft. Der Herzog von Mayenne hatte, indem er dem

Herzoge von Nemours den Oberbefehl in Paris übertrug, nach der Schlacht bei Ivry sich nach den Niederlanden begeben, um bei dem Herzoge von Parma Hülfe zu suchen. Dieser war anfangs nicht zu einem Zuge geneigt, welcher die Unternehmungen seiner Gegner begünstigen mußte, allein er sah sich endlich genöthigt, dem Befehle des Königs von Spanien zu gehorchen und nach Frankreich zu marschiren, um die Aufhebung der Einschließung von Paris zu bewirken. Die Ergebung dieser Stadt schien binnen wenigen Tagen bevorzustehen, als er mit einem zwar nicht sehr zahlreichen, aber aus bewährten Truppen bestehenden Heere am 23. August nach Meaux kam und sich mit den Truppen vereinigte, welche Mayenne daselbst versammelt hatte. Der König war dadurch in die Nothwendigkeit versetzt, seine Armee zusammenzuziehen und die Belagerung von Paris am 30. August aufzugeben [1]). Die Schlacht, welche er dem Herzoge von Parma anbot, nahm dieser nicht an, vergeblich suchte er ihn aus seiner festen Stellung herauszulocken, und es blieb ihm, da er seine Soldaten nicht bezahlen konnte, kein anderer Entschluß, als sie zur Erholung und leichterer Unterhaltung in mehre Provinzen zu vertheilen. Im November kehrte der Herzog von Parma nach den Niederlanden zurück, wo seine Anwesenheit durch die Vortheile, welche die Holländer erlangt hatten, nothwendig geworden war, er ließ jedoch dem Herzoge von Mayenne einige deutsche, italienische und spanische Truppen.

Dem Könige wurden durch den Mangel an Geld, welchen er selbst das größte Hinderniß nennt, weshalb er Frankreich nicht gewinnen könne, in der nächsten Zeit entscheidende Unternehmungen unmöglich gemacht; er war außer Stande, ein zahlreiches Heer zu unterhalten, nur mit der größten Mühe vermochte er die Schweizer und andere Fremde, welche ihm dienten, zu befriedigen, und seine übrige Kriegsmacht bestand aus Freiwilligen, welche kamen und sich entfernten, wie es ihnen gefiel [2]). Unter solchen Umständen mußte er sich

1) Thuan. XCVIII—XCIX, 824—855. Cayet 52—116. L'Estoile XLVI, 39—84. Davila 656—682.

2) Schreiben Heinrich's an seinen Gesandten in Rom vom 31. Juli 1590, in v. Raumer's Briefen I, 354.

1591 auf die Eroberung einiger Städte beschränken: im April 1591 nöthigte er Chartres nach zweimonatlicher Belagerung zur Übergabe und im August nahm er Noyon ein; ohne daß Mayenne den Versuch wagte, diese Städte durch eine Schlacht zu entsetzen. In den übrigen Theilen Frankreichs war der Kampf zwischen Ligueurs und Royalisten von verschiedenem Erfolg. In der Provence und Dauphiné war der Vortheil auf der Seite der Letztern; Lesdiguieres, welcher nebst La Valette an ihrer Spitze stand, zwang Grenoble, sich ihm zu ergeben, und er besiegte im September bei Pontcharra das Heer des Herzogs von Savoyen, welcher von Marseille und andern Städten der Provence als Protector anerkannt worden war und den Eid der Treue und des Gehorsams empfangen hatte. In Languedoc standen die Marschälle von Montmorency und von Joyeuse einander gegenüber, Jener von den Reformirten, Dieser durch spanische Truppen unterstützt. Der Herzog von Mercoeur, welcher auch von Philipp II. ein Hülfscorps von 5000 Mann erhielt, behauptete gegen den Prinzen von Dombes, welcher von Heinrich IV. zum Gouverneur der Bretagne ernannt worden war, den größten Theil des Landes, da La Noue, bei der Belagerung von Lamballe tödtlich verwundet, am 4. August starb. Der Marschall von Matignon erhielt durch seine Klugheit und Mäßigung Guienne bis auf einige Städte, welche der Ligue anhingen, im Gehorsam gegen den König. In Burgund und den angrenzenden Provinzen führte der Marschall von Aumont mit mehr Thätigkeit als Glück den Krieg gegen den Herzog von Nemours, welcher, gleich dem Herzog von Mercoeur, danach strebte, sich zum unabhängigen Fürsten seines Gouvernement Lyonnais zu machen, und welcher von lothringischen Truppen unterstützt wurde. In Limousin, Quercy und Perigord bekämpften Royalisten und Ligueurs einander mit wechselndem Glücke [1]). Heinrich IV. bedurfte der ganzen Kraft und Heiterkeit seines Geistes, um an dem Ende eines Krieges nicht zu verzweifeln, in welchem er jede einzelne Stadt seines Reiches erst erobern mußte,

---

1) Cayet, Davila und Thuan. zum Jahre 1591. Der Marschall von Joyeuse war der Vater des Günstlings Heinrich's III.

bevor fie ihn als König anerkannte. Überdies war seine Hoff=
nung auf eine Versöhnung wenigstens der gemäßigtern Li=
gueurs mit ihm dadurch vereitelt worden, daß der Papst Gregor
XIV., welcher nach dem baldigen Tode Urbans VII., des unmittel=
baren Nachfolgers Sixtus V., im December 1590 gewählt
worden und als Sohn eines mailändischen Senators ein ge=
borener Unterthan Philipp's II. war, sich sogleich offen und
entschieden für die Ligue ausgesprochen hatte. In einem
Schreiben an Philipp Sega, Bischof von Piacenza, welcher
an die Stelle des Carbinallegaten Gaetano getreten war, und wel=
cher dasselbe in Paris bekannt machte, erklärte er die Ausrottung
der Ketzerei und die Einsetzung eines katholischen Königs in
Frankreich für seine vornehmste Sorge, und er versprach, daß
er zur Sicherung von Paris Geld und Truppen schicken werde.
Er erneuerte am 1. März die von Sixtus V. gegen Heinrich
IV. und dessen Anhänger erlassene Bannbulle, und er sandte
mit derselben zwei Monitorien nach Frankreich, in welchen er
alle Geistlichen excommunicirte, die sich nicht binnen vierzehn
Tagen von Heinrich von Bourbon trennen und aus dessen
Ländern entfernen würden, die Edeln, die Beamten und das
Volk aufforderte, sich von dem Gehorsam gegen denselben los=
zusagen, und die Drohung hinzufügte, andernfalls seine väter=
liche Güte in richterliche Strenge umzuwandeln; in beiden
erklärte er aufs neue den König für excommunicirt, für einen
rückfälligen Ketzer und deshalb aller seiner Herrschaften für
verlustig. Er ließ darauf in Mailand ein zur Unterstützung
der Ligue bestimmtes Heer unter dem Befehle seines Neffen
Hercules Sfondrato, Herzogs von Montemarciano, versam=
meln, und zu gleicher Zeit schrieb Philipp II. an die Sechzehn:
er habe beschlossen, zur Erhaltung der katholischen Religion
eine ansehnliche Armee nach Frankreich zu schicken und auf
seine Kosten zu unterhalten [1]). Die Lage Heinrich's IV. wurde
damals noch mißlicher dadurch, daß unter den * Katholiken,
welche ihn anerkannt hatten, eine Spaltung entstand, welche
den Abfall eines Theils derselben herbeizuführen drohte. Ihre
Unzufriedenheit darüber, daß er nicht, wie sie gehofft hatten,

---

1) L'Estoile XLVI, 148. Thuan. CI, 960. Isambert XV, 19.

zu ihrem Glauben übertrat, wurde durch das Verfahren des
Papstes noch gesteigert, und ein Prinz des bourbonschen Hau=
ses ließ sich zu dem Plane verleiten, diese Stimmung zur
Bildung einer dritten katholischen Partei und zur Befriedi=
gung seines Ehrgeizes zu benutzen. Der dritte Sohn des
Prinzen Ludwig von Condé, der Cardinal von Vendome, wel=
cher seit dem Bartholomäustage in der katholischen Religion
erzogen war und nach dem Tode des Cardinals von Bour=
bon den Namen desselben angenommen hatte, ein schwacher,
eitler und unfähiger Mann, schmeichelte sich mit der Hoff=
nung, durch die Ausschließung Heinrich's IV. von der Thron=
folge die Krone zu erlangen, da sein ältester Bruder Heinrich
von Condé, welcher 1588 gestorben war, nur einen minder=
jährigen Sohn hinterlassen hatte, und der zweite, der Prinz
von Conti, geistesschwach war und kaum sprechen konnte.
Sein ehemaliger Erzieher Touchard und mehr noch ein Prie=
ster Duperron, ein Mann von vielem Geiste und vieler Ge=
lehrsamkeit, welcher vom reformirten Glauben zum katholischen
übergetreten war, weckten oder nährten in ihm jene Hoffnung,
sie suchten für ihn unter den katholischen Royalisten eine Par=
tei zu bilden, und es gelang ihnen, außer Andern den Her=
zog von Longueville und dessen Bruder, den Grafen von
S.=Pol, zu gewinnen. Der Cardinal bewarb sich insgeheim
um die Gunst des Papstes und bat ihn, der Ligue zu be=
fehlen, daß sie bei der Wahl des Königs ihn berücksichtige;
der Papst gab indeß nur die unbestimmte Antwort, daß er,
sobald die Religion sicher gestellt wäre, thun werde, was ge=
recht und billig sei. Heinrich IV. erhielt von diesen geheimen
Unterhandlungen und Umtrieben genaue Kenntniß, indem er
Duperron selbst durch vertrauliche Behandlung bewog, sie ihm
mitzutheilen; er konnte indeß in seiner damaligen Lage nicht
wagen, ihnen mit Strenge entgegenzutreten, und er begnügte
sich, sie dadurch zu vereiteln, daß er den Cardinal und mehre
der Anhänger desselben, während der Belagerung von Char=
tres, unter dem Vorwande zu sich berief, daß er ihres Rathes
bedürfe, und daß er dem Grafen von Soissons, dem jüngsten
Bruder des Cardinals, den Befehl in Poitou und Touraine

entzog und dem Prinzen von Conti übertrug [1]). Kräftiger, jedoch zugleich auch in einer Weise, welche die früher erregte Hoffnung auf seinen Übertritt zur katholischen Kirche wieder bestärkte, sprach er sich gegen das Verfahren des Papstes in einer Declaration vom 4. Juli 1591 aus: Leichtgläubig und übereilt habe der Papst ihn verdammt auf die verleumderische Erklärung der Rebellen, daß er sich gegen die katholische Religion verschwören habe, und daß er die Belehrung, welche er früher versprochen anzunehmen, zurückweise; im Gegentheil wünsche er diese von ganzer Seele, er würde sie ohne die aufregenden und ununterbrochenen Beschäftigungen, welche die Rebellen ihm verursachten, schon früher angenommen haben, und er könne selbst seine Feinde zu Zeugen anrufen, daß er seit seiner Thronbesteigung kein Vergehen gegen die katholische Religion geduldet habe. Damit seine Unterthanen versichert seien, daß er sein Versprechen, diese Religion aufrecht zu erhalten, unverletzlich erfüllen wolle, so erkläre er aufs neue, daß er nichts lebhafter wünsche als die Berufung eines freien Concils oder einer andern angesehenen Versammlung, welche geeignet sei, über die Religionsstreitigkeiten zu entscheiden; er werde in Betreff derselben stets jede gute Belehrung annehmen, indem er von der göttlichen Gnade nichts so sehr erbitte, als daß sie ihn, wenn er im Irrthum sich befinde, dies erkennen lasse und ihn baldigst zum Bessern führe; einstweilen schwöre er, daß er die katholische Religion in ihrem ganzen Ansehen und in allen ihren Rechten erhalten werde, und er bekräftige die bei seiner Thronbesteigung erlassene Declaration. Viel heftiger sprach sich das Parlament zu Tours gegen den Papst aus, es erklärte am 5. August die beiden Monitorien für nichtig, aufrührerisch, verdammungswürdig und widersprechend den heiligen Decreten und den Rechten und Freiheiten der gallicanischen Kirche, es befahl die Verbrennung derselben, es untersagte Jedem bei Strafe des Majestätsverbrechens, ihnen zu gehorchen, und es erklärte den sogenannten Papst Gregor XIV. für einen Feind des Friedens, der Einheit der katholischen

1) Thuan. CI, 963—965. L'Estoile 132. 133. Mém. de Groulart bei Petitot XLVII, 306.

Schmidt, Geschichte von Frankreich. III.   18

Kirche, des Königs und des Staats, für einen Anhänger der spanischen Verschwörung und einen Gönner der Rebellen. Das Parlament zu Paris cassirte diesen Beschluß und befahl, daß er, als ketzerisch und schismatisch, zerrissen und vom Henker verbrannt werde. Dagegen erklärte eine Versammlung von Erzbischöfen, Bischöfen und andern Geistlichen zu Chartres gleichfalls die vom Papste erlassenen Monitorien und Excommunicationen gegen Diejenigen, welche nicht der Faction der Rebellen anhängen wollten, für nichtig in Form und Inhalt, für ungerecht und durch die Bosheit der fremden Feinde Frankreichs angestiftet, forderte aber zugleich alle Katholiken auf, ihre Wünsche und Gebete mit den ihrigen zu verbinden, daß es Gott gefalle, das Herz des Königs zu erleuchten und ihn mit der katholischen Kirche zu vereinigen, wozu er bei seiner Thronbesteigung Hoffnung gegeben habe. Indem der König den Katholiken die Erfüllung dieser Hoffnung durch seine Declaration vom 4. Juli zu verheißen schien, mußte er andererseits auch seinen Glaubensgenossen eine von ihnen schon längst begehrte Bewilligung machen, um ihr Mistrauen zu beruhigen und ihrer fernern Ergebenheit sich zu versichern. In demselben Monat hob er die Verordnungen auf, durch welche sein Vorgänger 1585 und 1588 die frühern Friedensedicte widerrufen hatte, er bestätigte die von demselben zuletzt erlassenen Friedensedicte und befahl deren unverletzliche Ausführung, jedoch mit dem Zusatze, daß dies nur vorläufig geschehe, bis er durch Gottes Gnade alle seine Unterthanen mittels eines guten Friedens im Reiche vereinigt und für die Sache der Religion seinem bei seiner Thronbesteigung gegebenen Versprechen gemäß gesorgt haben werde[1]. Während die Ligue von dem Papste und dem Könige von Spanien unterstützt wurde, suchte Heinrich IV. bei den protestantischen Staaten des Auslands Beistand, und er schickte zu diesem Zwecke schon im Anfange des Jahres 1590 Heinrich von La Tour, Vicomte von Turenne, welcher durch Klugheit und Beredtsamkeit zu einem solchen Auftrage besonders geeignet war, als Gesandten nach England, Holland und Deutschland. Die Königin Elisabeth

---

1) Isambert 22—32. Thuan. CI, 977. 979.

hatte dem Könige vor kurzem schon 100,000 Livres geschickt, um seine fremden Söldner zu bezahlen, und sie verlangte jetzt für fernern Beistand Calais oder eine andere französische Festung; da es indeß ihr eigenes Interesse war, die Befestigung des Einflusses und der Macht Spaniens in Frankreich zu verhindern, so gelang es Turenne, sie zu bewegen, für den Augenblick wenigstens nicht auf einer Forderung zu bestehen, deren Erfüllung einen für den König sehr nachtheiligen Eindruck in Frankreich gemacht haben würde, sie bewilligte die erbetene Sendung von 3000 Mann nach der Bretagne, gab Turenne 100,000 Thaler zu Werbungen in Deutschland und schickte nicht lange darauf auf Heinrich's Bitte 4000 Mann nach der Normandie, um ihn zur Belagerung von Rouen zu unterstützen. Die Vereinigten Niederlande versprachen statt Geldes eine Hülfe von 2000 Fußgängern und Zahlung eines zweimonatlichen Soldes für diese. In Deutschland erlangte Turenne von mehren protestantischen Fürsten, namentlich den Kurfürsten von Sachsen und von Brandenburg, sowie von mehren Reichsstädten Geld oder Truppen, und er bewirkte die Versammlung einer deutschen Armee unter dem Fürsten Christian von Anhalt von 12,000 bis 16,000 Mann, welche im September 1591 in Frankreich ankam[1]. Heinrich IV. belohnte ihn für den Erfolg seiner Sendung dadurch, daß er ihn im Herbste dieses Jahres mit Charlotte von La Marck, Erbin aller Güter ihres Bruders, des Herzogs Wilhelm Robert von Bouillon, vermählte, und er vereinigte dadurch mit seinen eigenen ausgedehnten Besitzungen in Auvergne, Rouergue, Quercy, Limousin und Perigord die Herzogthümer Sedan und Bouillon, nach welchen er sich von jetzt an nannte[2].

Größern Vortheil, als die Hülfe des Auslandes gewährte, mindestens günstige Aussichten gab dem Könige der in der

---

1) Thuan. CI, 946—955. Cayet 230—233. Davila 700. Flassan, Histoire de la diplomatie française II, 144—146.

2) Thuan. CII, 1032. Im J. 1594 wurde Turenne zum Marschall ernannt (L'Estoile XLVII, 87), und als seine Gemahlin in demselben Jahre starb, vermählte er sich mit Elisabeth von Nassau, Tochter Wilhelm's I. von Oranien. Thuan. CXI, 90.

18*

Ligue zunehmende Zwiespalt zwischen dem Herzoge von Mayenne und der Faction der Sechzehn, mit welchen sich der spanische Gesandte, welcher nur vermittels ihrer die Erfüllung der Wünsche seines Königs zu erreichen hoffen konnte, und der päpstliche Legat Sega, welcher dem Könige von Spanien seine Ernennung zum Cardinal verdankte, eng verbanden. Schon im Anfange des Jahres 1591 hatten die Sechzehn zur Sicherheit von Paris die Aufnahme einer spanischen Besatzung verlangt, und da auch das Parlament sich dafür erklärte, so mußte Mayenne es geschehen lassen, daß im Februar 4000 Neapolitaner und Spanier in Paris einrückten. Die jener Faction angehörenden Prediger griffen mit der leidenschaftlichsten Heftigkeit nicht allein Heinrich IV. und die Reformirten, sondern auch die eifrigsten Katholiken an, sobald sie ihr Vaterland nicht der spanischen Herrschaft unterwerfen wollten, die Herstellung des Friedens wünschten oder in dem Verdacht standen, daß sie der Anerkennung des Königs günstig seien, und sie bezeichneten dieselben mit dem Namen der Politiker von Paris. Der König wurde von ihnen ein Hund, ein Tyrann, ein stinkender Bock und der rothe Drache der Offenbarung Johannis genannt, und Boucher, der wüthendste unter diesen fanatischen Geistlichen, ermahnte seine Zuhörer, die Politiker zu ermorden und auszurotten, und er sprach den Wunsch aus, den Hund von Bearner mit seinen Händen zu erwürgen, denn dies werde das wohlgefälligste und angenehmste Opfer sein, welches man Gott bringen könne. Noch heftiger wurde nach dem Verlust von Chartres auf den Kanzeln geeifert: man müsse alle Politiker als die Urheber dieses Unglücks umbringen, ihr Tod sei das Leben der Ligue, ein Aderlaß in der Weise des Bartholomäustages sei nothwendig, man müsse alle Diejenigen, welche lachten, — denn diese seien Politiker — Alle, welche an den Straßenecken sich versammelten und nach Neuigkeiten fragten, ergreifen, tödten und in die Seine schleifen. Auch auf den Herzog von Mayenne wurden von den Predigern versteckte Angriffe gerichtet, weil er Chartres nicht zu Hülfe gekommen war, und in den engern Zusammenkünften der Sechzehn wurde er ein dickes Schwein genannt und von ihm spottend gesagt, daß er nur mit Flaschen Krieg zu führen

verstehe[1]). Am 15. August entfloh der junge Herzog von
Guise aus seiner Haft im Schlosse von Tours[2]). Was Heinrich IV. hoffte, daß er, auf das Verdienst seines Vaters sich
stützend, seinem Oheim Mayenne entgegentreten werde, geschah,
die Faction der Sechzehn richtete auf ihn sogleich ihren Blick,
sie wollte durch ihn Mayenne seiner Gewalt berauben und
ihn sogar auf den Thron erheben. Schon im September
schrieb der Rath der Sechzehn an Philipp II.: Es sei der
Wunsch aller Katholiken, daß er Frankreich regiere, und sie
seien sehr bereit, sich in seine Arme zu werfen, auch wenn er
Jemanden aus seiner Nachkommenschaft oder einen Andern,
welcher ihm angenehmer sei, daselbst einsetzen wolle; oder wenn
er sich einen Schwiegersohn wähle, so würden sie diesen mit
aller Ergebenheit eines treuen Volks als König annehmen
und ihm gehorchen[3]). Die Sorbonne gab dem Überbringer
dieses Schreibens, dem Jesuiten Matthieu, Beglaubigungsbriefe
und Instructionen mit und ließ dem Könige mittheilen, daß
sie, wenn er seiner Tochter einen französischen Prinzen zum
Gemahl geben wolle, vor jedem Andern den geistvollen, unter=
nehmenden und tapfern Herzog von Guise vorschlage[4]). Die
blutgierigen Aufforderungen der Prediger machten indeß selbst
auf die Mehrzahl des geringern Volks wenig Eindruck, da
bei diesem das Verlangen nach Ruhe, nach einem Zustande,
welcher ihm sichern Unterhalt gewähre, mehr und mehr rege
wurde, und auch das Parlament theilte jene fanatische Wuth
nicht. Die Heftigsten der Faction der Sechzehn beschlossen
deshalb, während Mayenne sich bei der Armee befand, das
Parlament durch Furcht und Schrecken einzuschüchtern und
dadurch von ihrem Willen abhängig zu machen. In einer
am 5. November stattfindenden Versammlung einiger Mit=
glieder der Faction äußerte Le Pelletier, Pfarrer an der Ja=

1) L'Estoile 124—144.
2) Cayet 285—289. Thuan. CI, 985.
3) Das Schreiben, dessen sechzehn Unterzeichner sich les gens tenant
le conseil des seize quartiers de Paris nennen, bei Capefigue VI, 64
und schon früher gedruckt in: Correspondance du roi Charles IX et
du sieur de Mandeville 113—128.
4) L'Estoile 146.

Lobskirche: man habe genug Nachsicht gehabt, man könne vom
Parlament nie Recht und Gerechtigkeit hoffen, man müsse die
Messer spielen lassen. Als zwei Drittel der Anwesenden bei
diesen Worten schwiegen, fügte er hinzu: es seien Verräther
zugegen, man müsse sie fortjagen und in den Fluß werfen.
Unwillig über diese Äußerung entfernten sich die Anwesenden.
Wenige Tage darauf wurde eine zahlreichere Versammlung
von mehr als funfzig Personen gehalten, und Launoy, einer
der Sechzehn, schlug vor, einen geheimen Rath von zehn zuverlässigen Bürgern zu wählen und demselben umumschränkte
Vollmacht zu übertragen. Am folgenden Tage, dem 9. November, wurde durch Stimmenmehrheit ein solcher Rath gewählt, er vereinigte alle Gewalt in seiner Hand, ergriff Sicher-
heits- und Gewaltmaßregeln, setzte die städtischen Beamten ab,
welche ihm nicht völlig ergeben waren, und bestimmte, daß
alle Diejenigen, welche an Unterhandlungen mit Heinrich von
Navarra dächten, mit dem Tode bestraft werden sollten[1].
Am 15. November ließ er den ersten Parlamentspräsidenten
Brisson, welcher nach der Flucht Heinrich's III. nur aus ehr-
geizigem Streben nach dieser Stelle und in der Hoffnung,
das aufgeregte Volk durch seine Klugheit zu leiten und dem
Könige die Stadt zu erhalten, in Paris geblieben war, nebst
einem Parlamentsrath und einem Rath des pariser Stadt-
gerichts verhaften, sprach das Todesurtheil über diese drei
Männer aus und ließ sie sogleich im Gefängniß aufhängen[2].
Die Bemühungen, das Volk zu Plünderung und Mord gegen
„die Verräther und Politiker, welche die Stadt dem Ketzer
verkauft hätten", und deren Häupter die Hingerichteten gewesen seien, aufzuregen, waren indeß erfolglos. Die Sechzehn
ließen deshalb in allen Quartieren Verzeichnisse Derer anfer-
tigen, welche man für geheime Anhänger des Königs hielt,
oder welche der spanischen Herrschaft abgeneigt waren, und sie
bestimmten ihnen durch beigesetzte Buchstaben[3] das Schicksal,

---

1) Capefigue VI, 65—69. Cayet 362. L'Estoile 185.

2) Thuan. CII, 1026—1028.

3) Nämlich P. D. C., d. h. pendu, dagué, chassé. L'Estoile (welcher selbst seinen Namen auf einer solchen Liste mit dem beigefügten
Buchstaben D fand) 201. 202.

gehängt, erdolcht ober verjagt zu werben; sie konnten jedoch ihre Absicht nicht ausführen, da die spanische Besatzung die verlangte Hülfe zur Ermordung wehrloser, nicht gerichtlich verurtheilter Menschen verweigerte. Sie ließen darauf in einer Versammlung des Volks Artikel, welche Le Pelletier abgefaßt hatte, genehmigen und dem Prevot und den Echevins über= geben; in denselben forderten sie, daß unverzüglich Untersu= chungskammern aus Mitgliedern der heiligen Ligue errichtet würden, um den Ketzern und Verräthern und ihren Anhän= gern und Gönnern, welche sie nennen würden, den Proceß zu machen, daß der Staatsräth die vollzogenen Hinrichtungen, als für das Wohl der Religion, des Staats und der Stadt geschehen, billige, daß ein Kriegsrath in Paris gebildet und daß in diesen der Gouverneur der Bastille, Bussy Le Clerc, welcher zu den Häuptern ihrer Faction gehörte, und die von ihnen bestimmten Obersten der Bürgermiliz aufgenommen würden[1]). Auf die Nachricht von diesen Ereignissen kam Mayenne, von einigen Truppen begleitet, am 28. November nach Paris. Sobald er sich überzeugt hatte, daß er auf die Ergebenheit des bessern und größern Theils der Einwohner, welcher keine Schreckens = und Pöbelherrschaft wollte, rechnen konnte, griff er zu strengen Maßregeln. Als er Kanonen gegen die Bastille richten ließ, wagte Bussy nicht, die ver= langte Übergabe derselben zu verweigern, und obwol ihm Sicherheit des Lebens versprochen war, flüchtete er nach Brüssel. Darauf ließ Mayenne am 4. December die vier Mitglieder der Faction der Sechzehn, auf welchen besonders die Schuld jener Hinrichtungen lastete, verhaften und aufhängen, allen übrigen, mit Ausnahme von dreien, welche entflohen waren, bewilligte er Verzeihung, er verbot aber bei Todesstrafe alle geheimen Versammlungen, und er forderte, daß alle Einwoh= ner von Paris schwören sollten: in der Union der Katholiken zu leben und zu sterben, sich gemeinsam den Ketzern und deren Anhängern und Gönnern entgegenzustellen und die katholische Religion und Paris unter ihm als General = Lieutenant des Reichs zu vertheidigen, bis Gott demselben einen katholischen

1) Capefigue VI, 85—87.

König gegeben habe, das Parlament anzuerkennen und zu
ehren, ihren Beamten und Vorgesetzten zu gehorchen und die
Waffen nur für das Wohl der Stadt, auf Befehl der mili=
tairischen Befehlshaber und unter der Leitung des Gouverneurs,
des Prevot und der Echevins zu ergreifen. Obwol die Mehr=
zahl der Pariser die Leistung dieses Eides verweigerte, so war
doch die Macht der Faction der Sechzehn auf immer gebro=
chen, und Mayenne mochte hoffen, die seinige aufs neue be=
festigt zu haben; allein durch Das, was er gethan, hatte er
andern Gegnern eine größere Bedeutung gegeben, denn seitdem
die Politiker nicht mehr durch die fanatische Wuth jener Partei
bedroht wurden, nahm ihre Zuversicht und Zahl immer mehr
zu, und sie neigten sich immer entschiedener auf die Seite des
Königs [1]).

Nach der Ankunft des deutschen Heeres hatte Heinrich IV.
die Belagerung von Rouen beschlossen, um durch die Erobe=
rung dieser Stadt die Unterwerfung der Normandie zu voll=
enden und sich den Genuß der Einkünfte dieser wohlhabenden
Provinz zu sichern. Im November, nachdem auch ein eng=
lisches Hülfscorps von 2500 Fußgängern und 600 Reitern
zu ihm gestoßen war, schloß er die Stadt ein, und im An=
fange des folgenden Jahres (1592) führten ihm mehre hollän=
dische Kriegsschiffe noch ein Corps von 3000 Mann, mehre
Kanonen und viele Munition zu. Zwar war Rouen mit allen
Vertheidigungsmitteln hinreichend versehen, und die Winter=
kälte sowie häufige Ausfälle erschwerten und verzögerten die
Belagerungsarbeiten sehr; da jedoch seine Armee durch fort=
während Verstärkungen bis auf 10,000 Reiter und 27,000
Fußgänger vermehrt wurde, so schien er in kurzer Zeit die
Einnahme der Stadt erwarten zu können, als Mayenne den
Herzog von Parma bei einer Zusammenkunft zu Guise bewog,
der Stadt zu Hülfe zu kommen, indem er, obwol ungern, ihm
nach seiner Forderung die Stadt La Fere in Vermandois
übergab, um sein schweres Geschütz daselbst zu lassen. Auch
durch die päpstlichen Truppen unter dem Herzoge von Monte=

---

1) Davila 745—747. Thuan. CII, 1030. L'Estoile 206. 215. 228.
Cayet 381—389. LI, 142. Capefigue VI, 92.

marciano verstärkt, marschirten sie darauf mit fast 30,000 Mann nach der Normandie. Der König konnte nicht verhindern, daß sie Truppen und Kriegsbedarf in Rouen hineinwarfen, allein sie gingen darauf, ohne ihn anzugreifen, wieder über die Somme zurück; er setzte die Belagerung fort, jedoch durch Krankheiten und dadurch, daß er den größten Theil des Adels und andere Truppen zur Erholung von den Beschwerden des Winterfeldzugs nach den benachbarten Provinzen entlassen mußte, verminderte sich seine Armee sehr, und als nunmehr die Feinde von neuem gegen ihn anrückten, so sah er sich genöthigt, die Belagerung am 20. April völlig aufzuheben. Wenige Tage darauf wurde der Herzog von Parma bei der Belagerung von Caudebec am Ellenbogen des rechten Arms verwundet, er kehrte am Ende des Mai nach den Niederlanden zurück, und seine Verwundung führte im December seinen Tod herbei¹). Mayenne wurde durch die immer bringendere Forderung von Seiten Spaniens, daß er der Tochter Philipp's II. die französische Krone verspreche, und durch den viel bei ihm geltenden Rath Villeroi's, eines der 1588 entlassenen Minister Heinrich's III., zu Unterhandlungen mit Heinrich IV. bestimmt. Villeroi, welcher von ihm mit denselben beauftragt wurde, forderte von du Plessis, dem Bevollmächtigten des Königs, daß dieser sogleich die bestimmte Versicherung gebe, nach erhaltener Belehrung zur katholischen Kirche überzutreten. Du Plessis erwiderte, daß der König zwar zum Frieden sehr geneigt sei, daß er aber als gottesfürchtiger, um seinen Ruf sehr besorgter Fürst sich nicht in seinem Gewissen Zwang zufügen lassen und sich zu einem so unwürdigen Schritte entschließen könne, jene Zusicherung zu geben, bevor er wisse, was für eine Wirkung die Belehrung auf sein Gewissen machen werde. Man einigte sich endlich dahin, den Cardinal von Gondi, Bischof von Paris, nach Rom zu schicken, um die Angelegenheit der Abschwörung des Königs in die Hand des damaligen Papstes Clemens VIII. zu legen, welcher ein Mann

1) Cayet XL, 354. 357. XLI, 21—64. Thuan. CII, 1034—1039. CIII, 1051—1060. Davila 751—790. Cheverny 205—206.

von gemäßigterer Gesinnung als seine Vorgänger [1]) war. Allein auch die darauf begonnenen Unterhandlungen über die Sicherstellung der Religion und der Partei der Ligue und über die Befriedigung ihrer angesehensten Mitglieder waren ohne Erfolg, denn Mayenne verlangte außer Anderm für sich und seine Kinder zu seinem Gouvernement Burgund noch das von Lyonnais mit besondern Vorrechten, für den Herzog von Guise das Gouvernement von Champagne und für Mercoeur, Aumale und den Marschall von Joyeuse die Bretagne, die Picardie und Languedoc, — Forderungen, durch deren Befriedigung der König nicht den Besitz der königlichen Herrschaft, sondern nur eine scheinbare Anerkennung erlangt hätte [2]). Der Papst zeigte sich keineswegs zu einer Unterhandlung mit Heinrich IV. so bereit, wie man gehofft hatte. Er war zwar nicht geneigt, sich unbedingt an Spanien anzuschließen, dessen Übermacht die politische Unabhängigkeit des Papstthums gefährdete; allein er durfte auch die sehr starke eifrig katholische Partei zu Rom ebenso wenig wie Spanien gegen sich reizen, und wenn er sich auch insgeheim einigermaßen dem Könige von Frankreich näherte, so verbot er doch auch dem Cardinal von Gondi, als derselbe nach Florenz gekommen war, die Grenzen des Kirchenstaats zu überschreiten, und er wies seinen Legaten, den Cardinal von Piacenza, an, bei den Reichsständen dahin zu wirken, daß ein wahrer Katholik, von welchem man die baldigste Unterdrückung der Ketzer erwarten könne, zum Könige gewählt werde [3]). In Paris veranlaßte das Gerücht von Unterhandlungen zwischen Mayenne und dem Könige die Prediger der Ligue, aufs heftigste gegen jede Versöhnung

1) Der Nachfolger des am 15. October 1591 gestorbenen Gregor's XIV., Innocenz IX. war ebenso wie jener dem spanischen Interesse ergeben, und nach seinem Tode (29. December 1591) wurde Clemens VIII. im Januar gewählt.

2) Mém. de Villeroy XLIV, 253—281.

3) Thuan. CIII, 1072. 1073. Ranke, Päpste II, 237—239. Ein Agent Gondi's war in Rom, hatte mehre Conferenzen und äußerte gegen den venetianischen Gesandten: er habe alle Ursache, Hoffnung zu schöpfen und zufrieden zu sein.

mit diefem zu eifern. Einer von ihnen fagte: er glaube nicht,
daß man Frieden fchließen wolle; wenn dies aber der Fall
fei, fo müffe man lieber die Waffen zu einem Aufftande er=
greifen, bei welchem er felbft der Erfte fein und fo Viele er
nur könne, tödten werde. Ein Anderer ercommunicirte in fei=
ner Predigt Alle, welche von Frieden fprächen oder davon, den
König von Navarra aufzunehmen, wenn er zur Meffe gehe
und Katholik werde. Ein Dritter predigte: der Bearner möge
thun, was er wolle, er möge zu allen Teufeln, zur Predigt
oder zur Meffe gehen, dies fei Alles Eins, und Andere äußer=
ten: fie feien der Meinung, den Bearner, wenn der heilige
Vater es für gut finde, in die Kirche aufzunehmen, aber als
Kapuziner, nicht als König[1]). Allein zu gleicher Zeit gewann
die Partei der Politiker immer mehr Beftand, faft alle Ober=
ften der Bürgermiliz und Quarteniers, viele Capitaine und
Bürger erklärten fich entfchieden gegen die Sechzehn, und fie
wurden insgeheim faft von dem gefammten Parlament und
den andern Oberbehörden unterftützt. Man verhehlte nicht
die Abficht, die Sechzehn zu ftürzen und die Spanier zu ver=
treiben, und im September wurde in einer Verfammlung von
Leuten, welche zu diefer Gefinnung fich bekannten, geäußert:
man müffe fich mit dem Könige über einen Frieden verftän=
digen, es gäbe kein anderes Mittel, die Ruhe und Wohlfahrt
des Reichs wiederherzuftellen, als den König von Navarra
anzuerkennen, unter deffen Regierung man in Frieden und in
der Ausübung der katholifchen Religion werde leben können.
Verfuche, eine Verföhnung zwifchen den Politikern und den
Sechzehn zu Stande zu bringen, waren vergeblich, da diefe
hartnäckig an ihren frühern Plänen fefthielten und nichts eif=
riger wünfchten, als fich an dem Herzoge von Mayenne und
dem Parlament für die Hinrichtung ihrer Genoffen zu rächen.
Auch fuchten die Spanier die Uneinigkeit unter der Ligue zu
nähren, die angefehenften Mitglieder derfelben für fich zu ge=
winnen und namentlich den Herzog von Guife zu bewegen,
fich an die Spitze einer befondern Partei zu ftellen[2]).

1) L'Estolle XLVI, 263—265.
2) Cayet XL, 145—159. 207. 208.

Der Herzog von Mayenne konnte nicht verkennen, wie
unter solchen Verhältnissen seine Stellung immer schwankender
und unsicherer und die Zahl Derer, von welchen er Begünsti=
gung seiner persönlichen Absichten erwarten konnte, immer
geringer wurde. Er war entschlossen, die Unabhängigkeit
Frankreichs und seine eigenen Wünsche nicht dem spanischen
Interesse aufzuopfern, er sah zugleich ein, daß das Übergewicht
der Partei der Politiker, wenn er sich dieselbe entfremde, end=
lich den Sieg des Königs herbeiführen müsse, und er beschloß
deshalb, die Partei der Ligue in der Weise aufs neue zu
kräftigen, daß er sich selbst an die Spitze der national=fran=
zösischen katholischen Partei stellte, ohne sich jedoch für einen
unversöhnlichen Feind des Königs zu erklären. Dies hoffte
er durch eine Versammlung der Reichsstände zu erreichen, zu
welcher er sich endlich bei den wiederholten, dringenden Auf=
forderungen von Seiten Spaniens und des Papstes entschlie=
ßen mußte, und von welcher er eine Vereinigung über die
Wahl eines Königs wegen der Verschiedenartigkeit der An=
sichten und der Ansprüche auf die Krone nicht befürchten zu
müssen glaubte. Er berief die allgemeinen Stände des Reichs
1593 zum 17. Januar 1593 nach Paris, um gemeinsam das für
die Erhaltung des Staats und der Religion nützlichste Mittel
zu wählen. Zugleich machte er am 5. Januar eine Decla=
ration bekannt, um die Beschuldigungen, welche von den Spa=
niern, dem Legaten und von vielen Mitgliedern der Ligue wi=
der ihn erhoben wurden, zurückzuweisen und sich des Wohl=
wollens der Ständeversammlung zu versichern: die Erhaltung
des Staats und die Beobachtung der Gesetze des Königreichs
sei sein einziger Zweck; wenn der König von Navarra sich wie=
der mit der Kirche versöhnt hätte, so würde er die unirten
Katholiken geneigt gefunden haben, nach dem Tode des Car=
dinals von Bourbon ihm als König zu gehorchen, allein durch
Beharren in seinem Irrthum habe er es unmöglich gemacht,
da die Grundgesetze des Reichs verlangten, daß der König
katholisch sei. Er forderte die Katholiken, welche auf der Seite
desselben standen, auf, sich von einem Ketzer zu trennen, indem
die Versöhnung aller Katholiken bald dem Elend des Reichs
ein Ende machen werde; er versprach, daß, wenn sie Abgeord=

nete nach Paris schicken wollten, um Eröffnungen zu machen, welche dem Zwecke des Reichstags förderlich sein könnten, dieselben völlig sicher sein und mit Aufmerksamkeit und dem Wunsche, sie zufriedenzustellen, gehört werden sollten; wenn aber seine dringende Bitte, sich mit den unirten Katholiken zu versöhnen, und die nahe, unvermeidliche Gefahr des Verderbens des Staats sie nicht bewegen könne, für das allgemeine Wohl Sorge zu tragen, und wenn er dadurch genöthigt sein werde, gegen seinen Wunsch und seine Absicht zu außerordentlichen Mitteln seine Zuflucht zu nehmen, so werde der Tadel darüber sie und nicht die unirten Katholiken treffen. Leidenschaftlich und rücksichtslos sprach sich dagegen der Carbinallegat in einer an alle Katholiken von der königlichen Partei gerichteten Ermahnung aus: er forderte sie auf, sich von dem Könige von Navarra, diesem rückfälligen Ketzer, loszusagen, welchen seine Halsstarrigkeit aller Rechte beraubt habe, die er in Anspruch nehmen könnte, er bezeichnete als Zweck der Reichsversammlung die Wahl eines dem Namen und der That nach wahrhaft katholischen Königs, und er erklärte, daß er sich den Absichten und Unternehmungen des Herzogs von Mayenne und aller andern Fürsten mit aller Kraft widersetzen werde, sobald dieselben auf irgend eine Weise den Wünschen aller wahren Katholiken und Franzosen und der frommen und heiligen Absicht des Papstes entgegen seien, welche kein anderes Ziel hätten als die Erhaltung der katholischen Religion und die gänzliche Ausrottung der Spaltungen und Ketzereien [1]). Am 26. Januar eröffnete Mayenne in dem großen Saale des Louvre die Ständeversammlung [2]) durch eine Rede, in welcher er die Leiden Frankreichs und die Gefahren der Religion schilderte und als die einzige Hülfe die Wahl eines wahrhaft katholischen Königs bezeichnete. Die Zahl der Deputirten war damals noch gering, erst allmälig vermehrte sie sich bis auf 128, von welchen 49 der Geistlichkeit, 24 dem Adel und 55 dem dritten Stande angehörten. Mit Ausnahme

1) Isambert 44—54. Cayet XLI, 209—229.

2) Hauptquelle für die folgende Darstellung ist: Procès-verbaux des états généraux de 1593 recueillis et publiés par Bernard. Paris 1842.

von Languedoc, aus welcher Provinz wahrscheinlich wegen der
Gefahren einer Reise nach Paris keine Abgeordneten erschienen,
waren alle Gouvernements, wenigstens in Einem Stande vertreten; für Paris allein kamen zwanzig Deputirte und außerdem für Isle de France und Vermandois sechzehn, für die
Normandie sowie für Orleanais dreizehn und für Burgund
zwanzig. Die Prüfung der Vollmachten und die innere Organisation, namentlich die Wahl der Bureaur, beschäftigten
die Versammlung mehre Wochen, während welcher die Herzöge
von Guise, Nemours und Savoyen und der Marquis von
Pons die Deputirten für ihre Ansprüche auf die französische
Krone zu gewinnen suchten; erst am 19. Februar waren die
drei Kammern völlig constituirt, und die Deputirten, deren
Zahl auch um diese Zeit nur 89 betrug, schwuren, sich nicht
eher zu entfernen, als bis sie über die wichtigen Angelegenheiten, wegen welcher sie berufen seien, einen entscheidenden
Beschluß gefaßt hätten. Der König erließ am 29. Januar
ein gegen Mayenne's Declaration gerichtetes Manifest: er
nannte diejenigen Franzosen, welche die Waffen gegen ihn
führten, rebellische Unterthanen; die wahre Ursache ihrer Empörung sei nicht die Religion, sondern die Böswilligkeit ihrer
Häupter und die ehrgeizige Absicht derselben, sich des Staats
zu bemächtigen und ihn unter sich zu theilen, die Einmischung
der alten Feinde der französischen Krone und der Neid der
Dürftigen gegen die Wohlhabenden. Der Ehrgeiz des Herzogs von Mayenne bringe durch den Schleier hindurch, mit
welchem er denselben umhülle, er habe eine Ständeversammlung berufen, was für jeden Andern als den König ein Majestätsverbrechen sei, und man sehe, daß er nur nach der königlichen Gewalt strebe. Inhalt und Form seiner Schrift seien
gleich falsch und verwerflich, das wahre und feste Grundgesetz
über die Thronfolge sei das salische Gesetz. Er, der König,
zeige durchaus keine Halsstarrigkeit in Beziehung auf die Religion, er sei bereit, jede gute Belehrung anzunehmen und sich
dem zu fügen, was Gott ihm als sein Wohl und Heil rathen
werde; er könne sich aber nicht eher von seiner Religion los-
sagen, als bis er belehrt worden sei, daß die andere Religion
die bessere sei. Er berief sich auf das Zeugniß der ihm bei-

stehenden Katholiken, daß er das ihnen bei seiner Thronbesteigung gegebene Versprechen genau erfüllt habe, er erklärte, daß die zu Paris stattfindende Versammlung den Gesetzen, dem Wohl und der Ruhe des Reichs zuwider, und daß Alles, was auf derselben geschehen und beschlossen werden würde, nichtig sei, er verbot Allen, auf irgend eine Weise an derselben theilzunehmen, und erklärte Alle, welche dies thun würden, und welche dieselben veranstaltet hätten, für schuldig des Verbrechens der beleidigten Majestät. Indeß gab er zugleich seine Beistimmung zu versöhnlichen Maßregeln und gestattete den katholischen Prinzen, Prälaten, Kronbeamten, welche sich bei ihm befanden, ein von dem Staatssecretair Revol unterzeichnetes Schreiben „an den Herzog von Mayenne und die andern Prinzen seines Hauses, sowie an die Prälaten, Herren und die andern von einigen Städten gesandten Personen, welche damals zu Paris versammelt waren", zu richten; sie äußerten in demselben: auch ihr vornehmster Zweck sei die Erhaltung der katholischen Religion; um so entschlossener seien sie aber für die Vertheidigung der Krone im Gehorsame gegen den König geworden, als sie die Fremden, welche die Feinde der Größe der Monarchie und der Ehre und des Ruhms des französischen Namens seien, in das Königreich hätten eintreten sehen, um es zu zerstückeln; da an der Versammlung zu Paris schon des Orts wegen Niemand theilnehmen könne, welcher nicht zu Mayenne's Partei gehöre, so seien sie mit Erlaubniß des Königs bereit, ihrerseits einige Abgeordnete nach einem Orte zwischen Paris und S.-Denis zu schicken, wenn Diejenigen, an welche ihr Schreiben gerichtet sei, in eine Conferenz und gegenseitige Mittheilung über die zur Beendigung der Unruhen und zur Erhaltung der katholischen Religion und des Staats geeigneten Mittel eintreten und dorthin Abgeordnete senden wollten[1]). Obwol der Legat erklärte, daß dieser Vorschlag keine Antwort verdiene, und auf seine Veranlassung einige Theologen ihn als unsinnig, ketzerisch und schismatisch verdammten, weil er die Behauptung enthalte, daß einem rückfälligen, verurtheilten Ketzer ein göttliches Recht auf das aller-

---

1) Cayet XLI, 235—249. 231—235.

christlichste Königreich zustehe, so wurde dennoch über denselben
von den drei Ständen verhandelt, und sie faßten am 26. Februar den Beschluß: man solle zwar nicht mit dem Könige
von Navarra, noch mit irgend einem andern Ketzer über die
Anerkennung desselben unterhandeln, wol aber könne man mit
den seiner Partei folgenden Katholiken über Dasjenige conferiren, was die Erhaltung der alten Religion, das Wohl und
die Ruhe des Staats und die Wiedervereinigung jener mit
der katholischen Kirche betreffe, ohne in einen Streit über
Lehre und Glauben einzugehen[1]). Mayenne hatte sich im Anfange des Februars nach Soissons begeben, um sich selbst von
der Beschaffenheit der Hülfe zu überzeugen, welche er von dem
Könige von Spanien zu erwarten habe. Er fand hier den
Herzog von Feria, welchen Philipp II. zum außerordentlichen
Gesandten in Frankreich bestimmt hatte, um sein Interesse
bei der Ständeversammlung gemeinschaftlich mit seinem bisherigen Gesandten wahrzunehmen, und er erfuhr, daß die
ganze Kriegsmacht, welche der Graf Karl von Mansfeld ihm
zuführen solle, nur aus 5000 Mann bestehe, und daß Feria
nur beauftragt sei, ihm 25,000 Ducaten zu zahlen. Er beschwerte sich über die Geringfügigkeit dieser Hülfe, zumal es
größerer Mittel bedürfe, um die Infantin zur Königin von
Frankreich zu erheben. Als Feria darauf äußerte, daß man
auch ohne ihn die Wahl derselben bewirken könne, und dem
Herzoge von Guise den Befehl über die spanischen Hülfstruppen zu übertragen drohte, so erwiderte Mayenne im heftigsten Zorn: es stehe in seiner Macht, binnen acht Tagen
ganz Frankreich gegen die Spanier zu wenden, sie sollten nicht
glauben, ihn wie ihren Unterthanen behandeln zu können. Der
Graf von Mansfeld konnte nur eine scheinbare Versöhnung
bewirken. Mayenne versprach zwar, die Wahl der Infantin
zu unterstützen, indem Feria ihm dagegen den unabhängigen
Besitz des Herzogthums Burgund und auf Lebenszeit das
Gouvernement der Picardie, sowie das Amt eines General-
statthalters der Königin zusagte, allein er hatte jetzt die Gesinnung der Spanier zu gut kennen gelernt, um von Philipp II.

---

1) Bernard 59.

die Erfüllung dieser Zusage zu erwarten, und er stimmte der Anknüpfung von Unterhandlungen mit den katholischen Royalisten bei [1]). Alle Bemühungen Feria's, welcher am 25. Februar in Paris ankam, und des Legaten, welchem man nur gestattete, in der Versammlung zu erscheinen, um ihr den Segen zu ertheilen, die Unterhandlungen zu verhindern, blieben erfolglos, und am 4. März wurde in dem Sinne des Beschlusses vom 28. Februar eine von den Secretairen der drei Stände unterzeichnete Antwort abgefaßt, in welcher die Ständeverversammlung sich nur die Versammlung von Paris nannte und die Conferenz unter der Bedingung angenommen wurde, daß sie nur über die auf die Religion und das Wohl des Reichs bezüglichen Dinge stattfinde [2]).

Die Conferenzen begannen am 29. April in dem Dorfe Surene, und man einigte sich zunächst über einen zehntägigen, später verlängerten Waffenstillstand für die Umgegend dieses Ortes und der Stadt Paris bis auf vier Lieues. An der Spitze der royalistischen Abgeordneten, unter welchen sich auch der Geschichtschreiber Thou befand, stand der Erzbischof von Bourges, an der Spitze der Abgeordneten der Prinzen und Stände der Union der Erzbischof von Lyon. Den Vorschlag des Erstern, den König anzuerkennen, da derselbe auch Christ sei, und dann zu versuchen, ihn zum Aufgeben der Irrthümer, welche ihn von den Katholiken trennten, zu bestimmen, wiesen die Deputirten der Union zurück, und sie bestanden darauf, daß der König vor Allem sich zum katholischen Glauben bekenne und die Ketzer auszurotten schwöre. Heinrich IV. überzeugte sich jetzt völlig, daß er nur durch den Übertritt zur katholischen Kirche die Herstellung des Friedens in Frankreich bewirken und allgemeine Anerkennung erlangen werde; er

<hr>

1) Davila 851—853. Mayenne und Mansfeld belagerten Noyon, welches sich nach wenigen Tagen, am 28. Februar, ergab, aber Mansfeld mußte darauf nach den Niederlanden zurückkehren, weil unter den spanischen Soldaten, welche ihren Sold nicht erhielten, Meutereien ausbrachen. Auch die päpstlichen Soldaten zerstreuten sich damals. Davila 854. Cayet 264. 265.

2) Cayet 259—264. Thuan. CIII, 1200—1203.

wünschte indeß zuvor seine Glaubensgenossen zu beruhigen, welche befürchteten, daß in den Conferenzen Beschlüsse zu ihrem Nachtheil und zur Beeinträchtigung der ihnen bestätigten Edicte
gefaßt werden würden, und deshalb erklärten die angesehensten
katholischen Royalisten am 16. Mai zu Mantes, daß von
ihren Deputirten nichts zum Nachtheil der guten Einigkeit
und Freundschaft zwischen den katholischen Anhängern des Königs und den Reformirten noch zum Nachtheil der diesen bewilligten Edicte gethan werden würde. Darauf ließ der König am folgenden Tage durch den Erzbischof von Bourges erklären: er sei bestimmt entschlossen, in Betreff der Religion
die Mittel zu ergreifen, welche seine angesehensten Diener ihm
gerathen hätten, er habe eine Gesandtschaft an den Papst geschickt, um die Aufhebung der gegen ihn ausgesprochenen Excommunication zu erlangen, und nach Mantes mehre Bischöfe und andere Prälaten und katholische Doctoren berufen,
um belehrt zu werden und mit denselben einen Beschluß über
alle die katholische Religion betreffenden Punkte zu fassen.
Der Erzbischof von Lyon setzte dieser Mittheilung Zweifel an
der Aufrichtigkeit eines so schnellen Entschlusses entgegen und
fügte hinzu: der Papst allein könne die Bekehrung des Königs billigen und verwerfen, seine Vereinigung und Versöhnung mit der Kirche hänge nur von dem Willen desselben
ab, und ehe er sich nicht ausgesprochen habe, könne man mit
dem Könige nicht unterhandeln und einen Friedensvertrag
schließen. In derselben Weise erklärte sich die Ständeversammlung am 3. Juni. Dagegen ließ der König durch den Erzbischof von Bourges erwidern: er könne durchaus keine Einmischung des Papstes in die weltlichen Angelegenheiten des
Staats zugeben, noch die Krone von dem Ausspruche eines
Fremden abhängig machen. Die Conferenzen wurden darauf
am 11. Juni geschlossen, nachdem man sich geeinigt hatte,
die Unterhandlungen schriftlich fortzusetzen [1]). Da der König

---

[1]) Isambert 58—70. Thuan. CVI, 1219 sqq. Cayet 304—408.
Heinrich IV. erwiderte einem reformirten Prediger, welcher ihn von dem
Übertritt zur katholischen Kirche abmahnte: Si je suyvois vostre avis,
il n'y auroit ny roi ny royaume dans peu de temps en France
Cayet 368. In einer an die protestantischen Fürsten Deutschlands (15.

sah, daß Mayenne und die Union nur Zeit gewinnen wollten, um eine Armee zur Unterstützung der beabsichtigten Königs=wahl zusammenzubringen und Paris mit Lebensmitteln zu versorgen, so kündigte er zu gleicher Zeit den Waffenstillstand und ließ Dreur belagern. Die Einwohner verließen nach kurzer Zeit die Stadt und zogen sich in das Schloß zurück, welches sich am 9. Juli ergab [1]). Die Conferenzen hatten den Predigern zu Paris aufs neue Veranlassung gegeben, ge=gen den König zu eifern, und einer derselben erklärte, daß er lieber einen katholischen Fremden als einen ketzerischen Fran=zosen zum Könige haben wolle, er nannte den König einen Tiger und den Sohn einer Buhlerin, und er ermahnte das Volk, ihn nie aufzunehmen, was für ein Glaubensbekenntniß er auch ablege, denn dies sei nur Betrug und Heuchelei, und ein rückfälliger Ketzer sei nur dazu gut, daß man ihn verbrenne; indeß machten solche Aufforderungen und Schmähungen so wenig Eindruck, daß in dieser Zeit Tausende von Menschen aus Paris nach S.=Denis wo sie alle ohne Unterschied von dem königlichen Befehlshaber zugelassen wurden, sich begaben, um in der Kirche Notre=Dame daselbst ihre Andacht zu ver=richten, obwol die Prediger dies mißbilligten [2]). Der Herzog von Feria hatte am 2. April der Ständeversammlung sein Beglaubigungsschreiben übergeben, er hatte in einer Rede ge=priesen, was sein König für Frankreich gethan, im Namen desselben dringend gebeten, ohne Verzug einen König zu wählen, und, wenn es nöthig sei, noch größere Hülfe ver=

September 1593) gerichteten Erklärung über die Beweggründe seiner Bekehrung versichert er, daß er ohne diese außer Stande gewesen wäre, die Wahl eines Königs zu verhindern, mit der Ligue zu unterhandeln und seine Unterthanen aus den Händen der Spanier zu befreien. Cor-respondance inédite de Henry IV. avec Maurice-le-Savant Landgrave de Hesse, accomp. de notes par M. de Rommel 1840. p. 10. Gegen Sully äußerte er: er sei aufgeklärt genug, um zu glauben, daß er auch in der katholischen Kirche selig werden könne. Sully II, 228.

1) Thuan. CVII, 1269—1272. Cayet 418.

2) L'Estoile XLVI, 387. 390. Boucher übersetzte die Worte: eripe me de luto, ut non infigar, über welche er in der Kirche Notre=Dame predigte: Seigneur, tire-nos de la bourbe, débourbonne-nous, Seig-neur. 391.

19 *

sprochen, als Philipp II. bisher geleistet habe. Besorgt über
den Ausgang der Unterhandlungen mit den katholischen Royalisten, verlangten die spanischen Gesandten am 10. Mai, daß
Deputirte aus den drei Ständen ernannt würden, um mit
ihnen zu conferiren, und am 28. theilte Mayenne ihre Vorschläge und Forderungen der Versammlung mit. Sie verlangten Abbrechung der Conferenzen in Surene und sie erklärten: Philipp II. halte die Erhebung seiner Tochter Isa-
bella auf den Thron für das einzige Mittel, um die Religion
zu sichern und dem Staate seinen alten Glanz zurückzugeben, denn
da keine männlichen Nachkommen Heinrichs II. mehr vorhanden
seien, so sei sie als Tochter der Schwester dieses Königs nach
natürlichem, göttlichem und gemeinem Rechte rechtmäßige Königin von Frankreich; man könne, wenn es nöthig scheine,
die Wahl hinzufügen; einen Monat später werde der König
10,000 Mann schicken und im September noch eine gleiche
Zahl Truppen, und er werde diese sowie das Kriegsvolk,
welches Mayenne mit ihnen vereinigen werde, bezahlen. Am
folgenden Tage erschienen die Gesandten selbst in der Versammlung, und ein spanischer Rechtsgelehrter, welcher mit
Feria gekommen war, suchte in einer weitläuftigen Rede die
Rechte der Infantin auf die französische Krone gegen das salische Gesetz und andere Einwürfe zu beweisen [1]). Da indeß
die Forderung, dies Gesetz zu verletzen, bei den Ständen dem
lebhaftesten Widerspruch fand, so machten die spanischen Gesandten, um nur die Königswahl bald zu Stande zu bringen,
den Vorschlag: den Bruder des Kaisers Rudolf II., den Erzherzog Ernst, welcher ein eifriger Katholik, ein reifer und
milder Mann und als Nachkomme der Herzogin Maria von
Burgund französischer Abstammung sei, zum Könige zu wählen,
indem Philipp II. diesem die für seine Tochter angebotene
Hülfe leisten und sie mit ihm verheirathen werde. Der Legat
unterstützte diesen Vorschlag durch die Erklärung: der Papst
wünsche und verlange aufs dringendste, daß man baldigst einen König wähle, welcher nicht allein wahrhaft katholisch
sei, sondern auch den Muth und alle erforderlichen Tugenden

---

1) Bernard 184. 210—213. 222. 704—725.

, befitze, um alle Anstrengungen und bösen Absichten der Ketzer gänzlich zu vernichten. Jedoch auf Veranlaffung Mayenne's erwiderte die Verfammlung, unter dem Widerspruche nur weniger Mitglieder, am 20. Juni: Gefetz und Brauch in Frankreich verhinderten, daß man einen Prinzen, welcher nicht der französischen Nation angehöre, als König berufe und anerkenne, Neigung und Meinung der Franzofen feien dagegen, und man bitte den König von Spanien, den französischen Prinzen, welchen man wählen werde, als König anzuerkennen und ihm feine Tochter zur Gemahlin zu geben. Um der Erfüllung diefes Verlangens auszuweichen, erklärten die Gefandten am folgenden Tage: Wenn die Stände ohne Verzug den Befitz der französischen Krone der Infantin und demjenigen von den französischen Prinzen, das lothringische Haus einbegriffen, welchen der König wählen werde, zufprächen, fo werde diefer denfelben mit der Infantin verheirathen und nach zwei Monaten werde er den Prinzen beftimmen. Auch diefer Vorschlag wurde von den Ständen durch die Erklärung zurückgewiefen, daß man erst nach der Vollziehung oder im Augenblick der Vermählung die Infantin und ihren Gemahl zur Königin und zum Könige erklären könne; jetzt, da man in Betreff des Königs noch keine Gewißheit habe, eine Königin zu wählen, fei eine Verletzung des falifchen Gefetzes, von welchem die Franzofen nie abgehen würden, und die Einfetzung eines Königs hänge von der Macht und Befugniß der Stände, nicht von einem fremden Fürften ab. Die fpanifchen Gefandten weigerten fich, in eine Vermählung der Infantin vor ihrer Anerkennung als Königin zu willigen, und verlangten die Wahl derfelben; allein auf dies Verlangen gaben die Stände am 4. Juli die Antwort: eine folche Wahl würde unzweckmäßig und für Religion und Staat gefährlich fein, da felbft fie nicht die Mittel befäßen, um diefelbe geltend zu machen; fie müßten die weitere Berathung darüber derjenigen Zeit vorbehalten, in welcher dazu eine Armee bereit fei, und fie bäten deshalb den König von Spanien, zunächft die angebotenen Hülfstruppen nach Frankreich zu fchicken [1]). Das Be-

, 1) Bernard 253. 260; 281 311. .

nehmen der spanischen Gesandten hatte die eigensüchtigen Absichten Philipp's II. auch Denen offenbart, welche sich früher
durch seine Verheißungen hatten täuschen lassen, und das
Parteiinteresse wich mehr und mehr dem Nationalgefühl. Das
Parlament trat am 28. Juni zu einer allgemeinen Versamm=
lung zusammen, und, wie es erklärte, nur in der Absicht, die
katholische Religion, den Staat und die Krone unter dem
Schutze eines allerchristlichsten, katholischen und französischen
Königs zu erhalten, befahl es: der Präsident Le Maitre nebst
einigen Räthen solle dem Herzoge von Mayenne Vorstellun=
gen machen, daß die Grundgesetze des Reichs beobachtet, daß
kein Vertrag geschlossen werde, um die Krone auf einen frem=
den Prinzen oder eine fremde Prinzessin zu übertragen, und
daß der Herzog die ihm anvertraute Macht anzuwenden habe,
damit dies nicht unter dem Vorwande der Religion geschehe;
zugleich erklärte das Parlament alle Verträge, welche zur
Einsetzung eines fremden Prinzen und einer fremden Prin=
zessin geschlossen seien oder werden würden, für nichtig und
ungültig, als geschlossen gegen das salische Gesetz und andere
Grundgesetze des Reiches [1]). Mayenne sprach gegen die Ab=
geordneten des Parlaments seine Unzufriedenheit darüber aus,
daß es diesen Beschluß gefaßt habe, ohne ihm als General=
statthalter des Reichs davon vorher eine Mittheilung gemacht
zu haben, zumal die Sache von solcher Wichtigkeit sei, daß
sie eine Versammlung aller in Paris anwesenden Prinzen
und Pairs erfordert hätte, und er verlangte die Zurücknahme
des Beschlusses, indem er die Drohung hinzufügte, ihn sonst
selbst zu vernichten; allein da die Mitglieder des Parlaments
schwuren, selbst ihr Leben für die Aufrechthaltung desselben
aufzuopfern, so begnügte er sich, obwol die spanischen Ge=
sandten die Nichtigkeitserklärung verlangten, das Parlament
zu ersuchen, in dieser Weise nicht weiter fortzugehen, ohne
ihm darüber Mittheilungen zu machen [2]). Als darauf sowol
der Adel als der Bürgerstand sich für die Unterhandlung ei=

1) Isambert 71. Mém. de Michel de Marillac (dem Parlaments=
rathe, welcher gewagt hatte, zuerst auf diesen Beschluß anzutragen) bei
Petitot XLIX, 458—465.

2) Bernard 741. 748—750.

nes neuen Waffenstillstandes mit Heinrich IV. aussprachen
und auch Mayenne denselben für nützlich und nothwendig er=
klärte, so griff Feria, um dies zu verhindern, zu dem letzten
Mittel, zu welchem ihn seine Instruction bevollmächtigte,
und er theilte dem Herzoge sowie andern Herren und De=
putirten der Stände mit: er sei beauftragt zu erklären, daß
der König von Spanien zum Gemahl seiner Tochter den
Herzog von Guise bestimme, wofern dieser von den Stän=
den zum [Könige gewählt werde. Mayenne verbarg seine
Überraschung, aber er wußte bei den Verhandlungen über die
Ausführung dieses Vorschlags neue Schwierigkeiten zu ver=
anlassen, und namentlich forderte er als Entschädigung für
die Verwendung seines Vermögens zur Führung des Kriegs
eine bedeutende Geldsumme und zwei Gouvernements für seine
zwei Söhne, und auch die übrigen Prinzen machten nicht ge=
ringere Forderungen. Am 22. Juli legte Mayenne die Vor=
schläge des Königs von Spanien einer allgemeinen Versamm=
lung der Stände vor, fügte aber hinzu, daß es nicht zweck=
mäßig sei, zu einer Königswahl zu schreiten, da es an Macht
fehle, derselben Anerkennung zu verschaffen, und daß man
den von den Feinden verlangten Waffenstillstand wegen der
Noth des Volks, besonders in Paris, nicht verweigern dürfe.
Am 24. entschied sich der Adel und der Bürgerstand für den
Abschluß eines solchen, und obwol die Geistlichkeit erklärte, daß
sie mit dem Könige von Navarra, weil er excommunicirt sei,
keinen Waffenstillstand eingehen werde, ehe er nicht vom Papste
in die Kirche aufgenommen sei, so wurde dennoch am 31.
Juli von den Abgeordneten der Union eine allgemeine Waffen=
ruhe auf drei Monate abgeschlossen, während welcher freier
Verkehr und Handel zwischen beiden Theilen stattfinden und
ein Jeder in den Genuß seiner Einkünfte und in seine Be=
sitzungen eintreten sollte, nur mit Ausnahme der Häuser und
Schlösser, in welchen sich des Krieges wegen Besatzungen be=
fänden. Der König unterzeichnete den Vertrag nur mit dem
Namen Heinrich, der Herzog von Mayenne mit dem Namen
Karl von Lothringen.[1]).

1) Bernard 554. 664—666. 327—331.

Einige Tage zuvor war Heinrich IV. zur katholischen Kirche übergetreten. Schon am 18. Mai hatte er an mehre Erzbischöfe, Bischöfe und andere Geistliche und Gelehrte die Aufforderung ergehen lassen, sich am 15. Juli zu ihm zu begeben, weil er über die Schwierigkeiten aufgeklärt zu werden begehre, welche ihn von der katholischen Kirche getrennt hielten. Er wollte die Ausführung des schon gefaßten Beschlusses als die Folge einer durch Belehrung gewonnenen Überzeugung erscheinen lassen, um für die Aufrichtigkeit desselben größeres Vertrauen zu erwecken. Am 18. Juli wohnte er zu Mantes zum letzten Male dem reformirten Gottesdienst bei, und am 23. erklärte er zu S.-Denis, nach einer fünfstündigen Unterredung mit dem Erzbischof von Bourges, den Bischöfen von Nantes und Le Mans und Duperron, welchen er zum Bischof von Evreux ernannt hatte: schon früher hätten ihn mehre gelehrte Katholiken über einige der wichtigsten Punkte, namentlich über das Sacrament des Abendmahls, belehrt, jetzt sei er vollständig unterrichtet und in seinem Gewissen fest überzeugt; er wünsche am nächsten Sonntage in die Kirche aufgenommen zu werden, zur Messe zu gehen und die dazu nothwendige Absolution zu empfangen. Er unterzeichnete darauf ein für ihn abgefaßtes Glaubensbekenntniß, durch welches er, anerkennend, daß die römisch-katholische Kirche die wahre Kirche Gottes sei, schwur, Alles zu beobachten, was in derselben durch die Concilien und Satzungen festgestellt sei, den Anordnungen und Befehlen derselben zu gehorchen, sich von allen der heiligen Lehre derselben widersprechenden Meinungen und Irrthümern zu entfernen und in der katholischen Religion zu leben und zu sterben, und er versprach, dem apostolischen Stuhle und dem Papste denselben Gehorsam zu leisten, welcher von seinen Vorgängern geleistet worden sei. Noch an demselben Tage beschlossen die versammelten Prälaten und andern Geistlichen, daß wegen der Dringlichkeit der Zeitumstände und der Möglichkeit des Todes und weil der König wegen des Krieges nicht gut nach Rom sich begeben oder senden könne, und man eine für die Kirche so wichtige Gelegenheit zur Wiedervereinigung eines so großen Fürsten mit derselben nicht vorübergehen lassen dürfe, ihm von dem Erz-

bischof von Bourges die Freisprechung von der Excommunica=
tion ertheilt werden 'solle, unter der Verpflichtung, daß er, so=
bald er könne, zum Papste schicke, um diesen anzuerkennen,
und daß er verspreche, dem gerechten und billigen Gebote der
Kirche zu gehorchen. Am Sonntage, bem 25. Juli, begab
er sich, begleitet von mehren Prinzen, Herren und Edelleu=
ten, zu der Hauptthür der Kirche der Abtei von S.=Denis,
wo der Erzbischof von Bourges, der Cardinal von Bourbon,
mehre Bischöfe und alle Mönche des Klosters versammelt wa=
ren; er sprach sein Verlangen aus, in den Schooß der katho=
lischen Kirche aufgenommen zu werden, und legte knieend sein
Glaubensbekenntniß ab, indem er schwur, in der katholischen
Kirche zu leben und 'zu sterben, und sie mit Gefahr seines
Lebens gegen Jedermann zu beschützen und zu vertheidigen,
und indem er allen der katholischen Kirche entgegengesetzten
Ketzereien entsagte. Er empfing sobann von dem Erzbischof
die Lossprechung und den Segen, wiederholte vor dem großen
Altar der Kirche jenen Eid, beichtete hinter demselben dem
Erzbischof und hörte die Messe [1]). Vergeblich hatte der Legat
am 24. Juli ein Schreiben an alle französische Katholiken be=
kannt gemacht und auch nach S.=Denis gesandt, in welchem
er allen Geistlichen verbot, Heinrich von Bourbon von der
päpstlichen Excommunication freizusprechen, und allen Katho=
liken, der Freisprechung beizuwohnen; vergeblich erklärten Pre=
diger zu Paris, namentlich Boucher, die Bekehrung des Kö=
nigs für erheuchelt und ungültig, die dabei beobachtete Cere=
monie für Posse und Gaukelei und ihn selbst für einen bos=
haften, rückfälligen Ketzer, für einen alten grauen Wolf, auf
welchen Jedermann Jagd machen müsse, das Volk sprach seine
Neigung und Achtung für den König immer offener und lau=
ter aus [2]). In der Ständeversammlung willigten endlich auch
Adel und Bürgerstand, um den Vorwurf der Gleichgültigkeit
in Betreff der Religion von sich abzuwenden, in die schon
im März vorgeschlagene unbedingte Annahme und Bekannt=

1) Cayet XLI, 454—459. Procès-verbal de la cérémonie de
l'abjuration de Henry IV, in Archiv. cur. XIII, 343—351.
2) L'Estoile XLVI, 492. 479. Thuan. CVII, 1294.

machung des Tridenter Concils; allein der Forderung der
Geistlichkeit, daß die Stände den auf der Reichsversammlung
zu Blois geleisteten Unionseid aufs neue schwören sollten,
widersprach Mayenne, weil die Feinde dies für einen Bruch
des Waffenstillstandes erklären könnten, und auf seinen Antrag begnügte man sich, am 8. August, in der letzten allgemeinen Sitzung, zu schwören: immer vereinigt zu bleiben, in
der katholischen Religion zu leben und zu sterben, nie einzu-
willigen, daß etwas zum Vortheil der Ketzerei geschehe, und
den Decreten des Papstes und des heiligen Stuhls stets zu
gehorchen [1]). Die meisten Deputirten verlangten jetzt, in ihre
Heimat zurückzukehren, und es wurde ihnen gestattet, nachdem sie eidlich versprochen hatten, am Ende des Octobers zurückzukehren oder die Sendung Anderer an ihrer Stelle zu bewirken, um dann einen König zu wählen. Die Thätigkeit
der wenigen Deputirten, welche in Paris zurückblieben, um
die Ständeversammlung zu repräsentiren, beschränkte sich auf
einige erfolglose Verhandlungen über die Noth des Volkes
und deren Abhülfe und auf das Anhören der Messe der Stände,
welche noch fortwährend gehalten wurde.

Viele der angesehensten Reformirten verbargen das Mißvergnügen und das Mißtrauen nicht, welches durch die Lossagung des Königs von ihrer Religion bei ihnen um so mehr
erregt werden mußte, als sie der Meinung waren, daß er nur
ihnen die Erhebung auf den Thron verdanke. Sie glaubten
die Freiheit ihres Gewissens, die Sicherheit ihres Lebens bedroht, sie besorgten, von allen Staatsämtern ausgeschlossen zu
werden, und sie fürchteten, daß der König sich sogar zu ihrer
Verfolgung bestimmen lassen werde, und bei Manchen entstand
der Gedanke, einen andern Protector an ihre Spitze zu stellen,
wenn der König ihnen seinen Schutz entziehe. Um sie über jene
unbegründeten Befürchtungen zu beruhigen, berief er gegen
das Ende des Jahres 1593 die Abgeordneten der Reformirten
zu sich, empfing von ihnen eine Beschwerdeschrift, und wenn
er auch wegen mannichfacher kriegerischen Beschäftigung die
Beantwortung verschieben mußte, so gab er doch die Versicherung,

1) Bernard 325. 337. 669. Isambert 74.

daß seine Bekehrung keine Veränderung in seiner Zuneigung zu seinen frühern Glaubensgenossen bewirken werde, und daß er ihre Klagen habe hören wollen, um denselben abzuhelfen, und er bekräftigte mit einem feierlichen Eide, daß in den zu ihren Gunsten gegebenen Edicten nichts geändert werden würde. Zwar konnte das frühere Verhältniß zwischen ihm und den strengern Reformirten, welche, wie du Plessis, die katholische Religion einen Götzendienst nannten, nicht wiederhergestellt werden; indeß gab es doch auch nicht Wenige, welche ihm, wenn sie auch bei dem reformirten Glauben beharrten, ebenso aufrichtig ergeben blieben wie früher, zumal er ihnen eingestand, daß er für seine Sicherheit und in dem Kampfe gegen die Ligue und gegen Spanien besonders auf sie vertraue[1]). Sein lebhafter Wunsch, vom Papste die Absolution zu erhalten, um dadurch auch die strengern Katholiken mit sich zu versöhnen, wurde noch nicht erfüllt. Clemens VIII. besorgte, daß er wieder zum reformirten Glauben zurückkehren könnte, auch wagte er es noch nicht, den Spaniern entgegenzutreten, zumal Philipp II. drohte, ein Concil gegen ihn zu versammeln und ihm sogar den Krieg zu erklären, wenn er einen rückfälligen Ketzer in die Kirche aufnehme. Er empfing deshalb den Herzog von Nevers, welcher im November, von einigen Geistlichen begleitet, nach Rom kam, nicht als Gesandten Heinrich's IV., weil dieser nicht von ihm anerkannt sei, und er verweigerte die Gewährung seiner dringenden Bitte; jedoch gab er einem geheimen Agenten die Versicherung: der König möge sich nur erst vollkommen katholisch zeigen, dann werde es an der Absolution nicht fehlen[2]). Indessen gewann die Sache des Königs in rascher Folge immer mehr Anhänger. Während des Waffenstillstandes, welcher für den November und December verlängert wurde, hatte man die Annehmlichkeiten des lange entbehrten Friedens wieder kennen gelernt, die Mitglieder der beiden Parteien hatten sich einander genähert, und die Persönlichkeit des Königs fand, seitdem er Katholik geworden war,

1) Cayet XLII, 67. Thuan. CVIII, 1347. Mém. de Mornay du Plessis II, 346—357. Sully II, 228.

2) Mém. de Nevers II, 716. Thuan. CVII, 1297. CVIII, 1326—1345. Ranke, Päpste II, 245—247.

bei vielen Ligueurs unbefangenere und gerechtere Würdigung, besonders wenn sie seine Lebendigkeit, seine rasche Thätigkeit und seinen Frohsinn mit dem Ernst und der Langsamkeit Mayenne's verglichen, und wenn sie bedachten, wie viel mehr er als König, wenigstens in Zukunft, zu gewähren im Stande sei. Die republikanische Richtung in mehren Städten der Ligue wurde ferner für manche städtische Beamte und manche Herren ein Beweggrund, sich der Herrschaft eines Königs zu unterwerfen, welcher, gewohnt war, zu siegen, zu herrschen und zu verzeihen" [1]. Indem Heinrich IV. auch Charakter und Gesinnung aller Derer, mit welchen er zu thun hatte, sogleich durchschaute, Jeden in angemessener Weise zu behandeln verstand und ihm kein Mittel zu unbedeutend erschien, gewann oder entwaffnete er manche seiner Gegner rascher; wenn die Gouverneure der Provinzen ihm feindlich blieben, so suchte er gegen sie die Commandanten der Städte und gegen die Befehlshaber der Citadellen und Schlösser die Offiziere und Soldaten derselben zu gewinnen. Überhaupt war es sein Bestreben, die Ligueurs dadurch zu trennen, daß er die Einzelnen befriedigte; er wollte in dieser Weise lieber das Doppelte gewähren, als durch einen allgemeinen Vertrag mit Mayenne zum Ziel gelangen, weil dieser dadurch in den Stand gesetzt worden wäre, fortwährend eine ihm gegenüberstehende, geschlossene Partei im Staate zu erhalten [2]. Da Mayenne nur Zeit gewinnen wollte, bis er vom Könige von Spanien, welchem er sich wieder genähert hatte, Hülfe erhalte, so verweigerte Heinrich die verlangte fernere Verlängerung des Waffenstillstandes, allein bevor er den Krieg wieder begann, erließ er am 27. December ein Edict, in welchem er die Verleumdungen gegen die Aufrichtigkeit seiner Bekehrung mit vielen Gründen widerlegte und mittheilte, was er gethan habe, um den Papst zur Versöhnung mit ihm und die Häupter der ihm gegenüberstehenden Partei zum Frieden zu bewegen; da diese den Frieden zurückwiesen und darauf dächten, fremde

1) Aubigné III, 285. 288. Davila 884.

2) Schreiben Heinrich's an Sully: Sully II, 185. Villegomblain II, 107. 108. 111.

Truppen und sogar die Feinde des Reiches in daſſelbe einzuführen, so sei er gezwungen, den Krieg wieder anzufangen, er verſpreche indeß Allen, welche binnen einem Monat von jener Partei ſich loſsagten und ihm den ſchuldigen Gehorſam leiſteten, Vergeſſenheit des Geſchehenen und den Beſitz ihrer Güter und Ämter¹). Dies Edict war von wunderbarer Wirkung. Im Januar 1594 erklärte der Baron von Vitry, Commandant von Meaux, bisher einer der eifrigſten Ligueurs und Anhänger Mayenne's, ſich für den König, da ſeit dem Übertritt deſſelben zur katholiſchen Religion keine Gefahr für dieſe mehr drohe, er bewog auch die Einwohner der Stadt dazu, da der König ihnen ihre alten Freiheiten, ſowie den Geiſtlichen die von Mayenne erhaltenen Pfründen, beſtätigte, ihnen die Taille auf neun Jahre nebſt den Rückſtänden erließ und das Verſprechen gab, in Meaux die Ausübung keiner andern Religion als der katholiſchen zu geſtatten; Vitry wurde in ſeinem Amte beſtätigt und ſeinem älteſten Sohne die Anwartſchaft auf daſſelbe bewilligt²). Seinem Beiſpiele folgten ſogleich der Gouverneur von Roye, Montdidier und Peronne und der Gouverneur von Pontoiſe. Sein Oheim, La Chatre, Gouverneur von Bourges wie von Orleans, ſchloß im Februar mit dem Könige einen Vertrag, in welchem ihm ſein Amt beſtätigt, eine Geldſumme angewieſen und die Marſchallswürde verſprochen wurde; die Einwohner der beiden Städte erklärten ſich gleichfalls für den König, welcher ihnen Amneſtie bewilligte, ihre Privilegien beſtätigte, einen Theil der Abgaben auf drei Jahre nebſt einem Theil der Rückſtände erließ und verſprach, daß in den beiden Städten keine Citadelle gebaut und in den Baillages derſelben nur an den im Edict von 1577 beſtimmten Orten der reformirte Gottesdienſt geſtattet werden ſollte. Die Bürger von Lyon hatten ſich ſchon im September des vorigen Jahres gegen den Herzog von Nemours, als er ſich zum Herrn der Stadt machen wollte, aufgelehnt und ihn gefangen genommen; jetzt wurden ſie durch den Argwohn, daß die Spanier ſich im Einverſtändniß mit

---

1) Cayet 83—88. Thuan. CVIII, 1348. Cheverny 253. 254.
2) Aubigné III, 322—327. Thuan. 1348—1350.

mehren städtischen Beamten der Stadt bemächtigen wollten,
bestimmt, königliches Kriegsvolk herbeizurufen und sich für
den König zu erklären, welcher ihnen durch ein Edict im Mai
ähnliche Zugeständnisse machte wie jenen beiden Städten. In
der Provence wurde durch das Misvergnügen über die sa-
voyische Herrschaft und durch den Haß gegen den Herzog
von Epernon, welcher sich zwar Gouverneut des Königs nannte,
aber ebenso willkürlich als grausam verfuhr, die Anerkennung
Heinrich's IV. beschleunigt [1]. Um seinem Königthume auch
die religiöse Weihe zu geben, welche diesem in den Augen vieler Katholiken erst die volle Gültigkeit und Rechtmäßigkeit
verlieh, ließ er sich am 27. Februar von dem Bischof von
Chartres in dieser Stadt krönen und salben, da Rheims sich
in der Gewalt des Herzogs von Guise als Gouverneurs der
Champagne befand. Er schwur den üblichen Krönungseid,
sowol er durch denselben auch gelobte, sich nach Kräften und
aufrichtig zu bemühen, alle Diejenigen, welche von der Kirche
als Ketzer bezeichnet seien, auszurotten, und am folgenden
Tage empfing er aus den Händen desselben Bischofs den
Orden des heiligen Geistes. Diese Ceremonie verfehlte die
beabsichtigte Wirkung nicht, sie knüpfte die dem Könige schon
ergebenen Katholiken noch enger an ihn und veranlaßte oder
beförderte die Unterwerfung vieler bedeutenden Städte [2]. In
Paris bestand zwar die Faction der Sechzehn noch fort, allein
ihre Zahl und ihr Einfluß hatten sich in gleichem Maße verringert, die fortbauernden Schmähungen der Prediger gegen
„den Bearner" waren ohne Wirkung, und unter allen Classen
der Einwohner sprach sich seit der Bekehrung des Königs immer offener und allgemeiner die Meinung aus, daß man nicht
länger im Widerstande gegen ihn beharren müsse, da Gott
ihn zur wahren Religion zurückgeführt habe. Die wichtigsten
städtischen Ämter befanden sich bereits in den Händen von Männern, welche royalistisch gesinnt waren, und der Prevot der Kauf-

1) Davila 903. Thuan. CVII, 1309. CVIII, 1353—1355. Recueil des edicts et articles accordez par le Roy Henry IV pour la
réunion de ses subjets. 8—20. 41—45.

2) Archiv. curieus. XIII, 401—431. Cayet 157—163. Thuan.
1361—1365.

leute, L'Huillier, sowie drei von den vier Echevins beabsichtigten, dem Könige die Stadt zu übergeben. Im Parlament
sprach der Generalprocurator in einer öffentlichen Rede aus:
man müsse nicht lange zögern, den König anzuerkennen, weil
er Katholik geworden sei, und eine Fortsetzung des Aufruhrs
werde nur das herrschende Elend vermehren und gänzliches
Verderben herbeiführen, und auf seinen Antrag erklärte das
Parlament am 3. Januar in einem (vielleicht damals noch
geheim gehaltenen) Beschluß: die Krone sei nach dem salischen
Gesetze durch den Tod des letzten Königs dem Könige von
Navarra zugefallen, es bestimmte, daß der Herzog von Mayenne durch einen Präsidenten und einige Räthe ersucht werden solle, binnen einem Monat und wo möglich noch früher
für Herstellung der Ruhe im Reiche zu sorgen und einen
festen, dauerhaften Frieden zu unterhandeln, und es befahl bei
Verlust des Eigenthums und Lebens allen Ständen und Personen, den König anzuerkennen und ihm ihrer Verpflichtung
gemäß gegen Jedermann zu dienen¹). Als Mayenne dem
Marquis von Belin, welchem er mit Recht mistraute, da
derselbe nicht allein dem Parlament ergeben, sondern auch
insgeheim von dem Könige gewonnen war, das Gouvernement von Paris nehmen wollte, so versammelte sich das Parlament am 10. Januar, es betheuerte, daß es sich den bösen
Absichten der Spanier und Derer, welche diese in Frankreich
einführen möchten, widersetzen werde, es befahl, daß die spanische Garnison Paris verlassen solle, es erklärte, daß es aus
allen Kräften die Entfernung Belin's aus der Stadt zu verhindern beabsichtige oder insgesammt ihn begleiten werde, und
es wies den Prevot der Kaufleute an, eine Bürgerversamm-
lung zu halten, um auf das Rothwendige bedacht zu sein
und sich mit dem Parlament zur Ausführung dieses Beschlusses
zu vereinigen. Dessenungeachtet nöthigte Mayenne den Marquis von Belin, sein Amt niederzulegen, und er übertrug es
dem Grafen von Brissac, auf dessen Anhänglichkeit an die
Ligue er sicher rechnen zu können glaubte, obwol er damals
benachrichtigt wurde, daß Brissac insgeheim mit dem Könige

1) Chevarny 255. 256. Capefigue VII, 28—31.

wegen der Übergabe von Paris unterhandele [1]). Als Mayenne
am 6. März Paris verlassen hatte, um sich zu dem spanischen
Hülfsheere zu begeben, welches sich bei Soissons versammelte,
schloß Brissac, während er den Herzog von Feria und den
Legaten in der Überzeugung zu erhalten wußte, daß er nie
die Sache der Ligue verlassen werde, im Einverständniß mit
dem Parlamentspräsidenten Le Maitre, dem Prevot der Kauf=
leute und zwei Echevins einen Vertrag mit dem Könige. Die=
ser bewilligte Amnestie für Alles, was in Paris seit dem An=
fange der Unruhen und auf Anlaß derselben geschehen war,
nur mit Ausnahme der begangenen Diebstähle, der Ermor=
dung Heinrich's III. und der strafwürdigen Verbrechen unter
Leuten derselben Partei, er bestätigte alle Rechte und Frei=
heiten der Stadt und verbot, dem Friedensedicte von 1577
gemäß, in Paris und der Umgegend bis auf zehn Meilen je=
den andern Gottesdienst als den katholischen; dem Grafen
von Brissac gestand er die Marschallswürde, eine Geldsumme
und eine jährliche Pension und einigen städtischen Beamten
andere Vortheile zu. Die Nacht vom 21. zum 22. März
wurde zur Ausführung der Übergabe von Paris bestimmt.
Am Abend des 21. versicherten sich Brissac und die mit ihm
Einverstandenen dreier Thore, und sie vertrauten die Bewachung
ergebenen Bürgern an, während sich die spanischen Truppen
in einem entfernten Stadttheile, in der Nähe der Wohnung
Feria's, befanden. Zu derselben Zeit vereinigten sich die kö=
niglichen Garnisonen der benachbarten Plätze, etwa 4000 bis
5000 Mann stark, bei S.=Denis. Um vier Uhr Morgens
zog die erste Abtheilung dieser Truppen in Paris ein, sie
überwältigten rasch die nicht zahlreichen Volkshaufen und die
deutschen Landsknechte, welche ihnen Widerstand leisteten, und
besetzten sogleich die wichtigsten Punkte der Stadt. Bald
folgte der König selbst, er empfing am Thore vom Prevot
die Schlüssel der Stadt und begab sich sogleich nach der Kirche
Notre=Dame, um der Messe und einem Tedeum beizuwohnen.
Während dieser Zeit durchzogen Brissac, der Prevot und An=
dere, von Herolden und Trompetern begleitet, die Straßen,

---

1) Sully II, 196. L'Estoile 575. Thuan. CIX, 1369.

indem sie dem Volke, welches seine Freude durch den Ruf: Es lebe der König, der Friede und die Freiheit! aussprach, Verzeihung verkündigten und ein gedrucktes Manifest vertheilten, in welchem der König erklärte, daß er alles Geschehene vergessen und Jedem sein Besitzthum erhalten wolle, Untersuchungen selbst gegen die Sechzehn verbot und auf Königswort versprach, in der katholischen Religion zu leben und zu sterben. Schnell verbreitete sich dies Manifest bis in die entferntesten Stadttheile, überall hörte man den Ruf: Es lebe der König, der Friede und die Freiheit! überall wurden die Glocken geläutet, und als der König aus der Kirche herauskam, war eine zahllose Menschenmenge zusammengeströmt, welche ihn mit lautestem Freudengeschrei begrüßte. Der Herzog von Feria und die Befehlshaber der spanischen Truppen waren über dies unerwartete Ereigniß so bestürzt, daß sie keinen Entschluß fassen konnten, sie nahmen den freien Abzug an, welchen ihnen der König nach einer geheimen Übereinkunft mit Brissac anbot, und mit ihnen verließen funfzig bis sechzig Personen, Mönche, Prediger und Andere, welche für ihre Vergehungen keine Verzeihung erwarten konnten, die Stadt. Der Legat entfernte sich gleichfalls, indem er die vom Könige verlangte Zusammenkunft ablehnte; der Capitain du Bourg, Commandant der Bastille, ein treuer Anhänger Mayenne's, übergab dieselbe nach wenigen Tagen, als man Anstalten zur Belagerung machte. Bei allen Buchhändlern wurden die Schmähschriften gegen den König und seine Vorgänger vernichtet, und aus den Protokollen des Parlaments und der andern Behörden Alles herausgerissen, was sie Beleidigendes für das Königthum enthielten. Am 30. März wurden mehr als hundert Personen, die heftigsten Mitglieder der Faction der Sechzehn, auf einige Zeit aus Paris verwiesen, und an demselben Tage erklärte das Parlament, noch bevor das Parlament von Tours sich wieder mit ihm vereinigt hatte, alle Eide und Verbindungen, welche seit dem 29. December 1588 zum Nachtheil des königlichen Ansehens und der Gesetze des Reichs geschworen und geschlossen seien, für nichtig und durch Gewalt erzwungen, es widerrief die dem Herzoge von Mayenne als General-Lieutenant des Staats und der Krone Frankreich

übertragene Macht, es befahl bei Strafe des Majestätsverbrechens ersten Grades ihm und den andern lothringischen
Prinzen, den König Heinrich IV. anzuerkennen und demselben
den schuldigen Gehorsam zu leisten, und allen Prinzen, Prälaten, Herren, Edelleuten und Städten, die Partei der Union
zu verlassen und dem Könige treu und gehorsam zu sein bei
Verlust des Vermögens und Lebens, es erklärte alle Verordnungen und Beschlüsse der unter dem Namen von allgemeinen
Reichsständen zu Paris gehaltenen Versammlung für nichtig
und verbot bei Strafe der Störung der öffentlichen Ruhe und
des Majestätsverbrechens den angeblichen Deputirten, sich ferner
zu versammeln. In einer feierlichen Versammlung von Mitgliedern und Untergebenen der Universität wurde am 22. April
die Erklärung beschworen, daß Heinrich IV. rechtmäßiger und
wahrer König, geborener Herr und Erbe der Königreiche Frankreich und Navarra nach den Grundgesetzen derselben sei und
alle Einwohner dieser Reiche verpflichtet seien, ihm zu gehorchen, obwol die Feinde des Staats und Aufrührer bisher verhindert hätten, daß er von dem Heiligen Stuhle als wohl-
verdienter und ältester Sohn der katholischen Kirche zugelassen
und anerkannt worden sei. Nur die Jesuiten und Kapuziner
weigerten sich, diese Erklärung zu beschwören, weil man die
Entscheidung des Papstes erwarten müsse[1]). Die Unterwerfung der Hauptstadt und des Grafen von Brissac, eines der
eifrigsten Ligueurs, bestimmten jetzt auch die meisten Städte
der Provinzen, welche noch der Ligue anhingen, und viele angesehene Mitglieder dieses Bundes, sich dem Könige zu unterwerfen, zumal dieser nicht zögerte, die dafür gemachten Forderungen zu gewähren. So gestand er dem Gouverneur von
Rouen, Villars-Brancas, welcher mit ihm schon seit dem Anfange des Jahres unterhandelte, um so eher zu, was derselbe
verlangte, da er auch Havre, Harfleur und einige andere
Städte der Normandie in seiner Gewalt hatte. Er bestätigte
ihm den Besitz des Gouvernements von Rouen, er bewilligte
ihm die Würde eines Admirals von Frankreich, indem der

---

1) L'Estoile XLVII, 3—58. Cayet 189—218. Cheverny 269
—273. Thuan. CIX, 1380—1381. Isambert 76—85.

Sohn des 1592 vor Epernai gefallenen Marschalls von Biron, Karl von Biron, welcher sie in diesem Jahre erhalten hatte, auf sie verzichtete und dagegen zum Marschall ernannt wurde, mehre Abteien, eine Summe von 1,200,000 Livres zur Bezahlung seiner Schulden und eine jährliche Pension von 60,000 Livres, er versprach, in jenen Städten nur die Ausübung des katholischen Gottesdienstes zu gestatten, und gestand eine allgemeine Amnestie zu. Honfleur wurde jetzt mit Gewalt zur Ergebung genöthigt und dadurch die Unterwerfung der ganzen Normandie im April vollendet[1]. Noch in demselben Monat unterwarfen sich Abbeville und Montreuil, sowie Troyes und Sens, indem in diesen Städten der reformirte Gottesdienst untersagt wurde, und im Mai die drei Städte in Guienne, welche sich der Ligue angeschlossen hatten, Agen, Villeneuve und Marmande. Bald darauf wurde der König in ganz Poitou anerkannt, indem er den Gouverneur dieser Provinz in seiner Würde bestätigte, den Einwohnern von Poitiers Amnestie, Bekräftigung ihrer alten Privilegien und Erlaß der rückständigen Abgaben bewilligte und das Versprechen gab, daß in Poitiers keine Citadelle erbaut, daselbst sowie an den andern Orten der Provinz, an welchen das Edict von 1577 den reformirten Gottesdienst untersagte, nur der katholische gestattet und dieser in La Rochelle, Niort und andern Orten, wo er während der innern Kriege unterbrochen worden war, wiederhergestellt werden solle[2].

Die Hauptsitze der Ligue waren jetzt noch die Städte Soissons und Laon, von welchen aus die Verbindung mit den spanischen Niederlanden leicht erhalten werden konnte. Heinrich IV. unternahm am Ende des Mai die Belagerung von Laon, welches Mayenne verlassen hatte, um selbst in Brüssel spanische Hülfe zu verlangen. Er rückte auch nach einiger Zeit heran, begleitet von einem spanischen Heere unter Karl von Mansfeld, welcher kurz vorher La Capelle zur Ergebung genöthigt hatte, allein der Marschall von Biron vereitelte seine Absicht, Lebensmittel, Kriegsbedarf und Soldaten in Laon hin-

1) Sully II, 156—195. Cayet 231—235. Edicts 26—31.
2) Thuan. CIX, 1383. Cayet 236—238. 257. Edicts 37—58.

20 *

einzuwerfen, die Stadt capitulirte am 22. Juli, und am 2. Auguft zog die Befaßung ab[1]). Während dieser Belagerung
hatten die Einwohner von Amiens die Waffen ergriffen, den
Herzog von Aumale vertrieben und die Thore dem Könige
geöffnet, welcher ihnen, ohne daß sie es sich ausbedungen hatten, in einem Edicte Amneftie und Beftätigung aller ihrer
Rechte und Freiheiten bewilligte und die Ausübung der reformirten Religion in Amiens unterfagte. Auch Beauvais und
Noyon unterwarfen sich jeßt dem Könige[2]). Im November
schloß der Herzog von Lothringen Frieden mit dem Könige,
welcher ihm das Gouvernement von Toul und Verdun und
eine Geldsumme von 900,000 Thalern als Entschädigung für
die von ihm aufgewandten Kriegskoften und für die von den
leßten Königen ihm und seinen Kindern ertheilten Penfionen
bewilligte[3]). In demselben Monat unterzeichnete der Herzog
von Guise nebft seinen beiden Brüdern einen Vergleich mit
dem Könige: er übergab demselben Rheims, S.-Dizier, Rocroy,
Guise und Joinville, dagegen ertheilte der König ihm das
Gouvernement dieser Städte, erklärte die Erinnerung an Alles,
was die drei Prinzen, ihr Vater, der Cardinal von Guise, und
die Bewohner jener Städte gethan hatten, für erloschen, unterfagte den reformirten Gottesdienft in diesen und den umliegenden Orten, wo er durch das Edict von 1577 nicht geftattet war, und beftätigte die vom Herzoge von Mayenne
daselbft ernannten Beamten. Der Herzog von Guise hatte
das Gouvernement der Champagne verlangt; da aber der
Herzog von Nevers, welcher es noch von Heinrich III. erhalten
hatte, auf keine Weise zur Verzichtung zu bewegen war, so
übertrug ihm der König das Gouvernement der Provence, um
zugleich den Herzog von Epernon, dessen Verfahren einen sehr
verdächtigen Ehrgeiz verrieth, aus dieser Provinz zu entfernen.
Endlich bewilligte er ihm noch insgeheim 400,000 Goldthaler
zur Bezahlung der Schulden seines Vaters[4]). Der Herzog
von Mayenne begab sich damals nach seinem Gouvernement

---

1) Cayet 240—248. Thuan. CXI, 57—64.
2) Thuan. 64. Cayet 329. Edicts 60—75.
3) Du Mont V, 1, 510.
4) Edicts 82—88. Thuan. CXI, 71—73.

Burgund, um sich den Besitz desselben zu sichern. »Das Ende
des Bürgerkriegs schien nahe bevorzustehen, auch die strengern
Katholiken schienen sich allmälig mit der Regierung Heinrich's IV. zu versöhnen, als der fanatische Haß eines Einzelnen Frankreich beinahe wiederum in unsägliches Unglück gestürzt
hätte. Schon in der Mitte des Jahres hatte ein Schiffer aus
Orleans, Peter Barriere, welcher des Lebens überdrüßig war,
weil die Hoffnung auf eine gewünschte Heirath ihm vereitelt
worden, den Entschluß gefaßt, den König zu ermorden. Einige
Mönche und Geistliche, welchen er zu Lyon seine Absicht mittheilte, bestärkten ihn darin, und als er nach seiner Ankunft
zu Paris wegen des indessen geschehenen Übertritts des Königs
zur katholischen Kirche Bedenken trug, sein Vorhaben auszuführen, wurde er aufs neue durch pariser Pfarrer und einige
Jesuiten dazu angetrieben; allein ein Dominicaner, welchem
er sich gleichfalls mitgetheilt hatte, ließ den König davon benachrichtigen, und Barriere wurde im August zu Melun ergriffen und hingerichtet[1]). Größere Gefahr drohte dem König
ein zweiter Meuchelmörder. Johann Chastel, der neunzehn-
jährige Sohn eines wohlhabenden Tuchhändlers zu Paris,
wurde zu demselben Entschluß durch den Wahn veranlaßt,
daß er durch eine solche That die Strafen vermindern werde,
welche er im zukünftigen Leben für seine schweren Sünden
erleiden zu müssen fürchtete. Er schlich sich am 27. December
1594 in ein Zimmer des Louvre, in welchem der König, soeben
aus der Picardie zurückgekehrt, mehre Edelleute empfing, und
er näherte sich ihm unbemerkt; allein in demselben Augenblick,
als er das Messer zückte, um es dem Könige in den Leib zu
stoßen, bückte sich dieser, um einen ihn knieend begrüßenden
Edelmann aufzuheben, und das Messer verwundete ihn nur
an der Oberlippe und stieß ihm einen Zahn aus. Der Mörder wurde ergriffen, vom Parlament zum Tode verurtheilt
und schon am 29. December geviertheilt[2]). Dieser Mordversuch veranlaßte die Vertreibung der Jesuiten aus Frankreich.

---

1) Thuan. CVII, 1305—1308. Cayet XLII, 8—14.

2) Procédure faicte contre Johan Chastel in Archiv. cur. XIII,
375—394. Thuan. CXI, 92—95. Capefigue VII, 254—266.

Schon im April 1594 hatte die pariser Universität den seit
dreißig Jahren unterbrochenen Streit gegen dieselben erneuert,
die Anklage gegen sie erhoben, daß sie, uneingedenk ihres prie‑
sterlichen Standes, sich in Staatsgeschäfte gemischt, die An‑
hänger und Kundschafter der Spanier gewesen seien und deren
Interesse befördert hätten und daß sie Aufrührer seien und den
Königsmord geböten, und darauf angetragen, daß sie nicht
allein von der Universität ausgeschlossen, sondern aus dem
ganzen Reiche vertrieben würden. Anton Arnauld hatte im
Parlament die Sache der Universität mit der ganzen Macht
einer kraftvollen und leidenschaftlichen Beredtsamkeit geführt,
und der Sachwalter der Pfarrer von Paris, welche sich dar‑
über beschwerten, daß die Jesuiten sich ohne ihre Erlaubniß
in ihre Parochien einmischten, hatte mit gleicher Heftigkeit
gegen sie gesprochen; sie hatten indeß die theologische Facultät
zum Widerspruch gegen die Universität bewogen und durch
ihre angesehenen Gönner, namentlich den Cardinal von Bour‑
bon und den Herzog von Nevers, hatten sie erlangt, daß der
Spruch in dieser Sache auf unbestimmte Zeit verschoben wurde[1].
Die Untersuchung gegen Chastel führte die Entscheidung herbei.
Da er zwei Jahre in dem Collegium der Jesuiten studirt
hatte und in seinem Verhör aussagte, daß er von diesen habe
äußern hören, es sei erlaubt, den König zu tödten, weil er
ein Tyrann und nicht vom Papste gebilligt sei, so wurden die
Jesuiten verhaftet und bei den Nachsuchungen in dem Colle‑
gium fand man unter den Papieren des Vorstehers, Guignard,
mehre von demselben verfaßte und gegen Heinrich III. und
Heinrich IV. gerichtete Schriften, in welchen die Ermordung
des Ersten durch Clement gepriesen und die Meinung ausge‑
sprochen wurde, daß, wenn man Heinrich IV. nicht ohne Krieg
absetzen könne, man Krieg führen, und wenn man dies nicht
vermöge, ihn tödten müsse. Das Parlament ergriff sogleich
die längst gewünschte Gelegenheit, um den ihm verhaßten Or‑
den aus Frankreich zu entfernen, es legte, was einzelne Mit‑
glieder verschuldet, der Gesammtheit zur Last und faßte schon
am 29. December den Beschluß, daß alle Jesuiten als Ver‑

1) Thuan. CX, 80—82. Cayet 274—328.

derber der Jugend, Störer der öffentlichen Ruhe und Feinde
des Staats und des Königs binnen vierzehn Tagen das Königreich verlassen und kein Unterthan des Königs seine Kinder
zum Unterricht in die Jesuitenschulen des Auslandes schicken
sollte. Ein königliches Edict befahl darauf am 7. Januar
1595 die Vertreibung der Jesuiten, und an demselben Tage
wurde Guignard hingerichtet[1]. Die Vertreibung wurde indeß
nur in dem Bezirk des pariser Parlaments vollständig ausgeführt, nicht in Burgund und der Normandie und noch weniger in den Bezirken der Parlamente von Toulouse und Bordeaux, wo die Jesuiten zahlreiche Schulen hatten. Das pariser
Parlament drang zwar öfter bei dem Könige darauf, daß er
die Bekanntmachung des Beschlusses vom 29. December den
übrigen Parlamenten befehle; es wurde dies auch mehrmals
im königlichen Rathe verfügt, allein durch einige Personen in
der Umgebung des Königs wurde die Ausführung immer wieder verzögert[2].

Am 16. Januar 1595 erklärte Heinrich IV. dem Könige
von Spanien den Krieg[3]. Theils die Ansicht, daß seine Ehre
nicht gestatte, die fortwährende Unterstützung seiner Gegner in
Frankreich durch die Spanier und die Eroberung von La Capelle durch dieselben länger unbeachtet zu lassen, theils die
Vorstellung des Herzogs von Bouillon, daß erst nach der Vertreibung der Spanier aus Frankreich der innere Friede völlig
hergestellt werden könnte und die ihm verbündeten Fürsten
und selbst die Vereinigten Niederlande sich erst dann ernstlich
mit ihm gegen den gemeinsamen Feind vereinigen würden,
bestimmten ihn zu diesem Entschlusse. Was Sully dagegen
eingewandt hatte, daß nämlich der König von Spanien, sobald er unmittelbar angegriffen werde, größere Mittel zum
Kriege aufwenden werde als bisher, da er sich nur als Hülfsmacht betrachtet habe, traf ein. Die Truppen, welche Heinrich den Spaniern entgegenstellen konnte und deren Kern in

1) Cayet 380—394. L'Estoile XLVII, 108—112. Cheverny
287—290. Thuan. CXI, 93—97. CXIX, 457.

2) Thuan. CXI, 80. Cayet XLIII, 3—11. Isambert 94—97.

3) Cayet, 48—58. 68. 95—108. Thuan. CXI, 65. 66. CXII,
131—146. CXIII, 154—178.

dem aus den nächstgelegenen Provinzen aufgebotenen Adel
bestand, waren weder an Zahl noch an Kriegszucht und Übung
den Feinden gewachsen, welche von einem erfahrenen Feldherrn,
dem Grafen von Fuentes, befehligt wurden; überdies herrschte
in der französischen Armee Uneinigkeit zwischen den beiden
Anführern, Bouillon und Villars, sowie Mistrauen zwischen
Reformirten und Katholiken. Die Franzosen bemächtigten sich
zwar am 21. Juni durch Verrath der Festung Ham, welche
bisher noch in der Gewalt des Herzogs von Aumale geblieben
war; dagegen nöthigte Fuentes vier Tage darauf Le Catelet
zur Ergebung, belagerte darauf Dourlans und erstürmte es
am 29. Juli, nachdem er in einem Gefechte, in welchem auch
Villars fiel, ein französisches Corps fast gänzlich vernichtet
hatte, welches Entsatz in die Festung hatte werfen sollen. Ba-
lagni, welcher von dem Herzoge von Anjou zum Gouverneur
von Cambrai ernannt worden und welcher seit dem Tode desselben unabhängiger Herr dieser Stadt war, hatte sich schon
1593 unter den Schutz Heinrich's IV. begeben. Er hatte sich
aber durch seine drückende, gewaltthätige Herrschaft so verhaßt
gemacht, daß, als Fuentes jetzt die Stadt einschloß, sich die
Bürger im October gegen ihn auflehnten und dieselbe gegen
Bestätigung ihrer Privilegien und Zusicherung einer allgemeinen Amnestie übergaben. Nach Burgund hatte der König den
Kern seiner Truppen unter dem Marschall von Biron geschickt, welchem er selbst später folgte, und noch vor seiner
Ankunft hatten die Bürger von Beaune, Autun und Dijon
seinen Truppen die Thore geöffnet. Zwar stand auch ihm hier
eine überlegene Macht entgegen, da von Italien aus eine
spanische Armee von 10,000 Mann unter Velasco, Connetable
von Castilien und Gouverneur von Mailand, dem Herzog von
Mayenne zu Hülfe gekommen war; allein die Unfähigkeit des
spanischen Generals und die Uneinigkeit zwischen diesem und
Mayenne begünstigten seine Unternehmungen. Bald sah sich
Mayenne auf den Besitz von Chalons und Seurre beschränkt,
es blieb ihm jetzt nur die Wahl, entweder als Flüchtling
Frankreich zu verlassen oder sich dem Könige durch einen Vergleich zu unterwerfen, und er zog um so eher das Letzte vor,
da er nicht mehr bezweifeln konnte, daß auch der Papst sich

entschlossen habe, sich mit dem Könige zu versöhnen. Schon im Juni knüpfte er eine Unterhandlung an, welche im September zunächst zum Abschluß eines dreimonatlichen Waffenstillstandes führte¹). So sehr auch Heinrich IV. seinerseits jene Versöhnung wünschen mußte, um dadurch die strengern Katholiken fester an sich zu knüpfen und die Partei der Ligue gänzlich aufzulösen, so mußte sie jetzt auch dem Papste als nothwendig erscheinen, weil er Ursache hatte zu besorgen, daß ein längeres Zurückweisen derselben eine Trennung der französischen Kirche von der römisch-katholischen veranlassen könnte, und er ließ deshalb dem Könige mittheilen, daß seine Wünsche, wenn er aufs neue Gesandte schicke, völlig erfüllt werden würden. Der König sandte wiederum Duperron nach Rom und bevollmächtigte nebst ihm auch Armand von Ossat, welcher sich schon seit längerer Zeit als französischer Geschäftsträger in Rom aufhielt und bald darauf nach dem Verlangen des Königs Cardinal wurde, über die Bedingungen der Versöhnung zu unterhandeln. Der Papst gab einige anfangs gemachte Forderungen auf und begnügte sich mit den Bedingungen, welche die französischen Bevollmächtigten bereit waren einzugehen: namentlich solle der König den katholischen Gottesdienst in Bearn wiederherstellen, den Prinzen von Condé (damals präsumtiven Thronerben) aus den Händen der Ketzer nehmen und Katholiken übergeben, damit er in der katholischen Religion erzogen werde, die früher geschlossenen Concordate beobachten und auch das Tridenter Concil bekannt machen und beobachten zu lassen, nur mit Ausnahme derjenigen Bestimmungen, deren Ausführung eine Störung der öffentlichen Ruhe veranlassen könnte, keinem Ketzer oder der Ketzerei Verdächtigen geistliche Pfründen zu übertragen, durch Wort und That und besonders bei Vergebung der Ehren und Würden zu zeigen, daß die Katholiken ihm vorzüglich werth seien, damit Jeder seinen Willen und Wunsch, daß allein die katholische Religion in seinem Reiche blühe, erkenne, die den Geistlichen genommenen Güter zurückgeben, in jeder Provinz sowie in

---

1) Thuan. CXII, 109—118. Cayet 36—45. 89—94. Du Mont V, 1, 518.

Obern ein Kloster erbauen, täglich, wenn er nicht durch ein gültiges Hinderniß abgehalten werde, gewisse Gebete sprechen, die von der Kirche verordneten Fasten beobachten und, minde- stens viermal jährlich beichten und das Abendmahl empfangen. Da indeß ein großer Theil der Cardinäle der Absicht des Papstes abgeneigt war oder sie aus Rücksicht auf Spanien jetzt noch für zu gewagt hielt, so versammelte er sie nicht zu einem Consistorium, sondern befragte sie einzeln um ihre Mei- nung, und er erklärte sodann, daß sich zwei Drittel von ihnen für die Absolution ausgesprochen hätten. Die Ceremonie fand am 17. September statt: der Papst nahm auf einem vor der Peterskirche errichteten Gerüste, umgeben von den Cardinälen und den Beamten seines Hofes, Platz, die beiden Bevollmäch- tigten küßten ihm die Füße, schwuren im Namen des Königs die ketzerischen Irrthümer ab, an welche er früher geglaubt, und versprachen eidlich die Beobachtung der eingegangenen Bedingungen; der Papst gab ihnen darauf einen leichten Ru- thenstreich auf die Schulter, dadurch andeutend, daß er die Knechte der Sünde in die christliche Freiheit erhebe, und sprach dann die Absolution des Königs und seine Aufnahme in den Schooß der Kirche aus [1]).

Wenn auch durch diese Absolution die Unterhandlung zwischen dem Könige und dem Herzoge von Mayenne geför- dert werden mußte, so entstand doch dadurch eine Verzögerung, daß Mayenne sich und seine Familie für die Zukunft gegen die Anklage einer Theilnahme an der Ermordung Heinrich's III. sicherstellen wollte. Nachdem sich indeß der König die Acten der von dem pariser Parlament angestellten Untersuchung hatte verlegen lassen, unterzeichnete er im Januar 1596 zu Folem- bray ein Edict zu Gunsten Mayenne's. Er ließ ihm die Städte Chalons, Seurre und Soissons auf sechs Jahre als Sicherheitsplätze und befahl, daß in denselben während dieser Zeit nur katholischer Gottesdienst stattfinden und nur Katho- liken zu den öffentlichen Ämtern zugelassen werden sollten; er

[1]) Lettres du cardinal d'Ossat. Paris 1641. 100—106. Thuan. CXIII, 194—201. Cayet 110—118. Ranke, Päpste II, 251—254. Den Prinzen von Condé ließ der König nach S.-Germain-en-Laye brin- gen und in der katholischen Religion unterrichten. Cayet 120.

widerrief alle Edicte, Declarationen und Urtheilssprüche, welche gegen ihn erlassen waren, sowie gegen andere Prinzen, Edelleute, Beamte, Gemeinheiten und Privatpersonen, welche der Wohlthat dieses Edicts genießen wollten; er verbot, das Gedächtniß der während der Unruhen vorgefallenen Ereignisse zu erneuern, er versprach Allen, welche zugleich mit Mayenne ihn als König anerkennen würden, Wiedereinsetzung in ihre Güter, Würden und Ämter, er untersagte gegen Diejenigen, welche sich der Partei Mayenne's angeschlossen und sie begünstigt hatten, sobald sie in der durch das Edict bestimmten Zeit ihm den Eid der Treue leisteten, jede Untersuchung wegen der Dinge, welche sie während der bisherigen Unruhen und auf Veranlassung derselben begangen hatten, und erklärte alle deshalb gegen sie erlassenen Beschlüsse und angestellten gerichtlichen Untersuchungen für nichtig; er nahm davon zwar die innerhalb derselben Partei verübten strafbaren Vergehungen und Verbrechen und die Ermordung Heinrich's III. aus, fügte jedoch hinzu: da er aus den Untersuchungen über diese ersehen habe, daß kein Grund zur Anklage gegen die Prinzen und Prinzessinnen vorhanden sei, welche von dem Gehorsam gegen seinen Vorgänger und ihn sich entfernt hätten, so erkläre er, daß jene Ausnahme nicht auf diejenigen jener Prinzen und Prinzessinnen ausgedehnt werden könne, welche diesem Edicte gemäß anerkennen würden, wozu Pflicht und Treue sie verbinde, und da sie auch geschworen hätten, daß sie nie jener Ermordung beigestimmt und an derselben theilgenommen hätten, so untersage er, in Betreff derselben gegen sie irgend eine Untersuchung anzustellen. Er bestätigte ferner die von Mayenne ernannten Beamten in den Städten, welche zugleich mit Diesem ihn anerkennen würden, er versprach dem Herzoge die Zahlung von 350,000 Thalern, für welche er sich verpflichtet hatte, und welche nur zum Kriege und andern Angelegenheiten seiner Partei verwandt worden waren, und er übernahm die Zahlung der Gelder, welche Mayenne für sich und als Parteihaupt noch den deutschen Reitern und Landsknechten, den Schweizern und andern Fremden sowol für Werbung von Söldnern als für geleisteten Kriegsdienst schuldig war. Er schloß in dieses Edict alle Personen und Gemeinheiten ein,

welche Mayenne angehangen hatten, gestattete ihnen eine sechs=
wöchentliche Frist, um sich darüber zu erklären, und setzte noch
besonders hinzu, daß er die Gesuche, welche die Herzöge von
Mercoeur und von Aumale ihm vorlegen würden, gern sehen
würde. In den geheimen Artikeln entsagte Mayenne dem
Gouvernement von Burgund und der Oberkammerherrnwürde,
dagegen erhielt sein ältester Sohn diese und das Gouvernement
von Isle de France, mit Ausschluß von Paris, und wurde
zum Herzoge von Aiguillon und zum Pair ernannt[1]). Mayenne
begab sich am 31. Januar nach dem Schlosse Monceaux zum
Könige. Dieser empfing ihn heiter und freundlich und sagte
zu ihm: Mein Cousin, sind Sie es, oder ist es ein Traum,
was ich sehe? Er führte ihn dann, indem er ihm die Anlagen
zeigte und von den Annehmlichkeiten des Schlosses und von
seinen Verschönerungsplänen sprach, mit so raschen Schritten
durch den Park, daß Mayenne, welcher bei seiner übermäßigen
Dicke auch noch an Hüftweh litt, endlich nicht mehr folgen
konnte. Lachend und ihm mit der Hand auf die Schulter
schlagend, sagte er darauf zu ihm: Das ist, bei Gott! alles
Üble und Unangenehme, was Sie von mir erleiden werden[2]).
Den Herzog von Aumale, welcher im spanischen Heere gegen
Frankreich gekämpft und sogar die spanische rothe Schärpe
angelegt, hatte das pariser Parlament wegen seiner öffentlichen
Rebellion der mit der Pairswürde verbundenen Vorrechte für
unwürdig erklärt, ihn als Majestätsverbrecher ersten Grades,
als Feind des Vaterlandes und als ein Haupt der Verschwö=
rung gegen den König zum Tode verurtheilt, es hatte befoh=
len, daß er nach dem Richtplatze geschleift und von vier Pfer=
den auseinander gerissen werden solle, und es hatte einige
Tage darauf, ohne die Antwort des abwesenden Königs auf
die Mittheilung dieses Urtheils abzuwarten, es am 6. Juli
1595 an einem Bilde Aumale's vollstrecken lassen[3]). Der
König suspendirte das Urtheil in dem Edicte von Folembray,
allein Aumale benutzte die außerdem in Betreff seiner gegebene

1) Isambert 104—116. Cayet 233—249. Thuan. CXV, 290.
CXXIII, 660.

2) L'Estoile XLVII, 155. Sully III, 3.

3) Cayet 60. Thuan. CXII, 138.

Zusicherung nicht und blieb bei dem spanischen Heere. Der Herzog von Nemours, welchem es im Juli gelungen war, aus seiner Haft in Lyon zu entkommen, war schon im August gestorben; seinem Bruder, dem Marquis von Saint=Sorlin, und Erben seines Titels, bewilligte der König ein besonderes Edict, welches die Erinnerung an Alles, was er, sein Bruder und ihre Anhänger während der Unruhen gethan hatten, für erloschen erklärte, diese wieder in ihre Güter und Ämter einsetzte und die Befehlshaber der Plätze, welche der Marquis wieder zum Dienste des Königs zurückführte, bestätigte, indem sie schwuren, dieselben unter dem Marquis im Gehorsam gegen den König zu erhalten[1]). Ein drittes Edict unterzeichnete Heinrich IV. im Januar zu Folembray für den Herzog von Joyeuse, welcher seit einigen Jahren an der Spitze der Ligueurs in Languedoc stand, sowie für Toulouse und die andern Städte dieser Provinz, welche noch der Partei der Ligue angehörten; er bewilligte eine allgemeine Amnestie, bestätigte alle Privilegien, Rechte, Ämter und Würden der Einwohner jener Städte, untersagte in diesen den reformirten Gottesdienst und ertheilte Joyeuse die Marschallswürde[2]). Der Herzog von Epernon hatte sich geweigert, dem Befehle des Königs Folge zu leisten und die Provence zu verlassen, als das Gouvernement derselben dem Herzoge von Guise übertragen wurde, und er hatte sogar im November 1595 einen Vertrag mit Philipp II. geschlossen: dieser nahm ihn unter seinen Schutz und versprach, ihm monatlich 10,000 Thaler zu zahlen, ihn zur Belagerung von Toulon mit den für die Werbung von 6000 Soldaten erforderlichen Mitteln und einer hinreichenden Zahl von Galeeren zu unterstützen und keinen Frieden mit dem Fürsten von Bearn zu schließen, durch welchen nicht ihm und seinen Freunden der

---

1) Cayet 249. 250.

2) Thuan. CXV, 395. Cayet 252. 253. Alle drei Edicte auch in Edicts 96—114. Der Herzog von Joyeuse, früher Graf Du Bouchage und dann Kapuziner, hatte nach dem Tode seines Verwandten, des Marschalls von Joyeuse, welcher 1592 in einem Treffen gefallen war, jenen Titel, welchen auch der Marschall gehabt hatte, angenommen und sich an die Spitze der Ligueurs in Languedoc gestellt; schon 1599 legte er das Mönchskleid wieder an und ging in das Kapuzinerkloster zu Paris.

Besitz ihrer Güter und Aemter gesichert würde; er verpflichtete
sich dagegen, in Toulon eine spanische Besatzung aufzunehmen,
jenen Fürsten, die Ketzer und deren Gönner in Frankreich zu
bekriegen und mit ihnen ohne Erlaubniß des Königs weder
zu unterhandeln, noch Vergleich oder Frieden einzugehen[1].
Allein Epernon hatte sich durch Stolz und Grausamkeit so
verhaßt gemacht, daß fast der ganze Adel des Landes sich an
Guise anschloß und bald waren auch alle Städte bis auf Marseille dem Könige Heinrich unterworfen. In dieser Stadt
hatten sich der erste der drei Consuln, Casaur, und ein anderer
höherer Beamte, der Viguier Ludwig von Aix, besonders durch
die Gunst des Pöbels und durch Verhaftung und Hinrichtung
vieler angesehenen Einwohner, welche sich nicht wie Andere
durch Auswanderung retteten, in dem Besitz ihrer Aemter behauptet und sich eine unumschränkte Herrschaft angemaßt. Sie
hatten jetzt die Absicht, dem Könige von Spanien die Stadt
zu überliefern; spanische Galeeren lagen bereits im Hafen,
und bei demselben standen 1200 spanische Soldaten, welche
sie zu jeder Zeit zu ihrer Unterstützung in die Stadt ziehen
konnten. Einer der Ausgewanderten knüpfte indeß eine geheime Unterhandlung mit einem ihm befreundeten Capitain in
Marseille, Peter Liberta, einem Corsicaner, an, und dieser ver-
1596　pflichtete sich am 10. Februar 1596 in einem Vertrage mit
dem Herzoge von Guise, die Stadt zu überliefern, indem den
Einwohnern, nur mit Ausnahme von Casaur, Aix und ihren
Anhängern, welche die Unterwerfung der Stadt verhindern
wollten, Amnestie und Bestätigung ihrer alten Freiheiten und
ihm selbst eine Geldsumme und andere Vortheile versprochen
wurden. Am 17. Februar, dem zur Ausführung bestimmten
Tage, ermordete Liberta den Consul Casaur und öffnete das
Thor, dessen Bewachung ihm anvertraut war, dem Herzoge
von Guise, welcher von den Einwohnern mit großem Jubel
empfangen wurde. Epernon sah sich jetzt genöthigt, die Provence, zu verlassen und sich mit der Geldsumme, welche der
König ihm bewilligte, zu begnügen[2]. Obwol die Unterhand-

---

1) Capefigue VII, 328. 329.
2) Thuan. CXVI, 299—308. Cayet 201—218. Mailngre 314
—319. Capefigue VII, 363—374.

lungen mit dem Herzoge von Mercoeur noch nicht zu einem
Vergleiche führten, so war doch seine Macht durch den Zwiespalt sehr verringert, welcher zwischen ihm und den Spaniern
dadurch entstanden war, daß diese viele seiner Anhänger durch
Bestechung oder durch Versprechungen, welche dem Ehrgeize
derselben schmeichelten, von ihm abzogen, und überdies wurden
die Feindseligkeiten in der Bretagne durch wiederholte Waffen-
stillstände meist unterbrochen[1]). Wenn auch der Herzog von
Savoyen den Krieg fortsetzte, so waren doch seine Unternehmungen von geringem Erfolg, da er in Frankreich keinen Beistand mehr fand, und der König war auf solche Weise im
Stande, fast seine ganze Thätigkeit und Macht auf den Krieg
gegen Spanien zu richten.

Schon im November hatte er La Fère einschließen lassen;
während er aber jetzt selbst die Belagerung dieses Platzes
unternahm, wandte sich der Cardinal-Erzherzog Albert, Nachfolger seines 1595 gestorbenen Bruders Ernst in der Statt-
halterschaft der Niederlande, unerwartet gegen Calais, welches
nicht zu einer Belagerung ausgerüstet war; die Stadt wurde
am 17. April übergeben, indem der Besatzung und den Einwohnern gestattet wurde, sich in das Schloß zurückzuziehen,
und dieses wurde am 24. April erstürmt. La Fère capitulirte
am 22. Mai, dagegen ergab sich Arbres am folgenden Tage
den Spaniern. Der Erzherzog kehrte darauf nach den Niederlanden zurück, um die Fortschritte der Holländer aufzuhalten, und auch der König war genöthigt, für jetzt weitern Unternehmungen zu entsagen, da seine Armee durch die lange
Belagerung von La Fère sehr gelitten hatte und seine Geldmittel erschöpft waren. Die Eroberung von Calais durch die
Spanier, durch welche auch England bedroht wurde, beschleunigte den Abschluß eines engern Bündnisses zwischen diesem
Staate und Frankreich. Die Königin Elisabeth hatte ihr
Misvergnügen über Heinrich's IV. Übertritt zur katholischen
Kirche auf eine sehr nachdrückliche Weise ausgesprochen und
ihre Ansprüche auf Calais für die bisher geleistete Hülfe er-
neuert; jetzt ließ sie sich bewegen, diese Forderung wiederum

1) Thuan. CXIII, 178. CXVII, 350—360.

aufzugeben, und sie schloß am 24. Mai 1596 mit dem Könige
ein Vertheidigungs = und Angriffsbündniß gegen Philipp II.:
sie versprach demselben eine Hülfe von 4000 Fußgängern zum
spanischen Kriege, und beide Theile verpflichteten sich, nicht
ohne die Beistimmung des andern über Frieden oder Waffen=
stillstand mit dem Könige von Spanien zu unterhandeln. Die
Vereinigten Niederlande traten dem Bündnisse bei, indem sie
den König gleichfalls mit 4000 Mann zu unterstützen sich
verpflichteten[1]). Heinrich IV. vergnügte sich zu Paris, in Ge=
sellschaft seiner damaligen Maitresse, Gabriele von Estrees, mit
Balleten, Maskeraden und andern Festen, als er die Nach=
richt erhielt, daß der spanische Commandant von Dourlens
am 11. März 1597 sich durch Überfall der Stadt Amiens
bemächtigt habe, deren Einwohner, im Besitz des Rechts, sie
selbst zu bewachen, die ihnen angebotene Besatzung zurückge=
wiesen hatten, weil sie auf die Festigkeit derselben vertrauten.
Die Bestürzung des Königs über dieses unerwartete Ereigniß
war um so größer, als mit der Stadt auch die großen Vor=
räthe von Kriegsbedarf, welche daselbst für den nächsten Feld=
zug aufgehäuft waren, verloren gegangen waren, und noch
schwieriger wurden die Verhältnisse für ihn dadurch, daß nicht
allein die Reformirten, misvergnügt über die Nichtbeachtung
ihrer Wünsche und Forderungen, sich großentheils von ihm
gleichsam getrennt und ihre ausgezeichnetsten Capitaine sich
dem Kriegsdienste entzogen hatten, sondern auch unter einem
Theile der Katholiken sich eine bedenkliche Unzufriedenheit zu
äußern begann. Allein je gefährlicher seine Lage war, um so
glänzender bewährte er seine Festigkeit und die Kraft seines
Geistes, und er faßte sogleich den Entschluß, Amiens um jeden
Preis wiederzuerobern. Er ließ ohne Verzug durch den Mar=
schall von Biron mit den Truppen, welche an der Grenze
standen und welche kaum 3600 Mann betrugen, die Stadt
einschließen, er zwang das pariser Parlament durch wieder=
holte Drohungen mehre Steueredicte zu registriren, und binnen
kurzer Zeit hatte er eine Armee von 15,000 Mann versam=

---

1) Thuan. CXVI, 309—340. Cayet 257—265. Du Mont V, 1,
525. 531—541. Flassan II, 156—165.

melt, bei welcher sich auch ein englisches Corps von 4000 Mann befand, und welche in den folgenden Monaten bis auf 28,000 Mann verstärkt wurde. Alle Mittel, welche die damalige Kriegskunst kannte, wurden bei dieser merkwürdigen Belagerung aufgeboten, und weder die Festigkeit noch die tapfere Vertheidigung der Stadt vermochten die Ausdauer der Belagerer zu ermüden und das Vorrücken ihrer Arbeiten zu verhindern. Wegen Geldmangels war der Erzherzog Albert erst am Ende des Augusts im Stande, sich mit einer Armee zum Entsatz zu nähern. Der König stellte sich selbst ihm entgegen und verwehrte ihm den Übergang über die Somme; durch Mangel an Lebensmitteln sah er sich nach kurzer Zeit zum Rückzuge genöthigt, und wenige Tage darauf, am 25. September, ergab sich Amiens, indem der spanischen Besatzung freier Abzug bewilligt wurde [1]. Lesdiguieres hatte im Juni und Juli den Theil von Savoyen, welcher sich von der Grenze der Dauphiné bis zur Isère und bis zum Mont Cenis erstreckt, erobert [2]. Schon in der Mitte des Jahres 1596 hatte der Cardinal Alexander von Medici, welcher damals als päpstlicher Legat nach Frankreich kam, die Vermittelung des Papstes zwischen Spanien und Frankreich angeboten. Heinrich erklärte, daß er die Herstellung des Friedens aufs lebhafteste wünsche, daß er ihn aber nur schließen werde, wenn die Spanier alle Orte zurückgäben, deren sie sich in Frankreich bemächtigt hätten. Der Legat hatte darauf den Franciscanergeneral Bonaventura Calatagirone nach Spanien geschickt, indeß waren die Bemühungen desselben, Philipp II. zum Frieden zu bestimmen, ohne Erfolg geblieben. Erst nach der Wiedereroberung von Amiens durch die Franzosen zeigte er sich geneigter, in Heinrich's Forderung einzugehen, da er bei seinem hohen Alter seinem noch jugendlichen Sohne um so weniger den Krieg mit Frankreich zu hinterlassen wünschte, als dieser die Unternehmungen der vereinigten Niederländer begünstigte und immer mehr zunehmender Geldmangel eine kräftigere Führung desselben un-

---

1) Thuan. CXVIII, 423—435. Malingre 348, 356—361. Cayet 353—370. L'Estoile 201—214.

2) Cayet 342—350. Thuan. CXIX, 452.

Schmidt, Geschichte von Frankreich. III.   21

möglich machte. Im Februar traten die französischen und
spanischen Bevollmächtigten und die päpstlichen Vermittler,
der Cardinal von Medici und Calatagirone, zu Vervins in
Vermandois zusammen[1]. Heinrich brach jetzt mit einem Theile
seines Heeres nach der Bretagne auf und nöthigte den Herzog
von Mercoeur, welcher noch immer gezögert hatte, ihn anzuerkennen, sowie Nantes und die übrigen demselben noch anhängenden Städte zur Unterwerfung. Durch ein zu Angers
im März gegebenes Edict erklärte er den Herzog und alle
zum Gehorsam gegen ihn zurückkehrenden Anhänger desselben
für gute und getreue Unterthanen, gab ihnen alle ihnen genommenen Güter, Ämter und Vorrechte zurück und untersagte jede Untersuchung gegen sie wegen Dessen, was während
der Unruhen und auf Veranlassung derselben geschehen war;
Mercoeur erhielt eine bedeutende Geldsumme als Entschädigung
für Kriegskosten, eine jährliche Pension und eine Compagnie
von hundert Gendarmen, er verzichtete aber auf das Gouvernement der Bretagne, und dies übertrug der König seinem
und Gabriele's von Estrees ältesten, damals vierjährigen Sohne
Cäsar, welcher mit Mercoeur's einziger Tochter verlobt und
bald darauf zum Herzoge von Vendome ernannt wurde[2].
Durch die mit Spanien angeknüpfte Unterhandlung hatte
Heinrich die gegen Elisabeth eingegangene Verpflichtung verletzt, er ließ sein Verfahren bei ihr dadurch rechtfertigen, daß
wegen der Erschöpfung seines Reichs die Fortsetzung des Kriegs
ihm unmöglich sei, zumal sie ihm nur geringen Beistand gewähren könne, und er bot seine Verwendung an, wenn sie in
den Frieden mit Spanien eingeschlossen werden wollte. Elisabeth lehnte dies ab; englische und niederländische Gesandte
kamen im März nach Angers zum Könige und schlugen ihm
eine beständige Allianz mit England und den Niederlanden
vor, indem sie versprachen, daß die beiden Staaten ihn nach-

---

1) Davila 1023. Schreiben Heinrich's an seinen Gesandten in Rom
bei Capefigue VII, 29—31. Thuan. CXX, 464.

2) L'Estoile 324. 325. Cayet 406. 412—416. Edicts 128—135.
Thuan. CXX, 465—401. Mercoeur starb 1602 und seine Tochter vermählte sich 1609 mit dem Herzoge von Vendome. L'Estoile 327. Mercure françois I, 252.

und der ganzen Dauer des Kriegs mit 11,000 Mann auf
ihre Kosten und mit Kriegsschiffen unterstützen würden; allein
ungeachtet dieses Anerbietens beharrte er bei dem gefaßten
Entschlusse, und man einigte sich endlich dahin, daß er die
bedeutenden, von jenen Staaten erhaltenen Summen in be=
stimmten Zahlungen abtragen sollte und zwar an die Nieder=
lande, um diese auf solche Weise auch ferner zum Kriege gegen
Spanien zu unterstützen. Die Unterhandlungen über den
Frieden zwischen Frankreich und Spanien waren
bereits zum Schluß gediehen, da Heinrich auch jetzt nicht mehr
als früher verlangte, nur die Weigerung des Herzogs von
Savoyen, das Fürstenthum Saluzzo, dessen dieser sich 1588
bemächtigt hatte, zurückzugeben, drohte den Abbruch der Unter=
handlung. Der päpstliche Legat fand endlich den Ausweg,
daß es dem Papste überlassen werde, binnen einem Jahre über
diese Sache zu entscheiden, und am 2. Mai wurde der Friede
zwischen Spanien und Frankreich, in welchem der Herzog ein=
geschlossen wurde, unterzeichnet. Der Friede von Cateau=
Cambresis wurde bestätigt, beide Könige gaben zurück, was
von den Ländern des andern in ihren Händen war, nämlich
der König von Frankreich die Grafschaft Charolais, der König
von Spanien Calais, die in der Picardie eingenommenen Plätze
und Blavet in der Bretagne, welches ihm der Herzog von
Mercoeur übergeben hatte, und die Kriegsgefangenen wurden
von beiden Seiten ohne Lösegeld freigelassen. Der Herzog
von Savoyen, welcher den ihm im vorigen Jahre entrissenen
Theil Savoyens wiedereroberet hatte, gab den einzigen Platz,
welcher noch in der Provence in seiner Gewalt war, das Schloß
und Städtchen Berre, zurück. Die Bekanntmachung des Frie=
dens in Paris und in Amiens wurde bis nach der Abreise
der englischen und niederländischen Gesandten, bis zum Juni,
verschoben[1]). Der Papst bemühte sich vergeblich, einen Ver=
gleich über das Fürstenthum Saluzzo zu Stande zu bringen,
und entsagte endlich dem ihm übertragenen Schiedsrichteramte.
Der Herzog begab sich darauf selbst im December 1599 an

---

1) Thuan. CXX, 401—404. Davila 1053—1054. Du Mont V,
1, 581—584. Flassan II, 173—176. Cayet 497. L'Estoile 226.

den französischen Hof. Als er sich bald überzeugte, daß der
König durchaus nicht geneigt sei, ihm den Besitz Saluzzos zu
überlassen, suchte er die damalige Maitresse desselben, Henriette
von Antragues, durch große Geschenke zu gewinnen und einige
mißvergnügte Große, namentlich Biron, noch mehr aufzureizen; allein diese Künste waren ebenso erfolglos wie seine Bitten
und Versprechungen, um den König zu bewegen, ihn oder
wenigstens einen seiner Söhne mit Saluzzo zu belehnen, und
er unterzeichnete zuletzt im Februar 1600 einen Vertrag, in
welchem er sich verpflichtete, nach Ablauf von drei Monaten
entweder Saluzzo oder die Grafschaft Bresse dem Könige zu
übergeben. Da er sich nach der Rückkehr nach seinem Lande
in der Hoffnung auf den Ausbruch innerer Unruhen in Frankreich und auf spanischen Beistand weigerte, den Vertrag auszuführen, so begab sich der König im Juli 1600 nach Lyon,
wohin zugleich Sully von Paris aus mit großer Schnelligkeit
Kanonen und Schießbedarf schaffen ließ, und erklärte ihm am
11. August den Krieg. Biron und Lesdiguieres, mit der
Führung desselben beauftragt, eroberten binnen wenigen Wochen ganz Savoyen bis auf einige Festen, welche belagert
wurden; der Herzog sah die Hoffnungen, mit welchen er sich
geschmeichelt hatte, getäuscht, und er mußte, unter der Vermittelung eines päpstlichen Legaten, am 17. Januar 1601 zu
Lyon mit dem Könige einen Vertrag schließen, in welchem
dieser zwar allen seinen Rechten auf Saluzzo entsagte, er ihm
aber Bresse, Bugey, das Thal Romey, die Bailliage Gex
und Alles, was er außerdem auf dem rechten Rhoneufer besaß,
abtrat [1]).

Noch vor dem Frieden von Vervins war die innere Ruhe
Frankreichs durch Feststellung der Verhältnisse der Reformirten
gesichert worden. Sie bildeten damals, wie früher, eine Partei

1) Thuan. CXXII, 607—611. CXXIII, 653—660. CXXV, 710—732.
738—742. L'Estoile 286—289. Mémoires de Philippe Hurault, eves-
que de Chartres (er war der dritte Sohn des Kanzlers Cheverny,
erster Almosenier der Königin Maria von Medici und besaß die Gunst
des Königs. Er lebte von 1579—1620 und seine Memoiren, zum ersten
Male bei Petitot XXXVI gedruckt, beziehen sich nur auf die Jahre
1599—1601), 457—465. 484. 486. Du Mont V, 2, 3. 10—13.

im Staate, allein während früher Heinrich IV. ihr Haupt
gewesen war, so standen sie ihm seit seinem Übertritt zur katholischen Kirche großentheils gegenüber, und sie glaubten von
ihm Dankbarkeit dafür fordern zu können, daß er, wie sie
meinten, nur durch sie zum Besitz des Thrones gelangt war.
Es mußte ihm dagegen unangenehm sein, auf solche Weise
von ihnen an die Dienste, welche sie ihm geleistet hatten, er-
innert zu werden, er hatte die frühere republikanische Richtung
vieler Reformirten und selbst mancher der angesehensten nicht
vergessen, er mußte es auch vermeiden, bei seinen katholischen
Unterthanen Argwohn gegen die Aufrichtigkeit seiner Glaubens-
änderung zu erregen, und wenn er auch von der Absicht, die
reformirte Religion zu unterdrücken, durchaus entfernt war,
so konnte und wollte er doch nicht gestatten, daß die Bekenner
derselben ferner eine ihm gegenüberstehende Partei bildeten.
Die durch jenen Übertritt veranlaßten Besorgnisse der Reformirten schienen sich sowol durch die den Ligueurs zugestandenen Bedingungen, welche die Ausübung ihres Glaubens beschränkten, als auch durch das Vertrauen zu bestätigen, welches
der König manchem derselben bewies, namentlich erregte es
ihr großes Misvergnügen, daß er im September 1594 Billeroi zum Staatssecretair ernannte, obwol seine Schwester ihn
im Namen aller reformirten Kirchen aufs dringendste bat,
dies nicht zu thun, weil derselbe als geschworener Feind der
Reformirten bekannt sei[1]). Schon im Mai 1594 versammelten sich dreißig Deputirte derselben aus allen Theilen des
Reichs zu Sainte-Foi und beschlossen, ihre Glaubensgenossen
gegen feindselige Absichten enger untereinander durch eine
neue Organisation zu vereinigen: es sollte ein General-Rath
der reformirten Kirchen errichtet werden, bestehend aus zehn
Mitgliedern, nämlich vier Edelleuten, vier Bürgerlichen und
zwei Geistlichen, von denen jede der zehn Provinzen, in welche
die Versammelten das reformirte Frankreich eintheilten, eines
wählen sollte; besondere Räthe von fünf oder höchstens sieben
Personen sollten an die Spitze der einzelnen Provinzen treten
mit der Bestimmung, von wichtigern Angelegenheiten den

1) L'Estoile 84.

General-Rath zu benachrichtigen, bedeutendere Streitigkeiten
unter den Reformirten auszugleichen, die Gelder, deren Erhebung nothwendig sein würde, aufzulegen, für den guten Zustand und die Sicherheit der Plätze der Reformirten zu sorgen,
namentlich keine katholische Soldaten in denselben zu dulden,
und überhaupt alles für die gemeinsame Erhaltung Erforderliche zu thun[1]). Die Hoffnung, welche der König früher den
Reformirten gegeben hatte, daß für ihre Sicherheit vollständig
durch ein neues Edict gesorgt werden würde, war nicht erfüllt
worden, und die Bitten, welche ihm jene Versammlung übergeben ließ, bewirkten nur, daß er das Edict vom Jahre 1577
im Februar 1596 von dem pariser Parlament registriren ließ,
wobei jedoch der Generalprocurator die Hinzufügung der üblichen Formel, daß dies geschehen sei, nachdem er gehört worden und er es verlangt habe, nicht zugab[2]). Noch in demselben Monat versammelten sich wiederum reformirte Deputirte
zu Saumur, und sie faßten den Beschluß, ein neues Edict zu
verlangen und in demselben freie Religionsübung im ganzen
Reiche, Besoldung ihrer Prediger und Unterhaltung ihrer
Schulen auf Kosten des Staats, Aufnahme einer den katholischen Richtern gleichen Zahl von reformirten in alle Gerichte,
Zulassung zu allen öffentlichen Ämtern und Würden und den
fernern Besitz der ihnen zu ihrer Sicherheit übergebenen Plätze,
sowie Besoldung der Garnisonen derselben aus den Staats-
caffen. Der König, welcher damals eben im Begriff war,
der von den Spaniern belagerten Stadt Cambrai zu Hülfe zu
ziehen, verschob die Beantwortung dieser Forderungen auf eine
geeignetere Zeit und versprach nur, daß er Commissarien in
die Provinzen schicken würde, um das Edict von 1577 vollständig ausführen zu lassen[3]). Eine neue Versammlung trat
am 1. April 1596 zu Loudun zusammen, und ihr kamen von
allen Seiten Beschwerden über Beeinträchtigungen zu, da das
Versprechen des Königs keineswegs erfüllt worden war. Auf

1) Aubigné II, 366—372. Bénoit, Histoire de l'Edit de Nantes
(Delft 1693—1695) I, 126—130.

2) Thuan. CXII, 105. 106.

3) Thuan. CXIII, 165. Bénoit I, 139. 140. 154. 166.

die demselben übersandten Klagen [1]) und Forderungen erfolgten
nur, wie früher, Versprechungen, welche sich im Wesentlichen
auf jenes Edict und eine Entschädigung für Dasjenige beschränkten, um was es durch die Unterwerfungsverträge mit den
Ligueurs verkürzt worden war, und darauf beschränkten sich
auch die Instructionen der königlichen Commissarien; welche
endlich im Juli zu Unterhandlungen mit der Versammlung
bevollmächtigt wurden. Erst nach Verlauf eines Jahres, während dessen die Versammlung mehrmals aus verschiedenen
Ursachen nach andern Orten verlegt wurde, einigte man sich
durch gegenseitige Nachgiebigkeit über die Hauptpunkte eines
neuen Edicts. Die Reformirten gaben die Forderung einer
allgemeinen freien Religionsübung auf, weil es in manchen
großen Städten gar keine Bekenner ihres Glaubens gab, weil
in andern, wie in Bordeaux und Toulouse, die Katholiken
eher die Waffen wieder ergriffen haben würden, als daß sie
den reformirten Gottesdienst geduldet hätten, und weil in den
Verträgen des Königs mit den Ligueurs meist die Wiederher-
stattung desselben ausbedungen war; indeß wurde ihnen doch
eine ausgedehntere Religionsübung als durch das Edict von
1577 zugestanden. Ihre Forderung, daß sie nicht zur Ent-
richtung des Zehnten verpflichtet und ihre Prediger vom Staate
besoldet würden, wurde dadurch beseitigt, daß der König versprach, ihnen eine jährliche Geldsumme zu zahlen. Die von
ihnen verlangte Theilnahme an den Gerichten wurde ihnen

[1) Worin dieselben bestanden, erhellt aus einer kleinen Schrift,
welche damals unter dem Titel: Plaintes des églises reformées en
France sur les violences qui leur sont faictes en plusieurs endroits
du royaume, bekannt gemacht wurde, und deren Inhalt im Wesentlichen
folgender war: man habe den reformirten Gottesdienst selbst in mehrern
Städten, wo er früher stattgefunden, nicht mehr geduldet, an mehrern
Orten Leute bestraft, weil sie Psalmen gesungen oder man den Psalter
bei ihnen gefunden, die Reformirten gezwungen, an Processionen theilzunehmen und zur Messe zu gehen, sie überall von ehrenvollen Ämtern
ausgeschlossen, in manchen Parlamenten und einigen Landgerichten gestattet, daß sie in den Sitzungen Hunde, Türken und Ketzer genannt
worden seien, und an manchen Orten habe man die reformirten Ärzte
verbannt und reformirte Zeugen, weil sie Ketzer seien, zurückgewiesen.
Cayet XLIII, 389—398.

nur in sehr beschränkter Weise gewährt. Auf der Zulassung
zu den Ämtern bestanden sie mit der größten Festigkeit, weil
die Ausschließung eine Herabwürdigung war und Ehrgeizige
leicht zum Abfalle von ihrem Glauben verleiten konnte; jedoch
bahnte ihnen den Weg zu denselben weniger die ihnen bewilligte Befähigung als die Käuflichkeit derselben. Der Artikel,
welcher die von ihnen in Anspruch genommenen Sicherheitsplätze betraf, wurde erst nach langen Verhandlungen festgestellt. Die letzte Schwierigkeit betraf die Form der Bekanntmachung der ihnen zugestandenen Bewilligungen; aus Besorgniß, den Katholiken Ärgerniß zu geben, wenn man sie
insgesammt in Ein Edict zusammenfasse, einigte man sich endlich dahin, sie auf verschiedene Weise auszufertigen, zum Theil
in einem Edict, zum Theil in geheimen oder besondern Artikeln, welche indeß ebenso vollständig wie das Edict beobachtet
werden sollten, und zum Theil in drei königlichen Gnaden-
briefen (Brevets)[1]. Das Edict wurde am 13. April 1598
vom König zu Nantes unterzeichnet und nach dieser Stadt
benannt; die Bekanntmachung wurde bis nach der Abreise des
päpstlichen Legaten aus Frankreich verschoben. Die Bestimmungen desselben waren folgende: Alles was von beiden Seiten während der innern Unruhen und auf Veranlassung derselben geschehen ist, soll als nichtgeschehen vergessen sein, und
der Druck und Verkauf von Schmähschriften wird streng untersagt. Der katholische Gottesdienst soll an allen Orten, wo
er unterbrochen worden ist, wiederhergestellt werden[2], und es
wird aufs strengste verboten, die katholischen Geistlichen auf
irgend eine Weise zu belästigen und zu beunruhigen. Es wird
den Bekennern der reformirten Religion erlaubt, in allen Städten und Orten zu wohnen und zu leben, ohne bedrückt, belästigt, in ihren Häusern aufgesucht oder gezwungen zu werden,
etwas in Betreff der Religion gegen ihr Gewissen zu thun,

---

1) Bénott I, 165—252.

2) Die Angabe des Mercure françois (I, 343), daß Heinrich IV.
ohne Schwert und Gewalt die Messe in mehr als 300 Städten, aus
welchen sie seit vierzig Jahren verbannt gewesen sei, wiederhergestellt
habe, scheint übertrieben, oder man müßte alle kleinen, unbedeutenden
Orte unter jene Zahl mitbegreifen.

wenn fie fich bem Inhalte des Edicts gemäß benehmen. Die
abeligen und andern Reformirten, welche bie hohe Gerichtsbar=
keit haben, können auf ihren Besitzungen ihre Religion für
fich, ihre Familien, ihre Unterthanen und Andere, welche fich
dazu einfinden wollen, ausüben; in den Lehnshäusern, wo die
Reformirten jene Gerichtsbarkeit nicht besitzen, wird ihnen dies
nur für ihre Familien und höchstens dreißig andere Personen
gestattet. Die Reformirten können ferner ihre Religion aus=
üben in allen Städten und an allen Orten, wo dies mehre
und verschiedene Male im Jahre 1596 und im folgenden Jahre
bis zum August geschehen ist; diese Ausübung wird auch ein=
geführt oder wiederhergestellt an allen Orten, wo fie nach dem
Friedensedict von 1577, den geheimen Artikeln von Bergerac
und den Conferenzbeschlüffen von Nerac und Fleix eingeführt
worden ist oder hätte werben sollen, und fie wird außerdem
noch gestattet in jeder Bailliage und Sénéchauffée in den Vor=
städten Einer Stadt; unterfagt wird fie aber in allen bischöf=
lichen und erzbischöflichen Städten, am Hofe, im Gefolge des
Königs, in Paris sowie in dem Umkreise von fünf Meilen
um diese Stadt, und ben Edicten und Vergleichen, welche
früher für die Rückkehr von katholischen Prinzen, Herren und
Städten zum Gehorsam gegen den König gemacht worden
find, foll durch dieses Edict kein Abbruch geschehen. An allen
Orten, wo der öffentliche reformirte Gottesdienst erlaubt ist,
dürfen die Reformirten Kirchen erbauen und Consistorien, Col=
loquien und Synoden mit Erlaubniß des Königs halten, und
nur an diesen Orten dürfen fie öffentliche Schulen haben und
Bücher, welche ihre Religion betreffen, gedruckt und öffentlich
verkauft werden. Sie dürfen fich in Gegenwart eines königs
lichen Beamten versammeln und mit seiner Genehmigung die
Geldsummen unter fich erheben, welche für die Kosten der
Synoden und ben Unterhalt der Geistlichen nothwendig be=
funden werden. Sie werden für befähigt zu allen öffentlichen,
königlichen, herrschaftlichen und städtischen Ämtern erklärt, und
bei der Aufnahme auf Universitäten, in Schulen und Kranken=
häuser foll der Religion wegen kein Unterschied gemacht wer=
ben. Sie sollen indeß die katholischen Festtage beobachten,
sowie die Eheverbote der katholischen Kirche wegen Verwandt=

schaft und den katholischen Geistlichen den Zehnten zahlen. Allen Unterthanen wird verboten, Kinder der Reformirten durch Gewalt oder Überredung gegen den Willen ihrer Ältern von diesen zu entfernen, um sie in der katholischen Religion taufen und firmeln zu lassen, und Dasselbe wird den Reformirten in Betreff der Kinder der Katholiken untersagt. Den Reformirten sollen nicht höhere Abgaben als den Katholiken aufgelegt werden, sie sollen aber allen Unterhandlungen und Einverständnissen außerhalb und innerhalb des Königreichs entsagen, und ihre Versammlungen und Räthe werden aufgehaben. In Beziehung auf die Rechtspflege wird festgesetzt: Zur Entscheidung in letzter Instanz über Processe und Streitigkeiten, bei welchen die Reformirten die Hauptpartei sind, soll im pariser Parlament eine Kammer, genannt Kammer des Edicts, aus einem Präsidenten und sechzehn Räthen, nämlich sechs reformirten und zehn katholischen, errichtet werden sowol für den Gerichtsbezirk dieses Parlaments als für den der Parlamente der Normandie und der Bretagne, bis auch in diesen dazu eine besondere Kammer errichtet sein wird [1]); die früher zu Castres für den Bezirk des Parlaments von Toulouse eingesetzte Kammer soll fortbestehen, und in den Parlamenten von Grenoble und von Bordeaux sollen in gleicher Weise halbgetheilte Kammern (Chambres mi-parties) aus zwei Präsidenten, einem katholischen und einem reformirten und zwölf Räthen, zur Hälfte Katholiken und zur Hälfte Reformirten, gebildet werden; der Kammer zu Grenoble wird die Entscheidung der Sachen der Reformirten in der Provence zugewiesen, und den Reformirten in Burgund wird die Wahl zwischen dieser Kammer und der Kammer des Edicts zu Paris gelassen; bei denjenigen Processen, über welche die Landgerichte oder andere königliche Beamte in letzter Instanz entscheiden, können die Reformirten in Civilsachen zwei, in Criminalsachen drei Richter ohne Angabe der Ursache verwerfen. Die besondern Artikel enthalten meist Bestimmungen, welche

1) In dem Parlament der Normandie wurde eine Kammer des Edicts nach dem Muster der pariser errichtet, in dem der Bretagne geschah dies nie, entweder wegen des leidenschaftlichen Hasses gegen die Reformirten oder wegen der geringen Zahl dieser in der Bretagne.

fich auf Einzelnes bezogen, unter Anderm, daß die Reformirten
nicht gezwungen sein sollten, das Aeußere ihrer Häuser an den
katholischen Festtagen, an welchen dies zu geschehen pflegt,
auszuschmücken, sondern nur geschehen lassen, daß die Orts=
beamten dies thun, theils zählen sie die Städte auf, in wel=
chen zufolge der Verträge und Edicte über ihre Unterwer=
fung der reformirte Gottesdienst nicht gestattet wurde. Von
den drei Brevets, welche der König auch im April unterzeich=
nete, bewilligte das eine auf acht Jahre vom Tage der Be=
kanntmachung des Edicts an den Reformirten die Bewachung
derjenigen Städte, Plätze und Schlösser, welche sich damals
in ihren Händen befanden, und in welchen sie Besatzungen
hatten, und bestimmte, daß in den andern Orten nichts geän=
dert werden sollte, und der König versprach, zur Besoldung
der Besatzungen eine bestimmte Geldsumme auf die Einkünfte
der Orte selbst anzuweisen, die Stärke derselben mit dem Rathe
einiger Reformirten festzusetzen und die erledigt werdenden
Stellen der Commandanten und Capitaine nur an Reformirte
zu vergeben[1]). Durch ein zweites Brevet bewilligte der König
jährlich 45,000 Thaler zur Bezahlung der reformirten Pre=
diger, obwol die Bestimmung des Geldes nicht deutlich aus=
gesprochen war. Das dritte Brevet gewährte einigen refor=
mirten Herren Geldsummen als Geschenke oder als rückstän=
dige Zahlungen für früher geleistete Dienste[2]). Das pariser
Parlament setzte der Registrirung des Edicts und der beson=
dern Artikel alle erdenklichen Schwierigkeiten entgegen, und

---

1) Capefigue (VIII, 78—83) theilt aus einer Depesche des Johann
Baptista Taxis an den König von Spanien ein Verzeichniß der Plätze
mit, in welchen reformirte Garnisonen unterhalten wurden; die Zahl
derselben beträgt fünfundsiebzig, darunter Saumur mit der zahlreichsten,
aber doch nur 364 Mann starken Besatzung, Thouars mit 165, Niort
mit 210, S.=Jean d'Angely mit 162, Castillon mit 134, Montpellier
mit 128, Aiguesmortes mit 127, Grenoble mit 101, Sancerre mit 10
Mann. Die Gesammtstärke der Besatzungen betrug beinahe 4000 Mann.
Zu jenen Plätzen kamen noch mehre, welche weder Garnison noch Gou=
verneur hatten, wie La Rochelle, Nismes und Montauban, und sodann
die Städte, Plätze und Schlösser, welche den Herren von Bouillon, Rohan,
La Tremouille, Laval, Chatillon, Lesdiguieres und Sully gehörten.
2) Du Mont V, 1, 545—558. Bénoit I, Preuves 62—98.

diese erfolgte erst am 5. Februar 1599, nachdem der König
einige verlangte Abänderungen zugestanden hatte, namentlich
daß in die Kammer des Edicts nur Ein reformirter Rath auf=
genommen und die übrigen fünf in die Untersuchungskammern
(Chambres des enquêtes) vertheilt werden sollten; dagegen
wurde den Reformirten gestattet, ein Verzeichniß von katho=
lischen Parlamentsräthen vorzulegen, aus welcher der König
die Mitglieder jener Kammer wählte. Auch die übrigen Par=
lamente registrirten zum Theil das Edict nur mit gewissen
Modificationen; das Parlament von Toulouse wollte so be=
deutende machen, daß dadurch die Wirkung des Edicts sehr
vermindert worden wäre, jedoch auf den Bericht seiner an den
Hof geschickten Abgeordneten, gegen welche sich der König sehr
bestimmt und nachdrücklich aussprach, beschränkte es sich auf
einige geringe Modificationen. Am spätesten, am 20. Sep=
tember 1599, entschloß sich das Parlament der Normandie
zur Registrirung, es fügte dabei, obwol ihm einige seiner For=
derungen, namentlich das Verbot der Ausübung der reformirten
Religion in Rouen, zugestanden waren, den Zusatz hinzu: ohne
Billigung der reformirten Religion und bis es Gott gefalle,
dem Könige die Gnade zu erweisen, seine Unterthanen wieder
in der katholischen Religion zu vereinigen; es suchte auch fer=
nerhin den Bestimmungen des Edicts auf alle Weise entgegen=
zutreten, und erst im Jahre 1609 befahl es die vollständige
Ausführung desselben in der Normandie[1]). Die Zahl der
reformirten Kirchen, welche besondere Prediger hatten, betrug
im Jahre 1598 siebenhundertundsechzig, allein man hatte
mehre Kirchen, theils um Streit mit den Katholiken zu ver=
meiden, theils von diesen gezwungen, zu Einer vereinigt, sodaß
manche zwei bis vier Orte befaßte; jetzt wurden an denjenigen
von diesen Orten, wo das Edict es gestattete, wiederum be=
sondere Kirchen errichtet[2]). Die Versammlung der reformirten
Abgeordneten blieb, auch nachdem der König dasselbe unter=
zeichnet hatte, noch beisammen, indem sie die Ausführung ab=
warten wollte; endlich im Mai 1601 gehorchte sie dem wie=

---

1) Thuan. CXXII, 611. 619. Floquet IV, 153. 168.
2) Bénoit I, 257.

berholten Befehle auseinanderzugehen, jedoch gestattete der König eine neue Versammlung im October zur Ernennung von zwei Deputirten, welche an seinem Hofe ihren Aufenthalt nehmen und ihm die Bittschriften und Klagen mittheilen sollten, die aus den Provinzen in Betreff der Ausführung des Edicts an sie geschickt werden würden. Da diese Ausführung nie überall und vollständig stattfand und deshalb fortwährend Beschwerden über Verletzungen des Edicts erhoben wurden, so dauerte jene Einrichtung so lange, wie das Edict bestand. Im Jahre 1605 bewog nämlich der König durch Sully die damalige reformirte Versammlung, sich mit dem Vorschlagen von sechs Personen zu begnügen und dem Könige es zu überlassen, aus diesen zwei Deputirte zu wählen, deren Amt immer drei Jahre dauern sollte, dagegen bewilligte er, daß dasselbe auch fernerhin fortbestehen sollte. Versammlungen reformirter Abgeordneter gestattete er von jetzt an nur zur Wahl jener sechs Personen, und ihre Cahiers wurden nicht eher beantwortet, als nachdem sie sich getrennt hatten; sein Nachfolger untersagte dieselben ganz und übertrug jene Wahl jedesmal der reformirten Nationalsynode. Im Jahre 1605 wurde den Reformirten die Bewachung der ihnen bewilligten Sicherheitsplätze noch auf vier Jahre über die anfangs bestimmten acht Jahre hinaus verlängert und ihnen außerdem zugestanden, daß diese Zeit erst von dem Tage der Registrirung des Edicts in allen Parlamenten gerechnet werden sollte[1].

Die Thätigkeit Heinrich's IV. war bis zum Frieden von Vervins und bis zur gänzlichen Auflösung und Unterwerfung der Ligue größtentheils durch Krieg in Anspruch genommen worden; erst seit jener Zeit konnte er seine Aufmerksamkeit hauptsächlich auf die Verbesserung des innern Zustandes Frankreichs richten, und in dieser Beziehung war ihm die schwierige Aufgabe gestellt, die verderblichen Folgen zu beseitigen, welche ein langwieriger, mit dem leidenschaftlichsten Hasse geführter Bürgerkrieg für den Wohlstand des Landes sowie für die Verwaltung und für die Stellung des Königthums herbeigeführt hatte. Verarmung und Noth in den Städten und

---

1) Bénoît I, 355. 366—369. 425. 426.

mehr noch auf dem Lande, zahllose Brandstätten und verödete und entvölkerte Landstriche erinnerten überall an die Greuel der Bürgerkämpfe[1]). Das Volk war zu Grunde gerichtet sowol von den Soldaten durch Raub, Plünderung und Erpressung von Lösegeldern als von der Regierung, welche alle Auflagen so sehr erhöht hatte, daß 1598 die Zusätze zu demselben zweimal mehr betrugen als der ursprüngliche Ansatz. Durch den Krieg und die allgemeine Unsicherheit des Besitzes war der Ertrag und Werth des Grundeigenthums sehr verringert worden, die früher Wohlhabenden waren verarmt, und viele der Ärmern waren Bettler geworden oder in den Gefängnissen umgekommen, in welche sie geschleppt wurden, wenn sie die Taille nicht bezahlen konnten[2]). Nicht minder verderblich waren die Folgen des Kriegs für die Sitten aller Stände der Nation: die wildeste Grausamkeit, welche auch des Verwandten und Freundes nicht schonte, vereinigte sich mit der ungezügeltsten Genußsucht, Unwissenheit und Aberglauben mit Verachtung der Gesetze und Ungehorsam gegen die Obrigkeit. Das Ansehen des Königthums war durch die verächtliche Persönlichkeit Heinrich's III. und durch die Ligue, welche nicht weniger gegen ihn als gegen die reformirte Religion gerichtet war, tief herabgewürdigt worden. Heinrich IV. hatte die bedeutendsten Mitglieder dieses Bundes nicht durch Gewalt gezwungen, sich ihm zu unterwerfen, sondern er hatte sie durch Vergleiche, durch Bewilligung von Gouvernements, Geldsum-

---

1) Froumenteau (Le secret des finances de France 1581. III, 378) berechnet die Zahl Derer, welche bis zum Ende des J. 1580 durch die Bürgerkriege umgekommen waren, auf 765,200; darunter 8760 Geistliche und Mönche, 32,950 in ihren Häusern getödtete oder im Kriege gefallene, katholische und reformirte Edelleute, 656,000 französische und 32,600 ausländische Soldaten, 36,300 niedergemetzelte Männer und 1235 niedergehauene, ertränkte und erwürgte Frauen und Mädchen; die Zahl der Frauen und Mädchen, denen Gewalt angethan war, schätzt er auf 12,300, und er gibt an, daß 9 Städte, 252 Dörfer und außerdem 4256 Häuser verbrannt und andere 124,000 Häuser von ihren Bewohnern verlassen worden und zu Grunde gegangen seien.

2) Floquet IV; 168 aus den an den König gerichteten Vorstellungen der Ständeversammlung der Normandie im December 1598. La Noue, Discours politiques et militaires 6. 34. 56.

men und Festungen, bewogen, ihn anzuerkennen. Nicht geringer waren das Selbstgefühl und die Ansprüche der katholischen Herren, welche ihn sogleich nach dem Tode seines Vorgängers anerkannt hatten, weil sie meinten, daß er nur ihrem Beistande den Besitz des Reichs verdanke, und eine ähnliche Gesinnung beseelte manche reformirte Herren. Die Gouverneure der Provinzen hatten sich zum Theil seit längerer Zeit gewöhnt, sich als Nachfolger der Herzöge und Grafen, welche einst zur Zeit der Herrschaft des Lehnswesens dem Könige gegenübergestanden hatten, und ihre Gouvernements wie ein Eigenthum zu betrachten, in welchem sie gleich unabhängigen Fürsten walteten[1]). Heinrich IV. hatte sich während seines Kriegslebens durch Muth, Tapferkeit und Feldherrneinsicht Achtung und Ruhm erworben, er hatte durch seinen heitern Sinn, durch freundliche Theilnahme an den Schicksalen seiner Waffengefährten und durch vertrauliche Herablassung selbst gegen den geringsten seiner Unterthanen Liebe und Vertrauen zu sich eingeflößt. Sein Hang zum Vergnügen und Genuß, seine leidenschaftliche Liebe zur Jagd, zum Spiel und besonders zum weiblichen Geschlecht wurde zwar von einzelnen ernstern Männern und von Abgeneigten sehr gemißbilligt und getadelt, sie konnte aber bei den höhern Ständen wegen der unter diesen vorherrschenden Sittenlosigkeit keinen Anstoß erregen. Ihm war jener Tadel nicht unbekannt, allein er glaubte, daß derselbe übertrieben, daß er berechtigt sei, für die Widerwärtigkeiten und Gefahren, in welchen er den größten Theil seines Lebens zugebracht hatte, in dem Vergnügen eine Entschädigung zu suchen, daß es hinreiche, wenn er sich nur von den Schwächen, die einmal mit der menschlichen Natur verbunden seien, nicht beherrschen lasse[2]). Seine Gemahlin, Margaretha von Valois, obwol schön und geistreich, konnte ihn um so weniger fesseln, als sie wider ihre Neigung sich mit ihm vermählt hatte, und wenn sie eine ungeziemende Lebensweise

1) Le malheur de nostre siècle c'est qu'il n'y a presque gouverneur de province, qui ne veuille trancher du prince souverain dedans son gouvernement. Lettres de Pasquier XIV, 8. Floquet IV, 245.

2) Heinrich's Geständniß über sich selbst bei Sully VII, 257.

führte, so hatte er ihr dagegen nicht allein Gleichgültigkeit gezeigt, sondern auch durch fortwährende öffentliche Unterhaltung von Maitressen jede Annäherung und Versöhnung unmöglich gemacht. Unter der großen Zahl derselben erlangte keine größere Gewalt über ihn als Gabriele von Estrées, welche er zur Herzogin von Beaufort erhob, und welche drei, von ihm als die seinigen anerkannte, Kinder[1] gebar. Er faßte sogar den Entschluß, sich mit ihr zu vermählen, allein dies wurde durch die Gegenvorstellungen Sully's und durch die Erklärung der Königin verhindert, daß sie zwar bereit sei, in eine Scheidung zu willigen, damit der König rechtmäßige Kinder erhalte, welchen die Thronfolge nicht bestritten werden könne, aber nie, damit an ihre Stelle eine Frau von so geringer Herkunft und von so verworfener Lebensweise trete[2]. Gabriele starb im April 1599 so plötzlich, daß man den Verdacht einer Vergiftung hegte, und sogleich nach ihrem Tode wurde Henriette von Antragues Maitresse des Königs. Er willigte sogar in die von ihren Ältern gestellte Bedingung, daß er ihr ein schriftliches Versprechen gebe, sie zu heirathen, wenn sie ihm binnen einem Jahre einen Sohn gebären würde. Sully, welchem er dasselbe zeigte, indem er ihn zugleich aufforderte, offen seine Meinung zu sagen, riß das Blatt durch, — aber der König schrieb ein neues Eheversprechen. Er erhob die Maitresse zur Marquise von Verneuil, indem er die Herrschaft Verneuil für sie kaufte, und er gab dem Sohne, welchen sie vor Ablauf jener Zeit gebar, den Namen Gaston von Foix und erklärte ihn 1602 für legitim[3]. Da die Königin

1) Nämlich eine Tochter und zwei Söhne, der Ältere von diesen ist bereits erwähnt worden, der Jüngere wurde 1604 in den Malteserorden aufgenommen und zum Nachfolger des damaligen Großpriors dieses Ordens in Frankreich bestimmt. Thuan. CXXXII, 1016.

2) Sully III, 233.

3) Sully III, 211—214. Hurault 450. Thuan. CXXIX, 868. Die Mutter der Verneuil, Maria Touchet, war früher die Geliebte Karl's IX. gewesen und hatte diesem einen Sohn, den Grafen von Auvergne, geboren. Cheverny 393. Ihr Vater, welchem sie das Eheversprechen anvertraut hatte, gab dies erst 1604 dem Könige gegen eine Geldsumme und in der Hoffnung auf die Marschallswürde zurück. Thuan. CXXXVII, 1021.

nach dem Tode Gabriele's ihre Beistimmung zur Trennung ihrer Ehe gab, so bevollmächtigte der Papst, auf die Bitte des Königs, im September 1599 zur Untersuchung der Gültigkeit derselben drei Prälaten, und diese erklärten im December die Ehe für nichtig und ungültig, da sie ohne die nothwendigen Feierlichkeiten der römischen Kirche und ohne andere, zur Gültigkeit nothwendigen Erfordernisse geschlossen sei[1]). Am 9. December 1600 vermählte sich der König zu Lyon mit Maria von Medici, der Nichte des Großherzogs von Toscana und der Tochter des Vorgängers desselben. Obwol sie am 27. September 1601 einen Sohn, den Dauphin Ludwig, gebar, so trat doch bald zwischen ihr und dem Könige ein gespanntes Verhältniß theils durch ihr mürrisches, kaltes und zurückstoßendes Wesen, theils auch durch seine Schuld ein. Er ließ ihr sogleich nach seiner Ankunft zu Paris die Marquise von Verneuil vorstellen, verlangte, daß sie dieselbe in ihre gewöhnliche Gesellschaft aufnehme, und gab ihr sogar eine Wohnung in seinem Palaste, im Louvre. Die Königin begegnete ihr anfangs höflich und freundlich; als die Verneuil aber, im Bewußtsein ihrer Gewalt über den König, sich gegen die Königin anmaßend benahm und sie durch Witz und Spott beleidigte, so entstand eine solche Feindschaft zwischen ihnen, daß der König sich genöthigt sah, die Maitresse aus dem Louvre zu entfernen. Da er aber seine Verbindung mit ihr nicht auflöste und auch, als sie seine Gunst verlor, neue Verbindungen solcher Art anknüpfte, so vermehrte er selbst dadurch die Abneigung seiner Gemahlin gegen ihn. Dagegen war er unwillig über die Gunst und Vertraulichkeit und die verschwenderische Freigebigkeit, welche sie gegen zwei Personen bewies, die ihr aus Florenz nach Frankreich gefolgt waren, Leonore Galigai eine Frau von geringer Herkunft, welche in ihrem Dienste seit ihrer Kindheit gewesen war und welche sie zu ihrer Kammerdame erhob, und deren Mann Concini, welchen sie zu ihrem ersten Haushofmeister und dann zu ihrem ersten Stallmeister ernannte. Sully's Bemühungen, ein besseres Ver-

---

1) Du Mont V, 1, 598. L'Estoile 257. Thuan. CXXIII, 650 —653. Hurault 433.

hältniß zwischen dem Könige und der Königin herzustellen, blieben um so mehr erfolglos, da nicht allein jene Beiden sogar im geheimen Einverständnisse mit dem spanischen Hofe standen, sondern auch manche Hofleute bemüht waren, die Königin ihrem Gemahle immer mehr zu entfremden [1]).

An einer anhaltenden und ununterbrochenen Beschäftigung mit den Staatsangelegenheiten wurde Heinrich IV. zwar durch seinen übermäßigen Hang zu Zerstreuungen und Vergnügungen verhindert, allein da er Zustände und Verhältnisse rasch und richtig auffaßte und ebenso rasch sich zu entschließen vermochte [2]), so konnte er dennoch von allen wichtigen Sachen Kenntniß nehmen und selbst regieren, und er verstand es auch, die Männer aufzufinden, welche geeignet waren, Beschlüsse vorzubereiten und auszuführen. Wenn er auch die Prinzen, Herzöge, Pairs, Gouverneure der Provinzen und andere angesehene Herren in den geheimen Rath, den Staats- und

---

1) Sully V, 142. 219. 220. Harault 493. Histoire des amours de Henri IV, in Archiv. cur. XIV, 335. Mémoires du cardinal de Richelieu (bei Petitot) XI, 72. 76. (Der erste Theil dieser Memoiren von 1610—1620, zuerst unter dem Titel: L'histoire de la mère et du fils, als ein hinterlassenes Werk Mezeray's 1730 zu Amsterdam erschienen und dann wiederum bei Petitot X und XI gedruckt, ist vielleicht, wenigstens in einigen Abschnitten, eine Arbeit des Cardinals; der zweite Theil von 1620—1638, zuerst von Petitot XXII—XXX bekannt gemacht, ist eine Compilation von theils gedruckten, theils ungedruckten und aus den Papieren Richelieu's entlehnten Materialien. Petitot ist durch Vergleichung mit den eigenhändigen Briefen desselben zu der Überzeugung gekommen, daß die zahlreichen, zwischen den Zeilen und am Rande des Manuscripts hinzugefügten Verbesserungen von ihm selbst geschrieben sind, und er hält Richelieu's Secretaire für die Verfasser der Compilation. Man vergleiche Petitot's Vorreden zum 10. und 22. Bande seiner Sammlung und Ranke's Aufsatz über die Memoiren des Cardinals Richelieu in seiner Historisch=politischen Zeitschrift II, 637—666.)

2) Mémoires de Messire du Val, Marquis de Fontenay-Mareuil, maréchal des camps et armées du Roy, conseiller d'Etat. (Geboren 1595, wurde er als enfant d'honneur am Hofe erzogen, er nahm an den Bürgerkriegen unter Ludwig XIII. Theil und war Gesandter in England und Rom; seine Memoiren, welche er nach 1650 schrieb, zeigen ebensowol genaue Kenntniß der Thatsachen als ein richtiges Urtheil.) Bei Petitot I, 56.

Finanzrath zuließ, so war dies mehr eine Ehre, welche er ihnen erzeigte, als daß er sie hätte an der entscheidenden Berathung über die wichtigsten Staatsangelegenheiten theilnehmen lassen; von dieser schloß er sie völlig aus, um dadurch ihre Ansprüche auf eine Theilnahme an der Regierung zurückzuweisen und sie mehr und mehr an das Verhältniß von Unterthanen zu gewöhnen. Bei der Wahl seiner Minister berücksichtigte er nur Befähigung, Erfahrung und Verdienst, er trug kein Bedenken, auch ehemaligen Gegnern sein Vertrauen zu schenken, sobald sie diese Eigenschaften besaßen, und der Zwiespalt und Streit, welcher durch die Verschiedenheit der Ansicht und Sinnesweise öfter unter seinen Räthen entstand, war für ihn mit dem Vortheile verbunden, daß die Gegenstände der Berathung von allen Seiten betrachtet und erörtert und es ihm dadurch erleichtert wurde, nach eigener Meinung den zweckmäßigsten Entschluß zu fassen[1]). Villeroi, welcher schon 1567 Staatssecretair geworden und besonders in der Verwaltung der auswärtigen Angelegenheiten gebraucht worden war, empfahl sich durch seine große Gewandtheit und Ordnung in der Behandlung der Geschäfte, durch seine genaue Kenntniß der politischen Verhältnisse und durch seine Uneigennützigkeit dem Könige, welcher ihm gleichfalls jenes Departement übertrug. Hurault, Graf von Cheverny, welcher 1579 von Heinrich III. zum Siegelbewahrer, zwei Jahre darauf zum Kanzler ernannt und 1588 ebenso wie Villeroi entlassen worden war, erhielt 1590 wiederum die Siegel von Heinrich IV. Sein Nachfolger wurde nach seinem Tode 1599 Pomponne von Bellievre, welcher sich in der Verwaltung verschiedener Staatsämter und bei vielen ihm übertragenen Sendungen den Ruf eines klugen Mannes erworben hatte, aber schon 1605 genöthigt wurde, die Siegel an Brulart von Sillery zu übergeben[2]). Jeannin, der Sohn eines nicht unbemittelten Lohgerbers zu Autun, war durch sein Verdienst zur Würde eines Parlamentspräsidenten zu Dijon gelangt, er hatte nach dem Tode Heinrich's III. sich dem Herzoge von Mayenne angeschlossen, war von

1) Sully VIII, 69.
2) Thuan. CXXIII, 650. CXXXIV, 1107. L'Estoile XLVII, 254. Sully VIII, 71. 72.

22 *

diesem zum Staatssecretair ernannt worden und hatte für ihn den Vergleich mit Heinrich IV. unterhandelt. Dieser achtete ihn ebenso sehr wegen seiner Rechtlichkeit wie wegen seiner Geschicklichkeit, er berief ihn bald darauf an seinen Hof und in seinen Rath, zeigte ihm besonders in Beziehung auf die auswärtigen Angelegenheiten großes Vertrauen, und seine Erwartung, daß Jeannin ihm mit derselben Treue dienen werde wie früher dem Herzoge von Mayenne, wurde nicht getäuscht [1]). Vor allen andern Ministern besaß indeß und verdiente das Vertrauen und selbst die Freundschaft des Königs Maximilian von Bethune, Marquis von Rosny und seit 1606 Pair und Herzog von Sully. Geboren 1560, war er in einem Alter von noch nicht zwölf Jahren in den Dienst des Königs getreten, seit seinem sechzehnten Lebensjahre war er sein Waffengefährte gewesen und im männlichen Alter wurde er sein Vertrauter, welchem derselbe seine geheimsten Gedanken und Pläne, seine Hoffnungen und Befürchtungen und die Freuden und Leiden seines Privatlebens mittheilte. Sully hatte sich als tapferer und einsichtiger Soldat ausgezeichnet und sich besonders um die Verbesserung der Artillerie, zu deren Großmeister er 1599 ernannt wurde, verdient gemacht; sein langes Kriegsleben hatte die ihm angeborenen Eigenschaften des Stolzes, der Härte und des starrsinnigen Bestehens auf seinen Meinungen noch mehr ausgebildet, und selbst der König hatte sich bisweilen über sein rauhes, auffahrendes und widersprechendes Wesen zu beklagen; allein dessenungeachtet liebte und achtete er ihn, nicht allein wegen seiner treuen Anhänglichkeit, wegen seines Eifers für den Ruhm und die Größe des Staats und wegen des Trostes, welchen er bei ihm mehr als bei irgend einem Andern in jedem Kummer und Ärger fand, sondern ebenso sehr wegen der großen Eigenschaften eines Staatsmanns, welche Sully in seltenem Maße besaß. Mit einem scharfen Verstande vereinigte er den Geist der strengsten Ordnung, Rechtlichkeit und Uneigennützigkeit; seine vielseitigen Kenntnisse, welche er un=

1) Tallemant des Réaux, Historiettes. 2. éd. 1840 IV, 107. 108. Notice sur Pierre Jeannin bei Petitot XI, 369.

abläffig zu erweitern bemüht war, befähigten ihn zu den Gefchäften des Friedens wie des Kriegs, zu den Gefchäften
der innern Verwaltung wie zur richtigen Beurtheilung der
auswärtigen Verhältniffe, und durch eine raftlofe, von einer
ftrenggeregelten Lebensweife unterftützte Thätigkeit war er
auch der Laft der mannichfachften Gefchäfte gewachfen. Nur
ein Mann von fo gediegenem Gehalte vermochte fich gegen
die faft jährlich wiederholten Verfuche feiner zahlreichen Feinde,
ihn zu ftürzen, in der Gunft und dem Vertrauen des Königs
zu behaupten, obwol zu feinen Gegnern Alle, welche in der
Verwirrung des Finanzwefens und der Verfchleuderung der
Einfünfte ihren Vortheil gefunden hatten, felbft Prinzen, die
Maitreffen des Königs und die Minifter gehörten, welche, wie
Billeroi und Sillery, die Unterdrückung des reformirten Glaubens und Anfchluß an Spanien wünfchten. Im Jahre 1608
forderte der König Sully auf, Katholif zu werden, indem er
verfprach, dem Sohne Sully's die Tochter, welche Gabriele
von Eftrees ihm geboren hatte, zur Gemahlin und das Gouvernement von Berri und Bourbonnais zu geben, ihm felbft
aber die Anwartfchaft auf das Gouvernement der Normandie
und die Connetablewürde zu ertheilen; allein ungeachtet diefer glänzenden Anerbietungen erwiderte Sully, daß er feine
Würden und Güter nicht auf Koften feines Gewiffens vermehren möge, und der König entzog ihm deshalb feine Freundfchaft und fein Vertrauen nicht [1]).

Obwol Sully als Großmeifter der Artillerie und Oberintendant der Feftungen größtentheils mit der Sorge für das
Kriegswefen beauftragt war und auch die obere Leitung der
auswärtigen Angelegenheiten in feiner Hand lag, fo war es
doch befonders das Finanzwefen, welches ihn befchäftigte,
und er war durch feine Perfönlichkeit ganz vorzüglich geeignet,
der Zerrüttung ein Ende zu machen, in welche es durch Krieg,
Nachläffigkeit und Unredlichkeit gerathen war. Nach dem
Tode des Oberintendanten von O (1594) hatte der König

---

1) Sully VI, 104. 107. 314. 339. VII, 336. 337. VIII, 71. — Mit den
obererwähnten Ämtern verband Sully das eines Commandanten der Baftille,
eines Gouverneurs von Poitou, Chaftelleraubois und Loudunois, eines Oberintendanten der königlichen Bauten und eines Grand-voyer de France.

die Verwaltung der Finanzen einem Finanzrathe übergeben, jedoch schon im folgenden Jahre hatte er neben diesem jene Stelle wiederhergestellt, und 1599 ernannte er Sully zu derselben, welcher bereits früher als Mitglied des Finanzrathes und wegen des besondern Vertrauens des Königs zu ihm den bedeutendsten Einfluß auf die Finanzmaßregeln gehabt hatte. Er wurde auch 1595, als man Geld zum Kriege gegen Spanien bedurfte und der Finanzrath die Herbeischaffung desselben für unmöglich erklärte, bevollmächtigt, vier Generalitäten zu bereisen, die Verwaltung der königlichen Gelder zu prüfen und wo möglich Geld zusammenzubringen. Er ließ sich die Etats und Rechnungen des laufenden und der drei frühern Jahre vorlegen, und er überzeugte sich bald, daß die Geschäftsführung sehr ungeregelt gewesen und viele Zahlungen ohne hinreichenden Grund gemacht waren, sodaß er von den Receveurs die Zahlung von 1,500,000 Livres fordern konnte [1]). Fortdauernde Geldverlegenheit bewog den König, im November 1596 eine Versammlung von Notabeln — neun Prälaten, neunzehn Edelleuten und zweiundfunfzig Mitgliedern des Bürgerstandes, welche sämmtlich Beamte waren, — nach Rouen zu berufen, um ihre Meinung über die nothwendigen Verbesserungen in der Verwaltung der Finanzen zu vernehmen und ihre Beistimmung zu neuen Abgaben zu erhalten. Sie übergaben dem Könige im Anfange des folgenden Jahres ihre Cahiers und erneuerten in diesen theils die Forderungen, welche schon wiederholt von den Reichsversammlungen gemacht waren, theils machten sie Vorschläge zu einer Reform der Finanzverwaltung. Sie trugen nämlich darauf an, daß sämmtliche Staatseinkünfte in zwei gleiche Theile getheilt, die eine Hälfte dem Könige und seinem Rathe zur Bestreitung der Ausgaben für seine Person und seinen Hof, für Pensionen, Geschenke und Belohnungen überlassen bleibe, die andere aber besonders zur Bezahlung der Gehalte und der Staatsschulden bestimmt und die ausschließliche Verfügung über dieselbe ei-

---

1) Sully III, 15—18. Veron de Forbonnais, Recherches et considerations sur les finances de France depuis l'année 1595 jusqu'à l'année 1721. Basle, 1758. I, 22. 23. (Sully's Finanzverwaltung überhaupt wird dargestellt in diesem Werke I, 19—126.)

nem Rechnungsrathe (Conseil de raison) übertragen werde,
dessen Mitglieder zunächst von den Notabeln und in der Folge
von den obersten Behörden des Reichs ernannt werden soll=
ten; endlich schlugen sie die Einführung einer neuen Abgabe,
nämlich vom Einzelverkauf der Lebensmittel und allen an=
dern Waaren im Betrage eines Sou vom Livre, vor. Fast
alle Mitglieder des königlichen Raths erklärten sich auf das
entschiedenste gegen jene Anträge, weil durch diese die König=
liche Macht sehr vermindert und gleichsam ein Staat im
Staate begründet werden würde. Sully allein rieth dem
Könige, sie zu bewilligen; er werde dadurch das bei der Er=
öffnung der Versammlung gegebene Versprechen, den Rath=
schlägen derselben zu folgen, gewissenhaft erfüllen und am
besten seine Liebe für sein Volk beweisen, ohne im geringsten
seine Macht zu gefährden, denn der verlangte Rechnungsrath
werde in Folge der Uneinigkeit seiner Mitglieder und ihrer
Unfähigkeit für Finanzgeschäfte nur kurze Zeit bestehen. Nach
Sully's Rath erklärte der König seine Beistimmung zu den
Vorschlägen der Notabeln und forderte sie auf, den verlang=
ten Rechnungsrath zu ernennen und zugleich den Ertrag der
verschiedenen Staatseinkünfte abzuschätzen, indem es ihm da=
gegen gestattet sein müsse, sich selbst den ihm zufallenden
Theil auszuwählen. Auf solche Weise blieben dem Rechnungs=
rathe die Einkünfte, welche entweder zu hoch angeschlagen,
oder deren Erhebung schwierig oder für das Volk besonders
drückend war, unter diesen auch die neue Auflage, deren Er=
trag von den Notabeln auf fünf Millionen Livres geschätzt
wurde. Der Rechnungsrath nahm seinen Sitz zu Paris; die
Schwierigkeit der Geschäftsführung und der wider Erwarten
geringe Ertrag der ihm überlassenen Abgaben, namentlich der
neuen Auflage, brachten ihn bald in solche Verlegenheit, daß er
schon nach wenigen Monaten den König dringend bat, wiederum
die Verwaltung der gesammten Staatseinkünfte allein zu über=
nehmen [1]). Es wurde dadurch auf jede Theilnahme [2]) an der

1) Sully III, 29—71.
2) Das pariser Parlament nahm zwar 1597 eine solche in Anspruch,
indem es verlangte, daß der König sich von jedem Parlament sechs

Finanzverwaltung von Seiten der Unterthanen verzichtet und
das Eingeständniß ausgesprochen, daß sie auf zweckmäßige
Weise nur von der Regierung geleitet werden könne, und diese
konnte jetzt um so entschiedener unbedingte Unterwerfung unter diejenigen Maßregeln fordern, welche sie für angemessen
hielt.

Im Jahre 1599 waren diejenigen Staatsschulden, deren
Auszahlung gefordert wurde, fast bis auf 147 Millionen
Livres gestiegen, und von diesen schuldete man 67 Millionen
den Schweizern, den vereinigten Niederlanden, der Königin
von England und deutschen Fürsten, Städten, Obersten und
Capitainen, und auf 32 Millionen beliefen sich die Summen,
welche der König verschiedenen Mitgliedern der Ligue, Herren
und Städten, für ihre Unterwerfung versprochen hatte. Der
andere Theil der Staatsschuld, für welche Renten auf die
Staatseinkünfte angewiesen oder Domainen veräußert waren,
betrug 198 Millionen, sodaß die Gesammtmasse der Schulden fast bis auf 345 Millionen stieg. Die Auflagen waren
bis auf 30 Millionen erhöht worden, allein 19 Millionen
von diesen waren theils veräußert, theils wurden sie für die
Zahlung von Renten und von Gehalten vorweggenommen,
und die 11 Millionen, welche in den Staatsschatz kamen,
reichten zur Bestreitung der Bedürfnisse des Staats nicht
hin [1]. Bei der allgemeinen Erschöpfung und Verarmung des
Landes war eine fernere Erhöhung der Abgaben wenigstens
für die nächste Zeit nicht möglich, eine Vermehrung der Einnahme konnte nur durch Ordnung und Sparsamkeit, durch
Abstellung der zahlreichen Mißbräuche, Veruntreuungen und
Unterschleife bewirkt werden, und solche Reformen vermochte
nur ein Mann von Sully's Scharfblick, Strenge und Rechtlichkeit durchzuführen. Schon 1597 war, um Untersuchungen
gegen die Finanzbeamten anzustellen, eine Commission eingesetzt, aber die Auflösung derselben war sehr bald dadurch be-

Personen vorschlagen lasse und von diesen zwölf in seinen Rath aufnehme, allein er wies diese Zumuthung auf sehr nachdrückliche Weise
zurück.

1) Bailly, Histoire financière de la France, 1, 295. 298. Vergl.
Forbonnais I, 28. Capefigue VII, 389—392.

wirkt worden, daß die Schuldigsten eine Summe von 1,200,000 Thalern (oder 3,600,000 Livres), zu welcher selbst die geringsten Finanzbeamten, wenn sie auch nichts verschuldet hatten, und die Witwen und Erben der bereits verstorbenen, das Meiste beisteuern mußten, zusammenbrachten und sie dem Könige, welchem damals nur daran lag, sich die zur Belagerung von Amiens nothwendigen Geldmittel so schnell wie möglich zu verschaffen, unter dem beschönigenden Namen eines Darlehns übergaben [1]). Im Jahre 1601 wurde eine sogenannte königliche Kammer aus Präsidenten und Räthen der Parlamente, der Rechenkammer und des Steuerhofs errichtet, um die Misbräuche, Erpressungen und Veruntreuungen zu untersuchen, welche sich die Finanzbeamten hatten zu Schulden kommen laffen. Sully's Absicht war, vornehmlich den höhern unter diesen den Reichthum wieder abzunehmen, welchen sie sich auf ungerechte Weise erworben hatten, und die Untersuchungen wurden mehre Jahre fortgesetzt, allein sie hatten ebenso wenig Erfolg wie die frühern. Der König besaß nicht Festigkeit genug, um dem Andringen der von ihm begünstigten Herren und Damen des Hofs, welche durch reiche Geschenke gewonnen worden waren, zu widerstehen, die kleinen Diebe mußten büßen, während Diejenigen, welche im Großen geraubt hatten, frei ausgingen [2]). Indeß wurde doch, wenigstens mehr als früher, Veruntreuungen und Willkürlichkeiten vorgebeugt durch die Wachsamkeit und gefürchtete Strenge des Oberintendanten, durch bestimmte, ins Einzelne eingehende Formulare, nach welchen, mit Beifügung der Beläge, die General-Receveurs Rechnung ablegen mußten, und durch ein Reglement für alle zur Rechenschaft verpflichteten Beamten [3]). Da Sully den Landbau als die Hauptquelle des Nationalreichthums betrachtete, und da die Taille allein zwei Drittel der gesammten Staatseinkünfte lieferte, so mußte vor Allem dem Landbauer die Arbeit möglich gemacht und

---

1) Le Grain, Decade contenant la vie et les gestes de Henry le Grand. Rouen, 1633 (zuerst in Paris 1614 erschienen), 692. 693. Forbonnais I, 33.

2) Sully IV, 62. V, 396. Forbonnais I, 54. 73.

3) Forbonnais I, 38. 74.

ihm die Früchte derselben gesichert werden. Schon 1595 war
verordnet worden, daß den Landleuten das Vieh und Arbeits-
geräth, aus keiner Ursache, auch nicht wenn sie die Abgaben
nicht zahlten, weggenommen und daß Frohndienste von ihnen
nur gefordert werden sollten, wenn dieselben durch einen königlichen, von einem Staatssecretair ausgefertigten, Befehl
bewilligt worden seien. Im Januar 1597 wurde den Gouverneuren und königlichen General-Lieutenants befohlen, über
alle Kriegsleute zu Fuß und zu Pferde, welche auf dem Lande
ohne ausdrücklichen königlichen Befehl umherzögen, herzufallen
und sie niederzuhauen, und zugleich wurden Bestimmungen erlassen, um bei dem Durchmarsch der Truppen die Beobachtung einer strengen Kriegszucht zu bewirken. Das Tragen
von Feuergewehren auf Reisen wurde im folgenden Jahre
untersagt; die Verletzung dieses Verbots sollte das erste Mal
mit Wegnahme der Waffen und einer Geldbuße, das zweite
Mal mit dem Tode bestraft werden; es wurde jedem erlaubt,
Diejenigen, welche diesem Verbote zuwiderhandelten, zu ergreifen und in die königlichen Gefängnisse zu bringen, und wenn
er allein dies nicht vermöge, durch Läuten der Sturmglocke
die nahen Landbewohner zusammenzuberufen [1]). Ein strenger
Befehl untersagte 1599 den Gouverneuren und überhaupt
allen Großen, fernerhin eigenmächtig Steuern vom Volke zu
erheben, was sie sich während der frühern innern Zerrüttung
oft erlaubt hatten. Die noch bedeutenden Rückstände der
Taille aus den Jahren 1594—1596 wurden 1598 erlassen,
und in den nächsten Jahren wurde sie um 1,400,000 Thaler
vermindert, dagegen war die Erhöhung des schon hohen Salz-
preises und der Zwang, daß jeder eine bestimmte Quantität
Salz kaufen mußte, ohne Rücksicht darauf, ob er dasselbe bedurfte oder nicht, eine sehr drückende und auch für die Viehzucht nachtheilige Maßregel [2]). Die vielfachen Klagen über
die ungleiche Vertheilung der Taille, über die Unterschleife
und Erpressungen, welche sich die Erheber derselben erlaubten, veranlaßten den König, Commissarien zu ernennen, um

1) Lambert XV, 108. 128—131. 211. Thuan. CXX, 499.
2) Forbonnais I, 35. 37. Lambert 276. Floquet IV, 177.

diese Übelstände zu untersuchen und die geeignetsten Mittel
zur Abstellung derselben vorzuschlagen. Der von ihnen er-
stattete Bericht bewies, daß bei der Vertheilung Einige ebenso
sehr begünstigt wie Andere willkürlich bedrückt wurden, daß
die dadurch veranlaßten zahlreichen Processe durch ihre lange
Dauer und durch übermäßige Kosten den Beeinträchtigten
noch größern Nachtheil verursachten, und daß außerdem selbst
die mit der Erhebung der Taille beauftragten Gerichtsdiener
sich Erpressungen und Gewaltthätigkeiten zu Schulden kommen
ließen. Um diesen Übelständen ein Ende zu machen, wurde
1600 ein allgemeines Reglement über die Taille erlassen: den
Elus wurde befohlen, vierzehn Tage nach Empfang des Auf-
trages die zu zahlende Summe für die einzelnen Parochien
ihrer Steuerbezirke mit der größten Gleichmäßigkeit und Gerechtigkeit, bei Strafe der Absetzung, zu bestimmen und jährlich zu gewisser Zeit ihre Visitationsreisen zu machen, um
sich genau von der Beschaffenheit des Vermögens der einzelnen Einwohner jedes Ortes und von der Fruchtbarkeit und
Unfruchtbarkeit des Jahres zu unterrichten und die Rechtmäßigkeit der Befreiungen von der Taille zu prüfen. Um zu
verhüten, daß die mit der Vertheilung der Taille in den einzelnen Parochien Beauftragten, die Asseurs, Andere zu hoch
belasteten, um sich, ihren Freunden und Verwandten Erleichterung zu verschaffen, so wurde bestimmt, daß sie während
ihres Amtsjahres sich selbst und Jene nicht geringer, als es
im vorangegangenen Jahre geschehen war, besteuern sollten,
wofern sie nicht einen bedeutenden Verlust an Gütern und an
Gewinn erlitten hatten, in welchem Falle mindestens drei
Elus über den zu bewilligenden Steuererlaß entscheiden sollten.
Auch wurde verordnet, daß sie während ihres Amtsjahres zugleich Collecteurs sein sollten, denn da diese verpflichtet waren, die nicht eingehenden Taillen vorzuschießen, so schien dies
das zweckmäßigste Mittel, um zu verhindern, daß Jemand
über sein Vermögen besteuert werde. Den Steuerrollen wurde
die Einrichtung gegeben, daß dem Namen eines Jeden außer
dem Betrage der ihm aufgelegten Taille auch sein Stand
hinzugefügt, bei den Landleuten bemerkt wurde, ob sie für sich
oder Andere und mit wie viel Pflügen sie arbeiteten, und daß

bei den Eximirten der Grund der Befreiung angegeben würde.
Die Pächter der Adeligen, Geistlichen und andern Eximirten
wurden für ihr Eigenthum und für den Gewinn von ihren
Pachtungen zur Zahlung der Taille herangezogen. Die Länge
und Kostspieligkeit der Processe auf Veranlassung von Klagen
wegen zu hohen Steueransatzes wurden durch die Bestimmungen beschränkt, daß die Parteien in Person, ohne Beistand
eines Advocaten, vor den Elus erscheinen, daß die Sache sum-
marisch nach den Steuerrollen der zunächst verflossenen drei
Jahre und der Meinung von drei oder vier angesehenen Einwohnern der Parochie des Klägers oder der benachbarten Parochie, über welche Personen sich beide Theile in kürzester
Frist einigen sollten, entschieden werden und Appellationen an
die Steuerhöfe nicht stattfinden sollten, wenn die Entscheidung
von drei Elus unterzeichnet worden sei und die Steuer nicht
eine bestimmte Summe übersteige [1]. Da sich nicht wenige
Personen unter dem Vorwande, daß sie während der innern
Unruhen die Waffen geführt hätten, sich den Adel angemaßt
hatten, um sich der Zahlung der Taille zu entziehen, so wurde
dies Allen untersagt, deren Vater und Großvater nicht schon
ausschließlich sich dem Waffendienste gewidmet oder ehrenvolle
Staatsämter bekleidet hatten, welche nach französischem Gesetz und Brauch den Adel ertheilten. Dieser Maßregel wurde
eine noch weitere, ungerechte Ausdehnung gegeben. Weil
nämlich Heinrich III., um sich Geld zu verschaffen, an sehr
viele Personen — allein in der Normandie zählte man deren
tausend — den Adel verkauft und dadurch den Ertrag der
Taille sehr geschmälert hatte, so widerrief Heinrich IV. auf
den Rath Sully's, welcher der Meinung war, daß diese Personen durch den bisherigen Genuß einer ihnen nicht wegen
ihrer Geburt gebührenden Exemtion die Kaufsumme und mehr
als diese zurückerhalten hätten, alle seit zwanzig Jahren bewilligten Adelsbriefe und Steuerfreiheiten, indem er sich vorbehielt, verdienten Personen, Städten und Gemeinheiten die
Freiheit von der Taille durch besondere Declarationen zu be-

1) Isambert 226—238.

stätigen [1]). Indem durch diese Maßregel und durch das Reglement über die Taille der Ertrag derselben bedeutend vermehrt wurde, so glaubte Sully, daß eine fernere Herabse-
tzung, welche er für die Hebung des Ackerbaus für nothwendig hielt, stattfinden könne. Er stellte dem Könige 1604 vor,
daß das Volk noch jetzt durch die Taille so belastet sei, daß
es die ihm aufgelegten Summen nicht zu bezahlen vermöge,
er trug darauf an, daß mindestens die Auflagen, welche statt
der von den Notabeln vorgeschlagenen, unerträglichen und
verhaßten Abgabe 1602 eingeführt waren [2]), erlassen würden,
und er bat den König, lieber durch Beschränkung seiner Ausgabe diese in Gleichgewicht mit der Einnahme zu bringen;
allein obwol Heinrich IV. gern von seiner großen Liebe zu
seinen Unterthanen sprach und er sie seine lieben Kinder zu
nennen pflegte, so hatte er doch weniger Mitgefühl für die
Noth derselben als sein oft als hart getadelter Minister, und
er wies den Antrag zurück, weil er nach allen Seiten gegen
seine Nachbarn gerüstet sein müsse [3]).

Aus den verpachteten Abgaben wußte Sully ohne Belastung des Volks einen viel höhern Ertrag als bisher zu
ziehen. Da die zahlreichen Unterpächter nur auf Kosten des
Volks und des Königs unterhalten wurden und ihre Geschäfte durch die Generalpächter versehen werden konnten, so
schaffte er dieselben ab, nöthigte sie aber zuvor, ihm ihre
Pachtcontracte vorzulegen und den Betrag ihrer Pacht in den
königlichen Schatz abzuliefern. Er lernte dadurch den Gewinn,
welchen die Generalpächter zogen, und den wirklichen Ertrag
ihrer Pachtungen kennen, er überzeugte sich, daß sie ihre auf
eine viel geringere Summe beschränkten Pachtcontracte den
Bestechungen der Hofleute, der Mitglieder des königlichen
Raths und der höhern Finanzbeamten verdankten, und indem er die bisherige Einrichtung, nach welcher die Pachtun-

1) Le Grain 736. 745. Isambert 169.
2) Nämlich eine Erhöhung der Taille um 450,000 Livres und in
den Städten und Flecken, welche von der Taille frei waren, eine Sub-
vention von 400,000 L., welche von einigen Waaren erhoben wurde.
Isambert 276. 277.
3) Sully V, 295.

gen durch den königlichen Rath oder die Tresoriers von Frankreich zugesprochen wurden, aufhob und Versteigerung an den
Meistbietenden einführte, so erlangte er, daß die Pachtsum-
men fast verdoppelt wurden. Zugleich wurden die bisher in
fünf Pachten getheilten verschiedenen Eingangs- und Aus-
gangszölle unter dem Namen der fünf großen Pachtungen
(les cinq grosses fermes) vereinigt. Ein Theil dieser
Zölle sowie der andern Einkünfte war einheimischen Großen
und sogar fremden Fürsten als Geschenk und Belohnung oder
als Zins für Darlehn überlassen worden, und sie ließen dieselben, zu großer Belästigung des Volks, durch ihre eigenen
Beamten oder durch Pächter erheben. Sully entzog ihnen
diese Erhebung, indem er ihnen aus dem königlichen Schatz
Dasselbe zahlen ließ, was sie bisher dafür eingenommen hatten,
und er gewann dadurch für den König jährlich 1,800,000
Livres [1]). Im Jahre 1604 wurden Commissarien zur Prüfung der Staatsrenten ernannt. Manche von diesen waren
königlichen Günstlingen oder Mitgliedern des königlichen Rathes, welche Anleihen negociirt hatten, als Geschenk bewilligt
worden; andere wurden noch fortbezahlt, obwol sie schon ab-
gekauft waren, und endlich hatten Speculanten alte, nicht be-
glaubigte Forderungen an den Staat gekauft und deren Umwandlung in Renten zu erlangen gewußt. Sämmtliche Renten wurden in einundzwanzig verschiedene Classen getheilt und
meistens mehr oder weniger reducirt, namentlich wurden diejenigen, welche den gesetzlichen Zinsfuß überstiegen, was fast
bei allen der Fall war, auf denselben beschränkt, und was
über diesen hinaus gezahlt war, bei der Rückzahlung des Capitals in Anrechnung gebracht, und alle Renten, bei welchen
die Zahlung des Capitals nicht nachgewiesen werden konnte,
wurden aufgehoben. Auf solche Weise wurde der Betrag der
Renten um sechs Millionen Livres verringert [2]). Eine ähnliche, mit gleicher Willkür und Härte durchgeführte, Operation
wurde 1607—1609 mit den Domainen vorgenommen: die-

---

1) Sully III, 227—231.
2) Forbonnais I, 60—64. Sully V, 200—204. Bailly I, 302.
Monthyon, Particularités et observations sur les ministres des finances de France depuis 1660—1791. Paris, 1812; 20.

jenigen, bei welchen die Begründung der Veräußerung nicht
gültig gefunden wurde, und welche als Unterpfand für bereits
erfüllte Verbindlichkeiten von Seiten des Staats gegeben
waren, wurden eingezogen, andere wurden dadurch wiederge-
wonnen, daß man solche Verpflichtungen erfüllte, und andere
endlich, welche zu einem ihrem Werthe nicht entsprechenden
Preise verkauft waren, wurden aufs neue zum Verkauf gestellt und dem frühern Käufer die von ihm gezahlte Summe
zurückgegeben. Durch dieses Verfahren wurden Domainen
bis zu einem Werthe von 35 Millionen Livres wieder mit
der Krone vereinigt [1]). Sully verkannte nicht, daß die große
Zahl überflüssiger Beamten ebenso sehr eine Last für das
Volk waren, wie sie die Einnahme des Königs verminderten,
und er hatte namentlich die Geldstrafen, zu welchen von der
sogenannten königlichen Kammer schuldige Finanzbeamten
verurtheilt worden waren, verwandt, um die Kaufgelder für
unnütze Ämter zurückzuzahlen; allein alle seine Vorstellungen
konnten nicht verhindern, daß der König wiederum viele solche
Ämter errichtete und verkaufte, weil er der Ansicht war, daß
dies Mittel einer unmittelbaren Erhöhung der Abgaben vorzuziehen sei, um die großen Geldsummen herbeizuschaffen, deren er für seine Vergnügungen, für seine kostspieligen Bauten,
für seine Maitressen und seine unehelichen Kinder bedurfte.
Dieselbe Ansicht bestimmte ihn und wahrscheinlich auch Sully,
welcher dadurch unter zwei Übeln das kleinere zu wählen
glaubte, in den Vorschlag eines gewissen Paulet einzugehen
und der Käuflichkeit der Ämter die unbeschränkte Vererbung hinzuzufügen, zumal er zugleich zu verhindern hoffte, daß einst wieder
ein Parteihaupt durch Verleihung der Ämter sich eine Macht
verschaffe, wie sie der Herzog von Guise besonders dadurch
erlangt hatte. Ein Edict Karl's IX. hatte schon im Jahre
1568 den Beamten die Verpflichtung aufgelegt, ein Drittel
der Summe, auf welche ihr Amt abgeschätzt wurde, zu zahlen,
wogegen ihnen erlaubt wurde, ohne fernere Geldzahlung über
dasselbe zu verfügen oder es ihren Erben zu hinterlassen. Es
wurde sodann durch königliche Verordnungen den Beamten

---

1) Bailly I, 301. Forbonnais I, 78.

gestattet, ihre Ämter zu verkaufen, jedoch war ein solcher Verkauf nur gültig, wenn sie ihn vierzig Tage überlebten. Jetzt wurden sie durch ein Edict vom Jahre 1604 von dieser Beschränkung befreit und auch ihren Witwen und andern Erben das Recht zugestanden, über das Amt, wie über ihr Eigenthum, zu verfügen, sobald sie eine jährliche Abgabe (droit annuel oder annuel des offices) im Januar oder Februar jedes Jahres zahlten, welche ein Sechzigtheil des Werthes betrug, auf den das Amt abgeschätzt wurde, und welche man auch nach dem Urheber die Paulette nannte. Indem diese Abgabe, deren Ertrag zunächst in 1,400,000 Livres bestand, verpachtet wurde, so wurde jedes Amt, dessen Inhaber sie nicht zur bestimmten Zeit entrichtet hatte, nach dem Tode desselben Eigenthum des Pächters, welcher es dann an den Meistbietenden verkaufte. Der König gab dadurch eines seiner wichtigsten Vorrechte, die Ertheilung der Ämter auf, und wenn auch Heinrich IV. von der Paulette die Ämter der ersten Präsidenten, der Generaladvocaten und der Generalprocuratoren der Parlamente ausschloß und sich die Befugniß vorbehielt, auch über die andern Ämter bei ihrer Erledigung zu verfügen, nachdem er den Erben den Preis, zu welchem sie abgeschätzt werden würden, bezahlt habe, so wurde diese Beschränkung nach seinem Tode aufgehoben. Da der Preis der Ämter jetzt fast auf das Siebenfache ihres bisherigen Werthes stieg, so wurde auch dadurch ihre, so oft von den Ständen verlangte, Verminderung unmöglich gemacht; nicht Tugend, Gelehrsamkeit und Verdienst bahnte jetzt den Weg zu ihnen, sondern nur Reichthum; indem Leute, welche durch Betrug in der Verwaltung der Finanzen reich geworden waren, ihren nächsten Verwandten und Freunden Ämter in den Parlamenten, in der Rechenkammer und am Hofe kauften, so sicherten sie sich durch die Hülfe derselben gegen die Bestrafung ihrer Vergehungen, und da die Gehalte in keinem Verhältniß mehr zur Kaufsumme standen, so waren die Käufer um so eher durch Bestechungen zu gewinnen. Zur Rechtfertigung einer so verderblichen Maßregel konnte man nur anführen, daß die Ämter schon bisher nicht durch die Gnade des Königs, sondern durch die Gunst der Hofleute vergeben worben, baß eine Verminderung der Zahl derselben überhaupt durch die Bedürftigkeit des Staats unmöglich sei, daß ein vermögender Vater die Mittel besitze, seinem Sohne eine sorgfältige Erziehung zu geben, und daß vor der Zulassung eines Beamten die Sitten desselben geprüft würden [1].

Die Benutzung und Verwaltung der königlichen Forsten, welche während der Bürgerkriege durch die Fahrlässigkeit der Beamten und durch die Umwohner fast gänzlich zu Grunde gerichtet waren, wurden bestimmten Vorschriften unterworfen, und es wurden namentlich die Hauptursachen ihres Verfalls beseitigt, die übermäßige Zahl von Forstbeamten, das Holzungsrecht und das häufige Schlagen von hochstämmigen Hölzern [2]. Ebenfalls wurde die Verwaltung der Bergwerke auf zweckmäßige Weise geordnet: ein Theil derselben, wie Schwefel-, Salpeter-, Eisen-, Steinkohlen-, Gips- und Kreibegruben und Steinbrüche, wurden von der Abgabe befreit, welche bisher dem Könige hatte gezahlt werden müssen, dem Oberintendanten der Bergwerke, welchem bisher der Betrag dieser Abgabe während einer bestimmten Zeit angewiesen gewesen war, sowie den übrigen Bergwerksbeamten wurde ein festes Gehalt gegeben, über den Ertrag des Bergbaues wurde eine genauere Aufsicht geführt, und es wurde erklärt, daß die Beschäftigung mit demselben keineswegs mit dem Adel unverträglich sei [3]. Um mehr Land für den Ackerbau zu gewinnen und den zahllosen Leuten, welche durch den Krieg Bettler geworden waren, Gelegenheit zu geben, ihren Lebensunterhalt zu verdienen, wurde schon 1599 die Trockenlegung sumpfiger Landstriche beabsichtigt. Der König berief einen darin erfahrenen Holländer, Humfrey Bradley aus Bergen op Zoom; dieser bereiste einen großen Theil der Sümpfe und Moräste Frankreichs und übernahm die Austrocknung derselben, indem ihm, seinen Mitunternehmern und ihren Erben gegen Zahlung des bisherigen Grundzinses das Eigenthum

---

1) Thuan. CXXXII, 1023. Le Grain 840—843. Bailly I, 309. 310. Mercure françois I, 256. III, 2, 79—98. Testament politique du cardinal de Richelieu I, 200. 206.

2) Isambert 141—163.

3) Lambert 253—262.;

Schmidt, Geschichte von Frankreich. III.   23

der Hälfte aller von ihm trockengelegten Sümpfe, welche dem
Könige gehörten, und auch derer, welche Besitz von Unter=
thanen waren, überlassen wurde, wofern diese sich nicht selbst
zur Austrocknung bereit erklärten [1]).   Da durch den bisher
üblichen hohen Zinsfuß viele Capitalisten veranlaßt worden
waren, ohne Geschäft von dem Zinsertrage ihrer Capitalien
zu leben, und diese dadurch dem Handel, Gewerbfleiß und
Landbau entzogen waren, so wurde, um diesen Übelstand zu
beseitigen, der Zinsfuß auf 6¼ vom Hundert herabgesetzt.
Gegen betrügliche Bankeruttirer, welche ihr Vermögen zum
Nachtheil ihrer Gläubiger an Andere cedirten, wurde 1609
ein strenges Gesetz erlassen: sie sollten wie Diebe mit dem
Tode und Diejenigen, welche solche Cessionen, die zugleich für
ungültig erklärt wurden, annähmen, als Mitschuldige bestraft
werden [2]). Um den Handel zwischen dem Atlantischen und dem
Mittelmeere durch Frankreich zu leiten, schlug Sully dem Könige
die Anlegung einer Kanalverbindung zwischen der Seine und
Loire, Loire und Saone und Saone und Maas vor, indem er be=
rechnete, daß Frankreich dadurch auf Kosten Spaniens einen
Gewinn von zwei Millionen machen werde.   Die Arbeiten
an einem Kanal zwischen der Seine und Loire, dem Kanal
von Briare, wurden, zum Theil unter Sully's unmittelbarer
Leitung, begonnen, allein das noch unvollendete Werk wurde
durch den Tod Heinrich's IV. unterbrochen und erst unter
Ludwig XIV. beendigt [3]). Der innere Verkehr wurde zwar
durch Verbesserung der Landstraßen und durch Erbauung von
Brücken einigermaßen befördert, jedoch weit mehr wurde er
durch die große Menge von Zöllen, welche Sully zum Theil
erst einführte, gehemmt.   Der auswärtige Handel Frankreichs
befand sich größtentheils in den Händen der Fremden, na=
mentlich war der Seehandel gänzlich zu Grunde gerichtet.
Auch der Gewerbfleiß war durch die Bürgerkriege tief ge=
sunken: die geschicktesten Arbeiter hatten im Auslande eine
ruhigere Heimat gesucht, der Flachs ging roh außer Landes

1) Isambert 213—222. 313—322.
2) Forbonnais I, 49. 50. Isambert 349.
3) SullV 207. 396. Thuan. CXXXII, 1018.

und lehrte verarbeitet zurück, die Tuch= und Lederfabrikation hatte sich ebenso verschlechtert wie verringert, und zugleich hatte der Gebrauch von Seidenwaaren so zugenommen, daß für solche jährlich an sechs Millionen Thaler dem Lande ent= zogen wurden [1]). Sully war der Meinung, daß man die Industrie nicht über Leinen=, Wollen= und Lederfabriken hin= aus erweitern müsse, weil er glaubte, daß Frankreich bei sei= ner Fruchtbarkeit aus Landbau und Viehzucht einen größern Gewinn ziehen könne, und daß die sitzende Lebensweise zum Kriegsdienst untüchtig machen werde; besonders widersprach er der Begünstigung der Fabrikation von seidenen und andern kostbaren Stoffen, weil dadurch nur Luxus und Verarmung der Reichen herbeigeführt werden würde und das französische Klima nicht für den Seidenbau geeignet sei, und er schlug dagegen vor, durch Luxusgesetze zu verhindern, daß die edelen Metalle für den Kauf solcher Waaren ins Ausland gingen [2]). Der König theilte jedoch diese Ansichten nicht, er sah in der Er= weiterung der Industrie das geeignetste Mittel, den Wohl= stand wiederherzustellen, den Müßiggang und dessen verderb= liche Folgen abzustellen, Frankreich vom Auslande unabhän= giger zu machen und die diesem zufließenden Geldsummen zurückzuhalten [3]). Er errichtete eine Handelskammer, welche Beschwerden und Vorschläge in Betreff des Handels und Gewerbfleißes annahm, über diese dem königlichen Rath be= richtete und selbst ihm Maßregeln, welche ihr zweckmäßig schienen, vorlegte. Die Anlegung von Leinen=, Stahl= und Glasfabriken, von Gold= und Silbermanufakturen wurden durch manche Begünstigungen befördert und die Fabrikation wollener Waaren wurde verbessert. Ein besonders lebhaftes

---

1) Recueil presenté au roy de ce qui se passe en l'assemblée du commerce au Palais à Paris. Faict par Laffemas Controlleur ge= neral dudit commerce. Paris 1604 und L'histoire du commerce de France par Isaac Laffemas. Paris 1606, abgedruckt in den Archiv. cur. XIV. 221—245 und 411—430, zeigen sowol den schlechten Zustand der Industrie und des Handels Frankreichs als auch Das, was zur He= bung desselben durch Heinrich IV. geschah.

2) Sully V, 64—68.

3) Königliches Edict von 1603 bei Isambert 283.

23 *

Interesse hatte der König für die Einführung des Seiden=
baus. Dieser hatte sich schon früher von Italien aus allmä=
lig nach den südlichen Provinzen Frankreichs verbreitet, er
wurde seit der Zeit Franz I. selbst in Touraine mit Erfolg
betrieben, Heinrich II. hatte durch ein Edict 1554 die An=
pflanzung von Maulbeerbäumen in mehren Gegenden befohlen,
und nach dem Vorgange der Königin Katharina, welche in
dem Park des Schlosses von Moulins eine große Zahl der=
selben pflanzen ließ, war dies auch an sehr vielen andern
Orten geschehen. Diese Anlagen waren durch die Bürger=
kriege unterbrochen worden [1]), aber seit dem Jahre 1602 wur=
den sie rascher und in größerer Ausdehnung fortgesetzt: der
König ließ in den Parochien der dazu geeigneten Gegenden
Bäume oder Samen, sowie Seidenwürmer vertheilen und
durch eine gedruckte Anweisung und sachverständige Männer
in der Behandlung derselben unterrichten; er erklärte aus=
drücklich, daß die Beschäftigung mit dem Seidenbau durchaus
nicht dem Adel Eintrag thun solle, und er ließ durch die Bi=
schöfe auch den Äbten und Äbtissinnen und den andern Pfrün=
denbesitzern befehlen, Maulbeerbäume zu säen und zu pflanzen [2]).
Der Verkehr mit England wurde durch einen Handelstractat
befördert, welcher 1606 geschlossen und durch welchen festge=
setzt wurde, daß die beiderseitigen Unterthanen auf günstige
Weise behandelt, daß sie in ihrer Sicherheit und Freiheit nicht
durch ungebührliche Belästigungen beeinträchtigt, daß sie freie
Verfügung über ihr Eigenthum behalten und dieses, wenn
sie ohne Testament sterben würden, ihren Erben zufallen und
daß in Rouen, Bordeaux und Caen, sowie in London und
andern Städten von Großbritannien und Irland, Handelsge=
richte zur Entscheidung aller Handelsdifferenzen gebildet wer=
den sollten [3]). Die Wiederaufnahme des schon früher, unter
Franz I., erfolglos gemachten Versuches, Colonien in Canada
anzulegen, billigte Sully nicht, aus dem Grunde, weil man

1) Laffemas, Lettres et exemples de la feu royne mere 1602,
in Archiv. cur. IX, 125.

2) Isambert 278—282. 292—293. Thuan. CXXIX, 895. 896.

3) Isambert 294—301.

aus diesem Lande wegen seiner nördlichen Lage keinen großen
Reichthum werde ziehen können. Heinrich IV. bewilligte nämlich einem Edelmann aus Saintonge, des Monts, welcher
1603 jenes Unternehmen vorschlug, für ihn und die Theilnehmer der Gesellschaft, welche er dazu bilden werde, auf zehn
Jahre das ausschließliche Recht des Handels an der Ostküste
Nordamerikas vom vierzigsten Grade nördlicher Breite bis
zum Cap Raze auf Neufoundland. Des Monts gründete
auf S. Croix, einer Insel im Lorenzstrom, eine Niederlassung,
welche bald darauf nach Acadien an eine Bai verlegt wurde,
die man ebenso wie die Colonie Port-Royal nannte, und es
wurden von den Eingeborenen besonders Häute von Bibern
und Fischottern eingetauscht; allein die Gesellschaft fand nicht
den gehofften Vortheil, sie löste sich 1607 auf und Port-
Royal wurde verlassen. Der König gab indeß das Unternehmen noch nicht auf, er erneuerte das Privilegium des
Herrn des Monts und schickte 1608 Colonisten nach Amerika,
welche Port-Royal wieder bevölkerten und Quebek anlegten[1]).
Dieselbe streng geregelte Ordnung, welcher Sully die Erhebung der Abgaben unterwarf, wandte er auch bei der Verwendung des Geldes an, indem er für die einzelnen Ausgaben bestimmte Einnahmen anwies; die Sparsamkeit aber, welche
er im Finanzwesen einführen wollte, wurde oft durch den
König unmöglich gemacht. Die Leidenschaft desselben für das
Spiel[2]) und noch mehr für das weibliche Geschlecht kostete
bedeutende Summen, und nicht geringe verwandte er für die
Befriedigung seiner Baulust: er ließ zu Paris eine Galerie
zur Verbindung des Louvre mit den Tuilerien bauen und
den von seinem Vorgänger begonnenen Pontneuf vollenden,
zu Fontainebleau und S. Germain prächtige Gebäude auf-
führen und überhaupt die königlichen Schlösser und Gärten

1) Sully V, 69. Thuan. CXXXII, 1027—1032. Mercure françois I, 211—213.

2) 3. B. am 18. Januar 1609 befahl er Sully die Auszahlung
von 22,000 Pistolen, welche er im Spiel verloren hatte, er gab ihm
einige Tage darauf die feste Versicherung, daß er nicht mehr so hoch
spielen wolle, und am 21. August erhielt Sully den Befehl, wieder eine
Spielschuld von 51,000 Livres zu bezahlen. Sully VIII, 11. 120.

herstellen und verschönern[1]). Dennoch ist Das, was Sully
während seiner nicht sehr langen Finanzverwaltung und ungeachtet der schwierigen Verhältnisse, unter welchen er sie übernahm, zu leisten vermochte, wahrhaft bewundernswürdig: die
Schulden, deren Auszahlung gefordert wurde, waren abgetra-
gen, die Renten nicht nur durch Reduction und Aufhebung,
sondern auch durch Rückkauf vermindert; der Gesammtbetrag
der Auflagen war auf 26 Millionen beschränkt, nur 6 Millionen wurden von diesen zur Zahlung der noch vorhandenen
Staatsrenten und der Gehalte erfordert, ein reiner Ertrag
von 20 Millionen floß in den Staatsschatz, und davon blieb
nach Bestreitung der Staatsbedürfnisse eine jährliche Erspar-
niß von drei bis vier Millionen übrig, sodaß ein in der Bastille aufbewahrter Schatz von 42 Millionen, theils in baa-
rem Gelde, theils in Anweisungen, bis zum Ende der Regierung Heinrich's IV. gesammelt wurde; außerdem waren die
Zeughäuser gefüllt, die Befestigungen der Grenzplätze hergestellt und erweitert und eine Galeerenflotte auf dem Mittelmeere errichtet[2]). Ungeachtet der Verminderung der Schulden bildeten indeß die nicht abgetragenen noch eine im Verhältniß zu den Staatseinkünften bedeutende Summe; daß aber
für die Erleichterung des Volks[3]) nicht mehr geschah, war
nicht die Schuld Sully's, welcher wiederholt auf weitere Her-
absetzung der Abgaben drang, sondern des Königs, welcher
genug zu thun glaubte, wenn er auf eine Erhöhung derselben

1) Le Grain 863—869. Mercure I, 344. Thuan. CXXIX, 896.
2) Sully VI, 94—135. Bailly I, 316—318.
3) Der Betrag der taille ordinaire war 1599: 9,771,717 Livres
und 1609: 9,649,000, der Betrag der unter dem Namen des großen
Zusatzes (la grand crue, appellée extraordinaire) besonders für die
Unterhaltung der Armee und der Festungen und für Beschaffung des
Kriegsbedarfs erhobenen Taillen war 1599: 6,453,700 L. und 1609:
4,446,000. Die gewährte Erleichterung war zwar größer, als die Dif-
ferenz zwischen den beiden Jahren andeutet, weil durch die Herstellung
der Ruhe und Sicherheit der Wohlstand der Taillepflichtigen sich vermehrt haben mußte und die Taille demnach 1600 von einem größern
Capital erhoben wurde als 1599, allein die segensreichen Folgen des
Friedens konnten erst allmälig eintreten, und sie wurden durch den fortdauernden Abgabendruck gehemmt. Sully VIII, 12—20.

verzichte, obwol ihm der Druck, welcher auf dem Volke la=
ftete und die Noth und das Misvergnügen deſſelben nicht un=
bekannt war. Als er 1609 den Marſchall von Ornano, Gou=
verneur von Guienne, aufforderte, ſich offen auszuſprechen, ſo
ſagte dieſer freimüthig zu ihm: er ſtehe bei ſeinem Volke in
einem ſehr übeln Rufe, es ſei über den verſtorbenen König
nie ſo viel Böſes und Herabwürdigendes geſagt worden wie
über ihn, kurz, er werde von ſeinem Volke nicht geliebt; die=
ſes murre und beklage ſich über die großen Laſten, welche man
ihm täglich aufbürde, und welche unerträglicher ſeien als die,
welche man unter dem verſtorbenen Könige während ſeiner
größten Kriege und Bedrängniſſe erbuldet habe; ſtatt der Tau=
ſende, welche dieſer erhoben habe, erhebe er Millionen. Der
König war anfangs ſehr zornig, nachher aber dankte er dem
Marſchall ſehr und erklärte ihn für einen ſeiner beſten und
treueſten Diener, und man ſchrieb den freimüthigen Äußerun=
gen deſſelben zum Theil den Widerruf einiger kurz zuvor er=
laſſenen ſehr drückenden Finanzedicte zu. Noch im Jahre 1610
ſagte Groulard, Präſident des Parlaments der Normandie,
zum Könige: Der Handel zu Waſſer geht nicht mehr, aller
Verkehr iſt geſtört durch die großen Auflagen, welche erhoben
werden, und es herrſcht nur Elend; man hat den Frieden und
nichtsbeſtoweniger iſt man ebenſo ſehr oder mehr belaſtet als
im Kriege, und die Renten und Gehalte werden nicht bezahlt [1]).

Die Geſetzgebung Heinrich's IV., ſoweit ſie nicht
die Finanzen betraf, beſchränkte ſich meiſt auf Wiederherſtel=
lung der früher gegebenen Geſetze. Schon im Januar 1597
befahl er durch ein ewiges und unwiderrufliches Edict, daß
die Verordnungen ſeiner Vorgänger, namentlich die auf Bit=
ten der ſtändiſchen Verſammlungen in Orleans, Moulins und
Blois erlaſſenen, welche in Folge der innern Kriege nicht
mehr beobachtet wurden und meiſt in Vergeſſenheit gerathen
waren, wieder beobachtet werden ſollten, und indem damals
die Gerechtigkeit ſelbſt in vielen Parlamenten Demjenigen ver=
kauft wurde, welcher das Meiſte zahlen konnte, ſo hob er die
geſetzlichen Beſtimmungen beſonders hervor, welche eine un=

---

1) L'Estoile XLVII, 309. 310. Floquet IV, 171.

parteiische und minder kostspielige Rechtspflege bezweckten.
Die aus allen Provinzen kommenden Klagen wegen des im=
mer steigenden Überhandnehmens der Duelle, zum Theil einer
Folge der Bürgerkriege, veranlaßte den König 1602 zu einem
Edicte, in welchem er Diejenigen, welche zu einem Duell her=
ausforderten, welche eine Herausforderung überbrächten und
annähmen und die Secundanten für Majestätsverbrecher er=
klärte. und als solche zu bestrafen befahl; wer seine Ehre für
beleidigt halte oder zu einem Zweikampfe herausgefordert sei,
sollte dem Connetable, einem Marschall oder dem Gouverneur
der Provinz seine Beschwerde oder die Herausforderung vor=
legen, diese sollten beide Theile hören und mit Untersagung
jeder Waffengewalt die Genugthuung des Beleidigten bestim=
men und beide Theile sich dieser Bestimmung unterwerfen.
Da indeß ungeachtet dieses strengen Edicts die Duelle immer
häufiger wurden, so hielt er es für passend, dasselbe zu be=
schränken; er gestattete 1609 einem Jeden, welcher seinen Ruf
und seine Ehre durch einen Andern verletzt glaubte, sich bei
ihm, dem Connetable oder den Marschällen von Frankreich
zu beklagen und einen Zweikampf zu fordern, und er erklärte,
daß er diesen dem Beleidigten gestatten werde, wenn er es
für die Ehre desselben nothwendig erachte; Diejenigen, welche
ohne eine solche Erlaubniß sich schlügen, sollten, wenn sie
ihre Gegner tödteten, mit dem Tode, sonst mit lebensläng=
lichem Gefängniß und dem Verlust der Hälfte ihrer Güter,
die dem Duelle Beiwohnenden, wenn sie gleichfalls die Waffen
geführt hätten, mit dem Verlust des Vermögens und Lebens,
wenn sie nur Zuschauer gewesen seien, mit dem Verluste
ihrer Ämter, Würden und Pensionen bestraft werden; Der=
jenige, welcher einem Andern eine die Ehre verletzende Be=
leidigung zufüge, sollte auf sechs Jahre seine Ämter und Pen=
sionen, und wenn er solche nicht besitze, ein Drittel seiner
jährlichen Einkünfte verlieren [1]). Durch das Edict vom Ja=
nuar 1597 hatte Heinrich IV. das Recht der Parlamente aus=

1) Thuan. CXXIX, 875. Isambert 351—358. Man schätzte die
Zahl der Edelleute, welche seit dem Anfange der Regierung Heinrich's
IV. bis zum Jahre 1607 in Duellen getödtet waren, auf 4000.
L'Estoïle 37.

brücklich anerkannt, gemäß der Ordonnance von Moulins Vorstellungen, zu machen, und die Edicte, durch welche er seine
Einkünfte zu vermehren suchte, gaben oft dazu Veranlassung;
allein der Widerspruch gegen seinen Willen und seine Meinung
mißfiel ihm im höchsten Grade, und er erlaubte sich, Edicte
bekannt zu machen, ehe sie in den Parlamenten registrirt waren, oder er erzwang die Registrirung durch die stärksten
Drohungen; die Parlamente sollten weniger ihm Rath geben
als zum Werkzeuge dienen, er wollte ihnen höheres Ansehen
geben, aber nur, damit die Furcht vor der Strenge der Justiz Diejenigen in den Schranken des Gehorsams zurückhalte,
welche sonst nur zu geneigt waren, diese zu durchbrechen [1]).
Die Reformirten können im Allgemeinen nicht zu den Unterthanen dieser Art gerechnet werden, wenn auch die unter ihnen
herrschende mißmuthige Stimmung dadurch noch vermehrt
werden mußte, daß der König den Orden der Jesuiten wieder
in Frankreich zuließ. Schon 1599 hatte der Papst ihn aufgefordert, die Jesuiten wieder in den Zustand einzusetzen, in
welchem sie sich vor dem gegen sie gerichteten Parlamentsbeschluß befunden hätten, und nach längerer Zögerung erbot sich
der König, durch ihre Freunde am Hofe, zu welchen auch
der Staatssecretair Billeroi gehörte, dazu bestimmt, ihnen in
beschränkter Weise, nämlich an gewissen Orten, den Aufenthalt in Frankreich zu gestatten. Erst nach zwei Jahren er-
wiederte der Papst auf Anbringen des französischen Gesandten:
die vom Könige gestellten Bedingungen schienen ihm von der
Art, daß die Jesuiten mit denselben zufrieden sein könnten, er
habe nur deßhalb seine Antwort verschoben, weil der General
der Jesuiten, Aquaviva, sie nicht annehmen wolle; und dessenungeachtet forderte er den König auf, sie bekannt zu machen.
Dies geschah durch ein Edict im September 1603: es wurde
den Jesuiten erlaubt, an denjenigen Orten, wo sie damals in
Frankreich noch ansässig waren, nämlich in Bordeaux, Toulouse und neun andern Städten, zu bleiben und ihren Wohn-
sitz zu haben, und außerdem wurde ihnen gestattet, zu Lyon,
Dijon und La Flèche in Anjou Collegien zu errichten; die

1) Floquet IV, 165—168. 192.

Gründung von solchen an andern Orten und Aufnahme
von Ausländern in diese sollte nicht ohne königliche Erlaubniß
stattfinden. Außerdem wurde festgesetzt: alle in Frankreich lebenden Jesuiten müssen geborene Franzosen sein, sie müssen
schwören, nichts gegen den König noch gegen den Frieden und
die Ruhe des Reichs zu unternehmen, sie sind den Gesetzen und
Beamten desselben ebenso wie die andern Mönche unterworfen,
sie dürfen ohne königliche Erlaubniß keine unbeweglichen Güter erwerben und in keiner Weise die Bischöfe, Pfarrer, Universitäten und die andern Mönche beeinträchtigen und nur
dann Andern als den Mitgliedern ihrer Gesellschaft predigen,
die Sacramente reichen und die Beichte hören, wenn der Bischof der Diöcese und die Parlamente, in deren Amtsbezirken
sie durch dies Edict zugelassen werden, es erlauben. Die Sequestration ihrer Güter wurde aufgehoben und diese ihnen zurückgegeben. Die Beschränkungen, welche durch dies Edict
ihnen auferlegt waren, wurden indeß von ihnen entweder nicht
beobachtet oder sie wußten Rescripte zu erlangen, durch welche
dieselben aufgehoben wurden: schon 1606 wurde ihnen der
Aufenthalt in Paris und die Ausübung ihrer Berufsgeschäfte
in ihrem Profeßhause und ihrem Collegium von Clermont
gestattet, nur blieb es ihnen untersagt, öffentliche Vorlesungen
zu halten, und 1608 wurden sie von dem Könige in Bearn
zugelassen, um daselbst, wie die andern Mönche, ihre kirchlichen Functionen auszuüben. Das pariser Parlament machte
dem Könige Vorstellungen gegen das Edict vom Jahre 1608,
indem es an die Gefahr erinnerte, welche die Grundsätze der
Jesuiten seinem Leben und der Wohlfahrt des Reichs drohten,
allein es sah sich durch den strengen Befehl desselben zur Registrirung genöthigt. Um dieselbe Zeit erlangten auch die
meisten andern neuern Mönchs- und Nonnenorden Eintritt in
Frankreich: am meisten verbreitete sich die Barfüßercongre-
gation des Franciscanerordens; außerdem errichteten die Jo-
anniten oder unwissenden Brüder, welche sich besonders der
Krankenpflege widmeten, ein Krankenhaus in der Vorstadt
von S.-Germain; zu Toulouse wurde ein Mönchs- und ein
Nonnenkloster der Feuillants, einer vom Cistercienserorden aus-
gegangenen Barfüßerbrüderschaft, errichtet, und Nonnen der

heiligen Therefe, welche der Regel der Karmeliterinnen folg=
ten, wurden aus Spanien gerufen und bauten Klöfter bei
Paris und bei Pontoife [1]). Die Wirkfamkeit der Jefuiten
und der andern Orden gegen den Proteftantismus war indeß,
fo lange Heinrich IV. lebte, von geringer Bedeutung, da er
den ernftlichen Willen hatte, das feinen frühern Glaubensge=
noffen bewilligte Edict aufrecht zu erhalten. Als eine Be=
fchränkung der königlichen Macht erfchien ihm allerdings die
Stellung der Reformirten, welche fortwährend eine bewaffnete
Partei im Staate bildeten, und er mußte um fo leichter für
Mistrauen gegen die Häupter derfelben empfänglich fein; be=
gründeter war aber fein Argwohn gegen diejenigen katho=
lifchen Herren, welche ihre ihm früher geleifteten Dienfte nicht
genug anerkannt und belohnt glaubten, und deren Ehrgeiz fo=
gar die Erneuerung der innern Zerrüttung drohte.

Unter diefen war der angefehenfte der Marfchall und
Herzog von Biron, Gouverneur von Burgund, ein Mann
von übermäßigem Selbftgefühl und heftiger Sinnesweife.
Schon 1595 beklagte er fich gegen feinen Schwager La Force,
daß der König ihm nicht gehalten, was er verfprochen, daß er
ihm Theile feines Gouvernements entziehe, daß er die Dienfte,
welche er ihm geleiftet, vergeffen habe [2]). Als er nach Brüffel
gefchickt wurde, um im Namen des Königs den Frieden von
Vervins zu befchwören, äußerte ein gewiffer Picoté, ein lei=
denfchaftlicher Ligueur, welcher fich nach den fpanifchen Nieder=
landen geflüchtet hatte, gegen ihn: es ftehe in feiner Macht,
fich mit fpanifcher Hülfe zu einem unabhängigen Fürften zu
erheben, und er erwiderte, daß ihm beftimmtere Mittheilungen
darüber angenehm fein würden. Der Herzog von Savoyen

---

1) Isambert 288. 301. 311. Thuan. CXXXII, 1004—1014.
1018. 1019.
2) Mémoires de La Force I, 262. 264. Biron fügt feinen Kla=
gen die Worte hinzu: Je n'en dis ni écris ce que je pense, mais Dieu
pourvoira à tout, s'il lui plaît; il me reste de l'esperance laquelle
je me chercherai. — Histoire de la vie, conspiration, prison, juge-
ment, testament et mort du mareschal de Biron (gedruckt zu Paris
1603 und wieder abgedruckt in Archives curieuses XIV, 90—161)
100. 101.

370

suchte während seiner Anwesenheit am französischen Hofe ihn
noch mehr aufzureizen, und zu diesem Zwecke erzählte er ihm,
daß, als er die Trefflichkeit und Leistungen der Feldherren
des Königs gepriesen, dieser entgegnet habe: er habe mehr
Mühe gehabt, die Einigkeit unter den Seinen zu befestigen
als die Feinde zu besiegen, und er habe meist von Denen,
von welchen man glaube, daß sie ihn unterstützt hätten, mehr
Nachtheil gehabt als von Denen, welche ihn bekriegt hätten;
und daß der König zugleich den harten und störrigen Sinn
der beiden Birons, des Vaters und des Sohnes, mit bittern
Worten getadelt habe. Biron war über diese Äußerungen
des Königs, welche ihm überdies noch in entstellter, übertrei-
bender Weise hinterbracht wurden, im höchsten Grade aufgebracht; er wurde noch mehr dadurch verlockt, daß ihm der
Herzog Aussicht auf Vermählung mit einer seiner Töchter
machte, und er setzte nicht allein die geheimen Unterhandlungen
mit demselben fort, sondern knüpfte auch damals, wenn es nicht
bereits früher geschehen war, geheime Einverständnisse mit
Spanien an[1]), und er gewann für die Theilnahme an seinen
Plänen den unehelichen Sohn Karl's IX., Karl von Valois,
Grafen von Auvergne, den Halbbruder der Marquise von
Verneuil. Obwol während des savoyischen Krieges nichts in
seinem Benehmen auf verrätherische Absichten deutete, so ließ
ihn doch der König, dessen Argwohn durch manche Anzeichen
erregt wurde, genau beobachten, und er schlug ihm den erbetenen Befehl in der Citadelle von Bourg ab. Biron sprach
seine Unzufriedenheit darüber in der stärksten Weise aus, er
beklagte sich besonders, daß Lesdiguieres ihm vorgezogen sei,
und er äußerte, daß der König seine geheime Gunst für die
Ketzer nicht verbergen könne und selbst noch die Ketzerei in
sich nähre[2]). Weniger die Besorgniß, daß der König von
seinen geheimen Anschlägen Kenntniß erhalten habe, als die
Vorstellungen seines Schwagers La Force bestimmten ihn,
sich nach der Beendigung des Kriegs nach Lyon zum Könige
zu begeben. Dieser sprach sich offen, wohlwollend und mit

---

1) Thuan. CXXIII, 656. Histoire de Biron 102.
2) Sully IV, 48. Thuan. CXXV, 716.

Anerkennung der großen Dienste, welche er ihm geleistet, gegen ihn aus; er gestand ein, daß er mit dem Herzoge von Savoyen unterhandelt und die Hoffnung gehegt habe, sich mit einer Tochter desselben zu verheirathen, und der König, welcher eine vollständige Mittheilung Dessen, was in dieser Beziehung stattgefunden, verlangt hatte und der Meinung war, daß Biron nicht mehr als das Eingestandene gethan habe, bewilligte ihm die erbetene Verzeihung unter der Bedingung, daß er sich nie wieder ähnlicher Vergehungen schuldig mache[1]). Noch in demselben Jahre (1601) erhielt der König indeß von mehren der geheimen Agenten, welche er in allen Provinzen hielt, um ihn über Alles, was vorging, zu benachrichtigen, die Anzeige, daß Biron eine enge Verbindung mit dem Grafen von Auvergne und dem Herzoge von Bouillon zu ihrer gegenseitigen Vertheidigung geschlossen hätten, daß sie mit Spanien und Savoyen unterhandelten, daß sie die angesehensten Herren und Beamten zu gewinnen suchten, indem sie ihm die Absicht beilegten, die Großen zu demüthigen und zu Grunde zu richten, um ganz nach seinem Belieben zu regieren, und daß sie das Misvergnügen des Volks durch falsche Gerüchte, zum Beispiel von der Einführung der Salzsteuer in Poitou und Guienne, aufzuregen und zu nähren suchten[2]). Besonders schien in der Landschaft Perigord, deren zahlreicher Adel großentheils dem Herzoge von Biron befreundet oder verpflichtet war, und in Limousin, wo Bouillon's Vicomté Turenne lag, eine bedenkliche Gährung zu herrschen, jedoch der Ausbruch derselben wurde dadurch verhindert, daß der König sich bald nach dem Anfange des Jahres 1602 dahin begab und die Abgabe des Sou vom Livre aufhob[3]). Indeß hatte sich ein burgundischer Edelmann, Namens Lafin, welcher früher im Namen Biron's mit dem Herzoge von Savoyen und dem spanischen Gouverneur von Mailand unterhandelt hatte, damals aber von ihm durch Entziehung seiner

1) Sully IV, 94. La Force I, 137. Histoire de Biron 103. Es ist wenigstens nicht wahrscheinlich, daß Biron mehr als oben angegeben eingestanden hat.
2) Sully IV, 94. 133.
3) Thuan. CXXVIII, 843.

Gunst und seines Vertrauens beleidigt war, an den Hof begeben und dem Könige viele Mittheilungen über geheime Umtriebe und Verhandlungen gemacht. Seinen Beschuldigungen
auch gegen Sully schenkte der König so wenig Glauben, daß
er diesem selbst nebst Villeroi und Pomponne von Bellievre
die Prüfung aller mündlichen Aussagen Lafin's und der von
ihm vorgelegten schriftlichen Beweise auftrug. Nach dem
Rathe Sully's beschloß er, die Herzöge von Bouillon und
Epernon, gegen welche nur Vermuthungen und nicht bestimmte
Zeugnisse sprachen, nicht verhaften zu lassen, sich aber Biron's und
des Grafen von Auvergne zu bemächtigen [1]). Biron ließ, im
Vertrauen auf die Versicherung Lafin's, daß er nichts ihm
Nachtheiliges gesagt und alle Papiere, welche ihn bloßstellten,
vernichtet habe, sich bewegen, am 13. Juni 1602 an den Hof
zu kommen. Als der König ihn wiederholt ermahnte, ein
offenes Geständniß seiner geheimen Pläne, von denen er schon
auf anderm Wege unterrichtet sei, abzulegen und ihm dagegen
völlige Verzeihung versprach, so erwiderte er, daß er nicht gekommen sei, um sich wegen Verbrechen, die er nicht begangen
habe, zu rechtfertigen, sondern um den Namen seiner Ankläger
zu erfahren und ihn um Genugthuung zu bitten oder sich
selbst diese zu verschaffen. Der König ließ darauf ihn und
den Grafen von Auvergne verhaften und nach der Bastille
bringen. Dem ersten Präsidenten und einigen andern Mitgliedern des pariser Parlaments wurde das Verhör Biron's übertragen, und es wurden ihm mehre Papiere vorgelegt, welche
Lafin mit der Erklärung, daß er sie dem Herzoge von Savoyen habe überbringen sollen, überliefert hatte. Sie waren,
während des savoyischen Kriegs, im Herbste des Jahres 1600,
geschrieben, sie legten die Maßregeln dar, welche der Herzog
zur Sicherung von Montmelian und Bourg ergreifen müsse,
und enthielten Angaben über die Schwäche der königlichen
Armee, über die Aufstellung derselben und die Leichtigkeit, mit
welcher einzelne Abtheilungen angegriffen werden könnten,
über den Geldmangel des Königs, über die Unzufriedenheit
der Katholiken, die Verwegenheit und die steigenden Forderun=

[1] Sully IV, 139—142.

. gen der Reformirten und die große Wahrscheinlichkeit des Ausbruchs eines Kampfes zwischen beiden, wenn der savopische Krieg in die Länge gezogen würde. Biron vermochte nicht seine Bestürzung bei dem Anblick dieser Papiere zu verbergen, er mußte eingestehen, daß sie von seiner Hand geschrieben seien, und er konnte sich nur mit der Erklärung entschuldigen, daß er sie im leidenschaftlichen Schmerz über die Verweigerung des Befehls in der Citadelle von Bourg abgefaßt habe, und daß sie nur eine für Lafin, nicht aber für den Herzog von Savopen bestimmte Mittheilung gewesen seien. Schwererer Vergehungen wurde er außerdem von Lafin und einigen andern Zeugen angeklagt: er habe den Herzog von Savopen, welcher mit der Absicht, den König wegen des Fürstenthums Saluzzo zu befriedigen, nach Frankreich gekommen, davon zurückgehalten und während des Kriegs bei der Belagerung des Fort S. Catherine den Commandanten insgeheim benachrichtigt, wie er die Kanonen müsse richten lassen, um den König zu tödten, er habe mit dem spanischen Gouverneur von Mailand und mit dem Erzherzoge Albert, welchem Philipp II. 1598 seine Tochter zur Gemahlin und die spanischen Niederlande als Heirathsgut gegeben hatte, unterhandelt, er habe durch einen geheimen Agenten den König von Spanien aufgefordert, für die Erhaltung der katholischen Religion in Frankreich, welche durch die Gunst Heinrich's IV. für die Ketzer-in großer Gefahr sei, zu sorgen und dem Angriffe zuvorzukommen, welchen dieser, wie er von ihm selbst gehört habe, nach Vollendung dreijähriger Rüstungen auf die spanischen Länder unternehmen wolle, und er habe die Absicht gehabt, einen Vertrag mit dem Könige von Spanien und dem Herzoge von Savopen zu schließen, um einen gemeinsamen Krieg gegen den König von Frankreich zu führen, sich zum Herzoge von Burgund unter spanischer Lehnshoheit zu machen und die Besetzung des französischen Throns durch die Wahl der Pairs zu bewirken. Biron leugnete diese Beschuldigungen standhaft, er verwarf das Zeugniß eines Menschen, wie Lafin war, welcher sich mit jedem Verbrechen befleckt habe, er behauptete, daß die ihm früher vom Könige gewährte Verzeihung auch Das, was jene Papiere enthielten, umfasse, und er vertheidigte sich besonders durch die Erklärung, daß, wenn leidenschaftlicher Zorn ihn auch oft zu bösen Gedanken und Äußerungen hingerissen hätte, diese nur Gedanken und Wünsche geblieben und nie Thaten geworden seien, daß er vielmehr immer gut gehandelt habe, und daß man mehr die guten Thaten als die bösen Gedanken und Worte berücksichtigen müsse, zumal bei einem Manne, welcher sich so wie er um den König und das Reich verdient gemacht habe. Das Parlament war indeß der Ansicht, daß böse Absichten, welche vielleicht nur deshalb nicht ausgeführt worden seien, weil die Gelegenheit dazu gefehlt habe, ebenso strafwürdig seien wie Thaten, und es verurtheilte ihn einstimmig als Majestätsverbrecher zum Tode. Der König, mochte er von der Schuld Biron's überzeugt sein, oder mochte er die Meinung des Parlaments theilen und ein strenges Beispiel zur Sicherung der Ruhe des Reichs und seines Throns für nothwendig halten [1]), ließ ungeachtet der Bitten Biron's und seiner Freunde und Verwandten das Urtheil vollstrecken, und Biron wurde am 31. Juli 1602 in der Bastille enthauptet. Das Gouvernement von Burgund wurde dem Dauphin übertragen und während dessen Minderjährigkeit der Oberstallmeister von Bellegarde zu seinem Stellvertreter ernannt. Der Erklärung des spanischen Gesandten, daß Philipp III. weder an den Anschlägen Biron's Theil gehabt noch zu denselben Veranlassung gegeben habe, erwiderte Heinrich IV: er könne sich nicht leicht überreden, daß Philipp III. um die von dem Gouverneur von Mailand mit Biron eingegangenen Pläne nicht gewußt habe. Der Erzherzog Albert ließ durch seinen Gesandten alle Schuld auf den Gouverneur werfen, und der Herzog von Savoyen leugnete die ihn treffenden Beschuldigungen [2]). Dem Grafen

---

1) Dieser Ansicht war auch der damalige englische Gesandte in Frankreich, Winwood, welcher sagt: The king shall be freed from a general contempt, into the which is was likely headlong to fall, without hope of, resource. F. Raumer, Geschichte Europas II, 395 aus Memorials of affairs of state in the reigns of Elizabeth and James I, collected from the papers of Winwood by Sawyer. London 1725.

2) Thuan. CXXVIII, 844—861. Sully IV, 144—156. Hist. de Biron 104 fg. aus welcher als aus einem ungedruckten Manuscript der Lö-

von Auvergne schenkte der König auf Fürbitte der Marquise von Verneuil und des Connetable von Montmorency das Leben, er gestand seine Verbindungen mit dem spanischen Hofe, der König nahm sein Anerbieten an, diese fortzusetzen, um die Geheimnisse des spanischen Cabinets zu erfahren und ihm mitzutheilen, und einige Zeit darauf erhielt er auch seine Freiheit wieder [1]).

Fortgesetzte Untersuchungen bestätigten die Umtriebe der Spanier in Frankreich, um die Franzosen durch Geld und Versprechungen zur Verletzung ihrer Pflicht und Treue gegen den König zu verleiten. Der Herzog von Bouillon, der angesehenste und mächtigste unter den reformirten Großen und gewissermaßen das Haupt seiner französischen Glaubensgenossen, schien demselben nicht fremd zu sein, es wurde die Anklage gegen ihn erhoben, daß er Theilnehmer der Anschläge Biron's gegen den König und den Staat gewesen sei, daß er Verbindungen mit Spanien angeknüpft, eine Zersplitterung des Reiches, bei welcher er zu seinem Antheil die Dauphiné ausgewählt, beabsichtigt habe, und daß er, um seinen Plan mit spanischer Hülfe auszuführen, vom reformirten Glauben abfallen wolle. Wenn der König auch, wie er selbst äußerte, in Erinnerung an Bouillon's früher bewiesene Treue nicht von der Wahrheit dieser Beschuldigungen überzeugt war, so blieb er doch nicht frei von Argwohn gegen ihn, und er verlangte, daß er an den Hof komme und sich ohne Zeugen bei ihm selbst wider die erhobenen Anklagen rechtfertige. Allein Bouillon, selbst wenn er nicht schuldig war, mochte wegen des Einflusses seiner Feinde am Hofe das Schicksal Biron's fürchten, er trug Bedenken, der Aufforderung des Königs Folge zu leisten, und er bat ihn, den Beschuldigungen von Menschen, welche ihm selbst so oft nach dem Leben getrachtet

niglichen Bibliothek zu Paris Capefigue (VII, 233 ff.) Auszüge gibt, denen er noch hinzufügt, daß man am spanischen Hofe Biron für einen dem Interesse des Königs von Spanien ergebenen gehalten habe, daß sich aber in dem Archiv von Simancas keine Beweise für eine directe Verbindung desselben mit dem spanischen Hofe fänden. 284. 285.

1) Sully V, 305—310. Der Herzog von Montmorency war schon 1593 von Heinrich IV. zum Connetable ernannt worden.

Schmidt, Geschichte von Frankreich. III.　　24

und sich gegen die Ruhe des Reiches verschworen hätten, nicht
zu glauben und die Untersuchung, welcher er sich zu unterwerfen bereit sei, der Kammer des Edicts zu Castres zu übertragen. Der König wurde durch den Ungehorsam Bouillon's
noch mehr gereizt, er sah darin ein Eingeständniß der Schuld,
und er verweigerte die Bitte desselben. Bouillon begab sich
darauf nach Genf und von hier nach Deutschland, und er
vertheidigte sich in einer Druckschrift gegen die Beschuldigungen, welche man wider ihn erhoben hatte. Die Königin von
England, welche Heinrich aus Besorgniß, daß die Verfolgung
eines so angesehenen reformirten Herrn einen ungünstigen
Eindruck auf sie machen könne, von den Vergehungen Bouillon's
benachrichtigte und um ihre Meinung fragte, erwiderte, daß
ihr die Gründe zum Verdacht und die Beweise gegen ihn
sehr schwach schienen und nach ihrer Ansicht nicht das Verdienst
seiner in schwerer und schlimmer Zeit bewiesenen Treue über-
wiegen könnten, und daß sie sich von einem Einverständniß
zwischen ihm und Biron wegen der gegenseitigen Abneigung
und Eifersucht dieser Männer nicht überzeugen könne, und sie
bat den König, auch in dieser Sache mit seiner sonst gewohn-
ten Mäßigung zu verfahren [1]. Auch mehre der deutschen
Fürsten und die protestantischen Cantone der Schweiz verwandten sich für Bouillon. Der König bestand indeß darauf,
daß er sich entweder vor Gericht rechtfertige oder von seiner
Gnade Verzeihung erflehe, und er beklagte sich im Juli 1605
in einem Briefe an den ihm befreundeten Landgrafen von
Hessen darüber, daß Bouillon die Reformirten in Frankreich
zu überreden suche, daß das Übelwollen des Königs gegen ihn
nicht durch seine Vergehungen veranlaßt werde, sondern aus
dem Hasse desselben gegen die reformirte Religion und deren
Bekenner hervorgehe, daß er sie ermahne, den Deutschen nachzuahmen und sich zu ihrer Vertheidigung untereinander zu
verbinden, indem er ihnen Hülfe aus Deutschland und England durch seine Vermittelung verheiße, und daß er selbst den

---

1) Thuan. CXXVIII, 865—870. Corresp. de Henry IV. avec
Maurice de Hesse 82—83. 89—91.

katholischen Adel aufzureizen suche, die Waffen zu ergreifen [1]). Der König faßte jetzt den Entschluß, Sedan, wohin sich Bouillon aus Deutschland begeben hatte, zu belagern; da er jedoch Nachricht erhielt, daß in Quercy, Limoussin und Peri= gord die Freunde desselben geschäftig seien, Unruhen anzustif= ten und kleine Scharen bewaffneter Edelleute das Land durch= zögen, so begab er sich zunächst im September mit einem Heere von fast 7000 Mann nach diesen Gegenden, um nach Sully's Rath durch ein rasches und strenges Verfahren diese Bewegungen im Entstehen zu unterdrücken. Nirgend wurde auch nur ein Versuch gemacht, ihm Widerstand entgegenzu= setzen, und auch Bouillon ließ ihm alle seine Plätze öffnen. Die Zeugen, welche vernommen wurden, sagten aus: Bouillon's Freunde hätten nach seiner Entfernung den Anschlag ge= macht, sich der Stadt Bordeaux zu bemächtigen, seine Agenten hätten durch Geldvertheilung und durch Versprechungen, na= mentlich daß er den unwürdigen Tod Biron's rächen und den Adel von dem Drucke, unter welchem der Hof ihn halte, be= freien werde, ihm so viel Freunde wie möglich zu gewinnen gesucht, viele angesehene Edelleute, auch die Brüder Biron's, hätten ihren Beistand zugesagt, der Überfall mehrer Städte sei beschlossen worden, und auf einer geheimen Versammlung im letzten Mai hätten jene Agenten die Versicherung gegeben, daß Bouillon bald 40,000 Mann unter den Waffen haben und die Könige von England und Spanien sowie viele deutsche Fürsten ihm Hülfstruppen stellen würden, und sie hätten ihm, angeblich zur Behauptung der öffentlichen Frei= heit, schwören lassen. In Folge dieser Aussagen wurden mehre Personen verhaftet, als Majestätsverbrecher zum Tode verurtheilt und hingerichtet, andere retteten sich durch Flucht nach Deutschland oder Spanien, und zur Sicherung der Ruhe ließ der König einen Theil seiner Truppen in jenen Land= schaften zurück [2]). Die fortgesetzten Unterhandlungen mit Bouillon blieben ohne Erfolg, da er sich nur bereit erklärte,

1) Thuan. CXXXIV, 1105. Corresp. de Henry IV. 237—248.
2) Mémoires de La Force I. 175—178; Corresp. 401—413. Sully
VI, 273..283. 284. Thuan. CXXXIV, 1107—1110.

24 *

den König mit seinem Hofgefolge in Sedan aufzunehmen, aber standhaft sich weigerte, ihm den Platz zu übergeben, bevor er durch Bewilligung der königlichen Gnade gesichert sei; indeß war doch eine Versöhnung insofern möglich geworden, als der König die Überzeugung gewonnen hatte, daß die Beschuldigung einer Verbindung mit den Spaniern oder andern Fremden gegen ihn unbegründet sei. Als er im Frühling des Jahres 1606 mit einer Armee und funfzig Kanonen Sedan sich näherte, so begab sich Bouillon zu einer Zusammenkunft mit Villeroi, und da ihn dieser der wohlwollenden Gesinnung des Königs versicherte, so willigte er ohne Zögerung in die vorgeschlagenen Bedingungen: er ging dem Könige entgegen, erhielt die erbetene Verzeihung und übergab Sedan dem von diesem ernannten Befehlshaber, einem der reformirten Deputirten am Hofe; der König zog in die Stadt ein, verweilte drei Tage daselbst und ließ sie nach einem Monat an Bouillon wieder zurückgeben [1]).

Wenn indeß auch Bouillon die Aufforderungen und Anerbietungen der Spanier zurückgewiesen hatte, so hatten diese dagegen bei Andern größere Bereitwilligkeit gefunden, in ihre Vorschläge einzugehen. Der Graf von Auvergne trat aufs neue und nicht zu dem, dem Könige versprochenen, Zwecke mit dem spanischen Gesandten in Frankreich Taris und dessen Nachfolger Zuniga in eine Verbindung, an welcher auch sein Stiefvater, der Graf von Entragues, Gouverneur von Orleans, und seine Halbschwester, die Marquise von Verneuil, theilnahmen, und bei welcher der Letztern von spanischer Seite nicht allein eine Zuflucht nach dem Tode des Königs verheißen, sondern auch für den Sohn, welchen sie diesem geboren hatte, Hoffnung auf die Thronfolge in Frankreich gegeben wurde. Die Unterhandlung wurde jedoch dem Könige verrathen, und gegen das Ende des Jahres 1604 wurden Entragues und Auvergne verhaftet und die Verneuil in ihrem Hause als Gefangene bewacht. Das Parlament verurtheilte im Februar 1605 jene Beiden als Majestätsverbrecher zum Tode und die Marquise zur Einsperrung in ein Kloster, allein der König

1) Thuan. CXXXVI, 1186. 1187. Sully VII, 34. 42. 80.

milderte die Todesstrafe in lebenslängliches Gefängniß und bewilligte feiner Maitreffe völlige Verzeihung und Vergeffenheit des Geschehenen[1]). Noch in demfelben Jahre wurden zwei Edelleute aus Languedoc hingerichtet, weil fie dem fpanifchen Gouverneur von Perpignan die Städte Beziers und Narbonne hatten überliefern wollen, und um diefelbe Zeit erhielt der König Nachricht, daß ein provençalifcher Edelmann die Abficht habe, Marfeille den Spaniern zu verrathen. Diefer hielt fich damals in Paris auf, er wurde nebft einem Secretair des fpanifchen Gefandten Zuniga, welchen man bei ihm fand, verhaftet, er wurde auch hingerichtet, der Secretair aber nach einiger Zeit wieder in Freiheit gefetzt. Die Gefangennehmung deffelben hatte heftige Erörterungen zwifchen dem Könige und dem Gefandten veranlaßt: diefer nannte jenes Verfahren eine Verletzung des Völkerrechts und warf dem Könige vor, daß er die rebellifchen Niederländer mit Truppen, Geld und Kriegsbedarf unterftütze, und daß er die Moriscos zum Aufftand aufzureizen gefucht habe, was durch die Eingeftändniffe Derer bewiefen werde, welche wegen geheimer Verbindungen mit ihm hingerichtet feien. Der König erwiderte: die Perfon der Gefandten fei nur unter der ftillfchweigenden Bedingung geheiligt, daß fie nichts zur Gefahr und zum Verderben der Fürften, bei welchen fie fich befänden, und der Länder derfelben thäten; da die fpanifchen Gefandten nach dem Frieden von Vervins fich fo gegen ihn benommen hätten, daß er mit Recht an der Aufrichtigkeit der Freundfchaft ihres Königs habe zweifeln müffen, fo habe er es um fo mehr für billig und feiner würdig gehalten, den Niederländern den früher ihm gegen die fpanifchen Angriffe geleifteten Beiftand zu vergelten, zumal diefelben fchon zu einer rechtmäßigen Macht geworden feien und der Krieg in Belgien nicht der Religion wegen geführt werde, fondern hinter der Maske diefer fich nur ungerechte Vergrößerungsfucht verftecke; übrigens habe er die Niederländer nicht mit Kriegs-

1) Thuan. CXXXII, 1021—1023. CXXXIV, 1095—1104. In den Mém. de La Force (I, 170) wird fogar behauptet, jene drei Perfonen hätten die Abficht gehabt, die Königin und ihre Kinder aus dem Wege zu räumen, um den Sohn der Verneuil auf den Thron zu erheben.

bedarf unterstützt, sondern es hätten sich nur viele seiner Unterthanen, weil sie ihre Kriegslust nicht in der Heimat befriedigen könnten, zu ihnen begeben. Die Spanier hätten
dagegen seit dem letzten Frieden nur darauf gedacht, durch
Hinterlist und geheime Umtriebe seine Unterthanen zur Empörung aufzureizen und durch Wiederbelebung der alten Parteien sein Reich umzustürzen; und um den falschen Schein
für sich zu gewinnen, daß sie nur Gleiches mit Gleichem ver-
gälten, hätten sie von Solchen, welche wegen anderer Verbrechen zum Tode verurtheilt seien, durch Martern falsche Ge-
ständnisse erpreßt [1]). Die Beschwerde des Gesandten, daß der
König die Moriscos in Spanien zum Aufstande aufzureizen
suche, war jedoch wohlbegründet. Seit 1602 bestand eine
geheime Verbindung zwischen ¡diesen und Frankreich: ein
Morisco aus Valencia hatte im Namen seiner Volksgenossen
in dieser Provinz eine Denkschrift an den König geschickt, in
welcher er erklärte, daß dieselben bereit seien, ihn als ihren
Fürsten und Beschützer anzuerkennen, wenn er ihnen Unterstützung, nämlich kriegserfahrene Anführer und Waffen, gegen
die spanische Tyrannei gebe, außerdem die Aufstellung von
60,000 Mann und Zahlung von Geld versprach und die Versicherung hinzufügte, daß die Moriscos in Aragonien, Catalonien und Castilien sich sogleich mit denen in Valencia vereinigen würden. La Force, Gouverneur von Bearn, war
mit der Unterhandlung beauftragt und ein geheimer Agent
nach Spanien geschickt worden; aber diese Sendung und der
Zweck derselben war zur Kenntniß des Königs von Spanien
gekommen. Dennoch wurden die geheimen Unterhandlungen
mit den Moriscos fortgesetzt, und Heinrich IV. stimmte auch
1605 dem Vorschlage eines französischen Capitains bei, einen
Versuch gegen Pampeluna vermittelst Einverständnisses mit
einigen Soldaten der Besatzung zu machen; dieser Plan wurde
indeß verrathen und dadurch vereitelt [2]).

Ungeachtet sich die gereizte Stimmung der spanischen

[1]) Thuan. CXXXIV, 1110—1113.

[2]) Mém. de La Force I, 156. 179; Corresp. 339—345. 349.
365. 375.

und französischen Regierung auf eine gleichsam herausfordernde
Weise aussprach, ungeachtet sie einander mittelbar befeindeten,
so wurde dennoch der Friede von Vervins nicht gebrochen, da
die spanische Macht ganz durch den fortdauernden Krieg in
den Niederlanden in Anspruch genommen wurde, und Heinrich IV. zur Ausführung der großen Pläne zur Demüthigung
und Schwächung nicht allein der spanischen Monarchie, sondern überhaupt des habsburgschen Hauses, mit welchen er
sich schon seit einiger Zeit beschäftigte, noch längerer Vorbe-
reitung bedurfte. In dem königlichen Rathe herrschten in Beziehung auf die auswärtige Politik einander entgegengesetzte Ansichten und Bestrebungen: Villeroi, Jeannin und Sillery waren in dieser Rücksicht katholisch-spanisch gesinnt, sie
hielten ein enges Anschließen an Spanien und eine Verbindung mit dem Papste und dem Kaiser für das zweckmäßigste
Mittel, den französischen Einfluß auf das Ausland zu sichern
und zugleich in Frankreich selbst jede Parteiung und Empörung zu verhindern, da diese sich nur an jene Mächte anlehnen
konnten, und die Königin suchte gleichfalls ihren Gemahl auf
alle Weise zu bewegen, eine solche Politik zu ergreifen [1].
Heinrich IV. dagegen, und übereinstimmend mit ihm Sully,
war entschieden einer Ansicht abgeneigt, welche die auswärtigen Verhältnisse nicht aus einem rein politischen Gesichts-
punkte, sondern von einem einseitigen, kirchlich befangenen
Standpunkte aus auffaßte und die Politik den Interessen der
katholischen Kirche unterordnen wollte. Die selbstsüchtige Einmischung Spaniens in die innern Angelegenheiten Frankreichs
während der ersten Jahre seiner Regierung konnte er um so
weniger vergessen, als Spanien auch nach der Beendigung
des Krieges ihm viele Beweise einer fortdauernden feindseligen
Gesinnung gab, er hielt mit Recht diesen Staat und das mit
der spanischen Königsfamilie verwandte östreichische Haus
nicht allein für seinen, sondern auch für Frankreichs gefährlichsten Feind, und bei seiner Gleichgültigkeit gegen die dog-
matischen Lehren der katholischen und protestantischen Kirche
hatte er kein Bedenken, sich gegen jene katholischen Mächte

1) Sully VII, 34.

mit den protestantischen zu verbinden. Je mehr er sich mit
dem Gedanken beschäftigte, durch die Vernichtung der Macht
des habsburgschen Hauses Frankreich nicht allein zu sichern,
sondern auch zur ersten europäischen Macht zu erheben, und
je wichtiger ihm die Erreichung dieses Ziels war, um so eher
konnte sich bei ihm ein Plan entwickeln, welcher eine Umgestaltung aller politischen Verhältnisse in Europa bezweckte.
Sully war zwar der Vertreter der protestantischen Politik im
königlichen Rathe und er bewunderte die Größe der Gedanken des Königs, allein er glaubte anfangs nicht, daß derselbe
ernstlich daran denke, die Ausführung zu versuchen, weil für
eine solche seine Mittel nicht hinreichten und sein Plan zu
sehr im Widerspruch mit dem bestehenden Zustande Europas
und mit der Gesinnung der europäischen Fürsten stand, und
er machte ihn auf die großen Schwierigkeiten der Ausführung
aufmerksam; nur dem wiederholten, immer dringendern Verlangen des Königs gab er endlich nach und schlug Mittel
vor, um jene Hindernisse zu beseitigen [1]. Als er 1601 England besuchte, angeblich nur, um dies Land kennen zu lernen,
begab er sich auf die Einladung der Königin Elisabeth an
ihren Hof, und der Gegenstand ihrer Unterhaltungen war die
Bekriegung des gesammten habsburgschen Hauses. Die Königin ging in den Vorschlag ein, ein Bündniß Englands und
Frankreichs mit allen den Fürsten und Staaten zu Stande
zu bringen, welche gleichfalls durch die Macht und Herrschsucht Spaniens bedroht würden und aus der Beschränkung
dieses Staates Vortheil ziehen könnten; sie erklärte indeß für
nothwendig, daß einem solchen Bündnisse Bestimmungen hinzugefügt würden, welche Mistrauen und Zwiespalt unter den
Verbündeten verhinderten, daß namentlich nicht die mächtigsten unter ihnen den größten Theil der Eroberungen für sich
verlangten, und daß insbesondere England und Frankreich
auf keinen Theil der niederländischen Provinzen Anspruch

---

1) S. die beiden Briefe Sully's an den König bei Sully VII, 296
—326. Flassan's (II, 292) Meinung, daß jener Plan eine Erfindung
der Redactoren der Economies royales oder höchstens eine Sully eigenthümliche Idee gewesen sei, ist eine ganz willkürliche Hypothese, welche
sich nur auf die Unausführbarkeit desselben stützt.

machten. Der Plan, welchen Sully der Königin damals mittheilte, war folgender: Alle christlichen Völker Europas sollen
eine einzige christliche Republik, einen Staatenverein bilden,
die Zahl der christlichen Staaten soll auf funfzehn beschränkt
werden und die Macht derselben soll so viel wie möglich gleich
sein und ihre Grenzen genau bestimmt werden, damit keine
Ursache zu Neid, Eifersucht und Zwiespalt vorhanden sei; sie
sollen sich verpflichten, Schiedsrichter zur Entscheidung von
Streitigkeiten zu ernennen, und man soll Mittel ausfindig
machen, um das friedliche Nebeneinanderbestehen der drei christlichen Glaubensbekenntnisse zu bewirken. Dem deutschen
Reiche und den Ständen desselben sollen die alten Rechte und
Freiheiten, namentlich die freie Kaiserwahl, wiederverschafft,
die siebzehn niederländischen Provinzen sollen von jeder Herrschaft des habsburgschen Hauses oder anderer Fürsten befreit
und nebst benachbarten Landschaften zu einer Republik vereinigt und ebenso aus den schweizerischen Cantonen, ihren
Verbündeten und angrenzenden Provinzen, namentlich Tirol,
Elsaß und der Franche Comté, eine Republik gebildet werden. Die durch den Frieden zwischen den christlichen europäischen Staaten möglich werdenden Ersparungen sollen für
die Aufstellung und Besoldung eines Heeres zur Bekriegung
der Ungläubigen verwandt werden. — Die Königin erkannte
die Großartigkeit eines solchen Planes an, äußerte aber Bedenken über die Möglichkeit der Ausführung, besonders über
die Schwierigkeit, Zwiespalt und Krieg zwischen den Bekennern der verschiedenen Religionen zu beseitigen und Gleich-
heit der Macht unter den einzelnen Staaten zu bewirken.
Nach manchen Verhandlungen einigte sie sich mit Sully über
mehre Punkte, ohne daß diese jedoch förmlich unterzeichnet
wurden: es soll eine enge und aufrichtige Verbindung zwischen
der Königin und dem Könige von Frankreich stattfinden, sie
werden versuchen, sich über Anordnungen zur Sicherung eines
friedlichen Verhältnisses zwischen den verschiedenen Religionen
zu vereinigen und die Könige von Schweden, Dänemark und
Schottland zum Beitritt zu ihrem Bündnisse zu bestimmen,
sie werden gemeinschaftlich mit diesen sich bemühen, die deutschen Reichsstände zum Anschluß an sie zu bewegen und die

alte freie Wahl des Kaisers in Deutschland und der Könige
in Ungarn und Böhmen, im Fall sich die Stände dieser drei
Staaten zur Mitwirkung bereit finden lassen, wiederherzustellen
und zwar in der Weise, daß nie zwei Fürsten aus demselben
Hause nacheinander' gewählt werden; sie werden dann den
Ständen dieser drei Reiche den Wunsch mittheilen, dem niederländischen Kriege durch Vereinigung aller niederländischen
Provinzen zu Einer Republik, an welche sich anzuschließen
die Stände des westfälischen Kreises aufgefordert werden
sollen, ein Ende zu machen, sodann auch vorschlagen, die dreizehn schweizerischen Cantone und deren Verbündete zu einer
Republik, welche die helvetische genannt werden soll, zu verbinden und derselben die Franche Comté, den östreichischen
Elsaß und Tirol einzuverleiben suchen [1]. Die von Sully in
solcher Weise angeknüpften Unterhandlungen wurden in der
folgenden Zeit fortgesetzt, bis sie durch den Tod Elisabeths
(am 3. April 1603) unterbrochen wurden. Um zu erforschen,
wie weit ihr Nachfolger Jakob I. geneigt sein möchte, in dieselben einzugehen, wurde Sully wiederum nach England gesandt, jedoch mit der Weisung, sich in Beziehung auf jenen,
der Königin vorgelegten Plan nur in der Art zu äußern, als
wenn die Vorschläge von ihm selbst ausgingen. Es gelang
ihm wenigstens, den König zu bewegen, am 30. Juli ein
Bündniß mit Frankreich zu unterzeichnen: beide Theile verpflichteten sich, die Niederländer mit Geld und Truppen zu
unterstützen, Jakob übernahm die Stellung der Truppen, Heinrich IV. machte sich verbindlich, die Kosten der Werbung und
des Unterhalts derselben zu zahlen, jedoch so geheim wie möglich, damit er nicht einer Verletzung des Friedens von Vervins beschuldigt werde, und im Fall eines Angriffs von Seiten Spaniens verpflichteten sich Beide, einander einen bestimmten Beistand zu leisten [2]. Wenn Heinrich IV. indeß diesen
Vertrag als den Anfang und die Grundlage einer engern
Verbindung betrachtete, so sah er bald seine Hoffnung getäuscht, indem Jakob den von Elisabeth ihm überkommenen

1) Sully IV, 38—45. 253. 254. VIII, 197—199.
2) Sully IV, 261—290. Du Mont V, 2, 30.

Krieg mit Spanien im August 1604 durch einen Frieden be=
endete. Deffenungeachtet, obwol ihm dadurch der Beistand
entzogen war, auf welchen er besonders für die Ausführung
seines großen politischen Plans gerechnet hatte, beschäftigte er
sich doch fortwährend mit der weitern Ausbildung desselben,
und er hielt besonders den Gedanken fest, das habsburgsche
Haus auf den Besitz Spaniens und außerdem allenfalls Sar=
diniens zu beschränken und aus den übrigen, diesem gehörenden
Ländern besondere Staaten zu bilden. Sully wurde wieder=
holt von ihm beauftragt, ihm seine Ansichten mitzutheilen und
Mittel zur Ausführung vorzuschlagen, und bei dem vertrauten
Verhältnisse zwischen beiden Männern läßt sich annehmen,
daß die Entwürfe des Ministers wenigstens im Wesentlichen
mit der Meinung des Königs übereinstimmten. Sully schlug
vor, daß Mailand mit den Ländern des Herzogs von Sa=
voyen für diesen zu einem Königreich der Lombardei vereinigt
würden, und daß Benedig Neapel und Sicilien als päpstliches
Lehen erhalte, während die übrigen kleinen italienischen Staa=
ten einen Bund, Republik der Kirche genannt, unter der
Lehnshoheit des Papstes bilden sollten, daß mit Ungarn, da=
mit es eine starke Vormauer gegen die Türken sei, Östreich,
Steiermark, Kärnthen, Krain, Siebenbürgen, Bosnien, Sla=
wonien und Croatien vereinigt und Polen, zur Schutzwehr
für Deutschland gegen Türken, Moskowiter und Tataren,
durch alle Eroberungen, welche man über die ersten machen
würde, vergrößert werde. Rußland solle zunächst nicht in die
allgemeine christliche Republik aufgenommen werden, sondern
man solle Eröffnungen über den Beitritt von Seiten dieses
Staates abwarten, weil er sehr verschiedenartige, wilde und
zum Theil heidnische Nationen in sich fasse, weil man ihm
bei seinen häufigen Streitigkeiten mit den asiatischen Reichen
nicht leicht Beistand leisten könne und auch die in ihm herr=
schende Religionsform wenig mit den drei Religionen der
übrigen christlichen Länder übereinstimme. Zur freundschaft=
lichen Erledigung der Streitigkeiten unter den Mitgliedern
der europäischen Republik schlug Sully zuerst die Errichtung
eines allgemeinen Rathes von siebzig Personen vor, von
welchen zweiundzwanzig zu Krakau, ebenso viele zu Trident

und die übrigen zu Paris oder Bourges ihren Sitz haben
und den ersten Polen, Schweden, Dänemark und Deutsch=
land, den zweiten die Schweiz, Ungarn und Italien, und den
dritten Spanien, Frankreich, Großbritannien und die Nieder=
lande zugetheilt werden sollten. Später erklärte er sich für
die Errichtung eines allgemeinen Rathes von vierzig Mitglie=
dern und sechs besonderer Räthe; jener sollte der Appellations=
hof für diese sein, und er sollte auch von allen allgemeinen
Angelegenheiten Kenntniß nehmen [1]). Heinrich IV. hatte
übrigens nicht allein den mittelbaren Vortheil im Auge, wel=
chen Frankreich aus der Schwächung des habsburgschen Hau=
ses ziehen mußte, sondern auch unmittelbaren Gewinn durch
Vergrößerung; denn als Sully ihm rieth, alle seine zukünf=
tigen Eroberungen unter die Verbündeten zu vertheilen, in=
dem er sich dadurch die sicherste Herrschaft, nämlich eine frei=
willig anerkannte, verschaffen, jede Eifersucht ersticken und fast
alle Mächte zur Verbindung mit ihm bewegen werde, so er=
widerte er: es sei nicht seine Absicht, sechzig Millionen aus=
zugeben, um Länder für Andere zu erobern, ohne etwas für
sich zu behalten. Indem er dem Herzoge von Savoyen den
größten Theil von Mailand und Montferrat für die Graf=
schaft Nizza und für Savoyen bestimmte, so nahm er ohne
Zweifel diese beiden Länder für sich in Anspruch; er wollte
Lothringen mit Frankreich vereinigen durch Vermählung des
Dauphin mit der Erbin dieses Herzogthums, und er hegte
sogar den Gedanken, die französischen Grenzen bis zum Rhein
zu erweitern. Endlich schlug Sully selbst, als der Ausbruch
des Krieges gegen das habsburgsche Haus nahe bevorzustehen
schien, vor, wenigstens einen Theil der spanischen Niederlande
zu erobern, weil dies das einzige Mittel sei, um eine unmit=
telbare Verbindung mit der niederländischen Republik herzu=
stellen und zugleich Frankreich die Überlegenheit über die an=
dern europäischen Staaten zu verschaffen [2]).

Heinrich IV. mochte ohne Zweifel selbst einsehen, daß

1) Sully VII, 298—326. VIII, 234—277.
2) Sully VIII, 55. 124. 169. Mémoires du cardinal de Richelieu X, 161. 162.

die vollständige Ausführung eines Planes, welcher die politischen Verhältnisse des ganzen Europa umzugestalten bezweckte,
einer entferntern Zukunft vorbehalten bleiben mußte; er war
indeß eifrig bemüht, ein großes Bündniß zur Bekriegung des
habsburgschen Hauses in Spanien wie in Östreich zu Stande
zu bringen. Im Jahre 1608 schloß er eine Defensiv-Alliance
mit den vereinigten Niederlanden, in welcher er sich verpflichtete, sie zu unterstützen, um ihnen einen guten und sichern
Frieden zu verschaffen, und wenn ein solcher geschlossen sei,
ihnen gegen Jeden, welcher denselben verletzen wollte, mit
10,000 Mann beizustehen[1]), und durch seine sowie des Königs von England Vermittelung wurde im April des folgenden
Jahres zwischen Spanien und der Republik ein zwölfjähriger
Waffenstillstand geschlossen, welcher dieser es möglich machte,
seine Absichten in Deutschland zu unterstützen. Schon seit
längerer Zeit hatte er in diesem Lande ein zwiefaches Ziel
verfolgt, eine Union der protestantischen Fürsten gegen das
habsburgische Haus zu bewirken und diesem den Besitz der
Kaiserkrone zu entziehen; er hatte darüber zunächst mit dem
Landgrafen Moritz von Hessen unterhandelt, welcher 1602 eine
Reise nach Frankreich machte und mehre Unterredungen mit
ihm hatte, und später, im Jahre 1606, hatte er dem Kurfürsten von der Pfalz vorgestellt, wie nothwendig es sei, daß
derselbe sich bemühe, die deutschen Fürsten gegen die Erweiterung der spanischen Macht, welche sie bedrohe, zu vereinigen,
und ihn zugleich gebeten, einen Vergleich zwischen denjenigen
Fürsten zu vermitteln, welche Ansprüche auf die jülich-clevischen
Länder machten, damit sich nicht Mächtigere diese zueigneten[2]).
Der Plan einer Union wurde auch noch in demselben Jahre,
wahrscheinlich von dem Kurfürsten, entworfen, allein erst die
zunehmenden Bedrückungen der Protestanten in Deutschland
durch die katholischen Stände und das gewaltthätige, ver-
fassungswidrige Verfahren des Kaisers gegen die Reichsstadt
Donauwörth (1607) bewirkte am 4. Mai 1608 den Abschluß
einer Union in Ahausen, zu welcher sich der Kurfürst von der

---

1) Du Mont V, 2, 89—91.
2) Correspondance de Henry IV, 53—79. 320. 325. 332.

Pfalz, der Herzog von Würtemberg, der Pfalzgraf Philipp Ludwig von Neuburg und die Markgrafen von Baden=Durlach, Anspach und Kulmbach vereinigten, indem sie einander Beistand versprachen, wenn einer von ihnen oder ihren Unterthanen widerrechtlich und unbilligerweise bedrängt oder mit feindlicher Gewalt angegriffen werden würde. Mehre andere Fürsten und vier Reichsstädte traten 1609 dem Bunde bei, und nachdem diesem noch in demselben Jahre eine katholische Ligue, zu deren Haupt der Herzog Maximilian von Baiern gewählt wurde, gegenübergetreten war, schlossen sich der Union 1610 der Kurfürst von Brandenburg, der Landgraf von Hessen und vier andere Reichsstädte an. Die Erledigung der jülich=clevischen Länder trat durch den Tod des Herzogs Johann Wilhelm von Jülich, Cleve und Berg am 25. März 1609 ein. Obwol die beiden Linien des sächsischen Hauses auf dieselben begründete Rechte hatten[1]), so nahmen doch sogleich der Kurfürst von Brandenburg für seine Gemahlin Anna, älteste Tochter der bereits gestorbenen ältesten Schwester des Herzogs, und der Sohn des Pfalzgrafen von Neuburg, Wolfgang, Wilhelm, als Sohn der zweiten, noch lebenden Schwester Besitz, und sie schlossen unter der Vermittelung des Landgrafen von Hessen im Juni zu Dortmund einen vorläufigen Vertrag, durch welchen sie sich verpflichteten, bis zum gütlichen oder rechtlichen Austrage der Sache sich als nahe Verwandte gegeneinander freundlich zu halten und sich wider alle andern Anmaßungen zur Erhaltung und Vertheidigung der Lande zusammenzusetzen. Der Kaiser Rudolf II. hatte bereits allen Prätendenten befohlen, sich bis zur kaiserlichen rechtlichen Erkenntniß aller Thätlichkeiten und Anmaßungen zu enthalten, und sie geladen, binnen vier Monaten an seinem Hofe zu erscheinen und ihre Ansprüche auszuführen; er erklärte den Dortmunder Vertrag für ungültig, er bevollmächtigte den Erzherzog Leopold, Bischof von Passau und Strasburg, die Länder in Sequestration zu nehmen, und diesem wurde auch die Festung Jülich geöffnet. Das Verfahren des Kaisers erregte den Verdacht, daß er im Einver-

---

1) Heinrich, Teutsche Reichsgeschichte VI, 219 ff.

ständniß mit Spanien die Absicht habe, sich die Länder als
eröffnete Mannslehen zuzueignen, und die Ausführung eines
solchen Vorhabens war dem Interesse Frankreichs um so mehr
entgegen, als dadurch der Protestantismus im nordwestlichen
Deutschland bedroht und die vereinigten Niederlande auch
von dieser Seite den Angriffen Spaniens sowie des Kaisers
bloßgestellt wurden. Heinrich IV. war beshalb sogleich ent=
schlossen, dem Plane desselben entgegenzutreten, er konnte, wie
ihm Sully vorstellte [1]), entweder sich darauf beschränken, die
Fürsten, welche die jülichschen Länder in Besitz genommen
hatten, durch seine Hülfe in denselben zu erhalten, oder ei=
nen allgemeinen Krieg gegen das habsburgische Haus und
dessen Bundesgenossen beginnen; er entschied sich für das
Letzte. Im Anfange des Jahres 1610 schickte er Johann
von Thumery, Herrn von Boiffife, nach Schwäbisch=Hall,
wo damals eine Versammlung der unirten evangelischen Für=
sten oder ihrer Gesandten zusammengetreten war. Thumery
bot den Beistand des Königs an, um die Freiheit und Ruhe
Deutschlands zu sichern, und um den Fürsten, welchen die
Nachfolge in den jülichschen Ländern gebühre, den Besitz der=
selben zu erhalten. Er konnte indeß die Unirten nicht zu ei=
nem förmlichen Bündniß mit Frankreich bewegen, sondern
diese erklärten sich nur (am 30. Januar) bereit, vereinigt
mit der Kriegsmacht des Königs die Erben jener Länder ge=
gen jede ungerechte Gewalt zu unterstützen; insbesondere ver=
sprachen am 11. Februar der Kurfürst von Brandenburg
und der Pfalzgraf von Neuburg, bis zur Ankunft der Trup=
pen des Königs und der Union, welche, sowie jener, 4000
Fußgänger und 1200 Reiter zu stellen sich verpflichtete, die
Truppen, welche sie damals in ihrem Solde hatten, nämlich
5000 Fußgänger und 1300 Reiter, zu unterhalten; für den
Fall, daß der König von Spanien und der Erzherzog Albert
und dessen Gemahlin wegen des von dem Könige von Frank=
reich geleisteten Beistandes den Frieden brechen würden, ver=
sprachen diesem die Häuser Pfalz und Brandenburg eine
Hülfe von 5000 Mann, sobald der Krieg in den jülichschen -

---

1) Sully VIII, 166—169.

Ländern gegen den Erzherzog Leopold beendigt sein würde,
dagegen versprach der König, wenn sie oder überhaupt einer
der Unirten wegen der jülichschen Sache angegriffen werden
sollte, ihnen mit 10,000 Mann beizustehen [1]). Während dieser Verhandlungen in Deutschland bereitete der König auch
den Krieg gegen Spanien vor. Am 25. April 1610 wurde
ein Vertrag, in welchem er es aussprach, daß er den Krieg
gegen den König von Spanien beschlossen habe, weil dieser
in der jülichschen Sache die Gegenpartei unterstütze, von seinen Bevollmächtigten und dem Herzoge von Savoyen unterzeichnet: er versprach, den Herzog, welcher 16,000 Mann zur
Eroberung von Mailand aufstellen zu wollen erklärte, dazu
mit 15,600 Mann auf eigene Kosten zu unterstützen, und der
Herzog verpflichtete sich dagegen, nach vollendeter Eroberung
das Fort und Schloß Montmelian schleifen zu lassen. An
demselben Tage wurde zwischen beiden Fürsten ein Defensiv-
und Offensivbündniß abgeschlossen, welches gegen Jedermann,
besonders aber gegen die Absichten des Königs von Spanien
wider seine Nachbarn gerichtet sein sollte, sie verpflichteten sich
zu einer bestimmten gegenseitigen Hülfsleistung und einigten
sich zugleich über eine Vermählung der ältesten Tochter des
Königs mit dem ältesten Sohne des Herzogs [2]). Außerdem
mochte der König auch auf den Beistand der übrigen italienischen Fürsten rechnen, deren Interesse es war, die spanische
Macht in Italien zu stürzen, wenigstens unterhielt er schon
seit längerer Zeit ein enges Einverständniß mit Venedig, dem
Großherzoge von Toscana und mit dem Herzoge von Mantua, dessen Gemahlin eine Schwester der Königin war, und
der Papst soll, gelockt durch die Hoffnung, den größten Theil
Neapels mit dem Kirchenstaate zu vereinigen und den andern
für seinen Neffen Borghese zu erlangen, die Versicherung gegeben haben, sich gegen Spanien zu erklären, sobald Toscana
und Venedig dies thun würden. Die Niederländer versprachen dem Könige, daß zugleich mit ihm eine Armee von
17,000 bis 18,000 Mann unter ihrem Statthalter, dem

1) Du Mont V, 2, 126, 135—137.
2) Du Mont 137. 138.

Prinzen Moritz von Oranien, ins Feld rücken sollten, und die Graubündtner gestatteten ihm, 10,000 Mann, die Schweizer 6000 Mann in ihren Ländern zu werben [1]. Um die Spanier in ihrem eigenen Lande zu beschäftigen, hatte auf seinen Befehl La Force die Verbindung mit den Moriscos durch geheime Agenten seit einiger Zeit wieder angeknüpft; alle Vorbereitungen zum Aufstande derselben waren getroffen, sie hatten versprochen, 80,000 Mann aufzustellen, an La Force drei bedeutende Städte und unter diesen einen Seehafen zu überliefern, und 'sie hatten ihm eine Summe von 120,000 Dukaten zukommen lassen. Vom Könige erhielt er eine sehr ausgedehnte Vollmacht, um an der Spitze einer Armee in Spanien einzurücken und jenen Plan in Ausführung zu bringen [2].

Eine sehr unwürdige Leidenschaft trieb den König noch mehr zum Kriege gegen Spanien an. Obwol bereits sechsundfunfzig Jahr alt, hatte er eine heftige Neigung zu der jungen Gemahlin des Prinzen von Condé, der Tochter des Connetable von Montmorency, gefaßt, und als der Prinz, auch misvergnügt über sein beleidigendes Benehmen gegen ihn, sich mit seiner Gemahlin nach seinen Besitzungen in der Picardie begab, so folgte ihr der König und suchte selbst verkleidet sich ihr zu nähern. Condé entfloh deshalb mit ihr nach den Niederlanden, und der König wurde durch die ehrenvolle Aufnahme, welche sie zu Brüssel fanden, zu einem solchen Zorne gereizt, daß er den Krieg gegen Spanien zu beschleunigen beschloß [3]. Lesdiguieres war bereit, dem Herzoge von Savoyen die versprochenen Hülfstruppen zuzuführen; eine Armee von 25,000 französischen Fußgängern, 6000 Schweizern und 6000 Reitern versammelte sich im April bei Chalons an der Marne, und am 20. März hatte der König für die Zeit seiner Abwesenheit seine Gemahlin zur Regentin ernannt, indem er ihr jedoch einen Rath zur Seite setzte, in welcher Stimmenmehrheit entscheiden und sie selbst nur eine Stimme haben

1) Fontenay L, 27. 29. 39.

2) La Force I, 217—220.

3) Fontenay, 14. 17. 20. La Force I, 220. II, Corresp. L'Estoile 267. 361.

Schmidt, Geschichte von Frankreich. III.　　25

sollte [1]). Er war schon im Begriff, sich zur Armee zu begeben, als die Königin dringender ihre Bitte wiederholte, sie vor seiner Abreise salben und krönen zu lassen, um dadurch ihrer Regentschaft in der Meinung des Volks mehr Glanz und Würde zu geben; er zeigte anfangs die größte Abneigung dagegen, nicht allein, weil diese Feierlichkeit bedeutende Summen kosten und ihn noch einige Zeit in Paris zurückhalten mußte, sondern auch wegen der gegen Sully ausgesprochenen Besorgniß, daß sie die Ursache seines Todes sein werde, da ihm verkündigt sei, daß er bei dem ersten Feste, welches er veranstalten werde, getödtet werden würde [2]); endlich willigte er indeß in die Bitte der Königin und bestimmte am 12. Mai den folgenden Tag zu ihrer Krönung und den 16. zu ihrem feierlichen Einzuge in Paris. Die Krönung und Salbung fand mit großer Pracht zu St. Denis statt. Am folgenden Tage, dem 14. Mai, wollte der König vom Louvre nach dem Arsenal fahren, um Sully, welcher hier wohnte und damals krank war, zu besuchen; in seinem Wagen saßen mit ihm die Herzöge von Epernon und Montbazon und noch fünf andere Personen; eine kleine Zahl Edelleute zu Pferde und einige Diener zu Fuß folgten ihm, und die Kutsche war auf beiden Seiten geöffnet, weil das Wetter schön war und der König im Vorbeifahren die Vorbereitungen sehen wollte, welche zum Einzuge der Königin gemacht wurden. Die Straße La Ferronnerie, welche schon durch Buden, die an die Mauer des neben ihr liegenden Kirchhofes gebaut waren, sehr verengt war, wurde durch einen mit Wein beladenen Wagen und einen Heuwagen gesperrt, sodaß der König anhalten mußte; die meisten der ihm folgenden Edelleute und Diener schlugen den Weg über den Kirchhof ein, um an dem andern Ende der Straße sich wieder dem königlichen Wagen anzuschließen, und während von den zwei zurückgebliebenen der eine vorwärts ging, um Platz zu machen, und der andere sich bückte, um sein Knieband zu befestigen, trat ein Mann auf das eine Hinterrad des Wagens und stieß dem Könige, indem er aufmerksam einen

1) La Force II, Corresp. 255. L'Estoile 409. 410.

2) Sully VIII, 364. 365. L'Estoile 419.

Brief anhörte, welchen Epernon ihm vorlas, ein Messer etwas oberhalb des Herzens in die Brust. Der König rief aus: Ich bin verwundet! In demselben Augenblick traf ein zweiter Stoß sein Herz, und sogleich stürzte ihm das Blut in solcher Menge aus dem Munde, daß er erstickte [1]). Der Mörder wurde sogleich ergriffen, sein Name war Franz Ravaillac, er war einunddreißig ober zweiunddreißig Jahr alt, zu Angoulesme geboren, und er hatte daselbst eine zahlreich besuchte Schule gehalten; gegen das Ende des Jahres 1609 war er in den Orden der Feuillants getreten, aber wegen seiner Visionen schon nach sechs Wochen wieder aus demselben gewiesen worden. Er erklärte im Verhör: schon früher sei er mehrmals nach Paris gereist, um dem Könige den Rath zu geben, die Bekenner der sogenannten reformirten Lehre zur katholischen Kirche zurück-zuführen, es sei ihm indeß nicht gelungen, sich demselben zu nähern; vor drei Wochen sei er zuletzt nach Paris gekommen mit dem Entschluß, den König zu ermorden, weil derselbe, obwol er die Macht dazu gehabt, jenes nicht gethan, und weil er geglaubt habe, daß derselbe gegen den Papst Krieg führen wolle, dies heiße aber Krieg gegen Gott führen. Standhaft blieb er bei seiner Versicherung, daß ihm Niemand zu seiner That gerathen, noch ihn dazu überredet, und daß er Niemandem von seiner Absicht gesprochen habe. Er wurde vom Parlament zum Tode verurtheilt und schon am 27. Mai geviertheilt [2]). Daß er nur das Werkzeug hochstehender Personen in Frankreich ober des spanischen Hofes gewesen sei, ist eine Meinung, welche bei der damaligen Lage der Dinge leicht entstehen mußte; allein sie ist nur eine Vermuthung, für welche jeder Beweis fehlt. Erst nach dem Tode Ravaillac's behauptete ein Capi-tain du Jardin: er habe ihn früher zu Neapel in der Woh-nung eines ehemaligen Ligueurs gesehen und von ihm gehört, daß er Briefe des Herzogs von Epernon an den Vicekönig von Neapel überbracht habe, und daß er den König ermorden werde; einige Tage darauf sei er selbst von dem Jesuiten

---

1) L'Estoile 426. 449. La Force I, 221—226. Mathieu, Histoire de la mort de Henry IV., in Archives curieuses XV, 11—112.
2) Procès de Ravaillac, tiré des registres du parlement, in Arch. cur. XV, 112—141.

25 *

Alagon, dem Oheim des Herzogs von Lerma, aufgefordert
worden, die Ausführung jener Mordthat zu übernehmen, und
ihm dafür 50,000 Thaler und die Würde eines Granden von
Spanien versprochen worden; er habe sich indeß sogleich an
den französischen Hof begeben und dem Könige Alles mitge=
theilt; dieser habe ihm aber erwidert, daß er schon durch seinen
Gesandten in Rom von der Sache unterrichtet sei. Eben so
unwahrscheinlich ist die Erzählung eines Fräuleins von Escoman: sie habe Ravaillac bei der Marquise von Verneuil ge=
sehen, er habe ihr gesagt, daß er bei derselben Geschäfte des
Herzogs von Epernon besorge und ihr 1609 seine verderb=
lichen Absichten und Pläne mitgetheilt; sie habe dies dem,
Procurator der Jesuiten hinterbracht, um es dem Pater Cotton,
dem Beichtvater des Königs, anzuzeigen. Die Königin ließ
die in dieser Erzählung enthaltene Beschuldigung einer Theil=
nahme am Morde des Königs gegen Epernon durch das Par=
lament prüfen, und dieses verurtheilte 1611 die Escoman als
Verleumderin zu lebenslänglichem Gefängniß [1]).

[1]) La mort de Henry le Grand découverte à Naples 1608 par
Pierre du Jardin und Le véritable manifeste sur la mort de Henry le
Grand. Par la Demoiselle d'Escoman, beides in Arch. cur. XV,
145—174. Mém. de Richelieu X, 259. 260.

Zweite Abtheilung.

Die Zeit Ludwig's XIII. und des Cardinals Richelieu (1610—1643).

Erstes Capitel.

Die ersten vierzehn Jahre der Regierung Ludwig's XIII.
(1610—1624.)

Der Tod Heinrich's IV. mußte eine völlige Umwandlung in den äußern und innern Verhältnissen Frankreichs zur Folge haben, da diese wie jene fast allein auf seinen Ansichten, auf seiner Kraft und seinem Willen beruhten, da die Persön= lichkeit Derjenigen, welchen in der nächsten Zeit die Regierung zufiel, von der seinigen völlig verschieden war, und da Das, was er geschaffen und begründet, noch nicht innere Festigkeit genug erlangt hatte, um sein Leben überdauern zu können. Er hatte den Frieden zwischen den beiden Religionsparteien hergestellt und bewahrt; allein wenn auch der Fanatismus meist erkaltet war, welcher die wilden Greuel der Religions= kriege erzeugt hatte, so waren doch fortwährend die beiden Parteien durch Abneigung und selbst durch Erbitterung von einander geschieden, und die Reformirten waren entschlossen und gerüstet, um die ihnen bewilligten Rechte mit den Waffen nicht allein zu behaupten, sondern auch zu erweitern. Er hatte

die Prinzen und andere Großen des Reiches in die Schranken
des Gehorsams zurückgewiesen, allein sie hatten ihren Ansprüchen
auf Theilnahme an der Regierung nicht entsagt, und sie erwarteten nur günstigere Umstände, um dieselben wieder geltend
zu machen. Er hatte die Gouverneure der Provinzen wieder
der königlichen Gewalt untergeordnet, allein sie hatten die
selbstständige Stellung noch nicht vergessen, welche sie während
der Zeit der innern Zerrüttungen eingenommen hatten. Er
hatte die Bande, welche den Adel enger mit den Gouverneuren
und den Prinzen als mit dem Könige verknüpften, zu lösen
gesucht; allein noch war derselbe nicht so an den Thron gefesselt, daß er sich nicht auch ferner hätte bewegen lassen, jenen
selbst in einem Kampfe gegen die Krone sich anzuschließen,
sobald eine solche Verbindung ihm größern Vortheil versprach.
Er hatte der Verwaltung des Staates Einheit und Ordnung
gegeben, allein diese Reformen stützten sich nur auf seinen
Willen und auf die Einsicht und Kraft eines Ministers, dessen
Wirksamkeit ebenso sehr durch das Vertrauen und die Gunst
des Königs wie durch seine eigenen großen Eigenschaften bedingt war. Er hatte in den auswärtigen Verhältnissen die
Richtung verfolgt, welche dem wahren Interesse Frankreichs
angemessen war; allein diese Richtung widersprach der Neigung
und Ansicht der Mehrzahl seiner Minister und der andern angesehenen Personen am Hofe. Die Jugend seines ältesten[1])
Sohnes, Ludwig's XIII. (1610—1643), welcher am
27. September 1601 geboren war, machte eine vormundschaft-
liche Regierung nothwendig. Der erste Prinz vom Geblüt,
der Prinz von Condé, befand sich im Auslande; von Condé's
Oheimen hatte sich der Graf von Soissons aus Misvergnügen
darüber, daß der König ihm die Würde eines Generallieutenants seiner Armee verweigert hatte, kurz zuvor vom Hofe
entfernt, und der Prinz von Conti war fast ganz unfähig zu
sprechen und von sehr beschränktem Verstande. Die Königin
zögerte nicht, den günstigen Augenblick zu benutzen, um sich

---

1) Von seinen beiden andern rechtmäßigen Söhnen starb der ältere,
welcher Herzog von Orleans hieß, schon 1611, der jüngere, Gaston,
geboren 1608, erhielt zuerst den Titel eines Herzogs von Anjou, nachmals den eines Herzogs von Orleans.

die Regentſchaft zuzueignen. Während Sully, welcher wegen ihrer Abneigung und wegen der Feindſchaft der meiſten anſgeſehenen Herren des Hofes gegen ihn für ſeine Sicherheit beſorgt war, ſich in die Baſtille zurückzog, eilten die in Paris anweſenden Großen und höhern Beamten an den Hof, um die Königin ihrer Ergebenheit zu verſichern, und die Miniſter Sillerp und Villeroi und der Präſident Jeannin, unterſtützt durch die Herzöge von Epernon und von Guiſe, beſchloſſen ſogleich, ihr die Regentſchaft durch das Parlament übertragen zu laſſen. Ein Theil deſſelben war zur Zeit der Ermordung des Königs verſammelt, die abweſenden Mitglieder ließ der erſte Präſident ſogleich berufen; er ſchickte die Generalſadvocaten an den Hof, und dieſe machten nach ihrer Rückſkehr dem Parlamente die Mittheilung: die Königin wünſche, daß das Parlament, wie es auch in frühern Zeiten gethan, ſogleich für die Regierung und Regentſchaft ſorge; der Kanzler habe ihnen geäußert, daß man ſtets gepflegt habe, während der Minderjährigkeit eines Königs die Sorge für deſſen Perſon und die Regierung der Mutter deſſelben anzuvertrauen, und ſie fügten dieſer Mittheilung ihrerſeits die dringende Bitte hinzu, daß dies auch jetzt geſchehen möge. Die Berathungen wurden durch den Herzog von Epernon beſchleunigt, welcher während derſelben erſchien und gebieteriſch forderte, daß man unverzüglich einen Beſchluß faſſe. Einſtimmig erklärte darauf das Parlament, auf den Antrag des General-Procuratorss, die Königin zur Regentin von Frankreich während der Minderjährigkeit ihres Sohnes, indem es ſich auf frühere Beiſpiele ſolcher Regentſchaften in der fränkiſchen und franzöſiſchen Geſchichte berief. Am folgenden Tage, dem 15. Mai, führte die Königin ihren Sohn nach dem Parlamente, in welchem ſich zugleich der Prinz von Conti, der fünfjährige Sohn des Grafen von Soiſſons, der Graf von Enghien, der Connetable von Montmorency, die Herzöge von Epernon, Guiſe, Elboeuf und Montbazon, ſowie auch Sully, welcher ſich kurz zuvor auf die Einladung der Königin zu ihr nach dem Louvre begeben hatte, drei Marſchälle, vier Cardinäle, der Erzbiſchof von Reims, die Biſchöfe von Beauvais, Chalons, Noyon und Paris und der Prevot dieſer Stadt einfanden. Der junge König bat die

Versammelten, ihm ihren guten Rath zu geben und über das zu berathschlagen, was der Kanzler auf seinen Befehl ihnen vortragen werde. Dieser erklärte: der verstorbene König habe oft geäußert, daß es seine Absicht sei, seiner Gemahlin die gänzliche Verwaltung der Staatsgeschäfte nach seinem Tode zu übertragen, und sein so oft ausgesprochener Wille sei ein ausdrücklicheres und zuverlässigeres Zeugniß als ein Testament; er befragte sodann die Anwesenden um ihre Meinung, und dieser gemäß sprach er aus, daß der König nach der Meinung der Prinzen seines Geblüts und anderer Prinzen, der Prälaten, Herzöge, Pairs und Kronbeamten und in Übereinstimmung mit dem Parlamentsbeschluß vom vorigen Tage seine Mutter zur Regentin von Frankreich erkläre, um während seiner Minderjährigkeit die Sorge für seine Erziehung und die Verwaltung seines Königreichs zu haben[1]). Der Gräf von Soissons, welcher am 17. Mai nach Paris zurückkehrte, sprach laut seinen Unwillen darüber aus, daß man ohne seine Theilnahme über die Regentschaft entschieden habe, und er behauptete, daß das Parlament nicht berechtigt sei, darüber zu entscheiden oder höchstens nur nach Berufung aller Prinzen vom Geblüt, Herzöge, Pairs und andern Großen des Reiches, und daß der übliche Brauch der Mutter des Königs die Erziehung desselben und den Prinzen vom Geblüt ausschließlich die Regierung bestimme. Er suchte indeß vergeblich, die Großen und Herren, welche er durch sein zurückstoßendes, hochmüthiges Benehmen sich abgeneigt gemacht hatte, zur Unterstützung seiner Ansprüche zu bewegen, und er mußte sich begnügen, daß ihm ein Jahrgehalt von 50,000 Thalern, das Gouvernement der Normandie, die Anwartschaft auf das der Dauphiné und Auf-

---

1) Relation faite par Gillot de ce qui se passa au parlement touchant la régence de la reine Marie de Medicis, bei Petitot XL, 245—278. Mercure I, 302—309. Isambert XVI, 3—5. Sully VIII, 377—382. Mémoires du maréchal d'Estrées (bei Petitot XVI), 187—189. (Er wurde 1573 geboren, führte, so lange sein Vater lebte, den Namen eines Marquis von Coeuvres, wurde 1646 zum Herzog und Pair von Estrées erhoben und starb 1670; seine Memoiren, welche er auf Richelieu's Aufforderung schrieb, beschränken sich auf die Jahre 1610—1617 und geben für diese Zeit eine genaue und zuverlässige Kenntniß der Hofintriguen, an welchen er selbst thätigen Antheil nahm.)

nahme in den Regentfchaftsrath bewilligt wurde [1]). Die Bildung diefes Rathes wurde daburch erfchwert, daß die meiften
Großen und Kronbeamten Zulaffung zu demfelben verlangten;
die Minifter riethen indeß der Königin, alle diefe Anfprüche zu
befriedigen, theils um Niemanden misvergnügt zu machen,
theils weil fie fich baburch am beften die Leitung der Gefchäfte zu fichern hofften, indem ein fehr zahlreicher und deshalb in fich uneiniger Rath wenig Geltung erlangen und
namentlich nicht zur Verhandlung über Angelegenheiten, bei
welchen Geheimhaltung erforderlich fei, geeignet fein werde [2]).
Ihre Hoffnung wurde jedoch infofern getäufcht, als fie die
Verwaltung mit mehren andern Perfonen theilen mußten,
welche bald großen Einfluß auf die Königin erhielten und
gleichfam einen geheimen Rath berfelben bildeten, namentlich
dem päpftlichen Nuntius, dem fpanifchen Gefandten, dem Herzoge von Epernon, dem Pater Cotton, Beichtvater Heinrich's IV.,
Duret, Arzt der Königin, und befonders Concini und feiner
Frau [3]). Um die Beforgniffe der Reformirten zu beruhigen,
wurde fchon am 22. Mai durch ein königliches Edict befohlen,
daß das Edict von Nantes fowie die übrigen ben Reformirten
bewilligten Artikel vollftändig beobachtet und alle gegen baffelbe
Handelnden mit Strenge wie Störer der öffentlichen Ruhe
beftraft werden follten, und um die öffentliche Meinung überhaupt für die neue Regentfchaft zu gewinnen, wurde der Preis
des Salzes um ein Viertel verringert, neunundfunfzig für das
Volk fehr beläftigende Edicte und außerordentliche Commiffionen,
welche Heinrich IV. fich hatte abbringen laffen, widerrufen
und die Ausführung einer nicht unbedeutenden Zahl anderer
ähnlichen Edicte bis auf weitern Befehl ausgefetzt, aber zu
gleicher Zeit wurden auch die angefehenften Herren durch reiche
Gefchenke aus dem vom Könige gefammelten Schatze und durch
Ertheilung der Anwartfchaft auf ihre Ämter an ihre Söhne

1) Richelieu X, 188—191. 208. Sully VIII, 393.

2) Estrées 190. 191. Bei Sully 388 werden nur einige Mitglieder
genannt; die Gefammtzahl ftieg bis über 120. Capefigue, Richelieu,
Mazarin, la Fronde et le règne de Louis XIV. Paris 1835. I, 225.

3) Sully 388.

gewonnen¹). Die Königin war im gesicherten Besitze der
Regentschaft, als der Prinz von Condé im Juli nach Paris
zurückkehrte; sie schmeichelte ihm durch einen zuvorkommenden
Empfang, er wagte nicht, ihr die Regentschaft streitig zu
machen, und er wurde durch manche Gewährungen, namentlich
durch Verleihung eines Jahrgehalts von 200,000 Livres und
der Grafschaft Clermont, zufriedengestellt²). Die Ausführung
des großen Kriegsplans Heinrich's IV. zur Demüthigung des
habsburgschen Hauses wurde aufgegeben, jedoch erklärte die
Mehrzahl im Regentschaftsrath es für nothwendig, die Verpflichtungen zu erfüllen, welche er zur Unterstützung der rechtmäßigen Erben der jülich=cleveschen Länder eingegangen war,
weil die Ehre Frankreichs dies fordere, weil die Unterlassung
Schwäche verrathen werde, Entfremdung der Bundesgenossen
veranlassen und wol gar Spanien zu einem Angriff ermuthigen könne. Eine französische Armee unter dem Marschall
von La Chatre vereinigte sich mit den brandenburgschen und
neuburgschen und den holländischen Truppen unter dem Prinzen
Moritz von Oranien, welche bereits die Belagerung von Jülich
begonnen hatten, sie beschleunigte die Ergebung dieser Stadt,
welche am 2. September erfolgte, und kehrte darauf nach
Frankreich zurück³). Ein großer Theil der von Heinrich IV.
gesammelten Truppen war schon entlassen worden, und seine
dem habsburgschen Hause feindliche Politik wurde aufgegeben,
obwol man Bedenken trug, sogleich in eine derselben völlig
entgegengesetzte überzugehen, und die Ausführung der von dem
spanischen Gesandten vorgeschlagenen Doppelheirath des In-
fanten Philipp, ältesten Sohnes Philipp's III., mit Elisabeth,
der Tochter der Königin, und des Königs Ludwig XIII. mit
Anna, der Tochter Philipp's III., wurde noch auf einige Zeit
verschoben.

Die Schwäche der Regierung trat schon jetzt deutlich
hervor. Ungeachtet der Staat durch Bewilligung von Geschenken und Jahrgeldern so belastet war, daß die Ausgabe
des Jahres die Einnahme um mehr als sechs Millionen Livres

1) Bénoit II, pr. 3. Mercure I, 357—380. Fontenay I, 102, 106.
2) Richelieu X, 220.
3) Fontenay 121. 122. Richelieu 217—219. Mercure 360—371.

überftieg, fo wurden doch immer neue Anfprüche und Anfor=
derungen gemacht; es beklagten fich nicht allein Die, welche
noch nicht befriedigt worden waren, fondern es forderten auch
Die, welche fchon reichliche Gewährungen erlangt hatten, noch
mehr, und fie fpielten wenigftens die Mißvergnügten, und alle
Perfonen am Hofe, hohe wie geringe, waren nur darauf be=
dacht, die Umftände zur Befriedigung ihrer Habgier und ihres
Ehrgeizes zu benußen. In der Verwaltung der Staatsge=
fchäfte zeigte fich eine Verwirrung und Unordnung, welche die
Unfähigkeit der Regentin verrieth und Verachtung gegen fie
und Unzufriedenheit veranlaßte [1]. Sie vermochte nicht, wie
ihr Gemahl, die Uneinigkeit unter den Miniftern zu beherr=
fchen, und fie fuchte vergeblich eine Verföhnung zwifchen Sully,
deffen Verdienfte fie nicht verkannte, obwol er fich fehr ent=
fchieden gegen die Verfchleuderung des Schates erklärte, und
den übrigen Miniftern zu Stande zu bringen. Diefe bemühten
fich vielmehr auf alle Weife, ihn aus dem Minifterium zu
verdrängen; auch Condé und Soiffons verbanden fich mit feinen
zahlreichen Gegnern, man ftellte der Königin vor, daß er fich
anmaße, ihre Freigebigkeit zu befchränken, und daß die An=
wefenheit eines Reformirten im Minifterium den Unwillen des
Papftes erregen müffe, und Sully fah fich fchon am 26. Januar
1611 genöthigt, das Amt eines Oberintendanten der Finanzen
und eines Commandanten der Baftille niederzulegen, indem er
eine Entfchädigung von 300,000 Livres erhielt. Die Leitung
des Finanzwefens wurde dem Präfidenten Jeannin mit dem
Titel eines Generalcontroleur übertragen, und ihm wurden als
Directoren der Präfident von Thou und der Marquis von
Chateauneuf beigegeben [2]. Den Reformirten hatte die Königin

1611

1) Zwei Briefe von La Force an feine Frau vom December, in Mém.
de la Force II, Corresp. 311—314.

2) Estrées 191 fg. Richelieu 223—241. Mémoires concernant
les affaires de France fous la régence de Marie de Medicis avec un
journal des conférences de Loudun. Par Phelypeaux de Pontchar=
train 1610—1620 (bei Petitot XVI und XVII) XVI, 418—444.
(Er war 1569 geboren und im April 1610 zum Staatsfecretair für das
Departement des Krieges, welches er indeß nicht lange behielt, und für
die Angelegenheiten der reformirten Religion, welche er bis zu feinem

im October die dringend nachgesuchte Erlaubniß bewilligt, im Mai eine allgemeine Versammlung zu halten, um an der Stelle ihrer bisherigen Deputirten am Hofe, deren dreijährige Amtszeit ablief, andere zu wählen und vorzuschlagen. Die Versammlung wurde am 27. Mai zu Saumur eröffnet, sie bestand aus siebzig Abgeordneten der funfzehn Provinzen, in welche sich die Reformirten theilten, nämlich dreißig Edelleuten, zwanzig Geistlichen, sechzehn Kirchenältesten, Abgeordneten des dritten Standes, und vier Abgeordneten der Stadt La Rochelle; außerdem fanden sich die Herzöge von Sully und Bouillon, der Herzog von Rohan, Sully's Schwiegersohn, und mehre andere angesehene reformirte Herren ein, und du Plessis wurde zum Präsidenten gewählt. Am folgenden Tage unterzeichneten und beschwuren die Versammelten eine Urkunde, durch welche sie die früher zwischen den reformirten Kirchen geschlossenen Einigungen erneuerten, und in welcher sie sich verpflichteten, unzertrennlich verbunden und vereinigt zu bleiben und nichts, was das gemeinsame Interesse ihrer Kirchen betreffe, ohne gemeinschaftliche Berathung und Übereinstimmung zu thun, indem sie die Betheuerung hinzufügten, daß sie der Königin und dem ganzen königlichen Hause die schuldige Ehre, Treue und Unterwürfigkeit erweisen wollten. Allein zugleich baten sie Sully, die ihm noch gebliebenen Ämter, namentlich das eines Großmeisters der Artillerie, nicht niederzulegen, und sie versprachen, wenn man ihn durch ungebührliche und ungesetzliche Mittel dazu nöthigen wolle, sein Interesse als verknüpft mit dem allgemeinen Interesse der reformirten Kirchen zu betrachten und ihm auf jede schuldige und gesetzliche Weise beizustehen. Obwol die königlichen Commissarien darauf drangen,

Tode im Jahre 1621 leitete, ernannt worden; seine Memoiren sind sehr genau und unparteiisch, gehen aber nicht in das innere Getriebe der Hofintriguen ein, an welchen er nicht Theil nahm.) Mémoires du maréchal de Bassompierre (bei Petitot XIX—XXI; sie gehen von seinem Geburtsjahre 1579 bis zum Jahre 1640 und wurden von ihm während seiner Haft in der Bastille 1631—1643 verfaßt; schon seit 1598 am Hofe, wurde er 1622 Marschall) XIX, 444. 445. — Sully wurde 1634 zum Marschall ernannt und starb 1641. Seit 1617 wurde er öfter an den Hof gerufen und über schwierige Angelegenheiten um seinen Rath befragt, jedoch ohne daß man diesem folgte.

daß ſogleich ſechs Perſonen gewählt würden, aus welchen die
Königin zwei neue Deputirte am Hofe ernenne, ſo beſchäftigte
ſich bennoch die Verſammlung zunächſt mit der Zuſammen-
ſtellung ihrer Beſchwerden und Forderungen zu einem allgemeinen Cahier. In dieſem wurde verlangt, daß den Reformirten der Genuß des Edicts von Nantes nach ſeiner urſprüng-
lichen Abfaſſung und nicht blos nach der veränderten und
beſchränkten Form, in welcher es im pariſer Parlament regiſtrirt
ſei, gewährt werde, daß ſie nicht gezwungen würden, ſich ſelbſt
Bekenner der angeblichen reformirten Religion zu nennen, daß
ihnen erlaubt werde, in allen Städten und Flecken kleine
Schulen zu haben, um ihre Kinder im Leſen, Schreiben und
in den Anfangsgründen der Grammatik unterrichten zu laſſen,
daß ihren Akademien in Montauban und Saumur die Rechte
und Freiheiten der übrigen Akademien des Königreichs zuge-
ſtanden und mehre im Gerichtsweſen für ſie vorhandene
Übelſtände abgeſtellt würden, daß die von Heinrich IV. bewilligte Summe von 120,000 Livres für den Unterhalt ihrer
Prediger erhöht, daß ihnen die Beſetzung der ihnen früher
eingeräumten Plätze noch auf zehn Jahre verlängert werde,
daß ſie alle zwei Jahre eine allgemeine Verſammlung halten
dürften und daß von dieſer nicht mehr ſechs Perſonen zu
Deputirten am Hofe vorgeſchlagen, ſondern dieſe von ihr allein
und zwar immer auf nur zwei Jahre ernannt werden ſollten.
Die Abgeordneten, durch welche die Verſammlung dieſe Forderungen an den Hof ſchickte, wurden zwar ſehr gut aufgenommen, aber nach einiger Zeit erklärte ihnen der Kanzler,
daß ihr Cahier im Staatsrath erledigt ſei, und daß man ihnen
unter Anderm Verlängerung der Beſetzung der Sicherheitsplätze auf fünf Jahre und Vermehrung der für ihre Prediger
beſtimmten Summe um 45,000 Livres bewilligt habe; da
ihnen aber die Verſammlung hauptſächlich nur geſtattet ſei,
um ſechs Perſonen zu Deputirten am Hofe vorzuſchlagen, ſo
werde die Königin ihnen nicht vor der Wahl derſelben das
beantwortete Cahier übergeben. Als die Verſammlung auf
dem Verlangen beſtand, daß ihr zuvor die Antworten mitgetheilt würden, ſo erhielt ſie den Befehl, ſich aufzulöſen; jedoch
obwol dieſer mit der Erklärung der Königin begleitet war,

daß sie die ihr vorgelegten Artikel so günstig, als ihr irgend
möglich gewesen sei, habe beantworten lassen, und daß die
Reformirten alle Ursache hätten, damit zufrieden zu sein, so
weigerte sich die Versammlung dennoch, besonders durch den
Herzog von Rohan zu diesem Entschlusse bestimmt, dem Befehle zu gehorchen. Jedoch der jetzt in derselben hervortretende
Zwiespalt begünstigte die Absichten des Hofes: der Herzog von
Bouillon war durch die Hoffnung, in das Ministerium einzutreten, gewonnen worden; durch seinen Einfluß, durch reiche
Geldspenden und durch den Wunsch, nach langer Abwesenheit
in ihre Heimat zurückzukehren, wurden fast dreißig Deputirte
bewogen, sich dem Willen der Königin zu fügen, durch Besorgniß einer völligen Spaltung wurden auch die übrigen
endlich bestimmt nachzugeben, und die sechs vorzuschlagenden
Personen wurden am 3. September gewählt. Die Beantwortung des Cahier wurde jetzt von den königlichen Commissarien mitgetheilt, sie bewilligte außer den erwähnten Zugeständnissen nichts als einige ganz unbedeutende Abänderungen im
Gerichtswesen und die Erlaubniß zur Errichtung von kleinen
Schulen in den Städten, in deren Vorstädten die Ausübung
der reformirten Religion gestattet war, und nur für den
Unterricht im Lesen und Schreiben und für eine beschränkte
Zahl von Schülern, sowie zur Errichtung von Collegien, zwar
mit denselben Privilegien, welche die übrigen Collegien des
Reichs hatten, aber nur an den Orten, an welchen jene Ausübung stattfand. Die Versammlung weigerte sich zwar, eine
so unbefriedigende Antwort anzunehmen, allein der Einfluß,
welchen der Hof erlangt hatte, unterstützt durch die Erklärung,
daß die Königin nicht abgeneigt sei, nach der Auflösung noch
Einiges nach dem Rathe des Herzogs von Bouillon einzuräumen, bewirkte, daß die Versammlung am 15. September
dem königlichen Befehle gehorchte und sich trennte. Um die
Einigkeit unter den Reformirten mehr zu befestigen, hatte sie
am 29. August ein allgemeines Reglement abgefaßt, welches
bestimmte, daß in jeder Provinz von der Versammlung derselben ein Rath von der ihr angemessen scheinenden Zahl von
Mitgliedern aus Edelleuten, Predigern und Bürgern gewählt
werden solle, und diese Provincialräthe sollten für den guten

Zustand und zuverlässige Besatzungen der Sicherheitsplätze sorgen, auf freundschaftliche Weise Streitigkeiten unter den Reformirten beilegen, in Briefwechsel untereinander und mit den Deputirten am Hofe treten, Abstellung von Verletzungen des Edicts betreiben und die Räthe der benachbarten oder im Nothfall aller Provinzen auffordern, Abgeordnete zu schicken, um sie zu diesem Zwecke durch ihre Mitwirkung zu unterstützen; jedoch auch diese Verordnung wurde nur in einigen Provinzen ausgeführt, in den andern wurde die Ausführung durch die Uneinigkeit unter den Reformirten verhindert [1]).

Wenn die Königin und die Minister indeß durch diesen Zwiespalt, den sie fortwährend zu nähren sich bemühten, die Bedeutung der Reformirten als Partei im Staate sehr vermindert sahen, so drohte ihnen dagegen von einer andern Seite eine nicht geringe Gefahr. Der Prinz von Condé und der Graf von Soissons hatten die Absicht der Minister durchschaut, sie unter einander zu trennen, um den Einen durch den Andern zu verderben, sie waren überdies misvergnügt über die Verweigerung einiger Forderungen und über ihre Ausschließung von der Regierung, sie verbanden sich deshalb eng mit einander und verpflichteten sich, nicht einzeln Gewährungen vom Hofe anzunehmen, denselben zu verlassen, sobald einer von ihnen dazu genöthigt werde, und nur zusammen wieder zurückzukehren [2]). Die Königin suchte gegen diesen Bund der beiden angesehensten Prinzen vom Geblüt, welcher auch gegen ihre Regentschaft gerichtet sein konnte, eine Stütze in einer engen Verbindung mit dem spanischen Hofe, und am 30. April 1612 wurden nicht allein vorläufige Artikel über die früher vorgeschlagene Doppelheirath abgeschlossen, sondern auch im Namen des Königs eine Defensivalliance mit Philipp III. unterzeichnet, in welcher beide Fürsten versprachen, einander gegen Die, welche etwas wider sie und ihre Staaten unternehmen, sowie gegen Die, welche sich gegen sie empören würden, Beistand zu leisten, in diesem Fall einander auf ihre Kosten

1) Mercure II, 163—208. Bénott II, 18—81. pr. 5—25. Mémoires de Rohan, bei Petitot XVIII, 66—104. Richelieu X, 247—252. Fontenay 146—153.

2) Richelieu 264.

6000 Fußgänger und 1200 Reiter auf sechs Monate zu schicken, keinen Derjenigen, welche sich gegen einen von ihnen des Verbrechens der beleidigten Majestät schuldig machen würden, zu unterstützen, sondern sie dem Gesandten des Königs, welcher ihre Auslieferung verlangen werde, zu übergeben [1]. Diese Verbindung mit Spanien mußte die Besorgniß und das Mißtrauen, welches durch das Verfahren des Hofes bei den Reformirten erregt worden war, sehr vermehren; die Gefahr, welche jetzt ihnen und ihrem Glauben zu drohen schien, konnte nur durch feste Einigkeit abgewandt werden, und diese zu bewirken, war besonders der Herzog Heinrich von Rohan thätig, ein Mann, welcher unternehmenden Geist und einen energischen Charakter mit einfachen, strengen Sitten vereinigte, welcher die Talente eines Feldherrn und eines Staatsmannes besaß und sich durch aufmerksame Beobachtung auf Reisen durch Deutschland, die Niederlande und England ausgebreitete Kenntnisse erworben hatte [2]. Eine im Mai 1612 in Paris zusammentretende Nationalsynode sprach einen allgemeinen Tadel über Diejenigen aus, welche, vom Hofe gewonnen, die Spaltung in der Versammlung zu Saumur veranlaßt und dadurch die Nichtbefriedigung der gerechten Forderungen derselben bewirkt hätten; es wurde eine neue Unionsurkunde abgefaßt, welche das Versprechen enthielt, in dem reformirten Glaubensbekenntniß zu leben und zu sterben, die besondern Interessen dem allgemeinen Wohl der Reformirten aufzuopfern, alle frühern Beleidigungen zu vergessen und allen Groll und jede Erbitterung aufzugeben, damit durch gute Eintracht und Einigkeit das Reich Gottes befördert werde und die Kirchen in dem unterwürfigsten Gehorsam gegen den König einer guten Ruhe genössen, und diese Urkunde wurde nicht allein von Sully, Rohan, seinem Bruder Soubise, La Force und du Plessis unterschrieben, sondern auch der Herzog von Bouillon und Lesdiguieres ließen

1) Flassan II, 313. Du Mont V, 2, 166. Im August wurden die Heirathsverträge abgeschlossen und in denselben die Verzichtung beider Prinzessinnen auf die Hinterlassenschaft ihrer Ältern festgesetzt. 215.

2) Notice sur Rohan bei Petitot XVIII, 9. Im Jahr 1603 war Rohan zum Herzog und Pair erhoben worden. Mém. du duc de St. Simon II, 159. 160.

sich auch durch Abgeordnete der Synode zur Unterzeichnung bewegen. Allein diese beiden Männer waren dessenungeachtet keineswegs geneigt, ihren persönlichen Vortheil und ihre eigensüchtigen Bestrebungen der allgemeinen Sache ihrer Glaubensgenossen zum Opfer zu bringen, manche andere, besonders ältere Häupter derselben, wie du Plessis, widersprachen solchen Maßregeln, welche einen Krieg hätten herbeiführen können, und die Königin beruhigte die Mehrzahl der Reformirten für den Augenblick wenigstens durch einige neue Bewilligungen, welche indeß bald nicht mehr erfüllt wurden [1]. Der Hof war fortwährend der Schauplatz mannichfacher Intriguen und Parteiungen, die Königin konnte selbst auf die Ergebenheit Derjenigen nicht vertrauen, welche sie sich durch Freigebigkeit gewonnen zu haben glaubte, weil jede Gewährung wieder neue Wünsche und Ansprüche hervorrief, und sie veranlaßte überdies nicht nur am Hofe, sondern auch unter dem Volke immer größeres Misvergnügen durch die übermäßige Gunst, welche sie gegen Concini und dessen Frau zeigte. Sie hatte ihm sogleich nach Sully's Austritt aus dem Ministerium sehr bedeutende Geldsummen geschenkt, um das Marquisat Ancre in der Picardie, nach welchem er sich von jetzt an nannte, die Würde eines ersten Edelmanns der Kammer des Königs und das Gouvernement von Roye, Montdidier und Peronne zu kaufen, sie ernannte ihn 1613 zum Gouverneur von Amiens und sogar, obwol er nie an einem Kriege theilgenommen hatte, zum Marschall von Frankreich, sie erneuerte zu seinen Gunsten die meisten der Edicte Heinrich's IV., welche sie im Anfange ihrer Regentschaft aufgehoben hatte; seine Frau schloß mit den Elus, gegen deren Erpressungen der Steuerhof eine strenge Untersuchung befohlen hatte, öffentlich einen Contract, in welchem sie gegen Zahlung von 300,000 Livres versprach, zu bewirken, daß sie für unschuldig erklärt würden, und es wurde ein offener Handel mit Conseilverordnungen und mit königlichen Verfügungen getrieben, welche Schuldnern Zahlungsfristen und Verbrechern Straflosigkeit bewilligten [2]. Der Tod des Grafen

1) Rohan 110—114. Bénoit II, 83 fg. pr. 27—30.
2) Fontenay 134. 135. Forbonnais I, 134. Schreiben des päpstlichen Nuntius Ubaldini, in v. Raumer's Briefen I, 346.

von Soiffons, welcher im November 1612 starb und nur einen achtjährigen Sohn hinterließ, befreite die Königin zwar von einem unruhigen und ehrgeizigen Widersacher und verschaffte ihr den Besitz des Gouvernements der Normandie, aber zugleich gab dieser Todesfall dem Prinzen von Condé den alleinigen Besitz des Ansehens und der Ansprüche, welche er bisher mit seinem Oheim hatte theilen müssen [1]), und er glaubte jetzt noch größere Forderungen als bisher machen zu können. Durch wiederholte Geldgeschenke und andere Zugeständnisse gelang es der Königin, noch während des Jahres 1613 die Ruhe zu erhalten; jedoch nunmehr war der Schatz in der Bastille erschöpft, die Habgier der Großen war nicht befriedigt, ihre Forderungen, welche jetzt immer dringender Theilnahme an der Regierung in Anspruch nahmen, bedrohten das königliche Ansehen, und sie bewiesen diesem nicht einmal die scheinbare Achtung mehr, welche sie bisher noch gezeigt hatten; überdies wollten sie, besonders aufgereizt durch den Herzog von Bouillon, welcher über die Vereitelung seiner Hoffnung auf den Eintritt in das Ministerium misvergnügt war, die noch übrige kurze Zeit der Minderjährigkeit des Königs zu ihrem Vortheil benutzen, und sie beschlossen endlich, was ihren Forderungen nicht bewilligt war, mit Gewalt zu erzwingen [2]). Im Anfange des Jahres 1614 verließen der Prinz von Condé und die Herzöge von Bouillon, Mayenne [3]), Nevers, Longueville und Vendome den Hof, sie begaben sich nach Mezieres und begannen Truppen zu sammeln. Zugleich sandte Condé am 19. Februar ein Schreiben an die Königin: Er und die mit ihm verbundenen Prinzen hätten sich vom Hofe entfernt, weil die Königin von wenigen Leuten umgeben und eingenommen sei, welche in der damaligen Verwirrung herrschen wollten, und welche zu ihrer Rechtfertigung nichts anführen könnten,

1614

---

1) Fontenay 196. Richelieu 287. 286. Estrées 261.

2) Richelieu 325. 326. Fontenay 227.

3) Nämlich Herzog Heinrich von Mayenne, Sohn des Herzogs Karl von Mayenne, des ehemaligen Hauptes der Ligue, welcher 1611 gestorben war.

als daß sie die Ruhe, die jedoch nicht ihr Verdienst, sondern das der guten, friedliebenden Franzosen sei, einigermaßen er-halten hätten; diese Leute hätten die Staatsverwaltung nur unter eine kleine Zahl von Personen getheilt und die Prinzen und Kronbeamten nur so weit an den Geschäften theilnehmen lassen, als ihnen nothwendig geschienen hätte, um den von ihnen allein ausgehenden Beschlüssen Ansehen zu verschaffen. Frankreich habe sein Ansehn im Auslande verloren, die Ein-künfte seien für nichtige Dinge und an verdienstlose Personen verschwendet worden, die Ämter seien nur durch Gunst und für Geld, die Gouvernements der Provinzen und wichtigen Plätze an Unfähige und Unwürdige vergeben worden, die Par-lamente seien in der Ausübung ihrer Amtsgeschäfte behindert, das Ansehen der Prälaten und überhaupt der Geistlichen herab-gewürdigt, der Adel durch Taillen und die Salzsteuer zu Grunde gerichtet und durch Geldmangel von den Justiz- und Finanzämtern ausgeschlossen, deren Preis übermäßig gestiegen sei, das Volk sei bedrückt, um den Reichen Einnahmen zu ver-schaffen, und den Reformirten sei durch Verletzung der Reli-gionsedicte Ursache zu klagen gegeben worden. Um diese Übel-stände, welche nicht eingetreten sein würden, wenn die Prinzen an der Regierung theilgenommen hätten, abzustellen, bitte er die Königin, spätestens binnen drei Monaten eine freie und sichere Versammlung der Reichsstände zu berufen. Jeannin und Villeroi riethen der Königin, sogleich eine Armee unter dem Befehl des Herzogs von Guise aufzustellen, die misver-gnügten Herren, bevor sie ihre Rüstungen vollendet hätten, anzugreifen und sie zur Unterwerfung oder zur Entfernung aus Frankreich zu zwingen; allein Sillery war der Mei-nung, daß man sich vergleichen und den Prinzen jede Be-friedigung gewähren müsse, da fast alle Großen des Reiches mit Condé einverstanden seien, die mächtige Partei der Huge-notten nur auf Unruhen warte, um diese zu ihrem Vortheil zu benutzen und man bei der Jugend des Königs nichts dem Zufall überlassen dürfe. Die Frau des Marschalls von Ancre, welcher sich damals in Amiens befand, schloß sich auf seine Aufforderung der Meinung des Kanzlers an, und die Königin

26*

konnte sich um so weniger zu einem kräftigen Verfahren entschließen, als sie dem Herzoge von Guise nicht eine Macht
anvertrauen wollte, welche er leicht misbrauchen konnte. Sie
erwiderte Condé's Schreiben durch eine öffentliche Erklärung
am 27. Februar, in welcher sie die einzelnen Punkte desselben zu
widerlegen suchte, ihre Regierungsweise und ihre durch Ge-
schäftserfahrung wie in Treue und Eifer bewährten Minister
mit den Zeitverhältnissen entschuldigte oder rechtfertigte, den
Vorwurf, Spaltungen genährt zu haben, auf Diejenigen zu-
rückwarf, welche denselben ihr und ihren Ministern machten,
und die Erklärung gab, daß sie schon vor dem Empfang des
Schreibens Condé's beschlossen habe, die Reichsstände zu versammeln. Zugleich knüpfte sie aber auch Unterhandlungen an,
sie bewilligte fast Alles, was die Prinzen forderten, und da
Condé ihr den Besitz der Gewalt leichter vermittels der Reichsstände als durch Krieg zu entziehen hoffte, so kam am 15. Mai
ein Vertrag zu St. Menehould zu Stande, durch welchen Fol-
gendes festgesetzt wurde: Die Reichsstände sollen bis zum
25. August in gewöhnlicher Weise zu Sens versammelt werden, die Deputirten der drei Stände sollen vollkommene Freiheit
haben, Vorstellungen und Vorschläge zu machen, welche sie
für das Wohl des Reiches und die Erleichterung der Unterthanen zweckmäßig glauben, und der König soll in Betreff
derselben nach der Meinung der Prinzen, Kronbeamten und
der angesehenen Herren seines Rathes Verordnungen erlassen,
um die Unordnungen abzustellen, welche den Unterthanen gerechte Ursache zu Klagen und Mißvergnügen geben können;
alle seit dem 1. Januar für den König und für die Prinzen
geworbenen Soldaten werden entlassen; der König übergibt
dem Prinzen von Condé Stadt und Schloß Amboise bis zur
Beendigung des Reichstages, erklärt durch eine Urkunde, welche
in allen Parlamenten registrirt wird, daß Condé und die Prinzen
und Kronbeamten, welche ihm Beistand geleistet, keine bösen
Absichten gegen seinen Dienst gehabt haben, und zahlt zur
Entschädigung für die Kosten, welche diese aufgewandt haben,
an Condé 450,000 Livres, um sie nach Gutbefinden zu vertheilen; dagegen entsagen die Prinzen allen Verbindungen
innerhalb und außerhalb des Reiches und versprechen, in Zu-

kunft solche nicht wieder zu schließen[1]). Ungeachtet dieser und
noch anderer Zugeständnisse wurde indeß die Ruhe nicht wieder
hergestellt. Nur der Herzog von Longueville kam auf einige
Tage und Mayenne auf längere Zeit an den Hof; Vendome
beklagte sich, daß man sein Interesse bei dem Vertrage
nicht genug berücksichtigt habe, er begann Feindseligkeiten in
der Bretagne und bemächtigte sich durch Überfall der Stadt
Vannes, und Condé brach mit Kriegsvolk nach Poitou auf,
um Poitiers in seine Gewalt zu bringen. Jetzt endlich beschloß
die Königin, dem Rathe Villeroi's und Jeannin's, obwol
Sillery, Ancre und seine Frau fortwährend sich sehr entschieden
dagegen aussprachen, zu folgen und sich selbst mit dem Könige
nach Poitou und der Bretagne zu begeben. Während nach
dieser Provinz Truppen unter dem Marschall von Brissac geschickt wurden, führte sie, begleitet von einer Armee, ihren
Sohn zunächst im Juli nach Poitou. Überall, auch in den
Sicherheitsplätzen der Reformirten, wurde sie bereitwillig aufgenommen, und Condé gehorchte ihrem Befehle und verließ
Poitou. Sie ging darauf nach Nantes und eröffnete im
August die Versammlung der Stände der Bretagne, von welcher der Beschluß gefaßt wurde, die Garde, welche das Land
dem Herzoge von Vendome unterhielt, aufzulösen, die Befestigungen der Plätze, welche sich in seinen Händen befanden,
niederzureißen, und Alle zu bestrafen, welche sich hatten Erpressungen und Gewaltthätigkeiten zu Schulden kommen lassen.
Vendome, fast von Allen verlassen, sah sich jetzt genöthigt,
nach Nantes zu kommen, um dem Könige und der Königin
den schuldigen Gehorsam zu bezeugen, und diese kehrten am
16. September nach Paris zurück, wo bald darauf auch Condé,

---

1) Recueil des pièces concernant l'histoire de Louis XIII. 1716.
I, 48—82. u. Mercure III, 317—335. 428—432. Fontenay 227—245.
Estrées 275—277. Pontchartrain XVII, 34—41. Richelieu 325—341.
Nach seinen die Urkunde über den Vertrag von S. Menehould ergän-
zenden Angaben behielt Condé die erwähnte Geldsumme für sich allein,
Mayenne erhielt 300,000 Livres und die Anwartschaft auf das Gouver-
nement von Paris, Nevers das Gouvernement von Metzieres, Longue-
ville 100,000 Livres und Bouillon andere Begünstigungen.

Revers und Bouillon erschienen [1]). Der König, welcher schon 1610 in Reims gekrönt worden war und am 27. September in sein vierzehntes Lebensjahr eintrat, begab sich am 2. October, begleitet von seiner Mutter und den in Paris anwesenden Cardinälen, Prinzen, Herzögen und Marschällen, in das Parlament; die Königin übergab ihm die Regierung, indem sie Gott dafür dankte, daß sie ihn bis zu seiner Volljährigkeit habe erziehen und den Frieden im Reiche erhalten können; er bat seine Mutter, auch fernerhin wie bisher zu regieren und zu befehlen, indem es sein Wille sei, daß ihr in Allem gehorcht werde, und daß sie nach ihm das Haupt seines Rathes sei, und er ließ darauf eine am vorigen Tage gegebene Declaration bekannt machen und regiſtriren, in welcher er das Edict von Nantes und die übrigen den Reformirten bewilligten Artikel bestätigte, alle Einverständnisse und Bündnisse innerhalb und außerhalb des Reiches untersagte und das Verbot gegen Duelle und Gotteslästerungen erneuerte [2]).

Schon am 9. Juni waren die Reichsstände [3]) zum 10. September nach Sens zusammenberufen worden, um, wie es in den Convocationsschreiben hieß, für die gute Leitung der Geschäfte und in der Verwaltung der Juſtiz, der Policei und der Finanzen zu sorgen und um auf alle Mittel zur Erleichterung des Volkes und zur Reform der zum Nachtheil der königlichen Autorität und des Wohls aller Stände eingeschlichenen Mißbräuche bedacht zu sein; die Seneschälle und Baillis wurden angewiesen, in der Hauptstadt ihres Amtbezirks alle Mitglieder der drei Stände desselben zu versammeln, um miteinander zu verhandeln, sich Vorstellungen,

---

1) Pontchartrain 48—57.

2) Isambert XVI, 52. Richelieu 351. Pontchartrain 59. Fontanay 256. Bénoît II, pr. 31. Capefigue I, 324—328.

3) Die folgende Darſtellung iſt hauptſächlich geſchöpft aus: Relation de tout ce qui s'eſt paſſé aux états-généraux convoqués en 1614, in Archives curieuses, 2. Série, I, 7—225. Mercure III, 2, 1—149. 185—419 und Recueil I, 82—232. 307—599. III, 484—628. Verglichen und an einigen Stellen benutzt iſt Dasjenige, was Sismondi (XXII, 297 fg.) aus den beiden 1789 erſchienenen Sammlungen über die franzöſiſchen Reichsſtände mittheilt, welche ich nicht habe benutzen können.

Beſchwerden und Klagen und die zur Abſtellung derſelben zu machenden Vorſchläge mitzutheilen und aus ihrer Mitte einen Reichstagsdeputirten jedes Standes zu wählen[1]). Wegen der Reiſe des Königs nach Poitou und nach der Bretagne wurde ſpäter der Anfang der Verſammlung auf den 10. October verſchoben und zugleich Paris zum Orte derſelben beſtimmt. Die Baillis und Seneſchälle erließen dem empfangenen Befehle gemäß an die Mitglieder der drei Stände ihrer Bezirke die Aufforderung, ſich an einem beſtimmten Tage in der Hauptſtadt derſelben einzufinden, ihre Klagen mitzubringen und Deputirte zu wählen. Die Berufenen verſammelten ſich zunächſt insgeſammt unter dem Vorſitz jener Beamten und ſchwuren, verdienſtvolle, rechtſchaffene und dem Dienſte des Königs und dem Wohl des Staates zugethane Perſonen zu wählen; geſondert nahmen ſie dann dieſe Wahl vor und beſchäftigten ſich mit der Abfaſſung eines Cahier. Da im dritten Stande nicht alle Berufenen wegen ihrer großen Zahl an dieſer Arbeit theilnehmen konnten, ſo wurden von ihnen zu derſelben zehn oder zwölf rechtliche und erfahrene Männer gewählt, welche den Eid leiſteten, die ihnen übergebenen Klagen gewiſſenhaft zu einem Cahier zuſammenzuſtellen[2]). Die Geſammtzahl der Deputirten betrug 464; unter dieſen befanden ſich 140 Geiſtliche, von welchen fünf Cardinäle, ſieben Erzbiſchöfe und ſiebenundvierzig Biſchöfe waren, 132 Adelige und 192 Mitglieder des dritten Standes, faſt alle Juſtiz= oder Finanzbeamten[3]). Zu Verſammlungsorten wurden zunächſt drei verſchiedene Gebäude angewieſen, indeß geſtattete der König den drei Ständen auf ihre Bitte, um die Verhandlungen zwiſchen ihnen zu erleichtern, ſich in drei Sälen des Auguſtinerkloſters zu verſammeln. Während der erſten Tage ihres Beiſammenſeins beſchäftigten ſie ſich mit der Prüfung der Voll=

---

1) Isambert 45—47.

2) Malingre 513. In den pays d'états wurden die Deputirten von den Provinzialſtänden gewählt.

3) Die Angabe (bei Isambert 53), daß die Zahl der Deputirten 494 betragen habe, nämlich 163 geiſtliche, 136 adelige und 195 bürgerliche, erklärt ſich wol daraus, daß dreißig Deputirte erſt nach der Eröffnung des Reichstages ankamen.

machten und der Wahl ihrer Beamten; zu Präsidenten wurden der Cardinal von Joyeuse, Erzbischof von Rouen, Heinrich von Bauffremont, Baron von Senecey, und Robert Miron, Prevot der Kaufleute zu Paris, Mitglied des Staats= und geheimen Raths und Parlamentspräsident, gewählt. Nachdem am 26. October, einem Sonntage, sich der König, die Königin, der Hof und die Deputirten in feierlicher Procession nach der Kirche Notre=Dame zur Messe und Predigt begeben hatten, so fand am folgenden Tage die Eröffnung des Reichstages statt. Der König sprach nur die Worte: Ich habe die Stände zusammenberufen, um ihre Klagen zu empfangen und denselben abzuhelfen aus Gründen, welche der Kanzler ausführlicher dar= legen wird. Dieser hielt darauf eine Rede über den Zustand des Reiches, über Das, was sich während der Regentschaft der Königin ereignet hatte, und erklärte, daß der König den Stän= den erlaube, die Cahiers ihrer Beschwerden abzufassen, und auf diese eine günstige Antwort verspreche. Nach üblicher Form dankten die Sprecher der drei Stände dem Könige, indem sie zugleich seiner Mutter viele Lobeserhebungen spendeten. Am 1. November empfingen die Deputirten das Abendmahl, und am 4. leisteten sie den gebräuchlichen Eid: zu thun, zu rathen und zu fördern, was sie in ihrem Gewissen der Ehre Gottes, dem Wohl seiner Kirche, dem Dienste des Königs und dem Wohl seines Staates für angemessen halten würden, und nichts, was im Allgemeinen oder im Einzelnen der Versamm= lung nachtheilig werden könne, zu veröffentlichen [1]). Die Ab= fassung von, wenigstens einander nicht widersprechenden, Cahiers der drei Stände und, wo möglich, die gemeinsame Zusammen= stellung einer gewissen Zahl von Hauptartikeln sollte das Geschäft der Deputirten sein. Da sogleich anfangs Streit über die Form der Berathung entstand und diese sehr in die Länge gezogen werden mußte, wenn nach Bailliages und Sénéchaussées abgestimmt wurde, so verfügte ein Beschluß des Staatsrathes am 15. November, daß jeder Stand in zwölf Abtheilungen, welche Gouvernements genannt wurden, weil sie meist den alten zwölf Gouvernements entsprachen, getheilt

1) Relation 20—22.

werden follten, und beftimmte zugleich die Reihefolge derfelben bei der Abftimmung. Die Stände befchloffen darauf, daß die Deputirten der zu demfelben Gouvernement gehörenden Bailliages und Sénéchaufféen einen Präfidenten wählen und fich bei diefem verfammeln follten, um aus den von ihnen mitgebrachten Cahiers ein Gouvernementscahier zufammenzuftellen, und daß die auf folche Weife abgefaßten zwölf Cahiers in der Kammer, welcher die Deputirten angehörten, vorgelegt und berathen werden follten, um aus ihnen ein allgemeines Standesbescahier zu bilden. Während diefer Arbeit fanden zwifchen den drei Ständen gegenfeitige Mittheilungen durch Abgeordnete ftatt, um über wichtigere Gegenftände eine allgemeine Einigung herbeizuführen, und es wurden einzelne auf diefelben bezügliche Bitten dem Könige vorgetragen. Diefe Gegenftände, welche zugleich in vielen während des Reichstages erfcheinenden Schriften von verfchiedenen Gefichtspunkten aus erörtert wurden, waren die Aufhebung der Paulette, die Annahme der Befchlüffe des Tridentiner Concils und die Frage, ob es geftattet fei, die Unterthanen von dem Eide der Treue loszufprechen.

Der Adel, welcher misvergnügt darüber war, daß in Folge der Verkäuflichkeit der Ämter diefe größtentheils in die Hände der reichen Familien des Bürgerftandes übergingen, während er durch feine Verarmung mehr und mehr von ihnen ausgefchloffen wurde, machte fchon am 13. November der Geiftlichkeit die Mittheilung, daß er befchloffen habe, den König zu bitten, die Zahlung des droit annuel für das folgende Jahr zu fuspendiren, bis die Stände einen gemeinfamen Befchluß darüber gefaßt hätten, was in diefer Beziehung dem Intereffe des Königs und des Staates angemeffen fei. Die Geiftlichkeit, in Erwägung, daß durch die Paulette die Juftiz dem Könige entzogen werde und die Ämter nicht dem Verdienfte zugänglich feien, fondern das Eigenthum einzelner Familien würden, fchloß fich jenem Befchluffe an, und beide Stände forderten darauf die Deputirten des dritten Standes zur Beiftimmung auf. Wenn diefe auch angewiefen waren, gleichfalls die Aufhebung der Paulette zu verlangen, fo widerfprach dies doch ihrem eigenen Vortheil, weil fie faft fämmtlich Beamte

waren, und um den Vorschlag zu beseitigen, erklärten sie zwar
ihre Beistimmung, verlangten aber, daß dagegen Adel und
Geistlichkeit sich mit ihnen zu zwei andern Bitten an den
König vereinigten, nämlich daß er die Absendung der Aufträge
zur Erhebung der Taille suspendire, bis er die Vorstellungen
der Stände über die Ermäßigung derselben gehört und berücksichtigt habe, oder daß er sie sogleich wenigstens um ein
Viertel vermindere, und daß er zur Deckung des Ausfalls,
welcher dadurch und durch die Suspension der Zahlung des
droit annuel in den Einnahmen veranlaßt werden würde, die
Zahlung der Jahrgelder und Gratificationen aussetze. Der
Adel erwiderte auf dies Verlangen, in welchem er mit Recht
eine mittelbare Zurückweisung seines Vorschlages sah, daß der
dritte Stand durch diese neuen Bitten nur Verwirrung und
Schwierigkeit in die Sache bringen wolle, und die Geistlichkeit
erklärte, daß das Verlangen desselben zwar sehr gerecht sei,
aber reiflich erwogen werden müsse und man den König nicht
durch eine Menge gleichzeitiger Bitten belästigen dürfe. Da
eine Vereinigung nicht zu Stande gebracht werden konnte, so
trugen die beiden ersten Stände und der dritte Stand ihre
Bitten besonders dem Könige vor [1]. Bei dieser Gelegenheit
trat der Zwiespalt zwischen dem Bürgerstande und dem Adel
auf eine sehr entschiedene Weise hervor. Die an den König
geschickte Deputation des Bürgerstandes äußerte sich in scharfen
Ausdrücken über die Habgier des Adels, dessen Treue der König
durch Geld zu erkaufen genöthigt sei, während diese übermäßigen Ausgaben das Volk gezwungen hätten, auf die
Weide zu gehen und wie das Vieh Gras zu fressen. Der
Adel beklagte sich bei dem Könige über diese Ausdrücke, und
durch die Geistlichkeit ließ sich der Bürgerstand bewegen, an
die Adelskammer Abgeordnete zu schicken, deren Sprecher erklärte, daß man nicht die Absicht gehabt habe, den Adel zu
beleidigen und diesen als über dem Bürgerstande stehend be-
trachte; jedoch fügte er hinzu: Frankreich ist unsere gemeinsame
Mutter, welche uns alle an ihrer Brust genährt hat; die Geistlichen haben das Recht der Erstgeburt davongetragen, die

1) Relation 25—31. Mercure 71—113. Richelieu X, 363—366.

Edelleute find die nächftgeborenen und wir die jüngften Brüder. Wenn diefelben und als folche und als Angehörige derfelben Familie behandeln, fo werden wir fie ehren und lieben; oft haben die jüngften Brüder die Ehre der Familien wiederher= geftellt, welche durch die Verfchwendung der ältern zu Grunde gerichtet waren; durch Gottes Gnade find wir zu den Ämtern und Würden gelangt und tragen den Charafter von Richtern, und fowie jene Frankreich den Frieden geben, fo geben wir denfelben den in fich gefpaltenen Familien. Der Baron von Senecey fprach fich dagegen in feiner Erwiderung auf eine fehr verächtliche und geringfchätige Weife über den dritten Stand aus und äußerte unter Anderm: der Adel würde feinen Ruf befchimpfen, wenn er fich bei dem großen und unverhält= nißmäßigen Abftande zwifchen ihm und jenem Stande von demfelben für · beleidigt halten könne; die Bürgerlichen feien nicht die jüngften Brüder des Adels, denn eine folche Eigen= fchaft würde daffelbe Blut und diefelbe Tugend vorausfetzen, fie feien nur die demfelben Untergebenen. Der Adel beflagte fich fogar durch eine Deputation bei dem Könige, daß Leute, welche der Lehnshoheit und der Gerichtsbarfeit der beiden erften Stände unterworfen feien, Bürger, Kaufleute, Hand= werfer und einige Beamte, jene fo herabgewürdigt hätten, daß fie darauf Anfpruch machten, in dem Verhältniß von Brüdern zu ihnen zu ftehen, und auch die Geiftlichfeit fprach ihren Unwillen über einen folchen Anfpruch aus. Der dritte Stand war indeß, ungeachtet der Aufforderung des Kanzlers, des Prinzen von Condé und felbft der Königin, nicht zu bewegen, eine neue Deputation an den Adel zu fchiefen und neue Er= flärungen zu geben, und man einigte fich bald dahin, diefen Streit zu vergeffen [1]). Johann von Beaufort, Mitglied der Adelsfammer, legte diefer einen Plan vor, wie die Abfchaffung der Verfäuflichfeit der Juftiz= und Finanzämter ausgeführt und die allmälige Verminderung der Zahl derfelben binnen zwölf Jahren durch Rücfzahlung der Kaufgelder möglich ge= macht werden fönnte; allein der dritte Stand verwarf auch diefen Plan als ungerecht für Diejenigen, welche ihr Vermögen

1) Sismondi (nach den Protofollen der drei Stände) 308—310.

zu dem Kauf von Ämtern verwandt hätten, und als unaus=
führbar, weil 200 Millionen Livres für jene Rückzahlung er=
forderlich seien, und Adel und Geistlichkeit vereinigten sich darauf
allein über einige Artikel, in welchen sie den König baten, die
Zahl der Beamten auf die durch die Verordnung von Blois
1576 bestimmte Zahl zurückzuführen, der Verkäuflichkeit der
Ämter Einhalt zu thun, namentlich den Verkauf der Gouver=
neursstellen, der Militair= und Hofämter nicht mehr zu ge=
statten, das droit annuel aufzuheben, alle Sporteln bei der
Justiz abzuschaffen und dagegen das Gehalt der Justizbeamten
zu erhöhen. Das Parlament und die Rechenkammer machten
1615 dagegen dem Könige (am 4. Januar) Vorstellungen für die
Fortdauer des droit annuel: sein Vater habe sich durch Ver=
trag zu demselben verpflichtet, und er habe diese Verbind=
lichkeit bestätigt, er werde durch die Aufhebung anderthalb
Millionen Livres seiner sichersten Einnahmen verlieren; die
Ämter seien meist mit rechtlichen und verdienstvollen Männern
besetzt, die Beamten hätten sich stets treu und gehorsam be=
wiesen, und jene Aufhebung werde eine große Zahl von Fa=
milien zu Grunde richten [1]).

Die Geistlichkeit hatte schon im Anfange des Novembers
einstimmig beschlossen, den König um den Befehl zu bitten,
daß das Concil von Trident in seinem Reiche angenommen
und die Decrete desselben beobachtet werden sollten, jedoch ohne
Beeinträchtigung der königlichen Rechte, der Freiheiten der
gallikanischen Kirche und der Privilegien und Exemtionen der
Capitel, Klöster und andern Gemeinheiten. Später (im Februar)
ersuchten Deputirte der geistlichen Kammer die beiden andern
Kammern, diesem Artikel beizustimmen. Der Adel erklärte
sich dazu bereit, indem die Deputirten ihre Bitte durch die
Versicherung unterstützten, daß die Publication des Concils auf
keine Weise den Rechten des Königs und seiner Krone nach=
theilig sein, sondern nur die Verdammung der Ketzerei und
eine durchgreifende Reform der Sitte und Zucht in der Kirche
bewirken werde. Der dritte Stand verweigerte aber unge=
achtet wiederholter Aufforderung seinen Beitritt unter dem

---

1) Relation 40—42. 181—185.

Borwande, daß mehre Beftimmungen des Concils in Frankreich ſchon ausgeführt worden ſeien und andere eine genauere
Erörterung verlangten, welche die Beſchränktheit der Zeit und
der Drang der Geſchäfte nicht geftatteten, und daß die gegen-
wärtigen verwickelten Verhältniſſe eher eine Verwerfung als
eine Annahme des Concils forderten. In der That hatte
dieſer Widerſpruch ſeinen Grund in der Abneigung des dritten
Standes, durch die Publication aller Decrete des Concils eine
feierliche Verdammung der Ketzer auszuſprechen, in der Eiferſucht der Magiſtratur gegen das Prieſterthum und ihrem Haſſe
gegen die Jeſuiten. Demnach nahmen die beiden andern
Stände allein jene Bitte unter die Hauptartikel ihrer Cahiers
auf[1]). Die Univerſität von Paris hatte an den König und
die Geiſtlichkeit die Bitte gerichtet, daß man ihr, wie auf
frühern Reichstagen, Eintritt in die geiſtliche Kammer und
berathende Stimme zugeſtehe, indeß beſtimmte ein Beſchluß
des Staatsraths nur, daß ſie das Cahier ihrer Klagen ab-
faſſen und der Geiſtlichkeit übergeben ſolle. Ein an die Spitze
deſſelben geſtellter Artikel verlangte die Verwerfung der verderblichen Lehre, welche einige Perſonen zu verbreiten ſuchten,
daß es eine Macht gebe, welche den König abſetzen und ſeine
Unterthanen von dem ihm ſchuldigen Gehorſam freiſprechen
könne. Im Gegenſatz zu dieſer Forderung, welche beſonders
gegen die Jeſuiten, als die Verbreiter jener Lehre, gerichtet
war, baten die beiden erſten Stände in ihren Cahiers den
König, daß er die Jeſuiten wieder zur Univerſität zulaſſen
möge[2]). Allein der dritte Stand beſchloß, als er am 15. December nach Vollendung ſeiner Gouvernementscahiers die Abfaſſung ſeines allgemeinen Cahier begann, an die Spitze deſſelben
einen Artikel zu ſtellen, welcher auch der erſte in dem Cahier
von Paris und Isle be France war, nämlich, um die Verbreitung der verderblichen Lehren aufzuhalten, welche ſeit
einigen Jahren von aufrühreriſchen Köpfen zur Untergrabung
der von Gott eingeſetzten ſouverainen Gewalt aufgeſtellt worden ſeien, ſolle der König gebeten werden, es in der Verſamm-

1) Relation 42—51.
2) Relation 56—65. 69.

lung der Reichsstände als ein unverletzliches Staatsgrundgesetz feststellen zu lassen, daß, wie der König in seinem Staate als Souverain anerkannt sei und seine Krone nur von Gott habe, es auch keine Macht, weder eine weltliche noch eine geistliche, auf Erden gebe, welche irgend ein Recht auf sein Königreich habe, um seine geheiligte Person desselben zu berauben und seine Unterthanen aus irgend einer Ursache oder irgend einem Vorwande von der ihm schuldigen Treue loszusprechen. Dies Gesetz solle von den ständischen Deputirten und fortan von allen Pfründenbesitzern und Beamten, ehe sie zu den Pfründen und Ämtern zugelassen würden, beschworen werden; alle Lehrer, Doctoren und Prediger sollten verpflichtet sein, den Inhalt desselben zu lehren, und zugleich öffentlich zu verkündigen, daß die entgegengesetzte Meinung, nach welcher es erlaubt sei, sich gegen den König zu empören, ihn abzusetzen und zu tödten, gottlos, verabscheuungswürdig und wider die Einrichtung des französischen Staates sei, welcher nur unmittelbar von Gott abhänge; alle Bücher, welche diese falsche und verkehrte Meinung lehrten, sollten für aufrührerisch und verdammlich, alle Fremden, welche sie in Schriften aussprächen und verbreiteten, für geschworene Feinde der Krone, alle Unterthanen des Königs, welche ihr anhingen, für Rebellen, Verletzer der Grundgesetze des Reiches und Majestätsverbrecher ersten Grades erachtet werden. Die geistliche Kammer beklagte sich, wol nicht ohne Einwirkung der Jesuiten, welche auf manche angesehene Prälaten großen Einfluß hatten, daß man unter dem Schein des Eifers für die Erhaltung der Person des Königs und seiner Macht sonderbare und ungehörige Vorschläge mache, welche darauf abzweckten, eine Spaltung unter den Katholiken anzustiften und das Ansehen des Papstes und des heiligen Stuhls mit dem des Königs auf gleiche Stufe zu stellen, und sie bat und ermahnte die beiden andern Kammern, über Vorschläge, welche den Glauben und die Einrichtungen der Kirche beträfen, nicht zu verhandeln, ohne zuvor sie ihr mitgetheilt zu haben. Der Adel erklärte sich dazu bereit; der dritte Stand indeß erwiderte: in Allem, was auch nur im entferntesten die Lehre der Kirche berühre, werde er von der Geistlichkeit das Gesetz empfangen, dagegen halte er die Mittheilung solcher

Punkte, welche sich auf die Herstellung der Kirchenzucht, auf Reform offenbarer Mißbräuche und Anordnungen über weltliche und kirchliche Gerichtsbarkeit bezögen, nicht für nothwendig, zumal dadurch auch große Weitläuftigkeiten entstehen würden und man dann auch dem Adel diesen betreffenden Artikel mittheilen müsse. Jedoch ließ er sich endlich bewegen, den erwähnten Artikel der Geistlichkeit mitzutheilen und die Berathung zu verschieben, bis er sie gehört haben würde. Sie faßte den Beschluß, daß der Artikel verworfen werden müsse, und um auch die beiden andern Kammern dazu zu bestimmen, um zu beweisen, daß die Kirche schon früher für Das gesorgt habe, was man für die Sicherheit der Person und des Lebens des Königs wünschen könne, schickte sie den beiden Kammern in französischer Übersetzung das auch in Frankreich angenommene Decret des Kostnitzer Concils, welches die Lehre, daß es nicht allein erlaubt, sondern auch verdienstlich für Vasallen und Unterthanen sei, ungeachtet jeglicher Verpflichtung und jedes geleisteten Eides der Treue einem Tyrannen das Leben zu nehmen, für irrthümlich erklärt und als ketzerisch und Verrath, Treulosigkeit und Aufstand veranlassend verdammt hatte. Außerdem wurde der Cardinal Duperrou beauftragt, in Betreff des aufgestellten Artikels in beiden Kammern die Vorstellungen zu machen, welche er für nöthig halte. Der Adel erklärte sich für völlig einverstanden mit der Meinung der Geistlichkeit. In der Kammer des dritten Standes hielt der Cardinal am 2. Januar 1615 eine drei Stunden dauernde Rede; er äußerte, die Geistlichkeit theile völlig die Ansicht, daß es aus keiner Ursache erlaubt sei, einen König zu tödten, und daß die Könige von Frankreich souverain und nicht Lehnsträger des Papstes oder eines andern Fürsten seien, sondern in der Verwaltung der weltlichen Dinge unmittelbar von Gott abhingen; allein wenn die Fürsten den, Gott und ihrem Volke geschworenen, Eid, in der katholischen Religion zu leben und zu sterben, verletzten, wenn sie gegen Jesus Christus sich auflehnten und ihm offenen Krieg erklärten, das heißt, wenn sie nicht allein selbst öffentlich die Ketzerei bekennten und von der christlichen Religion abfielen, sondern sogar dem Gewissen ihrer Unterthanen Zwang anthäten und den Arianismus, den Mohamme-

banismus oder einen andern Unglauben zu pflanzen unter-
nähmen, so sei es streitig und zweifelhaft, ob dann nicht auch
die Unterthanen von dem ihnen geleisteten Eide der Treue
losgesprochen werden könnten, und wem dieses in einem solchen
Falle zustehe.   Die katholische Kirche außer der gallikanischen,
welche es jedoch auch bis zum Auftreten Calvin's gethan habe,
bejahe jenes und behaupte, daß in dem erwähnten Falle der
Kirche, ihrem Haupte, dem Papste, und ihrem Körper, dem
Concil, das Recht der Lossprechung zustehe. Man würde aber
der Seele Gewalt zufügen, wenn man Jemanden nöthigen
wolle, eine Lehre zu glauben und zu beschwören, welche der
Lehre aller andern Theile der katholischen Kirche entgegengesetzt
sei, man würde dadurch Ketzereien jeder Art die Thür öffnen
und eine Kirchenspaltung und in Folge dieser Kriege veranlassen, welche die Person und die Stellung des Königs in die
größte Gefahr bringen werden. Der Cardinal behauptete auch,
daß nicht die anwesenden Mitglieder des dritten Standes die
Urheber des Artikels seien, sondern daß Personen, welche von
der katholischen Kirche getrennt seien, es bewirkt hätten, daß
er sich in einige Cahiers eingeschlichen habe. Miron erwiderte
auf diese Rede: der Artikel, an welchem kein Anhänger der
'sogenannten reformirten Religion den geringsten Antheil habe,
bezwecke nur, die Könige zu sichern gegen die Schriften von
Mönchen, welche sich in ihren Zellen das Vergnügen machten,
die Sturmglocke gegen die geheiligte Person derselben zu läuten
und das Feuer anzuzünden, um den Staat in Flammen zu
setzen, und dies sei kein Gegenstand des Glaubens. Die Könige
hätten nur ihre Person und ihre Seele der Kirche unterworfen, nicht ihre Würde und ihren Staat; es sei nicht die Absicht,
den König und seine Unterthanen von der geistlichen Gerichtsbarkeit des heiligen Stuhls zu befreien, sondern das Königthum gegen eine Absetzung zu sichern, aus welcher man in
Frankreich auch nicht einmal eine zweifelhafte Frage machen
könne. Man sei bereit, in einer geheimen Conferenz, wenn
die Geistlichkeit mit einigen Ausdrücken nicht zufrieden sei, diese
umzuändern, jedoch nur so, daß das Wesen des Artikels erhalten werde. Auch das Parlament befahl am 2. Januar die
Beobachtung der früher erlassenen Beschlüsse, durch welche der

von jeher in Frankreich anerkannte Grundsatz bestätigt wurde, daß der König in Beziehung auf die weltlichen Angelegenheiten seines Königreichs keinen Obern über sich anerkenne als Gott allein, und daß keine Macht das Recht und die Gewalt habe, seine Unterthanen von dem Eide der Treue und des Gehorsams freizusprechen, ihn abzusetzen und noch weniger sich an seiner geheiligten Person zu vergreifen. Die Geistlichkeit beklagte sich bei dem Könige, daß das Parlament die Freiheit der Stände beschränke und sich in Dinge einmische, über welche von diesen verhandelt würde, und sie faßte einen Artikel ab, in welchem sie zur Sicherung der Person des Königs die Erneuerung des erwähnten Decrets des Kostnitzer Concils aussprach, allein der dritte Stand verwarf diesen Artikel als unzureichend [1]. Dem Streite wurde nur dadurch ein Ende gemacht, daß der König (am 6. Januar) sich die Entscheidung vorbehielt, den Ständen untersagte, ferner über den von dem dritten Stande aufgestellten Artikel zu verhandeln, und auch dem Parlament befahl, von demselben auf keine Weise Kenntniß zu nehmen und den Beschluß vom 2. Januar nicht bekannt zu machen [2].

Vollkommen einig waren dagegen die drei Stände in Beziehung auf einen Gegenstand, welcher die Finanzen betraf. Am 1. December machte nämlich die Abelskammer durch Deputirte den beiden andern Kammern die Mittheilung: es sei in ihr vorgeschlagen worden, den König um die Bildung eines Gerichtshofes zur Untersuchung der Unterschleife zu bitten, welche von Finanzbeamten, Finanzpächtern und andern Personen begangen würden oder begangen worden seien. Der dritte Stand sprach seinen Beitritt zu diesem Vorschlage aus unter der Bedingung, daß die Untersuchungskammer nicht eher aufgelöst werde, als bis sie das ihr übertragene Geschäft vollständig ausgeführt habe, und daß man sich weder mit den

---

1) Weil dasselbe nur Diejenigen verdammte, welche sich an dem Leben eines Fürsten oder Tyrannen vergriffen, ohne den richterlichen Ausspruch und Auftrag abzuwarten, sodaß es nach der Erklärung des Jesuiten Suarez erlaubt blieb, den Ausspruch eines kirchlichen Gerichts gegen einen Tyrannen durch eine Mordthat zu vollstrecken. Sismondi 321.

2) Relation 95—178. Mercure 235—363.

Schmidt, Geschichte von Frankreich. III.　　27

Schuldigen vergleiche, noch ihnen Verzeihung bewillige. Auch die Geistlichkeit erklärte den Vorschlag für sehr gut, gerecht und wünschenswerth, obwol ihr Präsident darauf aufmerksam machte, wie wenig Anschein es habe, daß die Errichtung einer solchen Kammer von Erfolg sein werde, da früher ähnliche Versuche nichts genützt hätten. Die von dem Bürgerstande verlangte Bedingung wurde in die an den König gerichtete Bitte aufgenommen, und er wurde außerdem ersucht, die Kammer aus Deputirten der drei Stände zu bilden und diese aus einer ihm übergebenen Liste zu wählen und die Strafgelder zur Rückzahlung der Kaufgelder für überzählige Ämter oder zum Rückkauf von Domainen zu verwenden ¹). Am 11. December wurde jeder der drei ständischen Kammern eine Übersicht der Staatseinnahmen und Ausgaben seit dem Rücktritt Sully's von der Finanzverwaltung vorgelesen, jedoch wurde sogar eine Abschrift derselben verweigert, und es wurde die Erklärung hinzugefügt, daß der König zu solchen Mittheilungen nicht verpflichtet sei, daß er aber den Wunsch der Stände in dieser Rücksicht habe erfüllen wollen, um sie zufriedenzustellen und ihnen seinen guten Willen zu beweisen. Da indeß die drei Stände, namentlich der dritte, genauere Mittheilungen verlangten, so gab der Präsident Jeannin am 21. December zuerst in der geistlichen, dann auch in den beiden andern Kammern die Erklärung: er sei bereit, da ihnen der König eine genauere Kenntniß des Zustandes der Finanzen gewähren wolle, mit Deputirten aus ihrer Mitte zusammenzutreten; die Ausgaben während der Regentschaft seien allerdings sehr groß, aber auch für die Fortdauer des Friedens und die Herstellung der Ruhe sehr nothwendig gewesen. In Betreff der verlangten Untersuchungskammer äußerte er: der König habe für das Vergangene Begnadigung bewilligt und für die Zukunft das Versprechen gegeben, daß die Finanzbeamten nur vor den vorhandenen obersten Behörden und durch dieselben, nicht aber durch Commissarien zur Untersuchung gezogen werden sollten; er könne jene Bewilligung und dieses Versprechen nicht verletzen, jedoch mit dem Rath der Stände und nach Übergabe

---

1) Relation 71. 72.   Mercure 186—189.   Sismondi 313—315.

ihrer Cahiers werde er rechtliche Männer aus den oberften Behörden mit der Unterfuchung derjenigen Unterfchleife beauftragen, auf welche fich jene Begnadigung nicht beziehe, oder welche nach derfelben begangen feien. Jeder Stand wählte zu der Conferenz zwölf Deputirte, und diefen wurde am 26. Januar ein Bericht über den Zuftand der Finanzen vorgelegt, welcher indeß zum Theil dunkel war und wegen einzelner offenbaren und abfichtlichen Unrichtigkeiten überhaupt unguverläffig erfcheint. Es wurde angegeben, daß von der gefammten jährlichen Einnahme, welche 35,900,000 Livres betrage, 18,100,000 in den Provinzen felbft für Zahlung der Gehalte der Beamten verwandt würden, und nur 17,800,000 in den Staatsfchatz flöffen, während die von diefem zu beftreitenden Ausgaben auf 21,500,000 geftiegen feien; es wurde behauptet, daß bei dem Tode Heinrich's IV. in dem in der Baftille aufbewahrten Schatze nur 5 Millionen baares Geld vorhanden gewefen feien, während Sully den Betrag deffelben auf 17 Millionen angibt; es wurde ein Ausfall von 2 Millionen bei dem Ertrage der Salzfteuer angefetzt, obwol diefe ebenfo hoch wie früher verpachtet war, und es wurde die Summe der Jahrgelder, deren Vermehrung bis auf 5,650,000 Livres zugeftanden wurde, für die Zeit Heinrich's IV. auf 3 Millionen angegeben, ungeachtet fie nur 2 Millionen betragen hatte. Die Intendanten der Finanzen erklärten fich bereit, den Abgeordneten einer jeden Provinz das Nähere über die in derfelben verausgabten Staatseinkünfte mitzutheilen; dagegen wurde der Forderung der fechsunddreißig Deputirten, daß man ihnen auch das Detail in Betreff der aus dem Staatsfchatz gemachten Zahlungen und der Jahrgelder vorlege, erwiedert, daß diefes aus wichtigen Rückfichten auf den König und den Staat nicht zuläffig fei, und die ganze Verhandlung über das Finanzwefen endigte ohne alles Refultat[1]).

In einer königlichen Sitzung am 23. Februar wurden die allgemeinen Cahiers der drei Stände dem Könige übergeben. Richelieu, damals Bifchof von Luçon, war von der Geiftlichkeit gewählt worden, um ihr Cahier zu überreichen und in ihrem

---

1) Mercure 189—204. Relation 71—80. Sismondi 323—327.

Namen zu sprechen; seine Rede [1] war zwar bisweilen weit=
schweifig und nicht ganz ohne den bei solchen Gelegenheiten
damals üblichen gelehrten Prunk, sie war jedoch auch ungemein
klar und kräftig und bewies eine große Schärfe des Verstandes.
Für die beiden andern Stände sprachen die Präsidenten der=
selben. Die Cahiers der Geistlichkeit und des Adels stimmten
im Wesentlichen überein, indem sich diese beiden Stände über
vierundzwanzig Hauptartikel geeinigt hatten, welche an die
Spitze derselben gestellt und in welchen gebeten wurde: daß
die Beschlüsse des Tridenter Concils, mit der angeführten Be=
schränkung, angenommen und das erwähnte Decret des Kostnitzer
Concils aufs neue bekannt gemacht, daß in Bearn die freie
Ausübung der katholischen Religion wiederhergestellt und die
katholische Geistlichkeit wieder in ihre Besitzungen und Rechte
eingesetzt, daß der Vertrag über die Vermählung des Königs
mit der spanischen Infantin ausgeführt, daß in den Rath des
Königs außer den Prinzen und Kronbeamten vier Prälaten,
vier Edelleute und vier Hofbeamte aufgenommen, daß die Ver=
käuflichkeit der Ämter aufgehoben, das droit annuel abgeschafft
und alle Anwartschaften widerrufen, daß eine Justizkammer zu
Untersuchungen gegen die Finanzbeamten errichtet, daß, um
die Klagen der Unterthanen anzunehmen, alle zwei Jahre
Commissarien in die Provinzen geschickt, daß die Ordonnanzen
in deutlicher und kurzer Abfassung zu Einem geordneten Ge=
setzbuch zusammengestellt, und daß eine Reform der Universi=
täten, namentlich der pariser, bewirkt und in diese der Orden
der Jesuiten wieder eingesetzt werde. Die Geistlichkeit insbe=
sondere verlangte sogar das Verbot der Ausübung der soge=
nannten reformirten Religion oder, wenn der König aus Rück=
sicht auf den Staat und die öffentliche Ruhe dies nicht könne,
wenigstens Zurücknahme alles Dessen, was die Bekenner der=
selben während seiner Minderjährigkeit erlangt hätten. An
der Spitze des Cahier des dritten Standes stand die Bitte,
daß fortan alle zehn Jahre ein Reichstag gehalten und es gleich=
falls für ein Staatsgrundgesetz erklärt werde, daß Unterthanen

---

[1] Sie ist gedruckt in den Pièces justific. zu seinen Memoiren XI,
201—223; die Cahiers des dritten Standes und der Geistlichkeit finden
sich im Recueil I, 397—599 und III, 484—628.

des Königs keine Verbindungen und Bündnisse weder unter
sich noch mit fremden Prinzen und Herren ohne Willen und
Beistimmung des Königs schließen, daß Alle, welche ohne Erlaubniß desselben Kriegsvolk werben, Waffen anhäufen und
Versammlungen und Berathungen halten würden, als Majestätsverbrecher betrachtet, ihnen keine Gnade bewilligt und
allen Personen erlaubt sein solle, über sie herzufallen und sie
niederzuhauen. Ferner wurde gebeten, daß Niemand zu einem
Erzbisthum oder Bisthum befördert werde, welcher nicht dreißig
Jahr alt und ein geborener Franzose sei und die von den heiligen Decreten geforderten Eigenschaften habe, daß die Geistlichen nicht mehr als eine Pfründe besitzen sollten, sobald diese
jährlich sechshundert Livres einbringe, und daß ihnen Jagd,
Waffentragen, Handel und Übernahme von Pachtungen streng
untersagt, daß die Connetablewürde [1]), weil sie eine zu große
Macht verleihe, nicht wieder besetzt, daß die Kron- und Hofämter und alle militairischen Ämter nicht verkauft, sondern
unentgeltlich an angesehene und verdiente Männer, und zwar
nur an Franzosen, vergeben, daß die Zahl der Gouvernements
auf die alte Zahl (zwölf) zurückgeführt, für jedes nur ein
Gouverneur und ein Lieutenant des Königs ernannt und den
Gewaltthätigkeiten und Erpressungen dieser Beamten Grenzen
gesetzt, daß der königliche Staats- und geheime Rath auf
eine bestimmte Zahl Personen, welche von erforderlichem Alter
und andern angemessenen Eigenschaften und durch langjährige
Dienste und frühere Bekleidung ehrenvoller Ämter empfohlen
seien, beschränkt werde, und daß diese Räthe sich nicht mit
Sachen beschäftigten, deren Entscheidung der gewöhnlichen
Gerichtsbarkeit zustehe, und daß die Verkäuflichkeit der Justizämter aufhöre, daß die Ausgangs- und Eingangszölle, welche
an den Grenzen mancher Provinzen innerhalb des Reiches erhoben würden und ein Zeichen der Trennung unter den Unterthanen seien, aufgehoben und freier Handel im ganzen Reiche
gestattet, daß die Abgaben durch Abschaffung der übermäßigen
Geschenke, Gehalte und Jahrgelder und durch Verminderung

---

1) Sie war durch den Tod des Herzogs von Montmorency, welcher
im April 1614 gestorben war, erledigt worden. Richelieu X, 337.

des Hofstaats und des Militairs auf den Betrag des Jahres 1576 beschränkt würden, daß der König seine Einnahmen alle selbst erheben lasse oder nur einzeln verpachte, da die großen Finanzpächter die wahren Blutsauger des Volkes und des Königs seien, daß eine oder mehre Justizkammern zur Untersuchung der Misbräuche und Unterschleife in der Verwaltung der Finanzen errichtet, daß ein (namentlich angegebener) Theil der übermäßigen Zahl der Ämter, welche ebenso drückend für das Volk wie nachtheilig für Justiz, Einkünfte und Handel sei, abgeschafft, daß die städtischen Ämter nur durch freie Wahl der zu diesen Berechtigten besetzt und daß die Einfuhr von Fabrikaten und die Ausfuhr von rohen Producten verboten werde. — Der König antwortete den Sprechern der drei Stände nichts weiter, als daß er die Cahiers so bald und so günstig wie möglich werde beantworten lassen. Der Reichstag wurde jetzt als geschlossen betrachtet; es wurde den Ständen zwar noch erlaubt, sich zu versammeln, aber nicht an einem öffentlichen Ort, sondern nur in den Wohnungen ihrer Präsidenten und nur unter der Bedingung, daß sie keine neuen Vorschläge machten und keine neuen Beschlüsse faßten. Am 24. März wurden die ständischen Souvernementspräsidenten nach dem Louvre berufen, und in Gegenwart des Königs und seiner Mutter erklärte ihnen der Kanzler: die Menge, die Verschiedenheit und Wichtigkeit der in den Cahiers enthaltenen Artikel erlaubten nicht, dieselben so bald zu beantworten, wie der König und die Königin gewünscht und gedacht hätten; allein um den Ständen Beweise ihres guten Willens in Betreff der wichtigsten Artikel zu geben, hätten sie beschlossen, die Verkäuflichkeit der Ämter aufzuheben, eine Kammer zu Untersuchungen gegen die Finanzbeamten zu errichten und die Jahrgelder zu beschränken, Alles in solcher Weise, daß die Stände damit zufrieden sein würden; den andern Bitten würde so bald wie möglich geantwortet und entsprochen werden. Durch diese Erklärung waren die Stände entlassen; ihr Verlangen, bis zur Beantwortung ihrer Cahiers zusammenbleiben zu dürfen, war schon früher zurückgewiesen worden[1]). Selbst jene ge-

1) Mercure 421.

ringen Verſprechungen wurden nicht erfüllt: ſchon am 13. Mai
erklärte der König, daß er auf die bringenden Vorſtellungen
der Mitglieder der höchſten Behörden und anderer Beamten
die Abſchaffung der Verkäuflichkeit der Juſtiz- und Finanzämter ſowie die Verminderung der Zahl derſelben bis zum
1. Januar 1618 verſchiebe[1]), die verheißene Juſtizkammer
wurde nicht errichtet, und ebenſo wenig fand eine Beſchränkung
der Jahrgelder ſtatt. Der Reichstag bewirkte weiter nichts,
als daß die Provinzen mit einer Steuer zur Entſchädigung
der Deputirten für die gehabten Koſten belaſtet wurden, und
daß Jedermann einſah, daß es nicht hinreiche, die Übel zu
kennen, wenn man nicht den Willen habe, dieſelben abzu-
ſtellen[2]).

   Die Bemühungen Condé's und der ihm befreundeten
Prinzen, die Deputirtenwahl auf ihnen ergebene Männer zu
lenken und ihren perſönlichen Klagen Aufnahme in die denſelben übergebenen Cahiers auszuwirken, waren ebenſo erfolglos geweſen wie ihre Umtriebe während des Reichstages,
um vermittels deſſelben eine ihrem Ehrgeize günſtige Änderung
in der Zuſammenſetzung des königlichen Rathes und überhaupt
in der Leitung der Regierung durchzuſetzen; es war den Miniſtern und der Königin gelungen, ihre Beſtrebungen zu vereiteln[3]). Sie beſchloſſen deshalb jetzt, ſich des pariſer Parlaments als Werkzeuges zu bedienen, um jenen Zweck zu erreichen[4]). Es iſt nicht zu bezweifeln, daß dieſes die Meinung
theilte, welche das Parlament der Normandie im Februar
öffentlich ausgeſprochen hatte, daß nämlich die Stände nur ihre
Cahiers und Vorſtellungen in Form einer demüthigen Bitte
dem Könige zu übergeben hätten, und daß dieſe dann den
Parlamenten vorgelegt werden müßten, um die von ihnen für

1) Mercure 426. VI, 2, 326. 3, 39—42.
2) Richelieu X, 383.
3) Richelieu 352. Mercure IV, I, 4.
4) Rohan (121) nennt den Herzog von Bouillon als Denjenigen,
welcher dieſes Zerwürfniß angeſtiftet, aufs neue eine Partei unter Condé
zu Stande gebracht und alle misvergnügten Großen mit dieſem geeinigt habe.

zweckmäßig gehaltenen Modificationen hinzuzufügen [1]); und der
König hatte selbst dem pariser Parlament versprochen, die
Cahiers der Stände nicht zu beantworten, ohne sie ihm vorher
mitgetheilt und gehört zu haben, was es über dieselben zu sagen
habe. , Die Unzufriedenheit des Parlaments darüber, daß diese
Mittheilung nicht stattfand, wurde von den Prinzen noch mehr
erhöht, indem sie die Unterlassung als eine geringschätzige Be=
handlung darstellten, und es faßte am 28. März den Beschluß,
daß unter Voraussetzung der königlichen Genehmigung alle
Prinzen, Pairs und Kronbeamten, welche Sitz und Stimme
im Parlament hätten und in Paris anwesend seien, eingeladen
werden sollten, sich in diesem einzufinden, um in einer allge=
meinen Versammlung mit dem Kanzler über die Vorschläge
zu berathen, welche für den Dienst des Königs, die Erleich=
terung seiner Unterthanen und das Wohl seines Staates gemacht
werden würden. Die Minister sahen in diesem Schritte die
Absicht des Parlaments, sich über den König zu stellen, und
sie traten demselben sogleich entgegen: der König verbot den
Eingeladenen, sich in das Parlament zu begeben, er gab diesem
auf nachdrückliche Weise seinen Unwillen über den gefaßten
Beschluß zu erkennen, weil die Berufung der Pairs und die
Entscheidung über Staatsangelegenheiten ihm allein. zustehe,
und er befahl, ihm das Protokoll über die Verhandlung zu
überbringen. Das Parlament ließ dem Könige dagegen am
22. Mai schriftliche Vorstellungen übergeben: es wurden zu=
nächst Beispiele davon angeführt, daß es sich seit der Zeit des
Königs Johann auf nützliche Weise in die Staatsgeschäfte
gemischt habe, und der König wurde sodann gebeten, nicht zu
gestatten, daß seine Souverainetät, welche er unmittelbar von
Gott habe, irgend einer andern Macht unterworfen werde, zu
erwägen, wie nothwendig es sei, die alten, von seinem Vater
erneuerten Bündnisse zu erhalten, aus seinem Rathe diejenigen
Mitglieder zu entfernen, welche nicht wegen ihrer Verdienste,
sondern nur durch die Gunst Derer, die in demselben ihnen
unterwürfige Personen haben wollten, Eintritt erhalten hätten,
es für ein Majestätsverbrechen zu erklären, wenn irgend jemand

1) Floquet IV, 365.

von fremden Fürsten und wenn die Mitglieder seines Rathes
und der höchsten Behörden von französischen Prinzen, Herren,
Geistlichen und Gemeinheiten Jahrgelder oder Gehalte annähmen, die Verkäuflichkeit der Hofämter, der Gouvernements
und Militairämter zu verbieten, und diese, sowie die hohen
geistlichen Würden, nicht Fremden zu verleihen, keine Begnadigung für Mordthaten und andere große Verbrechen zu bewilligen, die Edicte über die Duelle beobachten zu lassen, die
schlechte Verwaltung der Finanzen und die bisherige Verschwendung abzustellen, namentlich die Geschenke und Jahrgelder, welche seit dem Tode seines Vaters übermäßig vermehrt und zum Theil an verdienstlose, unbedeutende Personen
gegeben worden seien, wieder auf den frühern Betrag zu beschränken, und endlich die Ausführung des Beschlusses vom
28. März zu erlauben. Die Königin, ebenso sehr durch den
Tadel ihrer Verwaltung wie durch die Ansprüche des Parlaments gereizt, sprach ihr Mißfallen auf eine heftige Weise
aus, und in der Antwort des Königs, welche der Kanzler
mittheilte, wurde erklärt: Frankreich sei eine Monarchie, in
welcher der König allein zu befehlen habe, da Gott ihm die
unumschränkte Gewalt verliehen habe, und er sei nicht verpflichtet, Jemandem Rechenschaft abzulegen; das Parlament
dürfe sich nicht in die Regierung mischen, und wenn die Könige
in wichtigen Dingen Rath von demselben angenommen hätten,
so sei dies nur dann geschehen, wenn es ihnen beliebt habe.
Eine königliche Verordnung cassirte den Beschluß und die
Vorstellungen des Parlaments und erklärte, daß dieses seine
gesetzlichen Befugnisse überschritten habe, und es wurde befohlen, die Protokolle dem Könige zu übergeben, damit Beschluß
und Vorstellungen aus denselben ausgestrichen würden. Das
Parlament verweigerte dies ebenso wie die Registrirung der
königlichen Verordnung, und der Hof begnügte sich endlich
damit, daß Deputirte des Parlaments am 28. Juni dem
Könige und der Königin die Bekümmerniß desselben über ihren
Unwillen bezeugten und die Betheuerung hinzufügten, daß es
nicht durch irgend eine schlechte Absicht, sondern nur durch
Eifer für den Dienst des Königs zu seinen Vorstellungen ver-

anlaßt sei, und daß es durchaus nicht in die Autorität desselben habe eingreifen wollen [1]).

Der erfolglose Ausgang des Reichstages hatte die Unzufriedenheit über die damalige Verwaltung noch vermehrt, und die beabsichtigte Vermählung des Königs mit einer spanischen Infantin erregte nicht allein Besorgnisse bei den Reformirten, sondern sie wurde auch von den meisten katholischen Franzosen gemißbilligt, weil sie den Spaniern, als den alten, gefährlichsten Feinden ihres Vaterlandes, abgeneigt waren und die Befürchtung hegten, daß Spanien einen verderblichen Einfluß auf die Angelegenheiten desselben erlangen könnte. Jedoch waren die Ursachen des Mißvergnügens nicht von der Art, daß sie einen Aufstand des Volkes hätten veranlassen können, zumal die Erinnerung an die frühern innern Zerrüttungen noch nicht erloschen war; auch war die Persönlichkeit der Prinzen nicht geeignet, Vertrauen einzuflößen, es gelang ihnen nicht, über ihren eigentlichen Zweck, die Befriedigung ihrer besondern Habgier und Ehrsucht zu täuschen, wenn sie sich auch den Schein zu geben suchten, als bezweckten sie nur das allgemeine Wohl, und die dem Hofe jetzt mit den Waffen entgegentretende Partei blieb im Wesentlichen eine aristokratische, obgleich sich ihr ein Theil der Reformirten anschloß. Condé, sowie die Herzöge von Longueville, Mayenne und Bouillon, hatten schon im Mai den Hof verlassen. Die Königin suchte ihn vergebens durch Unterhandlungen zu bewegen, zurückzukehren und den König auf seiner Reise nach dem südlichen Frankreich zu seiner Vermählung zu begleiten, sie gab ihm Versprechungen, verschob aber die Erfüllung derselben, sie weigerte sich, die Vermählung länger anstehen zu lassen, und Condé schrieb endlich am 27. Juli dem Könige: er könne nicht ohne Gefahr für seine Sicherheit und Würde zurückkehren, ehe nicht der königliche Rath umgestaltet und die vom Parlament gerügten Unordnungen im Staate abgestellt seien, er verlangte ein gerichtliches Verfahren in gewöhnlicher Form und Weise gegen den Kanzler Sillery, dessen Bruder, den Ritter von Sillery, die Staats

---

1) Mercure IV, 1, 18—70. Recueil 1, 233—282. Fontenay 270—280. Richelieu 387—392.

räthe Dolé und Bullion und den Marſchall von Ancre, welche
er als die Urheber jener Unordnungen nannte, und er erklärte,
daß die übereilte Reiſe des Königs vor Abſtellung derſelben
von jenen Leuten gerathen würde, welche ſich des königlichen
Anſehens zum Deckmantel ihrer verderblichen Pläne gegen den
Staat und die Prinzen, Herren und Kronbeamten bedienten.
Am 9. Auguſt erließ er an alle Stände und Behörden Frankreichs über ſeine Beweggründe, die Reform des Staates und
die Entfernung der ſchlechten Räthe des Königs zu verlangen,
ein Manifeſt, in welchem er die genannten fünf Männer und
beſonders Ancre aufs heftigſte angriff: dieſe Emporkömmlinge
maßten ſich alle Gewalt an, um Alles nach ihrem Willen zu
beſtimmen und zu ändern, um Recht und Geſetz umzuſtoßen
und auf willkürliche Weiſe mit dem Schickſale Frankreichs zu
ſpielen; ſie hätten die Freiheit der Berathung auf dem Reichstage beſchränkt, ſie hätten bewirkt, daß derſelbe fruchtlos geblieben ſei, und die Verordnung gegen den Beſchluß und die
Vorſtellungen des Parlaments veranlaßt, um die Stimme der
Wahrheit zu erſticken, damit ihre Übelthaten nicht beſtraft
würden, ſie übereilten die Vermählung des Königs, um in
der Gunſt der zukünftigen Königin ſich Sicherheit gegen den
allgemeinen Haß des Volkes zu verſchaffen, und ſie hätten alle
Nachbaren und Verbündete Frankreichs mit Mistrauen und
Argwohn erfüllt. Jeden Vorſchlag und jede Erfindung, um
von dem Volke Geld zu erheben, habe man angenommen, und
dies Geld ſei nur beſtimmt, die unerſättliche Habſucht des
Marſchalls von Ancre zu befriedigen, welcher ſich ſeit dem Tode
Heinrich's IV. ſchon mit mehr als ſechs Millionen bereichert
habe, und zur Schande Frankreichs verfüge dieſer Fremde mit
ſeinen Anhängern über öffentliche Ehren und Ämter und über
geiſtliche Würden und entſcheide über alle Gnadenbezeugungen.
Durch alle dieſe Umſtände werde er verpflichtet, den König zu
bitten, vor ſeiner Abreiſe ſeinen Rath zu ändern und den Misbräuchen und Unordnungen im Staate ein Ende zu machen,
und er bezwecke mit ſeinen Verbündeten Befreiung des Königs
von der Unterdrückung, in welcher derſelbe gehalten werde,
Aufrechthaltung der den Reformirten bewilligten Friedensedicte,
Erleichterung des Volkes, Beſtrafung der Urheber der Unord-

nungen und Abstellung dieser[1]).   Die Mitglieder des könig=
lichen Rathes waren verschiedener Ansicht über den Entschluß,
welchen man jetzt fassen müsse: einige riethen, daß der König
seine Vermählung, deren Beschleunigung das hauptsächlichste
Mittel der Ruhestörer sei, um das Volk zum Kriege aufzu=
reizen, noch verschiebe und sich zuvor mit einem Heere gegen
Condé wende, um dessen Unterwerfung zu erzwingen; andere
behaupteten, daß eine enge Verbindung mit Spanien am besten
den Frieden und die Ruhe der gesammten Christenheit sichern,
daß eine längere Verzögerung der Vermählung den König
von Spanien beleidigen und für das königliche Ansehen ebenso
nachtheilig wie für den Prinzen von Condé vortheilhaft sein
werde, weil man einen solchen Entschluß als durch die Macht
desselben erzwungen betrachten werde.   Die Königin entschied
sich für die letzte Ansicht: eine Armee von etwa 11,000 Mann,
zu deren Besoldung man den Rest des Schatzes in der Bastille
verwandte, unter dem Marschall von Boisdauphin, wurde dem
Prinzen von Condé entgegengestellt, der Marschall von Ancre
begab sich nach Amiens, um diese Stadt gegen den Herzog
von Longueville, Gouverneur der Picardie, zu sichern, und am
17. August traten der König und seine Mutter und Schwester,
begleitet von dem Herzoge von Guise, von 1000 Reitern und
dem 2 — 3000 Mann starken Garderegimente, die Reise nach
der spanischen Grenze an, indem der Präsident Le Jay, wel=
cher das Haupt der Condé'schen Partei im Parlamente war und
auch in Paris in großem Ansehen stand, als Gefangener nach
Amboise fortgeführt wurde.   Zu Poitiers erklärte der König,
welcher hier wegen der Erkrankung seiner Schwester den
September hindurch verweilen mußte, Condé und alle seine
Anhänger für Rebellen und Majestätsverbrecher; die Parla=
mente registrirten diese Erklärung ohne Schwierigkeit, und auch
das pariser fügte nur die Bestimmung hinzu, daß das ge=
richtliche Verfahren gegen die Geächteten erst nach Ablauf eines
Monats eintreten solle, wenn sie während desselben nicht die
Waffen niederlegten und zum schuldigen Gehorsam gegen den

---

1) Mercure IV, 1, 117. 130—158. Recueil I, 286—314.
Pontchartrain 80—89. Richelieu 396—398.

König zurückkehrten [1]). Condé schickte durch einen Abgeordneten
sein Manifest an die allgemeine Versammlung der Reformirten, welche mit königlicher Erlaubniß am 15. Juli zu
Grenoble eröffnet worden war, und er ließ sie auffordern, sich
mit ihm zur Herstellung einer geordnetern Verwaltung und
zur Verhinderung der beabsichtigten Vermählungen zu vereinigen, indem er versprach, keinen Vertrag ohne ihre Beistimmung zu schließen. Eine zahlreiche Partei in der Versammlung war geneigt, sich mit ihm zu verbinden, allein durch
die Rücksicht auf Lesdiguieres, welcher eine fast unumschränkte
Macht in der Dauphiné besaß und dem Hofe völlig ergeben
war, wurde sie zurückgehalten, ihre Meinung offen auszusprechen,
und es wurde zunächst nur beschlossen, dem Könige Bitten
und Beschwerden in einer Anzahl allgemeiner und besonderer
Artikel vorzulegen, namentlich wurde er in jenen ersucht:
den ersten Artikel des Cahier des dritten Standes, welcher
seine Souverainetät betraf, für ein Staatsgrundgesetz zu erklären, eine Untersuchung wegen der Ermordung Heinrich's IV.
anstellen zu lassen und diese streng zu bestrafen, die Annahme
des Tridenter Concils zu verweigern und die Bitten Condé's
zu beachten. Die Antwort, welche der König zu Poitiers ertheilte, bewilligte zwar einige der besondern Artikel, wenigstens
zum Theil; allein diese Zugeständnisse entsprachen den Erwartungen nicht, welche die damaligen Verhältnisse im Staat bei
den Reformirten erregt hatten; die Versammlung, um nicht
länger von Lesdiguieres abhängig zu sein, verlegte sich eigenmächtig nach Nismes, und Rohan, persönlich dadurch gereizt,
daß man ihm die früher versprochene Anwartschaft auf das
Gouvernement von Poitou verweigerte, im Einverständniß mit
seinem Bruder Soubise und andern angesehenen Reformirten
und in der Hoffnung, daß alle seine Glaubensgenossen in
Guienne sich ihm anschließen würden, ergriff die Waffen, um
die Reise des Königs an die spanische Grenze zu verhindern;
jedoch die Zahl Derer, welche sich auf dem bestimmten Sammelplatze einfanden, war so gering, daß er diese Absicht aufgeben

1) Pontchartrain 92—103. Mercure IV, 1, 185—195. Recueil
I, 316—327.

mußte[1]). Am 18. October wurde die Prinzessin Elisabeth von Frankreich zu Bordeaux dem Herzoge von Guise als Stellvertreter des spanischen Thronfolgers und an demselben Tage zu Burgos die vierzehnjährige Infantin Anna von Östreich, nachdem sie eine eigenhändig geschriebene Verzichtung auf die Hinterlassenschaft ihres Vaters und ihrer Mutter unterzeichnet hatte, dem Herzoge von Lerma als Stellvertreter Ludwig's XIII. angetraut, am 9. November wurden die Prinzessinnen auf der Bidassoa gegeneinander übergeben, und am 25. wurde Ludwig's Ehe mit der Infantin zu Bordeaux eingesegnet, und er trat darauf seine Rückreise nach Paris an, indem die bisherige Bedeckung durch einige neugeworbene Regimenter und viele sich ihr freiwillig anschließende Edelleute verstärkt wurde[2]). Condé und seine Verbündeten hatten ein Heer von etwa 7000 Mann gesammelt, dessen Befehl der Herzog von Bouillon übernahm. Der Marschall von Boisdauphin, welcher kein ausgezeichneter Feldherr, überdies bejahrt und kränklich war und, auch den Befehl erhalten hatte, nichts zu wagen, benutzte seine Überlegenheit nicht, er begnügte sich, den Feinden zur Seite zu folgen, um sie von Paris abzuhalten, und er stellte sich ihnen auch nicht entgegen, als sie am Ende des Octobers über die Loire gingen. In ihrem Lager bei Sanzay in Poitou schlossen Deputirte der Versammlung von Nismes am 27. November im Namen der Reformirten des Königreichs mit Condé und seinen Verbündeten einen Vertrag: beide Theile versprachen, gemeinsam für die Sicherheit des Lebens und der Souverainetät des Königs gemäß dem ersten Artikel des Cahier des dritten Standes zu sorgen, eine genaue Untersuchung gegen alle Theilnehmer an der Ermordung Heinrich's IV. zu veranlassen, die Annahme des Tridenter Concils zu verhindern, den nachtheiligen Folgen, welche die Vollziehung der spanischen Heirath für den Staat haben könnte, zuvorzukommen, eine Reform des königlichen Rathes und die Herstellung einer guten Ordnung in der Verwaltung gemäß den letzten Vorstellungen

1) Mercure IV, 1, 161. 176—183. 214—220. Rohan 127. 128. Bénoit 169—179.

2) Pontchartrain 112—115. Fontenay 315. 319.

des parifer Parlaments zu bewirken, die Gewalt den Urhebern
der Unordnungen im Staate zu nehmen, den Reformirten den
vollständigen Genuß des Edicts und der besondern Artikel in
der Form, in welcher diese und jenes ihnen ursprünglich in
Nantes bewilligt worden seien, sowie der zu Poitiers übergebenen und der außerdem von der Versammlung abgefaßten
Artikel zu verschaffen, die Waffen nicht niederzulegen, ehe alles
Erwähnte erlangt sei, und nur mit gemeinsamer Beistimmung
einen Vertrag zu schließen. Soubise, welcher in Saintonge
4500 Mann gesammelt hatte, vereinigte sich mit Condé,
Sully ließ sich bewegen, ihm alle seine Plätze zu öffnen, und
La Force bewirkte einen Aufstand in Bearn. Dagegen hatten
an dem zu Nismes gefaßten Beschluß, sich mit Condé zu verbinden, die Deputirten der Dauphiné, welche von Lesdiguieres
davon zurückgehalten worden waren, sich dorthin zu begeben,
nicht theilgenommen, die Deputirten von Montauban, Castres
und andern Städten hatten demselben widersprochen, und eine
königliche Declaration vom 10. November, welche das Edict
von Nantes nebst den über die Ausführung desselben erlassenen
Verordnungen bestätigte und allen Reformirten Verzeihung
bewilligte, wenn sie binnen einem Monate aller Theilnahme
an der Rebellion entsagten, trug dazu bei, daß nicht wenige
Reformirte die Verbindung mit Condé ablehnten oder wieder
aufgaben. Der Krieg, welcher angeblich für das allgemeine
Wohl des Reiches unternommen war, brachte dem Volke nur
Noth und Elend, da es von den Truppen des Königs und mehr
noch von denen Condé's, welcher nicht im Stande war, Sold
zu zahlen, und seine Soldaten durch Gestattung jeder Zügellosigkeit an sich zu fesseln suchte, durch Erpressung, Verheerung
und Plünderung zu Grunde gerichtet wurde [1]. Condé wurde
bald des Krieges überdrüssig, da er sein nächstes Ziel, die
Verhinderung der Vermählung des Königs, verfehlt hatte und
er wegen der Uneinigkeit der Minister und anderer einflußreichen Personen jetzt durch Rückkehr an den Hof leichter die
gewünschte Theilnahme an der Regierung sich zu verschaffen

---

1) Estrées 295. Pontchartrain 102—120. Rohan 130. 131.
Mercure IV, 1, 252—274.

hoffte; auch die Herzöge von Mayenne und von Bouillon
wünschten die Beendigung des Krieges, jener, weil er be=
fürchtete, daß die in seinem Gouvernement Isle de France
zahlreichen Reformirten aus der innern Zerrüttung zu viel Vor=
theil ziehen möchten, dieser, weil er endlich die Befriedigung
seiner ehrgeizigen Wünsche zu erlangen hoffte, wenn er zur
Herstellung des Friedens beitrage, und nicht minder waren
die Königin und ihre Günstlinge eines Krieges müde, welcher
sie im ruhigen Genusse des Hoflebens störte, und zu dessen
erfolgreicher Führung ihnen Einsicht und Geld fehlten. Condé
1616 schloß am 26. Januar 1616 einen Waffenstillstand, ungeachtet
die Herzöge von Rohan, Sully und Soubise widersprachen.
Die Friedensunterhandlungen, welche im folgenden Monat zu
Loudun eröffnet wurden, zogen sich sehr in die Länge, da es
sich bei denselben nicht allein um allgemeine Bewilligungen,
sondern mehr noch um persönliche Interessen handelte, da die
Beantwortung der von den Reformirten zu Poitiers überge=
benen Artikel viel Zeit erforderte, und da über die denselben
hinzugefügten Forderungen mit der reformirten Versammlung,
welche sich nach La Rochelle begeben hatte, verhandelt werden
mußte. Erst im Anfange des Mai einigte man sich über einen
Vergleich, welchen Condé am 3. und der König am 6. Mai
unterzeichnete. Die allgemeinen Bestimmungen wurden durch
ein königliches Edict, welches das Edict von Loudun genannt
wurde, bekannt gemacht: das Gedächtniß alles Dessen, was seit
dem Anfange der Unruhen geschehen war, wurde für erloschen
erklärt, dem Parlamente wurde befohlen, alle ihm überbrachten
Angaben und Mittheilungen über die Ermordung Heinrich's IV.
anzunehmen, um dieses Verbrechen zu untersuchen und zu be=
strafen, der erste Artikel des Cahier des Bürgerstandes sollte
dem Könige vorgelegt werden, um mit dem Rathe der Prinzen,
Pairs, Kronbeamten und einiger Parlamentsmitglieder den
Inhalt desselben zu berücksichtigen, die Antwort auf die Cahiers
der drei Stände sollte binnen drei Monaten gegeben werden,
Fremde sollten gemäß den alten Gesetzen des Königreichs nicht
anders zu Staatsämtern zugelassen werden als in Betracht
ausgezeichneter und empfehlender Dienste und Eigenschaften,
den höchsten Behörden wurde die freie und völlige Ausübung

ihrer Amtsbefugnisse und die ihnen von frühern Königen ertheilte
richterliche Gewalt bestätigt. Die Verkäuflichkeit der Ämter
am Hofe des Königs und der Königin, die Ämter der Gouverneure und General-Lieutenants in den Provinzen, sowie
der Commandanten der Städte und Festen wurde aufgehoben
und das Versprechen gegeben, daß in Zukunft keine Anwartschaften mehr ertheilt werden sollten. Die Reformirten erlangten in dem Edict nichts als die Bestimmung, daß die zu
ihren Gunsten erlassenen Edicte, Declarationen und geheimen
Artikel, wie sie in den Parlamenten registrirt waren, ausgeführt werden sollten, und außerdem erklärte der König in
den zu Loudun abgeschlossenen besondern Artikeln nur, daß er
nicht billige, was die Geistlichkeit für die Annahme des Tridenter Concils gethan habe, und er bestätigte noch insbesondere die Zulassung der Reformirten zu allen öffentlichen Ämtern [1]). Condé vertauschte sein Gouvernement Guienne, von
dessen festen Plätzen keiner in seinen Händen war, mit dem
Gouvernement von Touraine und von Berri, indem er zugleich den Besitz der Schlösser von Bourges und Chinon, und
als Entschädigung für Kriegskosten 1,500,000 Livres erhielt.
Auch seine Forderung, den Vorsitz im königlichen Rathe zu
haben und alle Beschlüsse desselben zu unterzeichnen, gestand
die Königin endlich zu, als Villeroi ihr vorstellte, daß es vor-
theilhafter sei, ihn an den Hof zu ziehen, als ihn in seinem
Gouvernement durch Diejenigen, welche nur darauf dachten,
die Ruhe zu stören, zur Erneuerung des Krieges aufreizen
zu lassen, und daß sie sich nicht fürchten müsse, eine Feder
in die Hand eines Mannes zu geben, dessen Arm sie halte.
Sämmtlichen Prinzen und Herren, welche mit Condé verbündet waren, wurden so bedeutende Geldsummen bewilligt, daß
der Friede dem Könige mehr als sechs Millionen Livres ko-

---

1) Zur Beruhigung der misvergnügten Reformirten erklärte der
König am 20. Juli 1616: es sei nicht seine Meinung gewesen, den bei
seiner Krönung geleisteten Eid, nämlich die von der Kirche bezeichneten
Ketzer aus seinem Reiche zu vertreiben, auch auf seine, unter der Wohl-
that der Friedensedicte lebenden, reformirten Unterthanen zu beziehen.
Mercure IV, 2, 100.

hatte [1]). Von den Personen, welche Condé früher als Urheber der Unordnungen im Staate angeklagt hatte, war Dolé gestorben, der Ritter von Gillery und Bouillon waren vom Hofe verwiesen und im April waren die Siegel dem Kanzler Gillery abgenommen und dem ersten Präsidenten des Parlaments der Provence, du Vair, übergeben worden.

Der Marschall von Ancre war nur genöthigt gewesen, das Gouvernement von Amiens aufzugeben, wofür er indeß durch die Würde eines General-Lieutenant des Königs in der Normandie und durch das Gouvernement mehrer Städte in dieser Provinz entschädigt wurde, und die fortdauernde Gunst der Königin für ihn und seine Frau machte ihm jetzt die Ausführung eines schon lange gehegten Planes möglich, nämlich die Entlassung der alten Minister zu bewirken und sie durch Männer, welche ihm völlig ergeben waren, zu ersetzen, um vermittels dieser selbst die Regierung zu leiten. Jeannin behielt zwar den Titel eines Oberintendanten der Finanzen, allein die Geschäfte wurden Barbin, welcher bisher Intendant des Hofes der Königin gewesen war, als Generalcontroleur übertragen, an Villeroi's Stelle wurde Mangot, erster Präsident des Parlaments zu Bordeaux, Staatssecretair für die auswärtigen Angelegenheiten, und bald darauf wurde der Bischof von Luçon, Richelieu, ein vertrauter Freund Barbin's,

---

1) Pontchartrain in seinen Memoiren 115—143 und in seinem Bericht über die Conferenzen zu Loudun 315—410. Richelieu 405—413 meist aus Estrées 299—303. Rohan 132—135. Bassompierre 105. Mercure IV, 2, 35—99. — Richelieu sagt in der von ihm im Anfange des Jahres 1617 für den Grafen von Schomberg, welcher nach Deutschland gesandt wurde, verfaßten Instruction (in den Pièces justificat. zu seinen Memoiren bei Petitot XI, 240. 241): Condé erhielt binnen sechs Jahren 3,660,000 Livres, die Prinzessin von Conti über 1,400,000, Guise fast 1,700,000, Nevers 1,600,000, Mayenne, Vater und Sohn, 2 Millionen, Vendome fast 600,000, Epernon und seine Kinder fast 700,000, Bouillon fast 1 Million. Alle Marschälle von Frankreich, deren Zahl um die Hälfte vermehrt wurde, empfingen viermal so viel als früher, sechs andere Herren oder Kronbeamten bekamen an Gratificationen 864,000. Elf oder zwölf Artikel zu Gunsten der Großen nehmen fast 17 Millionen fort, und die Pensionen sind jährlich um 3 Millionen vermehrt.

Almofenier der Königin und Staatsrath [1]). Die Herzöge von Longueville, Bouillon und Mayenne blieben zwar die unverföhnlichen Feinde Ancre's; aber indem er und feine Frau dem Prinzen von Condé verfprachen, ihren Einfluß bei der Königin zu feinem Vortheil zu verwenden, fo erlangten fie von diefem die Zuficherung feines Beiftandes gegen ihre Feinde. Ihr Vertrauen auf diefe Zufage und die Hoffnung, daß der Prinz fich mit Dem, was ihm bewilligt worden war, begnügen werde, wurde indeß gänzlich getäufcht, als er im Juli nach Paris zurückkehrte. Er entzog der Königin faft allen Einfluß auf die Staatsgefchäfte, indem er fich die Ent-fcheidung in allen bedeutendern Sachen zueignete, und er ließ fich von Mayenne und Bouillon, welche fich wieder an den Hof begeben hatten, bewegen, in ihren Plan einzugehen, Ancre zu verderben. Die große Zahl der Mißvergnügten und Ehrgeizigen fchloß fich ihm an, fie hatten nächtliche Zufam-menkünfte bei ihm, fie fuchten die Befehlshaber der Bürger-miliz zu gewinnen, das Volk durch Prediger gegen die Kö-nigin aufzureizen und den Haß, welchen daffelbe gegen Ancre und feine Frau hegte, wider fie zu richten, und in allen Pro-vinzen wurden Vorbereitungen zum Kriege gemacht. Der Königin blieben alle diefe Umtriebe nicht geheim, es wurde ihr fogar von verfchiedenen Seiten mitgetheilt, daß Condé nicht nur die Abficht habe, Ancre gefangen zu nehmen, um ihn er-morden oder ihm durch das Parlament den Proceß machen zu laffen, fondern daß er auch fie in ein Klofter einfperren laffen und fich des Königs bemächtigen wolle, um fich des-felben dann als feines Werkzeuges zu bedienen, und man hegte fogar den Argwohn, daß er nach der Krone trachte. Sie faßte deshalb mit Ancre, Barbin, Mangot und Riche-lieu den Entfchluß, dem Prinzen zuvorzukommen, und fie ließ ihn am 1. September im Louvre, wo er der Sitzung des Finanzrathes beigewohnt hatte, durch den Marquis von The-mines und deffen Söhne verhaften. Der König begab fich am 7. September in das Parlament und ließ in feiner Ge-

---

1) Fontenaÿ 325. 344. Pontchartrain 144. 149—154. Riche-lieu X, 419. XI, 106.

28 *

genwart eine Declaration vorlesen, in welcher er erklärte: daß
er zum Wohl des Staates genöthigt gewesen sei, Condé ver=
haften zu lassen, da dieser sich seiner Person, seiner Mutter
und der Regierung habe bemächtigen wollen und sogar An=
sprüche auf die Krone angedeutet habe; daß er indeß dadurch
den Vergleich von Loudun nicht habe verletzen wollen, daß
es vielmehr seine Absicht sei, denselben durchaus zu beobach=
ten, daß er Condé's Anhänger, wenn sie binnen vierzehn Ta=
gen um Verzeihung bäten, in seine Gnade aufnehmen, sonst
aber gegen sie als Majestätsverbrecher nach der Strenge der
Gesetze verfahren lassen werde. Die Herzöge von Bouillon,
Mayenne und Vendôme waren der Verhaftung durch schleu=
nige Flucht entgangen, bald folgte ihnen der Herzog von
Guise, die Herzöge von Longueville und Nevers schlossen sich
ihnen an, und der Ausbruch eines Bürgerkrieges schien bevor=
zustehen; allein die Uneinigkeit der Prinzen, welche nicht durch
ein gemeinsames Haupt zusammengehalten wurden, und die
unverzügliche Aufstellung eines königlichen Heeres unterstützte
die Unterhandlungen, welche die Königin sogleich anknüpfte;
der Herzog von Guise bereute seine Entfernung vom Hofe
und er beschleunigte durch seine Vermittelung den Abschluß
eines Vergleichs, an welchem nur Nevers nicht theilnahm, in
den letzten Tagen des Septembers. Der König bestätigte
den Vertrag von Loudun, soweit er nicht den Prinzen von
Condé betraf, er bewilligte den Herzögen von Mayenne und
Vendôme eine, von ihm bezahlte, Verstärkung ihrer Garni=
sonen in Soissons und La Fere, er verlangte nicht, daß die
Prinzen während des Winters an den Hof zurückkehrten, und
er erklärte am 30. September öffentlich, daß er die Her=
zöge und Andere, welche sich am 1. September von Paris
entfernt hätten, für gute, getreue und ergebene Unterthanen
halte [1]).

Die Gefangenschaft Condé's und die fortdauernde Ent=
fernung der meisten andern Prinzen vom Hofe machten die
Gewalt Ancre's noch größer und unbeschränkter, als sie bisher

---

1) Mercure IV, 2, 157—184. Pontchartrain 141—168. Richelieu X, 413—483, zum Theil aus Estrées 303—322.

gewesen war: er entschied über alle Maßregeln der Regierung, er verfügte über die Staatseinkünfte, und er vergab die Staatsämter; der Siegelbewahrer du Vair wurde entlassen, weil er sich dem Willen Ancre's nicht unbedingt fügte, und weil er selbst die Königin durch sein anmaßendes Benehmen beleidigte, Mangot erhielt die Siegel, und an seiner Stelle wurde Richelieu, welcher sich dem Marschall und der Königin durch seine Talente schon unentbehrlich gemacht hatte, zum Staatssecretair ernannt [1]). Die einzige Stütze der Macht Ancre's war indeß die Gunst der Königin und die Herrschaft, welche seine Frau über dieselbe besaß; nicht allein die Großen, welche es ihm nicht verzeihen konnten, daß er die Stelle einnahm, zu der sie sich durch ihre Geburt berechtigt glaubten, waren seine Feinde, sondern auch das Volk haßte ihn aufs äußerste und legte ihm alle Übel, welche es erdulbete, zur Last, weil er ein Fremder war, weil die Königin ihn übermäßig bereichert hatte, und weil er aus Stolz es verschmähte, sich um Zuneigung und Achtung zu bemühen und lieber durch Furcht herrschen wollte [2]). Die Herrschsucht und der Hochmuth seiner Frau, welche sich selbst über den König und dessen Mutter in geringschätzigen, verächtlichen Ausdrücken äußerte, machte diese ebenso verhaßt, wie er es war, und Haß

1) Das Königliche Diplom vom 30. November 1616 (Aubery, Mémoires pour servir à l'histoire du Card. Duc de Richelieu. Cologne 1667; I, 11) ernennt Richelieu zum Staatssecretair für die Finanzen; allein die obere Leitung derselben blieb bis zum Tode Ancre's in der Hand Barbin's, und Richelieu beschäftigte sich, wie seine Correspondenz mit den Gesandten beweist (Capefigue II, 298), besonders mit den auswärtigen Angelegenheiten, und außerdem war ihm das Kriegsdepartement anvertraut.

2) Rohan 167; Pontchartrain 169. 228—230. Wenn Eftrées (328) sich günstiger als die übrigen Schriftsteller über Ancre äußert und namentlich sagt, daß derselbe ein Mann von angenehmer Persönlichkeit gewesen sei und nur wenige Personen zurückgestoßen habe, so thut er dies wahrscheinlich aus Rücksicht auf das Verhältniß desselben zu Richelieu, auf dessen Veranlassung er seine Memoiren schrieb; Richelieu selbst (XI, 17—20) sagt: Ancre habe besonders dadurch verletzt, daß er seine Macht absichtlich zur Schau getragen, daß er ungern eingestanden, Jemandem verpflichtet zu sein, und daß er durch sein Mißtrauen selbst seine Freunde sich völlig entfremdet habe.

und Neib gegen ihn war das Band, welches die misver=
gnügten Prinzen auch ferner untereinander verknüpfte. Der
Herzog von Nevers, welcher sich der ihm nicht gehörenden
Plätze in seinem Gouvernement Champagne mit Gewalt zu
bemächtigen suchte, wurde nebst Allen, welche ihm Beistand
leisteten, von dem Könige im Januar 1617 für einen Ma=
jestätsverbrecher erklärt, wenn er nicht binnen vierzehn Ta=
gen zu seiner Pflicht zurückkehre; eine gleiche Erklärung er=
folgte gegen Mayenne; Vendome und Bouillon, welche sich
mit ihm vereinigten, und als die Verbündeten dem Könige
Vorstellungen übersandten, in welchen sie den Ehrgeiz und
die unersättliche Habgier Ancre's und seiner Frau als die ein=
zige Ursache aller Übel und Unordnungen im Staate bezeich=
neten, die Bestrafung der zahlreichen von denselben gegen den
Staat begangenen Verbrechen verlangten und um die Frei=
lassung Condé's baten, so sprach der König am 10. März die
Confiscation aller Güter der Rebellen aus. Die Herzogin
von Bouillon, welche sich nach Limousin begeben hatte, um
die Reformirten in Guienne und Poitou zu gewinnen, be=
wirkte zwar, daß die Reformirten aus La Marche und Li=
mousin zu einer Versammlung in La Rochelle zusammentra=
ten, obwol der König die Erlaubniß dazu verweigert hätte,
allein du Plessis und Rohan verhinderten eine Verbindung
mit den misvergnügten Großen, und drei gegen diese aufge=
stellte königliche Armeen begannen den Krieg mit solchem
Erfolge, daß die Auflösung und Vernichtung ihrer Partei
binnen kurzem zu erwarten war, als die Verhältnisse durch
Ancre's plötzlichen Tod völlig umgestaltet wurden [1]. Er
fiel durch einen Günstling des Königs, zu dessen Erhebung
er selbst beigetragen hatte, und dessen Ehrgeiz danach trachtete,
seine Stelle einzunehmen. Luynes, dessen Vater nach einer
kleinen Besitzung an dem Flüßchen Luynes in der Provence
diesen Namen angenommen hatte, in die königliche Garde ein=
getreten und dann Commandant der Stadt Pont=Saint=Es=
prit geworden war, wurde in seiner Jugend Page des Gra=

---

1) Mercure IV, 3, 14—44. 85—107. 115. 113—116. Pontchar=
train 198—217. Richelieu XI, 1—15.

ſen von Lude in Anjou; durch Verwendung des Gouverneurs
von Angers kam er an den Hof und erhielt von Heinrich IV.
ein Jahrgeld, von welchem er mit ſeinen jüngern Brüdern
Cadenet und Brantes lebte. Da ſie ſich durch Gewandtheit
in Leibesübungen und beſonders im Ballſpiel auszeichneten
und ſich durch die Einigkeit, in welcher ſie lebten, geachtet
und beliebt machten, ſo theilte ſie der König dem Hofſtaat
des Dauphins zu, und durch ihren Dienſteifer und ihre Geſchicklichkeit im Abrichten von Jagdvögeln, woran der Prinz
großen Gefallen fand, erwarben ſie, und beſonders der älteſte,
ſich bald das Wohlwollen deſſelben. Auch als Ludwig König geworden war, blieb Luynes ſein gewöhnlicher Geſell-
ſchafter, weil derſelbe, obwol viel älter, ihm die Zeit auf an-
genehme Weiſe zu verkürzen verſtand und die Oberaufſicht
über die kleinen Vögel hatte, welche er zu ſeinem Vergnügen
in einem beſondern Cabinet hielt; und 1615 bewog Ancre die
Königin, in der Hoffnung, ſich Luynes zur Dankbarkeit zu
verpflichten, ihm das Gouvernement von Amboiſe zu übertragen[1]). Die Gunſt des Königs mußte indeß um ſo eher
ehrgeizige Gedanken in Luynes erwecken, als er ſah, daß
Ancre nur durch die Gewogenheit der Königin ſo hoch erhoben worden war, und er endlich fürchten mußte, durch das
Mißtrauen dieſes Mannes vom Hofe entfernt zu werden. Er
nährte die Unzufriedenheit des Königs darüber, daß man ihn
noch immer von den Staatsgeſchäften fern hielt, daß man
ſeine Dienerſchaft auf wenige Perſonen beſchränkte und ihm
ſogar bisweilen Geld zu ſeinen kleinen Vergnügungen verweigerte; er erbitterte ihn immer mehr gegen Ancre, er erregte auch ſein Mißvergnügen gegen ſeine Mutter, und
brachte es endlich dahin, daß der König den Befehl gab, ſich
Ancre's zu bemächtigen und ihn, jedoch vielleicht nur für den
Fall, daß er ſich widerſetze, zu tödten. Der Gardecapitain
Vitry übernahm aus perſönlichem Haß und gegen die Zuſage
der Marſchallswürde die Ausführung, und er gewann mehr
als zwanzig Edelleute dafür; mit dieſen ging er Ancre ent-

I) Richelieu X, 354—356. Fontenay 138. 139. Mémoires du
Marquis de Montpouillan (in Mém. de la Force IV) 20.

gegen, als dieser am 24. April 1617 nach dem Louvre kam,
und auf der Brücke des Schlosses wurde derselbe durch Pi-
stolenschüsse getödtet. Seine Mörder plünderten darauf sein
Haus, indem sie sich sein Geld und andere Kostbarkeiten zueigneten. Sein Leichnam wurde in der Stille in einer Kirche
beerdigt, allein er wurde am folgenden Tage von dem Volke,
von Männern, Weibern und Kindern, aus dem Grabe gerissen, durch die Straßen geschleift und theils verbrannt, theils
an Galgen aufgehängt. Seine Frau wurde in die Bastille
gebracht, und das Parlament, mit dem Processe gegen sie
beauftragt, würdigte sich zum Werkzeuge des Hasses und der
Habgier herab: es erklärte am 8. Juli sie und ihren Mann
für schuldig der beleidigten göttlichen und menschlichen Majestät, verurtheilte sie als Zauberin und Jüdin, enthauptet und
dann verbrannt zu werden, befahl, daß alle Güter Beider in
Frankreich und Italien, als mit den Geldern des Königs gekauft, zum Vortheil desselben eingezogen werden sollten, und
es sprach endlich allen Fremden die Befähigung zu Ämtern und
Würden in Frankreich ab. Die Fassung und Ergebenheit,
mit welcher die Marschallin starb, erregte ungeachtet des Hasses gegen sie allgemeine Theilnahme. Die unbeweglichen Güter Ancre's sowie die Würde eines königlichen Generallieutenant in der Normandie erhielt Luynes. Noch am 24. April
hatte der König die angesehensten Mitglieder seines Rathes
berufen und ihnen mitgetheilt, daß er Ancre als Majestätsverbrecher habe tödten lassen; an demselben Tage schrieb er
den Gouverneuren der Provinzen; da Ancre und dessen Frau
sich aller Gewalt im Staate bemächtigt hätten, sodaß ihm
nur der Königsname geblieben sei, und da bei dem Hasse und
der Erbitterung darüber ein allgemeiner Aufstand im Reiche
zu besorgen gewesen, so habe er beschlossen gehabt, sich der
Person Ancre's zu versichern, und da derselbe Widerstand habe
leisten wollen, so seien einige Schüsse abgefeuert worden,
durch welche er getödtet worden sei. Barbin, Mangot und
Richelieu wurden sogleich ihrer Ämter entsetzt; Jeannin bekam wieder die obere Leitung der Finanzen, der Kanzler Sillery übernahm wieder die Functionen seiner Würde, indem jedoch zugleich du Vair wieder die Siegel übergeben wurden,

Villeroi[1]) und der Sohn des Kanzlers, Puifieux, welcher schon früher die Anwartschaft auf sein Amt gekauft hatte und ihm beigesellt worden war, erhielten aufs neue das Departement der auswärtigen Angelegenheiten. Die Königin wurde in ihrer Wohnung bewacht und Niemandem ohne Erlaubniß des Königs der Zutritt zu ihr gestattet, bis sie darum bat, sich nach Blois, einer Stadt ihrer Apanage, zurückziehen zu dürfen. Auch hier wurde sie sehr streng wie eine Gefangene beauffichtigt, und Richelieu folgte ihr in diese Verbannung, obwol Luynes ihm die fernere Theilnahme am königlichen Rathe nebst seinem ganzen Gehalte anbot. Sogleich nach Ancre's Ermordung waren die Befehlshaber der königlichen Armeen von dem Geschehenen benachrichtigt und ihnen der Befehl gegeben worden, ihren Gegnern Waffenstillstand anzubieten; diese erwiderten sogleich, daß sie bereit seien, sich dem Willen und den Befehlen des Königs völlig zu unterwerfen, mehre von ihnen begaben sich nach Paris, und der König erklärte in einer, am 12. Mai vom Parlament registrirten, Declaration alle Prinzen und Herren, welche sich vom Hofe entfernt hatten, für gute und getreue Unterthanen und Diener, da sie nur zu ihrer Sicherheit gegen die anmaßlichen und gewaltthätigen Absichten des Marschalls von Ancre die Waffen ergriffen hätten, und er bestätigte die früher zur Beruhigung des Reiches erlassenen Edicte. Der Prinz von Condé blieb zwar noch Gefangener, jedoch wurde seine Haft sehr gemildert und seiner Gemahlin gestattet, sie zu theilen. Die Versammlung zu La Rochelle gehorchte dem Befehle des Königs, sich zu trennen, indem sie ihm durch Deputirte ein Cahier ihrer Bitten und Beschwerden übersandte[2]).

1) Villeroi ftarb fchon am 30. December 1617. Richelieu 488.
2) Richelieu 96—97. Pontchartrain 198. 218—238. Fontenay 374—380. Bassompierre 148. Mémoires du comte de Brienne, ministre et premier secrétaire d'état, composés pour l'instruction de ses enfans (bei Petitot XXXV und XXXVI; fie beginnen mit dem Jahre 1613, fchließen mit 1661 und find befonders für die Zeit Richelieu's und Mazarin's belehrend) XXXV, 326—330. Mémoires inédits de L. A. de Loménie, comte de Brienne, publiés par Barrière. Paris 1728 (viel unbedeutender als die des ältern Brienne, feines Vaters; über den Sohn f. Mém. du duc de St. Simon II, 115.) I, 251—257.

Durch den Tod Ancre's war der Grund oder Vorwand zu der bisherigen Unzufriedenheit und inneren Zerrüttung entfernt, die Großen und die höchsten Beamten wetteiferten in Beweisen des Gehorsams und der Ergebenheit gegen den König; dieser schien entschlossen, selbst die Regierung zu führen, er widmete derselben wenigstens einen Theil des Vormittages, er empfing selbst die fremden Gesandten, und man erwartete, daß er sich durch den Rath der alten erfahrenen Minister werde leiten lassen. Er wurde indeß sehr bald der ernsten Beschäftigung mit Staatsangelegenheiten überdrüssig und kehrte ganz zu seinen knabenhaften Vergnügungen zurück; Luynes, obwol er sich nur auf Hunde und Vögel verstand und ihm alle Kenntniß der Geschäfte und der innern und äußern Verhältnisse des Reiches fehlte, ergriff mit kecker Zuversicht das Steuer des Staates, und seine vornehmsten Räthe waren zwei Männer, welche ebenso unwissend wie er waren, Modène, ein ihm verwandter Edelmann aus der Dauphiné, und Deageant, welcher bei der Verschwörung gegen Ancre besonders thätig gewesen und dann zum Finanzintendanten erhoben worden war; seinen Einfluß auf den König sicherte er sich dadurch, daß er ihm einen Beichtvater wählte, auf dessen Ergebenheit er rechnen konnte, und daß er ihn, um ihn zu unterhalten und zu zerstreuen, mit unbedeutenden Menschen umgab, welche jeden Andern fern halten mußten [1]). Die Verschwendung während der letzten Jahre hatte den Staat so erschöpft, daß nicht einmal die gewöhnlichen Ausgaben bestritten werden konnten; die Großen waren nicht geneigt, auch nur das Geringste von dem früher Erlangten aufzuopfern, sie hofften vielmehr, daß ihr Gehorsam durch neue Begünstigungen belohnt werden würde; Luynes wagte nicht, ihnen etwas zu entziehen, er wollte sich indeß entweder den Schein geben, als ob er Reformen im Staate beabsichtige, um die öffentliche Meinung für sich zu gewinnen, oder er wollte die Unzufriedenheit, welche die auch von ihm als nothwendig erkannten Reformen bei den durch diese Beeinträchtigten erregen mußten, von sich abwenden, und besonders wünschte er, daß

1) Fontenay 382. Rohan 149. Richelieu XXII, 167.

die Ermordung Ancre's und die Entfernung der Königin vom
Hofe durch eine Verſammlung von Repräſentanten des Reiches
wenigſtens ſtillſchweigend gebilligt werde. Die Berufung der
Reichsſtände ſchien ihm zu bedenklich, er beſtimmte den König
deßhalb, eine Verſammlung von Notabeln zu berufen,
und zwar nach Rouen, damit er im Stande ſei, von ſeinem
neuen Amte in der Normandie Beſitz zu nehmen, ohne ſich
von dem Könige zu entfernen. Die Verſammlung würde am
4. December eröffnet, ſie beſtand aus dreizehn Adeligen, elf
Geiſtlichen und fünfundzwanzig Beamten, meiſt Mitgliedern
der Parlamente und der beiden Steuerhöfe von Paris und
Rouen; zum Präſidenten wurde der Bruder des Königs beſtimmt, und ihm wurden die Cardinäle von La Rochefoucauld
und Duperron, der Marſchall von Briſſac und der Herzog
von Montbazon beigegeben. Es wurden den Notabeln zur
Berathung zwanzig Propoſitionen vorgelegt, welche theils vom
Könige beabſichtigte Einrichtungen, theils ihm von den Miniſtern gemachte Vorſchläge enthielten; ſie betrafen namentlich die Verminderung der Mitglieder des königlichen Rathes
und die Abfaſſung eines Reglement über die Behandlung der
Geſchäfte in demſelben, die Verringerung der Ausgaben für
den Hof und für die Garniſonen, die Herabſetzung der Jahrgelder, welche bis auf ſechs Millionen vermehrt worden waren, auf die Hälfte dieſer Summe, das Aufhören bedeutender
Geldgeſchenke, die Beſchränkung der Befreiungen von der Taille,
das Verbot, Ämter des königlichen Hofes, Gouvernements der
Plätze und überhaupt Militairämter einem Andern abzutreten
oder zu verkaufen, den Widerruf der ertheilten Anwartſchaf-
ten und die Einführung einer unparteiiſchen Rechtspflege.
Die Verſammlung gab den meiſten Propoſitionen ihren Beifall, und ſie erſuchte den König insbeſondere, den Verkauf
jener Ämter durch ein feierliches Edict zu unterſagen, alle ſeit
dreißig Jahren gekaufte Adelsbriefe zu widerrufen und den
Adel in Zukunft nur für ausgezeichnete Dienſte zu ertheilen.
Sie ſtellte außerdem ſechsunddreißig Bitten zuſammen, welche
zum Theil Beſchwerden wiederholten, welche ſchon von dem
letzten Reichstage erhoben worden waren, und welche auch die
Bitte um Aufhebung des droit annuel und um Verminderung

der Ämter enthielten. Der König erklärte sich bereit, dieselbe
zu bewilligen, als er aber den Rath der Versammlung darü=
ber verlangte, auf welche Weise der dadurch in der Staats=
einnahme entstehende Ausfall gedeckt werden könne, so erwi=
derte sie, daß sie in dieser Beziehung keinen Rath zu geben
vermöge und es dem Könige und seinen Räthen überlasse,
dafür zu sorgen. Die Notabeln wurden am 28. December
von dem Könige entlassen, und nur sehr wenige der von ihnen
gebilligten Propositionen und gestellten Bitten wurden ausge=
führt, da alle Diejenigen, deren besonderes Interesse durch eine
vollständige Ausführung, besonders durch Verminderung der
Jahrgelder und Garnisonen, verletzt werden mußte, sich aufs
lebhafteste beklagten, zumal Luynes, seine Brüder und Freunde
fortwährend mit Gunstbezeigungen überhäuft wurden; Luynes
wagte nicht, einer Unzufriedenheit Trotz zu bieten, welche für
ihn gefährliche Folgen haben konnte, er gab ihr nach und
sicherte sich dadurch den ruhigen Besitz der königlichen Gunst
und seines Einflusses[1]).

Diese Nachgiebigkeit erhielt zwar die Ruhe während des
Jahres 1618, sie befriedigte aber die Ansprüche der Großen
nicht, und dieselben Ursachen, durch welche diese früher Ancre's
Feinde geworden waren, mußten sie auch zum Neide und
Hasse gegen Luynes aufreizen. Bald wurden geheime An=
schläge entdeckt, welche Condé's Befreiung und die Versöhnung
des Königs mit seiner Mutter bezweckten; ungeachtet deßhalb
die Beaufsichtigung der Königin geschärft wurde, wußte sie
doch insgeheim Verbindungen mit mehren misvergnügten
Großen anzuknüpfen, namentlich mit den Herzögen von Eper=
non, Mayenne und Bouillon, es gelang ihr, in der Nacht
des 20. Februars 1619 aus dem Schlosse von Blois zu ent=
fliehen und sie fand eine Zuflucht bei Epernon, welcher Gou=
verneur von Angoumois war. Luynes verhinderte indeß durch
rasche Thätigkeit die Absichten seiner Feinde: indem er sogleich
eine bedeutende Kriegsmacht aufstellte, hielt er die meisten der

1) Mercure V, 1, 169—172, 192—233. Recueil II, 96—176.
Pontchartrain 252—258. Fontenay 405—409. Richelieu 103. Ro=
han 149.

misvergnügten Großen, selbst derjenigen, welche der Königin
ihren Beistand bereits versprochen hatten, zurück, sich für die=
selbe zu erklären, zumal sie überdies nicht geneigt waren, sich
dem stolzen, anmaßenden Herzoge von Epernon unterzuord=
nen; der König brach selbst nach Orleans auf, seine Truppen
rückten gegen Angoumois vor, und die Königin mußte be=
fürchten, binnen kurzem in Angoulesme eingeschlossen zu wer=
den. Sie gab deshalb den Vorstellungen der Cardinäle von
Bethune und La Rochefoucauld, welche mit Vorschlägen zu
einem Vergleich an sie gesandt waren, Gehör; Richelieu, wel=
chen Luynes, weil er seinen Einfluß auf die Königin fürchtete,
vor einiger Zeit nach Avignon verbannt hatte, wurde von
ihm zurückgerufen, um die Einwirkung Epernon's zu vereiteln,
und beförderte den Abschluß eines Vergleichs, welcher schon
am 30. April von der Königin in Angoulesme unterzeichnet
wurde. Durch denselben wurde ihr gestattet, die Personen
ihres Hofstaats nach Belieben zu bestimmen, sich aufzuhalten,
wo es ihr gefalle, selbst bei der Person des Königs, es wurde
ihr der lebenslängliche Genuß ihrer Apanage und die freie
Verfügung über die Ämter in den ihr gehörenden Domainen
zugesichert, und es wurde ihr versprochen, daß der König Alle,
welche ihr beigestanden hätten, auf freundliche Weise behan=
deln und ihnen die genommenen Ämter und Besitzungen zu=
rückgeben werde. Sie vertauschte außerdem ihr Gouverne=
ment Normandie gegen das von Anjou und erhielt für
die aufgewandten Kosten, eine Entschädigung von 180,000
Livres, und Epernon bekam für das Gouvernement von Bou=
logne, welches er während des kurzen Krieges gegen ihn ver=
loren hatte, 150,000 Livres. Im September fand eine Zu=
sammenkunft zwischen dem Könige und seiner Mutter zu
Couzières statt, aber wenn sie sich auch einander Zeichen von
Liebe gaben, so verhinderte doch Luynes eine aufrichtige An=
näherung und Versöhnung [1]. Er misbrauchte die unum=
schränkte Gewalt, welche er über den König ausübte, um sei=
nen sich maßlos steigernden Ehrgeiz zu befriedigen und sich

---

[1] Pontchartrain 264—284. 289. Richelieu 121—163. 185. Ro=
han 152—154. Recueil II, 232—247.

und seine Brüder immer mehr zu erheben. Schon früher
hatte er das Gouvernement von Isle de France erhalten, indem Mayenne für dieses durch Guienne entschädigt wurde,
welches dem Prinzen von Condé entzogen war; jetzt wählte
er für jenes, welches er seinem Schwiegervater, dem Herzoge
von Montbazon, überließ, das Gouvernement der Picardie,
und Longueville wurde dagegen Gouverneur der Normandie.
Ferner wurde nicht allein er zum Herzoge und Pair erhoben,
sondern auch seine Brüder, nämlich Cadenet bei seiner Verheirathung mit der Erbin von Pequigny zum Herzog von
Chaulnes und Brantes zum Herzog von Piney-Luxemburg,
indem er sich mit der Erbin dieses Herzogthums vermählte,
und später wurden beide Marschälle von Frankreich und, so
wie ihr älterer Bruder, Ritter des Ordens des heiligen Geistes [1]). Luynes verkannte jedoch nicht, daß solche übermäßige
Begünstigungen auch die Zahl seiner Feinde und ihren Neid und
Haß vermehren mußten, und er beschloß deshalb sich gegen sie eine
kräftige Stütze an dem Prinzen von Condé zu verschaffen:
auf seine Veranlassung erhielt der Prinz am 20. October
nicht allein seine Freiheit wieder, sondern der König erließ
auch am 9. November eine Declaration, welche ebenso ehrenvoll für ihn als beleidigend für die Königin-Mutter war; er
erklärte nämlich: die Verhaftung Condé's sei eins von den
Übeln gewesen, die von Denjenigen bewirkt seien, welche seinen
Namen und sein Ansehen gemißbraucht und mit dem Reiche
auch den Prinzen hätten zu Grunde richten wollen, dieser sei
der ihm zur Last gelegten Dinge nicht schuldig, und er widerrufe deshalb alle gegen ihn gerichteten und ihm nachtheiligen Erklärungen und Urtheilssprüche. Luynes erreichte zwar
seinen Zweck, Condé zur Dankbarkeit gegen ihn und zur Er-

1) Richelieu 121. Pontchartrain 288. 294. Mémoires de François de Paule de Clermont, marquis de Montglat, mestre de camp du
régiment de Navarre (seit 1640), grand-maître de la garderobe du
roi (seit 1643) et chevalier de ses ordres (seit 1661); (bei Petitot
XLIX-LI). Er war im Anfange des 17. Jahrhunderts geboren und
starb 1675; seine Memoiren sind eine reichhaltige und zuverlässige Quelle
für die Kriegs- und Hofgeschichte, besonders aber für die Zeit der Unruhen der Fronde.

gebenheit gegen den König zu verpflichten, allein der Einfluß
und das Ansehen des Prinzen hatte ſich während ſeiner Ge-
fangenſchaft zu ſehr verändert, als daß er die unzufriedenen
Großen mit Luynes hätte verſöhnen oder auch nur von dem
Vorhaben, die Macht des Günſtlings zu ſtürzen, hätte zurückhalten können; die Zahl derſelben nahm um ſo mehr zu, als
man wegen Geldmangels außer Stande war, Jahrgelder und
andere Begünſtigungen in demſelben Maße wie bisher zu gewähren, und die drückenden Maßregeln, durch welche man ſich
Geld zu verſchaffen ſuchte, erregten auch bei den Parlamenten
und dem Volke großen Unwillen.

Auch der mit den Reformirten vor einiger Zeit begonnene Streit, welcher die kirchlichen Verhältniſſe in Bearn
betraf, nahm eine bedenkliche Wendung. Die Königin Johanna von Navarra, Mutter Heinrich's IV., hatte 1570 auf
Bitte der Stände die Reformation in dieſer Landſchaft eingeführt, den Katholiken, welche ſich zwei Jahre zuvor gegen ſie
empört und ſie aus dem Lande vertrieben hatten, die freie
Ausübung ihrer Religion genommen und die Kirchengüter zum
Unterhalt der reformirten Prediger, Collegien, Seminarien
und Armen überwieſen, und dies war 1576 von den Ständen beſtätigt worden. Heinrich IV. hatte 1581 geſchworen,
ſeine Unterthanen in Bearn im Genuß aller von ſeinen Vorgängern ihnen auf Bitte der Stände zugeſtandenen Bewilligungen und Vortheile zu erhalten; er hatte zwar 1599 an
einigen Orten den Katholiken Religionsfreiheit geſtattet, auch
wiederum zwei katholiſche Biſchöfe eingeſetzt und für ihren
Unterhalt hinreichend geſorgt, jedoch übrigens die Anordnungen
ſeiner Mutter beſtätigt, und auch von Ludwig XIII. war dies
mehrmals geſchehen. Die Katholiken beſtritten indeß die Gültigkeit derſelben, indem ſie behaupteten, daß die Verſammlung
von 1576 nicht eine Verſammlung der Stände geweſen ſei,
weil der erſte Stand, die Geiſtlichkeit, ſowie die katholiſchen
Mitglieder der beiden andern an derſelben nicht theilgenommen
hätten. Die Vorſtellungen der 1617 gehaltenen Verſammlung
der franzöſiſchen katholiſchen Geiſtlichkeit, unterſtützt durch den
Siegelbewahrer du Vair, welcher nach der Cardinalswürde
trachtete, bewirkten im Juni eine Verfügung des Staatsraths,

welche die Herstellung des katholischen Gottesdienstes an allen
Orten in Bearn und die Zurückgabe aller Kirchengüter befahl
und die Summen, welche bisher von diesen für die reformir=
ten Prediger, Lehrer und Armen erhoben worden waren, auf
die königlichen Domainen in Bearn und den nahgelegenen
Landschaften anwies. Die Reformirten hielten diese Entschä=
digung für unsicher, da die Domainen als unveräußerlich be=
trachtet wurden und die Grundgesetze der Provinz den Nach=
folger Dessen, welcher Domainen veräußert hatte, sogar zur
Zurücknahme derselben verpflichteten; allein ungeachtet ihrer
Gegenvorstellungen befahl ein königliches Edict im September
die Ausführung jener Verfügung. Eine Ständeversammlung
faßte darauf am 10. November den Beschluß, daß der Be=
fehl, die Kirchengüter zurückzugeben, die Freiheiten des Landes
beeinträchtige, und daß man auf Mittel denken müsse, sich
der Ausführung zu widersetzen, und das Parlament zu Pau
verweigerte die Registrirung des Edicts [1]). Der Gouverneur
von Bearn, La Force, welcher an diesem Widerstande theil=
nahm, veranlaßte im Mai eine Versammlung, welche aus den
drei Ständen der Landschaft und aus Deputirten der refor=
mirten Kirchen in Ober=Languedoc und Nieder=Guienne be=
stand; sie trennte sich nicht, obwol der König befahl, daß
gegen die Urheber und Theilnehmer derselben wie gegen Ver=
letzer der königlichen Edicte und Störer der öffentlichen Ruhe
verfahren, daß sie ergriffen und ihnen der Proceß gemacht
werden sollte, sie bat die reformirten Deputirten am Hofe,
die früher gemachten Gegenvorstellungen zu unterstützen oder
die Erlaubniß zu einer Versammlung der reformirten Kirchen
auszuwirken, und sie forderte die Reformirten in ganz Frank=
reich auf, sich mit ihr zu vereinigen. Das Parlament von
Pau beharrte ungeachtet eines königlichen Befehlschreibens
bei seiner Weigerung, es faßte den Beschluß, den König zu
bitten, die Klagen und Vorstellungen seiner reformirten Unter=
thanen anzuhören und die Rechte derselben seinen und seiner
Vorgänger Edicten gemäß zu berücksichtigen, und ein Reque=

---

1) Mercure V, I, 45—50. 235—242. V, 2, 158—162. 172—181.
Richelieu 62. 63. Pontchartrain 248. Bénoit II, 236 ff.

tenmeiſter, welcher nach Pau geſchickt wurde, um die Verfügung des Staatsraths auszuführen, wurde von unbekannten
Leuten ſo gemißhandelt, ·daß er ſich wieder entfernte. Die
Verſammlung ging endlich im April 1619 auseinander, indem der König ihr völlige Verzeihung bewilligte .und zur
Wahl neuer Deputirten an Hofe den Reformirten eine allgemeine Verſammlung erlaubte [1]). Dieſe wurde im September 1619 zu Loudun eröffnet, ſie ſtellte ihre Beſchwerden und
Bitten in einem allgemeinen Cahier zuſammen, in welchem
man über zahlreiche Verletzungen des Edicts von Nantes
klagte und außer Anderm um Verlängerung des Beſitzes der
Sicherheitsplätze, um Aufnahme zweier reformirten Räthe in
das pariſer Parlament, um Einſetzung eines reformirten Gouverneurs in Lectoure an der Stelle des zum katholiſchen Glauben übergetretenen und um Widerruf des Befehls, die Kirchengüter in Bearn zurückzugeben, bat. Nach der Übergabe
des Cahier (am 20. December) befahl der König, daß die
Verſammlung unverzüglich zur Wahl der Deputirten ſchrei-
ten und ſich ſobann trennen ſolle, und er fügte dieſem Gebot
nur das nichtsſagende Verſprechen hinzu, daß er einen Monat darauf Dasjenige, was er bewilligen werde, ausführen
laſſen werde. Die Verſammelten verweigerten es jenem Befehle eher Folge zu leiſten, als bis ſie die Abſtellung ihrer
Beſchwerden und die Gewährung ihrer Bitten erlangt hätten,
und ſie beharrten bei dieſer Weigerung, auch als ein königliches Edict vom 26. Februar 1620 ſie für Majeſtätsver- 1620
brecher erklärte, wenn ſie ſich nicht binnen drei Wochen trennten. Luynes wagte indeß unter den damaligen Umſtänden
nicht, Gewalt anzuwenden; er und Condé unterhandelten mit
Lesdiguieres, welcher damals durch Erhebung zum Herzog
und Pair noch enger an den Hof gefeſſelt worden und nach
Paris gekommen war, um ſich in dieſer Eigenſchaft im Parlament aufnehmen zu laſſen, ſie verſprachen demſelben münd-
lich, daß der König in Betreff der drei erſten Bitten den Reformirten binnen ſechs Monaten vollkommene Befriedigung

---

1) Fontenay 417. Richelieu 119. 120. Bénoît II, 264. 266.
274. pr. 45—49.

gewähren und einen Monat später die Vorstellungen der Deputirten der reformirten Kirchen in Bearn gegen die Zurückgabe der Kirchengüter anhören werde. Die Bitte der Versammlung um die schriftliche Erlaubniß, in sechs Monaten
wieder zusammentreten zu dürfen, wenn jenes Versprechen
nicht erfüllt werde, verweigerte Luynes zwar, er gab aber die
Versicherung, daß er in diesem Falle aus allen Kräften bei
dem Könige die Erlaubniß dazu vermitteln werde. Obwol
die Versammlung durch diese Versprechungen zum Theil nicht
befriedigt war, so bewirkten doch da Plessis und Rohan, von
welchen jener vorstellte, daß man dem Worte des Königs
vertrauen müsse, und dieser eine ähnliche Spaltung wie früher
zu Saumur fürchtete, durch ihre Freunde, daß sie sich am 26.
März trennte, indem sie jedoch die Rocheller beauftragte, eine
neue Versammlung zu berufen, wofern jene Versprechungen
nicht erfüllt würden [1]. Während Luynes auf solche Weise
die Reformirten auf einige Zeit beschwichtigte, knüpften die
mißvergnügten Großen aufs neue geheime Verbindungen mit
der Königin-Mutter an, für welche zugleich Richelieu mit großer Thätigkeit unterhandelte. Sie beklagte sich darüber, daß
man die ihr bewilligten Bedingungen nicht ausführe, und sie
weigerte sich; ungeachtet Richelieu dazu rieth, sich an den Hof
zu begeben, in der Meinung oder unter dem Vorwande, daß
dadurch ihre Sicherheit bedroht werde. Schon in der Nacht
des 27. März begab sich plötzlich der Herzog von Mayenne
von Paris nach seinem Gouvernement Guienne, indem er die
Besorgniß hegte oder vorgab, daß man sich seiner Person bemächtigen wolle. In den beiden nächsten Monaten entfernten sich auch fast alle andern Großen; einige von ihnen begaben sich nach den Provinzen, um Anhänger für ihre Partei
zu gewinnen, die übrigen, so wie mehre andere und unter
diesen Rohan, nach Angers zur Königin; auch der Herzog
von Montmorency, Gouverneur von Languedoc, verhehlte seine
Ergebenheit für sie nicht, und Epernon bemächtigte sich aller

1) Mercure VI, 1, 301—310. 2, 27—58. 445. Bénoît II, 277;
pr. 49—53. Pontchartrain 299. Bassompierre 161. Rohan 152.
Richelieu XXII, 99—101.

Städte und Plätze in Angoumois und Saintonge. So zahlreich und weit verbreitet indeß die Partei der Königin auch war, so gering war doch ihre innere Stärke und Einheit, da jeder der Mißvergnügten nur seinen eigenen Vortheil und nicht ein gemeinsames Interesse im Auge hatte, da sie eigentlich selbst nicht wußten, was sie wollten, und keiner von ihnen die Befähigung besaß, die Führung eines Krieges zu leiten und eine Armee zu befehligen. Außerdem ließ Luynes ihnen nicht Zeit, die begonnenen Rüstungen zu vollenden: von ihm begleitet, brach der König am 7. Juli mit einer Armee nach der Normandie auf, der Herzog von Longueville zog sich sogleich von Rouen nach Dieppe zurück, und die Plätze, welche in seiner oder in seiner Verbündeten Gewalt sich befanden, wurden in sehr kurzer Zeit unterworfen. Der König wandte sich darauf nach der Loire, seine Armee wurde bis auf 13,000 Mann verstärkt, während die zu Angers versammelten Truppen nur wenige Tausend Mann betrugen und von schlechter Beschaffenheit waren; sobald die Königlichen Pont de Cé, eine Meile von der Stadt, eingenommen hatten, sandte die Königin Richelieu und den Cardinal von Sourdis an ihren Sohn, um einen Frieden abzuschließen. Schon am 10. August wurde ein Vergleich unterzeichnet: der König bestätigte den Vertrag von Angoulesme, erklärte seine Mutter für schuldlos an allen Dingen, welche sich während der letzten Unruhen zugetragen, und er bewilligte Allen, welche ihr beigestanden hatten, vollständige Verzeihung unter der Bedingung, daß sie die Waffen niederlegten und allen Verbindungen entsagten. Diese Bedingung wurde sogleich von allen Prinzen und Herren, welche die Waffen ergriffen hatten, erfüllt, denn wenn auch manche von ihnen mit dem Vergleich unzufrieden waren, so konnten sie doch jetzt nicht mehr ihre Sache für die der Königin ausgeben, und sie hatten sich überzeugt, daß sie nicht, wie sie gehofft, auf den Beistand der Parlamente und der größern Städte rechnen konnten [1].

Die Königin hatte mit ihrem Sohne zu Brissac bei An-

<hr/>

1) Mercure VI, 2, 285. 320—325. 338—342. Fontenay 461—482. Pontchartrain 301—314. Richelieu XXII, 59—96.

29 *

gers im August eine Zusammenkunft, bei welcher sie miteinander sich völlig zu versöhnen schienen, und sie begab sich darauf mit seiner Gemahlin nach Paris. Der König selbst brach unerwartet, obwol der Herzog von Mayenne zu ihm gekommen war, um ihm seine Ergebenheit zu bezeugen, im September nach Guienne auf, er versicherte sich des Gehorsams dieser Provinz und wandte sich dann nach Bearn. Bei seiner Annäherung registrirte das Parlament von Pau am 8. October das Edict über die Zurückgabe der Kirchengüter, allein es erreichte nicht seinen Zweck, den König von der Fortsetzung seines Marsches zurückzuhalten. Ohne Widerstand zu finden, zog er am 15. October mit seiner Garde in Pau ein, er ließ vier Tage darauf eine Verordnung über die freie Ausübung des katholischen Glaubens, welche in der ganzen Landschaft wiederhergestellt wurde, und am folgenden Tage ein Edict registriren, durch welches Nieder-Navarra und Bearn mit der französischen Krone vereinigt wurde, legte in die Festung des Landes, Navarreins, und andere Orte Besatzungen unter katholischen Befehlshabern und befahl die Errichtung eines Jesuitencollegiums in Bearn, jedoch ließ er das Gouvernement dem Marquis von La Force ¹). Das Verfahren des Königs erregte fast bei allen französischen Reformirten Besorgniß und Unzufriedenheit, mehre Provinzialversammlungen beschlossen sogleich, ihren Glaubensgenossen in Bearn Beistand zu leisten, die Rocheller beriefen zum 26. November eine allgemeine Versammlung, und obwol der König Alle, welche an derselben theilnehmen würden, für Majestätsverbrecher erklärte, obwol die den Reformirten im vorigen Jahre gegebenen drei Versprechungen jetzt endlich erfüllt wurden, so wurde dennoch die Versammlung zu La Rochelle eröffnet.

1621   Sie faßte am 2. Januar 1621 Vorstellungen an den König ab, in welchen sie sich beklagte, daß die Zurückgabe der Kirchengüter in Bearn ausgeführt sei, ohne daß man die Gegenvorstellungen der Einwohner des Landes gehört habe, daß man den Reformirten einige ihrer Sicherheitsplätze entzogen und

---

1) Mercure 350—354. Fontenay 495,° 496. Malingre 673—677. Richelieu 105—111.

in den andern ſeit achtzehn Monaten ihre Garniſonen und Prediger nicht bezahlt habe, daß in mehren Städten, namentlich
in Bourges, Lyon und Dijon, die Leichname der Reformirten
wieder ausgegraben, die reformirten Kirchen verbrannt und
die Prediger vertrieben worden ſeien, ohne daß Gerechtigkeit
habe erlangt werden können, und daß die Jeſuiten durch
Predigten und geheime Umtriebe das Volk immer mehr gegen die Reformirten aufreizten. Die Abgeordneten der Verſammlung, welche dieſe Vorſtellungen nach Paris überbrachten, wurden von dem Könige gar nicht vorgelaſſen; Lesdiguieres, welcher von ihr aufgefordert wurde, Genugthuung
wegen des Bruches des ihm gegebenen Wortes zu verlangen,
misbilligte ihr Zuſammentreten als eine übereilte und unbeſonnene Maßregel und verſprach nur, wenn ſie ſich auflöſe,
ſich dafür zu verwenden, daß der König ihr Verzeihung bewillige; allein ſeine Bemühungen, ſie zur Unterwerfung unter den Willen des Königs zu beſtimmen, waren erfolglos,
und ebenſo wenig fand die Bitte Bouillon's, welcher durch
Krankheit zu Sedan zurückgehalten wurde, bei dem Könige
Gehör, daß er die Vorſtellungen der Verſammlung annehmen,
die bisherigen Verletzungen ſeiner Edicte abſtellen und lieber
Güte und Milde als Waffengewalt anwenden möge. Die
Verſammlung fertigte Vollmachten zur Werbung von Truppen
und zur Erhebung von Abgaben unter ihrem großen Siegel
aus, auf welchem ein ſich auf ein Kreuz ſtützender Engel,
unter deſſen Füßen ſich eine nackte Figur — die katholiſche
Kirche bedeutend — befand, dargeſtellt war, und welches die
Umſchrift hatte: für Chriſtus und den König, und ſie ließ
die Befeſtigungen der reformirten Sicherheitsplätze verſtärken.
Der König, welcher der Meinung war, daß die Reformirten
unter dem Vorwande der Religion eine Republik errichten
wollten, und deſſen Kriegsluſt überdies durch den Feldzug des
vorigen Jahres geweckt war, faßte den Entſchluß, eine zahlreiche Armee aufzuſtellen, um mit den Waffen Unterwerfung
zu erzwingen; er verſchaffte ſich das nothwendige Geld durch
Edicte, welche die Paulette auf neun Jahre wiederherſtellten,
und den Verkauf von 400,000 Livres auf die Salzſteuer an-
gewieſene Renten, ſowie die Errichtung neuer Ämter verord-

naten, und außerdem bewilligte ihm die katholische Geistlichkeit später eine Million Goldthaler zur Belagerung von La
Rochelle. Zur bessern Führung des Krieges hielt er es für
nöthig, die Connetablewürde wieder zu besetzen; Lesdiguieres,
welchem sie unter der Bedingung, daß er katholisch werde,
angeboten wurde, lehnte sie wegen seines hohen Alters ab, er
schlug dazu Luynes vor, und dieser, welcher den Degen bisher nur gegen Hirsche und wilde Schweine gezogen hatte [1],
wurde am 2. April zum Connetable ernannt. Lesdiguieres
erhielt dagegen die Würde eines General-Marschalls der königlichen Armeen. Die Versammlung von La Rochelle wurde
auch durch den Entschluß und die Kriegsrüstungen des Königs nicht geschreckt, und während sie ihre demüthige Unterwürfigkeit unter den von Gott zu ihrem Fürsten und Herrn
eingesetzten König betheuerte, faßte sie zugleich am 10. Mai
ein Reglement ab, um sich Leben und Gewissensfreiheit zu
sichern, sich der Gewalt und Unterdrückung zu widersetzen
und die gesammten reformirten Streitkräfte zu vereinigen und
zusammenzuhalten. Durch dasselbe wurden alle Provinzen
in sieben Kreise und den Bezirk Bearn getheilt, für jeden
wurde ein commandirender General ernannt, nämlich Rohan,
Soubise, Lesdiguieres, La Trimouille, La Force und dessen
Sohn, Chatillon, Coligny's Enkel, und Bouillon, welchem
zugleich der Oberbefehl bestimmt wurde; die Befugnisse der
Generale und des Oberfeldherrn wurden festgestellt, Vorschriften für die Erhaltung der Kriegszucht wurden abgefaßt und
die Erhebung der königlichen Einkünfte zur Bezahlung des
Kriegsvolks sowie zur Bestreitung anderer allgemeiner Ausgaben und die Beschlagnahme und Verpachtung der Einkünfte
der Kirchengüter wurde befohlen. Die Katholiken nannten
dieses Reglement den Gegenstaat oder die Gegenmonarchie
und das Grundgesetz der reformirten Kirchen von Frankreich
und Bearn, und sie betrachteten es als eine Nachbildung der
Regierungsform der vereinigten Niederlande. Die Hoffnung
der Versammlung, daß sich die angesehensten reformirten Herren
ihr anschließen würden, wurde großentheils getäuscht. Nicht

[1] Worte des ältern Brienne, angeführt von seinem Sohne I, 351.

allein Lesdiguieres, sondern auch die Herzoge von Bouillon und La Trimouille wiesen das ihnen bestimmte Amt zurück; der Marquis von Chatillon, Gouverneur von Aiguesmortes und Montpellier, sicherte zwar diese Städte und Nismes, sowie die Umgegend derselben gegen den Herzog von Montmorency, weigerte sich aber, die Beschlüsse der Versammlung anzuerkennen. La Force dagegen, welcher vom Könige des Gouvernement von Bearn entsetzt worden war, übernahm den Befehl in Nieder-Guienne und sein Sohn den Befehl in Bearn. Die Brüder Rohan und Soubise hatten sich früher der Berufung der Versammlung widersetzt und sich sodann bemüht, sie zu bewegen sich wieder zu trennen, als aber jetzt die Lossagung jener Männer von dem gemeinsamen Interesse der Reformirten und die Maßregeln des Königs Besorgniß für ihre Gewissensfreiheit und ihren Glauben bei ihnen erregten, so sahen sie in dem Kriege nur eine gerechte Vertheidigung der den Reformirten früher gemachten Bewilligungen, und Rohan trat an die Spitze derselben in Ober-Languedoc und Ober-Guienne, Soubise in Bretagne und Poitou. Der König erließ, bevor er zum Kriege aufbrach, am 24. April eine Erklärung, in welcher er denjenigen Reformirten, welche in ihrer Pflicht und im Gehorsam bleiben würden, die genaue und vollständige Beobachtung aller Edicte und Declarationen versprach, welche ihnen von seinem Vater und von ihm bewilligt worden seien, und sie unter seinen besondern Schutz nahm, und er bestrafte bald darauf die zu Tours gegen die Reformirten verübten Gewaltthätigkeiten durch Hinrichtung der fünf Schuldigsten. Jene Erklärung und dieß Verfahren trug viel dazu bei, daß die Reformirten im Norden der Loire ruhig in ihrer Heimat blieben, sie ließen sich sogar meistens ohne Widerstand entwaffnen, und die wenigen, welche die Waffen ergriffen, wurden leicht überwältigt. Die Reformirten des südlichen Frankreich rechneten mit solcher Zuversicht auf die Festigkeit ihrer Sicherheitsplätze, daß sie einen vieljährigen Widerstand leisten zu können hofften, und sie wurden noch mehr durch die Erinnerung an den glücklichen Kampf der vereinigten Niederländer gegen die spanische Macht ermuthigt, allein gegenseitiges Mißtrauen und selbstsüchtiger Eigennutz störte

die Einigkeit unter ihnen, die Begeisterung und Entschlossenheit, mit welcher sie einst für ihren Glauben gekämpft hatten,
war bei den meisten von ihnen nicht mehr vorhanden, und
auch die Thätigkeit und der Eifer eines Mannes wie Rohan
vermochte die ihm entgegentretenden Hindernisse nicht zu über-
winden. Fast alle von den Reformirten besetzten Plätze in
Poitou öffneten ohne Widerstand dem Könige die Thore, und
du Plessis wurde ungeachtet des ihm gegebenen Versprechens
des Gouvernement von Saumur beraubt [1]). S. = Jean d'Angely war von Rohan, welcher Gouverneur der Stadt war,
mit allen Kriegsmitteln versehen worden, und Soubise übernahm die Vertheidigung, allein nach mehrwöchentlicher Belagerung, welche Lesdiguieres gemeinschaftlich mit dem Herzoge
von Brissac leitete, wurde es am 25. Juni zur Ergebung gezwungen. Der König bewilligte Allen, welche sich in der
Stadt befanden, Verzeihung und die durch die Edicte gestattete
Gewissensfreiheit unter der Bedingung, daß sie schwuren, ihm
stets gehorsam zu sein, nie wieder die Waffen gegen ihn zu
führen noch an Verbindungen gegen ihn theilzunehmen; auch
Soubise, welcher mit den Edelleuten und dem übrigen Kriegs-
volke freien Abzug erhielt, leistete diesen Eid, er glaubte sich
indeß bald nicht mehr dadurch verpflichtet, weil der König
ungeachtet der bewilligten Verzeihung die Befestigungen der
Stadt zerstören ließ, sie aller ihrer Vorrechte und Freiheiten
beraubte und die Einwohner allen Abgaben und Frohndien-
sten gleich denen des platten Landes unterwarf. Der Herzog
von Epernon, welcher schon früher Bearn zum Gehorsam gegen den König genöthigt hatte, wurde mit der Blokade von
La Rochelle beauftragt, und in Nieder-Guienne waren die
Reformirten durch den Fall von S.=Jean d'Angely, welches
sie für uneinnehmbar gehalten hatten, so bestürzt und entmuthigt, daß fast alle ihre Plätze, ohne Widerstand zu versuchen, dem Könige sich ergaben [2]). Allein sein rasches und

---

1) Er zog sich nach seinem Schlosse La Foret in Nieder-Poitou zurück, wo er zwei Jahr später starb.

2) Malingre (818. 819) gibt ein Verzeichniß von 41 reformirten
Plätzen, welche sich vom Mai bis August ohne Widerstand dem Könige

siegreiches Vorrücken endete vor der Stadt Montauban, deren
Bevölkerung und zahlreiche Besatzung zur beharrlichsten Vertheidigung entschlossen war, und welche von den Reformirten
wie ein anderes La Rochelle für die Sicherheit ihrer Kirchen
in Ober-Guienne und Nieder-Languedoc betrachtet ward. Sully
begab sich mit Erlaubniß des Königs nach Montauban, um
die Stadt zur Unterwerfung zu bewegen, aber seine Bemühungen wurden durch den Widerspruch der Prediger und der
Bürger vereitelt, welche größere Gewalt in derselben als die
Edelleute hatten, und selbst sein Sohn, der Graf von Orval,
erklärte ungeachtet seiner Befehle und Bitten, daß er lieber
in Montauban sterben als sich unterwerfen werde. Am 18.
August begann die Belagerung: alle Stürme wurden zurückgeschlagen, glückliche Ausfälle und Krankheiten, welche durch
die Jahreszeit und durch unaufhörliche Regengüsse vermehrt
wurden, schwächten die Belagerer sehr und verbreiteten Muthlosigkeit unter ihnen, während es Rohan gelang, Verstärkungen in die Stadt zu werfen, und der König sah sich endlich
genöthigt, in den ersten Tagen des Novembers die Belagerung aufzuheben. Er ließ 7000 Mann vor der Stadt zurück, um sie auch ferner zu blokiren und um die Zufuhr von
Lebensmitteln abzuschneiden, und die übrigen Truppen vertheilte er in die Städte von Guienne. Noch während der
Belagerung hatte der Marquis von Chatillon einen Edelmann an ihn geschickt und ihn seines Gehorsams versichern
lassen [1]).

Luynes, welcher nach dem Tode des Siegelbewahrers
du Vair im Sommer dieses Jahres auch dessen Amt sich zugeeignet hatte, starb am 15. December [2]). Sein Stolz und
die Schmeicheleien, durch welche man sich um seine Gunst be-

unterwarfen und von 16 andern, welche in derselben Zeit mit Gewalt
unterworfen wurden.

1) Mercure VII, 180—703. 801—942. Richelieu XXII, 118—
128. 137—158. Fontenay 496—527. Rohan 183—200. Am aus-
führlichsten wird der Hugenottenkrieg in den Jahren 1621 und 1622
beschrieben von Malingre 715 ff. und in den Mémoires du marquis de
Castelnaut (in Mém. de la Force IV).
2) Malingre 902. Richelieu 162.

ward, hatten in ihm die Einbildung geweckt, daß er ein großer Mann ſei und den König und den Staat vom Verderben
errettet habe. Durch ſein rückſichtsloſes, anmaßendes Benehmen hatte er ſelbſt den König ſo verletzt, daß dieſer der
Herrſchaft, welche er über ihn ausübte, überdrüſſig geworden
war, und daß er nur durch ſeinen Tod dem ihm drohenden
Sturze entging. Um nicht wieder unter die läſtige Vormund-
ſchaft eines Günſtlings zu gerathen, wollte der König jetzt
ſelbſt die Regierung führen, allein die Geſchäfte derſelben wurden ihm bald ſehr unangenehm, da ſie ihn in ſeinen Vergnügungen ſtörten, und die Leitung der Regierung wurde der
Gegenſtand ehrgeiziger Beſtrebungen und Intriguen. Die
Miniſter wie der Prinz von Condé bemühten ſich, den Wunſch
der Königin-Mutter, in den Staatsrath einzutreten, zu vereiteln, allein indem ſie ihren Sohn überredete, daß ſie keinen
andern Willen als den ſeinigen, und daß ſie nur ſein Intereſſe
im Auge habe, erreichte ſie ihren Zweck, und ihr anſpruchs-
loſes Verhalten ſowie die Anmaßungen Condé's bewirkten
bald eine Befreundung zwiſchen ihr und den Miniſtern. Dagegen ſuchte der Prinz den König zur Fortſetzung des Krieges gegen die Reformirten zu bewegen, um ihn dem Einfluſſe
ſeiner Mutter und ſeiner Miniſter zu entziehen, um ſelbſt ihn
leiten zu können, und um zugleich ſeinen eigenen Haß gegen
jene Religionspartei zu befriedigen; er beſtimmte ihn, ſchon
am 21. März 1622 wieder zum Kriege aufzubrechen, und die
Abſicht der Königin, ihrem Sohne zu folgen, wurde durch
eine langwierige Krankheit verhindert [1]. Noch bevor der König im ſüdlichen Frankreich ankam, wurde Soubiſe, welcher
ſich mehrer Plätze in Nieder-Poitou bemächtigt hatte, an der
Mündung der Loire am 16. April angegriffen, ſeine Truppen
wurden größtentheils im Treffen und auf der Flucht von den
Bauern niedergehauen oder gefangen und auf die Galeeren
geſchickt, und er ſelbſt kehrte nur mit Wenigen nach La Rochelle zurück, welches der Herzog von Epernon wiederum blo-
kirte. Durch Agenois drang der König ſelbſt in Nieder-Languedoc ein. Auch jetzt war Rohan's Beſtreben, die Reformir-

1622

1) Richelieu 188—211. Bassompierre 265—369. Montglat 35.

ten zu früher Einigkeit, zur Aufopferung ihrer persönlichen Interessen zu bewegen, ohne Erfolg, sein Rath, sich wegen ihrer
geringen Kriegsmittel auf die Vertheidigung der wichtigsten
und stärksten Städte zu beschränken, wurde verworfen, weil
er dem Interesse der Gouverneure der übrigen Plätze widersprach, und ungeachtet seiner unermüdlichen Thätigkeit vermochte er die Fortschritte der königlichen Armee nicht aufzuhalten. La Force, welcher sich nach S. Foy zurückgezogen
hatte, übergab diese Stadt, indem er zum Marschall ernannt
wurde und eine Entschädigung in Geld für das Gouvernement
von Béarn erhielt. Négrepelisse wurde erstürmt und verbrannt und die Einwohner, selbst Frauen und Kinder, umgebracht. S. Antonin mußte sich auf Gnade und Ungnade ergeben, und mehre Einwohner wurden auf Befehl des Königs
gehängt, und diese Ereignisse verbreiteten solchen Schrecken,
daß sich fast alle kleinern Orte dieser Gegend sogleich unterwarfen. Damals sagte sich Lesdiguieres gänzlich von seinen
Glaubensgenossen los, indem er durch den Übertritt zur katholischen Kirche sich die Connetablewürde erkaufte, und Chatillon, welcher Aiguesmortes dem Könige überlieferte, wurde
mit dem Marschallstabe belohnt. Der Stadt Montpellier,
welche ihm den Gehorsam aufgekündigt hatte, wurde durch
die Eroberung von Lunel und Sommières die Verbindung
mit den Cevennen abgeschnitten, wo Rohan eine Armee zusammenzubringen suchte, und am 1. September begann der
König die Belagerung derselben. Seine Armee war indeß
durch die bisherigen Kämpfe schon sehr vermindert worden,
sie wurde durch die tapfere Vertheidigung von Montpellier
und durch Krankheiten noch mehr geschwächt, und je weiter
die Jahreszeit vorrückte, um so unwahrscheinlicher wurde die
Eroberung der Stadt. Rohan befürchtete dagegen, daß bei
längerer Dauer des Krieges nicht allein Montpellier, welches
zu retten er außer Stande war, fallen, sondern auch die Reformirten sich völlig trennen und zu ihrem Nachtheile einzeln
unterhandeln würden, und er war überzeugt, daß es nur jetzt
noch möglich sei, einen allgemeinen Frieden zu schließen.
Schon seit einiger Zeit hatte der König dem Connetable Lesdiguieres gestattet, mit ihm zu unterhandeln, er begab sich

jetzt, begleitet von Deputirten der Reformirten in den Sevennen
und der Städte Nismes und Usez, mit königlicher Genehmigung nach Montpellier, und er bewog endlich die Einwohner
dieser Stadt, die vom Könige gestellten Bedingungen anzunehmen; am 19. October machte sie dieser in seinem Lager
bekannt, und am folgenden Tage zog er in Montpellier ein.
Den Reformirten, welche sich binnen vierzehn Tagen unterwerfen würden, wurde Verzeihung und Wiedereinsetzung in
die ihnen entzogenen Güter und Ämter sowie der vollständige
Genuß aller Zugeständnisse bewilligt, welche durch das Edict
von Nantes und die in den Parlamenten registrirten Declarationen und geheimen Artikel gemacht waren, dagegen wurden ihnen außer den Consistorien und Synoden, welchen nur
über kirchliche Angelegenheiten zu verhandeln gestattet wurde,
alle andern besondern und allgemeinen Versammlungen ohne
besondere königliche Erlaubniß bei Strafe des Majestätsverbrechens verboten, und alle von ihnen neu angelegten Befestigungen sollten zerstört werden. Der Herzog von Rohan
verlor alle seine Gouvernements, er bekam das Gouvernement
von Nismes und Usez, jedoch blieben diesen Städten nicht die
bisherigen reformirten Garnisonen; außerdem wurden ihm, sowie seinem Bruder, die genommenen Jahrgelder zurückgegeben
und er erhielt als Unterpfand für eine ihm versprochene Geldsumme das Herzogthum Valois. La Rochelle und Montauban waren die einzigen Sicherheitsplätze, welche den Reformirten gelassen wurden, und in Montpellier legte der König
eine Besatzung, obwol dies nicht in dem Frieden bestimmt
worden war [1]. Condé verließ aus Unwillen über den Vertrag mit den Reformirten, welchem er vergeblich aufs heftigste widersprochen hatte, Frankreich und begab sich nach Italien, um zur Erfüllung eines frühern Gelübdes Loretto zu
besuchen. Seine Entfernung und der Tod Jeannin's, welcher
um diese Zeit starb, verschafften dem Kanzler Sillery und besonders seinem Sohne Puisieux den entschiedensten Einfluß
auf die Regierung; jedoch das hohe Alter des ersten und die
Unentschlossenheit und geringe Geschicklichkeit des andern be-

1) Rohan 201—242. Richelieu 208—223. Bassompierre 379—
489. Fontenay 527—548. Mercure VIII, 837—846.

wirkten die größte Unordnung und Verwirrung in den Ge=
schäften. Sie gaben dem Wunsche der Königin-Mutter nach
und überließen dem Marquis von Vieuville, einem Manne
von größerem Talent, die Verwaltung der Finanzen, aber
aus Mistrauen gegen seinen Ehrgeiz nur unter der Be=
dingung, daß er von dem engern königlichen Rathe ausge=
schlossen bleibe. Er wußte indeß bald den König, indem er
ihm die Mängel ihrer Geschäftsführung darlegte, gegen sie
aufzureizen, und er brachte es dahin, daß sie Beide im Fe=
bruar 1624 entlassen wurden. Obwol er jetzt mehr als ir= 1624
gend ein Anderer die Gunst und das Vertrauen des Königs
besaß, so fühlte er doch, daß er einer Stütze gegen seine zahl=
reichen Feinde und des Beistandes eines erfahrenen Mannes
besonders in der Leitung der auswärtigen Angelegenheiten be=
dürfe. Die Königin hatte zu der Entlassung jener beiden
Minister beigetragen, um ihrem Günstling Richelieu, dessen
Erhebung zum Cardinal sie schon 1622 veranlaßt hatte, durch
Entfernung seiner Feinde Theilnahme an der Regierung mög=
lich zu machen und um dann vermittels seiner für sich einen
größern Einfluß zu gewinnen; sie bewog jetzt Vieuville, dem
Könige die Aufnahme Richelieu's in seinen Rath vorzuschla=
gen, sie wußte die Abneigung und das Mistrauen ihres
Sohnes gegen den Cardinal um so eher zu beseitigen, da
dieser zunächst wegen seiner körperlichen Schwächlichkeit den
Eintritt in das Conseil ablehnte und sich erst dem wieder=
holten Befehle des Königs fügte, und am 29. April wurde
er zum Mitgliede desselben erklärt. Vieuville, dessen Ehrgeiz
nach der ausschließlichen obern Leitung der Geschäfte strebte,
obwol er derselben nicht gewachsen war, wähnte, sich Riche=
lieu's als seines Werkzeuges bedienen zu können, und er hatte
die Befugniß desselben darauf beschränkt, daß er Rath gebe,
wenn dieser verlangt werde; allein sehr bald überzeugte er
sich, daß er sich sehr getäuscht hatte. Er konnte es nicht
verhindern, daß Richelieu den Rang im Staatsrathe erhielt,
welchen er als Cardinal unmittelbar nach dem Präsidenten,
dem Cardinal von La Rochefoucauld, verlangte, und seine
Eifersucht wurde dadurch noch vermehrt, daß derselbe stets in
durchaus selbständiger Weise seine Meinung aussprach; allein

er beschleunigte selbst seinen Sturz, indem er nicht nur alle Hofleute und Großen durch Beschränkung der Jahrgelder und sein unkluges Benehmen sich zu Feinden machte, sondern auch den König durch seine Anmaßung, über Alles, selbst im Widerspruch mit dem Willen desselben, entscheiden zu wollen, beleidigte, und schon am 13. August wurde er seines Amtes entsetzt. Binnen kurzer Zeit wurde Richelieu das Haupt des Staatsraths, zwar noch nicht durch seine äußere Stellung, wol aber durch seine geistige Überlegenheit, welche die übrigen Mitglieder anerkannten, indem sie ihre Meinung seiner Ansicht unterordneten, und durch das volle Vertrauen nicht allein der Königin-Mutter, sondern auch des Königs, nach dessen Willen er allein zu handeln schien, und dessen Mißtrauen zu erregen er mit großer Klugheit vermied [1].

Zweites Capitel.

Die Zeit Richelieu's (1624—1643).

Wenn die geistigen Anlagen Ludwig's XIII. auch nicht bedeutend waren, so hatte doch auch seine Erziehung nichts gethan, um dieselben auszubilden; sie hatte sich darauf beschränkt, das ihm angeborene sittliche Gefühl zum Widerwillen gegen alles Unanständige auszubilden, ihn zu pünktlicher Beobachtung der Andachtsübungen anzuhalten und ihm Abscheu gegen die Ketzer einzuflößen. Das Interesse, welches er im männlichen Alter fortwährend für das Kriegswesen zeigte, beschränkte sich auf die kleinlichen Einzelheiten desselben; der Müßiggang, in welchem er herangewachsen war, trug besonders dazu bei, daß ihm jede längere geistige Arbeit, jedes längere Verweilen bei demselben Gegenstande zu einer drückenden Last wurde, seine gewöhnlichen Beschäftigungen

[1] Bazin 243, 246, 249. Richelieu 239—243, 255, 284—291, 321—337. Montglat 36. Mercure II, 2, 655, 662, 672—678. Siri, Memorie recondite V, 596—598.

waren Vogelsang und Jagd, und die Leidenschaft, mit welcher
er sich dieser ergab, rieb seinen schwachen Körper vor der Zeit
auf. Seine von Natur argwöhnische, trübe und finstere Sinnesweise wurde durch die Verhältnisse, unter welchen er seine
Jugend verlebte, und durch die Reizbarkeit seines Körpers
genährt; aus ihr ging die Verstellung, deren er selbst sich
rühmte, und die Meinung hervor, daß Furcht die sicherste
Stütze der Herrschaft sei. Das Gefühl wahren Wohlwollens
war ihm fremd, seine Neigung zu seinen Günstlingen dauerte
nur so lange, als sie ihm die Zeit zu verkürzen wußten; das
Bedürfniß sich mitzutheilen knüpfte zwischen ihm und einigen
Damen ein vertrauliches Verhältniß an, jedoch scheint sich
dies in den Schranken des Anstandes gehalten zu haben, indem die Scheu, eine Sünde zu begehen und Ärgerniß zu erregen, ihm die Kraft gab, sich zu beherrschen. Er war sich
seiner Unfähigkeit, selbst zu regieren, bewußt, er sah die Nothwendigkeit ein, die Regierung einer einsichtigern und kräftigern
Leitung anzuvertrauen, aber zu gleicher Zeit war ihm der
Gedanke einer solchen Abhängigkeit unangenehm und drückend,
und er wurde dadurch geneigt, auf die Beschuldigungen und
Verleumbungen gegen den Mann zu hören, in dessen Hand
er die Leitung der Staatsgeschäfte gelegt hatte [1]). Armand
Johann du Plessis, Cardinal und erster Herzog von Richelieu,
war am 5. September 1585 zu Paris geboren, er gehörte
einer der ältesten Familien in Poitou an und war der
dritte Sohn des Franz du Plessis, Herrn von Richelieu, welcher von Heinrich III. zum Groß-Prevot von Frankreich
und Ritter des Ordens des heiligen Geistes ernannt wurde
und 1590 starb. Anfangs zum Kriegsdienst bestimmt, trat
er in den geistlichen Stand, als der jüngere von seinen Brüdern in ein Kloster ging, dem Bisthum Luçon entsagte [2]) und

1) Montglat 63. 64. 238. Brienne XXXVI, 3. 45. 53. Richelieu XXIV, 251. Der Jesuit Cotton, Beichtvater Heinrich's IV, in
v. Raumer's Briefen I, 449—453. Mém. du duc de S. Simon I, 65.
Mém. de Madame de Motteville XXXVI, 367. 368. 393. Mém. de
la Rochefoucauld LI, 22. 348. Capefigue V, 239.

2) Später verließ er wieder das Kloster, wurde Erzbischof von
Aix, dann von Lyon, endlich Cardinal und starb 1653. Der älteste

ihm Heinrich IV. dieses bestimmte. Mit großem Eifer wid=
mete er sich den theologischen Studien, er erhielt von der
Sorbonne die Würde eines Doctors der Theologie, der Papst
bewilligte ihm seiner Kenntnisse wegen die Dispensation, de=
ren er wegen seines jugendlichen Alters bedurfte, und er wurde
1607 zum Bischof geweiht. In der Verwaltung seines Bis=
thums zeigte er, besonders durch Abstellung von Misbräuchen,
große Thätigkeit und Kraft, und als er 1617 von dem Hofe
der Königin durch Ancre erst nach Luçon und dann nach
Avignon verwiesen wurde, so beschäftigte er sich während die=
ser Verbannung mit theologischen Arbeiten und schrieb eine
Vertheidigung der Hauptpunkte des katholischen Glaubens
gegen die Angriffe einiger reformirten Prediger und einen
Unterricht des Christen [1]). Durch seine Theilnahme an dem
Reichstage von Paris, durch die Leitung der besondern Ange=
legenheiten der Königin Maria und durch die, wenn auch nur
kurze, Verwaltung des Amtes eines Staatssecretairs hatte er
sich eine gnaue Kenntniß der äußern und innern Verhältnisse
Frankreichs erworben, er hatte die Mängel derselben durch=
schaut und die Mittel erwogen, von welchen allein er Ab=
stellung derselben erwartete. Die Grundsätze, welche ihn
bei seiner Staatsverwaltung leiteten, gingen ebenso sehr aus
dem bisherigen Zustand der Regierung und des Reiches wie
aus seiner Persönlichkeit, aus seinem Streben nach alleiniger
Geltung seines Willens hervor, und er hat diese Grundsätze
nicht allein durch seine Handlungen, sondern auch mit Wor=
ten in seinem politischen Testamente auf folgende Weise aus=
gesprochen.

Man muß kräftig wollen, was man nach verständiger
Überlegung beschlossen hat, denn dies ist das einzige Mittel,
sich Gehorsam zu verschaffen, und der Gehorsam ist der sicherste
Grund der für das Bestehen der Staaten so nothwendigen
Unterwürfigkeit. Man muß die Dinge auf nachdrückliche
Weise wollen, das heißt, mit solcher Festigkeit, daß man sie

Bruder, Marquis von Richelieu, war schon 1618 als Maréchal-de-camp
gestorben.

1) Petitot, Notice sur Richelieu, X.

immer will, und nachdem man die Ausführung befohlen hat,
muß man den nicht Gehorchenden strenge bestrafen. Die Un=
terthanen werden pünktlich gehorchen, wenn die Fürsten fest
und beharrlich sind. Die Regierung des Königreichs verlangt
eine männliche Kraft und eine unerschütterliche Festigkeit, das
Gegentheil der Weichlichkeit, welche Diejenigen, in denen sie
sich findet, den Unternehmungen ihrer Feinde bloßstellt. Man
muß in allen Dingen mit Kraft handeln, besonders weil man,
wenn auch der Erfolg des Unternommenen nicht gut ist, we=
nigstens den Vortheil hat, die Schande eines unglücklichen
Ausgangs zu vermeiden, indem man nichts unterlassen hat,
was das Gelingen bewirken konnte. In der vergangenen Zeit
sind die meisten großen Pläne Frankreichs vereitelt worden,
weil die erste Schwierigkeit, welcher man in der Ausführung
begegnete, Diejenigen sogleich zurückhielt, die verständigerweise
die weitere Verfolgung nicht hätten unterlassen sollen. Wenn
Schwierigkeiten zum Aufschub nöthigen, so will die Vernunft,
daß man den zuerst betretenen Weg wieder einschlage, sobald
Zeit und Gelegenheit günstig sind; kurz, nichts muß von einer
guten Unternehmung abwenden, wenn sich nicht ein Zufall er=
eignet, der sie unmöglich macht. Nichts ist nothwendiger zum
guten Erfolg der Geschäfte als Geheimniß und Schnelligkeit,
denn was überrascht, setzt gewöhnlich in Erstaunen, sodaß es
oft die Mittel nimmt, um Widerstand zu leisten. Die öffent=
lichen Interessen müssen der einzige Zweck des Fürsten und
seiner Räthe sein; es ist ein sehr großes Übel für den Staat,
wenn man die besondern Interessen den öffentlichen vorzieht
und diese nach jenen regelt. Die Mehrzahl der Unfälle, welche
Frankreich getroffen haben, ist verursacht worden durch die zu
große Anhänglichkeit vieler in der Verwaltung Beschäftigten
an ihre eigenen Interessen zum Nachtheil derer des Staats;
in Frankreich ist die Behandlung der Geschäfte nicht allein
durch die Veränderung der Räthe verändert worden, sondern
sie hat auch nach dem Wechsel der Meinungen dieser verschie=
dene Formen angenommen. Von der Ausführung der gefaß=
ten guten Beschlüsse muß nicht Rücksicht auf das Interesse
des Dritten und Vierten, nicht Mitleid, Gunst und Zudring=
lichkeit zurückhalten. Nichts ist für die Regierung eines Staa=

tes nothwendiger als Voraussicht, weil man durch diese vielen
Übeln zuvorkommen kann. Es gibt Umstände, bei welchen die
Beschaffenheit der Geschäfte nicht erlaubt, lange zu überlegen;
allein bei denen, welche nicht von dieser Art sind, ist es das
Sicherste, über den Geschäften zu schlafen, jedoch muß man
schlafen wie der Löwe, ohne die Augen zu schließen, welche
man beständig offen haben muß, um auch den geringsten Übelstand, welcher sich ereignen kann, vorherzusehen. Strafe und
Belohnung sind die beiden wichtigsten Punkte für die Leitung
eines Königreichs; es gibt Niemanden im Staate, welcher
nicht durch Furcht oder Hoffnung in seiner Pflicht zurückgehalten werden könnte, jedoch sind Belohnungen eher entbehr-
lich als Bestrafungen, weil man diese um so weniger vergißt,
als sie Eindruck auf die Sinne machen, welche bei den meisten
Menschen mächtiger sind als die Vernunft, wogegen die Menschen Wohlthaten leicht vergessen. Einen bedeutenden Fehler,
dessen Ungestraftheit der Zügellosigkeit die Thür öffnen würde,
nicht bestrafen, ist eine verbrecherische Unterlassung, und man
kann kein größeres Verbrechen gegen die öffentlichen Interessen
begehen, als wenn man nachsichtig gegen Diejenigen ist, welche
diese verletzen. Die bisher in Frankreich geübte Nachsicht hat
dies Land oft in große und beklagenswerthe Noth gebracht,
die bisher nur zu gewöhnliche Ungestraftheit ist die alleinige
Ursache, daß Ordnung und Regel daselbst nie stattgefunden
haben, und die zahlreichen Parteien, welche sich in der vergangenen Zeit gegen die Könige gebildet haben, sind nur durch
die zu große Nachsicht veranlaßt worden. Bei Staatsverbre-
chen muß man dem Mitleid die Thür verschließen und die
Klagen der betheiligten Personen, sowie die Reden einer unwissenden Volksmasse verachten, welche bisweilen Dasjenige
tadelt, was ihr am nützlichsten und oft durchaus nothwendig
ist. Es ist die Pflicht der Christen, die Beleidigungen zu vergessen, welche sie für ihre Person erleiden, aber die Obrigkeiten sind verbunden, diejenigen nicht zu vergessen, welche den
Staat betreffen, und sie ungestraft lassen heißt in der That,
sie vielmehr aufs neue begehen als sie verzeihen und erlassen.
Im Laufe der gewöhnlichen Geschäfte fordert die Justiz einen
vollständigen Beweis; nicht ebenso ist es bei denen, welche

ben Staat betreffen, denn in diesem Falle muß bisweilen Das, was sich aus bringenden Vermuthungen ergibt, für hinreichend klar gehalten werden, weil bei der Bildung von Parteien gegen das öffentliche Wohl gewöhnlich mit so viel List und Geheimniß verhandelt wird, daß man nur durch ihr Hervortreten, welches kein Gegenmittel mehr zuläßt, einen offenbaren Beweis erhält. Bei solchen Gelegenheiten muß man oft mit der Bestrafung beginnen. Diese Grundsätze scheinen gefährlich, und in der That sind sie nicht ganz frei von Gefahr, aber sie werden dies gewiß sein, wenn man sich nicht der letzten und äußersten Mittel bei Übeln bedient, welche nur durch Vermuthungen beglaubigt werden, und den Lauf derselben durch unschädliche Mittel aufhält, wie Entfernung oder Gefangenhaltung verdächtiger Personen. In Dem, was das öffentliche Interesse betrifft, darf man ein Verbrechen auch deshalb nicht ungestraft lassen, weil Derjenige, welcher es begangen, bei irgend einer andern Gelegenheit gute Dienste geleistet hat, denn das Gute und das Böse sind so verschieden und entgegengesetzt, daß sie nicht miteinander verglichen werden können [1]). Wenn die Fürsten verpflichtet sind, die Gewalt der Kirche anzuerkennen und sich ihren heiligen Decreten zu unterwerfen in Dem, was die geistliche Macht betrifft, und die Päpste als Nachfolger Petri und Statthalter Christi zu ehren, so müssen sie jedoch auch den Unternehmungen derselben nicht nachgeben, wenn diese ihre Macht über jene Grenzen hinaus erweitern wollen; zugleich dürfen aber auch die ungebührlichen Eingriffe der Parlamente in die Gerichtsbarkeit der Kirche nicht geduldet werden. Die Bisthümer muß der König nur an Männer von Verdienst und musterhaftem Leben und auch die Abteien und geringern Pfründen, zu welchen er die Ernennung hat, an Personen von anerkannter Rechtlichkeit verleihen, er muß Leute

1) Maximes d'état en testament politique, d'Armand du Plessis, Cardinal duc de Richelieu. Paris 1764. II, 7—29. Die Ächtheit hat der Herausgeber, Foncemagne, in der Lettre sur la test. pol. du Card. de Richelieu. 2. éd. Paris 1764 bewiesen, in welcher er zugleich die Hypothese aufstellt, daß der erste Entwurf des Testaments dem J. 1633 oder 1634 angehört, einzelne Theile desselben aber erst 1639 oder 1640 oder noch später vollendet sind.

30 *

von zu freier Lebensweise ausschließen und solche, welche Aer=
gerniß geben, auf abschreckende Weise bestrafen [1]). Der Adel,
einer der Hauptnerven des Staates, vermag viel zur Erhal=
tung desselben beizutragen. Er ist seit einiger Zeit durch die
zu seinem Nachtheil erhobene große Zahl von Beamten herab=
gedrückt worden, sodaß es nöthig ist, ihn gegen die Unterneh=
mungen dieser Leute zu unterstützen. Man muß mit Strenge
seinen Gewaltthätigkeiten gegen das Volk Einhalt thun, und
damit er sein früheres Ansehen wiedergewinne und auf nütz=
liche Weise dem Staate diene, muß man ihm den Besitz der
ihm noch gebliebenen Güter erhalten und die Erwerbung neuer
möglich machen, und man muß ihn an Kriegszucht gewöhnen,
denn derjenige Adel, welcher dem Staate nicht im Kriege
dient, ist nicht allein unnütz, sondern dem Staate zur Last,
und er verdient, der Vortheile seiner Geburt beraubt zu wer=
den und einen Theil der Auflagen des Volkes zu tragen.
Man muß die Justizbeamten darauf beschränken, daß sie nichts
Anderes thun, als den Unterthanen Recht sprechen, was der
einzige Zweck ihrer Einsetzung ist. Es würde unmöglich sein,
den Untergang der königlichen Gewalt zu verhindern, wenn
man den Ansichten Derer folgte, welche ebenso unwissend in
der Praxis der Regierung der Staaten sind, als sie in der
Theorie der Verwaltung derselben gelehrt zu sein glauben,
und welche weder fähig sind, über die Leitung derselben rich=
tig zu urtheilen, noch geeignet, über Staatssachen, welche ihre
Fassungskraft übersteigen, Beschlüsse zu fassen. Alle Staats=
männer stimmen darin überein, daß es unmöglich ist, das
Volk, wenn es sich zu wohl befindet, in den Schranken seiner
Pflicht zu halten, weil es weniger Kenntniß besitzt, als die
andern gebildetern und unterrichtetern Stände. Die Auflagen
dienen dazu, es an seine Unterthänigkeit zu erinnern, und
durch Befreiung von diesen würde es auch vom Gehorsam frei
zu sein glauben. Indeß müssen die Abgaben gemäßigt, den
Kräften Derer, welche sie tragen, angemessen sein, der Fürst
muß nicht mehr als nöthig ist von seinen Unterthanen ziehen
und bei Bedrängnissen des Staats, so weit er vermag, sich

1) Test. pol. 1, 126. 106.

ben Überfluß ber Reichen zu nuße machen, ehe er außerorbent=
licherweife bie Armen zur Aber läßt.   Obwol bie Kenntniß
ber Wiffenfchaften, eine ber größten Zierben ber Staaten, in
biefen burchaus nothwendig ift, fo ift es boch auch gewiß, baß
fie nicht ohne Unterfchieb Jebem gelehrt werben bürfen.   So
wie ein Körper, welcher an allen feinen Theilen Augen hätte,
eine Misgeftalt wäre, fo würbe eine folche auch ber Staat
fein, wenn alle feine Unterthanen gelehrt wären, unb man
würbe ebenfo wenig Gehorfam finden, als Stolz unb Anma=
ßung gewöhnlich fein würben.   Das Betreiben ber Wiffen=
fchaften würbe ben Handel, welcher bie Staaten bereichert;
unb ben Ackerbau, ben wahren Ernährer ber Völker, zu Grunbe
richten unb in kurzer Zeit bie Pflanzfchule ber Solbaten ver=
öben, welche fich vielmehr in ber Roheit ber Unwiffenheit
als burch bie Feinheit ber Wiffenfchaften bilben.   Wenn man
biefe burch Mittheilung an alle Arten von Geiftern entweihte,
fo würbe man balb mehr Leute finden, welche geeignet wären,
Zweifel aufzuftellen als zu löfen, unb ben Wahrheiten fich zu
wiberfeßen als fie zu vertheibigen.   Die große Zahl ber Col=
legien bewirkt zwei Übel, nämlich baß man Leute von mittel=
mäßigen Fähigkeiten lehren laffen muß, unb baß Viele ftubi=
ren, ohne bas Maß ihres Geiftes geprüft zu haben, fobaß faft
alle Stubirenben bei einer oberflächlichen Kenntniß ber Wiffen=
fchaften ftehen bleiben.   Deshalb muß man bie Collegien in
ben Städten, welche nicht Metropolitanftädte finb, auf zwei
ober brei Claffen befchränken, welche genügen, um bie Jugenb
aus ber groben Unwiffenheit zu ziehen, bie felbft ben fich ben
Waffen unb ben Gewerben Wibmenben fchäblich ift, unb bann
muß man bie als befähigt Erkannten nach ben großen Stäb=
ten fchicken[1]).   Unabläffig, offen ober insgeheim, an allen Or=
ten unterhanbeln, auch wenn man in ber Gegenwart keinen
Nußen bavon hat unb berjenige, welchen man in ber Zukunft
bavon erwarten kann, nicht augenfcheinlich ift, bas ift eine für
ben Vortheil ber Staaten burchaus nothwendige Sache.   Die
großen Unterhanblungen bürfen nicht einen Augenblick unter=
brochen werben, man muß fie mit fortwährenber planmäßiger

1) Test. polit. I, 184—187. 218. 219. 226. 227. 171.

Folge fortſetzen und nicht wegen eines ungünſtigen Ereigniſſes
ihrer überdrüſſig werden. Derjenige, welcher immer unterhandelt, findet endlich einen geeigneten Augenblick, um zu ſeinen
Zwecken zu gelangen, und wenn er dieſen auch nicht finden
ſollte, ſo kann er wenigſtens nichts verlieren. Durch ſeine
Unterhandlungen iſt er von Dem, was in der Welt vorgeht,
unterrichtet, was für das Wohl der Staaten von nicht geringer Wichtigkeit iſt. Man muß überall nach der Stimmung
Derer, mit welchen man unterhandelt, verfahren und die dem
Standpunkte derſelben angemeſſenen Mittel anwenden. Verſchiedene Nationen werden auf verſchiedene Weiſe in Bewegung
geſetzt, die einen beſchließen raſch, was ſie thun wollen, die
andern kommen nur langſam zu einem Entſchluſſe. Die Re-
publiken ſind von dieſer Art, und man muß ſich bei ihnen anfangs mit Wenigem begnügen, um ſpäter mehr zu erlangen.
Bisweilen muß man muthig reden und handeln, ſobald man
das Recht auf ſeiner Seite hat, bisweilen unbeſonnene Reden
ruhig ertragen und nur Ohren haben, um zu hören. In
Staatsſachen muß man aus Allem Nutzen ziehen, und was
nützlich ſein kann, muß nie verachtet werden, und wenn auch
die Frucht der Bündniſſe oft ſehr ungewiß iſt, ſo muß man
ſie doch für wichtig halten. Man muß ſich bei dem Abſchluſſe
von Verträgen wohl vorſehen, allein wenn ſie geſchloſſen ſind,
muß man ſie gewiſſenhaft beobachten; ein großer Fürſt muß
eher ſeine Perſon und ſelbſt das Intereſſe ſeines Staats
wagen, als ſein Wort nicht erfüllen, welches er nicht verletzen
kann, ohne ſeinen guten Ruf und folglich die größte Stärke
der Herrſchaft zu verlieren[1].

Dies waren die Grundſätze, welche Richelieu mit uner-
ſchütterlicher Feſtigkeit befolgte, nach welchen er Frankreich
neunzehn Jahre regierte, und durch deren Beobachtung er die
äußern und innern Verhältniſſe dieſes Landes umgeſtaltete.
Während die Kraft ſeines Geiſtes und Willens hinreichte, um
ihm ſeine Stellung gegen zahlreiche, mächtige Gegner zu
ſichern, ſo bedurfte er noch anderer Mittel und Künſte, um
ſeine Gewalt über den König zu behaupten und dieſem die

---

1) Test. polit. II, 32—42.

Unabhängigkeit von ihm weniger fühlbar zu machen. Er wußte sich den Schein zu geben, als wenn er nur den Willen und die Befehle desselben ausführe und demselben stets die Entscheidung überlasse, indem er ihm die verschiedenen Entschlüsse, unter welchen man wählen konnte, vorlegte, jedoch in solcher Weise, daß er der Wahl die Richtung gab [1]); er wußte, wenn der König schwankte, ihn durch seine lebendige und kraftvolle Beredtsamkeit für die Maßregel zu bestimmen, welche ihm selbst die zweckmäßigste schien, und er fand auch eine bedeutende Stütze in der dem Könige sich aufdrängenden Überzeugung, daß kein Anderer als er im Stande sei, die verwickelten Verhältnisse zu lösen, in welche er Frankreich gebracht und vielleicht absichtlich gebracht hatte, um sich unentbehrlich zu machen [2]). Die Leitung der Staatsgeschäfte, besonders der auswärtigen Angelegenheiten, theilte Richelieu mit einem ihm geistesverwandten Manne, bei dessen Tode er selbst eingestand, daß er seinen Trost, seinen Vertrauten, seine einzige Hülfe verloren habe, dem Pater Joseph. Franz Leclerc du Tremblay, dessen Vater Gesandter in Venedig und Präsident im pariser Parlament gewesen war, wurde 1577 geboren; er hatte sich schon in seiner Jugend durch seine Talente und durch ein außerordentliches Gedächtniß ausgezeichnet und eine umfassende Kenntniß alter und neuer Sprachen, sowie alle Eigenschaften eines vollkommenen Cavaliers erworben; auf Reisen durch Italien, Deutschland und England lernte er bei seiner scharfen Beobachtungsgabe den Zustand dieser Länder genau kennen, auch in die Verhältnisse anderer Staaten verschaffte er sich eine so tiefe Einsicht, als ob er Jahre lang in denselben sich aufgehalten hätte, und 1599 trat er in die Capuzinerbrüderschaft des Franciscanerordens, indem er den Namen Joseph annahm. Er war bei den Verhandlungen der Verträge von Loudun, Angoulesme und Angers thätig; Richelieu machte, als er an die Spitze der Verwaltung trat, ihn zum Mitglied des engern Conseil und faßte über keine wichtige Sache einen

1) Dies ergibt sich aus den Mém. de Richelieu.
2) Nani, Istoria della repubblica veneta (in: Istorici delle cose veneziane, i quali hanno scritto per Pubblico Decreto. Venezia 1720. VIII. IX.) I, 339. Siri VI, 243.

Beschluß, ohne zuvor mit ihm berathen zu haben, und er gab gleich einem Minister den Staatssecretairen und Gesandten Audienzen. Ungeachtet einer so bedeutenden Stellung blieb er in seiner Lebensweise höchst einfach und beobachtete pünktlich die strengen Vorschriften seiner Ordensregel. Wenn Richelieu, wie behauptet wird, früher seiner Erhebung zum Cardinal ins= geheim entgegenwirkte, aus Besorgniß, daß er sich dann nicht mehr wie bisher unterordnen werde, so war ihm doch diese Würde bestimmt, als er 1638 starb [1]). Nach Richelieu's Darstellung, welche durch die Geschichte bestätigt wird, theilten, als er in den Staatsrath aufgenommen wurde, die Huge= notten den Staat mit dem Könige, die Großen benahmen sich, als ob sie nicht Unterthanen, und die mächtigsten Gouverneure der Provinzen, als wenn sie unabhängige Fürsten derselben seien. Das schlechte Beispiel der Einen und Andern war für das Reich so nachtheilig, daß jene Unordnung sich selbst den geordnetsten Behörden mittheilte und diese in manchen Fällen die gesetzliche Gewalt des Königs, so viel ihnen möglich war, verminderten, um die ihrige ungebührlich zu erweitern. Jeder maß sein Verdienst nach seiner Kühnheit, die Unternehmend= sten wurden für die Weisesten gehalten und waren auch die Glücklichsten. Die fremden Alliancen waren vernachlässigt, die besondern Interessen wurden den öffentlichen vorgezogen, kurz, durch die Fehler Derer, welche die oberste Leitung der Geschäfte hatten, war die königliche Würde so erniedrigt und so verschieden von Dem, was sie sein sollte, daß es fast un= möglich war, sie zu erkennen. Man konnte das Verfahren Derer, welchen der König die Leitung des Staates anvertraut hatte, nicht länger dulden, ohne Alles zu verlieren, und an= dererseits konnte man es auch nicht plötzlich ändern, ohne die Gesetze der Klugheit zu verletzen, welche nicht erlaubt, daß man plötzlich von einem Extrem zu dem andern übergeht. Richelieu versprach dem Könige, alle Wirksamkeit und allen Einfluß,

1) Le véritable Père Josef capucin, 1704 erschienen und dem Abbé Richard zugeschrieben; wenn auch eine Satire, doch der Thatsachen wegen brauchbar; größtentheils abgedruckt in: Archiv. curiouses; 2. série, t. IV. In einer von Feinden des Paters verfaßten Grabschrift wird er die kleine graue Eminenz, Richelieu die rothe genannt.

welche er ihm gestatten werde, dazu zu verwenden, um die hugenottische Partei zu vernichten, den Stolz der Großen zu bemüthigen, alle seine Unterthanen zu ihrer Pflicht zurückzuführen und seinen Namen bei den fremden Nationen auf den Punkt zu erheben, auf welchem er sein müsse [1]). Die auswärtigen Angelegenheiten hatten seit einigen Jahren eine für das französische Interesse so nachtheilige Wendung genommen, daß sie zunächst das kräftige Einschreiten Richelieu's erforderten. Die katholisch-spanische Politik, welche, von Jeannin und Villeroi begünstigt, nach dem Tode Heinrich's IV. von dem französischen Hofe ergriffen und auch von Puisieur, dem Nachfolger Villeroi's, festgehalten worden war, hatte wesentlich zur Erweiterung der Macht des habsburgischen Hauses in Deutschland beigetragen. Nachdem im Anfange des dreißigjährigen Krieges der Kurfürst Friedrich V. von der Pfalz (am 27. August 1619) zum Könige von Böhmen gewählt worden war, so schickte Ferdinand II., dessen Wahl zum Kaiser am folgenden Tage stattgefunden hatte, den Grafen von Fürstenberg im December nach Paris, um den König von Frankreich abzuhalten, dem Kurfürsten Beistand zu leisten, und um Hülfe gegen denselben zu verlangen. Jeannin entschied den Entschluß des Staatsraths und des Königs; er stellte vor, daß der Kaiser jetzt nicht so mächtig sei, daß er Besorgnisse erwecken könne, daß ein völliger Sieg seiner Feinde das Bestehen der katholischen Religion in Deutschland gefährden und daß Hoffnung auf Unterstützung durch die deutschen Protestanten ihre Glaubensgenossen in andern Ländern, auch in Frankreich, ermuthigen werde; er erklärte sich indeß nicht für eine unmittelbare Unterstützung des Kaisers, sondern nur dafür, daß man ein gewisses Gleichgewicht zwischen ihm und den protestantischen Fürsten in Deutschland erhalte, daß man beide Theile zum Frieden ermahne und zugleich das Mißtrauen zwischen den Reformirten und Lutheranern nähre. Französische Gesandte, mit Instructionen in diesem Sinne versehen, wurden nach Deutschland geschickt und vermittelten am 3. Juli

---

[1] Richelieu, Succincte narration des grandes actions du roi (sie bildet das erste Capitel seines Testament politique, und ist auch abgedruckt bei Petitot XI, 273—350) 274. 275.

1620 zu Ulm zwischen dem Herzoge von Baiern, als dem Haupte der katholischen Ligue, und dem Markgrafen von Ansbach, welcher die in der Nähe jener Stadt stehende Armee der evangelischen Union befehligte, einen Vergleich, durch welchen festgesetzt wurde, daß die beiden Bündnisse nicht Thätlichkeiten gegeneinander verüben, sondern in aufrichtiger Ruhe und Einigkeit bleiben und die Erledigung ihrer Beschwerden auf eine gelegenere Zeit verschieben sollten. Jedoch wurde dieser Vertrag nur auf die deutschen Länder, welche beiden Theilen gehörten, beschränkt, und nicht über das Königreich Böhmen ausgedehnt. Die Forderung der protestantischen Fürsten, daß der Herzog auch für den Erzherzog Albert, Besitzer der spanischen Niederlande, und für den König von Spanien verspreche, daß diese die Pfalz nicht angreifen würden, und daß die katholischen deutschen Fürsten sich verpflichten sollten, sich gegen alle fremde Fürsten zu erklären, welche in das Land eines deutschen Fürsten einfallen würden, wurde von dem Herzoge zurückgewiesen; auch die französischen Gesandten verwarfen diese Forderung, in der Meinung, daß sie für den Kaiser zu nachtheilig und daß ein Angriff auf die deutschen Länder des Kurfürsten von der Pfalz das schnellste und wirksamste Mittel sei, um ihn zur Nachgiebigkeit zu nöthigen, und sie bewogen die protestantischen Fürsten, nicht auf ihrem Verlangen zu bestehen[1]). Der Vertrag von Ulm bewirkte indeß nicht das vom französischen Hofe beabsichtigte Gleichgewicht, sondern das entschiedenste Übergewicht des Kaisers in Deutschland: er eroberte nicht allein vermittels der Hülfe des Herzogs von Baiern Böhmen wieder, sondern die Union löste sich auch gänzlich auf, und dem Kurfürsten von der Pfalz wurden selbst seine deutschen Länder durch spanische und liguistische Truppen entrissen. Vergeblich stellten dem Könige Ludwig XIII. Lesdiguieres und mehre seiner Räthe vor, daß seine Ehre und sein Interesse erforderten, einen Fürsten, dessen Vorfahren sein Vater die Behauptung seiner Rechte auf Frankreich verdankt,

---

1) Sirl V, 199—203. Flassan II, 330—338. Le Vassor, Histoire de Louis XIII. Nouvelle édition. Amsterdam 1757. II, 172—995. (Vergl. über ihn und sein Werk Mém. du duc de St. Simon II, 476—478.) Heinrich, Teutsche Reichsgeschichte VI, 383.

nicht unterdrücken und den Kaiser in Deutschland unumschränkt
werden zu lassen; seine Minister, der päpstliche Nuntius und
der spanische Gesandte überredeten ihn, daß die Vernichtung
des pfälzischen Hauses für ihn vortheilhaft sei, weil dadurch
den Hugenotten die Hoffnung auf Beistand entzogen und er
sie leichter zur Unterwerfung werde zwingen können, und daß
die Erhebung des Herzogs von Baiern dem französischen Interesse entspreche, indem dieser Fürst dadurch um so mehr in
den Stand gesetzt werde, der Macht des Kaisers das Gleichgewicht zu halten¹). Auch gegen die Unternehmungen, durch
welche die Spanier ihre Macht in Italien zu erweitern suchten, hatte sich die französische Politik, wenn auch etwas thä-
tiger als in Deutschland, doch ohne Kraft und Entschlossenheit
gezeigt. Das Veltlin, ein von der obern Abba durchflossenes,
zwanzig Stunden langes Thal und seit 1512 im Besitz der
Graubündtner, welche durch Vertrag verpflichtet waren, nur
französischen Truppen den Durchmarsch zu gestatten, hatte als
der Schlüssel zu Italien für Frankreich, den Kaiser, Spanien
und Venedig gleiche Wichtigkeit. Es war für Frankreich die
einzige Verbindung mit den unabhängigen italienischen Staaten, es war für Venedig nicht allein eine wichtige Handels-
straße, sondern auch der einzige Weg, auf welchem es deutsche
und schweizerische Söldner heranziehen konnte, und indem es
sich von der tirolischen bis zur mailändischen Grenze erstreckte,
so konnte es den beiden habsburgischen Häusern eine Verbindung zwischen ihren Besitzungen eröffnen, welche übrigens durch
die Republik Venedig und die Schweiz getrennt waren. Nachdem Spanien sich vergeblich bemüht hatte, durch Unterhandlungen von den Graubündtnern den Durchmarsch für seine
Truppen zu erlangen, so suchte der spanische Gouverneur von
Mailand, der Herzog von Feria, diesen Zweck dadurch zu erreichen, daß er den Haß der katholischen Veltliner gegen die
drückende Herrschaft der überdies meist protestantischen Graubündtner benutzte. Er bewirkte oder beförderte wenigstens eine
Verschwörung derselben, in Folge deren am 19. Juli 1620 in
dem ganzen Thale die daselbst sich aufhaltenden Graubündtner

---

1) Le Vassor II, 432.

sowie die übrigen Protestanten, zum Theil Venetianer und
Lombarden, welche ihrer Religion wegen dahin geflüchtet waren,
ermordet wurden. Die Graubündtner, von Zürich und Bern
mit Truppen und von den Venetianern mit Geld unterstützt,
versuchten zunächst, die Veltliner mit den Waffen wieder zu
unterwerfen, allein sie wurden von den spanischen Truppen
geschlagen, welche der Herzog von Feria denselben zu Hülfe
schickte und welche alle festen Plätze des Landes besetzten. Die
Drohungen der katholischen Cantone der Schweiz hielten Zürich
und Bern von fernerer Hülfsleistung zurück, und Venedig ließ
darauf durch Gesandte den König von Frankreich auffordern,
den Absichten Spaniens entgegenzutreten und seinen alten Bundesgenossen den verlangten Beistand zu leisten, indem es zugleich seine Mitwirkung anbot [1]. Die Minister des Königs
beschlossen indeß, sich zunächst auf Unterhandlungen zu beschränken, zumal die innere Ruhe Frankreichs noch nicht hinlänglich
gesichert war und die Graubündtner in ihrem Lande sehr feindselig gegen die katholische Religion und deren Bekenner ver-
fuhren. Bassompierre, welcher 1622 die Marschallswürde erhielt, wurde im Februar 1621 als außerordentlicher Gesandter
nach Madrid geschickt, um die Räumung des Veltlins zu verlangen. Seine Unterhandlungen wurden durch die Krankheit
und den Tod Philipp's III., welcher während seiner Anwesenheit in Madrid, am 31. März, starb, unterbrochen, jedoch erklärte sich Philipp IV. bereit, den König von Frankreich zufriedenzustellen, um ihn nicht von dem Kriege gegen die
Hugenotten zurückzuhalten, denn die spanischen Minister hofften, daß dieser Krieg eine Auflösung der Verbindung Frankreichs mit England und andern protestantischen Staaten herbeiführen, es von der Theilnahme an den deutschen Angelegenheiten zurückhalten und die Unternehmungen des habsburgischen
Hauses in Deutschland begünstigen werde. Durch einen am
25. April zu Madrid unterzeichneten Vertrag wurde festgesetzt,
daß im Veltlin Alles wieder in den frühern Zustand gesetzt,

---

[1] Siri (der V. VI. aus gesandtschaftlichen Depeschen eine ausführliche Darstellung der Verhandlungen gibt, welche die veltliner Angelegenheiten betreffen) V, 176—180. 234. Nani I, 218—234. Richelieu
XXII, 356—366. Le Vassor II, 259—264.

daß die spanischen Truppen zurückgezogen werden und die
Graubündtner eine allgemeine Verzeihung bewilligen und alle
der katholischen Religion nachtheilige Neuerungen, welche seit
dem Anfange des Jahres 1617 eingeführt seien, zurücknehmen
sollten [1]. Diese, vielleicht aufgereizt durch geheime Agenten
Feria's, welcher sich einen Vorwand verschaffen wollte, den
Vertrag nicht auszuführen, verwarfen denselben und drangen
aufs neue in das Veltlin ein; allein sie wurden jetzt zugleich
von Feria und dem Erzherzoge Leopold, Besitzer der Grafschaft
Tirol, angegriffen, sie wurden besiegt und selbst ein Theil
ihres Landes erobert und auf furchtbare Weise verheert, sodaß
sie im Januar 1622 mit ihren beiden Feinden einen Vertrag
schließen mußten, durch welchen sie den spanischen Truppen
den Durchmarsch durch ihr Land gestatteten, auf die Herrschaft
über das Veltlin gegen Zahlung einer jährlichen Geldsumme
verzichteten und Besatzungen des Erzherzogs in Chur und
Meyenfeld auf zwölf Jahre aufnahmen. Ein Aufstand gegen
diese Besatzungen hatte nur die Folge, daß der Erzherzog seine
Eroberungen noch weiter ausdehnte. Diese Ereignisse verletz=
ten das Interesse Frankreichs ebenso sehr, wie sie die italieni=
schen Staaten bedrohten, und Ludwig XIII. schloß endlich am
7. Februar 1623 mit dem Herzoge von Savoyen und der
Republik Venedig ein Bündniß, dessen Theilnehmer sich zur
Aufstellung einer bestimmten Kriegsmacht verpflichteten, um
den Graubündtnern das Veltlin und die andern ihnen ent=
rissenen Besitzungen wiederzuverschaffen. Der Vertrag wurde
indeß nicht ausgeführt, da Spanien, um einen Krieg zu ver=
meiden, sich erbot, die festen Plätze im Veltlin dem Papste
Gregor XV. bis zur völligen Ausgleichung der Sache durch
die Vermittelung desselben zu übergeben. Der Kanzler Sillery
und sein Sohn bewogen Ludwig XIII., zu diesem Anerbieten
eine Beistimmung zu geben, jedoch nur unter der Bedingung,
daß der Vertrag von Madrid vollständig erfüllt, die ganze
Sache binnen drei Monaten erledigt und die Forts im Velt=
lin und in Graubündten, welche sich in der Gewalt der Spa=
nier und des Erzherzogs befänden, binnen einem Monate zer=

---

[1] Bassompierre XX, 221—254. Siri. 298. Du Mont V, 2, 395.

stört würden. Auch Benedig sah sich genöthigt, seine Einwilligung zu geben, und 2000 Mann päpstlicher Truppen besetzten im Juni das Beltlin. Der spanische Hof weigerte sich
indeß, den Vertrag von Madrid auszuführen, und der Papst
schlug ihnen andern Vergleich vor, durch welchen den spanischen
Truppen der Durchmarsch zugestanden werden sollte[1].

So lagen die Verhältnisse, als Richelieu in den Staatsrath eintrat mit dem festen Entschluß, zu der Politik Heinrich's IV. zurückzukehren und dem gewaltsamen Umsichgreifen
des habsburgischen Hauses entgegenzutreten. Er überzeugte
den König von der Nothwendigkeit, den vom Papste vorgeschlagenen Vergleich zu verwerfen, weil durch denselben eine
unmittelbare Verbindung zwischen den Ländern des Kaisers
und des Königs von Spanien hergestellt und diesen Fürsten
die gegenseitige Unterstützung sehr erleichtert werde, und den
Graubündtnern den Beistand, zu welchem er ihnen als seinen
alten Bundesgenossen verpflichtet sei, zu leisten, weil die Verweigerung auch seine andern Verbündeten ihm entfremden
werde. Um die Spanier zu verhindern, eine bedeutende Kriegsmacht nach dem Beltlin zu schicken, wollte Richelieu sie in
andern Gegenden beschäftigen: Genua, welches, eng mit ihnen
verbündet, durch Geldvorschüsse die Unterhaltung ihrer Truppen möglich machte und der Landungsplatz für die nach Spanien bestimmten war, sollte angegriffen werden, indem man
dem Herzoge von Savoyen, welcher mit der Republik im
Streit über ein kleines Gebiet war, Beistand leistete; die vereinigten Niederländer sollten zu außerordentlichen Anstrengungen in dem seit 1621 wieder begonnenen Kampfe gegen Spanien ermahnt und unterstützt, und, um die Katholiken in
Deutschland zu beschäftigen, der König von England dringend
aufgefordert werden, zur Wiedereroberung der Pfalz kräftig
einzuschreiten, und dem Könige von Dänemark zu demselben
Zwecke eine bedeutende Geldhülfe gewährt werden; jedoch wollte
Richelieu nicht einen Bruch der mit Spanien geschlossenen
Verträge, sondern jene Plane sollten nur unter dem Vorwande

---

1) Nani I, 233—253. 272—275. Richelieu 374—381. Siri
457 ff. 506. Du Mont V, 2, 477. Flassan II, 353—355.

lbiger Unterstützung der französischen Fürsten in Italien,
Besslin und den Niederlanden ausgeführt werden [1]).
on am 10. Juni 1624 wurde zu Compiegne zwischen
nkreich und den vereinigten Niederlanden ein Vertrag ab-
bloffen, in welchem sich der König verpflichtete, den Nieder-
ern während des laufenden Jahres 1,200,000 Livres und
ebem der beiden folgenden eine Million zu leihen, sie da-
n versprachen, ihn im Nothfalle mit der Hälfte dieser
mme oder nach seiner Wahl mit einer entsprechenden Zahl
baten oder Schiffe zu unterstützen und mit Niemandem
e seine Beistimmung und Theilnahme Frieden oder Waffen-
stand zu schließen [2]). Die Spanier unternahmen im August
Belagerung von Breda, welches sich ihnen zwar endlich,
erst im Juni des folgenden Jahres ergeben mußte, und
lange Dauer der Belagerung schwächte ihre Armee be-
end. Der lebhafte Wunsch des Königs Jakob I. von Eng-
, seinen Sohn, den Prinzen Karl von Wales, mit einer
uischen Infantin zu vermählen, hatte eine Verbindung zwi-
1 Spanien und England befürchten lassen, welche für
nkreich gefährlich werden konnte; allein besonders durch
unbesonnene Benehmen des Günstlings Jakob's, des Her-
von Buckingham, welcher den Prinzen nach Spanien be-
et hatte, wurde die Erfüllung jenes Wunsches vereitelt,
rat zwischen den beiden Höfen eine Spannung ein, welche
zu einem Kriege führte, und Jakob bewarb sich nunmehr
seinen Sohn um die dritte Schwester Ludwig's XIII, Hen-
e. Richelieu mußte die Bedenklichkeiten, welche dieser
en der Religion hegte, zu beseitigen, zumal Jakob nicht
n der Prinzessin und ihrem Gefolge die freie Ausübung
katholischen Glaubens und Kapellen in allen königlichen
asten und an allen Orten, wo sie sich aufhalten werde,
stand, sondern auch das geheime Versprechen gab, daß die
erigen strengen Maßregeln gegen die englischen Katholiken
ören sollten. Die Heirathsartikel wurden schon am 10.
ember 1624 festgestellt; der Papst bewilligte endlich im

1) Richelieu 380 ff.
2) Du Mont, 461—463.

April 1625 die verlangte Dispensation, indem Richelieu ihm
zu verstehen gab, daß, wenn er dieselbe verweigere, die Ver=
mählung dennoch stattfinden werde, der Heirathscontract wurde
darauf — nach dem Tode Jakob's, welcher am 25. März
gestorben war — am 8. Mai unterzeichnet, und Buckingham,
welcher jetzt nach Frankreich kam, um die Prinzessin zu be=
gleiten, führte sie im Juni nach England [1]). Ungeachtet die=
ser Verbindung verweigerte indeß Richelieu Theilnahme an
dem Kriege zwischen England und Spanien. In Deutschland
schienen die weitern Fortschritte der Macht des Kaisers dadurch
gehemmt zu werden, daß der niedersächsische Kreis zu seiner
Vertheidigung ein Heer aufstellte und der König Christian IV.
von Dänemark, im März 1625 zum Kreisobersten gewählt,
an die Spitze desselben trat und von England sowie von
Frankreich mit Geld unterstützt wurde [2]). In Beziehung auf
das Veltlin verfuhr Richelieu rasch und nachdrücklich. Der
Marquis von Coeuvres wurde zugleich als Gesandter und als
General nach der Schweiz und Graubündten geschickt, er warb
in diesen Ländern 4000 Söldner, mit welchen sich 3500 Mann
französischer Truppen vereinigten, er vertrieb im November
1624 die Truppen des Erzherzogs aus Graubündten und er=
neuerte das Bündniß Frankreichs mit diesem Staate. Dar=
auf brang er im December in das Veltlin ein, nöthigte die
Einwohner zu einem Vertrage, nach welchem sie die Waffen
niederlegten, die Truppen des Königs von Frankreich und sei=
ner Verbündeten überall aufzunehmen versprachen und allen
seit fünf Jahren mit andern Fürsten geschlossenen Verbindun=
gen entsagten, wogegen er ihnen den Schutz des Königs zu=
sagte und die Versicherung gab, daß ihr Streit mit den Grau=
bündtnern baldigst zu ihrer völligen Zufriedenheit und Sicher=
heit ausgeglichen werden solle, und noch in demselben Monat
zwang er die päpstlichen Truppen, das Veltlin zu räumen [3]).

1) Mercure X, 2, 480—487. Du Mont 476. Richelieu 293—
312. 417—421.

2) Heinrich, Teutsche Reichsgeschichte VI, 454. Mercure XII,
1, 811.

3) Richelieu 406—413. Siri V, 706—712. Du Mont 469.

Zu derselben Zeit wurde der Angriff auf Genua vorbereitet, indem am 24. December im Haag ein Vertrag mit den vereinigten Niederländern geschlossen wurde, in welchem sich diese verpflichteten, zur Hülfe des Königs zwanzig Kriegsschiffe nach dem Mittelmeere, nach der Küste der Grafschaft Nizza, zu schicken. Da Richelieu auch nicht einmal einen Vorwand zu einem Kriege gegen Genua auffinden konnte, so wurde beschlossen, daß Frankreich nur als Hülfsmacht an demselben theilnehmen solle, jedoch wurde zugleich eine Theilung des Gebiets der Republik verabredet. Im März 1625 drangen der Herzog von Savoyen und der Connetable von Lesdiguieres mit 26,000 Mann in das Genuesische ein und bemächtigten sich ohne bedeutenden Widerstand mehrer Plätze, da die Genueser gegen diesen unerwarteten Angriff nicht gerüstet waren; allein Mangel an Lebensmitteln und Uneinigkeit zwischen den beiden Anführern verzögerten das Vorrücken gegen die Stadt Genua selbst, die Genueser gewannen dadurch Zeit, um Truppen und eine Flotte zu versammeln, der Herzog von Feria kam ihnen mit einem Heere zu Hülfe, rückte in Piemont ein und belagerte Verrua. Er wurde zwar endlich nach drei Monaten, im November, von den Verbündeten genöthigt, die Belagerung aufzuheben, allein die Republik Genua war von dem ihr drohenden Untergange gerettet [1]).

Der Anschlag Richelieu's gegen diesen Staat war besonders durch eine neue Waffenerhebung der französischen Reformirten vereitelt worden, indem die Schiffe, welche der französischen Armee Lebensmittel zuführen sollten, gegen dieselben verwandt werden mußten. Vielfache Verletzungen des Vertrages von Montpellier und des Edicts von Nantes hatten bei den Reformirten die Überzeugung erregt, daß es die Absicht der Regierung sei, sie auch im Frieden mehr und mehr in ihren Rechten zu beschränken und sie zu schwächen, um sie endlich gänzlich zu unterdrücken. An vielen Orten wurde ihnen der Gottesdienst, welchen das Edict ihnen bewilligt hatte, nicht gestattet und ihnen ihre Kirchen und Kirchhöfe genommen, sie wurden fast ganz von den öffentlichen Ämtern ausgeschlossen,

1) Du Mont 469. Siri V, 680 ff. 797 ff. Richelieu 448—450.

und die Parlamente, namentlich das zu Toulouse, zeigten sich
parteiisch und ungerecht gegen sie. In Montpellier blieb wider
das Versprechen des Königs nicht allein eine Besatzung, son=
dern es wurde auch eine Citadelle erbaut; das Fort S.-Louis,
welches während des letzten Krieges in der Nähe des Hafens
von La Rochelle aufgeführt worden war, wurde nicht, wie der
König versprochen hatte, niedergerissen, sondern durch neue
Werke verstärkt, und zu Blavet wurde eine Flotte versammelt,
um den Hafen zu blokiren und den Handel der Stadt zu ver=
nichten. Der Herzog von Rohan, welcher insbesondere durch
das Verfahren der Regierung verletzt wurde, weil er vornehm=
lich den Frieden von Montpellier bewirkt hatte, und sein Bru=
der Soubise hielten die damalige Zeit, in welcher der Aus=
bruch eines Krieges zwischen Spanien und Frankreich unver=
meidlich schien und sie auf eine wirksame Verwendung der
niederländischen Republik und des Königs von England hoffen
zu können glaubten, für geeignet, um durch die Waffen Alles
wieder zu erlangen, was durch den letzten Krieg verloren wor=
den war. Soubise bemächtigte sich im Anfange des Jahres
1625 der bei Blavet liegenden Schiffe und der Insel Oleron,
und Rohan begann in Verbindung mit den Städten Castres
und Montauban den Krieg in Languedoc. Die meisten Mit=
glieder des königlichen Rathes waren wegen der Verwickelung
der auswärtigen Verhältnisse über den Ausbruch eines Bür=
gerkrieges so bestürzt, daß sie der Meinung waren, man müsse
sich entweder mit Spanien auf jede Bedingung vergleichen
oder den Reformirten ihre Forderungen bewilligen. Richelieu
allein widersprach dieser Meinung; er hielt die hugenottische
Partei, welche überdies durch den Tod des Herzogs von Bouil=
lon eines ihrer bedeutendsten Häupter 1623 verloren hatte,
nicht mehr für so mächtig, daß sie ernstliche Besorgnisse er=
wecken könnte, und er stellte vor, daß die auswärtigen Ver=
hältnisse weit günstiger für Frankreich als für Spanien seien,
und daß der König erst nach Unterwerfung der Hugenotten
Herr in seinem Reiche sein werde und ruhmvolle Thaten gegen
das Ausland unternehmen könne. In der That vermochte
Rohan jetzt ebenso wenig wie früher seine Glaubensgenossen
zu vereinigen; außer den beiden erwähnten Städten schlossen

sich nur und zum Theil erst nach längerm Zögern Nismes,
Milhaud, Usez und einige kleine Städte nebst den Sevennen
ihm an und wählten ihn zum General, die Mehrzahl der re=
formirten Orte im südlichen Frankreich und des reformirten
Adels, auch La Force, Chatillon und der junge Herzog von
Bouillon wiesen jede Theilnahme am Kriege zurück, und die=
ser beschränkte sich in Languedoc auf unbedeutende Ereignisse
und auf Verheerung des Landes. Die Niederländer, welche
der französischen Geldhülfe nicht entbehren konnten, und der
König von England unterstützten den König von Frankreich
mit Schiffen, indem sie sogar gestatteten, diese zum Theil mit
Franzosen zu bemannen; Soubise wurde am 15. September
bei der Insel Ré angegriffen und besiegt, und er entkam nur
mit wenigen Schiffen nach England. Richelieu war indeß der
Ansicht, daß man nicht zu gleicher Zeit einen Kampf gegen
das habsburgische Haus und gegen die Hugenotten mit Er=
folg bestehen könne, und daß die Umstände jetzt noch nicht die
Ausführung seiner Absicht gestatteten, die Stellung, welche die
Hugenotten als Partei im Staate einnahmen, zu vernichten,
und wenn er auch ihre Bekehrung zum katholischen Glauben
für wünschenswerth hielt, so war ihm doch der Gedanke durch=
aus fern, diese mit Gewalt zu erzwingen, weil er die verderb=
lichen Folgen, welche ein solches Unternehmen haben mußte,
nicht verkannte. Die Beschwerden Rohan's und Soubise's
und der Städte La Rochelle, Montauban, Castres und Mil=
haud, welche die reformirten Deputirten am Hofe schon früher
dem Könige übergeben hatten, waren von diesem im Juli
meistens auf eine günstige Weise beantwortet worden, und auf
einer Versammlung von Abgeordneten der reformirten Städte
und Gemeinden in Ober=Languedoc, Ober=Guienne und Ge=
vaudan wurde am 1. November beschlossen, sich mit dem Be=
willigten zu begnügen. Der König verweigerte zwar jetzt,
dies auch den Einwohnern von La Rochelle zuzugestehen, und
stellte für diese Bedingungen, welchen sie sich nicht unterwer=
fen wollten; endlich ließ er sich indeß zu milbern Bedingun=
gen bewegen, und die Abgeordneten Rohan's, Soubise's und
der Städte, welche mit ihnen gemeinsame Sache gemacht hat=
ten, erklärten darauf am 6. Februar 1626, daß sie den vom　1626

31 *

Könige bewilligten Frieden annähmen und denselben unverletz=
lich beobachten würden. Ein königliches Edict, im März aus=
gefertigt und am 6. April im pariser Parlament publicirt, be=
willigte den Reformirten Verzeihung für alle seit dem 1. Ja=
nuar 1625 verübten Feindseligkeiten, bestätigte das Edict von
Nantes, die Declarationen desselben und die hinzugefügten Ar=
tikel, befahl die Wiederherstellung des katholischen Gottesdien=
stes überall, wo er während der letzten Unruhen unterbrochen
worden war, und des reformirten, wo er 1620 gemäß den
königlichen Edicten stattgefunden hatte, und gestattete aufs neue
die Versammlung von Consistorien und Synoden zu Anord=
nungen in Betreff der kirchlichen Disciplin, indem zugleich
das Verbot wiederholt wurde, auf denselben über politische
Angelegenheiten zu verhandeln. Den Rochellern wurde ihre
städtische Verfassung, wie sie 1620 bestanden hatte, bestätigt,
aber sie mußten einen königlichen Commissarius aufnehmen,
welcher für die Ausführung der Friedensartikel sorgen und so
lange, als es dem Könige gefalle, in der Stadt bleiben sollte,
sie mußten die Kirchengüter zurückgeben, freie Ausübung des
katholischen Gottesdienstes zulassen und ein neuerbautes Fort
niederreißen, und sie durften keine ausgerüsteten Kriegsschiffe
in ihrem Hafen haben; dagegen erhielten sie nur das Ver=
sprechen, daß die Garnisonen des Fort S.=Louis und der In=
seln Oleron und Ré die Sicherheit und Freiheit ihres Han=
dels nicht stören sollten. Die Zerstörung dieses Forts wurde
verweigert; die in Frankreich anwesenden englischen Gesandten
unterzeichneten indeß am 11. Februar eine Schrift, in welcher sie
erklärten: der König von Frankreich und seine Minister hätten ihnen
die Zusicherung gegeben, daß diese Zerstörung in geeigneter Zeit
ausgeführt werden solle, und sie ihrerseits hätten den refor=
mirten Deputirten in der von diesen gewünschten Weise ver=
sprochen, daß der König von England sich durch seine Ver=
wendung bemühen werde, die Zerstörung zu beschleunigen.
Die Rocheller wurden besonders durch diese Schrift, welche sie
als eine förmliche Garantie des Königs von England für die
Niederreißung des Forts betrachteten, zum Frieden bestimmt [1]).

1) Mercure XI, 1, 862—928. 2, 119—137. Bénoit II, pr. 80—
86. Richelieu 115—417. 422—448. Rohan XVIII, 243—279.

Richelieu's antikatholische Politik, der Angriff auf die päpstlichen Truppen im Veltlin, die feindselige Stimmung gegen Spanien und andererseits die Verbindung mit England, den vereinigten Niederlanden und den deutschen Protestanten, hatten bei den eifrigen Katholiken in Frankreich großes Misvergnügen bewirkt, besonders als der König auf seinen Rath die Vorschläge zurückwies, welche der Papst im Sommer des Jahres 1625 zur Ausgleichung der veltliner Sache machen ließ. Er hielt es deshalb für nothwendig, von den angesehensten Personen des Reiches ihre Beistimmung zu seinem Verfahren öffentlich aussprechen zu lassen, und zu diesem Zwecke veranlaßte er den König, im September desselben Jahres nach Paris eine Versammlung von Notabeln zu berufen, welche aus den Prinzen, Herzögen, Pairs und Kronbeamten, den ersten Präsidenten und den Generalprocuratoren der Parlamente, der Steuerhöfe und der Rechenkammer, dem Prevot der Kaufleute von Paris und vier Prälaten als Deputirten der Geistlichkeit bestand. Er rechtfertigte vor dieser Versammlung die Ablehnung der Vorschläge des Papstes, und er legte die Nothwendigkeit dar, um jeden Preis für Frankreich die Pässe des Veltlins und den Graubündtnern die Herrschaft über dieses Land zu erhalten; denn wenn Frankreich seine Bundesgenossen verlasse, so werde es ferner keine Hülfe bei den benachbarten Fürsten finden, und diese würden sich an Spanien anschließen; überdies seien so reichliche Geldmittel vorhanden, daß man nicht genöthigt sei, zu außerordentlichen Maßregeln zu greifen. Obwol die Königin-Mutter und der Cardinal Sourdis sich für den vorgeschlagenen Vergleich aussprachen, so erklärten doch alle Übrigen: der Ruhm des Staates sei allen andern Dingen vorzuziehen, und die Unterthanen des Königs würden auch bereit sein, außerordentliche Mittel zu gewähren, wenn dies nothwendig sein sollte [1]). Richelieu beschloß indeß bald darauf, das friedliche Verhältniß mit Spanien wiederherzustellen, um zunächst die Hugenotten jeder politischen Selbständigkeit zu berauben, die Einheit des Reiches herzustellen und den König zum alleinigen Herrn dessel

1) Siri VI, 25—28. Richelieu 477—483. Nani I, 325.

ben zu machen. Geheime Unterhandlungen, dadurch erleichtert, daß die beiderseitigen Gesandten noch nicht abgerufen waren, wurden mit Spanien angeknüpft, und der französische Gesandte unterzeichnete am 5. März 1626 zu Monçon in Aragonien, wo sich damals der spanische Hof aufhielt, einen Vertrag, durch welchen bestimmt wurde, daß in dem Veltlin Alles wieder in den Zustand, welcher im Anfange des Jahres 1617 stattgefunden hatte, gesetzt werden sollte, jedoch mit der Beschränkung, daß daselbst nur die katholische Religion ausgeübt werden, die Einwohner selbst ihre Obrigkeiten wählen und dagegen den Graubündtnern jährlich eine Geldsumme zahlen sollten; außerdem willigte der König von Spanien in die Zerstörung aller seit 1620 erbauten Forts. Dieser Vertrag erregte bei allen Verbündeten Frankreichs den größten Unwillen, indem dies ungeachtet des mit Savoyen und Venedig geschlossenen Bündnisses sich allein die Entscheidung angemaßt und nur seine eigenen Interessen wahrgenommen hatte. Jene Staaten mußten sich zwar in das Unabänderliche fügen, allein der Herzog von Savoyen, welcher noch mehr dadurch erbittert wurde, daß Frankreich und Spanien ihm die Bedingungen eines Vergleichs mit Genua vorschreiben wollten, wurde der unversöhnliche Feind Richelieu's, und er knüpfte durch seinen Gesandten, den für Intriguen sehr gewandten Abt Scaglia, geheime Verbindungen mit den Gegnern desselben in Frankreich an, um ihn zu stürzen [1]).

Mißvergnügen über die Befestigung des königlichen Ansehens, Verlangen nach Veränderung und nach Befriedigung ehrgeiziger und anderer kleinlichern Wünsche, die große Gewalt, welche der Cardinal über den König erlangt hatte, seine Energie und sein kaltes, zurückstoßendes Wesen hatten ihm bereits unter den Prinzen und andern Großen, den Hofbeamten und selbst unter den Prinzessinnen und den Damen des Hofes der Königin zahlreiche Feinde gemacht, welche insgesammt danach trachteten, ihn seiner Macht zu berauben. Zu seinen Gegnern gehörten namentlich die beiden unechten Brüder des Königs, der Herzog von Vendome, Gouverneur von Bretagne,

1) Du Mont 489. Richelieu XXIII, 1. 2. 28 ff. Nani I, 331. 340.

und der Großprior von Vendome, Heinrich von Talleyrand, Graf von Chalais, Großmeister der Garderobe des Königs und Günstling desselben, und der Marschall von Ornano, welcher durch seine kräftige Persönlichkeit und durch seinen Einfluß auf den Bruder des Königs, Gaston, dessen Gouverneur er war, als das Haupt der ganzen Partei betrachtet werden konnte. Um dieser eine größere Bedeutung zu geben und um Richelieu's Sturz leichter zu bewirken, suchten die Misvergnügten, und besonders Ornano, den Prinzen zu gewinnen, sie nährten seine Unzufriedenheit darüber, daß er von allen Staatsgeschäften, von jeder Theilnahme am Kriege fern gehalten wurde, sie flößten ihm Widerwillen gegen die von Richelieu gewünschte Vermählung mit Maria von Montpensier ein, damit er durch Verheirathung mit einer fremden Prinzessin sich auswärtigen Beistand verschaffe, und der Herzog von Savoyen ließ seine Enkelin, die Prinzessin Maria von Mantua, Erbin von Montferrat, ihm zur Gemahlin vorschlagen, indem er zugleich in ihn drang, sich von dem Cardinal zu befreien. Die Bitte, welche Ornano an den König richtete, daß er seinen Bruder in seinen Rath aufnehme, damit dieser sich mit Regierungsgeschäften bekannt machen könne, oder daß er ihm wenigstens den Befehl einer Armee anvertraue, mußte Richelieu's Argwohn erregen, Anzeigen von geheimen Zusammenkünften und von drohenden Aeußerungen erhöhten seinen Verdacht, und er vermuthete, daß die Misvergnügten die Absicht hätten, dem Prinzen nicht allein Einfluß auf die Regierung, sondern sogar die alleinige Leitung derselben zu verschaffen, um dann selbst in seinem Namen Frankreich zu beherrschen. Obwol ihm bestimmte Beweise dafür fehlten, so beschloß er doch, den Plänen seiner Feinde, bevor sie zur Reife gelangten, zuvorzukommen, und er bestimmte den König, am 4. Mai 1626 den Marschall von Ornano nebst einigen andern Vertrauten Gaston's verhaften zu lassen. Diese Maßregel schreckte indeß seine andern Feinde nicht von der Verfolgung ihres Vorhabens zurück, der Großprior rieth dem Prinzen, den Hof zu verlassen, sich nach einem festen Platze zu begeben und die Waffen zu ergreifen, und es wurde von demselben und von Chalais der Beschluß gefaßt, Richelieu in seinem Hause zu

Fleury zu ermorden. Allein Chalais zeigte ihm diese Absicht selbst an, aus Furcht, daß ein Anderer, welchem er sie mitgetheilt hatte, sie verrathe, und durch große Verheißungen wurde er von Richelieu zu dem Versprechen bewogen, ihn von allen bösen Rathschlägen, welche man dem Prinzen geben werde, zu unterrichten und nur in seinem und des Königs Interesse zu handeln. Der Großprior wurde von Richelieu durch die Hoffnung auf die Admiralitätswürde dahin gebracht, daß er seinen Bruder bestimmte, an den Hof zu kommen, Beide wurden dann sogleich, am 13. Juni, verhaftet und nach dem Schlosse von Amboise gebracht, um, wie der König erklärte, den Zerrüttungen, welche das Reich bedrohten, den Weg abzuschneiden, und einige Tage später wurde der Marschall von Themines zum Gouverneur der Bretagne ernannt. Bald darauf erfuhr Richelieu, daß Chalais, trotz seines Versprechens, Gaston fortwährend antreibe, sich vom Hofe zu entfernen, und nachdem er ihn mehrmals vergebens an dasselbe hatte erinnern und warnen lassen, so wurde Chalais zu Nantes, wo sich der Hof damals aufhielt, am 8. Juli verhaftet. Gaston, seiner Räthe und Leiter beraubt, war jetzt so entmuthigt, daß er seine Freunde verließ und sogar als ihr Ankläger auftrat, indem er angab, was sie für ihn gethan und wozu sie ihn hätten bestimmen wollen, und insbesondere aussagte, daß Chalais ihm gerathen, die Hugenotten für sich zu gewinnen, und an den Unterhandlungen mit diesen Theil gehabt habe. Er wurde für diesen Verrath dadurch belohnt, daß er die Herzogthümer Orleans und Chartres nebst der Grafschaft Blois als Apanage, außerdem ein bedeutendes Jahrgehalt und statt seines bisherigen Titels den eines Herzogs von Orleans erhielt. Auch entschloß er sich jetzt, sich mit Maria von Montpensier zu vermählen, welche ihm außer andern Besitzungen die Herzogthümer Montpensier und Chatellerault und die Fürstenthümer Dombes und La Roche-sur-Yon mit einem jährlichen Rentenertrage von 330,000 Livres zubrachte. Die Untersuchung gegen Chalais wurde von dem Könige einer außerordentlichen Commission übertragen, welche großentheils aus Mitgliedern des Parlaments der Bretagne gebildet war; er gestand ein, daß er für die Ausführung der Absicht Gaston's, sich nach

Metz zu begeben, thätig, daß er von Umtrieben gegen den Kö=
nig unterrichtet gewesen sei und dieselben ihm nicht angezeigt
habe; Louvigny, früher sein Freund, dann sein Nebenbuhler
um die Gunst der Herzogin von Chevreuse, der Favoritin der
Königin, beschuldigte ihn sogar eines Anschlages gegen die
Person des Königs, er wurde als Majestätsverbrecher zum
Tode verurtheilt und am 19. August hingerichtet. Ornano
entging einem gleichen Schicksale nur daburch, daß er am 2.
September im Gefängniß zu Vincennes starb. Der Graf von
Soiffons, welcher auch in die Intriguen gegen Richelieu ver=
wickelt war, verließ im August Paris und begab sich nach
Neufchatel, der Besitzung seines Schwagers, des Herzogs von
Longueville. Mehre Personen aus der nächsten Umgebung des
Königs wurden vom Hofe verwiesen, der Großprior starb 1629
als Gefangener, und der Herzog von Vendome erhielt erst
1631 seine Freiheit wieder, nachdem ihm schon früher Ver=
zeihung bewilligt worden war [1]). Richelieu hatte bewiesen,
daß er Anschläge gegen seine Stellung und seine Person gleich
Anschlägen gegen den König und den Staat zu bestrafen ver=
möge, und daß Rang und Geburt nicht mehr, wie in frühern
Zeiten, Straflosigkeit gewähre. Die Furcht, welche ein solches
Verfahren einflößte, wurde bald noch mehr dadurch gesteigert,
daß er mit derselben Strenge und Rücksichtslosigkeit auch Mit=
glieder des höhern Adels für Verletzungen der königlichen
Edicte büßen ließ. Das Unwesen der Duelle hatte trotz der
strengen Gesetze gegen dieselben so überhand genommen, daß
selbst die Straßen zum Kampfplatze gewählt wurden, und daß
man sich sogar Nachts bei Fackelschein schlug. Auf Richelieu's
Antrag erließ der König deshalb im Februar 1626 ein neues
Edict, welches befahl, daß alle Duellanten, Herausforderer wie
Geforderte, alle Ämter, Jahrgelder und königliche Gnadenbe=
zeigungen verlieren und außerdem nach der Strenge der frü=
hern Edicte bestraft werden sollten, wofern die Richter nicht
nach ihrer Überzeugung und nach den Umständen eine Milde=
rung für angemessen hielten; eine solche sollte aber nicht statt=

1) Siri VI, 129—159. Richelieu XXIII, 48—148. Mercure XII
1, 279—421. Bassompierre XXI, 51—57. Rohan XVIII, 286—297.
Motteville XXXVI, 351—356.

finden dürfen bei Denen, welche ihre Gegner getödtet hätten,
und auch Diejenigen, welche zur Theilnahme an einem Duelle
noch andere Personen bewögen, sollten durchaus mit dem Tode
bestraft werden, sowie auch Die, welche dies Edict zum zweiten Male durch Herausforderung verletzten. Ungeachtet dieser
Verordnung schlugen sich im Mai 1627 am hellen Tage auf
dem Königsplatze zu Paris der Graf von Boutteville, welcher
einer der berüchtigtsten und gefürchtetsten Duellanten des Hofes
war und schon zweiundzwanzigmal die Edicte gegen die Duelle
verletzt hatte, und der Marquis von Beuvron, jeder mit zwei
Secundanten, und von diesen wurde einer von dem Grafen
des Chapelles getödtet. Boutteville und des Chapelles, welche
sich nach Lothringen flüchten wollten, wurden auf dem Wege
ergriffen, sie wurden von dem Parlamente zum Tode verurtheilt, und ungeachtet der dringenden Fürbitte des Herzogs von
Orleans und des Prinzen von Condé für Boutteville, ungeachtet dieser der Familie Montmorency angehörte, ließ der König an Beiden das Urtheil vollziehen, da Richelieu ihm vorstellte, daß es sich darum handele, entweder den königlichen
Edicten oder den Duellen ein Ende zu machen [1]. Um dieselbe Zeit wurde durch die Aufhebung zweier Staatsämter,
deren Besitzer gleichsam das königliche Ansehen theilten und
zum Nachtheil der Finanzverwaltung die Verfügung über die
gewöhnlichen Ausgaben für Kriegswesen und Marine hatten,
die Macht des hohen Adels in demselben Grade vermindert,
als die des Königs erhöht wurde. Auf Richelieu's Vorschlag
schaffte nämlich der König im Januar 1627 durch ein feierliches Edict die Würde des Connetable und des Admirals von
Frankreich auf immer ab, nachdem der Connetable von Lesbiguieres im September des vorigen Jahres gestorben war
und der Herzog von Montmorency sich die Admiralswürde für
1,200,000 Livres hatte abkaufen lassen. Bereits im October
1626 waren die Befugnisse des Admirals, mit Ausnahme des

1) Isambert XVI, 175—183. Richelieu 40—45. 290. Mémoires
de Gaston, duc d'Orléans (bei Petitot XXXI; der Verfasser dieser Memoiren, welche man irrthümlich dem Herzoge von Orleans beigelegt hat,
ist unbekannt, er war indeß ein Mann, welcher demselben nahe stand, ihm
jedoch nicht durch Entstellung der Thatsachen schmeichelte), 67—72.

Oberbefehls über die Flotten und der bedeutenden Einkünfte desselben, dem Cardinal unter dem Titel eines Großmeisters, Chefs und General-Oberintendanten der Schiffahrt und des Handels von Frankreich übertragen worden, es war ihm Vollmacht ertheilt worden, die Vorschläge, welche dem Könige über Handelseinrichtungen gemacht werden würden, zu prüfen und mit Denen, welche Handelscompagnien bilden wollten, unter Vorbehalt der königlichen Genehmigung Verträge abzuschließen, und er war beauftragt worden, Alles anzuordnen, was für die Schiffahrt, für die Sicherheit der Unterthanen auf dem Meere und für die Beobachtung der Verordnungen über die Marine nützlich und nothwendig sei, und die für weite Seefahrten erforderliche Erlaubniß zu ertheilen [1]).

Richelieu vereinigte jetzt mit seinen großen politischen Plänen den Gedanken, eine französische Seemacht zu schaffen, welche zum Mittel dienen sollte, um nicht allein die Hugenotten ihrer Selbständigkeit zu berauben, sondern auch den Stolz, welchen die Engländer und Holländer wegen ihrer überlegenen Marine gegen Frankreich zeigten, zu demüthigen [2]). Noch hatte er indeß der monarchischen Gewalt nicht eine solche Festigkeit und Unumschränktheit gegeben, daß er es wagen mochte, nur im Namen derselben ohne Rücksicht auf die allgemeine Meinung zu handeln und insbesondere die Geldmittel, deren er zur Ausführung seiner Entwürfe bedurfte, durch Vermehrung der dem Volke bereits aufgelegten Lasten sich zu verschaffen. Er hielt es für nothwendig, die Unzufriedenheit über den Druck der Auflagen von sich abzuwenden durch öffentliche Darlegung des Zustandes, in welchem die Finanzen schon in den frühern Jahren gekommen waren, und die Stimmung des Landes für sich zu gewinnen, indem er seine Entwürfe

1) Richelieu 213. 214. 256. Mercure XIII, 355—360. Isambert 194. Im März 1627 wurde dem Cardinal Sitz im pariser Parlament neben den Pairs nebst den Vorrechten der Pairie ertheilt, und 1629 wurde er Gouverneur von Brouage und den Inseln Ré und Oleron. 193. 345. Im J. 1631 wurde die Herrschaft Richelieu für ihn und seine Erben zum Herzogthume und zur Pairie erhoben. Mercure XVII, 1, 706—712.

2) Richelieu 226.

zur Erhöhung der Macht und des Wohlstandes desselben mittheilte, indem er für Maßregeln der Verwaltung den Rath
der Unterthanen verlangte und diesen, wenigstens scheinbar,
Einfluß auf die Entschlüsse der Regierung einräumte. Zu diesem Zwecke bewog er den König, wiederum eine Versammlung
der Notabeln nach Paris zu berufen. Die Berufenen waren
der Herzog von Orleans, welchem wegen seiner Geburt der
Vorsitz bestimmt wurde, der Cardinal von La Valette, die
Marschälle von La Force und von Bassompierre, zwölf Erzbischöfe oder Bischöfe, zwölf angesehene Edelleute, theils Ritter des Ordens des heiligen Geistes, theils Mitglieder des königlichen Rathes, Präsidenten und General-Procuratoren der
Parlamente, Rechenkammern und Steuerhöfe und andere Beamten, im Ganzen mehr als sechzig Personen. Der König
eröffnete die Versammlung am 2. December 1626, indem er
zu den Notabeln die wenigen Worte sprach: er habe sie berufen, um mehre Unordnungen im Staate abzustellen, der
Siegelbewahrer, Marillac, werde ihnen seinen Willen näher
mittheilen. Marillac hielt darauf einen ausführlichen Vortrag,
in welchem er auch die umfassenden Handelsentwürfe Richelieu's mittheilte: die innern Kriege, die Unterstützung der Allür-
ten Frankreichs, die Sendung einer Armee nach dem Veltlin
und einer andern nach Italien zur Theilung der feindlichen
Streitkräfte hätten die Ausgaben seit 1620 auf 36 oder 40
Millionen Livres erhöht, während die gewöhnlichen Staatseinnahmen nicht 16 Millionen überstiegen; der König habe
nicht die von seinem Volke erhobenen Taillen vermehrt, sondern außerordentliche Hülfsmittel gewählt, allein diese hätten
das Reich sehr mit Verpfändungen und Rentenzahlungen belastet und eine unglaubliche Verminderung der Einnahmen bewirkt. Um dies in Zukunft zu vermeiden, wünsche der König
Ausgabe und Einnahme gleichzustellen durch Verminderung
jener und Vermehrung dieser. Die erste könne nur vermittels
Einschränkungen erreicht werden; er habe deshalb beschlossen,
die Ausgaben für seinen Hofstaat zu verringern, er habe die
Würden des Connetable und des Admirals abgeschafft, und er
beabsichtige noch Verminderung der Besatzungen durch Schleifung mehrer unnützen Plätze; zur Vermehrung der Einnahme

müffe man die am wenigften fchädlichen Mittel auffuchen, na=
mentlich die gegen geringe Summen verpfändeten Domainen
und was von der Salzfteuer und den Taillen verpfändet fei,
wieder zurückkaufen. Die Verfammelten würden auch über
die Belebung des Handels zu arbeiten haben, als das geeig=
netfte Mittel, um das Volk zu bereichern und Frankreichs
Ehre wiederherzuftellen. Die Franzofen hätten feit mehren
Jahren in einer unwürdigen Trägheit gelebt, ihre Nachbarn
unterwürfen fie der ganzen Strenge ihrer Gefetze und beftimm=
ten nach Belieben den Preis für die franzöfifchen und für ihre
eigenen Waaren und entzögen den Franzofen mehr und mehr
den Fifchfang auf dem Meere, während die Küften von Tür=
ken und andern Seeräubern verheert und die Einwohner als
Gefangene fortgefchleppt würden. Und doch befitze Frankreich
alle Mittel, um fich auf dem Meere mächtig zu machen, fo
reichlich, daß es diefe felbft feinen Nachbarn liefere, es habe
Matrofen und Seeleute im Überfluß, es befitze die beften
Häfen in Europa und fei der Schlüffel zu allen Schiffahrten
von Weften nach Often und von Norden nach Süden. Durch
eine leicht ausführbare Verbindung der Seine und Saone
könne man den Weg aus dem Mittelmeere nach dem Ocean
eröffnen, den Spaniern ihre Handelsvortheile entziehen und
Frankreich zur Niederlage für den ganzen Handel der Erde
machen. Alle diefe Umftände, welche der Cardinal Richelieu
dem Könige vorgeftellt habe, hätten diefen beftimmt, fich an=
gelegentlich mit der Beförderung des Handels zu befchäftigen
und die Gelegenheiten nicht unbenutzt zu laffen, fein Volk zu
bereichern und den Ruhm und die Macht feines Staates zu
vergrößern; er werde der Verfammlung darüber Artikel mit=
theilen und fehe der Meinung derfelben entgegen. Der Mar=
fchall von Schomberg werde ihr Reglements über das Kriegs=
wefen vorlegen. Wenn fie außerdem etwas in Betreff des
Wohls der Kirche, der Juftiz und der innern Verwaltung oder
Anderes dem Könige vorzuftellen hätte, fo werde er es gern
hören, jedoch wünfche er, daß die Verfammlung nicht in die
Länge gezogen werde, damit die Prälaten nicht von ihren
Diöcefen und die Beamten von der Verwaltung der Juftiz
lange zurückgehalten würden. Endlich bedürfe es ftrengerer

Gesetze gegen die grenzenlose Unterschlagung der königlichen
Gelder, da die bestehenden zu ohnmächtig seien, und außerdem
müsse man neue Mittel wider die häufigen Verschwörungen
und Empörungen anwenden, sowol um leichter Kenntniß und
Beweise von denselben zu erlangen, als auch um durch die
Überzeugung, daß die Überführung leichter sei, von der Theil=
nahme zurückzuschrecken.   Darauf sprach der Marschall von
Schomberg über die Militairangelegenheiten, indem er erklärte,
daß es die Absicht des Königs sei, 30,000 Mann fortwährend
zu unterhalten und daß er einen Aufsatz über die Mittel zur
Bestreitung dieser Ausgabe vorlegen werde.   Endlich nahm der
Cardinal Richelieu das Wort: die Geschäfte seien in einem
befriedigenden Zustande, allein man müsse sich nicht verspre=
chen, daß sie immer so bleiben würden, man müsse sie weiter
fördern.   Es sei nothwendig, das Königreich gegen die Unter=
nehmungen und bösen Absichten Derer zu sichern, welche täg=
lich auf die Erniedrigung und das Verderben desselben dächten.
Der König wolle, daß sein Reich sich zu derselben und zu einer
größern Macht erhebe, als es je in der vergangenen Zeit ge=
habt habe; dazu müsse man die gewöhnlichen Ausgaben ver=
mindern oder die Einkünfte vermehren.   Der König wolle sei=
nen Hofstaat beschränken und seine Mutter sich mit geringern
Einkünften begnügen, als sie zur Zeit Heinrich's IV. gehabt
habe, und dadurch werde man die gewöhnlichen Ausgaben um
drei Millionen verringern.   Da dieses aber noch nicht hin=
reiche, um Ausgabe und Einnahme gleichzustellen, so müsse
man die letzte erhöhen und zwar durch unschädliche, das Voll
nicht bedrückende Mittel, durch Rückkauf der Domainen und
anderer verpfändeten Einkünfte, welche auf mehr als zwanzig
Millionen stiegen; dadurch werde man sich in den Stand setzen,
fremden Unternehmungen und innern Aufständen zu widerstehen,
und man werde nicht genöthigt sein, wegen Mangels an Geld
nützliche und für den Staat ruhmvolle Unternehmungen auf=
zugeben.   Es sei möglich, Maßregeln aufzufinden, durch welche
man jenen Rückkauf in sechs Jahren vollenden könne; der Kö=
nig habe die Versammlung berufen, um dieselben vorzuschla=
gen und zu prüfen, und um dann mit ihr einen Beschluß zu
fassen.   Nachdem die Notabeln sich längere Zeit hauptsächlich

mit der Berathung über das ihnen mitgetheilte Reglement,
welches das Kriegswesen betraf, und über die Schleifung der
nicht an der Grenze gelegenen Plätze beschäftigt hatten, so
legte der Oberintendant der Finanzen, der Marquis von Effiat,
ihnen am 11. Januar 1627 einen ausführlichen Bericht über
den Zustand der Finanzen vor: durch die innern Unruhen und
durch die Erhöhung und Vermehrung der Jahrgelder seien seit
dem Tode Heinrich's IV. die Ausgaben von 20 Millionen auf
50, und die Schulden auf 52 Millionen gestiegen; der Betrag
der Taillen sei 19 Millionen, aber nur sechs flössen in den
Schatz, und diese würden von 22,000 Collecteurs erhoben und
an 160 Receveurs übergeben und dann durch 21 General=
Receveurs in den Schatz abgeliefert; auch bei der Veraus=
gabung gingen sie wieder durch die Hände vieler Beamten,
welche den größten Theil als Gehalt bezogen; die General=
pacht der Salzsteuer betrage zwar 7,400,000 Livres, allein
6,300,000 seien davon verpfändet. Als er im Juni 1626 sein
Amt angetreten habe, sei der Schatz leer, und nicht allein die
Einnahme des zweiten Halbjahres, sondern auch mehr als ein
Viertel der Einnahme des folgenden Jahres verausgabt, über=
dies sei man den Sold den Garnisonen für die Jahre 1625
und 1626 und den Feldtruppen für die beiden letzten Monate
des ersten und für das folgende Jahr schuldig, auch die Ge=
halte der Kronbeamten, der Staatsräthe, der königlichen Hof=
bedienten und der Oberbehörden, die Jahrgelder für Fremde
und andere Zahlungen seien noch rückständig gewesen, und er
habe die Bestreitung der nothwendigen Ausgaben nur durch
Anleihen möglich gemacht, deren Zinsen auf eine Million stie=
gen, und welche Das, was von der Einnahme des Jahres 1627
noch übrig gewesen sei, aufgezehrt hätten. Bei einer solchen
Zerrüttung der Finanzen wünsche der König den Rath der
Versammlung darüber, wie man sie beseitigen könne. Die
Vorschläge der Notabeln waren der Größe des Übels nicht
angemessen und nicht ausreichend: sie baten den König, die
Jahrgelder, deren Summe mehr als 7 Millionen betrug, auf
zwei Millionen und wo möglich auf einen noch geringern Be=
trag zurückzuführen und sie erst am Ende des Jahres und
nach Bestreitung der andern Ausgaben zu zahlen, die Kosten

für seinen Hofstaat, für die Admiralität und die Artillerie
möglichst zu verringern, den Gebrauch der königlichen Zah-
lungsbefehle an den Schatz ohne Angabe der Verwendung einzuschränken, die überzähligen Ämter, sobald sie durch den Tod
der Inhaber erledigt würden, aufzuheben und die veräußerten
Domainen wieder mit der Krone zu vereinigen, indem Denen,
welchen sie verpfändet seien, das wirklich gezahlte Geld mit
6¼ vom Hundert verzinst werde. Wegen der Unzulänglichkeit
dieser Vorschläge und wegen der bald eintretenden Nothwendigkeit einer Vermehrung der Ausgaben mußte die Regierung
wieder zu den alten, verderblichen Mitteln greifen: sie erhöhte
den Salzpreis, errichtete neue Ämter, um sie zu verkaufen,
und vermehrte die auf die Salzsteuer angewiesenen Renten.
Auch am 11. Januar hatte Richelieu den Notabeln dreizehn
Artikel zur Berathung übergeben. Die von ihm vorgeschlagene Bildung einer aus Mitgliedern aller Parlamente zusam-
mengesetzten Kammer, um das Reich fortwährend zu durchrei-
sen und über die Unterschleife und andere Vergehungen der
Finanzbeamten zu richten, wurde mit der Erklärung zurückgewiesen, daß dieses Geschäft den gewöhnlichen Richtern bleiben
solle. Wenn diese Ablehnung dem Wunsche des Cardinals
nicht entsprach, so mußte es ihm dagegen nur erwünscht sein,
daß ein Antrag auf Milderung der Strafen gegen Staats-
verbrecher verworfen und beschlossen wurde, daß auch gegen
Diejenigen, welche wider den Staat und die Minister gerichtete oder Aufruhr bezweckende Schmähschriften abfaßten, druck-
ten und verbreiteten, nach der Strenge der Gesetze verfahren
werden solle. Durch den Antrag hatte er den Schein einer
milden Gesinnung sich gegeben, durch die Verwerfung wurden
nunmehr die strengsten Maßregeln gerechtfertigt. In Betreff
des Artikels, welcher Handel und Marine betraf, nämlich die
Ausrüstung einer Flotte von 45 Schiffen, welche der König
beabsichtigte, um sich zum Herrn der französischen Meere zu
machen, die Gleichstellung der Zölle mit denen des Auslandes
und die Errichtung von Handelscompagnien, bat die Versammlung um die Ausführung, und sie erklärte auch die Unterhaltung von zwei stehenden Armeen, von denen die eine in
den Provinzen des Reiches bleiben und zum dritten Theile vor

diesen bezahlt werden sollte, für nothwendig. Einen sehr wichtigen Dienst leistete sie endlich der monarchischen Gewalt und
den Absichten Richelieu's für diese durch die Bitte, daß der
König alle festen Plätze im Innern des Reiches schleifen lasse,
weil sie nur den Misvergnügten zur Zuflucht dienten und der
Unterhalt der Besatzungen viel koste; sie stimmte dadurch einer
Declaration bei, durch welche der König schon am 31. Juli
1626 zu Nantes auf Bitte der Stände der Bretagne die Zerstörung der Befestigungen aller Städte und Schlösser, die nicht
, an den Grenzen oder an andern wichtigen Punkten lagen, und
selbst der alten Mauerwerke befohlen hatte, und sie trug
dadurch wesentlich zur Vernichtung der Macht der Lehnsbesitzer
bei, welche oft hinter den Mauern ihrer Burgen dem Könige
getrotzt hatten. Nach fünfunddreißig Sitzungen wurde die
Versammlung am 24. Februar 1627 von dem Könige geschlossen, indem er in allgemeiner Weise von seinen wohlwollenden Absichten gegen alle seine Unterthanen sprach und eine
besondere Declaration über die Rathschläge der Versammlung
und andere Gegenstände der Justiz und Verwaltung verhieß[1]).

Der Ausbruch eines Krieges mit England und eines
neuen Bürgerkrieges verzögerte indeß die Ausführung der
Entwürfe Richelieu's für die Erhebung der Seemacht und des
Handels Frankreichs und bewirkte eine noch größere Verwirrung der Finanzen und eine stärkere Belastung des Volkes.
Die Hoffnung Richelieu's, durch Vermählung einer französischen Prinzessin mit dem Könige von England die Verbindung
zwischen den beiden Staaten enger und fester zu knüpfen, war
getäuscht worden. Der Eifer, welchen die junge Königin für
ihren Glauben, und der Widerwille, welchen sie gegen die
Ketzerei öffentlich bezeigte, hatte nicht nur dem englischen Volke,
sondern auch ihrem Gemahl sehr misfallen, und er verwies
1626 sowol die katholischen Geistlichen als auch die übrigen
Franzosen, welche ihr gefolgt waren, aus dem Lande. Von
Seiten Frankreichs erfolgten Beschwerden über diese Verletzung

1) Mercure XII, 1, 756 ff. 2, 34. Relation ou Journal de l'assemblée des Notables par Picardet, procureur général à Dijon, l'un
des députés, in Aubery, Mémoires I, 581—591. Bassompierre 79 ff.
Richelieu 257—260. Forbonnais I, 207—209. Isambert 192.

Schmidt, Geschichte von Frankreich. III.   32

des Heirathscontracts. Der Marschall von Bassompierre, wel=
cher nach England geschickt wurde, leitete zwar eine Ausglei=
chung ein, und der König Karl wollte darauf Buckingham
nach Frankreich senden, um den Vergleich abzuschließen; allein
dieser eitle und dünkelhafte Mann hatte während seines frü=
hern Aufenthalts am französischen Hofe durch sein zudringliches
Benehmen gegen die Königin, welcher er sogar von seiner
Liebe zu sprechen wagte, so großen Anstoß gegeben, daß Lud=
wig XIII. erklärte: seine Ehre gestatte ihm nicht, einen engli=
schen Gesandten zu empfangen, bevor nicht die Verletzungen
des Heirathscontracts völlig abgestellt seien. Buckingham, da=
durch auf das empfindlichste gekränkt, beschloß, um sich zu
rächen, einen Krieg gegen Frankreich zu bewirken, indem er zu=
gleich hoffte, seinen Ehrgeiz zu befriedigen und Waffenruhm zu er=
werben, und auf seine Veranlassung begannen die Engländer,
alle französische Schiffe, welche ihnen auf dem Meere begeg=
neten und welche sie an den Küsten der Normandie fanden,
wegzunehmen. Unter solchen Umständen erforderte es das fran=
zösische Interesse, daß England durch Fordauer des Krieges
gegen Spanien verhindert werde, seine ganze Macht gegen
Frankreich zu richten und namentlich die Hugenotten auf er=
folgreiche Weise zu unterstützen; um eine Versöhnung zwischen
beiden Staaten zu verhindern, vielleicht auch um die Spanier
abzuhalten, jener Partei Beistand zu leisten, wünschte Riche=
lieu jetzt eine Verbindung mit diesen, und sie kam um so eher
zu Stande, als der spanische Hof einem Vergleiche zwischen
England und Frankreich zuvorkommen wollte. Am 28. März
1627 unterzeichnete der französische Gesandte zu Madrid ein
Bündniß zwischen Frankreich und Spanien, durch welches die=
ses sich verpflichtete, den Krieg gegen England mit aller seiner
Macht fortzusetzen, und welches Ludwig XIII. am 20. April
ratificirte. Durch eine geheime Convention einigten sich die
beiden Mächte über einen Angriff auf England; sie verspra=
chen, dazu eine gleiche Anzahl von Truppen und Schiffen zu
stellen, sie bezeichneten als ihren vornehmsten Zweck die Wie=
derherstellung der katholischen Religion und die Vernichtung
der Ketzerei, und sie bestimmten, daß jeder der beiden Könige
einen ihm gelegenen englischen Hafen besetzen und befestigen

falle; übrigens wurde über die Theilung der Eroberungen, welche man machen werde, für den Augenblick noch nichts fest-gestellt [1]). Der Abt Scaglia, welcher von dem Herzoge von Savoyen als Gesandter nach England geschickt wurde, reizte Buckingham zu größerer Erbitterung, erregte bei ihm die Hoff-nung, daß die in Frankreich, besonders unter den Reformirten, herrschende Unzufriedenheit seine Absichten begünstigen werde, und versprach ihm den Beistand des Herzogs. Zugleich drang Soubise, welcher sich noch in England aufhielt, in ihn, sich der Sache der Reformation anzunehmen, und veranlaßte, daß der König Karl geheime Unterhandlungen mit seinem Bruder Rohan anknüpfte und diesem das Versprechen gab, seine ganze Macht daran zu wenden, um die vollständige Ausführung des letzten Friedens zu bewirken. Die Reformirten hatten gegrün-dete Ursache, über vielfache Verletzungen desselben zu klagen, und insbesondere wurden die Rocheller auch während des Frie-dens gleichsam bekriegt: das Fort G.-Louis war nicht zer-stört, vielmehr waren auf der Insel Ré zwei neue Forts er-baut worden, die Privilegien der Stadt wurden beeinträchtigt, ihr Handel gehemmt und sie war fortwährend von zahlreichen Besatzungen umschlossen, welche selbst das Einbringen von Lebensmitteln nicht gestatteten. Rohan sah in der englischen Hülfe das noch einzige Mittel, um die Stadt und das Be-stehen seines Glaubens in Frankreich zu retten, und er ver-sprach, sogleich nach der Landung einer englischen Armee die Waffen zu ergreifen, auch die Reformirten in Nieder-Langue-doc, in den Sevennen und einem Theile von Ober-Langudoc dazu zu bestimmen und aus eigenen Mitteln einige Tausend Mann aufzustellen.

Ohne vorhergegangene Kriegserklärung erschien am 20. Juli auf der Rhede von La Rochelle eine englische Flotte mit 10,000 Mann Landungstruppen unter dem Befehle Bucking-ham's, welcher jetzt in einem Manifeste erklärte, daß die eng-

1) Richelieu 277. 285. Bassompierre XXI, 57—78. Capefigue IV, 87—90. Ranke II, 519—521. über Buckingham's Verhältniß zur Königin f. Montglat (welcher auch von Richelieu's Eifersucht spricht) 40. La Rochefoucauld LI, 341. Motteville XXXVI, 342—348. Siri VI, 254.

32 *

lischen Rüstungen nur den Zweck hätten, den französischen Reformirten die Ausführung des letzten Friedens zu verschaffen
und La Rochelle gegen die drohende Gefahr zu sichern. Die
Rocheller trugen indeß Bedenken, sich mit den Feinden ihres
Vaterlandes zu verbinden, sie entschlossen sich erst dazu, als
sie von den königlichen Truppen immer enger eingeschlossen
wurden, und sie rechtfertigten diesen Schritt in einem Manifeste durch Darlegung des Verfahrens der Regierung gegen
sie. Buckingham hatte gegen die Meinung Soubise's, welcher
ihn begleitet hatte und ihn aufforderte, sich zunächst der leicht
einzunehmenden Insel Oleron zu bemächtigen, die Insel Ré
angegriffen, welche stark befestigt und besetzt war; er hatte
zwar die Landung erzwungen, allein durch mehrtägige Unthätigkeit ließ er darauf dem französischen Befehlshaber Zeit, das
noch nicht vollendete Fort S.-Martin in guten Vertheidigungszustand zu setzen. Rohan brachte im September eine Versammlung von Abgeordneten aus Nismes, Usez und einigen
andern Städten und Gemeinden, besonders der Sevennen und
mehren reformirten Edelleuten aus Languedoc und andern Provinzen zu Stande, sie bat ihn, das Amt eines Chefs und Generals der reformirten Kirchen in Languedoc zu übernehmen,
sie schwur aufs neue den Unionseid und entschied sich für eine
Verbindung mit England, allein sie zeigte sich so wenig zu
großen Anstrengungen und Opfern für die Ausführung des
Beschlossenen geneigt, daß Rohan genöthigt war, die Rüstungen zum Kriege aus seinen eigenen Mitteln zu bestreiten.
Richelieu's Plan war, zunächst Alles aufzubieten, um La Rochelle zu unterwerfen und einstweilen in Languedoc sich darauf
zu beschränken, die Fortschritte der Hugenotten nur zu hemmen. Er begleitete den König, welcher, durch Krankheit zurückgehalten, erst am 12. October vor La Rochelle ankam und
zwei Tage darauf in einer an das Parlament zu Toulouse
gerichteten Declaration befahl, daß der Herzog von Rohan als
Feind des Staates und als Haupturheber der innern Unruhen
und Parteiungen nicht allein mit den Waffen verfolgt werden,
sondern ihn auch alle diejenigen Strafen treffen sollten, welche
in einer frühern Declaration gegen die Begünstiger der Engländer ausgesprochen waren, das Parlament beauftragte, ihm

und allen seinen Anhängern den Proceß zu machen und Alle, welche den Unionseid geleistet hatten, für Majestätsverbrecher erklärte. Eine bedeutende Zahl Truppen wurde alsbald nach der Insel Ré hinübergeschickt, ein Sturm der Engländer auf das Fort S.-Martin wurde am 6. November zurückgeschlagen, und Buckingham beschloß jetzt, sich wieder einzuschiffen; jedoch ehe er dies Vorhaben ausführen konnte, wurde er angegriffen, und er verlor fast 2000 Mann; mit dem Überreste seines Heeres kehrte er darauf nach England zurück. Richelieu übernahm selbst die Leitung der Belagerungsarbeiten und die Sorge für die Verpflegung der Armee, welche allmälig bis auf 25,000 Mann verstärkt wurde. Er bewirkte, daß Lebensmittel stets reichlich und zu billigem Preise vorhanden waren, er verhinderte, daß die Soldaten sich zerstreuten, dadurch, daß er sie regelmäßig und besser als sonst bezahlen ließ, er verschaffte ihnen die nöthige Bekleidung, indem jeder der bedeutendsten Städte die Lieferung derselben für ein Regiment auferlegt wurde, und er hemmte dadurch das Umsichgreifen der Krankheiten, welche durch die Witterung veranlaßt wurden. Da La Rochelle durch sehr starke Befestigungen und überdies durch einen ausgedehnten Moraß gegen einen Angriff hinreichend gesichert war, so wollte er es durch enge Einschließung und durch Hunger zur Ergebung nöthigen. Durch eine Befestigungslinie, welche eine Länge von vier französischen Meilen hatte und mit zahlreichen Forts und Redouten versehen war, ließ er die Stadt auf der Landseite einschließen, und um sie vom Meere abzuschneiden und jede Zufuhr und jeden Entsatz zu verhindern, unternahm er die Ausführung eines Plans, dessen Gelingen allgemein für unmöglich gehalten wurde und nur durch seine unerschütterliche Ausdauer möglich werden konnte. Zwei pariser Baumeister, Metezeau und Tiriot, welche vorgeschlagen hatten, die Stadt durch einen Damm im Meere zu sperren, erhielten den Befehl, diese Arbeit zu beginnen, zu welcher die Soldaten verwandt wurden. Bei dem Eingange der Rhede, welche vor dem Hafen lag, wurde von beiden Ufern aus vermittels Versenkung belasteter Schiffe ein Damm von hundert Toisen in das Meer hineingeführt; er wurde schon während der Arbeit gegen Angriffe auf jeder

Seite gesichert theils durch eine Reihe von Schiffen, welche
mit Ketten aneinander befestigt waren, theils durch Wehre von
eigenthümlicher Zusammensetzung, welche auf versenkten Holz-
blöcken ruhten, über dem Wasser durch Balken miteinander
verbunden und stark genug waren, um Schiffe mit vollen
Segeln aufzuhalten und bersten zu machen; die Öffnung,
welche in der Mitte zwischen den beiden Dämmen blieb, um
die Strömung des Meeres hindurchzulassen, wurde für Schiffe
durch ein dabar erbautes Fort gesperrt; auch an den beiden
Enden jedes Dammes wurde ein mit zahlreicher Artillerie ver-
sehenes Fort erbaut, und eine Flotte von sechsunddreißig
Kriegsschiffen und vielen kleinern Schiffen wurde versammelt.
1628 Als der König, im Februar 1628 aus Langerweile nach Paris
zurückkehrte und daselbst bis zum April verweilte, blieb Richelieu, weil er einsah, daß nur von seiner Gegenwart der glückliche Ausgang der Belagerung abhänge, bei der Armee, obwol
er sich dadurch der Gefahr aussetzte, durch die Ränke seiner
Feinde am Hofe gestürzt zu werden. Schon im März waren
die Arbeiten auf dem Lande vollendet; die Arbeiten im Meere
waren am 1. December begonnen worden, sie wurden während
des Winters durch Stürme und heftiges Regenwetter sehr aufgehalten, und erst am Ende des Sommers waren sie beendigt.
Abgeordnete der Rocheller schlossen am 28. Januar mit dem
Könige von England einen Vertrag, in welchem sie sich verpflichteten, alle ihnen mögliche Hülfe für den glücklichen Erfolg seiner Waffen zu leisten und nicht ohne seine Beistimmung Frieden zu schließen; er versprach dagegen, sie auf seine
Kosten mit seiner ganzen Macht zu Lande und zu Wasser zu
unterstützen, bis er sie von den um ihre Stadt erbauten Forts
befreit und ihnen einen Frieden vermittelt habe, nicht ohne
ihre Theilnahme mit dem Könige von Frankreich zu unterhandeln und keinen Vertrag ohne ausdrückliche Bestätigung ihrer
Vorrechte zu schließen. Im Mai erschien eine englische Flotte
bei der Insel Ré, um Lebensmittel nach La Rochelle hineinzu-
bringen; aber obwol der Damm noch nicht vollendet war, so
wagte der englische Admiral, Graf Denby, Buckingham's
Schwager, nicht, die französische Flotte anzugreifen, und er
kehrte nach wenigen Tagen nach England zurück. Der Man-

gel in der Stadt wurde bald so groß, daß die meisten Ein=
wohner nur noch mit Wurzeln, Kräutern, Seemuscheln, auf=
geweichtem Pergament und Leder sich das Leben fristeten, täg=
lich mehrte sich die Zahl Derer, welche durch Hunger starben,
sodaß sie binnen drei Monaten auf 16,000 stieg, und die frü=
here Begeisterung wich immer mehr der Entmuthigung und
Verzweiflung; dennoch wurde die Entschlossenheit und Festig=
keit des Maire Guiton dadurch nicht gebeugt, er ließ sogar
einige Personen, welche drohend die Übergabe der Stadt ver=
langten, aufhängen, und er erwiderte auf die Äußerung, daß
Jedermann Hungers sterbe: Wenn nur Einer übrig bleibt, um
die Thore zu schließen, so ist dies hinreichend. Hoffnung auf
Entsatz durch die Engländer war das Einzige, was die Schwer=
bedrängten noch aufrecht erhielt. Endlich am 28. September,
nachdem Buckingham einen Monat zuvor ermordet worden
war, zeigte sich ihren Blicken wieder eine englische Flotte;
allein der Damm war bereits vollendet, die Angriffe der Eng=
länder wurden zurückgeschlagen, und sie überzeugten sich bald
von der Unmöglichkeit, in den Hafen einzubringen. Jetzt waren
in La Rochelle auch die ungesundesten und widerwärtigsten
Nahrungsmittel gänzlich erschöpft, Häuser und Straßen waren
mit Todten angefüllt, welche zu begraben die Lebenden zu
schwach waren, und am 27. October wurden Abgeordnete an
den König geschickt. Er bewilligte den Rochellern am folgen=
den Tage Verzeihung für ihre Rebellion, Sicherheit des Le=
bens und Eigenthums und freie Ausübung der reformirten
Religion, und am 30. zog er mit einem Theile seines Heeres
in die Stadt ein. Im November bestimmte er den Zustand
und die Verwaltung derselben für die Zukunft: die freie und
öffentliche Ausübung der katholischen Religion wurde wieder=
hergestellt, den Geistlichen und Hospitälern wurden alle ihre
Güter, Einkünfte und Rechte zurückgegeben, und jedem Pfar=
rer wurden außer seiner frühern Einnahme jährlich 300 Livres
auf die städtischen Einkünfte angewiesen; die bisherige Muni=
cipalverfassung, alle Rechte und Privilegien der Stadt wur=
den aufgehoben, ihre Besitzungen und Einkünfte wurden königs=
liche Domainen, sie wurde der Taille unterworfen, und nur zu
Gunsten ihres Handels wurde diese auf die feste jährliche Summe

von 4000 Livres festgestellt; alle Befestigungen außer der am
Meere liegenden Mauer wurden zerstört, den Einwohnern
wurde untersagt, ohne königliche Erlaubniß Waffen zu besitzen,
und allen nicht bereits in La Rochelle ansässigen Reformirten
verboten, sich daselbst niederzulassen.   Rohan's Bemühungen,
alle seine Glaubensgenossen in Languedoc zur Ergreifung der
Waffen zu bewegen, waren von geringem Erfolg geblieben.
Es war nicht allein Mangel an Muth und an religiöser Be=
geisterung, was die Meisten davon zurückhielt, sondern auch
die Ansicht, daß die Nothwendigkeit dazu nicht vorhanden sei,
da sie durch die bisherigen Bedrückungen wenigstens in dem
Genuß ihres Eigenthums und ihrer Arbeit selten beeinträchtigt
worden waren, und da der König Allen, welche im Gehorsam
bleiben würden, Beobachtung der Edicte, und sogar Denen,
welche die Waffen ergriffen hatten, Verzeihung versprach, wenn
sie binnen einer bestimmten Zeit zum Gehorsam zurückkehrten.
Das Parlament von Toulouse verurtheilte Rohan im Januar
als Majestätsverbrecher, zum Richtplatz geschleift und von vier
Pferden zerrissen zu werden, es ließ diesen Ausspruch an sei=
nem Bilde vollstrecken, und versprach Demjenigen, welcher ihn
todt oder lebendig überliefern werde, eine Belohnung von
150,000 Livres; zugleich erklärte es auch alle seine Anhänger,
welche die Waffen führten, für Majestätsverbrecher, befahl die
Confiscation ihrer Güter und gebot allen Unterthanen des Kö=
nigs, über sie herzufallen und sie niederzuhauen.   Eine gleiche
Erklärung erließ im April das Parlament der Dauphiné, und
dadurch sowie durch die Ermahnungen des Marschalls von
Crequi, welcher in dieser Provinz commandirte, wurden die
meisten reformirten Einwohner derselben von der Theilnahme
am Kriege zurückgehalten.   Rohan wußte zwar durch seine
Geschicklichkeit als Feldherr sich gegen die überlegene Macht
zu behaupten, welche der Herzog von Montmorency und der
Prinz von Condé als königlicher General=Lieutenant in Dau=
phiné, Languedoc und Guienne ihm entgegenstellten, allein Er=
folge vermochte er nicht zu erringen, und der Krieg beschränkte
sich auf Wegnahme einzelner Orte und auf Verheerungen,
welche bei den Reformirten bald ein lebhaftes Verlangen nach
Beendigung desselben erregten.   Der Fall von La Rochelle

veranlaßte eine so große Entmuthigung unter ihnen, daß die
Meisten nur daran dachten, ihren Frieden mit dem Könige zu
machen, zumal dieser Allen seine Gnade verhieß, welche sich
an dieselbe wenden würden [1]).

Die Kraft der reformirten Partei war jetzt schon so ge=
brochen, daß Richelieu im Stande war, auch vor der gänzli=
chen Überwältigung derselben das französische Interesse in Ita=
lien gegen den Kaiser, den König von Spanien und den Her=
zog von Savoyen wahrzunehmen. Der Herzog Vincent II.
von Mantua war am 26. December 1627 kinderlos gestor=
ben; der Herzog Karl von Nevers, Enkel des Herzogs Fried=
rich II. von Mantua, dessen dritter Sohn Ludwig Henriette
von Cleve, Erbin von Nevers und Rhebel, geheirathet hatte,
war sein rechtmäßiger Erbe, allein dessenungeachtet machte der
Herzog von Guastalla, welcher einer jüngern Linie der gon=
zaga'schen Familie angehörte und von dem Vater Friedrich's II.
abstammte, ihm die Erbfolge streitig. Die mit dem Herzog=
thum Mantua seit 1536 durch Heirath verbundene Markgraf=
schaft Montferrat, welche 1574 zum Herzogthum erhoben
worden war, gebührte als Weiberlehen der Tochter des dritt=
letzten Herzogs, Franz II., Maria von Gonzaga, welche mit
dem Sohne des Herzogs von Nevers, Karl von Rhebel, ver=
mählt war; indeß erneuerte jetzt der Herzog Karl Emanuel
von Savoyen Ansprüche, welche schon von seinen Vorfahren
gemacht, aber von dem Kaiser Karl V. verworfen worden
waren. Der König von Spanien wollte nicht gestatten, daß
ein französischer Unterthan Besitzer eines italienischen Herzog=
thums werde und Frankreich dadurch einen Einfluß in Italien
gewinne, welcher seine Macht in diesem Lande beschränken
mußte. Er verband sich mit dem Herzoge von Savoyen, wel=

---

1) Richelieu XXIII, 317—473. XXIV, 14—46. 54—72. 84—125.
154—176. Rohan XVIII, 298—396. Bassompierre XXI, 85—180.
Relation du siège de la Rochelle, in Arch. cur. II, 37—138. Mé=
moires du sieur de Pontis (bei Petitot XXXI und XXXII, nach seinen
Erzählungen im spätern Alter von einem Andern aufgezeichnet und nur
für Einzelheiten brauchbar) XXXII, 76. Fontenay LI, 25—123.
Mercure (mit einem Plan der Belagerung von La Rochelle) XIV, 1,
51—104. 224—322. 2, 3—6. 45—52. 121—126. 698—701. 720—736.

cher, um nur einen Theil von Montferrat zu erlangen, ihm das Übrige überlassen wollte, und welcher sich verpflichtete, den Franzosen den Durchzug durch die Alpen zu verwehren; der Kaiser verweigerte dem Herzoge von Nevers die Belehnung, weil er zuvor die Ansprüche desselben prüfen müsse, und er schickte den Grafen Johann von Nassau als seinen Commissarius nach Italien, um die beiden Herzogthümer in Sequestration zu nehmen. Der Herzog hatte indeß Truppen geworben, mit denen er die festen Plätze besetzte, er bat den König von Frankreich um Beistand, und Venedig sowie der Papst unterstützten seine Bitte. Der König gestattete ihm Werbungen in Frankreich, er versprach Hülfe, sobald La Rochelle erobert und der Krieg mit England beendigt sein werde, und er forderte die Venetianer auf, einstweilen den Herzog kräftig zu unterstützen. Diese wagten indeß nicht, dem habsburgschen Hause sich entgegenzustellen, so lange sie nicht gewiß waren, daß Frankreich gemeinsam mit ihnen handeln werde, der Herzog von Savoyen und der spanische Gouverneur von Mailand, Gonzalo von Cordova, bemächtigten sich des größten Theils von Montferrat, sie schlugen die für Nevers geworbenen Truppen zurück, diese zerstreuten sich, weil ihnen kein Sold gezahlt wurde, und als sich La Rochelle ergab, vertheidigte sich in Montferrat nur noch Casale gegen die Spanier [1]). Richelieu stellte dem Könige vor, daß die Eroberung dieser Festung und die Verdrängung des Herzogs von Nevers die Spanier zu unumschränkten Herren Italiens machen werde, daß sie sich dann leicht Graubündtens bemächtigen und dadurch die Länder des habsburgschen Hauses miteinander vereinigen könnten, und daß er die Gelegenheit ergreifen müsse, um sich zur Unterstützung seiner Verbündeten in Italien eines Einganges zu diesem Lande zu versichern. Er begleitete den König, welcher sich im Januar 1629 nach der Dauphiné begab; wider sein Erwarten fand er die Mittel zum Feldzuge noch nicht bereit, allein durch seine rastlose Thätigkeit wurden bald die nothwendigen Lebensmittel und Kriegsbedürfnisse herbeigeschafft. Be-

---

1) Nani I, 364—391. Richelieu XXIV, 46. 53. 92—99. 129—154. Siri VI, 298 ff.

nöthig stellte jetzt eine Armee von 10,000 Mann an der mailändischen Grenze auf, der Gouverneur von Mailand war dadurch genöthigt, ein starkes Corps dahin marschiren zu lassen,
er mußte die Belagerungstruppen vor Casale schwächen, und
er konnte den Herzog von Savoyen nur mit 3000 Mann unterstützen. Dieser hoffte bis zur Ankunft der Verstärkungen,
welche er von Spanien und dem Kaiser erwartete, die Franzosen aufhalten zu können, da er den Paß von Susa stark befestigt hatte; jedoch am 6. März wurde dieser von den Franzosen erstürmt und der Herzog dadurch zu einem Vertrage am
11. März genöthigt, in welchem er für die französischen Truppen den Durchmarsch nach Montferrat und gegen Bezahlung
Lieferung von Lebensmitteln und Kriegsbedarf zur Versorgung
von Casale versprach und der König sich verbindlich machte,
den Herzog von Mantua zu bewegen, ihm einen Theil von
Montferrat mit Trino abzutreten. Gonzalo von Cordova hob
die Belagerung von Casale auf und gab die Erklärung, daß
der König von Spanien den Herzog von Nevers im ungestörten Besitze von Mantua und Montferrat lassen, ihm bei dem
Kaiser die Belehnung binnen einem Monat auswirken und
diese Erklärung binnen sechs Wochen ratificiren werde, der
König von Frankreich erklärte dagegen, daß er nicht die Absicht habe, die Länder des Königs von Spanien anzugreifen.
Richelieu bewirkte darauf am 6. April den Abschluß eines
sechsjährigen Bündnisses zwischen Frankreich, Venedig und den
Herzögen von Savoyen und Mantua, dessen Theilnehmer sich
verpflichteten, einander mit einer bestimmten Anzahl Truppen
beizustehen, wenn sie von irgend Jemandem und namentlich
von dem habsburgischen Hause wegen dieses Bündnisses oder
einer andern Ursache angegriffen werden würden. Casale
wurde mit Lebensmitteln versehen und von französischen Truppen besetzt [1].

Richelieu konnte zwar nicht erwarten, daß der König von
Spanien und der Herzog von Savoyen die gegebenen Versprechungen erfüllen würden, allein was er erlangt hatte, konnte

1) Richelieu XXIV, 242—248. 303—363. Nani I, 394—410.
Fontenay 130—160. Mercure XV, 2, 132—138.

ihm für den Augenblick genügen. Er hatte die Eroberung
Casales durch die Spanier verhindert und dem Herzoge von
Mantua wenigstens einige Sicherheit verschafft, und die dadurch
gewonnene Zeit reichte hin, um Dasjenige auszuführen, was ihm
zunächst als das Nothwendigere erscheinen mußte, die völlige
Unterwerfung der Hugenotten. Durch Vermittelung
der Niederländer, Dänemarks und Venedigs war am 4. April
zu London zwischen Frankreich und England ein Friede abgeschlossen worden, welchen Ludwig XIII. am 24. April zu Susa
unterzeichnete: die während des Krieges gemachten Prisen
wurden zurückgegeben, die alten Alliancen zwischen den beiden
Kronen erneuert und der Heirathscontract der Königin von
England wurde bestätigt. Die Forderung des Königs von
England, daß die Hugenotten in den Frieden eingeschlossen
werden sollten, wurde mit der Erklärung zurückgewiesen, daß
der König von Frankreich ebensowenig eine Einmischung in die
Angelegenheiten seiner rebellischen Unterthanen zugeben könne,
als er sich in die der englischen Katholiken mischen werde,
wenn diese sich gegen den König von England empörten[1]).
Rohan hatte schon früher die Hoffnung auf englischen Beistand aufgegeben und in der Überzeugung, daß er nur noch
von Spanien Hülfe erwarten könne, am Ende des Jahres
1628 einen Agenten nach Madrid geschickt; dieser schloß am
3. Mai einen Vertrag, in welchem der König von Spanien
versprach, Rohan zur Führung des Krieges jährlich mit
300,000 Ducaten zu unterstützen und außerdem ihm ein Jahrgehalt von 40,000, seinem Bruder Soubise von 8000 Ducaten zu zahlen, Rohan dagegen sich verpflichtete, eine bestimmte
Zahl Truppen zu unterhalten, nicht ohne Beistimmung des
Königs Frieden zu schließen und wenn seine Partei einen besondern Staat zu bilden vermöchte, den Katholiken Gewissensfreiheit und freie Religionsübung zu bewilligen[2]). Bevor indeß Spanien auch nur die geringste Unterstützung zahlte, wurde

---

1) Du Mont V, 2, 580. Richelieu 421.

2) Mercure XV, 2, 455—463. Siri VI, 646. Derjenige, welcher
den Vertrag Rohan überbringen sollte, wurde in Languedoc ergriffen,
von dem Parlamente zu Toulouse zum Tode verurtheilt und am 12. Juni
enthauptet. 648.

der Krieg beendigt. Schon am 28. April war der König von
Susa nach Languedoc aufgebrochen, und während mehre einzelne Corps die Umgegend von Nismes, Montauban, Castres
und Milhaud verheerten und die geringen Kräfte der hugenot-
tischen Partei getheilt hielten, belagerte er selbst Privas. Als
die Einwohner nach tapferer Vertheidigung endlich an längerm
Widerstande verzweifelten und in der Nacht zum 27. Mai
die Flucht ergriffen, wurden Viele von ihnen eingeholt, aufgehängt oder auf die Galeeren geschickt, und die Stadt geplündert und verbrannt. Ihr Schicksal verbreitete unter den
Reformirten solche Bestürzung, daß, als der König jetzt in die
Sevennen einrückte, einige wohlbefestigte Städte in denselben
sich ihm sogleich unterwarfen. Rohan mußte jetzt die völlige
Auflösung seiner Partei durch Einzelverträge befürchten, er
wollte wenigstens durch einen allgemeinen Frieden den Reformirten den Genuß der Religionsedicte erhalten, und er theilte
Richelieu mit, daß er die Herstellung der Ruhe wünsche, daß
er und die Mehrzahl seiner Anhänger aber den gänzlichen
Untergang vorziehen würden, wenn man ihnen nicht einen allgemeinen Frieden und die Bestätigung der frühern Friedensedicte bewilligen werde. Es wurde ihm gestattet, die damals
zu Nismes versammelten Deputirten der reformirten Kirchen
nach Anduze kommen zu lassen; sie sträubten sich einige Zeit,
in die von Richelieu verlangte Zerstörung aller Besestigungen
zu willigen, allein sie gaben endlich nach, als die Deputirten
der Sevennen erklärten, daß die einzelnen Orte derselben entschlossen seien, ihren besondern Frieden zu machen. Die Versammlung schickte Bevollmächtigte an den König nach Alais,
am 28. Juni 1629 wurde der Friede geschlossen und der
Hauptinhalt desselben im königlichen Lager verkündigt. Ein
ewiges und unwiderrufliches Amnestie-Edict, welches man das
Gnadenedict nannte, und welches im Juli zu Nismes gegeben
wurde, machte die einzelnen Bedingungen bekannt. Den Herzögen von Rohan und Soubise und allen ihren Anhängern
wurde für alles seit dem 22. Juli 1627 Geschehene Verzeihung bewilligt, den Reformirten wurde der vollständige Genuß des Edicts von Nantes und der andern, ihnen bewilligten und in den Parlamenten registrirten, Artikel, Edicte und

Declarationen zugesichert, sie wurden in alle ihre Güter, Rechte und Ansprüche wiedereingesetzt und Zurückgabe der ihnen genommenen Kirchen und Kirchhöfe befohlen; dagegen sollte der katholische Gottesdienst überall, wo er unterbrochen worden war, wiederhergestellt und die Kirchengüter zurückgegeben und binnen drei Monaten alle Befestigungen der reformirten Städte und Orte, mit Ausnahme der Umfassungsmauern, niedergerissen werden; die Ausführung dieser Bestimmung überließ der König den Einwohnern, indem er erklärte, daß er im Vertrauen zu ihnen nicht zu jenem Zwecke Besatzungen einlegen und Citadellen erbauen wolle. Die Städte Rismes und Montauban verweigerten es, sich diesen Bedingungen zu unterwerfen, jedoch durch das Heranrücken königlicher Truppen und Verheerung der Umgegend wurde die erste schon im Juli, die andere im August dazu gezwungen[1]. Richelieu, obwol Cardinal der römischen Kirche, theilte doch die Unduldsamkeit derselben gegen Andersgläubige nicht, er war wenigstens einer Bekehrung der Hugenotten durch gewaltsame Maßregeln abgeneigt, weil er einsah, daß man sie dadurch zur Verzweiflung, zur Auswanderung treiben und dem Reiche großen Nachtheil zufügen werde; indeß wünschte er ihre Rückkehr zum katholischen Glauben, und er gewährte ihnen gegen einzelne Beeinträchtigungen, gegen einzelne Verletzungen des Gnadenedicts keinen wirksamen Schutz. An vielen Orten wurde ihnen die Wiederherstellung ihres unterbrochenen Gottesdienstes nicht gestattet, an andern blieben oder wurden sie ihrer Kirchen und Kirchhöfe beraubt, und bisweilen wurden sie sogar durch Drohungen oder Thätlichkeiten gezwungen, sich zu entfernen; sie wurden fortwährend fast von allen Ämtern ausgeschlossen und durch die Eingriffe der Parlamente und selbst der Intendanten der Provinzen in die Gerichtsbarkeit der halbgetheilten Kammern beeinträchtigt. Richelieu selbst errichtete in mehrer reformirten Städten Missionen von Jesuiten, Capuzinern und andern Mönchen, und diesen schlossen sich Laien, meistens Handwerker, an, welche im Lande umherzogen und auf öffentlichen

Plätzen gegen die reformirte Lehre predigten. Nicht allein Reformirte niedern Standes ließen sich bewegen, sich von ihrem Glauben loszusagen, sondern auch manche der angesehensten traten zur katholischen Kirche über, namentlich der Herzog von La Tremouille schon während der Belagerung von La Rochelle und 1637 der Herzog von Bouillon [1]).

Die Herstellung der innern Ruhe und die Befestigung der königlichen Gewalt in Frankreich machten es Richelieu möglich, seine Aufmerksamkeit und Thätigkeit jetzt hauptsächlich auf die auswärtigen Angelegenheiten zu richten und die für Frankreich Gefahr drohende Erweiterung der Macht des habsburgschen Hauses in Deutschland und in Italien zu hemmen. Der Kaiser hatte, um sich der Abhängigkeit von der katholischen Ligue zu entziehen und derselben gebieten zu können, für seinen Dienst durch Albrecht von Waldstein 1625 ein zahlreiches Heer werben lassen, die von dem Könige von Dänemark befehligte Armee des niedersächsischen Kreises war von der ligistischen unter Tilly 1626 bei Lutter am Barenberge gänzlich besiegt, die Länder des Königs auf dem Festlande waren darauf erobert und das ganze nördliche Deutschland der Gewalt des Kaisers unterworfen worden; nur die Stadt Stralsund hatte durch schwedische Hülfe den Angriff Waldstein's abgewehrt. Das außerordentliche Glück der Waffen des Kaisers, die Gewaltthätigkeiten seiner Truppen und das anmaßende Verfahren seines Feldherrn hatten indeß auch bei den katholischen deutschen Fürsten Unzufriedenheit und Besorgniß erregt. Im Anfange des Jahres 1629 wurde der Baron von Charnacé als französischer Gesandter nach Deutschland geschickt, um einen Frieden zwischen der katholischen Ligue und dem Könige von Dänemark zu bewirken und dadurch den Kaiser zu nöthigen, diesem billige Bedingungen zu bewilligen. Der Kurfürst von Baiern, zu welchem Charnacé zunächst sich begab, wies eine Unterhandlung mit dem Könige von Dänemark nicht zurück, erklärte aber, daß man eine solche nicht ohne vorherige Mittheilung an die übrigen Mitglieder der Ligue anknüpfen und daß man

1) Bénoît II, 574—576. Richelieu 485. Mercure XIV, 2, 215.

nur bei wenigen Geneigtheit dazu voraussetzen könne, und er verlangte, daß der König zuerst Vorschläge mache. Charnacé fand diesen durch sein Kriegsunglück gänzlich entmuthigt, er mißtraute den katholischen deutschen Fürsten, er glaubte, von Frankreich, welches noch im Kriege mit England begriffen war, keine bedeutende Unterstützung erwarten zu können, und er entschloß sich um so eher, — zu Lübeck am 12. Mai 1629 — Frieden mit dem Kaiser zu schließen, als dieser ihm seine verlorenen Länder zurückgab und nur das Versprechen verlangte, daß er jeder Einmischung in die deutschen Angelegenheiten entsage [1]. Richelieu wandte jetzt sein Augenmerk auf den König Gustav Adolf von Schweden, welcher schon früher den deutschen Protestanten seinen Beistand angeboten und durch Siege und Eroberungen über die Polen sich großen Ruhm erworben hatte. Charnacé erhielt den Auftrag, einen Frieden oder einen längern Waffenstillstand zwischen Polen und Schweden zu vermitteln, und begünstigt durch das Verlangen der Polen nach der Beendigung des langwierigen Kampfes und unterstützt durch einen englischen Gesandten, brachte er am 26. September 1629 wenigstens einen sechsjährigen Waffenstillstand zwischen den beiden Staaten zu Stande. Gustav Adolf wurde indeß nicht erst durch die Aufforderung von Seiten Frankreichs zur Theilnahme an dem deutschen Kriege bestimmt; er war schon 1628 entschlossen, der Gefahr zuvorzukommen, welche durch die Ausdehnung der Macht des Kaisers bis an die Ostsee seinem Reiche drohte, er wollte, statt einen Angriff auf Schweden abzuwarten, lieber einen Krieg in Deutschland führen, zumal ihm dieser auch die Aussicht auf Eroberungen darbot [2]. Richelieu wünschte indeß ein Bündniß mit ihm, um sich Einfluß auf seine Unternehmungen zu sichern und sich seiner im französischen Interesse zu bedienen. Charnacé wurde deshalb nach Schweden geschickt, allein seine Unterhandlungen waren jetzt noch fruchtlos, weil der König sich nicht um Geldes willen von dem Belieben

1) Richelieu 109—118.
2) Geijer, Geschichte Schwedens III, 150. 152. 158. 159. Richelieu 119 144.

Frankreichs abhängig machen wollte; ohne daß eine Allianz
abgeschlossen war, ging er im Juni 1630 mit etwa 15,000
Mann nach Pommern hinüber und begann den Krieg mit
der Vertreibung der Kaiserlichen aus diesem Lande. Mangel
an Geld nöthigte ihn jetzt, in Charnace's Vorschläge einzu=
gehen, und er unterzeichnete am 13. Januar 1631 in seinem
Lager bei Bärwalde in der Neumark einen Vertrag: es wurde
zwischen ihm und dem Könige von Frankreich ein Bündniß
auf fünf Jahre geschlossen zur Vertheidigung ihrer gemein=
samen Freunde, zur Sicherung der Ostsee und des Oceans
und der Freiheit des Handels, zur Wiederherstellung der un=
terdrückten Reichsstände und zur Zerstörung der an jenen
beiden Meeren und in Graubündten errichteten Befestigungen;
der König von Frankreich versprach, jährlich 400,000 Reichs=
thaler dem Könige von Schweden zu zahlen, und dieser ver=
pflichtete sich, den Krieg in Deutschland mit 36,000 Mann
zu führen und in Betreff der Religion an den Orten, welche
er einnehmen, oder welche sich ihm ergeben würden, sich den
Reichssatzungen gemäß zu verhalten, sodaß an den Orten,
wo die Ausübung der katholischen Religion stattfinde, die=
selbe vollständig fortbesteh¹). Indem Richelieu auf solche
Weise dem Könige Gustav Adolf die Fortsetzung des Krieges
möglich machte oder erleichterte, hatte er ohne Zweifel in Be=
ziehung auf Deutschland nur die Absicht, der weitern Ver=
größerung der kaiserlichen Macht Einhalt zu thun, die außer=
ordentlichen Erfolge seines Bundesgenossen konnte er nicht
erwarten; zugleich förderte derselbe aber auch schon jetzt das fran=
zösische Interesse, indem er den Kaiser verhinderte, in Italien
seine Pläne zu verfolgen und die Pläne Spaniens kräftig ge=
gen Frankreich zu unterstützen. Der König von Spanien
hatte die Erklärung seines Gouverneurs von Mailand zwar
am 3. Mai 1629 ratificirt, jedoch nur unter einer Bedingung,
von welcher er wußte, daß Frankreich sie nicht annehmen
werde, nämlich daß die französischen Truppen aus Italien zu=
rückgezogen würden. Er ernannte seinen ausgezeichnetsten
General, Ambrosius Spinola, zum Gouverneur von Mailand,

1) Richelieu 148 fg. Geijer III, 162. 172. Du Mont VI, l. l.
Schmidt, Geschichte von Frankreich. III.   33

und auf seinen Betrieb schickte der Kaiser schon im Mai
Truppen nach Italien, welche sich den Durchmarsch durch
Graubündten erzwangen, und welchen bald eine stärkere Kriegs=
macht folgte. Zu gleicher Zeit wurden Diejenigen, welche auf
Mantua und Montferrat Ansprüche machten, aufgefordert, in
Person am kaiserlichen Hofe zu erscheinen oder Gesandte zu
schicken, um ihre Ansprüche zu beweisen und das ihnen zu=
stehende Recht zu empfangen. Die Venetianer beschlossen ab=
zuwarten, was für einen Entschluß Frankreich fassen werde,
sie zogen indeß eine Armee zusammen, versorgten Mantua
mit Lebensmitteln und verstärkten die Besatzung durch 5000
Mann. Bald darauf rückten die Kaiserlichen in das Man=
tuanische ein, sie verbreiteten hier die Pest, welche sie nach
Italien gebracht hatten, und sie belagerten Mantua, während
Spinola Casale einschloß. Der damals noch nicht beendete
Hugenottenkrieg und sodann Hofintriguen nöthigten Riche=
lieu, sich zunächst auf fruchtlose Unterhandlungen zu beschrän=
ken. Am 21. November wurde er zum Premierminister und
am 24. December zum General-Lieutenant des Königs mit
sehr ausgedehnter Vollmacht ernannt, um die nach Italien
bestimmte Armee zu commandiren[1]), und fünf Tage darauf
reiste er nach der Dauphiné ab. Mit großer und einsichtiger
Thätigkeit beschleunigte und vollendete er die begonnenen Vor=
bereitungen zum Feldzuge, und er unterhandelte zu gleicher
Zeit mit dem Herzoge von Savoyen; bald durchschaute er
aber die Absicht desselben, die französische Armee in der un=
fruchtbaren Dauphiné zurückzuhalten und dadurch zu Grunde
1630 zu richten, und im März 1630 rückte er in Piemont ein.
Der Herzog wurde nicht allein dadurch, sondern noch mehr
durch die wahrscheinlich begründete Anzeige, daß Richelieu
ihn in einem Lustschlosse, seinem damaligen Aufenthalte, über=
fallen und gefangen nehmen lassen wolle, endlich zu dem Ent=
schlusse bestimmt, seine Truppen mit den spanischen und mit

---

1) Recueil II, 530. 532. Die Hofleute erfanden damals zu Ri=
chelieu's Ehre den Titel Generalissimus, welches Wort sich seitdem all=
mälig in die französische Sprache einbürgerte (Siri VI, 891), so wie sie
auch, um ihm zu schmeicheln, ihn nach seiner Erhebung zum Herzog
Cardinal-Herzog nannten. Siri VII, 446.

ben Kaiserlichen, welche im Anfange des Jahres die Belage=
rung von Mantua aufgehoben hatten und jetzt größtentheils
auch vor Casale standen, zu vereinigen. Gegen das Ende
des März ließ Richelieu, welcher bereits Susa besetzt hatte,
Pignerol zur Ergebung nöthigen und sodann stärker befesti=
gen; die Schwierigkeiten des Marsches nach Casale hielten
ihn für jetzt von weiterem Vorrücken ab, er begab sich zu
dem Könige nach Grenoble, wo eine zweite Armee zusammen=
gezogen war. Diese überschritt am 14. Mai die Grenzen
von Savoyen und eroberte binnen vier Wochen das ganze
Herzogthum bis auf das Fort von Montmelian; die Armee
in Piemont wurde darauf verstärkt und bemächtigte sich Sa=
luzzos und mehrer andern Orte; dagegen fiel Mantua am
18. Juli durch Verrath in die Gewalt der Kaiserlichen, welche
die Stadt drei Tage lang plünderten und die Einwohner auf
die unmenschlichste Weise mißhandelten. Der Papst Urban VIII.
war schon seit längerer Zeit bemüht gewesen, den Frieden
wiederherzustellen; da jetzt der Herzog von Savoyen starb
und Spinola besorgte, daß sein Sohn Victor Amadeus, der
Schwager Ludwig's XIII., auf französische Seite treten werde,
so gelang es endlich dem Legaten Pancirolo oder vielmehr
der Thätigkeit des ihm zur Unterstützung beigegebenen Julius
Mazarini, wenigstens einen Waffenstillstand vom 4. Septem=
ber bis zum 15. October zu vermitteln: Stadt und Schloß
von Casale wurden den Spaniern übergeben, und auch die
Citadelle sollte ihnen überliefert werden, wenn sie zwischen
dem 15. und 30. October nicht entsetzt würde. Der König
von Frankreich kehrte wegen der in Italien herrschenden Pest
nach Lyon zurück, und Richelieu folgte ihm dahin; den Be=
fehl über die aufs neue vermehrte Armee erhielten die Mar=
schälle von La Force, Schomberg und Marillac, sie brachen
nach Ablauf des Waffenstillstandes, während dessen Spinola
gestorben war, zum Entsatz von Casale auf, und sie waren
am 26. October schon im Begriff, die feindlichen Verschan=
zungen anzugreifen, als Mazarini Vergleichsvorschläge über=
brachte, zu deren Annahme er die spanischen Feldherren bewo=
gen hatte und jetzt auch die französischen Generale bestimmte:
die Spanier sollten am folgenden Tage Stadt und Schloß

33 *

von Casale und die übrigen von ihnen in Montferrat be=
setzten Plätze und die Franzosen zu derselben Zeit die Cita=
belle von Casale räumen, der zweite Sohn des Herzogs von
Mantua — welcher von seiner Mutter das Herzogthum
Mayenne geerbt hatte — sollte nach seinem Belieben in alle
diese Plätze Besatzungen legen und Commandanten ernennen,
und ein kaiserlicher Commissarius bis zum 23. November,
bis zu welchem Tage der Kaiser den Herzog zu belehnen
versprochen hatte, in Casale bleiben. Die Spanier führten
die sie betreffende Bestimmung aus, die Franzosen ließen aber
unter dem Vorwande, daß der kaiserliche Commissarius sich
mehr anmaße, als ihm zugestanden war, Truppen in Casale
zurück. Durch diesen Vergleich sollte ein Vertrag ausgeführt
werden, welchen die französischen Bevollmächtigten Brulart
von Leon und der Capuziner Joseph am 13. October zu Re=
gensburg mit dem Kaiser geschlossen hatten. Dieser verpflich=
tete sich, dem Herzoge von Nevers nach sechs Wochen und
nachdem derselbe ihn in übereingekommenen Ausdrücken um
seine Gnade gebeten habe, mit Mantua sowie mit Montfer=
rat, von welchem jedoch dem Herzoge von Savoyen ein Theil
bestimmt wurde, zu belehnen und vierzehn Tage später seine
Truppen aus Italien und darauf auch aus Graubündten und
dem Veltlin zurückzuziehen; um dieselbe Zeit sollten die Spa=
nier Montferrat und Piemont und die Franzosen Italien räu=
men, von französischer Seite wurde außerdem versprochen, daß
der König die jetzigen und zukünftigen Feinde des Kaisers und
des deutschen Reiches in keiner Weise unterstützen werde. Die
französischen Gesandten waren durch die Nachricht von einer
gefährlichen Erkrankung des Königs und einem für Richelieu
sehr bedenklichen Zwiespalte am Hofe, sowie durch die Mei=
nung, daß die Eroberung von Casale durch die Spanier
nicht verhindert werden könne, verleitet worden, ihre Voll=
machten zu überschreiten. Ludwig XIII. verweigerte des=
halb die Ratification, und nach längern Unterhandlungen
wurde, besonders da der Kaiser seiner ganzen Kriegsmacht
in Deutschland gegen die siegreich vordringenden Schweden be=
durfte, von dem kaiserlichen General Gallas mit dem franzö=
sischen Staatssecretair Servien und dem Marschall von Toi=

ras am 6. April 1631 ein anderer Tractat zu Cherasco unterzeichnet: jenes zu Regensburg von französischer Seite gegebene Versprechen wurde nicht erwähnt, dem Herzoge von Savoyen wurde indeß ein Theil von Montferrat von 15,000 Thalern Einkünfte zugestanden, es wurde ferner bestimmt, daß Savoyen und Piemont von den Franzosen, Mantua, Graubündten und Veltlin von den Kaiserlichen geräumt werden sollte, und Gallas versprach, daß der Kaiser dem Herzoge von Mantua die Belehnung mit diesem Herzogthume und Montferrat ertheilen und daß die Belehnungsurkunde binnen fünfundzwanzig Tagen in Italien ankommen werde. Sie wurde endlich am 2. Juli vollzogen, und die völlige Ausführung der festgesetzten Räumung verzögerte sich noch bis zum September, in welchem Monat die Kaiserlichen Mantua und die Franzosen Pignerol verließen[1]). Richelieu hatte schon seit längerer Zeit geheime Unterhandlungen mit dem Herzoge von Savoyen angeknüpft, und dadurch, daß er ihm im Frieden von Cherasco den Besitz eines Theiles von Montferrat verschaffte, sowie durch die Vermittelung Mazarini's, welcher die Gunst und das Vertrauen des Herzogs besaß, gelang es, ihn am 19. October 1631 zum Abschluß eines Bündnisses zu bewegen, in welchem er nicht nur den französischen Truppen den Durchmarsch bewilligte, im Fall daß Montferrat bedroht oder ein Angriff auf Mantua und Graubündten unternommen oder befürchtet werde, sondern auch Pignerol an Frankreich abtrat[2]). Auf solche Weise hatte Richelieu in Italien seine Zwecke vollständig durchgeführt, er hatte den französischen Einfluß in diesem Lande durch die Einsetzung des Herzogs von Nevers in Mantua und durch das Bündniß mit Savoyen

---

1) Sehr ausführlich handeln die Mém. de Richelieu von den Kriegsereignissen in Italien während des Jahres 1630 und den darauf bezüglichen Unterhandlungen XXV, 342—482. XXVI, 1—425. 519—522. Nani I, 418—476. Pontis XXXII, 122. 132. La Force III, 8—19. Mercure XVI, 2, 724. 779. XVII, 1. 62. Du Mont V, 2, 615—618. VI, 1, 9—12. 24—26. Flassan II, 440—442.

2) Du Mont VI, 1, 1. Siri VII, 417. Mercure XVIII, 445—452. Flassan I¹, 460—462.

hergestellt, und durch den Besitz von Pignerol sicherte er für die Zukunft den französischen Armeen den Einmarsch in Italien.

Während Richelieu mit Klugheit und Erfolg die Staatsangelegenheiten leitete, mußte er fortwährend neuen Versuchen entgegentreten, welche gemacht wurden, um ihm das Vertrauen des Königs zu entziehen und ihn aus seiner hohen Stellung zu verdrängen. Diese Versuche wurden für ihn um so drohender, als nicht allein der Herzog von Orleans aus denselben Ursachen wie früher sein Gegner blieb, sondern auch die Mutter des Königs sich gegen ihn erklärte, weil er als Minister des Königs ihr nicht mehr die Ergebenheit bezeigte, welche er früher als ihr Günstling und vertrauter Rath bewiesen hatte. Vergeblich suchte er sie durch ehrfurchtsvolles Benehmen, durch das Aussprechen seines Schmerzes über den Verlust ihrer Gnade zu begütigen und den Herzog durch Vermehrung seiner Apanage zu gewinnen; der Grund des Mißvergnügens Beider lag besonders darin, daß sie von der Theilnahme an der Regierung ausgeschlossen blieben[1]. In der Meinung, daß die Königin größere Gewalt als der Minister über ihren Sohn habe, schlossen sich ihr bald mehre der angesehensten Herrn und Beamten an, welche den Sturz Richelieu's aufs lebhafteste wünschten; namentlich der Siegelbewahrer Marillac, sein Bruder, der Marschall von Marillac, und die Herzöge von Guise und Bellegarde, welche Gouverneure von Burgund und der Provence waren; die Prinzessin von Conti und die Herzogin von Elboeuf, welche der lothringischen Familie angehörten und erbitterte Feindinnen des Cardinals waren, gewannen noch mehre Andere für die demselben feindliche Partei, und der spanische Gesandte trug nicht allein durch reiche Geldspenden zur Vermehrung derselben bei, sondern vermittelte auch ein Einverständniß zwischen der Königin-Mutter und der Gemahlin Ludwig's XIII., welche Richelieu, als dem Gegner des habsburgschen Hauses, abgeneigt war. Als der König im September 1630 zu Lyon gefährlich erkrankte, bemühte sich seine Mutter durch Beweise der

---

1) Siri VII, 781. Richelieu XXV, 53—58. 77—104. Mercure XVI, 2, 41—58.

zärtlichsten Liebe, durch Schmeicheleien jeder Art sich größern
Einfluß auf ihn zu verschaffen, und sie drang in ihn, den
Cardinal von der Leitung der Staatsgeschäfte zu entfernen
und vom Hofe zu verweisen. Der König verschob einen be=
stimmten Entschluß wegen der Wichtigkeit der Sache bis zu
seiner Rückkehr nach Paris, gab indeß das Versprechen, den
Minister zu entlassen, sobald der italienische Krieg beendigt
sein werde. Richelieu, welchem die Bestrebungen der Königin
nicht verborgen blieben, ließ sie darauf in Paris genau beob=
achten, um vertraute Unterredungen zwischen ihr und dem
Könige zu verhindern. Am 10. November erhielt er die An=
zeige, daß dieser sich zu ihr nach dem Palast Luxemburg be=
geben habe; er folgte ihm sogleich, er fand die Thür des
Vorzimmers verschlossen, aber durch eine Hinterthür trat er
unerwartet in das Cabinet der Königin. Der Zorn derselben
und die Verlegenheit des Königs verriethen ihm sogleich, wo=
von die Rede gewesen sei; die Königin leugnete nicht, daß
sie seine Entlassung verlangt habe, und ohne auf seine Bit=
ten und Vorstellungen zu hören, machte sie ihm die heftigsten
Vorwürfe über seine Undankbarkeit; der König sprach sich
nicht aus, und um sich dem ihm unangenehmen Auftritte zu
entziehen, entfernte er sich bald unter dem Vorwande, daß er
wegen der späten Tageszeit seine beabsichtigte Reise nach Ver=
sailles nicht länger verschieben könne. Die Königin glaubte,
ihren Zweck erreicht zu haben, und sie empfing die Glück=
wünsche der Hofleute, welche in großer Zahl nach ihrem Pa=
last eilten; allein im Vertrauen auf ihren Sieg und aus
Hang zur Bequemlichkeit unterließ sie es, ihrem Sohne nach
Versailles zu folgen. Richelieu hielt sich für verloren, er
war schon im Begriff, sich nach der Stadt Havre, deren Gou=
vernement er besaß, zu begeben, um sich vor seinen Feinden
sicherzustellen, als sein Freund, der Cardinal La Valette,
ihn wieder ermuthigte und ihn bestimmte, nach Versailles zu
gehen, um durch seine geistige Überlegenheit und durch die Er=
innerung an seine bisherigen Dienste auf den König einzu=
wirken. Er erhielt am folgenden Tage die Audienz, welche
er erbat, um sich zu beurlauben, und eine zweistündige Un=
terredung verschaffte ihm wiederum das volle Vertrauen des

Königs, welcher sich überzeugte, daß kein Anderer, zumal un=
ter den damaligen politischen Verhältnissen, ihn zu erseßen
vermöge. Bei der Nachricht von dieser unerwarteten Wen=
dung der Dinge verschwanden sogleich die Glückwünschenden
aus dem Palast Luxemburg, und man nannte diesen Tag den
Tag der Getäuschten (la journée des dupes). Am 12. No=
vember kehrte der König, von Richelieu begleitet, nach Paris
zurück; dem Siegelbewahrer wurden die Siegel, welche L'Au=
bespine, Herr von Chateauneuf, eins der ältesten Mitglieder
des königlichen Rathes erhielt, abgenommen, und er sowie
sein Bruder, welcher sich bei der Armee in Italien befand,
wurden verhaftet. Die Bemühung des Königs, seine Mut=
ter mit Richelieu zu versöhnen, war erfolglos, dagegen gab
der Herzog von Orleans ihm die Versicherung, daß er nichts
wider seinen Willen thun und daß er den Cardinal lieben
werde [1]). Zu dieser Erklärung wurde er durch seine vertrau=
ten Räthe, Puylaurens, welcher mit ihm erzogen war, und
Le Coigneur, Präsidenten der Rechenkammer, bewogen, welche
Richelieu dadurch gewonnen hatte, daß er jenem eine bedeu=
tende Geldsumme zahlte und die Herzogswürde versprach und
diesem die Stelle eines Präsidenten bei dem pariser Parla=
ment gab und Hoffnung auf Erhebung zum Cardinal machte.
Als er aber diese Verheißungen ihnen nicht erfüllte und die
Absicht zeigte, sie aus der Nähe des Herzogs zu entfernen,
so bestimmten sie diesen zu dem Entschluß, den Hof zu ver=
lassen und sich nach Orleans zu begeben. Bevor er abreiste,
ging er, von mehren Edelleuten begleitet, am 31. Januar

---

1) Richelieu XXVI, 425—427. Fontenay, Relation de la rup-
ture du cardinal de Richelieu avec la reine mère et de la sortie
du royaume de cette princesse LI, 168—177. Siri VI, 284—290.
Montglat XLIX, 57—60. Brienne XXXVI, 12. 13. Mém. de Gaston 91—94. Bassompierre XXI, 275—277. Nani I, 482. Mercure
XVI, 2, 805. Im Einzelnen stimmen die verschiedenen Berichte, na=
mentlich die Erzählung in den Mém. de Richelieu mit den andern Dar=
stellungen nicht immer überein. Nur La Rochefoucauld (LI, 341) sagt,
daß Richelieu sich der Königin zu Füßen geworfen und sie durch Thrä=
nen zu besänftigen gesucht habe. Als journée des dupes wird auch der
10. November bezeichnet.

1631 zu Richelieu, überhäufte ihn mit Schmähungen wegen der Undankbarkeit, welche er gegen die Königin, seine Wohlthäterin, beweise, und drohte, daß ihn seine geistliche Würde in Zukunft nicht gegen die Behandlung, welche er dafür verdiene, sichern werde [1]). Die Königin, in Verbindung mit der Gemahlin Ludwig's und mit Gaston, intriguirte fortwährend, um den Sturz des Ministers zu bewirken; er stellte deßhalb dem Könige vor, wie nachtheilig dies auf die Stimmung des Volks und der Parlamente und auf die auswärtigen Angelegenheiten einwirke, und er überzeugte ihn von der Nothwendigkeit, die Königin auf einige Zeit vom Hofe und aus Paris zu entfernen, um sie dem verderblichen Einflusse Derer zu entziehen, welche nur darauf bedacht seien, Verwirrungen anzustiften. Als der Hof sich im Februar zu Compiegne aufhielt, so reiste der König am 23. plötzlich ab, indem er seiner Mutter untersagte, ihm zu folgen und zu ihrer Bewachung den Marschall von Estrées zurückließ, und zu gleicher Zeit wurden die Prinzessin von Conti, die Herzogin von Elboeuf und einige andere Damen vom Hofe verwiesen, und der Marschall von Bassompierre, welcher sich durch die Prinzessin gegen Richelieu hatte gewinnen lassen und als General-Oberst der Schweizer diesem gefährlich werden konnte, wurde in die Bastille gebracht [2]). Um dem Herzoge von Orleans, bei welchem sich viele Mißvergnügte versammelten, nicht Zeit zu lassen, die begonnenen Kriegsrüstungen zu vollenden, brach der König am 11. März von Paris auf und näherte sich mit Truppen der Stadt Orleans. Der Herzog begab sich jetzt zunächst nach Burgund, und als sein Bruder ihm auch dahin folgte, zu dem Herzoge von Lothringen. Zu Dijon ließ der König am 31. März im Parlament eine Erklärung registriren, in welcher er die Herzöge von Elboeuf, Rouanès und Bellegarde, den Grafen von Moret, einen unechten Sohn Heinrich's IV., Le

1) Gaston 95—98. Fontenay 178. 179. Richelieu 435—442. Siri 300. La Force III, Corresp. 337. 338.

2) Richelieu 447—466. Mercure XVII, 1. 130—133. Bezeichnend für die Sitten des französischen Hofes und Bassompierre's insbesondere ist es, daß die Zahl der Liebesbriefe, welche er vor seiner Verhaftung verbrannte, mehr als 6000 betrug. Bassompierre 286.

Coigneur und Puylaurens, welche sämmtlich seinem Bruder nach Lothringen gefolgt waren, für Majestätsverbrecher erklärte, weil sie denselben bestimmt hätten; sich vom Hofe zu entfernen, sich zum Kriege zu rüsten und das Königreich zu verlassen [1]. Das Parlament von Paris, statt diese Declaration sogleich zu registriren, berieth über dieselbe, ohne sich zu einem Beschlusse vereinigen zu können. Der König cassirte am 12. Mai die Verhandlung als unüberlegt und den Gesetzen und Gewohnheiten des Reichs widersprechend, indem er zugleich erklärte; daß es in Frankreich weder den Parlamenten, noch irgend einem andern Beamten erlaubt sei, über Staatsangelegenheiten zu entscheiden, da die Regierung des Reichs allein dem Könige zustehe, welcher von Gott eingesetzt sei und nur diesem Rechenschaft abzulegen habe, und er verbot dem Parlamente bei Untersagung der Amtsausübung und nach Umständen bei größerer Strafe, über Declarationen zu berathen, welche Angelegenheiten, Regierung und Verwaltung des Staates beträfen. Am folgenden Tage wurde dem Parlament befohlen; sich nach dem Louvre zu begeben; dem ersten Präsidenten, welcher die Beweggründe desselben auszusprechen wollte, wurde untersagt zu reden; und in Gegenwart und auf Befehl des Königs erklärte der Siegelbewahrer: es sei die Sache des Königs, dem Verbrechen den Namen zu geben, und die Sache seiner Unterthanen, seinen Willen auszuführen und die Strafe auf das Verbrechen anzuwenden; das Parlament sei nur eingesetzt, um den Privatpersonen Recht zu sprechen, es dürfe nicht über Staatsangelegenheiten entscheiden, wenn der König es nicht damit beauftrage; auch seien die Parlamente nicht durch ihr Amt befugt, den Großen des Reichs den Proceß zu machen, sondern nur durch besondere Vollmacht, welche der König nach seinem Belieben ihnen oder andern Richtern ertheilen könne. Der König ließ sich darauf das Protokoll der Berathung über die Declaration geben, riß es durch und befahl, an der Stelle desselben die Erklärung vom 12. Mai einzutragen. Zwei Präsidenten und ein Rath

---

[1] Richelieu 467—480. Gaston 105—111. Mercure 136—139. 147—152.

wurden aus Paris verwiesen, jedoch wurden sie auf Bitten des Parlaments bald wieder in ihre Ämter eingesetzt [1]).

Die Behandlung der Königin=Mutter erregte indeß eine allgemeine und lebhafte Theilnahme und machte einen für Richelieu ungünstigen Eindruck. Er ließ deshalb die Wa=chen entfernen, von denen sie bisher umgeben gewesen war, damit sie nicht mehr als eine Gefangene betrachtet werden könne, und wahrscheinlich auch, um sie zu einem Schritte zu verleiten, durch welchen sein Verfahren gegen sie gerechtfertigt werde. Am 18. Juli entfloh sie aus Compiègne, ihre Hoff=nung, in der Grenzfestung La Capelle Aufnahme zu finden, wurde getäuscht; und sie begab sich darauf nach Brüssel un=ter den Schutz der Spanier, der Feinde Frankreichs [2]). Der König bestätigte jetzt die im März erlassene Declaration, er erklärte Alle, welche seine Mutter und seinen Bruder verleitet hätten, sich aus dem Königreiche zu entfernen; für Majestäts=verbrecher und befahl, gegen sie nach der Strenge seiner Ver=ordnungen zu verfahren. Im September errichtete er eine Justizkammer aus Mitgliedern seines Staats= und geheimen Rathes und Requetenmeistern seines Palastes, um über Die=jenigen zu richten, welche sich gegen ihn empört, an den Par=

1) Richelieu 482. 483. Mercure (in welchem auch einige damals gegen und für Richelieu in Frankreich verbreitete Schriften mitgetheilt werden) 175—335. Mémoires de Omer Talon, avocat général en la cour de Parlement de Paris, LXIII, pièces justificatives 1—5. (Ta=lon, geboren um 1595, zweiter General=Advocat 1631, erster 1641 und 1652 gestorben, war einer der berühmtesten und rechtlichsten Magistrate seiner Zeit, aber nicht geeignet Intriguen zu spielen und zu durchschauen; er schrieb, wie er selbst sagt, treu und aufrichtig, was er gesehen und von angesehenen Personen gehört hatte; seine Mémoiren, bei Petitot LX—LXIII, welche sein Sohn und Nachfolger in seinem Amte bis 1653 fortsetzte, beginnen mit dem Jahre 1630, sie sind zwar mehr Materialien=sammlung als Geschichte, aber gleich werthvoll durch ihre Reichhaltig=keit wie durch ihre Unparteilichkeit und Wahrheit).

2) Richelieu 501. Siri VII, 432. 424. 445. Gaston 115. Fon=tenay 189—192. Montglat 62. Mercure 343—371 gibt ein Schrei=ben der Königin an ihren Sohn, in welchem sie Richelieu beschuldigt, daß er durch ihre Haft ihren Tod habe bewirken wollen, die Antwort, in welcher der König diese Anklage zurückwies, und eine Flugschrift, in welcher gleichfalls jenes Schreiben widerlegt wird.

teiungen und Umtrieben gegen ihn und die Ruhe des Reichs
theilgenommen und die Rebellen auf irgend eine Weise un=
terstützt hätten, und er bestimmte zugleich, daß die von sieben
Mitgliedern der Kammer gefällten Urtheile ohne Rücksicht auf
Appellation vollstreckt werden sollten. Sie sprach im Octo=
ber die Confiscation der Güter der Herzöge von Elboeuf,
Bellegarde und Rouauds, des Grafen und der Gräfin von
Moret und des Präsidenten Le Coigneur aus.. Das pariser
Parlament hatte dem Könige schriftliche Vorstellungen über
die außerordentliche Vollmacht, welche diesem Gerichtshofe
übertragen worden war, gemacht und demselben sogar die
Fortsetzung seiner Arbeiten untersagt. Eine zahlreiche Depu=
tation des Parlaments wurde deshalb im Januar 1632 nach
Metz, wo sich der König damals aufhielt, berufen; der Sie=
gelbewahrer erklärte gegen sie: der französische Staat sei mon=
archisch, Alles hänge in demselben von dem Willen des Kö=
nigs ab, welcher nach seinem Belieben die Richter bestimmen
und Gelderhebungen den Staatsbedürfnissen gemäß befehle;
es schiene, als wolle das Parlament sich zum Beschützer des
Volkes aufwerfen, allein der König werde dies nicht dulden,
er gebiete, daß das Parlament innerhalb der Schranken sei=
ner Pflicht bleibe. Der König fügte hinzu: er wolle, daß
die Dinge, welche er befehle, nicht in Frage gestellt würden,
sondern daß Jeder seinem Geheiße gehorche. Fünf Mitglie=
der der Deputation wurden zurückgehalten und mußten dem
Hofe längere Zeit folgen[1]). Der Herzog von Guise, welcher
den Verdacht erregte, daß er in seinem Gouvernement, der Pro=
vence, Unruhen anstiften wolle, wurde aufgefordert, sich an
den Hof zu begeben, um sich zu rechtfertigen; es wurde ihm
indeß seine Bitte bewilligt, sich zur Erfüllung eines Gelübdes
nach Loretto begeben zu dürfen[2]). Da der Herzog Karl III.
von Lothringen, ein eifriger Anhänger des habsburgschen Hau=
ses, fortwährend den ausgewanderten Mißvergnügten den Auf=
enthalt in seinem Lande gestattete, so näherte sich der König

1) Mercure XVII, 1, 377—389. 2, 150—170. Richelieu XXVI,
513—515. XXVII, 59. 60. Capefigue V, 214.
2) Richelieu XXVI, 510—513.

am Ende des Jahres 1631 an der Spitze einer Armee der lothringischen Grenze und nöthigte dadurch den Herzog, sich zu ihm zu begeben und am 31. December zu Vic bei Metz einen von ihm vorgeschriebenen Vertrag zu unterzeichnen. Er mußte nicht allein alle Feinde des Königs und alle Unterthanen desselben, welche gegen seinen Willen Frankreich verlassen hatten, aus seinem Lande entfernen, das Versprechen geben, sie nicht zu unterstützen, noch dies seinen Unterthanen zu erlauben, und dem Könige gestatten, die rebellischen und des Verbrechens gegen Staat und Majestät angeklagten Franzosen in Lothringen ergreifen zu lassen, sondern er mußte auch allen Verbindungen und Unterhandlungen zum Nachtheil des Königs und seiner Verbündeten entsagen, er mußte versprechen, keine Bündnisse ohne Beistimmung desselben zu schließen, den französischen Truppen freien Durchmarsch zugestehen, sich verpflichten, mindestens 6000 Mann zur französischen Armee stoßen zu lassen, wenn diese nach Deutschland marschire, und dem Könige dafür, daß er ihn gegen jeden Angriff zu vertheidigen versprach, auf drei Jahre die Feste Marsal übergeben[1]). Der Herzog von Orleans begab sich jetzt nach Brüssel, nachdem er sich kurz zuvor insgeheim mit Margaretha, einer Schwester des Herzogs von Lothringen, vermählt hatte. Richelieu mußte jetzt erwarten, daß er, unterstützt von Spanien, mit gewaffneter Hand nach Frankreich zurückkehren, er mußte besorgen, daß der Ausbruch innerer Unruhen die Folge davon sein werde. Um diesen zuvorzukommen, hielt er es für nothwendig, die Großen des Reichs durch Furcht von einer Verbindung mit dem Herzoge zurückzuhalten und zu diesem Zwecke die Untersuchung gegen den Marschall von Marillac schnell zum Ende zu bringen. Sie wurde einer Commission übertragen, welche aus Requetenmeistern und Mitgliedern einiger Parlamente bestand, und in welcher der Siegelbewahrer den Vorsitz führte. Die Behauptung des pariser Parlaments, daß ihm die Gerichtsbarkeit über Marillac wegen seines Ranges gebühre, wurde zurückgewiesen, weil auch frühere Könige bei ähnlichen Umständen die Entscheidung besondern Commissionen gewöhn-

1) Du Mont VI, I, 28. Richelieu XXVII, 1—9.

lich übertragen hätten, und als Marillac mehre seiner Richter verwarf, so erklärte der König auch dieß für unzulässig.
Der Grund seiner Verhaftung war seine Verbindung mit der
Königin-Mutter gegen Richelieu gewesen; da man diese aber
nicht zu einem todeswürdigen Verbrechen machen konnte, so
lautete die Anklage auf Vergehungen, deren er sich früher
schuldig gemacht hatte, auf Unterschleife, Erpressungen und
Bedrückungen der Unterthanen, er wurde wegen derselben am
8. Mai 1632 zum Tode verurtheilt und zwei Tage später
hingerichtet. Sein Bruder starb einige Zeit darauf im Gefängnisse [1]).

Richelieu's Befürchtungen waren nicht unbegründet. Der
Herzog von Orleans und seine Mutter hatten Gesandte
nach Madrid geschickt, und wenn der spanische Hof auch jetzt
noch eine Hülfe verweigerte, welche zu einem offenen Bruch
mit Frankreich hätte führen können, so unterstützte er doch
insgeheim die Versuche Gaston's, sich Anhänger in diesem
Lande, besonders unter den Großen zu verschaffen. Der Herzog von Epernon wies die ihm gemachten Vorschläge nicht
entschieden zurück, sondern gab nur ausweichende Antworten;
mit größerer Zuversicht erwartete man, daß der Marschall
von Crequi in der Dauphiné sich für Gaston erklären werde;
man hoffte, daß der Herzog von Guise, welcher, weil er dem
königlichen Befehle, nach Frankreich zurückzukehren, nicht gehorcht hatte, des Gouvernement der Provence entsetzt worden
war, in dieser Landschaft einen Aufstand werde bewirken können; endlich trat sogar der Herzog von Montmorency,
Gouverneur von Languedoc, in ein geheimes Einverständniß
mit Gaston und schickte einen geheimen Agenten nach Madrid [2]).
Er hatte, als zu Lyon der Zwiespalt zwischen der Königin-Mutter und Richelieu zum offenen Ausbruch kam, sich
entschieden für diesen erklärt, allein er glaubte sich dafür nicht
hinreichend belohnt; seine Gemahlin, Felicia Orsini, welche
mit der Königin verwandt war, bat ihn aufs dringendste, der

1) Richelieu XXVII, 61—82. Siri VII, 499. Richelieu, narration succincte 297. 208. Mercure XVIII, 81—84.
2) Capefigue V, 130—131. 158.

Beschützer dieser unglücklichen, vertriebenen Fürstin zu werden; der Ruhm, welchen ein solches Unternehmen ihm versprach, und die Hoffnung auf die Connetablewürde reizten seinen Ehrgeiz, und er glaubte, daß Spanien kräftigen Beistand leisten und es ihm leicht werden würde, nicht allein den Adel, sondern die gesammte Bevölkerung von Languedoc für sich zu gewinnen [1]. Nicht erst am Ende des August, wie Montmorency ausdrücklich verlangt hatte, sondern schon im Mai verließ Gaston Brüssel; an der Spitze von nur 1500 Reitern, welche ihm großentheils von den Spaniern überlassen waren, marschirte er im Juni durch Lothringen mit Bewilligung des Herzogs nach Burgund, und er erließ, sobald er die französische Grenze überschritten hatte, ein Manifest, in welchem er den Cardinal als den Störer der öffentlichen Ruhe, den Feind des Königs und des königlichen Hauses und den Verderber des Staates bezeichnete, und alle wahrhaften Franzosen aufforderte, sich mit ihm zu vereinigen, da er nur die Absicht habe, den König zu überzeugen, daß er durch böse Kunstgriffe und Verleumdungen betrogen sei [2]. Richelieu hatte bereits eine zahlreiche Armee an der lothringischen Grenze versammelt; er ließ durch einen Theil derselben unter dem Marschall von La Force Gaston verfolgen, der größere rückte in Lothringen ein, um Frankreich zunächst von dieser Seite zu sichern, und binnen wenigen Tagen stand er vor Nancy, sobaß der Herzog sich genöthigt sah, schon am 26. Juni einen Vertrag zu Liverdun zu schließen, in welchem er nicht allein den Vertrag von Vic bestätigte, sondern auch versprach, dem Könige in allen seinen Kriegen mit ganzer Macht beizustehen, ihm die Grafschaft Clermont gegen eine Geldsumme abtrat und ihm die Festungen Stenay und Jametz auf vier Jahr übergab [3]. Sogleich nach dem Abschluß dieses Tractats brach eine zweite Armee unter dem Marschall von Schomberg nach Languedoc auf. Gaston hatte auf seinem Marsche

1) Gaston 127—130. Richelieu, 151. Ducros, Mém. de Montmorency (zwar von einem Zeitgenossen, aber meist unbedeutend) in Archiv. cur. IV, 42. 47. 48.

2) Richelieu 146. Mercure 505.

3) Du Mont 30. 40. Richelieu 107—114.

durch Burgund und Auvergne keinen Anhang gefunden; keine
Stadt, kein Edelmann erklärte sich für ihn. Die Versamm=
lung der Stände von Languedoc, misvergnügt über Ver=
letzungen der Privilegien des Landes durch die Regierung,
beschloß zwar am 22. Juli, die dem Könige bewilligten Gel=
der dem Herzoge von Montmorency zu übergeben, und sie
baten diesen zugleich dringend, sein Interesse mit dem des
Landes unauflöslich zu verbinden, so wie auch die Provinz
sich dem seinigen anschließe und betheuere, sich nicht von dem=
selben zu trennen, um gemeinschaftlich auf wirksamere Weise
für den Dienst des Königs und das Wohl und die Erleich=
terung des Landes zu handeln [1]; jedoch die Annäherung von
zwei königlichen Armeen erhielt den größten Theil von Lan=
guedoc im Gehorsam gegen den König, und nur wenige Städte,
namentlich Bagnols, Bezieres und Lunel, nebst einem Theile
des Adels schlossen sich an Montmorency an. Das Parla=
ment von Toulouse cassirte am 7. August den Beschluß und
die Verhandlungen der Stände und verbot, den Schreiben
und Vollmachten des Herzogs Folge zu leisten; der König
ließ am 11. August im pariser Parlament eine Declaration
bekannt machen, durch welche er Alle, welche seinem Bruder
auf irgend eine Weise, mittelbar oder unmittelbar, Beistand
leisten würden, für Rebellen und Majestätsverbrecher erklärte,
er brach darauf nach Languedoc auf, und am 23. August er=
ließ er eine besondere Declaration gegen Montmorency, durch
welche er diesen als Majestätsverbrecher aller seiner Würden
und Ehren entsetzte, die Einziehung aller seiner Güter befahl
und das Parlament zu Toulouse mit dem Proceß gegen ihn
beauftragte. Gaston hatte seine Truppen durch Werbungen
in Languedoc verstärkt, er stellte einen Theil unter dem Her=
zoge von Elboeuf dem Marschall von La Force gegenüber, mit
den andern gingen er und Montmorency dem Marschall von
Schomberg entgegen, und sie griffen ihn am 1. September bei
Castelnaudary an, jedoch schon im Anfange des Kampfes
wurde Montmorency mehrfach verwundet und gefangen, und
dies verbreitete eine solche Bestürzung unter ihren Truppen,

[1] Ducros 55.

daß die meisten sogleich die Flucht ergriffen und die noch län=
ger widerstehenden bald überwältigt wurden. Am 5. Sep=
tember schlug und zerstreute La Force in der Gegend von Beau=
taire die von Elboeuf befehligte Armee, und die Städte,
welche an der Empörung theilgenommen hatten, unterwarfen
sich noch in demselben Monat [1]). Auch Gaston unterzeichnete
am 29. September die ihm bewilligten und vorgeschriebenen
Artikel: der König gewährte ihm die erbetene Verzeihung für
seine Vergehen, indem er diese schriftlich eingestand, und gab
ihm alle seine Güter zurück; er entsagte dagegen allen Ver=
bindungen mit Spanien, Lothringen und seiner Mutter, und
versprach, sich an dem Orte aufzuhalten, welchen der Kö=
nig ihm anweisen werde, die Ämter seines Hofstaats nur den
vom Könige bestimmten Personen zu geben, keinen Antheil an
Denjenigen mehr zu nehmen, welche sich mit ihm verbunden
hatten, und nicht zu behaupten, daß er Ursache habe, sich zu
beklagen, wenn der König Das über sie verhänge, was sie
verdient hätten; nur seinen Dienern, welche sich damals bei
seiner Person befanden, wurde Verzeihung bewilligt. Puy=
laurens gab das Versprechen, den König von Allem zu unter=
richten, was in der vergangenen Zeit verhandelt worden sei
und für den Staat sowie für das Interesse des Königs und
der ihm Dienenden nachtheilig sein könnte. An demselben
Tage schrieb Gaston einen Brief an Richelieu, in welchem er
seine Achtung vor der Tüchtigkeit und dem Eifer desselben
für den Dienst des Königs aussprach und die Versicherung
hinzufügte, daß das unter seinem Namen erlassene Manifest
ihm untergeschoben und voll Verleumdungen sei [2]). Das Par=
lament von Toulouse verurtheilte Montmorency, welcher seine
Schuld bekannte und aufrichtig bereute, als Majestätsverbrecher
zum Tode, indem es zugleich die Confiscation seiner Güter
aussprach, und noch an demselben Tage wurde jenes Urtheil
vollzogen [3]). Vergeblich hatten der Herzog von Orleans und

1) Mercure 507—581. 752. Gaston 127—143. Richelieu 146.
186. Le Vassor IV, 152—160.

2) Du Mont 42. 43. Richelieu 203. 204.

3) Mercure 836. Montmorency hinterließ keine Kinder; seine
Güter wurden zum Theil 1633 seinen Erben, dem Prinzen und der
Schmidt, Geschichte von Frankreich. III.   34

mehre andere angesehene Personen den König um Begna=
digung gebeten; er hatte der Meinung Richelieu's beigestimmt,
daß der damalige Zustand der Dinge ein großes Beispiel
nothwendig mache, daß nur durch Vollstreckung des Urtheils
Diejenigen, welche geneigt seien, sich seinem Bruder als wahr=
scheinlichem Thronerben anzuschließen, zurückgeschreckt, die Par=
tei dieses Prinzen vernichtet und den Rebellionen ein Ende
gemacht werden könne [1]). Gaston sah sich durch die Zurück=
weisung seiner Fürbitte tief herabgewürdigt und der öffent=
lichen Verachtung preisgegeben, er besorgte, daß seine Ver=
mählung mit Margaretha von Lothringen ihm neue Demü=
thigungen zuziehen werde, und er ließ sich von Puylaurens,
welcher jetzt von ihm keinen sichern Schutz mehr erwarten
konnte und ungeachtet seines Versprechens jene Vermählung
nicht eingestanden hatte, bewegen, schon im November wiederum
nach Brüssel zu flüchten. Er rechtfertigte seine Flucht, indem
er dem Könige schrieb: er habe die ihm vorgelegten Bedin=
gungen nur in der Hoffnung unterzeichnet, dadurch dem Her=
zoge von Montmorency das Leben zu retten, und er habe dem
königlichen Unterhändler, dem Finanzintendanten Bullion, er=
klärt, daß er sich zu nichts verpflichtet halte, wenn diese Hoff=
nung getäuscht werde [2]). Um jeder Bewegung im Reiche zu
seinen Gunsten vorzubeugen, wurden Requetenmeister in die
Provinzen geschickt und bevollmächtigt, seine Anhänger sowie
Alle, welche Unzufriedenheit über das Verfahren der Regierung
verriethen, mit der größten Strenge zu bestrafen, und sie ver=
urtheilten eine große Zahl von Personen zum Tode. So
sprach der Requetenmeister Laffemas am 23. März 1633 zu
Troyes über sechsunddreißig geflüchtete Personen wegen des
Verbrechens der beleidigten Majestät das Todesurtheil aus,
und das Parlament von Dijon fällte ein gleiches Urtheil über

Prinzessin von Condé und den Herzoginnen von Angoulême und Ven=
tadour, unter der Bedingung, seine Schulden zu bezahlen, vom Könige
überlassen. 928.
1) Richelieu 206—212. Narration succ. 296. Testament poli=
tique II, 81: Les châtimens de Marillac et du Duc de Montmorency
ont en un instant mis en leur devoir tous les grands de ce Royaume.
2) Richelieu 248—251. Mercure 869—878.

den Präsidenten Le Coigneux, den Herzog von Elboeuf, Puylaurens und mehre andere Anhänger Gaston's, ließ es an
ihrem Bilde vollstrecken und verdammte einen Andern, den
Baron von S.-Roman, zu lebenslänglicher Galeerenstrafe.
Dann erst wurde für Languedoc und die benachbarten Provinzen eine allgemeine Amnestie bekannt gemacht, und auch
in den übrigen wurde die Gnade des Königs Denen bewilligt,
welche darum baten. Chateauneuf, welcher seine Freude über
eine gefährliche Krankheit, von welcher Richelieu gegen das
Ende des Jahres 1632 ergriffen wurde, nicht verhehlt hatte,
wurde im Februar seiner Stelle entsetzt und als Gefangener
nach dem Schlosse von Angoulesme gebracht. Die Siegel erhielt der Präsident im pariser Parlament, Seguier [1].

Richelieu knüpfte zwar Unterhandlungen mit der Königin-
Mutter an, um, wie es schien, sie zur Versöhnung mit ihm
und zur Rückkehr nach Frankreich zu bewegen, allein durch
die Bedingungen, welche er ihr stellte, und welche sie einzugehen sich weigerte, verhinderte er wahrscheinlich absichtlich jeden Erfolg. Dagegen war es sein Interesse, Gaston zu bestimmen, die Niederlande zu verlassen, denn in den Händen
der Spanier konnte dieser bei dem Ausbruche eines Krieges
ein gefährliches Werkzeug werden, und seine Verbindung mit
ihnen machte auch die Bundesgenossen Frankreichs bedenklich,
ihre Allianzen zu erneuern, da bei der schwächlichen Gesundheit Ludwig's XIII. er bald König von Frankreich werden
konnte. Die mit ihm gepflogenen Unterhandlungen blieben jedoch auch erfolglos, weil er Anerkennung seiner Ehe und
Überlassung eines Sicherheitsplatzes forderte. Da indeß der
fortdauernde Aufenthalt der Mutter und des Bruders des
Königs im Auslande großen Anstoß und Unwillen erregte,
und da man Richelieu den Zwiespalt in der königlichen Familie zur Last legte, so hielt er es für nothwendig, seine Verwaltung öffentlich zu rechtfertigen, die allgemeine Stimmung
für sich zu gewinnen und zugleich dem Herzoge von Orleans
aufs bestimmteste zu zeigen, daß er nie die Bewilligung jener
Forderungen erwarten könne. Der König begab sich, beglei-

1) Richelieu 326—334. Mercure XVIII, 204. XIX, 46—56.

tet von dem Prinzen von Condé, dem Grafen von Soiffons
1634 und mehren andern Herren, am 18. Januar 1634 in das Par=
lament und erklärte, daß seine Liebe zu seinem Bruder und
der Wunsch, seinem Volke Erleichterung zu gewähren, ihn be=
stimmt hätten, in das Parlament zu kommen und eine De=
claration bekannt zu machen. Der Siegelbewahrer wies dar=
auf nach, wie der König seinem Bruder zahlreiche Beweise
seiner wohlwollenden Gesinnung gegeben, dieser aber durch
schlechte Rathschläge sich dagegen zu Beleidigungen habe ver=
leiten lassen, unter welchen seine Vermählung wider des Kö=
nigs Willen und Verbot die schwerste sei. Richelieu hielt so=
dann der Regierung desselben eine Lobrede, in welcher er von
den dem Reiche erwiesenen Wohlthaten, von der Unterdrückung
der innern Parteien, von dem erworbenen Ruhme und von
der Wiederherstellung des französischen Einflusses in Deutsch=
land sprach. Die Declaration, welche endlich vorgelesen
wurde, verhieß Verminderung der Auflagen, namentlich Ver=
ringerung der Taille, strenge Bestrafung der Verbrechen, fer=
nere Beschränkung des Luxus und Bereicherung des Staates
mittels eines ausgedehnten, durch zahlreiche Kriegsschiffe
beschützten Handels. Sie enthielt die Erklärung des Königs,
daß er zwar nie die Heirath seines Bruders, welche den
Grundgesetzen des Reiches entgegen sei und das Interesse sei=
ner Krone verletze, billigen werde, daß er aber noch einen
letzten Versuch machen wolle, um denselben anzutreiben, die
Ketten, von welchen er gefesselt sei, zu zerbrechen und den
ruhmvollen Rang der zweiten Person in dem ersten Königreiche
Europas einzunehmen, und zu diesem Zwecke erkläre er öffent=
lich: wenn sein Bruder zu seiner Güte seine Zuflucht nehme
und binnen drei Monaten vollständig zu seiner Pflicht zu=
rückkehre, so wolle er seine frühern Vergehen vergessen, ihn
wieder zu Gnaden aufnehmen und in alle seine Güter, Gou=
vernements und Einkünfte einsetzen, und auch Denen, welche
ihm gefolgt seien, Verzeihung bewilligen, mit Ausnahme De=
rer, welche dies aus einem andern Grunde als wegen seiner
Person gethan hätten¹). Diese Declaration machte indeß

1) Mercure XX, 2—38. Richelieu XXVIII, 2—4. Das Par=

auf Gaſton ſo wenig den beabſichtigten Eindruck, daß er ſo=
gar am 12. Mai mit einem Bevollmächtigten des Königs
von Spanien, einen Vertrag ſchloß, in welchem er ſich ver=
pflichtete, ohne Beiſtimmung deſſelben keinen Vertrag oder
Vergleich mit ſeinem Bruder einzugehen, welche Vortheile
man ihm auch biete, und welche Veränderungen auch in Frank=
reich durch den Sturz Richelieu's eintreten könnten, und im
Fall eines Bruchs zwiſchen beiden Kronen die Partei des
öſtreichiſchen Hauſes zu ergreifen und das Intereſſe deſſel=
ben aus allen Kräften bis zu einem allgemeinen Tractat zu
begünſtigen; der König von Spanien verſprach, ihm alsdann
zu dieſem Zwecke 15,000 Mann zu ſtellen, ihn zur Werbung
franzöſiſcher Truppen monatlich mit 70,000 Ducaten zu un=
terſtützen und außerdem ihm und ſeiner Mutter bis zu ihrer
Rückkehr nach Frankreich monatlich 85,000 Ducaten zum Un=
terhalt ihres Hofſtaats zu zahlen [1]). Ungeachtet dieſes Ver=
trages ſetzte Gaſton die Unterhandlungen mit ſeinem Bruder
fort, denn er wurde es endlich überdrüſſig, als Flüchtling im
Auslande zu leben; ſeine Verſuche, in Frankreich, namentlich
unter den Soldaten, ſich Anhänger zu verſchaffen, waren ent=
deckt und vereitelt worden, und Spanien konnte die gemach=
ten Verſprechungen nicht erfüllen. Richelieu, welcher um ſo
mehr wünſchen mußte, die Unterhandlungen zum Abſchluß zu
bringen, je näher der Ausbruch eines Krieges mit Spanien
bevorzuſtehen ſchien, gewann endlich Puylaurens durch das
Verſprechen, ihm eine ſeiner Couſinen zur Gemahlin zu ge=
ben, ihm die Herrſchaft Aiguillon als Pairie=Herzogthum
Puylaurens und außerdem das Gouvernement von Bourbon=
nais und Moulins zu übertragen. Durch den Rath ſeines
Günſtlings beſtimmt, entfernte ſich Gaſton, angeblich zur
Jagd, am 8. October aus Brüſſel und eilte ſogleich nach La
Capelle, wo er am folgenden Tage die von ſeinem Bruder
ſchon früher unterzeichneten Vergleichsartikel unterſchrieb. Er
erhielt vollſtändige Verzeihung für alle Vergehen, welche er

lament faßte den 5. September den Beſchluß, daß Gaſton's Ehe nicht
auf gültige Weiſe geſchloſſen, ſondern ein Attentat und eine Entführung
von Seiten des Herzogs von Lothringen ſei. Mercure 853—861.

1) Du Mont 73.

seit seiner ersten Entfernung aus dem Königreich begangen
hatte, wurde in alle seine Güter und Jahrgelder wiedereingesetzt, empfing eine Geldsumme zur Bezahlung seiner Schulden und statt des Gouvernement von Orleans und Blois
das von Auvergne, und es wurde ihm gestattet, sich in diesem, in Bourbonnais oder im Lande Dombes aufzuhalten;
er versprach, sich so zu benehmen, wie es die Pflicht eines
wahren Bruders und guten Unterthanen sei, und keine Einverständnisse innerhalb oder außerhalb des Reichs zu unterhalten, welche dem Könige misfallen könnten; er willigte dar-
ein, daß über die Gültigkeit seiner Ehe nach denselben Gesetzen, welche in solchem Falle für die andern Unterthanen
galten, entschieden werde, und allen Denen, welche seit seiner
ersten Entfernung ihm gefolgt waren und gedient hatten,
wurde, mit Ausnahme des Präsidenten Le Coigneur und einiger Andern, vollständige Amnestie und Zurückgabe ihrer Güter
zugesagt, wenn sie binnen bestimmter Zeit zurückkehrten [1]. Puylaurens erhielt, was ihm versprochen war; da er aber, wie
wenigstens Richelieu behauptete, nicht der eingegangenen Verpflichtung gemäß Gaston zur Anerkennung der Nichtigkeit seiner Ehe bewog und sogar fortwährend Verbindungen mit
den Spaniern unterhielt, so wurde er im Februar 1635 verhaftet und nach Vincennes gebracht, wo er nach vier Monaten starb [2]. Die Versammlung der französischen Geistlichkeit
erklärte im Juli desselben Jahres, daß Ehen, welche Prinzen
von Geblüt ohne Beistimmung und sogar gegen den Willen
und das Verbot des Königs schlössen, ungesetzlich und ungültig seien [3]. Die Königin-Mutter hielt sich noch bis zum
Jahre 1638 in den Niederlanden auf; da sie von den Spaniern, denen ihre Unterhaltung lästig wurde, sich mit gerin-

1) Du Mont 73. 74. Eine königliche Declaration machte darauf
die dem Herzoge zugestandenen Bewilligungen bekannt. Mercure XX,
877—879.

2) Richelieu XXVIII, 91. 172. 216. 217. Montrésor (ein Anhänger Gaston's und seit 1635 dessen vornehmster Rathgeber, dessen
Memoiren, bei Petitot LIV, sich auf die J. 1632—1637 beziehen, und
welcher 1663 starb) erklärt 273 die zweite Behauptung für falsch.

3) Mercure XX, 1058.

gerer Achtung als früher behandelt sah, so begab sie sich nach
England in der Hoffnung, durch Vermittelung ihrer Tochter,
der Königin, sich die Erlaubniß zur Rückkehr nach Frankreich,
nach welcher sie jetzt sehnlich verlangte, auszuwirken, und sie
schrieb sogar dem Cardinal Richelieu, daß sie des Vergangenen nicht mehr gedenken, ihn fernerhin lieben, Alles, was der
König wünsche, thun und auch ihren Aufenthalt in jeder ihr
angewiesenen französischen Stadt nehmen wolle. Auf Richelieu's Veranlassung verlangte der König die Meinung mehrer
höhern Staatsbeamten; diese erklärten, daß ihre Rückkehr nur
Verwirrungen nach sich ziehen werde, und es wurde ihr darauf die Auszahlung ihrer frühern Einkünfte angeboten, wenn
sie sich nach Florenz begeben wolle. Diese Zumuthung wies
sie mit Unwillen zurück; sie ging 1641, als die innern Unruhen
in England begannen, nach Köln und starb hier im Jahre 1642[1]).

So lange Richelieu die innere Ruhe Frankreichs, die
Macht des Königthums und seine eigene Stellung durch Parteiungen und Intriguen, durch die Stimmung und die Ansprüche der Großen des Reiches, durch die Mutter und den
Bruder des Königs bedroht sah, konnte er es nicht wagen,
einen Kampf gegen diejenigen Mächte, von welchen Frankreich
Gefahr drohte, zu beginnen, er mußte sich darauf beschränken,
die Feinde derselben zu unterstützen. Durch den Vertrag von
Bärwalde hatte er nur bezweckt, die Macht des Kaisers wieder in engere Grenzen einzuschließen, unerwartet war ihm der
rasche und glänzende Erfolg der schwedischen Waffen, und der
Sieg des Königs von Schweden bei Leipzig und dessen Vordringen bis an den Rhein konnte an die Stelle des Kaisers
einen Fürsten setzen, dessen Macht um so gefährlicher für
Frankreich werden mußte, je ausgezeichneter seine Persönlichkeit war. Richelieu war damals der Ansicht, daß weder ein

1) Richelieu XXX, 467. Montglat XLIX, 217. 219. 262—265.
347. 368. 369. Er sagt, Richelieu habe die Königin Hungers sterben
lassen und sie genöthigt, auf Kosten der Fürsten, bei welchen sie Zuflucht
gesucht, zu leben. Das Letzte ist richtig, allein in ihrem Testamente
(Archiv. cur. V, 167—181) macht sie Legate im Betrage von fast
800,000 Livres und verordnet, daß zuvor mehre ihr geliehene, nicht bedeutende Summen zurückgezahlt werden sollen.

Krieg in Verbindung mit Schweden gegen das habsburgsche
Haus, noch ein Krieg gemeinschaftlich mit diesem gegen die
Schweden und deutschen Protestanten dem französischen In=
teresse entspreche, daß man sich vielmehr bis aufs äußerste
vor einem Bruche mit Schweden sowie mit jenem Hause hü=
ten müsse, weil er die gewöhnlichen Einkünfte des Königs zu
einem langwierigen Kriege nicht für ausreichend und bei dem
geringen Wohlstande des Volkes es für schwierig hielt, sich
das nöthige Geld zu verschaffen und die Registrirung neuer
Steueredicte durchzusetzen, weil er besorgte, daß die Verwicke=
lung in einen auswärtigen Krieg die Gouverneure der Pro=
vinzen und Plätze leichter bestimmen könnte, sich dem Herzoge
von Orleans anzuschließen, und weil er die Verantwortlich=
keit und die Folgen scheute, wenn die Kriegsereignisse eine un=
glückliche Wendung nähmen. Er beschloß deshalb, den Gang
derselben noch längere Zeit abzuwarten und sich bereit zu hal=
ten, um Zeit und Gelegenheit benutzen zu können, einstweilen
aber den König von Schweden zu bewegen, die Fortsetzung
seiner Eroberungen am Rhein und seine Absichten auf den
Elsaß aufzugeben, der Ligue in Deutschland von ihm Neu=
tralität auszuwirken, mit den katholischen Kurfürsten eine enge
Verbindung insgeheim anzuknüpfen und sich einen Übergang
über den Rhein zu verschaffen, damit erforderlichen Falles
eine französische Armee in Deutschland einrücken könne [1]).
Schon im Mai 1631 war zwischen dem Kurfürsten von Bai=
ern und dem Könige von Frankreich ein Vertheidigungsbünd=
niß geschlossen worden, in welchem sich der Letztere, im Wider=
spruch mit dem Vertrage von Bärwalde, auch verpflichtet
hatte, die kurfürstliche Würde dem Kurfürsten und dem bai=
rischen Hause zu erhalten [2]); jetzt, im Anfange des Jahres
1632 kamen Abgeordnete der Kurfürsten von Baiern, Köln,
Mainz und Trier und der Bischof von Würzburg als Ge=
sandter der Ligue nach Metz, wo sich der König von Frank=
reich damals befand, um ihn um Schutz und Hülfe gegen

1) Richelieu XXVII. 34—42. Schon 1629 hegte Richelieu den
Gedanken, die französische Grenze bis nach Strasburg auszudehnen, um
einen Eingang nach Deutschland zu erlangen. Richelieu XXIV, 248.
2) Du Mont VI, 1, 14.

den König von Schweden zu bitten, welcher Mainz sowie mehre pfälzische und trierfche Plätze bis zur Mosel eingenommen und für welchen sich Speier, Landau und Weißenburg erklärt hatten [1]. Der Marquis von Brezé, welcher als außerordentlicher Gesandter zu ihm nach Mainz geschickt wurde, bewog ihn zwar, der Ligue einen Waffenstillstand auf drei Wochen zu bewilligen, allein seine Bemühungen, einen Neutralitätsvertrag zwischen beiden Theilen zu Stande zu bringen, waren ohne Erfolg, da der König sich zu einem solchen nur unter Bedingungen verstehen wollte, welche der Kurfürst von Baiern anzunehmen sich weigerte, und nicht der französische Gesandte, sondern nur die Bedrängniß der in Franken zurückgebliebenen schwedischen Truppen bestimmte den König, sich dahin zu wenden und seine Unternehmungen am Rhein nicht weiter zu verfolgen [2]. Seine Entfernung begünstigte die Absichten der Franzosen, sich an diesem Flusse festzusetzen. Der Kurfürst von Trier, zugleich Bischof von Speier, hatte schon am Ende des vorigen Jahres den Schutz angenommen, welchen Frankreich bei der Annäherung der Schweden ihm anbot, er hatte dies am 21. December 1631 öffentlich erklärt und seinen Unterthanen befohlen, die Franzosen aufzunehmen und gemeinschaftlich mit denselben ihn und sein Land zu vertheidigen. Am 9. April 1632 schloß er mit dem Könige von Frankreich einen Vertrag, in welchem er versprach, ihm das Schloß Ehrenbreitenstein bis zum Abschluß des Friedens in Deutschland zu übergeben, und der König sich dagegen verpflichtete, die schwedischen und andern Truppen aus dem Kurfürstenthum Trier zu vertreiben und ihm gegen jede Feindseligkeit und Beeinträchtigung Beistand zu leisten. Eine französische Besatzung unter La Saludie wurde in jenes Schloß aufgenommen, und eine französische Armee schloß Trier ein, wohin das Domcapitel spanische und kaiserliche Truppen gerufen hatte, und nöthigte diese im August, die Stadt zu räumen. Die Festung Philippsburg, welche der Kurfürst erst erbaut hatte, und welche zum Bisthum

---

1) Pufendorf, Commentariorum de rebus Suecicis libri XVI. Ultrajecti 1686. 55.

2) Richelieu 29—32. 44.—46. Pufendorf 61. 63.

Speier gehörte, weigerte sich indeß der Commandant, der
Oberst Baumberger, ungeachtet der Aufforderung von Seiten
des Kurfürsten, zu verlassen, indem er erklärte, daß er dem
Kaiser den Eid der Treue geschworen habe und in dessen
Diensten stehe. Koblenz, Oberwesel, Bopparb und andere
Plätze im Trierschen wurden von dem schwedischen Feldmar-
schall Horn, welchem Gustav Adolf den Oberbefehl am Rhein
übertragen hatte, den Franzosen übergeben, indem er nur für
die Schweden den freien Übergang über den Fluß ausbedang;
jedoch beschloß er im August, die Eroberung des Elsaß zu unternehmen, indem auch die Strasburger, welche sich mit dem
Könige von Schweden verbündet hatten, ihn dazu aufforder-
ten und jede Unterstützung dazu versprachen, und bis gegen
das Ende des Jahres eroberte er Benfeld, Schlettstadt, Kolmar und Hagenau [1]). Es wurde dadurch thatsächlich bestätigt, was der König von Schweden schon früher zu erkennen
gegeben hatte, daß er nämlich entschlossen sei, eine Erweiterung
der französischen Grenze gegen den Rhein nicht zu gestatten,
und eine völlige Auflösung der schon erkalteten Freundschaft
zwischen den beiden Mächten schien unvermeidlich, als ein un-
erwartetes Ereigniß eintrat, welches für die Pläne der französischen Politik günstige Aussichten eröffnete: der König von
Schweden fiel am 16. November 1632 in der Schlacht bei
Lützen, und die Nachricht von seinem Tode wurde am französischen Hofe mit der größten Freude aufgenommen [2]). Richelieu beschloß jetzt, zunächst nur durch Geld die Fortbauer
des Krieges in Deutschland sowie in den Niederlanden zu
bewirken, und erst dann, wenn die gegen Spanien und den
Kaiser kämpfenden Mächte einen Frieden ohne Theilnahme
Frankreichs eingehen wollten, und wenn ein Angriff auf Frankreich und dadurch die Erhebung einer mächtigen Partei für
den Herzog von Orleans und die Königin-Mutter zu besorgen
sei, offen mit dem habsburgschen Hause zu brechen [3]). Schon
im Juni 1630 war die Allianz zwischen den vereinigten Nie-

---

1) Mercure XVIII, 12—14. 500—503. Du Mont 35. Richelieu
XXVII, 47. 96. 105. 131—145. Pufendorf 70. 72. 78. 80. 81.

2) Pufendorf 89.

3) Richelieu 271.

berlanden und dem Könige von Frankreich erneuert worden,
indem dieſer ſich auf ſieben Jahre zu einem Geſchenk von ei=
ner Million Livres verpflichtet hatte; jetzt wurde Charnacé
beauftragt, den Erfolg der damals zwiſchen Spanien und der
Republik angeknüpften Unterhandlungen zu vereiteln. Es ge=
lang ſeiner diplomatiſchen Gewandtheit, dieſen Zweck zu erreichen,
und am 15. April 1634 wurde ein neuer Vertrag auf ſieben
Jahre zwiſchen Frankreich und den Niederlanden unterzeichnet.
Dieſe verpflichteten ſich, binnen einem Jahre weder Frieden
noch Waffenſtillſtand mit Spanien zu ſchließen und dies auch
während der folgenden ſechs Jahre nicht ohne Intervention
Frankreichs zu thun, und der König verſprach dagegen, ihnen
jährlich außer der 1630 verſprochenen Million noch eine gleiche
Summe zur Beſtreitung der Kriegskoſten zu zahlen und kei=
nen Vergleich über die zwiſchen ihm und Spanien ſtattfin=
benden Differenzen zu unterhandeln und einzugehen [1]). Der
Marquis von Feuquieres wurde als außerordentlicher Ge=
ſandter nach Deutſchland geſchickt, um durch das Verſprechen
franzöſiſcher Hülfe, als deren Zweck die Abſicht vorgegeben
wurde, den deutſchen Fürſten einen ſichern und billigen Frie=
den und dem deutſchen Reiche ſeine frühere Freiheit und Ruhe
wiederzuverſchaffen, die proteſtantiſchen Fürſten von einem
Frieden mit dem Kaiſer zurückzuhalten, eine Verbindung zwi=
ſchen ihnen und den katholiſchen Fürſten zu bewirken und
Spaltungen und Eiferſucht zwiſchen den Deutſchen und Schwe=
den zu verhindern und zu beſeitigen. Ferner ſollte er den
Kurfürſten von Sachſen beſtimmen, die Leitung der Angele=
genheiten ſeiner Partei zu übernehmen und dem ſchwediſchen
Kanzler Orenſtierna denſelben Antheil daran geſtatten, wel=
chen dieſer neben dem Könige von Schweden gehabt hatte,
und dagegen dem Kurfürſten die bisher dem Könige gewährte
Geldhülfe anbieten. Er ſollte die Freundſchaft und das Ver=
trauen des Kanzlers durch die Verſicherung zu gewinnen ſu=
chen, daß der König von Frankreich die Heirath ſeines Sohnes
mit der Erbin von Schweden unterſtützen werde, und ihn da=

1) Du Mont V, 2, 605. VI, 1, 69. Richelieu XXVII, 320—325.
349—368. XXVIII, 113—119.

gegen veranlassen oder bewegen, die von den Schweden ein=
genommenen Plätze auf dem linken Rheinufer dem Könige
zur Besetzung bis zum Frieden zu übergeben, namentlich Ben=
feld, Hagenau, Schlettstadt und andere Orte des Elsaß, Trar=
bach und Kreuznach und auch Breisach, wenn es erobert wer=
den würde. Endlich sollte er durch königliche Briefe, für
welche ihm Blanketts gegeben wurden, und durch die Hoff=
nung besonderer königlichen Gnadenbezeigungen die angesehen=
sten schwedischen Generale zu gewinnen suchen[1]). Nach ei=
ner Unterredung mit Orenstjerna zu Würzburg, bei welcher
dieser die größte Freude darüber aussprach, daß der König
das bisherige Bündniß und Einverständniß mit Schweden
fortsetzen wolle, aber zugleich das Anerbieten ablehnte, 8000
oder 10,000 Mann französischer Truppen nach dem Elsaß
vorrücken zu lassen, um dies gegen Angriffe der Kaiserlichen
zu sichern[2]), hielt es Feuquieres für angemessen, seine Reise
nach Dresden zu verschieben und sich zunächst nach Heilbronn,
wohin die protestantischen Stände des fränkischen, schwäbischen,
ober= und niederrheinischen Kreises berufen waren, zu begeben,
um die Verbindung derselben untereinander und mit Schwe=
den zu befördern und das französische Interesse dabei wahr=
zunehmen. Orenstjerna verweigerte es auf das entschiedenste,
sich dem Kurfürsten von Sachsen unterzuordnen, er widersprach
ebenso der Absicht des französischen Gesandten, über die Er=
neuerung der französisch=schwedischen Allianz nicht mit ihm
allein, sondern zugleich mit dem Kurfürsten von Sachsen zu
unterhandeln, und er verlangte für sich die alleinige Verwen=
dung der französischen Subsidien und die unumschränkte Lei=
tung der Geschäfte der vier Kreise. Feuquieres sah sich ge=
nöthigt nachzugeben, denn er mußte befürchten, daß ein Zwie=
spalt zwischen Frankreich und Schweden das Vertrauen der
versammelten Stände zu dieser Krone untergraben und daß
er den Zweck seiner Sendung gänzlich verfehlen werde. Er
unterzeichnete am 19. April 1633 zur Erneuerung und Be=

1) Instruction für Feuquieres in: Lettres et négociations du marquis de Feuquieres, ambass. extraord. du Roi en Allemagne en
1633 et 1634. Amsterdam 1753. I, 7—26.
2) Feuquieres I, 30—50, besonders 31. 43.

kräftigung des Vertrages von Bärwalde einen Tractat mit
Oxenstjerna, in welchem festgesetzt wurde, daß zwischen beiden
Kronen, bis zur Herstellung eines festen Friedens in Deutschland, eine feste Allianz zur Vertheidigung ihrer gemeinsamen
Freunde und besonders Derer, welche mit ihrer beiderseitigen
Beistimmung in diese Allianz einträten, stattfinden solle, und
daß man sich besonders bemühen werde, einen guten und gerechten Frieden im deutschen Reiche herzustellen und zu befestigen; Schweden nebst den in das Bündniß Eintretenden
verpflichtete sich, mindestens 36,000 Mann bis zum Ende des
Krieges zu unterhalten, der König von Frankreich zahlte dagegen an Schweden jährlich eine Million Livres zur Bestreitung der Kriegskosten; die Bestimmung des Bärwalder Vertrages über die Erhaltung der katholischen Religion wurde
wiederholt. Zu gleicher Zeit bewirkte oder beschleunigte Feuquieres durch seine Vorstellungen zwischen Schweden und den
evangelischen Ständen am 23. April den Abschluß eines Bündnisses, dessen Mitglieder sich verpflichteten, bei einander treu-
lich und beständig zu halten, bis die deutsche Freiheit und die
Beobachtung der Satzungen und der Verfassung des deutschen
Reichs wieder befestigt, die Restitution der evangelischen
Stände erlangt, in Religions- und weltlichen Sachen ein sicherer Friede geschlossen und der Krone Schweden eine gebührende Befriedigung gegeben sein werde; das Directorium
des Bundes, sowie die Entscheidung in Kriegssachen wurde
dem Kanzler zugestanden, allein alle andern wichtigen Sachen
sollte er nur mit Gutachten eines ihm beigeordneten Rathes
erwägen und beschließen. Durch diese Bestimmung war für
Frankreich wenigstens die Möglichkeit gegeben, zu seinem Vortheil vermittels des Rathes Oxenstjerna's Willkür zu beschränken; durch Jahrgelder und andere Geldspenden wurden mehre
protestantische deutsche Fürsten und höhere Beamte derselben
an Frankreich gefesselt, und die vier verbündeten Kreise traten
im September der französisch-schwedischen Allianz bei, jedoch
hatte Feuquieres sich vergeblich bemüht, den Kurfürsten von
Sachsen zu bewegen, dies gleichfalls zu thun oder ein besonderes Bündniß mit Frankreich zu schließen, den Heilbronner Bund zu billigen und die französische Vermittelung für

einen Vergleich mit dem Kaiser anzunehmen [1]). Während
seines Aufenthaltes in Dresden knüpfte er eine Verbindung
an, durch welche bezweckt wurde, die Macht des Kaisers sogar durch den Verrath eines Unterthanen zu stürzen, nämlich
eine Verbindung mit Waldstein vermittels eines Verwandten
desselben, des Grafen Kinsky, welcher als Flüchtling daselbst
lebte und, wie aus eigenem Antriebe, ihm von dem Misvergnügen und einem Vergleich Waldstein's mit dem Heilbronner
Bunde sprach, wenn man demselben Hülfe leisten wolle, um
sich zum König von Böhmen zu machen [2]). Der König Ludwig XIII. beauftragte Feuquieres in einem Schreiben vom 19.
Juni, Waldstein seines Wohlwollens zu versichern und ihm
auf bestimmte Weise zu erkennen zu geben, daß, wenn er, so
viel von ihm abhänge, zu den guten Absichten Frankreichs
für die Herstellung des Friedens im deutschen Reiche und in
der ganzen Christenheit sowie für die Erhaltung der Religion
und der öffentlichen Freiheit beitragen wolle, der König sehr
gern die Macht seiner Waffen und seiner guten Freunde anwenden wolle, um die Wahl Waldstein's zum Könige von
Böhmen zu bewirken und ihm sogar noch höher zu erheben.
Im Juli erhielt Feuquieres bestimmtere Instructionen für die
Unterhandlung mit Waldstein: er wurde angewiesen, demselben mitzutheilen, daß der König es dem allgemeinen Wohl
nützlich erachte, daß er König von Böhmen sei, aufs neue
seiner Unterstützung dazu ihn zu versichern, ihm eine Geldsumme anzubieten und ihm eine jährliche Zahlung von einer
Million Livres zu versprechen, wenn er eine beträchtliche Armee aufstellen wolle, um sich den Plänen des österreichischen
Hauses zu widersetzen. Obwol Waldsteins zurückhaltendes

---

1) Feuquieres I, 53 ff., namentlich 56. 61. 76. 79. 85. 225—
233. Du Mont 49—51. 56. Ebenso gründlich und ausführlich erörtert wie treffend beurtheilt wird, die diplomatische und militairische Theilnahme Frankreichs am Dreißigjährigen Kriege in einem Werke, welches
auch für die Geschichte dieses Staates von großem Werth ist, und auf
welches ich überhaupt in Betreff jenes Gegenstandes verweise, in: Bartholb, Geschichte des großen deutschen Krieges vom Tode Gustav Adolfs
ab mit besonderer Rücksicht auf Frankreich. 2 Thle. 1842. 1843.

2) Richelieu XXVII, 345. Siri VII, 615 ff.

Benehmen bei. Feuquieres den Verdacht veranlaßte, daß er
nur die Absicht habe, Misverständnisse zwischen dem Könige
und seinen Alliirten zu erregen, so wurde doch die Unterhandlung unter Kinsky's Vermittelung fortgesetzt, und dieser theilte
im Anfange des Jahres 1634 den festen Entschluß Waldstein's mit, sich nunmehr zu erklären, da er endlich von allen
seinen Offizieren schriftlich das eidliche Versprechen erhalten
habe, unter seinem Namen gegen Jedermann zu dienen; allein
seine Ermordung, am 25. Februar, vereitelte die Hoffnungen,
welche die französische Politik an seinen Verrath geknüpft
hatte [1]).

Während Richelieu dem baldigen Eintreten günstiger
Verhältnisse, um seine Absichten auf den Elsaß auszuführen,
entgegensah, beschloß er zuvörderst, das gegen Lothringen
Begonnene zu vollenden und sich des ganzen Landes durch
den Besitz der Hauptstadt zu versichern. Der Herzog, welcher
durch die Vermählung seiner Schwester mit Gaston von Orleans den König schon sehr gegen sich gereizt hatte, gab selbst
dazu den erwünschten Vorwand, indem er die frühern erzwun-
genen Verträge durch geheime Unterstützung des Kaisers verletzte, seine Truppen in den Dienst desselben treten ließ und
geheime Einverständnisse mit Gaston unterhielt. Im August
1633 wurde das Herzogthum Bar für den König in Besitz
genommen, da der Herzog weder die dafür schuldige Huldigung geleistet noch der Aufforderung, deshalb vor dem pariser Parlament zu erscheinen, Folge geleistet hatte. Um dieselbe Zeit wurde das Heer, welches er gesammelt hatte, bei
Hagenau von den Schweden gänzlich besiegt und zerstreut,
und er war dadurch außer Stand gesetzt, der französischen Armee Widerstand entgegenzustellen, welche darauf in sein Land
einrückte und Nancy mit einer Belagerung bedrohte. Sein
Bruder, der Cardinal Franz, welchen er zum Könige schickte,
um diesen und Richelieu zu begütigen, sah sich genöthigt, am
6. September einen Vertrag zu schließen, in welchem er ver-

---

1) Feuquieres I, 258. II, 1—9. 68. 214. Das oben in Beziehung
auf Waldstein Angegebene scheint für eine Geschichte von Frankreich hinreichend, da es in dieser weniger auf die Absichten Waldstein's als auf
die Frankreichs ankommt.

sprach, daß der Herzog aufs neue allen der französischen Al=
lianz widersprechenden Verbindungen entsagen und Nancy
auf vier Jahre in die Hände des Königs übergeben werde.
Dem Herzoge blieb keine andere Wahl als am 20. Septem=
ber nicht nur den Vertrag zu genehmigen, sondern auch noch
Zusatzartikel zu unterzeichnen, welche die Zurückgabe von Nancy
davon abhängig machten, daß er den Vertrag vollständig er=
fülle, daß er seine Schwester, welche nach Brüssel geflüchtet
war, dem Könige übergebe, und daß alle Differenzen zwischen
diesem und ihm ausgeglichen seien. Am 19. Januar 1634
übergab er Lothringen seinem Bruder, in der Hoffnung, da=
durch das Unglück seines Landes zu vermindern, dessen
Grund er weniger in seinen Handlungen als in dem Hasse
Ludwig's XIII. und Richelieu's gegen seine Person zu finden
glaubte, und mit den ihm noch gebliebenen Truppen schloß er
sich sogleich den Kaiserlichen an, um seine Kriegslust sowie
seine Erbitterung gegen die Franzosen zu befriedigen. Im
Februar vermählte sich der Herzog Franz, indem er sich selbst
Dispensation ertheilte, zu Lüneville mit der Schwägerin sei=
nes Bruders; indeß bemächtigte sich sogleich der Marschall
von La Force durch Überfall der Stadt und der Neuvermähl=
ten und schickte diese nach Nancy; es gelang ihnen zu ent=
kommen, allein La Force vollendete die Besitznahme Lothrin=
gens dadurch, daß er sich bis zum August der wenigen Plätze,
welche noch nicht in französischer Gewalt waren, bemächtigte.
Derselbe Parlamentsbeschluß, welcher am 5. September die
Ungültigkeit der Ehe Gaston's aussprach, erklärte den Herzog
von Lothringen und seinen Bruder als Anstifter derselben für
schuldig des Verbrechens der beleidigten Majestät, der Felonie
und der Rebellion und verbannte sie aus Frankreich [1]). Be=
reits waren die Franzosen zu dem Besitz von Hagenau, des=
sen sich die Kaiserlichen früher wieder bemächtigt hatten, und
von Zabern gelangt, indem diese Städte, von der schwedisch=
deutschen Partei bedrängt, ihnen die Thore unter der Be=
dingung öffneten, daß der König sie beim Frieden an das

---

[1]) Du Mont 54. 58. Richelieu XXVII, 373—446. XXVIII,
52—61. Mercure XX, 861—868.

Reich zurückgebe., und Orenstjerna war endlich durch die ungünstigen Aussichten für den Krieg genöthigt worden, den
wiederholten und bringenden Verlangen Frankreichs nachzugeben und in die Einlegung einer französischen Besatzung in
Philippsburg, welches sich im Januar 1634 ergeben hatte,
zu willigen, als die gänzliche Niederlage des schwedisch-deut-
schen Heeres bei Nördlingen am 6. September 1634 die Verhältnisse, welche Richelieu seit längerer Zeit erwartet hatte,
herbeiführte, seine Pläne gegen Deutschland rascher förderte,
als bisher die künstlichsten Unterhandlungen es vermocht hatten, und diejenigen deutschen Protestanten, welche eine Versöhnung mit dem Kaiser nicht wollten oder nicht hoffen konnten, in die Nothwendigkeit versetzte, den französischen Beistand
um jeden geforderten Preis zu erkaufen. Richelieu hielt es
für nothwendig, die Auflösung und Vernichtung der schwedisch-
deutschen Partei zu verhindern, damit nicht nach Überwältigung
derselben das habsburgsche Haus seine ganze Macht gegen
Frankreich wende, er wollte lieber eine Zeit lang die Kosten
des Krieges in Deutschland tragen als einen Krieg innerhalb
der französischen Grenzen führen; bevor er indeß einen bestimmten Entschluß faßte, wollte er die Anerbietungen der
Besiegten abwarten und einstweilen sie durch die Hoffnung
auf französischen Beistand ermuthigen und die französische
Kriegsmacht an der deutschen Grenze verstärken, um ausführen
zu können, was Klugheit und Nothwendigkeit erfordern würde.
Im October übergab der Rheingraf Otto Ludwig, welcher
im Elsaß befehligte, Kolmar, Schlettstadt und alle Plätze im
obern Elsaß, welche er selbst gegen die Kaiserlichen behaupten
zu können verzweifelte, den Franzosen, um sie bis zu dem zukünftigen Frieden zu vertheidigen, unter der Bedingung, daß
in ihrem Zustande nichts geändert werde und ihre Übergabe
dem Reiche und den verbündeten Ständen nicht zum Nachtheil gereiche [1]. Abgeordnete Orenstjerna's und des Heilbronner Bundes begaben sich in demselben Monat nach Paris, sie
begehrten Hülfe an Geld und Truppen, sie drangen auf offenen Bruch mit Östreich und sie unterzeichneten am 1. No-

---

1) Pufendorf 166. Bartholb I, 203.

vember den ihnen vorgelegten Vertrag. Der König von Frankreich verpflichtete sich für den Fall, daß er gegen die gemeinsamen Feinde breche, 12,000 Mann bis zur Herstellung des
Friedens in Deutschland zu unterhalten und auch auf dem
linken Rheinufer eine beträchtliche Armee aufzustellen, um sich
derselben nach den Umständen offensiv oder defensiv gegen
jene Feinde zu bedienen, und er gab sogleich 500,000 Livres
zur Bezahlung der Truppen der Verbündeten, um es ihnen
möglich zu machen, wieder über den Rhein zurückzugehen und
gegen den Feind zu agiren. Für den Fall jenes Bruches erklärten die Verbündeten ihre Beistimmung dazu, daß
dem Könige Elsaß als Depot übergeben und unter seinen
Schutz gestellt werde und daß er Breisach und andere um-
liegende Orte gegen Konstanz hin, welche für den Übergang
seiner Armee über den Rhein nothwendig seien, in seinen
Händen habe; er versprach dagegen, späterhin seine Truppen
aus den ihm an beiden Seiten des Rheins übergebenen
Orten zu ziehen, damit über diese verfügt werde, wie bei dem
allgemeinen Frieden bestimmt werden würde, und er willigte
ein, daß die von ihm eingelegten Besatzungen und das französische Hülfscorps zugleich ihm und den Verbündeten schwören sollten; endlich machten sich beide Theile verbindlich, nur
gemeinschaftlich Frieden oder Waffenstillstand zu schließen.
Oxenstierna weigerte sich zwar, diesen Vertrag zu ratificiren,
allein Kurpfalz, Würtemberg, Baden, Hessen und einige Grafen thaten es [1]). Bald darauf begannen die offenen Feindseligkeiten zwischen Frankreich, dem Kaiser und Spanien. Eine
französische Armee ging im December über den Rhein, schloß
die Kaiserlichen und Baiern, welche die Stadt Heidelberg
besetzt hatten und das Schloß belagerten, ein und nöthigte
sie, dieselbe zu räumen; im Januar 1635 bemächtigten sich
die Kaiserlichen der Festung Philippsburg durch Überfall, und
im März griff ein spanisches Corps plötzlich Trier an, überwältigte die französische Besatzung und führte den Kurfürsten
als Gefangenen fort. Das letzte schwedische Heer in Deutsch-

1) Recueil III, 282—289. Richelieu XXVIII, 182. Pufendorf
168. 169.

land unter Bauer, welches überdies meist aus unzufriedenen
Deutschen bestand, wich nach der Elbe zurück, und der Herzog Bernhard von Weimar mußte mit den nach der Schlacht
bei Nördlingen gesammelten Truppen auf das linke Rheinufer sich zurückziehen. Die spanische Kriegsmacht in den Niederlanden war durch die spanischen Truppen, welche gemeinschaftlich mit den Kaiserlichen bei Nördlingen gesiegt hatten,
bedeutend verstärkt worden. Die seit einiger Zeit zwischen
dem Kaiser und dem Kurfürsten von Sachsen gepflogenen Unterhandlungen ließen mit Gewißheit den Abschluß eines Friedens voraussehen, welcher auch im Wesentlichen schon im November insgeheim festgestellt war, wiewal er erst am 30.
Mai zu Prag bekannt gemacht wurde, und es war zu erwarten, daß Schweden dann von allen seinen deutschen Bundesgenossen verlassen werden und der Kaiser zugleich mit Spanien seine Waffen gegen Frankreich richten werde.

Bei einer solchen Lage der Dinge hielt es Richelieu für
nothwendig, dem drohenden Angriffe zuvorzukommen, und er
entwarf einen umfassenden Plan, nach welchem der Krieg zugleich in Deutschland, im Veltlin, in Italien und den Niederlanden angriffsweise geführt, diese Provinzen und Mailand den Spaniern entrissen werden und nur an den Pyrenäen Beschränkung auf Vertheidigung stattfinden sollte. Schon
am 8. Februar war ein Bündniß zwischen Frankreich und
den Niederlanden geschlossen worden: der König versprach, sogleich nach der Ratification des Vertrages durch die Generalstaaten den offenen Krieg gegen Spanien zu beginnen; jeder
der beiden Theile verpflichtete sich, eine Armee von 30,000
Mann in die spanischen Niederlande einrücken zu lassen, und
diese Truppen sollten sich spätestens im März vereinigen, um
nach Gutbefinden gemeinschaftlich oder getrennt zu agiren;
die Belgier sollten aufgefordert werden, sich selbst zu befreien
und die Spanier zu vertreiben, und wenn sie binnen drei
Monaten dieser Aufforderung Folge leisten würden, sollten sie
bis auf einige den Verbündeten zufallende Grenzlandschaften
einen freien, unabhängigen Staat bilden; im Fall jenes nicht
geschehe, wollte man die Niederlande erobern und theilen, sodaß Frankreich die Provinzen Luxemburg, Namur, Hennegau,

35 *

Artois und Flandern bis zu einer Grenzlinie von Blanken-
berg nach Rupelmonde erhalte. Die Verbindung zwischen
Frankreich und Schweden wurde im April durch einen Vertrag erneuert, in welchem sich beide Kronen verpflichteten, nur
gemeinschaftlich Frieden oder Waffenstillstand mit bem östreichischen Hause zu schließen [1]). Die Unterhandlungen, welche Richelieu in Italien anknüpfte, um alle Staaten dieses
Landes zu einer Ligue für die Freiheit desselben zu vereinigen,
hatten nicht den beabsichtigten Erfolg. Der Herzog von Savoyen, welchem nur die Wahl zwischen Krieg und Verbindung mit Frankreich blieb, schloß zwar endlich am 11. Juli
ein Bündniß, dessen Zweck die Eroberung und Theilung von
Mailand war; jedoch von den übrigen italienischen Fürsten
schlossen sich diesem Bunde nur der Herzog von Parma, ein
junger, kriegslustiger und ruhmgieriger Fürst, und der Herzog von Mantua an; die Republik Venedig, welcher Frankreich vergeblich einen Theil von Mailand und andere Vortheile anbot, der Großherzog von Toscana und der Papst
blieben neutral, weil sie durch eigene Macht ihre Selbständigkeit gegen Spanien behaupten zu können glaubten und die
Nachbarschaft der Franzosen ihnen gefährlicher schien als die
der Spanier, und der Herzog von Modena verband sich sogar mit diesen [2]). Am 19. Mai war bereits von Frankreich an Spanien der Krieg erklärt worden, weil es
den Kurfürsten von Trier, welcher sich unter französischen
Schutz gestellt habe, gefangen halte, und es wurde ein Manifest bekannt gemacht, in welchem die Beleidigungen zusammengestellt waren, die Frankreich seit längerer Zeit von Spanien erfahren habe [4]). Zu gleicher Zeit rückten 25,000 Franzosen unter den Marschällen von Chatillon und von Brezé
in die spanischen Niederlande ein, sie schlugen die viel schwä-
chere feindliche Armee bei dem Dorfe Avain unweit Huy und
vereinigten sich am 29. Mai mit dem Prinzen von Oranien
bei Mastricht. Die Aufforderung zum Aufstande fand indeß

1) Du Mont 81—85. 88.
2) Du Mont 109. 110. Montglat XLIX, 102—104. Nani I, 641.
3) Mercure XX, 938—959.

nirgend Gehör bei den Belgiern, welche die Holländer als
Ketzer haßten und, den Absichten Frankreichs mistrauend, den
Druck und die Willkür der französischen Regierung fürchteten.
Das Schicksal von Tirlemont, welches am 9. Juni von den
Verbündeten erstürmt, geplündert und verbrannt und dessen
Einwohner auf das ärgste gemishandelt wurden, befestigte die
Ergebenheit der Belgier gegen die spanische Regierung noch
mehr. Erst am 26. Juni schlossen die Franzosen und Holländer Löwen ein, und schon nach acht Tagen mußten sie wegen der Verstärkung der spanischen Armee durch kaiserliche
Truppen und mehr noch wegen Mangels und Krankheiten
die Belagerung aufheben. Die Wegnahme von Schenken-
schanz durch die Spanier nöthigte den Prinzen von Oranien
bald darauf, die schwierige Belagerung dieses Platzes zu unternehmen, die Franzosen bezogen in dem Gebiete der Republik Winterquartiere und schifften sich, fast um zwei Drittel
an Zahl vermindert, im folgenden Frühlinge nach Calais ein.
Beide Theile legten einander den unglücklichen Ausgang des
Feldzuges zur Last: während die Holländer denselben der
schlechten Kriegszucht unter den Franzosen zuschrieben, behaupteten diese, daß der Prinz von Oranien den Erfolg absichtlich vereitelt habe, um die Erweiterung der französischen
Macht nach Belgien zu verhindern[1]). Der Prager Friede,
welchem fast alle protestantische Stände Deutschlands beitra-
ten, gestattete dem Kaiser, den größten Theil seiner Kriegsmacht gegen Frankreich zu richten, Bernhard von Weimar
wurde bis an die Saar zurückgedrängt, und erst am 27. Juli
stieß eine französische Armee, deren Befehl Richelieu dem Cardinal La Valette übertragen hatte, zu ihm. Vereinigt rückten Beide an den Rhein vor und sie überschritten am 25. und
26. August den Fluß in der Hoffnung, daß der Landgraf von Hessen ihnen entgegenkommen werde; allein dieser
glaubte, daß sich die französische Armee nicht auf dem rechten

1) Richelieu XXVIII, 308—335. Montglat 78—86. Fontenay
LI, 203. 212. 220—221. Gualdo Priorato, Historia delle guerre di
Ferdinando II e III. imperatori e del rè Filippo IV. di Spagna con-
tro Gostavo Adolfo Rè di Suetia e Luigi XIII. Rè di Francia.
Venet. 1642. 652—659.

Rheinufer werde halten können, er wagte um so weniger, sein
von den Kaiserlichen bedrohtes Land zu verlassen, als er befürchten mußte, daß ihm die Verbindung mit demselben und
mit der an der Elbe stehenden schwedischen Armee abgeschnitten werden würde, und er konnte sich überdieß nicht auf seine
Soldaten verlassen, welche seit längerer Zeit nicht bezahlt
worden waren. Durch sein Ausbleiben wurden Bernhard
und La Valette genöthigt, in der Mitte des Septembers wieder über den Rhein zurückzukehren; durch einen raschen, drei-
zehntägigen Marsch nach Metz entgingen sie zwar der gänzlichen Niederlage, mit welcher sie durch die Überlegenheit des
ihnen folgenden kaiserlichen Heeres unter dem General Gallas
bedroht wurden, aber die übermäßige Anstrengung, Hunger
und Krankheiten rieben einen großen Theil ihrer Truppen
auf. Der hochbejahrte Marschall von La Force hatte anfangs
den obern Elsaß mit Erfolg gegen den Herzog von Lothringen gesichert; als dieser aber bedeutende Verstärkungen erhielt,
sah er sich genöthigt, sich nach Lothringen zurückzuziehen.
Jetzt, nachdem seine Armee durch schweizerische Söldner und
durch das Aufgebot der Lehnsbesitzer in der Champagne und
Normandie, etwa 3000 Edelleute, vermehrt und ihm zur Unterstützung im Commando der Herzog von Angoulesme beigegeben worden war, vereinigte er sich mit Bernhard von Weimar und La Valette, während Gallas den Herzog von Lothringen an sich zog und durch eine feste Stellung bei Dieuze
der von seinen Gegnern gewünschten Schlacht auswich. Den
auf eigene Kosten dienenden französischen Edelleuten mußte
gegen die Mitte des Novembers die verlangte Entlassung bewilligt werden, weil sie außer Stande waren, länger ihren
Unterhalt zu bestreiten; indeß wurde auch das kaiserliche Heer
durch Hunger und Krankheiten so geschwächt, daß Gallas
bald darauf den Rückmarsch nach dem Elsaß antreten mußte [1]).

1) Richelieu 338—421. Fontenay 209. 213—218. 224—234.
La Force III, 105—166. Mém. d'Andilly XXXIV, 68. 69. Mémoires
du maréchal de Gramont, duc et pair de France (bei Petitot LVI.
LVII; Gramont, bis zum Tode seines Vaters Graf von Guiche, lebte
von 1604 bis 1677, er war 1635 Marechal de Camp in La Valette's

Wann Richellen die eine Ursache des erfolglosen, nachtheiligen Ausgangs des Feldzuges in der gegenseitigen Eifersucht der commandirenden Generale und in der Uneinigkeit unter den Marechaux de Camp findet, so hatte er diesen Übelstand zum Theil selbst verschuldet, weil er aus Mistrauen den Oberbefehl nicht in Eine Hand legte, so wie er auch selbst die Operationen bestimmen und leiten wollte. Ebenso sehr lag indeß der Grund des Kriegsunglücks in der Beschaffenheit der französischen Armeen, in der höchst mangelhaften Kriegszucht: seit dem Tode Heinrich's IV. hatte sich unter dem französischen Adel ein Ungehorsam eingeschlichen, gegen welchen wegen Bürgerkriege und Hofcabalen noch nicht die nöthige Strenge hatte angewandt werden können; die Gensdarmen und die leichten Reiter des Königs hatten fortwährend ihre Unzufriedenheit laut ausgesprochen und sie auch der übrigen Cavalerie mitgetheilt, die Gensdarmencompagnie des Prinzen von Condé hatte sich sogar geweigert, über den Rhein zu gehen, und war nur durch die ernstliche Drohung La Valette's, sie niederhauen zu lassen, endlich zur Folgsamkeit bestimmt worden; Offiziere wie Soldaten murrten über die von ihnen verlangten ungewohnten Anstrengungen und Entbehrungen, und viele verließen wegen derselben, besonders als der Rhein überschritten werden sollte, ohne Urlaub die Armee; die aufgebotenen Lehnsbesitzer zeigten anfangs eine ungeduldige Kampflust, aber die geringste Beschwerde war ihnen unerträglich, und selten waren sie geneigt, den ihnen gegebenen Befehlen zu gehorchen. Die Einführung einer strengen Kriegszucht war dringendes Erforderniß und nothwendige Bedingung für erfolgreichere Kriegführung, und schon am 8. August hatte eine königliche Declaration befohlen, daß die Soldaten, welche den Dienst ohne Urlaub verließen, mit dem Tode bestraft werden, daß für dieses Vergehen die adeligen Offiziere und ihre Nachkommen den Adel verlieren und für unfähig zu Kriegsämtern erklärt und die übrigen auf eine von dem Richter zu bestim-

---

Armee, und nach den von ihm hinterlassenen Briefen und einzelnen Aufzeichnungen redigirte sein Sohn die nach ihm benannten Memoiren, welche seine Lebenszeit umfassen) LVI, 309—315.

gende Zeit zu den Galeeren verurtheilt werden sollten. Der Prevot der Armee wagte nicht, diesen Befehl vollständig auszuführen, weil er sich scheute, die große Zahl der schuldigen Edelleute zu beleidigen, und die Declaration mußte am Ende des Jahres aufs neue bestätigt werden ¹). Um zu verhindern, daß die Spanier zur Vertheidigung von Mailand Hülfe aus Deutschland erhielten, war der Herzog von Rohan beauftragt worden, sich des Veltlins zu bemächtigen; er führte diesen Auftrag aus, und ungeachtet er mit überlegener Macht von Mailand sowie von Tirol aus angegriffen wurde, behauptete er durch seine Geschicklichkeit und Thätigkeit den Besitz des Thales und sicherte ihn durch Erbauung von Forts ²). In Italien würde ein rascher Angriff auf Mailand, so lange die spanische Kriegsmacht daselbst noch gering war, ohne Zweifel von Erfolg gewiesen sein, allein die Unterhandlungen zur Stiftung einer italienischen Ligue hatten den Angriff verzögert, und die Spanier hatten Zeit gewonnen, sich zu verstärken. Erst im August begann der Marschall von Crequi den Krieg mit der Belagerung von Valenza; jedoch obwol der Herzog von Parma ihm sogleich die vertragsmäßige Hülfe zuführte und auch mantuanische Truppen zu ihm stießen, so war er doch nicht im Stande, die Festung vollständig einzuschließen und die Spanier zu verhindern, Truppen hineinzuwerfen. Als nach längerer Zeit der Herzog von Savoyen, welchem der König von Frankreich die Würde eines Oberfeldherrn der Ligue zugestanden hatte, eintraf, so wurden durch Eifersucht und Zwiespalt zwischen ihm und Crequi, welcher sich ihm nicht unterordnen wollte, die Fortschritte der Verbündeten gehemmt, und sie mußten endlich die Belagerung aufheben. Der Herzog von Savoyen warf die Schuld auf die geringe, nicht dem Vertrage entsprechende Stärke der französischen Armee und die Unthätigkeit und Nachlässigkeit des Marschalls, während dieser ihn anklagte, daß er absichtlich das Gelingen der Belagerung vereitelt habe; um diesen Verdacht von sich abzuwenden, einigte sich der Herzog darauf mit Crequi über die Ein-

¹) Richelieu 422—425. Gramont 312. Lambert XVI, 458, 463.
2) Rohan XIX, 83—122. Richelieu 450—463. Montglat 98—102.

nahme einiger kleinen Orte im Mailändischen, deren Eroberung
die einzige Frucht des Feldzuges war. Dagegen bemächtigte
sich eine spanische Flotte im September der Inseln S.=Mar=
guerite und S.=Honorat an der Küste der Provence [1]).

Während die französischen Armeen fast überall ohne Er=
folg und Ruhm kämpften, gelang es den französischen Unter=
handlungen, die Erneuerung des Krieges in Deutschland vor=
zubereiten und einen der ersten Feldherren der damaligen Zeit
mit seinen Truppen für den französischen Dienst zu gewinnen.
Der Marquis von S.=Chamont, welcher im Herbste nach dem
nordöstlichen Deutschland geschickt wurde, bewirkte, daß die
Anführer der zerstreuten Soldatenhaufen sich meistens für die
schwedische Krone verpflichteten und im December ein schlag=
fertiges Heer beisammen war [2]). Der Graf von Avaux hatte
sich schon am Ende des Jahres 1634 nach Stockholm und im
Mai nach Marienburg begeben, um dem Wiederausbruche des
Krieges zwischen Polen und Schweden nach dem Ende des
Waffenstillstandes, welcher im folgenden Juli ablief, zuvorzu=
kommen und dadurch den Schweden die Fortsetzung des Kam=
pfes gegen den Kaiser möglich zu machen. Nur seiner seltenen
Gewandtheit und Ausdauer konnte es gelingen, während der
vier Monate dauernden Unterhandlungen die gegenseitige Er=
bitterung beider Nationen von den unvermeidlich scheinenden
Feindseligkeiten zurückzuhalten, die einander widersprechenden
Forderungen derselben auszugleichen und endlich den Abschluß
eines neuen Waffenstillstandes, welcher auf sechsundzwanzig
Jahre am 12. September zu Stuhmsdorf bei Marienburg un=
terzeichnet wurde, zu Stande zu bringen [3]). Schweden konnte
nunmehr das bereits in Preußen gegen Polen versammelte
Heer zum Kriege in Deutschland verwenden, und Baner, wel=
cher von dem Kurfürsten von Sachsen bis an die pommersche
Grenze zurückgedrängt worden war, konnte mit glücklichem
Erfolge zum Angriffskriege übergehen. Der Herzog Bernhard
von Weimar, welcher die Unmöglichkeit einsah, ohne französi=

1) Richelieu 433—449. Nani I, 540. 551. Montglat 105—107.
2) Richelieu 343—357. Barthold I, 305—309.
3) Du Mont 115. Barthold 311—319, hauptsächlich nach Ogerü
(des Begleiters des Grafen von Avaux) Ephemerides. Par. 1656.

schen Beistand den Krieg gegen den Kaiser fortzusetzen und
ein Fürstenthum in Deutschland, das Ziel seines Ehrgeizes,
zu erlangen, mußte sich entschließen, in ein abhängiges Verhältniß zu Frankreich zu treten, und er schloß im October mit
dem Könige einen Vertrag, in welchem dieser versprach, ihm
während der Dauer des damaligen Krieges jährlich vier Millionen Livres zu zahlen, und er sich verpflichtete, dafür eine
Armee von mindestens 18,000 Mann zu unterhalten; nach
Maßgabe der Mittel, welche er dazu im feindlichen Lande finden werde, sollte jene Summe verringert werden. In den
zugleich unterzeichneten geheimen Artikeln versprach Bernhard
außerdem, seine Armee unter der Hoheit (autorité) des Königs zu commandiren, diesem mit ihr gegen Jedermann zu
dienen, was für entgegengesetzte Befehle und Weisungen ihm
auch gegeben werden könnten, und sie nach allen Orten und
zu allen Unternehmungen, welche der König begehren werde,
zu führen. Die Leitung der Kriegsangelegenheiten blieb ihm
überlassen, jedoch sollte er nach Rath und Meinung Derer,
welche von Seiten des Königs und der verbündeten deutschen
Fürsten bei ihm sich aufhalten würden, seine Beschlüsse fassen
und ausführen. Der König gestattete ihm, von der bewilligten Summe für seinen Unterhalt 200,000 Livres vorwegzu-
nehmen, er überließ ihm die Landgrafschaft Elsaß nebst der
Landvogtei Hagenau mit dem Titel eines Landgrafen und allen
Rechten, welche das Haus Oestreich daselbst besessen hatte,
unter der Bedingung, daß er die Ausübung der katholischen
Religion völlig ungestört und die Geistlichen und Kirchengüter
in allen ihren Vorrechten erhalte, und er versprach, ihm nach
dem Frieden eine lebenslängliche, jährliche Pension von 150,000
Livres zu zahlen und bei dem Abschluß des Friedens alles
Mögliche zu thun, um ihm den Genuß des Elsaß und der von
der schwedischen Krone ihm (in Deutschland) gemachten Schen-
kungen zu erhalten oder eine angemessene, ihn befriedigende
Entschädigung auszuwirken [1]). Um die Mittel zur Fortsetzung

---

1) Bartholdt 328 gibt mit Beziehung auf die Urkunden bei Abst,
Herzog Bernhard von Sachsen, als Datum des Vertrages den auch bei
Du Mont genannten 27. October an; der Abdruck im Recueil III, 335
—343 hat den 26., der im Anhange zu Le Laboureur, Histoire de

des Krieges herbeizuschaffen, wurden schon jetzt die Auflagen
so erhöht, daß in mehren Städten von Guienne, namentlich
in Bordeaux, Perigueur und Agen, sowie auch in Toulouse
Unruhen stattfanden und Steuerbeamte ermordet wurden. Außerdem wurde eine große Zahl neuer Ämter in allen Gerichts-
höfen des Reichs errichtet; der König begab sich selbst am 20.
December 1635, um die Registrirung der Edicte, durch welche
dies geschah, zu befehlen, in das pariser Parlament, die Gegenvorstellungen desselben wurden nicht beachtet, und als einige
Mitglieder der Untersuchungskammern eine allgemeine Versammlung verlangten, um über die Edicte zu berathen, so gab
er dem Präsidenten den Befehl, eine solche nicht zu bilden,
er drohte, Diejenigen, welche so verwegen sein würden, wider
seinen Willen zu handeln, als Störer der öffentlichen Ruhe
streng zu züchtigen, er gebot, ohne Verzug die neuen Beamten
zuzulassen, und schloß die Mitglieder der Untersuchungskammern
von den Deliberationen über Edicte und andere öffentliche
Angelegenheiten aus, indem er diese Verhandlungen allein der
großen Kammer übertrug. Als das Parlament dessenungeachtet jene Zulassung verweigerte, so verbannte er einige Räthe
nach Amboise und Angers, und er ließ durch den Kanzler erklären: das Parlament sei nur sein Organ, durch welches er
den Unterthanen die Gerechtigkeit seiner Gesetze darlege und
die ehrfurchtsvolle Beobachtung derselben bewirke, es sei nur
eingesetzt, um dafür zu sorgen, daß ihm gehorcht werde; wenn
es vergesse, was es sei, so werde er nicht vergessen, daß er
der Herr des Parlaments sei. Diese Drohung bestimmte es,
dem königlichen Befehle zu gehorchen, und es wurde ihm darauf die erbetene Rückkehr der Verbannten bewilligt[1]).

mareschal de Guebriant, Paris 1657, den 28. October. Montglat 109 und
Richelieu 426—428 sind aus dem urkundlichen Inhalte des Vertrages
und der geheimen Artikel zu berichtigen und zu ergänzen.

1) Richelieu XXVIII, 504. 505. Talon LX, 172—175. LXIII,
17—19. Als das Parlament 1637 den Edicten widersprach, durch welche
wiederum in demselben neue Ämter errichtet wurden, so erklärte der König: es dürfe nicht Gegenvorstellungen beschließen, sobald er diese für unnütz halte, und es gehorchte seinem Befehle, die Edicte auszuführen.
Richelieu XXX, 168—190.

1636   Im Anfange des Jahres 1636 sicherte der Cardinal La
Valette den Besitz der von den Franzosen im Elsaß besetzten
Plätze, welchen von den Kaiserlichen die Zufuhr abgeschnitten
wurde, dadurch, daß er sie mit Lebensmitteln versah; allein
die französische Besatzung von Ober-Lahnstein wurde von den
Baiern zur Übergabe dieses Platzes genöthigt, und aus Koblenz
mußten sich die Franzosen nach Ehrenbreitenstein zurückziehen.
Im Sommer führten Bernhard von Weimar und La Valette
gemeinschaftlich zum zweiten Male die Verproviantirung der
Plätze im Elsaß aus, sie bewirkten die Aufhebung der Belagerung von Hagenau und eroberten Saarbrück und Zabern,
welches die Franzosen im vorigen Jahre wieder verloren hatten[1]). Gegen Ende des Mai war ein nach Italien bestimmtes französisches Heer unter dem Prinzen von Condé in die
Franche-Comté eingerückt, um durch die, wie Richelieu hoffte,
leichte Eroberung derselben die Verbindung der spanischen Niederlande mit Italien abzuschneiden.   Da in ihr der Herzog
von Lothringen früher Zuflucht gefunden und die Spanier sie
durchzogen und daselbst Truppen warben, so nahm Richelieu
dies zum Vorwande, um die der Provinz durch alte Verträge
zugesicherte Neutralität nicht ferner anzuerkennen.   Condé,
welchem die Eigenschaften eines Feldherrn fehlten, unternahm
die Belagerung von Dole, der zweiten Stadt des Landes, sie
wurde aber von einer zahlreichen Besatzung so tapfer vertheidigt, daß es ihm sehr erwünscht war, als er im August Befehl erhielt, die Belagerung aufzuheben und nach dem nördlichen Frankreich zu marschiren[2]).   Die Ursache dieses Befehls, mit welchem zugleich Bernhard von Weimar und La
Valette die Weisung erhielten, sich nach Lothringen zurückzuziehen, war die Gefahr, welche damals von Norden her Frankreich und selbst Paris bedrohte.   Da nämlich die Holländer,
deren Kriegsmittel durch die lange Belagerung von Schenken-
schanz bis zum Ende des Aprils völlig erschöpft waren, für
dieses Jahr andern Unternehmungen entsagen mußten, so konnte
der Cardinal-Infant Ferdinand, Bruder Philipp's III. und seit

---

1) Richelieu XXIX, 173—181. Montglat 112.
2) Montglat 114—119. Richelieu XXIX, 185—202.

1634 Generalgouverneur der spanischen Niederlande, fast seine ganze Armee, welche durch kaiserliche Truppen unter Piccolomini und Johann von Werth auf mehr als 30,000 Mann verstärkt worden war, zu einem Angriff auf Frankreich verwenden. Im Anfange des Juli rückte sie in die Picardie ein, deren Festungen fast ohne Besatzungen und andere Erfordernisse zur Vertheidigung waren; im Laufe dieses Monats nahm sie La Chapelle, Le Catelet und mehre andere kleine Plätze; im August drang sie über die Somme vor, während der ihr entgegengestellte Graf von Soissons, Gouverneur der Champagne, sich nach der Oise zurückzog, sie besetzte Roye ohne Widerstand, nöthigte Corbie durch kurze Belagerung am 15. August zur Übergabe, und ihre Vortruppen, die Reiter Johann's von Werth, streiften bis an die untere Oise, bis in die Nähe von Paris. Das Vordringen der Feinde hatte hier eine solche Bestürzung verbreitet, daß viele Einwohner nach Chartres und Orleans flüchteten, und nicht allein im Parlamente, sondern auch unter dem Volke sprach sich laut und heftig Unwille und Erbitterung gegen Richelieu als den Urheber des Krieges aus. Wenn er indeß auch im ersten Augenblicke der unerwarteten Gefahr dem Könige rieth, Paris zu verlassen, so gewann er doch bald wieder Fassung und Muth, als der König einen solchen Rath zurückwies, er trat entschlossen der ihm feindlichen Stimmung entgegen, indem er sich in geringer Begleitung öffentlich zeigte und betrieb mit großer Thätigkeit Vertheidigungsmaßregeln und Kriegsrüstungen. Die Bewohner der umliegenden Dörfer mußten bei S.=Denis und Paris Verschanzungen aufwerfen, der König vermehrte durch schmeichelhafte Behandlung selbst der niedern Bürger die Bereitwilligkeit, das nothwendige Geld zu geben, und auch die abgabenfreien Einwohner wurden besteuert, die Hauseigenthümer stellten nach der Größe ihrer Häuser einen Reiter oder einen Fußsoldaten, Bediente, Gesellen und Lehrlinge wurden zum Kriegsdienst eingezogen, der Adel der Umgegend wurde aufgeboten, und von allen Seiten strömten Bewaffnete nach dem Sammelplatze Compiegne, und noch vor dem Ende des Augusts war eine Armee von 42,000 Mann unter dem Oberbefehle des Herzogs von Orleans, welchem die Marschälle von

Chatillon und La Force beigegeben wurden, versammelt. Der Herzog wurde indeß durch seine Unfähigkeit für die ihm ge= gebene Stellung, durch Zwiespalt unter den andern Prinzen, welche sich bei der Armee befanden, sowie durch Mangel an Lebensmitteln verhindert, durch eine rasche Benutzung seiner Überlegenheit an Zahl bedeutende Erfolge über die Feinde zu erlangen; während er sich mehre Tage mit der Belagerung von Roye aufhielt, zogen sie sich ungehindert über die Grenze zurück, und Corbie, welches im Anfange des Octobers einge= schlossen wurde, ergab sich erst am 14. November, obwol Richelieu, sowie der König, sich selbst nach Amiens begab und sehr thätig für das zur Belagerung Nothwendige sorgte [1]. Bernhard von Weimar und La Valette hatten nicht verhin= dern können, daß die sehr verstärkte kaiserliche Armee unter Gallas in Verbindung mit dem Herzoge von Lothringen in Burgund einrückte, jedoch ungünstige Witterung, Mangel und besonders die Nachricht von dem Siege, welchen Bauer über die Kaiserlichen und die Sachsen am 3. October bei Wittstock erfochten hatte, nöthigten Gallas, am Ende des Jahres sich an den Rhein und bald auch über denselben zurückzuziehen [2]. In Italien schlugen der Herzog von Savoyen und der Mar= schall von Crequi zwar am 22. Juni die Spanier bei Torna= vento am Tessino, allein sie erlangten dadurch fast nichts als den Besitz des Schlachtfeldes, fortdauernde Uneinigkeit unter ihnen hemmte ihre Fortschritte, ihre Versuche gegen einige feste Plätze im Mailändischen waren fruchtlos, und da die spanische Armee bald durch Verstärkungen ihnen an Zahl überlegen wurde, so konnten sie nicht verhindern, daß die schon früher begonnene Verheerung der Länder des Herzogs von Parma fortgesetzt wurde [3]. Rohan behauptete auch in diesem Jahre den Besitz des Veltlins, ungeachtet seine Truppen durch Man= gel und Krankheiten sehr vermindert wurden [4]. Um den

1) Richelieu 206—258. Montglat 124—131. S. Simon I, 62. Brienne XXXVI, 66.

2) Richelieu 259—274.

3) Nani I, 563—569. Gualdo Priorato I, 786. 809. Montglat 133—138. Richelieu 110—160.

4) Rohan 157. Montglat 131—133.

Spaniern die Inseln S.-Marguerite und S.-Honorat wieder zu entreißen, wurde eine zahlreiche Flotte ausgerüstet, und Richelieu stellte an die Spitze derselben zwei Befehlshaber, den Grafen von Harcourt und den Erzbischof von Bordeaux, Sourdis, welchem insbesondere die Verpflegung der Truppen übertragen wurde; der Zwiespalt zwischen ihnen, welcher auch auf die Kriegszucht nachtheiligen Einfluß ausübte, verzögerte die Ausführung des beabsichtigten Unternehmens, zumal auch der Marschall von Vitry, Gouverneur der Provence, aus Mißvergnügen, daß ihm nicht dieselbe anvertraut war, anfangs seine Unterstützung gänzlich verweigerte und später auch nur wenige Truppen stellte, und erst im Mai des folgenden Jahres wurden die spanischen Besatzungen auf den beiden Inseln zur Ergebung gezwungen [1]. An den Pyrenäen rückte im October eine spanische Armee über die Bidassoa in Frankreich ein, sie bemächtigte sich der Stadt S.-Jean de Luz sowie einiger andern kleinen Orte und befestigte dieselben [2]. Das Mißvergnügen und die Unruhen, welche der übermäßige Druck der Auflagen unter dem Volke veranlaßte, wurden mit Strenge unterdrückt; allein am Hofe gaben die Feinde und Neider des mächtigen Ministers den Gedanken nicht auf, ihn nicht nur seiner Gewalt, sondern auch seines Lebens zu berauben. Die Günstlinge und vertrauten Räthe des Herzogs von Orleans und des Grafen von Soissons, der Graf von Montresor und sein Vetter, S. Ibar, welche den Haß des höhern Adels gegen den Cardinal theilten, waren die Anstifter eines neuen Plans zu seinem Verderben, sie bewirkten eine Annäherung und Verbindung zwischen den beiden Prinzen, suchten ihnen so viel Anhänger wie möglich zu gewinnen und erhielten ihre Beistimmung zur Ermordung Richelieu's. Während seines Aufenthalts zu Amiens hatte die That ausgeführt werden sollen; ohne die Gefahr zu ahnen, welche ihn bedrohte, war er bereits von den Mördern umgeben, als der Herzog von Orleans in dem entscheidenden Augenblicke nicht wagte, das

1) Correspondance de Henri d'Escoublean de Sourdis, archevêque de Bordeaux. Paris 1839. I, 13—375. Richelieu 303—316.

2) Montglat 138. Richelieu 318—323.

verabredete Zeichen zu geben, sich entfernte und dem ihm nach=
eilenden Montresor erklärte, daß man die Sache auf ein an=
deres Mal verschieben müsse [1]). Aus Besorgniß, daß dieser
Anschlag verrathen worden sei, verließen die beiden Prinzen
am 20. November plötzlich den Hof, indem sie ihre Entfer=
nung durch die Erklärung rechtfertigten, daß ihre Sicherheit
gefährdet sei; der Herzog von Orleans begab sich nach Blois,
der Graf von Soissons suchte eine Zuflucht bei dem Herzoge
von Bouillon zu Seban, und er forderte Gaston auf, auch
dahin zu kommen, um sich mit ihm über die Maßregeln gegen
ihre gemeinsamen Feinde zu einigen. Dieser hatte indeß nicht
den Muth, der Einladung zu folgen, sondern aus Schwäche
und Unentschlossenheit begann er Unterhandlungen mit dem
Könige; zwar erklärte er anfangs, daß er sich nur gemein=
schaftlich mit dem Grafen vergleichen werde, und forderte das
Gouvernement von Nantes und Verdun, dann wenigstens einen
Sicherheitsplatz für sich und einen zweiten für den Grafen;
als aber der König mit Truppen sich der Stadt Blois näherte,
wurde er kleinmüthig und nachgiebiger, er begnügte sich damit,
daß der König seine Heirath mit Margaretha von Lothringen
unter der Bedingung, daß er sich noch einmal mit derselben
in Frankreich vermähle, billigte, daß er ihm eine Geldsumme
und Allen, welche ihm gefolgt waren oder gedient hatten,
Verzeihung bewilligte. Der Graf von Soissons schloß sogar
eine Verbindung mit Spanien; da indeß Richelieu besorgte,
daß die Vereinigung eines Prinzen von Geblüt mit den Fein=
den des Reiches die gegen ihn Übelgesinnten in Frankreich er=
muthigen und bei dem damaligen Kriege nachtheilige Folgen
haben könne, so bewog er den König, demselben die Erfüllung
seiner Forderungen zu gewähren, und es wurde ihm gegen
eidliche Verpflichtung zur Treue und zum Gehorsam Verzei=
hung für sich und seine Anhänger und Wiedereinsetzung in
seine Ämter nebst dem Genuß seiner Güter und Einkünfte zu=

1) Montrésor LIV, 292—297. Montglat 141—145. Ein anderer
Mordplan, welchen der Abt von Gondi, nachmaliger Cardinal von Retz,
mit seinem Vetter La Rochepot, welcher im Dienst des Herzogs von
Orleans stand, entworfen hatte, wurde nicht ausgeführt, weil die voraus=
gesetzte Gelegenheit dazu nicht eintrat. Retz XLIV, 109—111.

gestanden, und ihm außerdem gestattet, nach seinem Belieben noch vier Jahre in Sedan zu bleiben. Am 26. Juli 1637 unterschrieb er das eidliche Versprechen, sich nicht von der dem Könige schuldigen Treue zu entfernen und keine demselben verdächtigen Unterhandlungen und Einverständnisse zu unterhalten [1]).

Der Krieg des Jahres 1637 begann für Frankreich mit dem Verlust des Veltlins. Die Graubündtner hatten schon im vorigen Jahre die Erfüllung der ihnen gegebenen Hoffnung auf die unbeschränkte Herrschaft über dasselbe bringend verlangt, und sie forderten außerdem die Zahlung des rückständigen Soldes, dessen Betrag bis auf eine Million Livres gestiegen war. Die Übergabe des Veltlins verweigerte Ludwig XIII., weil er aus Rücksicht auf den Papst und aus eigenem Hasse gegen die Ketzerei diese nicht wieder in einem Lande herstellen wollte, in welchem sie ausgerottet worden war, und die Gefahr, von welcher Frankreich selbst bedroht war, machte es unmöglich, dem Herzoge von Rohan mehr als 100,000 Livres zukommen zu lassen. Die Graubündtner, von Östreich und Spanien noch mehr aufgereizt und durch die Verheißung des verlangten Besitzes gewonnen, schlossen im Anfange des Jahres 1637 eine Verbindung mit diesen beiden Mächten und ergriffen am 18. März die Waffen gegen die Franzosen. Rohan, welcher kaum von einer schweren, langwierigen Krankheit genesen war und sich damals in Chur aufhielt, entging zwar der Gefangenschaft durch Flucht nach dem Rheinfort bei Reichenau, allein da dieses nicht mit Lebensmitteln versehen war und kaiserliche Truppen heranrückten, um es anzugreifen, und da zu gleicher Zeit die in dem Veltlin stehenden Franzosen durch die Spanier bedroht wurden, so schloß er, um diese wenigstens zu retten, einen Vertrag, in Folge dessen sie bis zum 5. Mai das Land räumten; er selbst begab sich aus Mistrauen gegen Richelieu, welcher ihm den Verlust der wichtigen Pässe schuldgab, nach Genf. Die Spanier übergaben den Graubündtnern das Veltlin, indem diese

Marginalie: 1637

---

1) Richelieu XXIX, 275—302. 328—381. Montrésor 299—377. Montglat 147—149.

Schmidt, Geschichte von Frankreich. III.	36

ihnen dagegen den freien Durchzug zugestanden [1]). Durch Geldmangel wurde der Beginn des Feldzuges an der deutschen Grenze so lange verzögert, daß die französische Besatzung in Ehrenbreitenstein im Juni durch Hunger genöthigt wurde, die Feste zu räumen. Der Herzog von Longueville griff den südlichen Theil der Franche = Comté an, jedoch obgleich er durch die aus dem Veltlin zurückgekehrten Truppen verstärkt wurde, beschränkten sich seine Erfolge auf die Einnahme einiger meist nicht bedeutenden Plätze. Bernhard von Weimar, welchem statt des ihm unangenehmen Cardinals von La Valette der Generallieutenant du Hallier beigegeben war, begann den Krieg durch Eroberung mehrer Orte in dem nördlichen Theile derselben Landschaft, er überschritt darauf im August den Rhein und behauptete seine Stellung am rechten Ufer gegen heftige feindliche Angriffe, bis die Verminderung seiner Truppen durch Gefechte und Anstrengungen, der Mangel an Lebensmitteln und die Geringfügigkeit der Unterstützung, welche Frankreich ihm gewährte, im Herbste ihn nöthigte, nicht allein über den Rhein zurückzugehen, sondern auch sich im Bisthum Basel, an der Grenze der Franche=Comté, Winterquartiere zu suchen [2]). Um das Unglück und die Schmach des vorjährigen Feldzuges im nördlichen Frankreich durch bedeutende Erfolge in diesem Jahre aufzuwägen, beschloß Richelieu, die spanischen Niederlande auf zwei Punkten angreifen zu lassen: der Cardinal von La Valette, welchem sein Bruder, der Herzog von Candale, und La Meilleraye, Großmeister der Artillerie und ein Vetter Richelieu's, beigesellt waren, sollte von der Picardie, der Marschall von Chatillon von der Champagne aus vorrücken. Während der Cardinal=Infant sich gegen die Holländer wenden mußte, welche im Juli die Belagerung von Breda unternahmen, und Piccolomini nur mit einer geringen Kriegsmacht in Belgien zurückblieb, belagerte und eroberte La Valette in demselben Monat Landrecies und Cateau = Cambresis und am 5. August Maubeuge, jedoch Uneinigkeit zwischen ihm

1) Rohan XIX, 149—206. Richelieu XXIX, 422—455. Nani I, 577—579. Du Mont 146.

2) Richelieu 456—474. Montglat 152—154. Pufendorf 289—291.

und La Meilleraye beschränkte die fernern Fortschritte auf die
Einnahme von La Capelle, welches sich erst nach fast drei-
wöchentlicher Belagerung am 20. September ergab. Während derselben griff der Cardinal-Infant Maubeuge an, der
sechsundzwanzigjährige Vicomte von Turenne, Bruder des
Herzogs von Bouillon und damals Maréchal de Camp, schlug
den Angriff mit rühmlicher Tapferkeit zurück; indeß konnten
die Franzosen den Platz nicht auf die Dauer behaupten, und
sie schleiften die Festungswerke, ehe sie die Winterquartiere bezogen. Chatillon eroberte nur Damvilliers und einige andere
kleinere Plätze im Luxemburgischen. So entsprach das Ergebniß des Feldzuges, dessen Zweck die Einnahme von Namur,
Thionville oder Mons hatte sein sollen, den aufgebotenen Mitteln wenig, und wenn die Holländer auch im October Breda
zur Ergebung nöthigten, so hatte ihnen dagegen der Cardinal-
Infant Venlo und Ruremonde entrissen [1]). Languedoc, welches fast gänzlich von Truppen entblößt war, wurde im Sommer von einer spanischen Armee angegriffen, und die kleine
Festung Leucate wurde zur Ergebung genöthigt; die tapfere
Vertheidigung derselben hatte indeß dem Gouverneur der Provinz, dem Herzoge von Halluin, Zeit gegeben, um den Adel
und die Bürgermilizen nebst einigen Garnisontruppen zusammenzuziehen, er trieb die Spanier im September wieder über
die Grenze, und das Gerücht von seiner Annäherung bestimmte auch die spanischen Besatzungen in S.-Jean de Luz
und den andern im vorigen Jahre von den Spaniern eingenommenen Orten, zumal sie durch Krankheit sehr vermindert
waren, sich nach Spanien zurückzuziehen. Halluin wurde mit
der Marschallswürde belohnt und nahm jetzt den Namen seines Vaters, des Herzogs von Schomberg, an [2]). In Italien
schloß der Herzog von Parma, in dessen Lande die spanische
Armee ihre Winterquartiere genommen hatte, im Frühjahr
einen Neutralitätsvertrag, zu welchem der König von Frankreich seine Beistimmung gab, da es ihm unmöglich war, dem

---

1) Richelieu 475—523. Montglat 155—164. La Meilleraye's
und Richelieu's Mütter waren Schwestern. Archiv. curieuses VI, 405.

2) Richelieu 157—187. Montglat 165. 169.

Herzoge Beistand zu leisten. Erst nachdem die Spanier im Juni Nizza della Paglia genommen hatten, marschirte der Marschall von Crequi mit seiner Armee über die Alpen, und da beide Theile gleich stark waren, so beschränkte sich der Krieg auf Streifzüge und Verheerungen, auf kleine Gefechte und Wegnahme einiger unbedeutenden Plätze. Die Aussichten für die französische Politik in Italien wurden noch ungünstiger durch zwei fast gleichzeitige Todesfälle. Der Herzog von Mantua starb am 25. September, nachdem er zur Vormünderin seines Nachfolgers, seines Enkels, dessen Mutter bestimmt hatte, welche als Tochter einer spanischen Infantin sich auf die Seite dieses Staates neigte, wenn sie auch diese Gesinnung noch verbarg, weil Casale in den Händen der Franzosen war. Am 7. October starb auch der Herzog Victor Amadeus von Savoyen, und seine Witwe Christina übernahm nach seiner Anordnung die Vormundschaft für den ältern ihrer unmündigen Söhne, Franz Hyacinth, durch dessen frühen Tod, schon nach einem Jahre, der jüngere, Karl Emanuel II., zur Herzogswürde gelangte. Obwol sie eine Schwester Ludwig's XIII. war, so blieben doch die Bemühungen ihres Beichtvaters, des Jesuiten Monod, sie dem französischen Interesse zu entfremden, nicht ohne Erfolg, zumal die Piemonteser die entschiedenste Abneigung gegen die Franzosen hegten als die Urheber eines Krieges, welcher ihrem Vaterlande nur Unheil bereitet hatte[1]).

Monod, welchen im Sommer des vorigen Jahres der verstorbene Herzog mit einer besondern Unterhandlung am französischen Hofe beauftragt hatte, war durch das Benehmen Richelieu's, der seinen persönlichen Widerwillen und Argwohn gegen ihn nicht verhehlte, so beleidigt worden, daß er mit dem Beichtvater des Königs, dem Jesuiten Causfin, eine enge Verbindung anknüpfte und diesen bewog, seinen Einfluß zum Verderben des Cardinals zu benutzen. Causfin erregte bei dem Könige Gewissensbedenken über die Verbannung seiner Mutter und über das Elend, in welches er durch den Krieg seine Unterthanen stürze, und für welches er Gott verantwortlich sei, und er entlockte ihm endlich den Auftrag, dem Herzoge

---

1) Montglat 166. 167. Richelieu XXX, 1—28. 36—66.

von Angoulesme die Leitung der Staatsgeschäfte anzubieten; allein dieser lehnte aus Furcht vor der Macht Richelieu's, dessen Sturz er nicht für ausführbar hielt, nicht allein das Anerbieten ab, sondern theilte es diesem auch mit. Cauffin wurde sogleich vom Hofe verbannt, und der Jesuit Sirmond, welcher seine Stelle erhielt, wurde angewiesen, sich nur um die Pflichten seines Amtes zu bekümmern und sich nicht in Staatsangelegenheiten zu mischen [1]). Der König hatte früher dem schönen Fräulein von Hautefort besondere Aufmerksamkeit bewiesen und sich daran gewöhnt, in vertraulicher Unterhaltung ihr mitzutheilen, was ihm Vergnügen oder Verdruß machte; Richelieu war jedoch durch ihr gleichgültiges Betragen gegen ihn argwöhnisch geworden, und er hatte das Mißvergnügen des Königs über ihr häufiges Widersprechen benutzt, um die Zuneigung desselben auf das Fräulein von Lafayette, eine Hofdame der Königin, zu lenken. Da sie indeß sich von Cauffin hatte gewinnen lassen und den Unmuth des Königs über die große Gewalt, welche sein Minister auch über ihn ausübte, genährt hatte, so bediente er sich ihres Beichtvaters, um sie über ihr Verhältniß zum Könige bedenklich zu machen und sie endlich zu bestimmen, sich in ein Kloster zurückzuziehen [2]). Gefährlicher als diese Damen mußte für ihn die Königin werden, wenn es ihr gelang, die Liebe ihres Gemahls und Einfluß auf ihn zu gewinnen. Um dies zu verhindern, hatte er nicht unterlassen, die Gleichgültigkeit desselben gegen sie zu nähren, und er ergriff eine in dieser Zeit sich darbietende Gelegenheit, um sie zu demüthigen und von feindseligen Absichten gegen ihn und seine Politik zurückzuschrecken. Die Antwort des ehemaligen spanischen Gesandten in Frankreich, des Marquis von Mirabel, auf einen Brief, welchen sie an denselben gerichtet hatte, kam in seine Hände und unterrichtete ihn von ihrem geheimen Briefwechsel mit ihrem Bruder, dem Cardinal-Infanten. Mit Einwilligung des Königs ließ er durch den Kanzler ihr Zimmer im Kloster Bal de Grace, wohin sie sich öfters zu Andachtsübungen begab, durchsuchen; sie

----

1) Richelieu XXX, 191—195. 206—220. Montglat 173—175.
2) Montglat 177. 387. 388.

hatte bereits alle Papiere, welche sie verrathen konnten, ent=
fernt, und leugnete jenen Briefwechsel ab; allein durch den
Brief Mirabel's wurde sie der Lüge überführt, und sie unter=
schrieb nunmehr am 17. August eine Erklärung, in welcher
sie eingestand, daß sie mehrmals an ihren Bruder, an Mira=
bel und an den englischen Residenten in Brüssel geschrieben
und öfters Briefe von diesen empfangen habe, und in welcher
sie versprach, nie zu ähnlichen Vergehen zurückzukehren und
kein anderes Interesse als das der Person des Königs und
seines Staates zu haben [1]). Nach diesem Ereigniß kommt
Richelieu versichert sein, daß der König ihr nie einen Einfluß
auf die Staatsgeschäfte einräumen werde, und das Verhältniß
desselben zu ihr änderte sich nicht, obwol sie am 5. Septem=
ber 1638 einen Dauphin und 1640 noch einen zweiten Sohn
gebar [2]).

1638   Schon im Anfange des Jahres 1638 bahnte Bernhard
von Weimar, welcher die Belagerung von Breisach beabsich=
tigte, durch eine rasche, den Feinden unerwartete Unterneh=
mung den französischen Waffen wieder den Weg über den
Rhein. Er brach am Ende des Januars aus seinen Winter=
quartieren gegen die vier Waldstädte auf, welche, oberhalb
Basels an beiden Ufern des Rheins gelegen, unter östreich=
scher Herrschaft standen, er nahm sogleich drei derselben, Seckin=
gen, Waldshut und Lauffenburg, ein und belagerte darauf die
vierte, Rheinfelden. Am 28. Februar wurde er von einer
schnell zusammengezogenen kaiserlichen Armee geschlagen und
genöthigt, die Belagerung aufzuheben und sich nach Laufen=
burg zurückzuziehen; allein schon am 3. März griff er seine
Gegner, welche im Vertrauen auf ihren Sieg sich in weiter
Ausdehnung um Rheinfelden zerstreut hatten, unerwartet an,
und ihre Bestürzung und Verwirrung verschaffte ihm nach kur=

1) Richelieu 195—205. Montglat 178. 179. Mém. de la Porte
(Porte-Manteau der Königin) XLIX, 334—380. Brienne XXXVI, 61.
Capefigue V, 343. Nach der Meinung einiger Hofleute wurde Riche=
lieu's Verfahren gegen die Königin dadurch veranlaßt, daß sie seine Lie=
besanträge zurückgewiesen hatte. Brienne fils I, 274 und die Eclaircis=
semens des Herausgebers 416.

2) Montglat 180. 216. Motteville XXXVI, 394. 398.

zum Kampfe einen vollständigen Sieg [1]). In derselben Zeit
wurde auch die Verbindung zwischen Frankreich und Schweden, welche durch gegenseitiges Mistrauen der Auflösung nahe
schien, durch die Geschicklichkeit des Grafen von Avaux, des
Unterhändlers des stuhmsdorfer Waffenstillstandes, wieder befestigt; am 5. März wurde zu Hamburg ein neues Bündniß
auf drei Jahre zwischen den beiden Kronen unterzeichnet: sie
verpflichteten sich, den Krieg gegen den Sohn des 1637 gestorbenen Kaisers Ferdinand II., gegen Ferdinand III., dessen
Wahl sie nicht als gültig anerkannten, gegen das Haus Östreich und dessen Anhänger fortzusetzen und nur gemeinschaftlich Frieden zu schließen, und der König versprach, an Schweden sogleich 400,000 Thaler für die verflossenen Kriegsjahre
und außerdem eine jährliche Subsidie von gleichem Betrage
zu zahlen [2]). Diese Unterstützung machte es dem schwedischen
General Bauer, welcher im vorigen Jahre bis an die Küste
von Pommern hatte zurückweichen müssen, möglich, wieder vorzurücken, die Kaiserlichen bis an die Elbe zurückzudrängen und
dadurch wenigstens mittelbar die Unternehmungen Bernhard's
von Weimar am Rhein zu begünstigen. Nachdem dieser noch
im März Rheinfelden und im Anfange des Aprils Freiburg gezwungen hatte, sich zu ergeben, wandte er sich gegen das stark befestigte Breisach, den Hauptplatz der östreichschen Länder im süd-
westlichen Deutschland. Er wurde durch ein französisches
Corps von 4000 Mann, welches indeß bei der in Frankreich
allgemeinen Abneigung gegen den Krieg in Deutschland nur
widerstrebend seinem Anführer, dem Grafen von Guebriant,
folgte, und später noch durch ein zweites Corps unter Turenne
verstärkt, und nach Besiegung der kaiserlichen Armee, welche

1) Richelieu 236—239. 321—323. Montglat 182—185. Pufendorf 332—334. Rohan, welcher sich zur Armee Bernhard's begeben
hatte, wurde in dem ersten Treffen bei Rheinfelden verwundet und starb
am 13. März.

2) Du Mont 161. Pufendorf 304. 315. Frankreich und Schweden erklärten die Wahl Ferdinand's III. für ungültig, weil der Kurfürst
von Trier gefangen, die Kurfürsten von Mainz und Köln durch spanische Pensionen gewonnen und das Recht des Herzogs von Baiern auf die
Kurwürde noch zweifelhaft sei. Pufendorf 302.

Lebensmittel nach Breisach hineinbringen sollte, bei Witten=
weier am 5. August, umschloß er die Festung, deren Eroberung
nicht durch Gewalt, sondern nur durch Aushungerung möglich
war, mit einer zusammenhängenden befestigten Linie; aber erst
am 19. December, nachdem er wiederholte Versuche, sie zu
entsetzen, vereitelt hatte, ergab sie sich [1]. In den Niederlan=
den mußte Richelieu die Absicht, gemeinschaftlich mit den Hol=
ländern die flandrischen Küstenstädte angreifen zu lassen, auf=
geben, da der König von England erklärte, daß er einem sol=
chen, für sein Reich nachtheiligen Angriff eine Flotte und ein
Heer entgegenstellen werde, und es wurde deshalb mit dem
Prinzen von Oranien ein anderer Operationsplan verabredet,
nach welchem er Antwerpen und die Franzosen S.=Omer an=
greifen sollten [2]. Der Marschall von Chatillon schloß diese
Stadt am Ende des Mai ein und der Marschall von La Force
mit einem zweiten Heere stellte sich in einiger Entfernung auf,
um die Belagerung zu decken, während der Prinz von Ora=
nien gegen Antwerpen vorrückte; allein die Spanier nöthigten
ihn durch Besiegung eines Theils seiner Truppen zum Rück=
zuge, wandten sich dann gegen die Franzosen, eröffneten sich
durch Wegnahme einiger Verschanzungen derselben die Ver=
bindung mit S.=Omer und erzwangen dadurch die Aufhebung
der Belagerung. Die Einnahme und Zerstörung von Renty
war kein Ersatz für die verunglückte Unternehmung gegen jene
Festung. Der Marschall von Brezé, welcher eine dritte fran=
zösische Armee befehligte, that nichts, als daß er die Grenze
von Artois überschritt; erst du Hallier, welcher nach seiner
erbetenen Abberufung das Commando erhielt, erstürmte Le Ca=
telet, den einzigen Platz, welchen die Spanier noch in Frank=
reich in Händen hatten [3]. In Italien wurde zwar die Her=
zogin von Savoyen bewogen, die Allianz mit Frankreich zu
erneuern, allein da das vereinigte französisch=savoyische Heer

---

1) Richelieu 324—335. Montglat 186—197. Pufendorf 334—
349. Histoire de Guebriant 42—60. 75—101.

2) Estrades, Lettres, mémoires et négociations. Londres 1743.
I, 1. 8.

3) Richelieu 243—262. 311—316. Montglat 197—206.

schwächer war als das feindliche, so konnte der Cardinal von
La Valette, Nachfolger des Marschalls von Crequi, welcher
beim Recognosciren getödtet worden war, nicht verhindern,
daß der Gouverneur von Mailand, der Marquis von Leganez,
Vercelli einnahm; weitere Eroberungen desselben wurden nur
dadurch verhindert, daß er 5000 Mann seiner besten Truppen
nach Spanien schicken mußte [1]). Eine französische Armee un=
ter dem Prinzen von Condé, zu dessen Generallieutenant der
Herzog von La Valette ernannt worden war, rückte am 1. Juli
in Spanien ein, bemächtigte sich der Stadt Irun und des
Hafens Los Passages und begann darauf die Belagerung von
Fuenterabia, welches eine Flotte unter dem Erzbischof von
Bordeaux von der Seeseite einschloß. Die Belagerungsarbei=
ten waren endlich so weit vorgerückt, daß die Franzosen sich
zu einem Sturm bereiteten, als sie plötzlich am 7. September
von einer spanischen Armee angegriffen wurden. Die Uneinig=
keit unter den höhern französischen Offizieren, die sehr mangel=
hafte Befestigung des Lagers und die schlechte Vertheilung,
besonders aber die Feigheit der Truppen begünstigte das Un=
ternehmen der Feinde, die meisten Soldaten waren durch den
unerwarteten Angriff so bestürzt, daß sie, ohne auch nur einen
Schuß zu thun, die Flucht ergriffen, und noch am Abend die=
ses Tages war kein Franzose mehr auf spanischem Boden.
Richelieu's Zorn über diese schimpfliche Niederlage richtete sich
ausschließlich gegen den Herzog von La Valette, welchem er
sowie der Prinz von Condé dieselbe zur Last legte. Der Her=
zog entzog sich der ihm drohenden Bestrafung durch Flucht
nach England; dessenungeachtet wurde zur Untersuchung gegen
ihn eine Commission ernannt, welche aus Richelieu, dem Kanz=
ler, mehren Herzögen und Pairs, aus Mitgliedern des pariser
Parlaments und des königlichen Rathes und einigen andern
Beamten bestand. Das Parlament nahm die Untersuchung
für sich in Anspruch, weil ihm die Entscheidung in Criminal=
sachen der Herzöge und Pairs zustehe. Der König wies die
Bitte nicht allein zurück, weil diese Behauptung irrig und un=
begründet sei, sondern er sprach auch gegen den ersten Präsi=

1) Richelieu 343—424. Montglat 206—211.

deuten in der schärfsten Weise sein Mißfallen darüber aus, daß
das Parlament ihm fortwährend widerspreche und Anlaß zu
Unwillen gebe, und er fügte sogar hinzu: Alle, welche mein=
ten, daß er die Richter über diejenigen seiner Unterthanen,
welche sich gegen ihn vergangen hätten, nicht nach Belieben
bestimmen könne, seien ihrer Ämter unwürdig. Unter seinem
Vorsitze erklärte die Commission am 24. Mai 1639 den Her=
zog von La Valette für überführt des Verraths, der Feigheit
und des Ungehorsams und für einen Majestätsverbrecher, sie
verurtheilte ihn zum Verlust seiner Güter und zur Enthaup=
tung, und diese Strafe wurde zu Paris, Bordeaux und Bayonne
an seinem Bilde vollstreckt. Richelieu hatte sich bei dem
Urtheilsspruch wegen seiner Verwandtschaft mit La Valette
der Abstimmung enthalten [1]).

1639   Nach der Eroberung von Breisach marschirte Bernhard
von Weimar mit Guebriant nach der Franche=Comté, um hier
seine Truppen in Winterquartiere zu legen, und er bemäch=
tigte sich im Januar und Februar 1639 des westlichen, zu=
nächst der Schweiz liegenden Theils der Grafschaft, welcher
bisher noch vom Kriege verschont geblieben war und ihm Le=
bensmittel und Pferde liefern konnte. Er war im Sommer
im Begriff, wieder bei Breisach über den Rhein vorzurücken
und die Unternehmungen Baner's, welcher im Mai in Böh=
men eingedrungen war, zu unterstützen, als er am 18. Juli
starb [2]). In der letzten Zeit seines Lebens hatte er nicht allein
dem französischen Hofe die verlangte Übergabe von Breisach
verweigert, sondern auch deutlich die Absicht verrathen, sich der
Abhängigkeit von demselben gänzlich zu entziehen und sich ein
unabhängiges deutsches Fürstenthum an beiden Seiten des
Oberrheins zu gründen; er besaß die Eigenschaften, um einen
solchen Gedanken auszuführen und die Pläne der französischen

1) Richelieu 262—296. 498. Corresp. de Sourdis II, 40—67.
Montglat 211—214. Talon LX, 189—197. Isambert XVI, 508—
509. Montglat sagt (214) von Richelieu: Il châtioit sévèrement lors-
qu'on manquoit à son devoir et n'épargnoit non plus ses parens que
les autres. La Valette war vermählt mit der ältern Tochter des Ba=
rons von Pontchateau, des Cousins Richelieu's. Rich. XXVIII, 91.

2) Guebriant 111—115. Montglat 221. 222. Pufendorf 672. 673.

Politik, welche ihm dabei entgegentraten, zu vereiteln, und
höchst wahrscheinlich wurde es für Frankreich nur durch seinen
frühen Tod möglich, das Ziel zu erreichen, welches es seit dem
Anfange seiner Theilnahme am dreißigjährigen Kriege im Auge
gehabt hatte. Richelieu eilte, sich der Truppen und dadurch
auch der Eroberungen Bernhard's zu versichern, und es gelang dies durch rasche Benutzung der Umstände, durch die Gewandtheit Guebriant's und durch Befriedigung der Habgier
vieler Offiziere der weimarschen Armee, namentlich durch Bestechung des Gouverneurs von Breisach, des Schweizers Er-
lach, welcher zugleich einer der vier von Bernhard in seinem
Testamente bestimmten Befehlshaber und schon vor dem Tode
desselben von Frankreich gewonnen war. Am 9. October wurde
von Guebriant und zwei andern königlichen Bevollmächtigten
mit den Befehlshabern und Offizieren der Armee ein Vertrag
abgeschlossen: der König gestand zu, daß diese unter dem Befehle der von Bernhard ernannten Anführer beisammen bleiben
solle, und er versprach die fernere Zahlung des Soldes, die
Lieferung des Kriegs- und Mundbedarfs und die Bestreitung
der außerordentlichen Kosten, während die Armee in Thätigkeit
sein werde. Die Offiziere verpflichteten sich dagegen, ihm treu
und standhaft gegen Jedermann zu dienen, was für entgegengesetzte Befehle und Weisungen ihnen auch zukommen könnten,
gemäß der von dem verstorbenen Herzoge eingegangenen Ver-
bindlichkeit, und mit der Armee nach allen Orten und zu allen
Unternehmungen, welche er begehren werde, zu marschiren, sei
es in Deutschland, Burgund, Lothringen oder den Niederlanden, und sie erkannten den Herzog von Longueville als Oberfeldherrn an der Stelle Bernhard's an. Zum Nutzen und zur
Förderung der gemeinsamen Sache und zur Wiederherstellung
der verbündeten Fürsten, Städte und Stände sollten die eroberten Plätze dem Könige sogleich übergeben werden, damit
er nach seinem Belieben Gouverneure in Breisach und Freiburg ernenne und eine, halb aus Deutschen, halb aus Franzosen bestehende Besatzung hineinlege, für die andern Plätze
aber Commandanten aus der Armee wähle; Gouverneure und
Besatzungen sollten schwören, ihm gut und getreu gegen Jeden
zu dienen, die Plätze für seinen Dienst zu bewahren und ohne

seinen ausdrücklichen Befehl nicht in die Hand eines Andern
zu übergeben. In einem geheimen Artikel wurden die bishe=
rigen Gouverneure von Breisach und Freiburg bestätigt [1]).
Die Unterhandlungen, welche diesem Vertrage vorausgingen,
hatten die Kriegsoperationen am Rhein unterbrochen; im No=
vember bemächtigte sich Longueville mehrer Orte in der Rhein=
pfalz, und in den letzten Tagen des Jahres ging er mit nur
4500 Mann bei Bacharach und Oberwesel über den Fluß [2]).
Gegen die spanischen Niederlande wurden auch in diesem Jahre
drei Armeen aufgestellt: die eine, aus den besten Truppen ge=
bildet und reichlich mit allem Kriegsbedarf versehen, unter La
Meilleraye war gegen Artois bestimmt, die zweite unter Feu=
quieres, welcher mehr Geschick für die Diplomatie als für den
Krieg hatte, sollte in Luxemburg einrücken, und die dritte un=
ter Chatillon als Reserve nach den Umständen sich mit derje=
nigen vereinigen, welche der Unterstützung bedürfen werde.
La Meilleraye nöthigte endlich nach sechswöchentlicher Belage=
rung am 30. Juni Hesdin zur Ergebung, und der König,
welcher selbst zur Armee gekommen war, belohnte ihn dafür
mit dem Marschallsstabe. Feuquieres, welcher Thionville ein=
geschlossen hatte, war dagegen noch vor Vollendung seiner Li=
nien, während Chatillon bei Vervins stand, am 7. Juni gänz=
lich, mit Verlust seiner ganzen Artillerie und Bagage, von
Piccolomini geschlagen worden. Dieser vereinigte sich darauf
mit dem Carbinal=Infanten, und da sie den Entsatz von Hes=
din wegen der Stärke der französischen Armee und ihrer Ber=
schanzungen nicht zu versuchen wagten, so belagerten sie Mou=
zon an der Maas. Chatillon nöthigte sie indeß nach wenigen
Tagen zum Rückzuge, und er nahm sodann Ivoy ein und ließ
es schleifen. La Meilleraye bemächtigte sich nach der Erobe=
rung von Hesdin nur noch einiger Schlösser [3]). Die Hollän=
der ließen in diesem und den nächstfolgenden Jahren die Was=
fen fast völlig ruhen, theils weil die meisten Provinzen der

---

1) Du Mont 185—187. Guebriant 132—148. Pufendorf 373
—377.

2) Guebriant 151—167. Pufendorf 378.

3) Montglat 224—227.

Republik durch den langwierigen Krieg zu erschöpft waren,
um sie zu einer thätigern Fortsetzung besselben erforderlichen
Gelder aufzubringen, theils weil der Prinz von Oranien es
nicht dem Interesse Hollands angemessen glaubte, die Franzosen zur Eroberung der spanischen Niederlande zu unterstützen
und dadurch jenem Staate gefährlichere Nachbarn zu geben,
als die Spanier waren. An den Pyrenäen wählte Richelieu
in diesem Jahre einen andern Kriegsschauplatz: der Prinz von
Condé, berathen durch den Marschall von Schomberg, griff
Roussillon an, er bemächtigte sich, außer einigen andern unbedeutenden Orten, nach einer Belagerung von fünf Wochen der
kleinen Festung Salses und wurde dann von den Spaniern
zum Rückzuge nach Languedoc genöthigt; Salses wurde von
der französischen Besatzung mit großer Tapferkeit vertheidigt,
bis es sich, nachdem Condé vergeblich den Entsatz versucht
hatte, endlich im Anfange des folgenden Jahres ergeben
mußte [1]. In Italien sah sich die Herzogin von Savoyen
jetzt sogar genöthigt, sich unter französischen Schutz zu stellen,
um die Regentschaft gegen die Ansprüche der Brüder ihres
verstorbenen Gemahls zu behaupten, des Cardinals Moritz,
welcher dem kaiserlichen Interesse völlig zugethan war, und
des Prinzen Thomas, welcher in spanischen Kriegsdiensten
stand. Als diese, von dem Gouverneur von Mailand unterstützt, in Piemont erschienen, als die Stimmung des Volkes
sich zu ihren Gunsten aussprach und die Befehlshaber mehrer
Städte ihnen die Thore öffneten, so nahm die Herzogin in
Turin eine französische Besatzung auf, welche auch einen Angriff des Prinzen Thomas zurückschlug, und sie entfernte zugleich auf Richelieu's Forderung ihren Beichtvater Monod aus
ihrer Nähe. Der Cardinal von La Valette konnte nicht verhindern, daß bald noch mehre Städte sich für die Prinzen erklärten, weil seine Armee sehr schwach war, er mußte deshalb
auch die französischen Truppen aus Turin an sich ziehen, und
als Thomas jetzt zum zweiten Male, am 1. August, vor der
Stadt erschien, wurde er von seinen Anhängern eingelassen.
Die Herzogin flüchtete sich in die Citadelle, sie übergab diese

----

1) Montglat 256—260.

dem sogleich herbeieilenden La Valette, welcher jedoch vergeblich in die Stadt einzudringen versuchte, und vertraute ihm auch die übrigen ihr noch gebliebenen Plätze an, welche sie allein vertheidigen zu können verzweifelte. La Valette starb im September, und sein Nachfolger, der Graf von Harcourt, bewies, daß die geringen Erfolge der französischen Waffen großentheils die Schuld der wenig befähigten Feldherren war, denen Richelieu den Befehl der Armeen zu übertragen pflegte. Er bemächtigte sich der Stadt Chieri, warf Truppen und Lebensmittel in Casale hinein und bewährte eine ebenso große Geschicklichkeit als Tapferkeit, indem er einen Angriff der feindlichen Armee, welche ihm den Rückweg versperrte, zurückschlug, obwol sie doppelt so stark wie die seinige war [1].

Der durch den fortdauernden Krieg unablässig gesteigerte Abgabendruck hatte schon 1637 in Perigord und Saintonge einen Aufstand der ländlichen Bevölkerung bewirkt, dessen Theilnehmer, Croquans genannt, die Zahlung der Auflagen verweigerten; man war genöthigt gewesen, Truppen gegen sie zu schicken, um sie zu zerstreuen, und die Schuldigsten waren aufgehängt worden [2]. Ein noch bedeutenderer Aufstand brach jetzt in der Normandie aus. Er wurde zunächst durch die Einführung der Salzsteuer in einem Theile der untern Normandie, welcher bisher von derselben frei gewesen war, veranlaßt, und bei der allgemeinen Noth des Landes erhielt er bald eine weitere Verbreitung. Die Aufrührer nannten sich zur Bezeichnung ihres elenden Zustandes Barfüßer (nu-pieds), führten ein Siegel mit zwei nackten Füßen, erließen Befehle und Verordnungen unter dem Namen des Generals Jean Nu-pieds, einer fingirten Person, ermordeten Finanzpächter und Finanzbeamte und plünderten die Häuser derselben. Das Parlament der Normandie befahl den richterlichen Beamten,

1) Montglat 244—256.

2) Montglat 170, wo in einer Anmerkung des Herausgebers gesagt wird, daß die Abstammung des Namens Croquans unbekannt sei, und daß dieser im 17. Jahrhundert einen homme de peu, de basse extraction, vilain bezeichnet habe. Capefigue (VI, 13) meint, die Croquans seien so genannt worden, weil sie croquaient et devoraient manoirs et richesses des seigneurs.

Unterfuchungen gegen unerlaubte Verfammlungen anzuftellen und die Schuldigen ftreng zu beftrafen; allein bald begannen auch in Rouen Unruhen, und die Häufer mehrer Finanzpächter fowie die Steuerbureaur wurden von dem Volke geplündert. Den Bemühungen des Parlaments, welche durch die Bürger und durch die Edelleute der Umgegend mit gewaffneter Hand unterftützt wurden, gelang es, die Ruhe in der Stadt wiederherzuftellen und viele der Schuldigen zur Haft zu bringen, jedoch aus Furcht vor dem Volke wagte es nicht, diefe zu richten und zu beftrafen, und die Barfüßer zogen plündernd, brennend und mordend im Lande umher. Der Oberft Gaffion, welcher mit 6000 Mann nach der Normandie gefchickt wurde, griff fie am 30. November in den Vorftädten von Avranches, in welchen fie fich verfchanzt hatten, an, er überwältigte fie nach einem mörderifchen Kampfe, und die Gefangenen wurden theils hingerichtet, theils auf die Galeeren gefchickt. Mit der Vollmacht, die Schuldigen felbft zum Tode zu verurtheilen, begab fich darauf der Kanzler Seguier nach der Normandie. Den Mitgliedern des Parlaments und des Steuerhofes zu Rouen, welche Richelieu's Zorn fich durch Widerftand gegen die zahllofen Steueredicte zugezogen hatten, wurde die Ausübung ihrer Ämter unterfagt und ihnen befohlen, fich auf einige Zeit an den Hof zu begeben, unter dem Vorwande, daß fie ihre Pflicht vernachläffigt und durch ihr Beifpiel felbft die Veranlaffung zu den Unruhen gegeben hätten; die Einkünfte und Güter der Stadt Rouen wurden eingezogen, die Einwohner entwaffnet und ihnen eine Contribution von mehr als einer Million Livres aufgelegt, zu deren Abtragung ein Zoll von allen eingehenden Waaren erhoben wurde. Eine große Zahl von Theilnehmern des Aufftandes wurde hingerichtet, die Häufer der Entflohenen wurden zerftört, und auch die Schuldlofen waren den Gewaltthätigkeiten der Soldaten in dem Maße preisgegeben, daß felbft die Einwohner der Vorftädte von Rouen in die Wälder flüchteten. In den andern Städten wurden wenigftens dem geringern Volke die Waffen genommen, und überall wurden die Magiftrate fowie die Edelleute auf dem Lande für die Unruhen verantwortlich gemacht, denen fie fich nicht kräftig widerfetzt haben würden. Das Parlament

der Normandie, an deſſen Stelle eine Commiſſion von pariſer
Parlamentsräthen getreten war, wurde zwar 1641 wiederein=
geſetzt, aber zugleich wurde die Zahl ſeiner Mitglieder ſehr
vermehrt, und dieſe wurden in zwei Abtheilungen getheilt,
welche halbjährlich in der Ausübung ihrer Amtsfunctionen
wechſelten[1]). Ungeachtet des Schickſals, welches die Barfüßer
getroffen hatte, veranlaßte die übermäßige Laſt der Abgaben
nicht lange darauf einen neuen Aufſtand in Rouergue und
ſelbſt in der Hauptſtadt dieſer Landſchaft, Villefranche, der in=
deß auch bald unterdrückt wurde[2]).

Obwol Richelieu nicht allein ſolche Aufſtände mit der
größten Strenge beſtrafte, ſondern auch keinen Widerſpruch
gegen ſeinen Willen duldete und der monarchiſchen Gewalt in
Frankreich eine völlige Unumſchränktheit zu ſichern ſtrebte, ſo
trug er doch kein Bedenken, in andern Staaten Empörungen
zu begünſtigen, ſobald dieſe ſeinen politiſchen Plänen nützten.
Die Abſicht des ſpaniſchen Premierminiſters, des Herzogs von
Olivarez, in Catalonien durch Beſchränkung und Vernich=
tung der alten Vorrechte des Landes die königliche Macht zu
erweitern, hatte bereits eine nicht geringe Unzufriedenheit her=
vorgerufen, als er im Anfange des Jahres 1640, ohne Zwei=
fel zu demſelben Zweck, eine Maßregel ergriff, welche bei der
großen Maſſe des Volkes die heftigſte Erbitterung und das
Verlangen nach Rache erweckte. Nach der Einnahme der
Feſtung Salſes wurden nämlich die ſpaniſchen Truppen, theils
geborene Spanier, theils Italiener und Irländer, in Catalonien
eingelagert, die Provinz wurde mit ihrer Verpflegung belaſtet,
ſie verübten überdies die ärgſten Gewaltthätigkeiten gegen das
Eigenthum, die Ehre und das Leben beſonders der Landleute,
und der Vicekönig, der Graf von Santa Coloma, verbot ſo=
gar allen Advocaten in Barcelona, die Sache der Gemißhan=
delten im Gericht zu führen[3]). Dieſe griffen zu den Waffen,

1640 (in margin)

1) Richelieu 261—266. 347. Floquet IV, 564—678. V, 1—73.
Isambert XVI, 524—527.

2) Archiv. curieuses VI, 349—351.

3) Melo, Historia de los movimientos y separacion de Cataluña.
En San Vincente 1645. 8—12. Montgiat 297.

es kam zu blutigen Kämpfen zwischen ihnen und den Solbaten, und der Vicekönig beschleunigte den Ausbruch der auch in Barcelona herrschenden Gährung dadurch, daß er den angesehensten der Landesdeputirten, welche die oberste Behörde der Provinz waren, und zwei andere höhere Beamten verhaften ließ, weil sie ihm sehr nachdrückliche Vorstellungen gemacht hatten. Schon am 12. Mai erbrach das Volk das Gefängniß und befreite die Verhafteten. Am 7. Juni, dem Frohnleichnamsfeste, als, wie gewöhnlich an diesem Feste, eine große Zahl der rauhen und verwegenen Bewohner der gebirgigen Gegenden nach der Stadt gekommen war, begann der Aufruhr mit dem Rufe: Es lebe Catalonien und die Catalonier, Tod der schlechten Regierung Philipp's! Fast alle castilische Offiziere und Beamten, auch der Vicekönig, wurden ermordet und ihre Häuser geplündert, und in kurzer Zeit schloß sich die ganze Provinz sowie die mit ihr verbundenen Grafschaften der Empörung an, nur mit Ausnahme der wenigen Orte, in welchen spanische Besatzungen lagen, wie Tortosa und in Roussillon, Perpignan, Collioure und Salses[1]). Die Catalonier hatten indeß damals noch nicht die Absicht, sich von der spanischen Monarchie loszureißen, sie verlangten nur die Aufrechthaltung ihrer alten Privilegien; erst als eine Armee versammelt wurde, um sie zu unbedingter Unterwerfung zu zwingen, beschlossen sie, ihre Freiheiten mit den Waffen bis aufs äußerste zu vertheidigen und bei dem Könige von Frankreich Beistand zu suchen. Am 19. December wurde ein Bündniß geschlossen, in welchem dieser versprach, ihnen Offiziere zu geben, um ihre Truppen zu befehligen, und sie außerdem mit 8000 Mann zu unterstützen damit sie sich gegen die ihnen drohende Unterdrückung sichern und sich in dem Genuß ihrer alten Verfassung und ihrer alten Vorrechte behaupten könnten[2]). In Portugal einen Aufstand gegen die spanische Herrschaft zu bewirken, hatte Richelieu schon vor einiger Zeit beabsichtigt, er hatte 1638 einen geheimen Agenten dahin geschickt, um die Stimmung der Portugiesen zu erforschen und sie durch Anerbietung

1) Melo 15—27. Montglat 298.
2) Du Mont 196. 197.

Schmidt, Geschichte von Frankreich. III.　　37

französischer Hülfe zur Empörung zu bestimmen[1]). Diese Sendung hatte indeß keinen Erfolg gehabt, erst die Ereignisse in Catalonien bewirkten eine Verschwörung, durch welche der Herzog von Braganza im December 1640 zum Könige von Portugal erhoben wurde, und am 1. Juni des folgenden Jahres schloß Ludwig XIII. mit demselben ein Bündniß, in welchem er ihn durch eine Flotte zu unterstützen versprach[2]). Die Aufstände Cataloniens und Portugals begünstigten bald die Unternehmungen der Franzosen auf den andern Kriegsschauplätzen, indem Spanien außer Stand gesetzt war, ihnen auch nur eine gleiche Macht wie bisher entgegenzustellen. Die bedeutendsten Rüstungen befahl Richelieu auch im Jahre 1640 zu dem Feldzuge gegen die spanischen Niederlande, zumal der König an diesem Theil nehmen wollte. Eine Armee unter dem Marschall von Chatillon und dem Herzoge von Chaulnes marschirte zunächst gegen S.-Omer, und eine zweite unter La Meilleraye wandte sich gegen Charlemont, um die Feinde über den eigentlichen Gegenstand der Operationen zu täuschen. Sobald diese, nur die scheinbar bedrohten Plätze zu sichern, die Besatzung von Arras sehr geschwächt hatten, brachen die beiden französischen Armeen gegen diese Stadt auf und schlossen sie in der Mitte des Juni ein, während der König sich nach Amiens begab. Die Armee des Cardinal-Infanten wurde zwar durch den Herzog von Lothringen und das Aufgebot des niederländischen Adels bis auf 30,000 Mann verstärkt, er fand indeß die französischen Linien bereits so befestigt, daß er keinen Angriff auf sie wagte; er stellte sich zwischen Arras und Amiens auf, um durch Abschneidung der Zufuhr die Franzosen zur Aufhebung der Belagerung zu zwingen, und bald war der Mangel im Lager derselben so groß, daß er binnen kurzem seinen Zweck zu erreichen hoffte. Der König hatte indessen eine bedeutende Menge von Lebensmitteln in Amiens

1) Flassan III, 61—63. Montglat 343. Auch in Schottland hatte Richelieu schon seit 1637 insgeheim das Mißvergnügen gegen den König Karl I. zu nähren sich bemüht, weil dieser eine Verbindung mit Frankreich abgelehnt hatte. Estrades I, 9—11.

2) Du Mont 214.

ausſäufen laſſen und 18,000 Mann unter du Hallier verſammelt, um dieſelben dem Belagerungsheere zuzuführen. La Meilleraye brach am Abend des 31. Juli auf, um dem Convoi entgegenzugehen; die Spanier erfuhren ſeinen Marſch erſt gegen Morgen, ſie verloren dann noch einige Stunden durch lange Berathung über den zu ergreifenden Entſchluß, und als ſie endlich (am 1. Auguſt) die franzöſiſchen Linien vor Arras angriffen und ſchon in dieſelben eingedrungen waren, wurden ſie durch die Ankunft du Hallier's und La Meilleraye's zum Rückzuge genöthigt. Nachdem die Franzoſen bald darauf eine Breſche in der Feſtung eröffnet hatten, ſo nöthigten die Einwohner, welche eine Erſtürmung fürchteten, den Commandanten, am 9. Auguſt zu capituliren [1]). In Italien verſchaffte die Geſchicklichkeit und Entſchloſſenheit Harcourt's, welchen überdies Turenne als Marechal de Camp unterſtützte, ungeachtet der fortdauernden Überlegenheit der Feinde an Zahl den franzöſiſchen Waffen ruhmvolle Erfolge. Im April ſchloß Leganez plötzlich die Feſtung Caſale ein, welche nur mit geringen Vertheidigungsmitteln verſehen war. Durch die Wichtigkeit des Platzes wurde Harcourt zu dem kühnen Verſuch beſtimmt, mit einer Armee, welche kaum 10,000 Mann zählte, nur halb ſo ſtark wie die feindliche war, den Entſatz zu unternehmen. Am 29. April griff er die ſpaniſchen Linien an, dreimal wurden ſeine Truppen zurückgeſchlagen, aber endlich bei dem vierten Sturme überwältigten ſie ihre Gegner, und dieſe verloren außer einer großen Zahl von Todten und Gefangenen ihre ganze Artillerie und Bagage. Harcourt begann dann die Belagerung von Turin, obwol der Prinz Thomas mit einem Corps, welches ſeinen Truppen an Zahl faſt gleich war und noch durch die Bürger verſtärkt wurde, ſich in der Stadt befand. Er ſchloß ſie durch eine ſehr feſte Umwallungslinie ein, ſicherte durch eine gleiche ſein Lager nach der andern Seite und hob die Belagerung nicht auf, auch als Leganez mit faſt 18,000 Mann heranrückte und er nunmehr zugleich Belagerer und Belagerter war; er ſchlug die wiederholten Ausfälle des

1) Montglat 267—284. Gramont LVI, 331—334. Les mémoires de Puysegur. Paris 1747. I, 231—241.

37 *

Prinzen und die Angriffe der Spanier, welche glücklicherweise selten zusammentrafen, zurück, er erhielt auf sein bringendes Verlangen im Juli Verstärkung aus Frankreich, während die spanische Armee durch Desertion sich sehr verminderte, und nachdem die Belagerung vier und einen halben Monat ge= dauert hatte, sah sich endlich der Prinz Thomas durch Man= gel und durch die drohende Forderung der Einwohner genö= thigt, die Stadt am 24. September zu übergeben [1]). Die geringsten Mittel verwandte Richelieu für den Krieg in Deutsch= land, es genügte für das französische Interesse, daß dieser fort= dauerte und der Kaiser an einem Angriff auf den Elsaß ver= hindert wurde. Der Herzog von Longueville vereinigte sich im Mai mit Baner, welcher nach fast jährigem Aufenthalte in Böhmen aus diesem Lande und bis nach Thüringen zurück= gedrängt worden war; es kam indeß nicht zu bedeutenden Er= eignissen, da die Kaiserlichen eine Schlacht vermieden und die vereinigten Feldherren, deren Thätigkeit durch Zwietracht und Mangel an Kriegszucht unter ihren Truppen gehemmt wurde, sich beschränken mußten, Niedersachsen zu sichern [2]).

1641   Sowie die Franzosen den Aufstand der Catalonier unter= stützten, so suchten dagegen der Kaiser und Spanien den Aus= bruch eines Bürgerkriegs in Frankreich zu bewirken. Als die vier Jahre, während welcher dem Grafen von Soissons gestattet war, zu Sedan zu bleiben, zu Ende gingen, hatte Ludwig XIII. von dem Herzoge von Bouillon verlangt, daß er ihm nicht länger den Aufenthalt daselbst gestatte; allein ge= meinsamer Haß gegen Richelieu knüpfte und erhielt zwischen ihnen Beiden eine enge Verbindung. Der Erzbischof von Reims, Heinrich von Lothringen, welcher nach dem Tode sei= nes Vaters und seines ältern Bruders sich Herzog von Guise nannte, schloß sich ihnen an; er hatte sich insgeheim mit der Prinzessin Anna von Gonzaga vermählt, und fürchtete, daß Richelieu, obwol er diesen Schritt bereute, aus Abneigung ge=

---

1) Montglat 285—296. Mémoires des divers emplois et des principales actions du maréchal du Plessis (1627—1671, wenn auch nicht von ihm, doch nach den von ihm hinterlassenen Materialien abge= faßt; er lebte von 1598—1675; bei Petitot LVII) 181—188.

2) Montglat 267. Pufendorf 396 ff. Guebriant 204—278.

gen die lothringische Familie, die Gültigkeit der Ehe behaup=
ten werde, um ihn aller seiner Pfründen zu berauben. Der
Graf von Soissons hatte die Anerbietungen, welche ihm schon
vor einem Jahre von dem Kaiser und dem Könige von Spa=
nien gemacht worden waren, damals zurückgewiesen; jetzt, da
ihm nur die Wahl blieb, entweder die Waffen zu ergreifen,
oder in das Ausland zu flüchten, ließ er sich durch Bouillon
zu Unterhandlungen und einem Bündniß mit jenen beiden
Fürsten bewegen, und im Mai 1641 versprach ihm jeder der=
selben, noch im Laufe des Monats 7000 Mann nach Sedan
vorgehen zu lassen, um in die Champagne einzurücken. Die
in England lebenden französischen Herren, namentlich die Her=
zöge von La Valette und von Soubise, erklärten sich bereit,
zu gleicher Zeit eine Landung an der französischen Küste zu
unternehmen. Der Abt von Gondi war in Paris geschäftig,
eine Partei für Soissons zu gewinnen, er knüpfte sogar Ein=
verständnisse mit einigen Gefangenen in der Bastille, dem
Grafen von Cramail und dem Marschall von Vitry, an, und
diese versprachen, sobald Soissons eine Schlacht gewonnen
haben werde, sich der Bastille zu bemächtigen, auf deren ganze
Besatzung sie rechnen zu können glaubten. Dieser Plan blieb
zwar ein Geheimniß, aber die andern beabsichtigten Unterneh=
mungen wurden dem Cardinal Richelieu bekannt, und der
Herzog von Orleans, welchem die miteinander verbundenen
Großen den Oberbefehl über ihre Truppen anboten, zeigte selbst
dem Könige dies an. Das Einrücken einer starken französi=
schen Armee unter La Meilleraye in Artois schon im Mai ver=
hinderte die Spanier, ihr Versprechen zu erfüllen, und erst
später vereinigte sich ein kaiserliches Corps von 7000 Mann
unter dem General Lamboi mit den Truppen, welche Soissons
und Bouillon geworben hatten. Zu gleicher Zeit, am 2. Juli,
machten diese ein gegen Richelieu's Verwaltung gerichtetes
Manifest bekannt, in welchem sie es für ihren hauptsächlichsten
Zweck erklärten, Alles wieder in seinen alten Zustand zu setzen,
die umgestürzten Gesetze, die Freiheiten und Privilegien der
Provinzen, Städte und Einzelnen wiederherzustellen und den
Verbannten die Rückkehr in ihr Vaterland, den Gefangenen
die Freiheit und Allen die Vortheile und Annehmlichkeiten des

Friedens zu verschaffen. Eine französische Armee unter Chatillon hatte sich bereits der Stadt Sedan genähert, und am 6. Juli kam es nicht weit von derselben bei einem Gehölze, welches La Marfée hieß, zu einer Schlacht, in welcher Chatillon zwar gänzlich besiegt wurde, aber der Graf von Soissons seinen Tod fand. Er fiel entweder durch eine feindliche Kugel, oder er tödtete sich absichtlos selbst, indem er nach seiner Gewohnheit mit dem Laufe der geladenen Pistole das Visir seines Helms öffnete. Sein Tod vereitelte die Entwürfe zum Sturze Richelieu's und verhinderte den Bürgerkrieg; die beabsichtigte Landung und der Aufstand in Paris unterblieben, und die rasche Verstärkung Chatillon's wehrte dem Vordringen der Sieger. Bouillon suchte die Verzeihung des Königs nach, er erhielt diese im Anfange des Augusts, und es wurde ihm auch der Besitz von Sedan gelassen, indem er erklärte, daß er seinen Ungehorsam und seine Verbindung mit den Feinden Frankreichs bereue und lieber sterben, als in dies Verbrechen zurückfallen wolle. Auch den Übrigen, welche sich des gleichen Vergehens schuldig gemacht hatten, wurde Verzeihung bewilligt; nur der Herzog von Guise, welcher diese zurückwies und sich nach Brüssel begab, wurde am 6. September von dem pariser Parlament zum Tode verurtheilt und im Bilde enthauptet[1]). La Meilleraye hatte am 19. Mai die Belagerung von Aire begonnen, welches sich erst am 27. Juli ergab. Bevor die zerstörten Werke wiederhergestellt und die Festung hinreichend mit Lebensmitteln versehen war, schloß der Cardinal=Infant, vereinigt mit dem Herzoge von Lothringen und dem General Lamboi, sie ein. La Meilleraye wagte nicht, obwol der Marschall von Brézé ihm Verstärkung zuführte, die starkbefestigte Stellung der Feinde anzugreifen, er suchte sie durch eine Diversion zur Aufhebung der Belagerung zu bestimmen und drang plündernd und verheerend bis vor Lille, verbrannte die Vorstädte dieser Stadt und eroberte Bapaume; allein er erreichte seinen Zweck nicht, die Feinde setzten die Belagerung

---

1) Montglat 315—320. Retz 113—128. Aubery, Mémoires V, 108—117. Le Vassor VI, 227. 301—337. Du Mont 219. 220. Capefigue VI, 44.

von Aire fort, bis es sich endlich im December ergeben mußte,
nachdem der Carbinal-Infant im November gestorben war [1]).
Der Herzog von Longueville war wegen Krankheit im December 1640 aus Deutschland nach Frankreich zurückgekehrt;
Guebriant, welcher an seine Stelle trat, folgte dem General
Baner, als dieser in demselben Monat aus Niedersachsen aufbrach, um Regensburg, wo sich damals der Kaiser aufhielt
und ein Reichstag versammelt war, zu überfallen. Als sie indeß in der Nähe dieser Stadt ankamen, war dieselbe bereits
durch Zusammenziehung kaiserlicher Truppen gesichert, das
Aufgehen des Eises verhinderte sie überdies, die Donau zu
überschreiten, und sie kehrten im Frühling nach Norddeutsch-
land zurück. Der Tod Baner's, welcher am 20. Mai in Hal-
berstadt starb, brachte Guebriant in eine sehr mißliche Lage,
da sich jetzt die Kriegszucht im schwedischen Heere immer mehr
auflöste und ihm auch die meuterische Gesinnung seiner Truppen oft den Gehorsam verweigerte; die durch die Feinde ihm
drohende Gefahr wandte er jedoch dadurch ab, daß er einen
Angriff des kaiserlichen Heeres bei Wolfenbüttel am 29. Juni
zurückschlug. Nachdem Torstenson, der Nachfolger Baner's,
angekommen war, brach er im December nach dem Nieder-
rhein auf, weil er seine Truppen in den durch den langen
Aufenthalt der Armeen ausgesogenen Gegenden während des
Winters nicht erhalten konnte [2]). Das Bündniß zwischen
Frankreich und Schweden war durch einen Vertrag, welchen
wieder Avaur in Hamburg am 30. Juni abgeschlossen hatte,
bis zum Ende des Krieges verlängert und die französischen
Subsidien in demselben auf 480,000 Thaler erhöht worden [3]).
In Italien mußte Harcourt zwar die Belagerung von Jvrea
aufheben, um Chivasso, welches der Prinz Thomas eingeschlossen hatte, zu entsetzen, dagegen nahm er Ceva, Mondovi
und nach längerer Belagerung Coni ein. Der Fürst von Mo-
naco, beleidigt durch das anmaßliche Benehmen der spanischen

1) Montglat 307—315. 321—329. Gramont LVI, 334—338.

2) Guebriant 238—241. 311—424. Monglat 305. 306.

3) Du Mont 207, welcher fälschlich den 30. Januar als Datum des
Vertrages angibt. Guebriant 334—336. Pufendorf 459.

Befatzung, welche einer feiner Borgänger schon zur Zeit des Kaisers Karl V. in die Stadt aufgenommen hatte, überwältigte diefelbe mit Hülfe feiner Unterthanen, er stellte sich unter den Schutz des Königs von Frankreich und öffnete die Plätze feines Fürstenthums französischen Befatzungen unter der Bedingung, daß sie ihm gehorchten und ihm die volle Souverainetät feines Landes bleibe; für den Berlust der Einfünfte, welche er bisher im Königreich Neapel gehabt hatte, entschädigte ihn der König durch Verleihung des Herzogthums Valentinois mit der Pairswürde [1]). Den Cataloniern war eine viel geringere Zahl Truppen, als ihnen versprochen war, zu Hülfe geschickt worden, wahrscheinlich weil Richelieu sie nöthigen wollte, dem Gedanken, eine unabhängige Republik zu errichten, welchen sie anfangs hegten, zu entfagen und den König von Frankreich als ihren Fürsten anzuerkennen. Eine spanische Armee nöthigte Tarragona zur Ergebung und griff darauf, im Januar 1641, Barcelona an. Obwol der Angriff zurückgeschlagen wurde, so fahen doch die catalonischen Stände ein, daß sie in diesem Kampfe erliegen würden, wenn sie nicht Frankreich bestimmten, ihnen kräftigern Beistand zu leisten, und um diesen zu erlangen, faßten sie den Beschluß, sich unter die Herrschaft Ludwig's XIII. und feiner Nachfolger zu begeben, jedoch unter Bedingungen, welche die Selbständigkeit ihres Landes und ihre politischen Rechte sichern sollten. Dem Könige wurde das Recht zugestanden, einen Franzofen zum Vicekönig zu ernennen, er sollte versprechen, Catalonien und die Graffchaften Roussillon und Cerdagne nie von der französischen Krone zu trennen, er sollte die Verfassung und die Einrichtungen des Landes und der Städte sowie alle Vorrechte derselben und der einzelnen Personen erhalten und sich zur Beobachtung aller Anordnungen der Stände und der Gemeinden eidlich verpflichten, den Ständen sollte das Recht bleiben, die Abgaben zu erheben, zu vermehren und zu vermindern, ohne daß er irgend einen Theil derselben für sich in Anspruch nehme, die geistlichen und weltlichen Ämter sollten nur Eingeborenen zu Theil werden und die Inquisition nebst der

[1) Montglat 331—334.

Beobachtung der Beschlüsse des tridenter Concils fortdauern; dagegen verpflichteten sich die Catalonier nur, dem Könige innerhalb ihres Landes auf ihre Kosten mit 4500 Mann zu dienen, so oft sie die Nothwendigkeit dazu anerkennen würden. Ständische Abgeordnete leisteten dem Könige den Eid der Treue, und er genehmigte am 19. September die ihm vorgelegten Bedingungen. Schon im Sommer war eine französische Armee unter La Mothe-Houbancourt nach Catalonien geschickt und die Belagerung von Tarragona unternommen worden; als aber im August die französische Flotte unter dem Erzbischof von Borbeaur, welche die Stadt von der Seeseite einschloß, durch die spanische zum Rückzuge genöthigt worden war, so mußte die Belagerung aufgegeben werden [1]).

Im Jahre 1642 änderte Richelieu die bisherige Kriegsführung in der Weise ab, daß er sie an der niederländischen Grenze auf die Defensive beschränkte und dagegen die bedeutendsten Mittel zur Eroberung von Roussillon verwandte. Er begleitete, obwol sehr leidend, den König, welcher diesem Feldzuge beiwohnen wollte, nach dem südlichen Frankreich, der Marschall von Brezé, welcher zum Vicekönig von Catalonien ernannt worden war, führte Truppen nach Barcelona, und La Meilleraye, berathen durch Turenne als seinen Generallieutenant, schloß im März Collioure ein, nöthigte diesen Platz im April zur Übergabe und begann noch in demselben Monat die Belagerung der Stadt Perpignan, welcher durch die Einnahme jener Feste die Verbindung mit dem Meere abgeschnitten war. Der König begab sich bald darauf zur Armee, während Richelieu durch schwere Erkrankung genöthigt war, in Narbonne zurückzubleiben, gerade in dem Zeitpunkte, wo seine Feinde mit Zuversicht darauf hofften, endlich seinen Sturz zu bewirken. Als das Fräulein von Lafayette sich vom Hofe entfernte, hatte der König seine Freundschaft und sein Vertrauen wieder dem Fräulein von Hautefort zugewandt. Richelieu bemerkte bald, daß sie aus Ergebenheit gegen die Königin einen für ihn nachtheiligen Einfluß auf den König ausübte,

1842

1) Du Mont 197—200. Montglat 337—343. Corresp. de Sourdis II, 675—680.

er suchte deßhalb aufs neue ihr Verhältniß zu demselben ab-
zubrechen und an ihre Stelle einen ganz von ihm abhängigen
Günstling zu bringen. Seine Wahl fiel auf den zweiten Sohn
des ihm bis zum Tode befreundet gewesenen Marschalls von
Effiat, den Marquis Heinrich von Cinq-Mars, einen schönen, neunzehnjährigen Jüngling von lebhaftem Geist, einneh-
mendem Wesen und ansprechender Unterhaltungsgabe, und um
den König aufmerksam auf ihn zu machen, ernannte er ihn
zum Capitain einer Gardecompagnie und bald auch zum Großmeister der königlichen Garderobe. Sein Plan schien vollkommen zu gelingen: der König fand bald ein so lebhaftes Wohl-
gefallen an Cinq-Mars, daß ihm seine Gesellschaft unentbehrlich wurde, daß er ihn zum Oberstallmeister erhob und die
Hautefort vom Hofe verwies. Für Cinq-Mars wurde indeß
eine solche Gunst bald sehr lästig, weil sie ihn zum fortwährenden Aufenthalt an dem einförmigen Hofe zu S. Germain
nöthigte und ihm den Genuß der Vergnügungen der Hauptstadt fast gänzlich entzog; allein ungeachtet er seinen Mißmuth und Verdruß darüber selbst dem Könige nicht verbarg,
so blieb dieser ihm auf gleiche Weise gewogen. Je mehr
dadurch seine Zuversicht und sein Stolz gesteigert werden
mußte, um so unerträglicher wurde es ihm, daß Richelieu bei
der geringsten jugendlichen Unbesonnenheit ihn wie einen Kna-
ben tadelte und schalt, und als der König ihm, wie er begehrte, zu den Berathungen über Staatsangelegenheiten den
Zutritt gestattete, befahl ihm Richelieu, sich zu entfernen, indem er ihn mit der größten Geringschätzung behandelte und
gegen den König äußerte, daß es nicht geziemend sei, Kindern
Staatsgeschäfte mitzutheilen. Cinq-Mars wurde durch eine
solche Behandlung so erbittert, daß er sich durch den Sturz
und selbst durch die Ermordung des Cardinals zu rächen beschloß [1]. Während er das Mißvergnügen des Königs über
seine Abhängigkeit von Richelieu immer reizte und diesen auch
durch Spott lächerlich zu machen suchte, waren besonders zwei

[1] Montglat 237—243. 370—374. Relation faite par M. de
Fontrailles des choses particulières de la cour pendant la faveur
de M. Le Grand (mit welchem Namen am französischen Hofe der Oberstallmeister, grand écuyer, bezeichnet wurde) bei Petitot LIV. 413—422.

seiner Freunde, der Vicomte von Fontrailles und Thou, ein Sohn des Geschichtschreibers, thätig, um eine mächtige Partei gegen Richelieu zu Stande zu bringen. Der Herzog von Bouillon, welcher die Besorgniß hegte, daß der Minister ihm seine letzte Waffenerhebung nicht verziehen habe, und der Herzog von Orleans, welcher die ihm früher zugefügten Beleidigungen nicht vergessen hatte und über seine gänzliche Bedeutungslosigkeit mißvergnügt war, wurden leicht für dieselbe gewonnen. Bei den geheimen Berathungen schlug Fontrailles die Ermordung Richelieu's als das sicherste Mittel zur Erreichung des beabsichtigten Zweckes vor, allein der Herzog von Orleans konnte sich nicht entschließen, diesem Vorschlage beizustimmen. Bouillon wollte für den Fall, daß der Plan gegen Richelieu mislinge, nicht den Verschwornen die Aufnahme in Sedan versprechen, wofern er nicht vorher der Unterstützung der Spanier zur Vertheidigung der Festung versichert sei. Der Herzog von Orleans und Cinq-Mars schickten darauf insgeheim Fontrailles nach Madrid [1]), und dieser schloß im Namen des Herzogs mit Olivarez am 13. März einen Vertrag. Als Hauptzweck desselben wurde der Abschluß eines billigen Friedens zwischen Frankreich und Spanien zum Wohl beider Staaten und der gesammten Christenheit bezeichnet; der König von Spanien versprach, 17,000 Mann zu stellen, den Herzog von Orleans mit 400,000 Thalern zur Werbung von Truppen zu unterstützen und außerdem ihm sowie dem Herzoge von Bouillon und Cinq-Mars eine jährliche Pension zu zahlen. Die Plätze und Landschaften, welche man in Frankreich einnehmen werde, sollten dem Herzoge von Orleans überliefert werden, sobald Frankreich die Plätze zurückgebe, welche es in irgend einem Lande erobert oder gekauft habe; der Herzog verpflichtete sich, den Schweden und allen andern Feinden des Königs von Spanien und des Kaisers den Krieg zu erklären und jeden ihm möglichen Beistand zur Vernichtung derselben zu leisten [2]). Ludwig XIII. hatte zwar die Aufforderung seines Günstlings, Richelieu tödten zu lassen, zurück-

---

1) Montglat 375—378. Fontrailles 425—428.

2) Der Vertrag bei Petitot LIV, 449—455.

gewiesen, weil die Ermordung eines Cardinals ihm den Bann zuziehen werde, und auch seine Entlassung verweigert, weil er seiner für die Leitung der Staatsgeschäfte bedürfe; allein er zeigte gegen Cinq-Mars fortwährend solche Gunst, daß man am Hofe den Fall des Ministers für gewiß hielt. Richelieu selbst war für seine Stellung mehr als je besorgt, er beauftragte sogar am 13. Mai den Grafen von Estrades, französischen Gesandten in Holland, den Prinzen von Oranien zu veranlassen, daß er sich zu seinen Gunsten gegen den König ausspreche[1]); er begab sich von Narbonne nach Tarascon, und wenn er dies auch vielleicht weniger that, um unter dem Schutz des ihm ergebenen Gouverneurs der Provence eine Zuflucht zu suchen, als um durch seine Entfernung den König noch mehr fühlen zu lassen, wie unentbehrlich er sei, so mußte er doch überzeugt sein, daß nur das Verderben des Günstlings ihm völlige Sicherheit gewähren könne. Gerade in diesem Zeitpunkte kam eine Abschrift von dem hochverrätherischen Vertrage, welchen Fontrailles abgeschlossen hatte, in seine Hände[2]), er sandte sie unverzüglich dem Könige, und dieser gab sogleich (am 11. Juni) den Befehl, Cinq-Mars, den Herzog von Bouillon, welcher das Commando der französischen Armee in Italien erhalten hatte und sich damals in Casale befand, und Thou, welcher sich in dem Lager vor Perpignan aufhielt, zu verhaften. Fontrailles rettete sich durch Flucht nach England. Bei der Nachricht von diesen Verhaf-

1) Estrades I, 67—70. (Der Prinz schrieb am 18. Juli dem Könige, daß er mit Spanien Frieden schließen werde, wenn Richelieu nicht Minister bleibe, und der König erwiderte: er habe nie die Absicht gehabt, seine Geschäfte aus den Händen Richelieu's zu nehmen, noch ihn von seiner Person zu entfernen.) 78—80.

2) Es sind mancherlei Vermuthungen darüber aufgestellt worden, auf welche Weise dies geschehen sei, man hat selbst gemeint, daß die Königin aus Besorgniß, daß man ihre Kinder ihr nehmen wolle, oder daß Olivarez den Vertrag an Richelieu geschickt habe (Brienne b͏is I, 270—272. Montglat 376. Historiettes de Tallemant des Réaux II, 219. 223. Brienne XXXVI, 76); allein die Sache kann nicht auffallend erscheinen, da viele Abschriften des Vertrages existirten und die Verschworenen diese nicht mit hinreichender Vorsicht geheim hielten. Motteville XXXVI, 407.

tungen wurbe ber Herzog von Orleans von der größten Bestürzung und Angst ergriffen, er bat den König bemüthig um
Berzeihung, er schmeichelte auf die unwürdigste Weise dem
Carbinal, er bekannte sich zu den Unterhandlungen und dem
Bertrage mit Spanien, indem er sich damit entschuldigte, daß
man ihn mistrauisch und verdächtlich behandelt und er beforgt
habe, gefangengefetzt zu werden, und er unterzeichnete eine
Schrift, in welcher er erklärte, daß er sich für außerordentlich
verpflichtet und gut behandelt halten werde, wenn der König
ihm erlaube, als einfacher Privatmann in seinem Reiche zu
leben, ohne Gouvernement und ohne Gendarmen- und Che-
vaulegers-Compagnien zu haben und ohne je ein ähnliches
Amt oder irgend eine Verwaltung in Anspruch zu nehmen [1]).
Die drei Berhafteten wurden nach Lyon gebracht und hier
vor eine Commission gestellt, welche aus einem Präsidenten
und sechs Räthen des Parlaments von Grenoble, dem ersten
Präsidenten des parifer Parlaments, vier Staatsräthen, einem
Requetenmeister und dem Kanzler als Borsitzendem bestand.
Bouillon leugnete seine Verbindung mit dem Herzoge von
Orleans und den Bertrag mit Spanien nicht ab, fügte aber
hinzu, daß er diesen nicht gebilligt habe und daß er nur deshalb Seban und seine Dienste dem Herzoge angeboten habe,
um ihn zurückzuhalten, sich den Spaniern in die Arme zu
werfen. Cinq-Mars gestand seine Theilnahme an dem Bertrage ein, behauptete aber, daß nicht er, wie Orleans und
Bouillon erklärt hatten, sondern diese selbst die Urheber des-
felben feien; in Beziehung auf Thou fagte er aus, daß diefer erst vor kurzem durch Fontrailles von dem Abschluß des
Bertrages Kenntniß erhalten, denfelben entschieden gemisbilligt
und erklärt habe, daß man ihn um jeden Preis wirkungslos
machen und auflösen müsse. In derfelben Weise sprach sich
Thou selbst aus, und zu seiner Rechtfertigung führte er an,
daß er die Sache dem Könige nur deswegen nicht mitgetheilt
habe, weil er es nicht ohne offenbare Gefahr für fein Leben
und für seine Chre, welche ihm höher stehe als alles Andere,
habe thun können, weil er nicht im Stande gewesen sei, be-

1) Le Vassor VI, 507—611. Archiv. curieuses V, 287—294.

stimmte Beweise vorzulegen, und weil er um so mehr gehofft habe, die Ausführung des Vertrages zu verhindern, als Cinq-Mars ihm oft großes Mißfallen über denselben bezeugt habe. Am 12. September wurde Cinq-Mars einstimmig zum Tode verurtheilt und derselbe Spruch nur mit Ausnahme einer Stimme über Thou gefällt, weil ein Gesetz Ludwig's XI. für die Nichtanzeige einer Verschwörung gegen den Staat diese Strafe bestimmte, und Beide erlitten noch an demselben Tage mit großer Standhaftigkeit den Tod. Das Schicksal Thou's fand die größte Theilnahme, weil er wegen seiner edeln Gesinnung allgemein geachtet war und seine ausgezeichneten geistigen Eigenschaften die größten Hoffnungen erregt hatten[1]. Der Herzog von Bouillon verdankte die im September bewilligte Verzeihung nicht sowol der Fürbitte des Prinzen und der Prinzeffin von Oranien und der Landgräfin von Hessen, sondern vielmehr dem Anerbieten, gegen Zusicherung seines Lebens und seiner Freiheit Sedan dem Könige gänzlich zur untrennbaren Vereinigung mit der Krone zu übergeben. Der Herzog von Vendome hatte sich 1641 durch Flucht nach England einer ihm drohenden Untersuchung entzogen, als ein Einsiedler, welcher wegen mehrer Vergehungen zu Paris gefangengesetzt wurde, anzeigte, daß der Herzog ihn habe zu einem Mordversuch gegen Richelieu bestimmen wollen; der König hatte sich den Urtheilsspruch vorbehalten, aber die Herzogin von Vendome und ihre zwei Söhne aus Paris verbannt. Der jüngere von diesen, der Herzog von Beaufort, war von dem Herzoge von Orleans und von Thou eingeladen worden, sich ihrer Partei anzuschließen, und er hatte darauf erwidert, daß er nichts ohne seinen Vater thun könne. Als er jetzt aufgefordert wurde, an den Hof zu kommen, flüchtete er auch nach England.

Auf den Gang des Krieges hatte die Verschwörung gegen Richelieu keinen Einfluß. Pernignan war durch zusam-

1) Proces de MM. de Cinq-Mars et de Thou, in Archiv. cur. V, 295—309. Particularitez remarquées en la mort de MM. de Cinq-Mars et de Thou, 311—344. Lettre de Marca à M. de Brienne und Procès de Cinq-Mars, bei Petitot LIV, 456—477. Isambert XVI, 546. Andilly XXXIV, 68.

menhängende, mit Forts und Redouten versehene Linien ein=
geschlossen worden, weil es zu fest war, um es mit Gewalt
einzunehmen. Erst am 5. September ergab es sich, nachdem
alle Lebensmittel, selbst Hunde, Katzen und Leder, aufgezehrt
waren, und mit der Einnahme von Salses noch in demselben
Monat wurde die Eroberung von Roussillon beendet. La
Mothe=Houdancourt führte in Spanien den Krieg mit Glück,
er nöthigte im Juni die aragonische Grenzstadt Monçon zur
Ergebung, schlug im October die Spanier und zwang sie da=
durch, die Belagerung von Lerida aufzuheben, und da Brezé
nach Frankreich zurückzukehren wünschte, so wurde er zum
Vicekönige von Catalonien ernannt [1]. Guebriant, welcher
im Anfange des Jahres auf das linke Rheinufer hinüberge=
gangen war, besiegte, durch hessische Truppen unterstützt, am
17. Januar bei Kempen, im Erzstift Köln, die Kaiserlichen
unter dem General Lamboi gänzlich, sodaß nur ein Theil der
feindlichen Cavalerie sich rettete, er nahm darauf Neuß, nächst
Köln den bedeutendsten Ort des Erzstifts, bemächtigte sich ei=
nes großen Theils desselben und des Herzogthums Jülich und
lagerte daselbst seine Truppen ein. Das Anrücken eines neuen
kaiserlichen Heeres verhinderte ihn, während des Sommers
seine Eroberungen fortzusetzen, zumal die Verstärkung, welche
er aus Frankreich erhielt, nur in 3600 bretagnischen Bauern
bestand, welche, in den Wäldern eingefangen und gefesselt, zu
den Schiffen, auf denen sie nach Holland gebracht werden
sollten, geführt worden waren, und welche sich bald meistens
zerstreuten. Erst im October ging er wieder über den Rhein
und über die Weser, um sich Torstenson zu nähern, welcher
im Sommer in Schlesien eingedrungen und nunmehr nach
Sachsen aufgebrochen war, wo er die ihm folgende kaiserliche
Armee am 2. November bei Leipzig besiegte [2]. An der nie=
derländischen Grenze waren zwei Armeen, die eine von 20,000
Mann in der Picardie, die andere von 10,000 Mann in der

---

1) Guebriant 447—451. 475—479. 495. 514. Guebriant wurde
im März zum Marschall ernannt. 485.

2) Montglat 367. 368.

Champagne, aufgestellt worden, deren Commandeure, der Graf von Harcourt und der Marschall von Guiche, den Befehl er= hielten, sich auf die Vertheidigung zu beschränken und einan= der im Nothfall zu unterstützen. Ehe sie sich aber vereinigen konnten, nahm der spanische Feldherr Franz von Melo Lens, und auch nach ihrer Vereinigung waren sie nicht im Stande, den Fall von La Bassée zu verhindern. Als sie sich darauf wieder trennten, um auf verschiedenen Punkten die Grenze zu decken, griffen die Spanier Guiche am 24. Mai bei der Abtei Honnecourt an der Schelde mit einer bedeutend über= legenen Macht an, und er erlitt eine gänzliche Niederlage, so= daß nur ein Theil seiner Cavalerie sich nach Le Catelet und S.=Quentin rettete. Er selbst warf sich in Guiche hinein und sicherte dadurch diesen Platz gegen einen Angriff, und Harcourt eilte zugleich zu seiner Unterstützung herbei; die Spa= nier marschirten jetzt größtentheils an den Rhein, um die Kaiserlichen gegen Guebriant und den Prinzen von Oranien zu verstärken, welche Geldern und Köln bedrohten, und als sie wieder an die französische Grenze zurückkehrten, gelang es ihnen nicht, neue Eroberungen zu machen [1]). In Italien wurde der Beginn des Feldzuges besonders durch geheime Un= terhandlungen verzögert. Die beiden savoyischen Prinzen hat= ten sich überzeugt, daß durch den Zwiespalt in ihrer Familie das Herzogthum zuletzt eine Beute der Franzosen und der Spanier werden würde, sie waren misvergnügt, daß die letzten wider die eingegangenen Verpflichtungen in alle eroberten pie= montesischen Plätze Besatzungen legten und sie verglichen sich deshalb endlich mit der Herzogin und erkannten sie als Re= gentin an, indem dieselbe ihnen bis zur Volljährigkeit ihres Sohnes die Bewachung einiger Städte zugestand und sie zu Häuptern des Staatsraths und zu Generallieutenants ernannte. Die Prinzen vereinigten sich darauf, ihrem zugleich gegebenen Versprechen gemäß, sich mit den Franzosen zur Vertreibung der Spanier aus Piemont zu verbinden, mit dem Herzoge von Longueville, dem Befehlshaber der französischen Armee,

---

1) Gramont 338—344. Montglat 353—356.

und binnen wenigen Monaten wurde den Spaniern Crescen=
tino, Rizza della Paglia, Tortona und Verrua entriffen ¹).

Unter unausgesetzter, angestrengter Beschäftigung mit den
Staatsangelegenheiten sah Richelieu dem sich ihm seit einiger
Zeit sichtbar nähernden Tode entgegen, und er starb am 4.
December 1642. In seinem Testamente, welches er schon im
Mai gemacht hatte, bestimmte er den Sohn seiner zweiten
Schwester und des Marschalls von Brezé, Armand von
Mailly, zu seinem Haupterben, und er vermachte ihm das
Pairie=Herzogthum Fronsac, das Marquisat Graville, die
Grafschaft Beaufort en Vallée und die Baronie Fresne; ei=
nem andern Neffen, Franz von Vignerol, bestimmte er das
Pairie=Herzogthum Richelieu nebst andern Besitzungen; der
von ihm zu Paris erbaute Palast, Palais=Cardinal und nach=
mals Palais royal genannt, fiel, wie er früher schon festgesetzt
hatte, an die Krone ²). Als der Pfarrer von S.=Euftach ihn
kurz vor seinem Tode fragte, ob er nicht seinen Feinden ver=
zeihe, so erwiderte er: Ich habe nie andere Feinde gehabt als
die Feinde des Staats und des Königs. In der That
ruhte der Zustand und die Macht Frankreichs so ausschließ=
lich auf seinem Geist und seiner Kraft, daß insofern Diejenigen,
welche ihn zu stürzen beabsichtigten, zugleich der auffteigenden
Größe des Staats und der königlichen Gewalt feindlich ent=
gegentraten; allein wenn er zum Theil auch die wahre Wohl=
fahrt des Reiches, der Gesammtheit der Angehörigen desselben,
förderte, so war dies doch nicht das unmittelbare Ziel seines
Strebens, sondern er wollte zunächst dem Reiche einen Ruhm
erwerben welcher auch auf ihn zurückfiel, und dem Könige
eine Macht verschaffen, deren Ausübung in seinen Händen
lag und seinen Ehrgeiz und seine Herrschsucht befriedigte. Mit
derselben Festigkeit und Beharrlichkeit, mit welcher er erft
durch Diplomatie und Geld, dann durch offenen Krieg die bei=
den Staaten, deren Macht in dieser Zeit allein für Frankreich
gefährlich werden konnte, zu entkräften suchte, strebte er auch

1) Montglat 356—360.
2) Montglat 397. Archiv. curious. V, 361—387.

Schmidt, Geschichte von Frankreich. III.   38

nach der Erhebung des Königthums zu unumschränkter Gewalt und nach Einführung einer nur von dieser abhängigen einheitlichen Verwaltung, und was in dieser Beziehung früher schon versucht und begonnen war, wurde von ihm erst in größerer Ausdehnung und mit solchem Erfolge durchgeführt, daß sein Werk Bedingung und Grundlage der Bedeutung wurde, zu welcher sich Frankreich in der zweiten Hälfte des siebzehnten Jahrhunderts erhob. Durch die Vernichtung der Macht des höhern Adels, dessen Anmaßungen nicht nur das Königthum beschränkt, sondern auch das Interesse der Unterthanen beeinträchtigt hatten, machte Richelieu einen nicht durch Bürgerkrieg gestörten Zustand und eine geordnete Verwaltung erst möglich, jedoch wollte er diese nur zu einem Mittel für seine Zwecke machen und jeglichen Widerspruch gegen sein Belieben unterdrücken. Die Versammlung der Reichsstände konnte er um so leichter vermeiden, als diese noch nicht zu einer festen politischen Einrichtung geworden waren, und zur Berufung von Notabeln entschloß er sich nur im Anfange seines Ministeriums, so lange er es noch nicht für überflüssig hielt, die öffentliche Meinung für sich zu gewinnen. In den ständischen Provinzen wurden zwar Ständeversammlungen gehalten, seltener indeß als sonst und nur um verlangte Geldsummen zu bewilligen, und das Verfahren der Regierung verrieth deutlich die Absicht, dieselben allmälig zu beseitigen. Da die Stände von Languedoc sich 1629 der willkürlichen, ihre Rechte verletzenden Umgestaltung des Steuersystems der Provinz widersetzten, so wurden sie aufgelöst und ihnen verboten, sich wieder zu versammeln, und erst nach zwei Jahren, als man größere Fügsamkeit für die Zukunft von ihnen erwarten zu können glaubte, wurden sie wiederhergestellt. In der Normandie wurden die Stände von 1635 bis 1637 nicht berufen und die von ihnen 1634 übergebenen Cahiers nicht beantwortet; als ihnen endlich 1638 gestattet wurde, wieder zusammenzutreten, wurde ihre Bitte, sich jährlich versammeln zu dürfen, um dem Könige die Unglücksfälle, welche die Provinz treffen würden, vorzulegen, so wenig beachtet, daß sie bis zum Ende der Regierung Ludwig's XIII. gar nicht mehr

berufen wurden [1]). Einen beharrlichen Widerstand fand Ri=
chelieu's Regierungssystem bei der Magistratur, welche durch
den erkauften Besitz der Ämter, durch ihren Reichthum und
den sie zusammenhaltenden Corporationsgeist eine bedeutende
Macht im Staate bildete, und an deren Spitze das pariser
Parlament stand. Nachdem die Ansprüche desselben auf das
Recht, die ihm zur Registrirung zugeschickten königlichen Ver=
ordnungen, auch wenn sie Staatsangelegenheiten betrafen, zu
prüfen und abzuändern, bei einzelnen Veranlassungen auf sehr
entschiedene und strenge Weise zurückgewiesen worden waren,
so wurde im Februar 1641 durch ein besonderes Edict, dessen
Registrirung Ludwig XIII. selbst in einer königlichen Sitzung
befahl, den Parlamenten jede politische Berechtigung auch für
die Zukunft abgesprochen und ihre Befugniß zu Vorstellungen
gegen königliche Edicte in die engsten Grenzen eingeschlossen.
Der König erklärte in dieser Verordnung, daß die Parla=
mente nur errichtet seien, um seinen Unterthanen Recht zu
sprechen, er verbot ihnen ausdrücklich, von Sachen, welche den
Staat und dessen Verwaltung und Regierung beträfen, in
Zukunft Kenntniß zu nehmen, indem er diese sich und seinen
Nachfolgern allein vorbehalte, wofern er ihnen nicht besondern
Befehl und Vollmacht dazu ertheile; er erklärte alle Bera=
thungen und Beschlüsse, durch welche fernerhin gegen dies
Verbot gehandelt werden würde, für nichtig und ungültig,
und er befahl, daß alle Edicte und Declarationen, welche in
seiner Gegenwart registrirt worden seien, vollständig ausge=
führt und daß diejenigen, welche sich auf Regierung und Ver=
waltung des Staats bezögen und den Parlamenten zugeschickt
würden, von diesen registrirt und bekannt gemacht werden
sollten, ohne von dem Inhalt derselben Kenntniß zu nehmen
noch über sie zu berathen; nur in Betreff derjenigen, welche die
Finanzen betrafen, wurde den Parlamenten gestattet, dem
Könige, wenn sie in denselben einige Schwierigkeiten fänden,
dies vorzustellen, um diese, wie er es passend finde, zu besei=
tigen; jedoch wurde ihnen untersagt, sie eigenmächtig zu än=
dern, und es wurde bestimmt, daß die Registrirung unverzüg=

---

1) Floquet IV, 546. 547.

38 *

lich stattfinden solle, wenn der König nach Anhörung der Vor=
stellungen zweckmäßig finde, nichts abzuändern[1]). Es ist nicht
zu leugnen, daß die Parlamente oft aus Eigennutz und Ei=
gensinn sich der Ausführung königlicher Verordnungen wider=
setzten und ohne erforderliche Kenntniß Tadel gegen Regie=
rungsmaßregeln aussprachen; allein in vielen Fällen vertraten
sie das wahre Interesse der Unterthanen und des Reiches,
ihre Vorstellungen waren der Ausdruck der öffentlichen Mei=
nung, welche nur auf diesem Wege dem Könige sich kundge=
ben konnte, und besonders insofern als derselben auch nicht
einmal mehr gestattet wurde, sich durch das Organ der ober=
sten Behörden auszusprechen, trägt jenes Edict das Gepräge
einer despotischen Maßregel. Die Umgestaltung der Verwal=
tung hatte Richelieu schon mehre Jahre früher begonnen.
Die Tresoriers generaux hatten sich sein Mißfallen dadurch
zugezogen, daß sie sich bei der Ausführung seiner Befehle und
besonders der zahlreichen und drückenden Steueredicte nicht
bereitwillig zeigten, und er wurde dadurch zu einer Einrich=
tung veranlaßt, welche einen raschern Geschäftsgang und eine
größere Einheit in die Verwaltung einführte und diese zu=
gleich in größere Abhängigkeit von seinem Willen brachte.
Er entzog nämlich im Jahre 1635 den Tresoriers den Vor=
sitz in den Finanzbureaux der Generalitäten des Reichs und
übertrug denselben andern Beamten, welche den Titel von
General=Intendanten und Präsidenten der Finanzbureaux er=
hielten und ihre Stellen nicht durch Kauf erlangten, sondern
von dem Könige ernannt wurden und daher auch nach Be=
lieben von ihm oder seinen Ministern abgesetzt werden konn=
ten. Diese Beamten wurden beauftragt, nicht allein für die
Beobachtung der königlichen Verfügungen, welche das Finanzwe=
sen betrafen, sondern überhaupt für die unverzügliche Ausführung
aller ihnen zugeschickten königlichen Edicte und Befehle zu sorgen
und die Registrirung derselben zu bewirken[2]). Durch die Unbe=
stimmtheit und Allgemeinheit dieses Mandats wurde ihnen Macht
und Befugniß gegeben, in alle Zweige der Verwaltung und selbst

1) Isambert XVI, 529—535.
2) Isambert XVI, 442—450. Die neuen Beamten wurden auch
Justiz=Intendanten und Intendanten der Provinz genannt. Talon LXI, 303.

in den gesetzlichen Gang der Rechtspflege einzugreifen, und sie wur=
den die Werkzeuge, deren sich die ministerielle Willkür bediente, um
jeden Widerstand, namentlich auch von Seiten der Parlamente, zu
vernichten. Der frühern Verschleuderung der Staatseinkünfte
wurde zwar durch genauere Beaufsichtigung der Finanzbeam=
ten, durch strenge Bestrafung ihrer Vergehungen und durch
die Sparsamkeit des Königs Einhalt gethan, und der Betrag
des Nationalvermögens hatte sich in den letzten Jahrzehnden
bedeutend vermehrt [1]), jedoch wurden andererseits die Ausgaben
besonders durch Kriegskosten sehr vergrößert, und die Stei=
gerung der Auflagen stand nicht in angemessenem Verhältniß
zu jener Vermehrung. Richelieu sah die Nothwendigkeit einer
Reform des Finanzwesens ein, allein er verschob sie bis nach
der Beendigung des Krieges, und er benutzte dieselben Mittel,
durch welche die Regierung sich früher Geld verschafft hatte,
obwol er die Verderblichkeit derselben nicht verkannte. Unter
diesen Mitteln war dasjenige, zu welchem er am häufigsten
griff, um baares Geld zur Bestreitung der augenblicklichen
Bedürfnisse zu erlangen, der Verkauf von Staatsrenten, wel=
che meist nur zu einem so hohen Zinsfuße Käufer fanden,
daß die Erhöhung der Auflagen, auf welche dieselben ange=
wiesen wurden, weit mehr den Rentenbesitzern als dem Staate
zum Vortheil gereichte und die Regierung für die 40 Mil=
lionen Livres Einkünfte, welche während der Zeit Ludwig's
XIII. veräußert wurden, nur 200 Millionen baaren Geldes
erhielt. Im Jahre 1634 wurden fast 100,000 vor nicht lan=
ger Zeit verkaufte Adelsbriefe, Abgabenfreiheiten und Ämter,
welche den Handel sehr behinderten und durch die ihnen an=
gewiesenen Gebühren für die Fabrikanten sehr lästig waren,
aufgehoben, jedoch bald darauf begann Richelieu selbst nicht
allein in den Parlamenten und andern höhern Behörden neue
Stellen zu errichten und zu verkaufen, sondern auch Ämter
ähnlicher Art wie die aufgehobenen wieder einzuführen, und
außerdem wurde der Handel im Reiche und mit dem Aus=
lande durch Erhöhung und Vermehrung der Zölle und Ver=
kaufssteuern gehemmt. Gegen das Ende der Regierung Lud=

, 1) Le détail de la France. Archiv. curieus. XII, 285.

wig's XIII. stieg die Summe der Auflagen bis auf 80 Millionen, und von diesen waren fast 47 Millionen veräußert,
sodaß nur 33 Millionen in den Schatz flossen, während die
Ausgaben 89 Millionen betrugen; die Salzsteuer war auf 19,
die Taille bis auf 44 Millionen erhöht worden [1]. Die Klagen, welche die Stände der Normandie an den König richteten, schildern mit lebendigen Farben das Elend, welchem
die Unterthanen, besonders die Landbewohner, preisgegeben
waren, und die Aufstände, welche durch den Druck der Auflagen auch im südlichen Frankreich veranlaßt wurden, beweisen, daß derselbe Zustand im ganzen Reiche verbreitet war.
Schon 1627 stellten sie dem Könige vor, daß die Einwohner
der Provinz, seit langer Zeit durch Pest, Krieg und Hungers-
noth heimgesucht, durch zahllose neue Edicte verarmt seien,
daß Verkehr und Handel aufgehört habe, und daß die Erheber der Taille dem armen Volke selbst Bette und Kleidung
wegnähmen. Im Jahre 1634 sprachen sich die ständischen
Deputirten noch stärker gegen den König aus: Uns schaudert
vor Entsetzen bei dem Anblick des Elends der unglücklichen
Bauern; wir haben gesehen, daß einige aus Verzweiflung
über die Lasten, welche sie nicht mehr zu ertragen vermochten,
sich selbst den Tod gegeben haben, daß die andern, unter das
Joch des Pfluges gespannt, wie Zugpferde den Acker pflügten
und von Gras und Wurzeln lebten; mehre haben sich in benach-
barte Provinzen oder in fremde Länder geflüchtet, um sich den
Auflagen zu entziehen, und ganze Parochien sind verlassen;
dennoch sind die Taillen nicht vermindert, sondern bis auf
den Punkt gesteigert worden, daß selbst das Hemde, welches
allein noch die Nacktheit des Körpers bedeckte, weggenommen
wird. Dieselben Klagen wurden 1638 wiederholt und ihnen
noch Beschwerden über die Gewaltthätigkeiten und Grausamkeiten, welche die Soldaten verübten, hinzugefügt [2].

Die Absicht Richelieu's, sich zum Haupte der katholischen
Geistlichkeit in Frankreich zu machen, wurde dadurch vereitelt,
daß der Papst ihm die Würde eines Legaten in diesem Lande

---

1) Forbonnais I, 215—244. Bailly I, 368. 373.
2) Floquet IV, 514—516.

verweigerte, aus Besorgniß, daß er der ihm anvertrauten
Macht sich gegen den päpstlichen Stuhl bedienen und daß die
Einheit der Kirche gefährdet werden würde, und ebenso genehmigte der Papst seine Wahl zum General der Cistercienser
und Prämonstratenser nicht, weil kein Carbinal Ordensgene-
ral und Niemand General zweier Orden sein dürfe [1]); dessenungeachtet übte Richelieu eine größere Gewalt über die katholische Kirche in Frankreich aus, als je früher ein König besessen hatte, und er behauptete zugleich die Freiheiten derselben mit der unbeugsamsten Festigkeit gegen die Ansprüche des
Papstes. Durch Verleihung von Bisthümern an Personen
von geringer Geburt, welche weder den Muth noch den Willen hatten, ihm zu widersprechen, sicherte er sich eine ihm ergebene Partei unter den Prälaten, und indem er den Papst
bewog, Bischöfe zu bevollmächtigen, um den Prälaten den
Proceß zu machen, welche eines Vergehens gegen den König
und den Staat angeschuldigt waren, so benutzte er dies als
ein Mittel, durch welches er ihm Abgeneigte einschüchterte, ihrer
Bisthümer beraubte oder zur Flucht aus Frankreich nöthigte [2]).
Da sein Einfluß auf die Versammlungen der Geistlichkeit, welche
alle zwei Jahre zusammentraten, durch das Ansehen mancher
hohen Prälaten beschränkt wurde, so wußte er 1629 den Beschluß zu bewirken, daß sie nur alle fünf Jahre gehalten werden sollten; entbehren konnte er derselben nicht, weil sie allein die Geldsummen zu bewilligen befugt waren, welche er
von der Geistlichkeit als Beisteuer zu den Bedürfnissen des
Staates verlangte. Diese häufigen und fortwährend gestei-
gerten Forderungen erregten großes Mißvergnügen bei der
Geistlichkeit und veranlaßten Beschwerden, welche er indeß
nicht beachtete. Auf der letzten während seines Ministeriums
gehaltenen Versammlung, zu Mantes im Jahre 1641, verlangte er für drei Jahre, wenn der Krieg noch so lange dauere,
jährlich zwei Millionen Livres; es wurde dies erst nach sehr
lebhaften Debatten bewilligt, und die sechs Prälaten, welche

---

1) Mémoires de Mr. de Montchal, archevêque de Toulouse.
Rotterdam 1718. 15. 19. 34.

2) Montchal 38. 39.

sich dagegen erklärt hatten, wurden von den übrigen Verhand=
lungen der Versammlung ausgeschlossen, indem der König
ihnen befahl, aus dieser auszuscheiden und sich von Mantes
zu entfernen [1]). Jene Forderungen waren für die Geistlich=
keit nicht die einzige Ursache zu klagen, sondern diese bezogen
sich fast noch mehr auf die Verletzung der Freiheiten der Kir=
chengüter durch Auflagen, erzwungene Anleihen und Einlage=
rung von Soldaten, und so wie Richelieu oft nicht nur den
Ansprüchen, sondern auch den Rechten des Papstes entgegen=
trat, so erlaubte er sich auch oder gestattete Eingriffe in die
Rechte der Bischöfe und in die kirchliche Gerichtsbarkeit [2]).

Die Ausführung der großartigen Handelspläne, welche
Richelieu beabsichtigt und angekündigt hatte, wurde größten=
theils dadurch verhindert, daß seine Thätigkeit und die Staats=
mittel fast ausschließlich durch den Kampf gegen das habs=
burgsche Haus in Anspruch genommen wurden. An der Stelle
einer 1621 für den Handel nach Canada oder Neu=Frank=
reich, für die Anlegung von Colonien und die Verbreitung
des katholischen Christenthums in diesem Lande zusammenge=
tretenen und bestätigten Gesellschaft, welche ihre Verpflichtun=

---

1) Montchal 73. 74. 157. 297. 532. Den Inhalt seiner Memoiren
bildet größtentheils die Geschichte der Versammlung von Mantes.

2) Montchal 649. Über die Jesuiten spricht sich Richelieu (Testament politique I, 172. 173.) folgendermaßen aus: Eine Gesellschaft,
welche mehr als je eine sich durch die Gesetze der Klugheit regiert, welche,
obwol sie sich Gott weiht, doch die Kenntniß der weltlichen Dinge nicht
aufgibt, welche von Einem Geiste beseelt und durch das Gelübde eines
blinden Gehorsams einem perpetuirlichen Haupte unterworfen ist, kann
nach den Gesetzen einer guten Politik nicht sehr in einem Staate begün=
stigt werden, welchem jede mächtige Genossenschaft furchtbar sein muß,
zumal man von Natur gern Diejenigen fördert, von denen man den er=
sten Unterricht empfangen hat, zumal die Eltern immer eine besondere
Vorliebe für diejenigen, welche ihren Kindern denselben ertheilt haben,
bewahren und die Lehrer den über die Kinder erlangten Einfluß auch
für die ganze fernere Lebenszeit behalten und überdies den Jesuiten die
Administration des Bußsacraments eine zweite, nicht weniger bedeutende
Gewalt über alle Arten von Personen gibt. — Dennoch hütete er sich,
den mächtigen Orden zu seinem Feinde zu machen, er suchte vielmehr
durch Wohlthaten sich der Ergebenheit desselben zu versichern. Montchal 36.

gen nicht erfüllt hatte, wurde 1628 eine andere, Compagnie von Neu=Frankreich genannt, zu demselben Zwecke privilegirt. Sie machte sich verbindlich, binnen funfzehn Jahren 4000 Franzosen in Canada anzusiedeln, sie erhielt das Monopol des Handels mit Häuten und Pelzwerk auf immer und den übrigen Land= und Seehandel daselbst für jene Zeit, und es wurde ihr der Besitz des ganzen Landes verliehen, indem der König sich nur die Oberhoheit, zu deren Anerkennung bei jedem Thronwechsel eine goldene Krone überreicht werden sollte, und die Ernennung der Befehlshaber der Plätze und Forts und der Mitglieder eines obersten Gerichtshofes aus den von der Compagnie vorgeschlagenen Personen vorbehielt [1]). Ungeachtet solcher Vergünstigungen schritt indeß der Anbau Canadas wegen der Beschaffenheit des Landes nur langsam fort; beffern und raschern Fortgang hatten dagegen die Colonisirungen in Westindien. Schon 1626 war einer Gesellschaft die Insel S.=Christoph zum Anbau unter königlicher Oberhoheit überlassen worden; im Jahre 1635 wurde dieselbe unter dem Namen einer Compagnie der Inseln Amerikas erweitert, sie wurde befugt, auf den noch nicht von christlichen Fürsten in Besitz genommenen Inseln vom 10 bis zum 30° N.B. Colonien anzulegen, sie erhielt ähnliche Vorrechte und übernahm ähnliche Verpflichtungen wie die Compagnie von Neu=Frankreich, und schon 1642 gab es allein auf S.=Christoph mehre Niederlassungen, welche über 7000 Einwohner hatten [2]). Der Handel mit den Ostseeplätzen, namentlich mit Narva, von wo die Franzosen früher Taue und anderes zum Schiffsbau erforderliche Material bezogen hatten, war durch die Erhöhung des Sundzolls völlig unterbrochen worden, und Richelieu bewog deshalb durch Unterhandlungen 1629 den König von Dänemark, zunächst auf acht Jahre für alle von Narva kommenden und dahin gehenden Waaren, welche Franzosen gehörten, den Zoll von fünf auf eins vom Hundert herabzusetzen. Um dieselbe Zeit, im November 1629, wurde ein Handelsvertrag zwischen Rußland und Frankreich, der

---

1) Mercure XIV, 2, 232—261. Lambert XVI, 216—292.

2) Lambert 415. 421—424. 540—545.

Schmidt, Geschichte von Frankreich. III.   39

erste Tractat zwischen diesen beiden Staaten, abgeschlossen, durch welchen den Franzosen der Handel mit französischen Waaren gegen eine Abgabe von zwei vom Hundert zu Nowgorod, Pleskow und Archangel gestattet wurde; indeß wegen der Schwierigkeit des Transports nach diesen Orten wurde dieses Zugeständniß wenig benutzt [1]). Um dem Handel größere Capitalien zuzuwenden, wurde der Zinsfuß für die Unterthanen auf 5% vom Hundert herabgesetzt. Diese Verordnung hatte indeß nicht den beabsichtigten Erfolg, und ebenso wenig war dies bei den wiederholten Luxusgesetzen dieser Zeit der Fall; denn das ausführlichste von diesen, vom Jahre 1639, gesteht ein, daß das frühere Verbot des Gebrauchs von goldenen und silbernen Stickereien und Borten, von Spitzen und andern ähnlichen Arbeiten nicht beobachtet worden sei, es sucht den Grund davon in dem Umstande, daß es noch gestattet sei, Degengehenke, Nestelbänder und Hutschnüre von Gold und Silber und Spitzen bis zu einem gewissen Preise zu tragen, es untersagt nunmehr gänzlich, goldenen und silbernen Schmuck sowie Perlen und Steine an den Kleidern zu tragen, und es erlaubt nur seidene Verzierungen, deren Art genau bestimmt wird [2]). Paris wurde während der Regierung Ludwig's XIII. sehr verschönert und vergrößert, besonders erweiterten sich die Vorstädte so, daß sie Städten glichen, und einige derselben wurden in die Umfassungsmauer der Stadt hineingezogen [3]). Da die Hospitäler, welche zur Aufnahme der im Kriege verstümmelten Soldaten bestimmt waren, für diesen Zweck nicht ausreichten, so wurde zunächst jeder Abtei die Zahlung einer jährlichen Pension von hundert Livres für einen Invaliden auferlegt, und 1633 veranlaßte Richelieu die Errichtung eines geräumigen Invalidenhauses unter dem Namen Commanderie des heiligen Ludwig in dem Schlosse Bicêtre bei Paris; die von den Abteien gezahlten Pensionen wurden demselben zugewiesen, außerdem von jeder Priorei, deren jährliche Einkünfte 2000 Livres überstiegen, eine gleiche

---

1) Richelieu XXV, 342. Flassan II, 425.
2) Mercure XX, 697—700. Isambert XVI, 515—519. 39. 145. 4
3) Richelieu XXVIII, 207. Mercure 717—720.

Beisteuer gefordert und Richelieu mit der Ausführung des
Baues und mit der innern Einrichtung beauftragt[1]). Im
Jahre 1636 bewog er den König, zu Paris eine Akademie
für den Unterricht des jungen Adels im Reiten, Voltigiren
und Fechten, in der Mathematik und Fortification zu stiften;
er selbst dotirte durch Anweisung einer jährlichen Summe von
22,000 Livres zwanzig Freistellen, deren Vergebung er sich
und den Erben seines Namens und Wappens vorbehielt, indem er zugleich festsetzte, daß die Zöglinge, welchen sie ertheilt
würden, geborene Franzosen und Katholiken sein, zwei Jahre
in der Akademie bleiben, einen besondern Unterricht in den
Anfangsgründen der Logik, Physik und Metaphysik, in der
französischen Sprache und der Moral, sowie auch in der Geo-
graphie und in der politischen Geschichte mit ausführlicher
Behandlung der römischen und französischen erhalten und nach
ihrem Austritt zwei Jahr dem Könige in der Garde, auf der
Flotte oder wie es demselben belieben werde, dienen sollten[2]).
Schon 1626 befahl der König auf den Vorschlag seines Rathes und ersten Arztes Erouard, daß zu Paris ein königlicher
Garten der Medicinalgewächse, auch zur Benutzung für Diejenigen, welche auf der Universität Medicin studirten, angelegt
werden und stets der erste königliche Arzt Oberintendant desselben sein sollte. Durch den Tod Erouard's verzögerte sich
die Ausführung dieses Befehls bis zum Jahre 1635, und
fünf Jahr darauf wurde der Garten eröffnet[3]). Die Stiftung der französischen Akademie gehört nicht nur der Zeit
Richelieu's an, sondern sie war auch sein Werk[4]). Um das
Jahr 1625 hatten neun pariser Literaten angefangen, sich

---

1) Richelieu 207. Isambert 386—389.

2) Mercure XXI, 279—285. Archiv. curieus. V, 137—143.

3) Isambert 161—164.

4) Die erste Idee dazu ging von einem gewissen Fleurance Rivault
aus, welcher sie in einer kleinen Schrift aussprach, die er unter dem Titel: Le dessein d'une académie et introduction d'icelle en la cour et
l'introduction de cette académie, schon 1612 drucken ließ. Blätter für
lit. Unterhaltung N. 54, 23. Febr. 1845, aus einer Abhandlung, welche
der Literat Billenave in dem Congrès des Institut historique vorgelesen hat.

39 *

wöchentlich einmal bei einem von ihnen zu versammeln, um
sich über Tagesereigniffe und Literatur zu unterhalten und
ihre Schriften sich vorzulesen und zu beurtheilen. Einer derselben, Boisrobert, welcher sich durch seinen Witz die Gunst
Richelien's erworben hatte, wußte das Intereffe deffelben für
den Verein zu erregen, sodaß er 1634 den Mitgliedern seinen
Schutz anbot, sie aufforderte, ihre Gesellschaft zu erweitern
und über eine feste Gestaltung derselben zu berathen, und dies
veranlaßte mehre angesehene Personen, namentlich den Kanzler Seguier, ihr beizutreten. Auf den Antrag Richelieu's unterzeichnete der König im Januar 1635 eine Urkunde, in welcher er seinen Willen aussprach, daß die Versammlungen der
Gesellschaft unter dem Namen der französischen Akademie fortgesetzt werden sollten, um die französische Sprache nicht allein geschmackvoll (elégant), sondern auch fähig zu machen,
alle Künste und Wissenschaften zu behandeln, und daß Richelieu sich Haupt und Beschützer derselben nennen könne; er
genehmigte die Beamten und Statuten, beschränkte die Zahl
der Mitglieder auf vierzig und befreite sie von allen Vor-
mundschaften und Wachdiensten, damit sie im Stande seien,
sich häufig in den Versammlungen einzufinden [1]). Obwol
Richelieu mit der Stiftung der Akademie sehr wahrscheinlich
den Zweck verband, die bedeutendsten Literaten sich dienstbar
zu machen, so hegte er doch auch ein lebhaftes Intereffe für
Wissenschaft und Kunst und besonders für die dramatische
Poesie; er wohnte der Aufführung aller neuen Schauspiele
bei, unterhielt sich über diese mit den Verfaffern, ermunterte
sie zu neuen Dichtungen, schlug ihnen Stoffe vor und nahm
selbst an der Bearbeitung Theil [2]). Er stimmte zwar dem
ungünstigen Urtheil der Akademie über Corneille's Cid, welcher
1637 zum ersten Male und mit dem größten Beifall aufgeführt wurde, bei, aber wol mehr deshalb, weil er wie die
Akademie die Abweichung von den bisher beobachteten Regeln

1) Pelisson, Histoire de l'académie françoise dep. son établisse-
ment jusqu'à 1652. (Jn Archiv. curieus. VI) 75 ff. Imambert 418
—490.

2) Capefigue V, 8. Pelisson 144. 145.

mißbilligte und die Feinde Corneille's diesen als stolz und hoch=
müthig verleumdet hatten, als aus kleinlicher Eifersucht; denn
er gab dem Dichter dadurch einen Beweis seiner Anerkennung,
daß er aus seinen eigenen Einkünften ihm eine Pension von
500 Livres ertheilte und von ihm die Zueignung der Tragö=
die Horace annahm [1]). In Betreff seiner Bibliothek verfügte
er in seinem Testamente, daß sie beisammen bleiben und zu
bestimmten Tagesstunden den Gelehrten und Literaten zur
Benutzung geöffnet werden sollte, er setzte zu ihrer Erhaltung
und Vermehrung jährlich 1000 Livres aus und bestimmte
für einen Bibliothekar ein Jahrgeld von gleichem Betrage [2]).
Ob er den Vorwurf einer niedrigen Habgier und der Ver=
untreuung von Staatsgeldern, welcher ihm von Pamphleten
gemacht wurde, verdiene, ist zweifelhaft; gewiß ist, daß seine
Besitzungen ihm eine jährliche Einnahme von fast 600,000
Livres brachten [3]) und daß seine Haushaltung einem fürst=
lichen Hofstaate glich. Er hatte eine Garde von 200 Fuß=
gängern und zwei Cavaleriecompagnien, seine Pagen, deren
Zahl bisweilen von 24 bis auf 36 stieg, waren aus den an=
gesehensten Familien gewählt, seine Capelle bestand aus den
geschicktesten Musikern und Sängern, in seinem prachtvollen
Palaste gab er dem Könige und dem Hofe die glänzendsten
Feste, mit denen Ballette und theatralische Aufführungen ver=
bunden waren, er ließ die Stadt Richelieu erbauen, und ob=
wol er sie nie besuchte, verwandte er sehr große Summen
auf die Verschönerung des Schlosses und auf große Garten=
anlagen, und die baaren Legate in seinem Testamente betra=
gen zwei und eine halbe Million Livres; allein dem Könige
vermachte er anderthalb Millionen.

1) Fontenelle, Vie de Corneille (in Oeuvres complètes de Pierre
Corneille. Paris 1838. I.) 219. 253. Corneille, welcher in jener De=
dication dem Cardinal sehr starke Schmeicheleien sagte, schämte sich nicht,
später in einem Sonett auf den Tod Ludwig's XIII. zu schreiben:

L'ambition, l'orgueil, la haine, l'avarice,
Armés de son pouvoir, nous donnèrent les lois;
Et bien qu'il fût en soi le plus juste des rois,
Son règne fut toujours celui de l'injustice.

2) Archiv. curieux. V, 370. 371.
3) Notice sur Richelieu bei Petitot X.

Vendome und von Beaufort kamen nach Frankreich zurück [1]. Die zunehmende Hinfälligkeit der Gesundheit des Königs machte die Nothwendigkeit einer Bestimmung über die Regentschaft nach seinem Tode immer dringender. Er hatte eine unüberwindliche Abneigung dagegen, dieselbe seinem Bruder oder seiner Gemahlin zu übertragen, und bei seiner durch Krankheit sehr gereizten Stimmung konnte Mazarini es nicht wagen, seinem Willen zu widersprechen, er wollte indeß die Gunst der Königin nicht verscherzen, und er bewirkte wenigstens eine Anordnung, durch welche der Königin zwar nur der Titel einer Regentin zugestanden, aber dadurch die Gelegenheit gegeben wurde, sich auch die Macht einer solchen zu verschaffen. Am 20. April 1643 berief der König seine Gemahlin und seinen Bruder, die Minister, die in Paris anwesenden Herren und Kronbeamten und einige Mitglieder des Parlaments zu sich und ließ den Versammelten ein Edict über die Regentschaft vorlesen. Er bestimmte in demselben, daß im Fall er sterbe, bevor der Dauphin das Alter der Volljährigkeit erreicht habe, die Königin Regentin von Frankreich sein und über die Erziehung seiner Kinder und die Regierung des Reiches verfügen und der Herzog von Orleans General-Lieutenant des minderjährigen Königs in allen Provinzen sein und dies Amt unter der Autorität des Königs und eines Regentschaftsraths ausüben solle. In diesem Rathe, zu dessen Mitgliedern er den Prinzen von Condé, Mazarini, Seguier, Bouthillier und Chavigny und zu dessen Präsidenten er den Herzog von Orleans und in seiner Abwesenheit Condé und Mazarini ernannte, sollte über alle Staatsangelegenheiten durch Stimmenmehrheit entschieden werden. Die Königin und der Herzog von Orleans unterzeichneten das Edict und schwuren, es zu beobachten, und das Parlament registrirte es am 23. April. Drei Wochen später, am 14. Mai, starb Ludwig XIII. zu S.-Germain [2].

1) Montglat 400—403. La Châtre 179. 184. 185. Retz 267. La Rochefoucauld 372.

2) Isambert XVI. 550—556. Montglat 404. 406. La Rochefoucauld 368. 369.

Druck von F. A. Brockhaus in Leipzig.

FSC
www.fsc.org

MIX

Papier aus ver-
antwortungsvollen
Quellen

Paper from
responsible sources

FSC® C141904

Druck:
Customized Business Services GmbH
im Auftrag der KNV-Gruppe
Ferdinand-Jühlke-Str. 7
99095 Erfurt